A Learner's Dictionary of
Kazakh Idioms

ҚАЗАҚ ТІЛІН ҮЙРЕНУШІЛЕРГЕ АРНАЛҒАН

ИДИОМАЛАР СӨЗДІГІ

A Learner's Dictionary of Kazakh Idioms

ҚАЗАҚ ТІЛІН ҮЙРЕНУШІЛЕРГЕ

АРНАЛҒАН ИДИОМАЛАР СӨЗДІГІ

Akmaral Mukan

Georgetown University Press
Washington, D.C.

Library of Congress Cataloging-in-Publication Data

Mukan, Akmaral.
  A learner's dictionary of Kazakh idioms / Akmaral Mukan.
    p. cm.
  Includes bibliographical references and indexes.
  ISBN 978-1-58901-881-5 (pbk. : alk. paper)
  1. Kazakh language—Textbooks for foreign speakers—English. 2. Kazakh language—Idioms. 3. Kazakh language—Grammar. I. Title.
  PL65.K41M85 2011
  494'.34582421—dc22   2011016159

♾ This book is printed on acid-free paper meeting the requirements of the American National Standard for Permanence in Paper for Printed Library Materials.

15 14 13 12   9 8 7 6 5 4 3 2 First printing

Printed in the United States of America

For my parents

CONTENTS

ACKNOWLEDGMENTS

First and foremost, I thank my mother, Zarya, and father, Bagitzhan. They were invaluable in helping me overcome technical obstacles with their superb knowledge of Kazakh idioms and culture.

I give very special thanks to my husband, Huy, who provided the bursts of inspiration and continued encouragement needed for me to complete this project. As my best assistant, critic, and reader, he was instrumental in providing examples from various subjects and contexts.

I extend tremendous gratitude to Alexander Dunkel of the University of Arizona for his advice on the dictionary, and his continued support and encouragement. His deep knowledge of Russian and English idioms inspired me to study Kazakh idioms. I want to give my sincere thanks to my colleague Scott Brill, also of the University of Arizona, who helped me to network with various publishing houses and ultimately find the ideal publishing house for this project. And I want to thank my University of Arizona professors: Rudolph Troike, for his help with the grammar material; and Muriel Saville-Troike, Linda Waugh, and Ellen Basso, who inspired and encouraged me to study Kazakh idioms.

I thank my sister, Arailym Tsunashima, for proofreading the Kazakh example sentences.

Finally, I express my appreciation for their support, feedback, and inspiration to my students, with respect to the organization of the idioms; to my colleagues and friends, who helped to clarify the meanings of many Kazakh idioms used in different parts of Kazakhstan; to the anonymous reader at Georgetown University Press; and to my editor, Hope LeGro.

ABBREVIATIONS

act	active	noncaus	noncausative
adj	adjective	nonrec	nonreciprocal
ant	antonym	nonrefl	nonreflexive
caus	causative	pass	passive
colloq	colloquial	rec	reciprocal
ditr	ditransitive	refl	reflexive
hom	homonym	syn	synonym
intr	intransitive	tr	transitive
neg	negative		

INTRODUCTION

The General Scope of the Book

The Learner's Dictionary of Kazakh Idioms contains more than 2,000 idioms and is intended for upper intermediate and advanced language learners of Kazakh and other Turkic languages who are familiar with the Kazakh Cyrillic alphabet. The dictionary is aimed at making Kazakh idioms accessible to English speakers and useful for their learning while exposing them to some aspects of Kazakh culture. The collection may also be used by native Kazakh speakers who wish to improve their proficiency in English and heritage learners who are proficient in English and wish to enhance their Kazakh language skills.

The idioms are organized into semantic categories — such as the human body, food, clothing, color, number, animals, and nature — that best represent the topics on which language learners focus at the beginning and intermediate levels of language study. As students progress to the upper intermediate and advanced levels, they expand their vocabulary pertaining to these everyday objects and concepts into idiomatic expressions. At this stage language learners come into contact with cultural concepts embedded in simple words that they have learned as part of everyday vocabulary, and at this point this dictionary will further enrich their knowledge while expanding their vocabularies. The dictionary also contains idioms that are based on core concepts central to the Kazakh culture, such as life and death, the verbal arts, soul and spirit, and the human mind. And the dictionary introduces the expressions of hope, encouragement, invective, and condolence that are idiomatic in nature.

The dictionary is organized with two main purposes in mind: to enable the user to quickly find the meanings of idioms, and to learn more about the grammar and usage of these idioms. Each entry is presented with its literal translation and English definition, which allows users to look for quick references to English definitions of Kazakh idioms. Users looking for more detailed information about the idiom will find grammatical and cultural explanations and illustrative sentences within the entry. The dictionary also includes five types of indexes to enable the user to more easily find idioms in either Kazakh or English.

The dictionary includes idioms that are either opaque or semantically semitransparent. These two types are most challenging to learners of the Kazakh language.

Opaque idioms are pure idioms whose meanings are difficult or impossible to gather from the literal meanings of their constituents. For instance,

> *ала аяқ* [literally, "a multicolored leg"]: crook, swindler
>
> *маңдайға сыймау* [literally, "not to fit the forehead"]: to lose someone to death

Semitransparent idioms are phrases and expressions whose one or more components are used in a metaphoric sense, whereas the others are used in a literal sense. For instance,

> *көк жалқау* [literally, "blue lazy"]: extremely lazy person
>
> *домалақ арыз* [literally, "a round complaint letter"]: an anonymous letter written to untruthfully accuse or denounce someone

These types of idioms are also useful for upper intermediate and advanced learners of the Kazakh language to become familiar with so they can understand humorous, sarcastic, and other emotive undertones of the conversations and texts that they encounter. The dictionary also contains truncated (i.e., shortened) sayings and proverbs that are used idiomatically, such as *сипағанды білмеу* [literally, "not to appreciate the patting"], which originates from the saying *"сиыр сипағанды білмейді"* [literally, "the cow does not appreciate the patting"), and is used in reference to people who are not appreciative of others' kindness. These types of idioms are important because they introduce learners to Kazakh proverbs and sayings that are also used frequently in a variety of linguistic settings, from daily conversations to newspaper articles to literary books.

Methodology

The Collection and Selection of Idioms

I began my collection of Kazakh idioms in 2003 as a small sample that would be included in one of my projects, *Advanced Kazakh* DVD-ROM courseware. This collection was then supplemented with idiomatic expressions culled from the July 2003 issues of the Kazakh newspapers *Egemen Kazakhstan*, *Zhas Alash*, *Kazakh Adebieti*, and *Turkistan*. I explored the cultural and linguistic implications of these and other idioms in my graduate presentations and papers: "Kazakh Food as a Sign"; "Speech Acts: Expressing Condolence in Kazakh"; "Metaphors in Kazakh Political Rhetoric"; and "Livestock Metaphors Kazakhs Live By." The collection further grew with idioms from the August 2007 issues of the newspapers *Aikyn*, *Egemen Kazakhstan*, and *Zhas Alash*. At this time I began to group them under various semantic categories. After including idioms in my teaching practice and seeing their usefulness, in 2007 I decided to focus on those selected idioms that are extensions of the vocabulary learned at the beginning and intermediate levels of language study.

To meet the needs of an upper intermediate and advanced learner, I reviewed topics in beginning and intermediate language learning materials and identified those that offer insights into cultural concepts discussed in books on Kazakh culture and teaching materials by the scholars Seit Kenzheakhmetuly and Auybai Kuraluly. Once I determined these semantic categories and the idioms that belong to them, I expanded the list of categories by identifying other core semantic categories from a wide range of values and beliefs — such as the power of the word, human mind and intellect, and soul and spirit — that have been discussed in books by Kenzheakhmetuly and Kuraluly. I then identified key words and consulted the dictionary of phraseological units by Kozhakmetova, Zhaisakova, and Kozhakmetova for possible additional idioms. To present the culturally rich expressions with careful definitions and explanations of meaning, use, and structure, I tried not to resort to the Russian language as an intermediary between Kazakh and English because it would have meant explaining the idioms through the lens of a different culture and potentially causing gaps in translation. The Russian-language dictionaries noted in the references were used in my careful research on how best to translate individual words.

Also in 2007, even more articles and materials in Kazakh became accessible on the Internet, which I then integrated into my work. By doing a key phrase search online, I was able to locate more contemporary idioms in Kazakh-language blogs, forums, and national and local newspapers that suited my project's goal. English-language newspapers, television, and the Internet were equally important for gaining a full understanding of the semantic, stylistic, and structural meanings of the English idioms and in pairing them with their Kazakh equivalents.

The Linguistic and Cultural Context of Kazakh: Challenges and Choices

The linguistic and cultural context of the Kazakh language is very important for understanding some of the methodological choices I made in creating this dictionary. It was difficult, if not impossible, to consider frequency in selecting which idioms to include because there are no contemporary corpuses and very little linguistic research on the Kazakh language. The only Kazakh-language corpus has been started by the government of Kazakhstan and is still in its very early stage of development. Therefore I relied on my sense, as a native speaker, of the relative frequency and use of the various idioms, as well as the relative frequency demonstrated by a key word search on the Internet.

Although using the Latin alphabet to transliterate the entries would have made the dictionary accessible to a wider readership, it, too, has not been finalized by Kazakh scholars and approved in Kazakhstan for accurate use. In fact, the Kazakh government has yet to decide on the adoption of the Latin alphabet.

A Learner's Dictionary of Kazakh Idioms was compiled during a period when the Kazakh language has been seeking to claim a leading role and place in post-Soviet Kazakhstan, which is still dominated by the Russian language. The language is still growing and changing, as all are languages, and the linguistics field is still catching up. Because of this, I made the choices mentioned above as I created the dictionary.

For anyone who is interested in learning more about the Kazakh language itself, I recommend consulting William Fierman's works listed in the references, which provide valuable background information about the past, present, and future of the Kazakh language in Kazakhstan.

Organization by Category

The Kazakh idioms are presented within culturally important semantic categories to enhance the learning of upper intermediate and advanced learners. By grouping the idioms in this way rather than organizing them alphabetically, upper intermediate and advanced language learners will see the cultural connections among different idioms. This organization will also help them remember and associate various simple, everyday words with broader cultural concepts. The semantic categories will also help language learners build upon the vocabulary that they have already learned, making the learning process logical and continuous.

Illustrative Sentences

I created example sentences for each entry to demonstrate how an idiom might be used by a native speaker. I chose not to use examples from authentic sources — such as classic literary works, formal speeches, articles, and so on — because I would have had to provide many more additional sentences for context, given that single sentences containing the idiom often do not provide an appropriate context. The sentences that I have written for the purpose of exemplification make more sense for a learner's dictionary. The examples are grammatically complex, exposing learners to the nuances of how the idioms are used, and clearly indicate the meaning of the idiom in its context. I also tried to capture some regional variations by including words and expressions that occur in the western variety of Kazakh that I grew up speaking.

During the process of writing illustrative sentences and translating them, semantic and stylistic nuances became apparent more than ever, and I was able to provide accurate definitions and equivalents. I constantly consulted family, friends, and colleagues who are native speakers of different varieties of Kazakh on the selection and definition, as well as cultural and grammatical features, of the idioms.

How the Entries Are Presented

This dictionary has fourteen cultural categories, each of which is listed in the table of contents. Some categories — such as "Body," "Color," and "Livestock with Beasts and Birds" — are complex and include subcategories. The sections "Body," "Livestock with Beasts and Birds," and "Nature" start with general idioms that are not directly related to the subcategories. Each idiom is located in the category to which it is most suited.

Within each section or subsection the entries are listed alphabetically by the first word of the idiom according to the Kazakh alphabet. In places where a word appears in multiple idioms, I have included it as a headword.

Those idioms that contain that headword fall beneath it.

At the end of the book there are five indexes to help you locate a Kazakh idiom or look up an English idiom's Kazakh equivalent:

- index of Kazakh idioms
- index of English idioms
- index of Kazakh key words
- index of English key words
- index of Kazakh expressions.

Organization and Guide to Each Part of an Entry

Each entry of the dictionary includes

- a literal translation;
- an English definition and/or English equivalent idiom;
- notes, if needed, containing grammatical and/or cultural information (✿);
- illustrative sentences (❀).

Depending on the complexity of the phrase, the notes may be extensive, and there may be multiple illustrative sentences.

The entries are listed alphabetically according to the first word of the idiom within each section and subsection. For idioms that include verbs, the verbs are presented in their infinitive form. All synonyms and variants are listed as separate entries, except rarely used variants and those showing variation by compounding words or by spelling. Some idioms are amplifications or extensions of other idioms. These amplified idioms may not be listed with the idioms that you would expect because they belong to different cultural categories. For example, *көзбен ату* (literally, "to shoot with the eye" or, idiomatically, "to give someone the evil eye") is included in the "Body" section; but its variant, *ала көзбен ату* (literally, "to shoot with the multicolored eye" or, idiomatically, "to give someone the evil eye"), is in the "Color" section because the color *ала* intensifies the feeling of anger providing focus and intensity. It is for this reason that the indexes are helpful.

Some idioms are listed under a headphrase. For example, the following idioms are found under the headphrase *шаңырақ* (the top part of the yurt): *шаңырақ көтеру*, *шаңырақ құру* (to marry and form a family; to be established); *шаңырағы ортасына түсу* (to collapse or break up as a family, establishment, or country); *шаңырағы шайқалу* (to be falling apart, as a family, establishment, or country); *шаңырағы биік, босағасы берік* (strong as a family, establishment, or country); and *шаңырақтың бір уығы* (a pillar of family, community, or country).

Literal Translation

The literal translation immediately follows the entry and is presented in square brackets. The literal translations are intended to preserve the idioms' lexical and grammatical features, some of which reveal Kazakhs' cultural imagination. This literal translation is often amusing, and it can also offer insights into the origin of the idiom and help further learning and enhance retention (Boers, Eyckmans, and Stengers 2007, 43–62).

English Definitions and Idioms

Unlike the literal translations, the English definitions and idioms try to convey the most likely linguistic and cultural translation of the idioms. The English definitions may contain information about the use of an idiom, such as whether it should refer to animate or inanimate objects, whether it should refer to abstract concepts only, or whether it may be used in relation to a specific gender or age group. Sometimes the closest English idiom is preceded by a more general English definition. This means that the Kazakh idiom is either broader or narrower in meaning than its English idiomatic counterpart.

I have used the following specific formatting throughout:

- *An italicized definition* indicates that the entry is an expression of encouragement, hope, curse, or condolence. In other words, the entry is in an imperative, optative, or imprecative mood.
- ***An italicized and boldfaced definition*** indicates an equivalent English idiom.

- "See" directs you to another entry for additional information or to a related idiom. If the entry is in a different category than its variant or synonym, a note directs you to the appropriate section.

Notes (☼)

Notes may include the following information about the meaning and use of the idiom:
- Grammatical features, such as required case-marked complements.
- Emotive undertones, such as sarcasm, disparaging attitude, or a mocking view.
- Cultural and historical content.
- Style and register of the idiom. Those used in formal and literary Kazakh are so noted. If no such information is provided, it should be assumed that the idiom is used in informal Kazakh. Consult the *Style and Register* section of this Introduction for more information.
- Other relevant aspects of use.

Information about the lexical variations and grammatical structures is presented in the following manner:
- If appropriate, I indicate that one or more cases should be used with this idiom. The terms "genitive," "dative," "accusative," "locative," "ablative," and "instrumental" signal that the idiom requires a complement in one or more of these cases. If the idiom has two or more meanings and it requires a complement in only one sense (or two senses), then that is noted. Refer to the *Grammatical Features* section of this Introduction to see the examples.
- If appropriate, the idiom is described as "formal," "informal," "literary," and so on. See the *Description* section for more on these labels.
- Variants may be included as the idiom's varying lexical forms. The variations are also listed as entries. If they are arranged in a different section than that of the entry, the title of the section follows the variation in parentheses. See the types

and examples of variations in the *Grammatical Features* section of this Introduction.
- "Also" indicates the idiom's syntactic transformations. It may display voice (active, passive, causative, reflexive, and reciprocal, or noncausative, nonreciprocal, and nonreflexive), transitivity (transitive structures requiring a direct object, i.e., an accusative complement), aspect, and other relevant structures. These syntactic transformations are followed by different abbreviations that signal other words or structures that are needed. See the abbreviations for syntactic variations in the *Abbreviations* section. Learn about the types of syntactic constructions in the *Grammatical Features* section of this Introduction.
- "Syn": Any idioms that are synonymous with the entry are listed. If relevant, a note about semantic and/or structural differences between the synonyms follows.
- "Ant": Indicates a list of any idioms that are antonyms of the entry.
- "Hom": Any homonyms are listed.
- "Collocations": Common collocating structures in which the idiom occurs are noted here. See the examples in the *Grammatical Features* section of this Introduction.
- "Note": Includes phrases that are relevant and useful.
- "See also" refers you to other, related idioms that readers may find relevant, useful, or interesting.

Terms Used in the Notes
Several terms may be included within an entry to indicate specific usage situations, nuances, or the special grammatical treatment they require:
- Ablative: Idiom requires a preceding word (complement) in the ablative case.
- Accusative: Idiom requires a preceding word (complement) in the accusative case.
- Dative: Idiom requires a preceding word (complement) in the dative case.
- Disapproving: Idiom shows feeling of disapproval or contempt.

- Disparaging: Idiom is used to insult or offend people.
- Euphemistic: Idiom is used to substitute for offensive or unpleasant terms.
- Formal: Idiom usually occurs in serious or official language only.
- Genitive: Idiom requires a preceding word (complement) in the genitive case.
- Informal: Idiom is used in a casual or unofficial situation.
- Instrumental: Idiom requires a preceding word (complement) in the instrumental case.
- Literary: Idiom occurs in literature and imaginative writing.
- Locative: Idiom requires a preceding word (complement) in the locative case.

Example Sentences

As discussed above, each example sentence illustrates its use in a context and provides greater context for the definition. All Kazakh example sentences are followed by an English translation. The Kazakh idioms are italicized within the example sentence, as are elements having a grammatical and semantic relationship with the idiom, so that learners can see how they fit within a sentence's structure. One illustration may consist of two or more sentences to provide a concrete context. Sometimes you will see the examples as two sentences, each in quotes. These represent dialogue exchanges between two people, some of which are in question-and-answer form.

If the idiom has more than one meaning, one sentence is given for each meaning. Though synonyms and variants are not followed by example sentences, I have provided some examples for the structurally different ones. In this case, you will see one illustrative sentence. There might be additional sentences for common collocations.

How to Use the Dictionary

You can use the dictionary as follows:
- *To find a Kazakh idiom*, go to the Index of Kazakh Idioms and locate it alphabetically. The Index of Kazakh Idioms lists all

entries and subentries in the dictionary. Because idioms are arranged in sections throughout the book, this index is most useful for locating a particular Kazakh idiom.

- *If you know one or two words in an idiom but not the whole idiom*, use the Index of Kazakh Key Words to find the idiom. The Index of Kazakh Key Words contains words or phrases that are central to the meaning of different idioms. By glancing at the cultural categories, which are also used as the section titles, you might also think of a word that could be the basis for an idiom and look it up this way in the alphabetical listing.
- *To find the Kazakh equivalent of an English idiom*, use the Index of English Idioms. In this dictionary all the English idioms that are used as equivalents are included in this index. Note that English verbs are listed without the particle "to."
- *For more advanced learners*, some Kazakh idioms can also be located through their English counterparts in the Index of English Idioms. Some English idioms might be equivalents of extended structures in Kazakh and are mentioned in the Notes.
- *To explore Kazakh idioms by English key word*, use the Index of English Key Words. This index lists words and phrases that are central to the meanings of various English idioms in the book and are useful in searching for Kazakh idioms or exploring Kazakh idioms.
- *To find a Kazakh expression of appreciation, hope, encouragement, condolence, invective, or a wedding wish*, use the Index of Kazakh Expressions. This index provides a usage index, allowing you to learn new expressions for different settings.
- *To aid memorization and learning*, read the literal translation. The cultural dimensions presented in the literal translation may provide an interesting detail or memory cue as you enhance your vocabulary.

- For explanations on the grammatical notes, consult the *Grammatical Features* section of this Introduction.

A Brief Introduction to the Kazakh Language

Kazakh is spoken in the territory of the Republic of Kazakhstan and by Kazakh diasporas in other countries such as Mongolia, China, and the former Soviet republics. Kazakh belongs to the Kypchak group of the Turkic languages family and is related to Nogai and Karakalpak. Modern Kazakh exhibits a lexical influence from Arabic, Persian, and Russian. Kazakh does not have distinctive dialects but has the following varieties: northeastern, southern, and western. Arabic and Latin alphabets had been used before the introduction of the Russian Cyrillic, which is still in use today. Like other Turkic languages, Kazakh is a head-final language, meaning that modifiers, including relative structures, precede the head nouns and that postpositions are used. With a subject–object–verb word order, Kazakh is an agglutinative language involving an exclusive suffixation. The Kazakh language reflects traces of the ancient Turkic language and culture, as can be seen in many of the idioms that this book presents.

Cultural Emphasis

As noted above, the idioms in this book have been organized by cultural categories. Each category was chosen for its cultural relevance to Kazakh life. This is a brief introduction to the different subject categories into which the Kazakh idioms have been placed.

In Kazakh culture, certain body parts can have significance beyond their physical nature. The liver, for example, is considered a center of familial relation and compassion and is often found in idioms that refer to family bonds, such as *бауыр басу* (literally, "to press with liver"), which means to become like a family. Therefore the "Body" section contains idioms that call out

a particular body part or reference the physical body in a significant way. Although it is impossible to list all the different relationships here, it is culturally enriching to explore this section with this in mind.

The "Color" section includes idioms for which color is the main focus. The color idioms are based on the extended meanings of the color terms. Color offers a fascinating insight into how Kazakh culture maps the world. As Bennett (1988, 22) claims, color adds vigor to an idiom, and this is true of many Kazakh color idioms. Explore this section to learn new ways to "color" your vocabulary.

With a desire to better communicate their experiences, humans compare their world and observations with natural objects, features, and phenomena. The "Nature" section exhibits idioms that engage in this practice. For instance *жел* or "wind" signifies light-mindedness in *жел өкпе* (wind lung) and also a lack of substance in rumors being described as *жел сөз* (wind word). Because a culture's relationship to its land and nature is so entwined, the idioms in this section may be especially interesting.

Some numbers have additional meaning and represent Kazakh values and beliefs, which is evident in the "Numbers" section. The number seven in *жеті ата* (literally, "seven clans") is at the core of the tradition that governs the genealogical history and social relationship. Additionally, numbers add vigor and focus to statements. "Blowing hot and cold" in English is *қырық құбылу* (literally, "to change forty times") in Kazakh. The number forty reinforces the sense of multiplicity. Note that the number eleven is not included here because there are no idioms that contain this number.

The "Clothing" section is distinguished from the "Body" section in that in addition to other associations, clothing is used as a metaphorical shield to mask the truth, as in *тонын жамылу* (literally, "to cover oneself with someone's fur coat" or, idiomatically, "to pretend to be someone or something else"); or to hide an unethical action, as in *жең ұшынан жалғасу* (literally, "to be connected through the end of a sleeve" or, idiomatically, "to be engaged in bribery"). Idioms in this section also highlight traditional

Kazakh clothing. As part of the process to revive native vocabulary, the native Kazakh terms for clothing are currently replacing the Russian terms that have been used for a long time.

As is true in all cultures, food is an important part of daily life and can show key parts of its culture. Many Kazakh idioms are drawn from the process of making dairy products, an important part of Kazakh diet and cuisine. "Living in peace and harmony" is literally "clabbering like milk" (*сүттей ұю*), and "fomenting discord among others" is "putting a rennet to curdle" (*іріткі салу*).

The idioms that demonstrate relationships between people are gathered in the "Humans and Their Kin" section. One can find Kazakh idioms that reveal the attitudes associated with people of different ages and genetic ties. If the youngest child in a family (*кенже*) is spoiled, he or she is allowed and expected to have shortcomings. This idea is evident in *кенже қалу* (literally, "to remain the youngest child"), which means "to fall behind in technology, economy, or politics" and "to fall short."

Livestock are at the heart of Kazakh culture, which is why there is a complete section of idioms devoted to them. Although the modern Kazakh experience is very heterogeneous, the livestock idioms reflect an earlier pastoral period. The lexicon pertaining to livestock includes elaborate terms for the identification and description of different breeds and half-breeds of animals; animals' movements, behavior, sound, fur, age, color, diseases, pet names, the ways they are milked, and communication; types of pastures; and curse words. Because of Kazakhs' close relationship with animals, their observations are acute and have been incorporated into idioms that describe human personality, appearance, behavior, beauty, and experience, as well as to express endearment.

For centuries before Kazakhstan joined the Soviet Union, the yurt had been a house for nomadic Kazakhs. Readily assembled and disassembled, the yurt was perfect for a nomadic culture. It continues to play a large role in coining new idioms full of the cultural life of Kazakhstan, as you will discover in the "Yurt" section. The top of the yurt, *шаңырақ*, is often used as a metaphor for home and family, and is extended to an institution or an entity. The idea of removing the top cover of the yurt to let the light in is transformed into "having an opening or commencement ceremony" (*түндігін түру*). Installing the pole that connects to the top part of the yurt with its walls (*уығын қадау*) signifies laying a foundation, in an idiomatic sense.

Death is personified in the Kazakh culture. In this personification there is an undeniable similarity between Kazakh and English idioms. In English, death not only has a jaw (*to snatch someone out of the jaws of death*) but also a door (*to lie at death's door*), whereas in Kazakh it has a mouth (*ажал аузы*) that is ready to swallow (*өлім аузында жату*). Conversely, life occurs in a concrete physical environment that one can step on, as in *жалғанды жалпағынан басу* (literally, "to step on this world in its wideness" or, idiomatically, "to live carefree, without any concerns") and this presents difficulties — as in *тар жол, тайғақ кешу* (idiomatically, "to go through a narrow and slippery road" or, idiomatically, "to go down a rocky road"). These cross-cultural features make the idioms related to death interesting and important for the learner, who may find commonalities between Kazakh and English in the section "Life and Death."

The Kazakh culture has a long history of oral arts and literature. There is a strong belief in the power of the word, and eloquence and oratory skills are highly praised. I have collected idioms that relate to this category in the "Power of the Word" section. The meaning of "word" (*сөз*) incorporates word, speech, and speaking. This word is at the core of many widely used phrases and expressions involving oral expression, including debate, dispute, promise, and conversation.

Idioms based on the mind and intellect are employed to convey ideas and experiences related to human memory, thought processes, reason, and mental condition. These idioms are collected in the section "Mind and the Intellect." The mind is a place for burning ideas or thoughts, and cherished ideals "cut through" (*көкейкесті*) or are "cracked out" of the mind (*көкейден жарып шыққан*). In Kazakh, intellect is a sign of maturity of the mind and is gained with time or through experiences. Thus, once the intellect "comes in" (*ақылы кіру*), it can stay (*ақыл тоқтату*) and can also expand one's mind (*ақыл-ойы толысу*).

An emotional experience is embedded in Kazakh idioms inspired by the human soul and spirit. Emotions are a "system of the soul" (*жан жүйесі*), and mood is a "state of the soul" (*көңіл күй*). A person is happy only if his or her soul, not heart, is happy, as in *жанын жадырату* (to do someone's heart good). You will find these idioms in the "Soul and Spirit" section.

During my search for idioms to fit within the above-mentioned categories, I could not ignore other idiomatic phrases and expressions that are linguistically and, in some cases, culturally important. I have arranged these into the category "Miscellaneous." All these cultural idioms exhibit certain structures that make their use grammatically unique.

Grammatical Features

Often, language learners are cautioned about misusing idioms in various contexts and situations. But with a little practice and information, they should be able to incorporate idioms into their vocabularies. Another challenge to using idioms appropriately is knowing the grammatical and syntactic relationships of these units of meaning with other parts of a sentence. This overview is presented with the intention of helping learners identify what areas of grammar they should explore to ensure correct grammatical use of the idioms as they improve their overall proficiency in the Kazakh language.

Subclasses of Idioms

The grammatical features of Kazakh are clearly evident in the idioms presented in this dictionary. Many Kazakh idioms may require case-marked arguments or complements. Some idioms are transitive structures; that is, they require a direct object in the accusative case. And some are ditransitive; that is, they take an indirect object in the dative case and a direct object in the ac-

cusative case. Few idioms can be used in either an intransitive or transitive structure. There are also subclasses of idioms that require one of the genitive, dative, ablative, locative, or instrumental complements. Here is a list of examples of patterns that you will find in many of the Kazakh idioms in this book; these examples should help you determine how to use them correctly in a sentence:

direct object (accusative) + idiom: *қара басу*
Жалғасты қара басты.
indirect object + direct object + idiom: *құлақ қағыс қылу*
Маратқа жиналысты құлақ қағыс еттім.
genitive complement + idiom: *аты шығу*
Суретшінің атағы тез *шықты.*
dative complement + idiom: *көз аларту*
Ол Сәулеге көзін алартты.
locative complement + idiom: *топ жару*
Ол жарыста топ жарды.
ablative complement + idiom: *ізін суыту*
Қылмыскер оқиға орнынан ізін суытты.
instrumental complement + idiom: *көңіл қосу Ол көршісімен көңіл қосты.*

Syntactic and Lexical Transformations

Many Kazakh idioms display collocating, affirmative, and negative structures. Some occur in the passive, causative, reciprocal, or reflexive voice. Simile is also often employed in the idioms; grammatical mood and number are also highlighted in the idioms. These transformations are significant because they signal how and when the idioms are used for various purposes.

Collocation
Some idioms occur in combination with other words, and the selection is rather restrictive in grammatical or lexical terms. Changing the word the idiom occurs with or one of the words in the idiom significantly alters the idiom's meaning. Learners should pay attention to collocations, because they help to expand their vocabulary. For example, *қас-қабақтан* (literally, "from the eyebrow and the eyelid") collocates with different verbs of mental perception:

қас-қабақтан ұғу: to realize something from facial expression

қас-қабақтан түсіну: to understand someone or something from facial expression

қас-қабақтан аңғару: to notice something from facial expression

қас-қабақтан тану: to sense something from facial expression.

Affirmative and Negative Structures

Most idioms can transform from affirmative into negative structures. Some idioms, however, are used only in the negative form, and their affirmative pair appears only in rhetorical questions. For example, with the phrase *әл бермеу* (literally, "not to give strength"), its affirmative pair *әл беру* (to give strength) is used only in rhetorical questions.

Causative voice

If a causative verb is part of the internal pattern, the idiom can transform to a causative structure requiring the accusative case argument to become a definite object:

Noncausative: *тоң жібу*
Causative: *тоңды жібіту*

Reciprocal voice

It is not always apparent which idiom can transform into a reciprocal structure. I have noted when this is the case for each idiom in the book.

Nonreciprocal: *құдалар құйрық-бауыр жеді.*
Reciprocal: *құдалар құйрық-бауыр жесті.*

Reflexive voice

The reflexive version of the idiom is marked by the absence of an object. As shown in the example below, the nonreflexive version is essentially a transitive structure.

Reflexive: *Ол үлде мен бүлдеге оранды.*
Nonreflexive: *Ол қызын үлде мен бүлдеге орады.*

Simile

Simile is part of the internal pattern of the idiom, as in:

ботадай боздау (to bleat like a baby camel)

Simile is significant because it demonstrates where the comparisons are drawn from, provid-

ing an insight into Kazakhs' linguistic and cultural imagination.

Number

Grammatical number marked on the subject may require the idiom to be used with a complement and also may affect the case relationship between the idiom and its complement. Look for two patterns in particular throughout the dictionary, and be sure to use the idiom correctly:

plural subject + idiom: *құдалар құйрық-бауыр жесті*
singular subject + instrumental complement + idiom: *ол құдасымен құйрық-бауыр жесті*

Mood

Idioms can express different moods. Learners should memorize this along with the idiom; there are no rules that can guide you into determining it. I have included this information in the notes when it is useful.

Some idioms are used to express encouragement and hope. These idioms are called optative, as in:

бағың ашылсын (may you be happy)
бағы ашылсын (may he or she be happy)

Some idioms can be imprecative; that is, they are used to wish a curse, as in *жер жастанғыр* (may you pillow the earth), "may you die." Some idioms can also be used in the imperative mood to express a command in informal language:

табанды жалтырату (to make the foot sparkle), "to go away"
табаныңды жалтырат (make your foot sparkle), "go away, get lost"

Lexical Variations

Idioms are often altered by native speakers to suit their needs and as creative flourishes in their speech. One of the most difficult things to learn in a new language is how to detect and understand these nuances. As described in great detail by Moon (1998, 124–38), idioms with variations have no or some change in meaning. I have included this information in the Notes section, using the term "Variant" to indicate them. Details about some specific types of variations that you will see in the dictionary follow here.

Noun Variation
The varying nouns do not cause a change in the meaning, for example:

бет / мойын бұру
to have the face / neck turn

Often, the varying nouns display meronymy:

бас / ми қату
to have the head / brain harden

Some noun phrases might appear alone or with synonymous phrases that are otherwise not frequently used. When used together, the two phrases create more emphasis than when used separately:

түйені түгімен, биені жүгімен жұту / түйені түгімен жұту
to swallow the camel with its fur and the mare with its load / to swallow the camel with its fur

Verb Variation
The varying verbs are semantically related:

үлде мен бүлдеге бөлеу / орау
to swaddle / to wrap someone with luxurious things

Alternating verbs show different grammatical forms:

ит біледі ме / ит білсін бе
does / would the dog know

Reversals
Parts of an idiom are sometimes reversed within the idiom with no resulting meaning distinctions:

шақшадай бас шарадай болу / шарадай бас шақшадай болу
to have the head as small as a snuffbox become as big as a bowl / to have the head as big as a bowl become as small as a snuffbox

Amplifications
Often, adjectives or numerals are added for emphasis or intensity:

көзбен ату / ала көзбен ату
to shoot with the eye / to shoot with the multicolored eye

Spelling Variation
Spelling variation is mostly seen in word compounding or spelling:

ала ауыз / алауыз
a multicolored mouth
тісі тісіне тимеу / тісі-тісіне тимеу
one's tooth does not touch another tooth

Variety
Some idioms show lexical variation in different varieties of Kazakh:

western and southern varieties / northeastern variety
ит көйлек / ит жейде
dog shirt / dog shirt

Style and Register

This is a brief overview to demonstrate the importance of understanding the styles and registers in which an idiom can be used. Learning when and how to use idioms helps to increase learners' proficiency in Kazakh and to improve their insight into the Kazakh culture.

Kazakh idioms are, in general, associated either with formal or informal contexts or as part of a literary style. A significant number of idioms carry emotive information and commonly occur in informal Kazakh. For example, *бірінің аузына бірі түкіріп қою* (literally, "to spit into each other's mouth" or, idiomatically, "to say one and the same thing") is marked by sarcasm and a negative view of people telling the same story. This and other types of idioms give emotional undertones to various texts, particularly newspaper editorials.

A small but important sample of idioms are used mainly in formal contexts to achieve a serious tone. For example, *жан алу* (literally, "to take the soul"): *to claim a life* is used only in formal Kazakh. Some idioms are part of literary Kazakh and are often employed for poetic purposes only. For example, *бақыт құсы қолға қону* (literally, "to have one's bird of happiness land on the hand") refers to a man who is getting married.

Throughout the dictionary I have noted the style and register for different idioms to help you determine their best usage. It should be borne in mind that idioms in any language are creative pieces and can also be used outside their usual contexts for various stylistic emphases. Learning the register of each idiom as you learn it will help you effectively use your new vocabulary.

I hope that *A Learner's Dictionary of Kazakh Idioms* introduces key terms of the Kazakh idiomatic lexicon to learners who are interested in advancing their knowledge of the Kazakh language and culture.

THE DICTIONARY

The Body: Дене

аза бойы қаза болу [to have one's mourning body grieve]: to be distressed, to be in agony

❂ Dative. It can also be used with a dependent adverbial clause of condition.

❉ Жанна сіңлісінің басына түскен *зардапқа аза бойы қаза болды*. Zhanna was in agony over the pain inflicted on her sister.

❉ Көбейіп жатқан *қылмыс десе*, қала әкімшілігінің *аза бойы қаза болады*. When it comes to the increasing crime rate, the city officials are always distressed.

арамтер болу [to be an impure sweat]: to make a futile effort

❂ Collocations: *бекер арамтер болу*, *босқа арамтер болу* (***to do something in vain***).

❉ Сіңлім мәшине табуға көмектесу дегеннен кейін, мен жақсы, арзан мәшине іздеуге кірістім. Бірақ *арамтер болыппын*; сіңлім мәшине алмайтын болып шықты. My sister wanted me to help her find a car, so I started looking for a good and inexpensive car. But it turned out that my efforts were futile; she didn't want a car anymore.

❉ Үкіметтің бюрократиялық жүйесін жақсартамын деуі *арамтер болғаны* екенін түсінбейді ме? Doesn't he know that his efforts to improve the government bureaucracy are in vain?

бой алу [to take the body]: **(1)** to be taken over by a certain condition, such as an illness or sleep; **(2)** to be prevalent; **(3)** to overtake, as in music overpowering someone; **(4)** to get into something — as into a religion, movement, style, drugs, hobby, and so on — when used in the causative voice (see *бой ұру*)

❂ *Бой* can be used with a possessive ending in the first sense. Variant: *бой беру* in the first and third senses. Also: *бой алдыру саиs* requires a dative complement.

❉ Ұйқы *бой алған соң*, бір шыны кофе іштім. As I was taken over by sleep, I drank a cup of coffee.

❉ Қазіргі кезде жас балалардың арасында аса семірушілік *бой алған*. Obesity is prevalent among young children nowadays.

❉ Денеңді бос ұстап, *әнге бой алдыр*. Relax and let the music overtake your body.

бой беру [to give the body]: **(1)** to allow a certain feeling or condition, such as an illness or sleep to overpower; **(2)** to allow something to overtake, as in music overpowering someone; **(3)** not to yield, not to budge, when used in the negative form *бой бермеу*

❂ Dative. Variant: *бой алу* in the first and second senses.

❉ Болат *ашуға бой беріп*, дөрекі даяшыға айқайлай бастады. Bolat gave in to his anger and started screaming at the rude waiter.

❉ Рахия би алаңында *сальса сазына бой берді*. Rakhiya let the salsa music overpower her on the dance floor.

❉ Такси жүргізушісін мен жүретін жолмен жүруге көндіріп бақтым, өйткені біз онымен жүрсек, жол кептелісінен айналып өтіп кетеміз. Бірақ ол *маған бой бермеді*. I tried to convince the taxi driver to follow my directions, because they would help us avoid the traffic, but he did not budge.

бой жазу [to roll out the body]: **(1)** to stretch; **(2)** to take a break

✿ Variant: *бел жазу* (in the first sense) implies giving a stretch to one's back after prolonged sitting. *Бой жазу* implies giving a stretch to the whole body.

❀ Менің күйеуім маған компьютерден бас алмай отыра бермей, арасында *бой жаз* дейді. My husband tells me not to sit in front of the computer all the time and take a break once in a while.

❀ Біз екі сағат бойы мәшинемен жол жүріп келеміз. Тоқтап, *бел жазайық*. We've been driving for the past two hours. Let's stop and stretch.

бой көтеру [to raise the body]: to appear after being established, built, or erected, as a building, monument, or country

✿ Formal.

❀ Үй құрылысы қарқындағанда зәулім үйлер тез *бой көтере бастады*. High-rise condominiums were rapidly being built during the housing construction boom.

❀ Жас мемлекет Кеңес үкіметі құлағаннан кейін *бой көтерді*. The young country appeared after the collapse of the Soviet government.

бой түзеу [to straighten the body]: **(1)** to take an attractive shape, to transform from a girl into a young woman; **(2)** to statuesquely stand together, as in several buildings, cities, or countries standing together

✿ Formal.

❀ Кішкентай Армангүл өсіп, *бой түзеп жатыр*. Little Armangul is being transformed into a beautiful young woman.

❀ Мен Лондонда *бой түзеген ғимараттардан* көзімді ала алмадым. In London, I couldn't take my eyes off of the statuesque buildings.

бой ұру [to beat (with) the body]: to devote oneself to something, to get into something, as into a religion, movement, style, drugs, hobby, or the like

✿ Dative. Variant: *бой алу*.

❀ Әкем зейнетке шыққалы мен оқыған мектепте жүргізілетін еріктілер *жұмысына бой ұрды*. Since retirement, dad has devoted himself to volunteering at my old school.

❀ Әнуар сурет салудан жалығып кетіп, *пианинода ойнауға бой ұрды*. Anuar got bored of painting, so he has just gotten into playing piano.

бой ұсыну [to offer the body]: to give in

✿ Dative.

❀ Бірнеше күн ойланғаннан кейін, Ләйлі ынтық *сезіміне бой ұсынып*, әдемі көне қытай сандығын сатып алды. After days of deliberating, Leila yielded to her urge and bought a beautiful Chinese antique.

❀ Ол ешқашан *алдап-арбауға бой ұсынған* емес. He has never given in to temptation.

бойға біту [to bear to the body]: **(1)** to be born with a trait of character, personality, or talent; **(2)** to get pregnant, when used with *бала*: *бойға бала біту*

✿ Also: *бойға туа біту* in the first sense.

❀ *Бойына біткен* ақындықты бастапқыда өзі байқамады. Initially, he himself didn't notice the talent for poetry that he was born with.

❀ Бірнеше жылдан кейін оның *бойына бала бітті*. After several years, she became pregnant.

бойға сіңу [to be absorbed to the body]: to be ingrained, as with an instilled habit, tradition, culture, ideal, trait of character, or the like

✿ Syn: *сүйекке сіңу* and *қанға сіңу*. *Сүйекке сіңу* implies that something is ingrained deeply and permanently, as it will stay with one's bones. *Қанға сіңу* implies that one is influenced by a cultural background. Also: *бойға сіңіру tr* (to ingrain, to instill).

❀ Айналасын жинақы да таза ұстау-оның *бойына сіңген әдет*. Being neat and clean is ingrained in him.

❀ Алмагүл мен Болат *адалдықты* барлық балаларының *бойына сіңірді*. Almagul and Bolat instilled honesty in all their children.

бойға шыр бітпеу [not to have the body bear fat]: **(1)** to be emaciated; **(2)** to be impoverished

✿ The affirmative form is infrequently used.

❀ Нәр жетпей, кедей кісінің *бойына шыр бітпеді*. The poor man was emaciated from a lack of nutrition.

❀ Бірнеше жылғы азаматтық соғыстан елдің *бойына шыр бітпеді*. The country is impoverished from years of civil war.

бойдан табылу [to be found in the body]: to possess, as in having a quality or a trait of character

☸ Also: *бойға дару* (to be given as a trait of character), *бойдан көру* (to see a certain trait of character in someone).

❧ Жақсы жетекшілік қасиеттер Арманның *бойынан табылады*. Оның *бойына* басқа не *дарыған* екен? Arman possesses all the qualities of a good leader. What other traits are given to him?

❧ Мен оның *бойынан* ешқандай жағымсыз қасиет көрмеймін. I don't see any negative traits of character in him.

бойды алып қашу [to run taking the body]: to refuse categorically; see *басты ала қашу*

☸ Variant: *басты ала қашу, басты алып қашу*. Syn: *ат-тонын ала қашу* (in *Livestock with Beasts and Birds*).

бойды аулақ салу [to put the body away]: to dissociate, to distance oneself from someone or something

☸ Ablative. Also: *бойды аулақ ұстау* (to keep oneself disassociated or distanced).

❧ Айналасында дау-дамай көбейе бастаған кезде, барлық адам *Әселден бойларын аулақ салды*. Everyone dissociated themselves from Asel as a controversy began to surround her.

❧ Вице-президент заңсыз әрекеттері тергеліп жатырған өзінің бұрынғы *компаниясынан бойын аулақ ұстауға* мүдделі болды. It was in the vice president's best interest to keep a distance from his old company while it was being investigated for illegal activities.

бойды билеу [to rule the body]: to be overcome by a feeling or thought

☸ Collocations: *бойды ашу билеу* (to be overcome by rage), *бойды күдік билеу* (to be overcome by suspicion), *бойды қорқыныш билеу* (to be overcome by fear), *бойды үрей билеу* (to be overcome by fear).

❧ Балабақша тәрбиешісінің жиенімді қамап қойғанын естігенде, *бойымды ашу биледі*. When I heard that my nephew was locked up by his teacher at the kindergarten, I was enraged.

❧ *Бойын билеген ауыр ой* Асыланды түні бойы ұйықтатпады. The heavy thoughts that overwhelmed Asylan didn't let him sleep all night.

❧ Дәрігерден келген күйеуінің көңілсіз түрін көргенде оның *бойын қорқыныш биледі*. She was overcome by fear when she saw her husband in low spirits after he came back from the doctor.

бойы мұздау [to have one's body freeze]: **(1)** to be appalled; **(2)** *to have one's heart stand still* (see *жүрегі мұздау*)

☸ Dative. Variants: *жан-дүниесі мұздау (*in *Soul and Spirit*), *денесі мұздау, іші мұздау*. *Жан-дүниесі мұздау* and *жүрегі мұздау* are more frequently used to imply being appalled at inhumanity and indecency, whereas *іші мұздау, бойы мұздау* and *денесі мұздау* are predominantly used to imply having a feeling of fright.

буыны беку [to have one's joint strengthen]: to grow up, to develop (see *буыны бекіп, бұғанасы қату*)

☸ Literary. Variants: *бұғанасы қату*; *буыны бекіп, бұғанасы қату*. Also: *буыны бекімеу neg* (to be nascent). Syn: *қабырғасы қату, қанаты қатаю* (in *Livestock with Beasts and Birds*). See also *бауырын көтеру*.

буыны бекіп, бұғанасы қату [to have one's joint strengthen and collarbone harden]: to grow up, to develop

☸ Literary. Variants: *буыны беку*; *бұғанасы қату*. Also: *буыны бекіп, бұғанасы қатпау neg* (to be nascent). Syn: *қабырғасы қату, қанаты қатаю* (in *Livestock with Beasts and Birds*). See also *бауырын көтеру*.

❧ *Балаларыңның буыны бекіп, бұғанасы қатты*. Бөлек шығамыз десе, жібер. Your children are grown up. If they want to move out, let them.

❧ *Буыны бекімеген* республика халықаралық ұйымдарға кіру үшін бірнеше заң қабылдады. The nascent republic enacted several laws so that it could join the international organizations.

ет жақын [meat close]: distant, extended, as family

☸ Variant: *ет бауыр* refers to someone who is closer in the lineage than *ет жақын*. The idea of being close to someone in the lineage is attributed to the presence of *бауыр* in the expression. See also *бауыр*.

❀ Әсел шағын тойына *ет жақын туыстарын* да шақырды. Asel also invited her distant family relatives to her small wedding.

❀ Менің *ет жақын ағайындарым* жыл сайын Жаңа Жылды бірге тойлауға жиналады. My extended family members meet every New Year's Eve for a big celebration.

ет қызуы [fever of the meat]: **(1)** *a rush of blood*; **(2)** *a rush of adrenalin*

❂ Also: *ет қызуымен* (in a rush of blood), *еті қызу* (to get a rush of adrenalin).

❀ Ерболат *ет қызуымен* әйеліне ақымақ нәрселер айтып қалды. Сосын оған өзі өкінді. Yerbolat said some silly things to his wife in a rush of blood to the head. He later regretted it.

❀ Ұшақтан секірген сайын парашютист-тердің *еті қызады*. Skydivers get a rush of adrenalin every time they jump out of the plane.

еттен өтіп, сүйекке жету [to go through the meat and reach the bones]: to be deeply affected by someone's words

❂ Truncated from the saying celebrating the power of the word: *таяқ еттен, сөз сүйектен өтеді* (the stick goes through the meat, while the word goes through the bones).

❀ Менің анам маған сирек ұрысатын, бірақ ұрысса, *сөздері менің етімнен өтіп, сүйегіме жететін*. My mom rarely scolded me, but when she did, her powerful words deeply affected me.

❀ Ел басының кедейшілікті жоюға шақырған үндеуі көптеген *адамдардың етінен өтіп, сүйегіне жетті*. Many people were deeply affected by the leader's call to action against poverty.

еті өлу [to have one's meat die]: to become used to or accustomed to something negative or undesirable

❂ Dative. Syn: *еті үйрену*. *Еті тірі* is not an antonym.

❀ Үкіметтегі сыбайлас *жемқорлыққа етіміздің өліп кеткені* ұят болды. It's a shame that we've gotten accustomed to corruption in government.

❀ Жұмыстан қолдары тимейтін ата-аналарын *көрмейтіндеріне* қазіргі балалардың *еті үйренген*. Children nowadays are used to not seeing their busy parents.

еті тірі [one's meat is alive]: dynamic, as a person

❂ *Еті өлген* is not an antonym.

❀ Біздің компанияға *еті тірі* жетекшілер ауадай қажет. Our company is in desperate need of dynamic leaders.

❀ Тәжірибесі аз болса да, *еті тірі* Дарын жұмыста бірден көзге түсті. Dynamic Daryn immediately caught the attention of his colleagues, even though he did not have much experience.

еті үйрену [to have one's meat get used to]: to become used or accustomed to something negative or undesirable (see *еті өлу*)

❂ Dative. Syn: *еті өлу*.

жамбасы жерге тию [to have one's pelvic bone touch the ground]: **(1)** to be defeated in wrestling; **(2)** to lay down; **(3)** to pass away; **(4)** to be buried

❂ Also: *жамбасын жерге тигізу caus*.

❀ Қазақтың ұлы балуаны ешқашан *жамбасы жерге тимей* зейнетке шықты. The great Kazakh wrestler retired from the sport, having never been defeated.

❀ *Жамбасым жерге тиісімен* ұйықтап кеттім. I fell asleep right away when my head hit the pillow.

❀ Поп-музыканың ұлы патшасының *жамбасы жерге* ерте *тиді*. The great King of Pop passed away at a young age.

❀ Екі ғашықтың *жамбасы жерге тиген бейіт* біздің ауылдан қашық емес. The cemetery where the two lovers were buried is not far from our village.

жүйкені құрту [to destroy the nerves]: *to get on one's nerves*

❂ Variant: *жүйкесін тауысу*. Also: *жүйкесі құру noncaus*.

❀ Өсімдіктерімнің бәрін жеп кетіп жүрген кеміргіш менің *жүйкемді құртып отыр*. The ground rodent that's eating all the plants is getting on my nerves.

❀ Дәулеттің бірге покер ойнайтын достары араққа тойып алып, құтырып, оның әйелінің *жүйкесін тауысады*. Daulet's poker buddies get on his wife's nerves when they get drunk and become obnoxious.

жүйкені тауысу [to finish up the nerves]: *to get on one's nerves* (see *жүйкені құрту*)

💮 Variant: *жүйкені құрту*. Also: *жүйкесі таусылу pass.*

жүйкесі бұзылу [to have one's nerves break]: to have a nervous breakdown

❀ Армия елге қайтқан жауынгерлерінің соғыстан кейінгі жан күйзелісін немесе *жүйкелерінің бұзылуын* болдырмау үшін қосымша шара қолданып жатыр. The army is taking extra precautions to ensure that returning soldiers do not suffer from posttraumatic stress syndrome or have nervous breakdowns.

❀ Жұмыстан қажыған Темірдің *жүйкесі бұзылды*. Having become stressed out from work, Temir had a nervous breakdown.

жүйкесі жұқару [to have one's nerves thin out]: to be neurotic, to lose emotional stability

💮 Variant: *жүйкесі тозу*. Also: *жүйкені жұқарту caus* (to be nerve-racking).

❀ Жиырма қызметкер мен олардың жиырма түрлі мінезі шағын бизнес иесінің *жүйкесін тоздырды*. It was nerve-racking for the small business owner to deal with twenty employees with twenty personalities.

❀ Алматының көшелерінде мәшине айдау шетелдіктердің *жүйкесін жұқарта алады*. Driving in the Almaty streets can be nerve-racking for foreigners.

жүйкесі тозу [to have one's nerves wear out]: to be neurotic, to lose emotional stability (see *жүйкесі жұқару*)

💮 Can be formal. Variant: *жүйкесі жұқару*. Also: *жүйкені тоздыру caus* (to be nerve-racking).

қаққанда қанын, сыққанда сөлін алу [to take the blood when hitting and the juice when squeezing]: **(1)** to mercilessly or severely punish or reprimand someone; **(2)** *to put someone through the wringer*

💮 Syn: *терісін тірідей сыпыру* in the first sense.

❀ Билік органдары бұзақылық істегені үшін шетелдік жасөспірімнің *қаққанда қанын, сыққанда сөлін алды*. Оған он алты рет

дүре соғылу жазасы кесілді. The authorities severely punished the foreign teenager for vandalism. He was struck by a cane sixteen times to his backside.

❀ Медициналық институттың оқытушылары сұхбат кезінде талапкерлердің *қаққанда қанын, сыққанда сөлін алады*. The medical school faculty really puts prospective students through the wringer during the interview process.

қан бұзу [to destroy blood]: to contaminate one's gene pool by engaging in an incestuous relationship

💮 Seven distinct patrilineal clans must separate a certain clan from another one to allow the members of the two clans to marry each other. If this is not the case, these marriages are considered incestuous and thus forbidden. Ant: *қан жаңарту*. See also *жеті ama* (in *Numbers*), *қыз алысу* (in *Humans and Their Kin*).

❀ Әнуар Райханға үйленсе, *қан бұзылмақ*. If Anuar marries Raikhan, he will be contaminating his gene pool by engaging in an incestuous relationship.

❀ *Қан бұзу* туа біткен кемістікке әкеп соғуы мүмкін. Contaminating one's gene pool by engaging in an incestuous relationship may lead to birth defects.

қан жаңарту [to renew blood]: **(1)** to keep one's gene pool clean; **(2)** *to have new blood*

💮 *Қан жаңарту* is a Kazakh traditional belief that one's paternal lineage or blood must be kept clean through the marriage of their sons to women who belong to a genealogically distant clan, tribe, or even ethnicity. Ant: *қан бұзу*. Also: *қаны жаңару попсаus*. See also *жеті ama* (in *Numbers*), *қыз алысу* (in *Humans and Their Kin*).

❀ Асхат ұйғыр қызына үйленгенде, оның ата-әжесі *қан жаңарды* деп қуанды. When Askhat married an Uighur girl, his grandparents were happy that he had kept their gene pool clean.

❀ Мына заң фирмасындағылардың барлығы он жылдан бері бірге жұмыс істеп келеді. Жақында жұмысқа тұрған Гүлнұр фирманың *қанын жаңартпақ*. All the people in this law firm have been working together for ten years. Gulnur, who has been hired recently, will bring new blood into the firm.

қан жоса [blood ochre]: covered with blood, bloody

⚙ Also: *қан жоса қылу tr* (to cover someone with blood); *қан жоса қырғын* (a bloody massacre).

❀ Омыраулы қарсыласымен болған он бес айналымнан кейін, боксшының беті *қан жоса болды*. The boxer's face was bloody after he had gone fifteen rounds with a formidable opponent.

❀ Бүгін шайқаста *қан жоса қырғын* болды. There was a bloody massacre on the battlefield today.

қан жұту [to swallow blood]: to be grief-stricken (see the first meaning of *жүрегі қарс айырылу*)

⚙ Syn: *жүрегі қан жұту, жүрегі қан жылау, жүрегі қарс айырылу, көкірегі қарс айрылу, қан жылау, өзегі өртену* (in *Miscellaneous*), *іші қан жылау*

қан жылау [to cry bloodily]: to be grief-stricken (see the first meaning of *жүрегі қарс айырылу*)

⚙ Syn: *жүрегі қан жұту, жүрегі қан жылау, жүрегі қарс айырылу, көкірегі қарс айрылу, қан жұту, өзегі өртену* (in *Miscellaneous*), *іші қан жылау*

қан кешу [to go through blood]: to fight in a war, as a soldier or fighter

⚙ Variants: *ат сауырынан қан кешу* (in *Livestock with Beasts and Birds*), *тобықтан қан кешу, толарсақтан қан кешу*.

❀ Оның атасы бес жылға созылған азаматтық *соғыста қан кешкен*. Her grandfather fought in the civil war that lasted for five years.

❀ Менің әке-шешем Вьетнам соғысы кезінде *тобықтан қан кешті*. Both my parents fought in the Vietnam War.

қан төгу [to pour blood]: to shed blood

⚙ Also: *қантөгіс* (bloodshed).

❀ Кішкентай қаладағы мектепте екі жас баланың соншама *қан төккеніне* сену қиын. It is hard to believe that two young boys from a small town could shed so much blood at their school.

❀ Керемет майя ғибадатханасы құдайларға құрбандық шалатын *қантөгіс* орны болған. The magnificent Mayan temple was once the site of bloodshed to honor the gods.

қан ішу [to drink blood]: *to draw blood*

❀ Менің кояншық жиендерім *қанымды ішіп жатыр*. My rambunctious nephews are drawing my blood.

❀ Жемқор саясаткерлер халықтың *қанын ішті*; оларды орындарынан босату керек. The corrupt politicians have drawn people's blood; we need to replace them.

қанға сіңу [to be absorbed to the blood]: *to be in one's blood*, as in a tradition, habit, or trait of character being ingrained

⚙ Syn: *сүйекке сіңу* and *бойға сіңу*. *Қанға сіңу* implies that one is influenced by a cultural background. *Сүйекке сіңу* implies that something is ingrained deeply and permanently, as it will even stay with one's bones. Collocations: *қанға сіңген қасиет* (the trait that is in one's blood), *қанға сіңген әдет* (the habit that is in one's blood).

❀ Қазақтардың ұзақ құсбегілік тарихы мен дәстүрі бар. Ол біздің *қанымызға сіңген*. Kazakhs have a long history and tradition of falconry. It's in our blood.

❀ Менің татар досым әзілдеп, сіпкерлік татарлардың *қанына сіңген* дейді. My Tatar friend jokingly claims that entrepreneurship is in Tatars' blood.

қандас [with the same blood]: a person of the same ethnic background

❀ Ата-анасының көңілін табу үшін Рүстем *қандастарының* арасынан қыз табуға тырысты. Rustem tried to find a bride from his same ethnic background to please his parents.

❀ Шет жерде жүргенде, *қандастарыңды* тапқан жақсы. It's nice to find people of the same ethnic background when you are living abroad.

қанды балақ [bloody shinbone of a bird]: **(1)** excellent hunting eagle; **(2)** cruel, as a person who performs cruel or bloody acts

❀ *Қанды балақ бүркіттер* туралы деректі фильм көрдім. I saw a documentary about excellent hunting eagles.

❀ *Қанды балақ* нацисттер бірнеше миллион

Кеңес азамат өлтірді. The cruel Nazis killed millions of Soviet citizens.

қанды көйлек дос [bloody shirt friend]: **(1)** fellow soldier, friend from wartime; **(2)** *partner in crime*

🏵 Also: *қанды көйлек жолдас*

🌼 Менің атам Ұлы Отан соғысы кезіндегі барлық *қанды көйлек жолдастарына* арнап кездесу тойын өткізейін деп жатыр. My grandfather is hosting a reunion party for all his fellow soldiers from the Great Patriotic War.

🌼 Әкеміздің *қанды көйлек досы* Жанат аға оны ойынханаға апармақшы. Uncle Zhanat, Dad's partner in crime, is taking Dad to the casino.

қаны бұзылу [to have one's blood spoil]: to be brutal and evil

🏵 Used in the passive voice only.

🌼 Халық полициядан *қаны бұзылған* қылмыскерлерді тез ұстауды талап етті. The public demanded that the police catch the brutal and evil criminals quickly.

🌼 Түрме оны түзеген жоқ; одан *ол қаны бұзылып шықты.* The prison didn't rehabilitate him; he came out a brutal and evil person.

қаны қайнау [to have one's blood boil]: *to boil with anger*

🏵 Dative. Variants: *қаны қараю, зығыры қайнау, зығырданы қайнау* (in *Miscellaneous*). Also: *қанын қайнату caus* (**to make one's blood boil**).

🌼 Поштамен жіберген затымның тағы *кешіккеніне қаным қайнап отыр.* I am boiling with anger because the stuff that I sent by mail is again late.

🌼 Мәшине сынып қала береді. Оны оңдаған механиктер менің *қанымды қайнатты.* The car keeps breaking. The mechanics who work on it have made my blood boil.

қаны қараю [to have one's blood blacken]: *to boil with rage*

🏵 Dative. Variants: *қаны қайнау, зығыры қайнау, зығырданы қайнау* (in *Miscellaneous*). Also: *қанын қарайту caus.*

🌼 Үкіметтің табыс салығын тағы *көбейткеніне* Асыланның *қаны қарайып отыр.* Asylan is boiling with rage because the government has again raised the income tax rate.

🌼 Ол менің кітабымды тағы *жоғалтып алып, қанымды қарайтты.* She lost my book, and made me boil with rage.

қаны қас болу [to have one's blood be enemy]: to hate, to despise something (see *жаны қас болу* in *Soul and Spirit*)

🏵 Dative. Variant: *жаны қас болу* (in *Soul and Spirit*). Ant: *жаны құмар болу* (in *Soul and Spirit*).

қанына тарту [to pull to one's blood]: **(1)** to take after one's father or paternal relatives; **(2)** to exhibit perceived general characteristics and preferences of one's ethnicity; **(3)** to show nepotism

🌼 Ол *қанына тартып,* тоң мойын болып отыр. His bull-headedness is because he takes after his father.

🌼 Көршім Айжанның күйеуі – жапон. Ол кішкентай *баласының қанына тартып,* теңіз капустасын жақсы көретінін айтып әзілдейді. My neighbor Aizhan's husband is Japanese. She jokes that her little girl eats seaweed because she is Japanese.

🌼 Қала әкімшілігінің қызметкері *қанына тартып,* бәсеке жарияламай тендерді інісіне бергені үшін істі болды. The city official got into trouble for nepotism and giving his brother a noncompetitive contract.

қанішер [blood drinker]: bloodthirsty murderer

🌼 Дракула граф романдарда *қанішер* құбыжық ретінде сомдалған. Count Dracula is depicted in novels as a bloodthirsty monster.

🌼 *Қанішер* кеше ұсталды. The bloodthirsty murderer was captured yesterday.

қу сүйек [dried-up bone]: bare-boned, emaciated

🏵 Collocation: *қу сүйегі қалу* (to become bare-boned).

🌼 Екі ай бойы тамақтан бас тартқан жас қыз баланың *қу сүйегі қалды.* The young girl became emaciated after refusing to eat for two months.

🌼 Құдай үшін, бір нәрсе жеші. *Қу сүйексің* ғой! Eat something, for God's sake. You look emaciated!

кұр сүйегі қалу [to be left with only one's bones]: *to be skin and bones* (see *кұр сүлдесі қалу*)

✪ Variants: *құр сүлдері қалу*, *құр сүлдесі қалу*. See also *қу сүйек*.

құр сүлдері қалу [to be left with only a skeleton]: **(1) *to be skin and bones*; (2)** to become devastated, emotionally, physically, or economically (see *құр сүлдесі қалу*)

✪ Variants: *құр сүйегі қалу* (in the first sense), *құр сүлдесі қалу*. See also *қу сүйек*.

құр сүлдесі қалу [to be left with only one's skeleton]: **(1) *to be skin and bones*; (2)** to become devastated, emotionally, physically, or economically

✪ Variants: *құр сүйегі қалу* (in the first sense), *құр сүлдері қалу*. See also *қу сүйек*.

✤ Ұзақ сырқаттанып, оның *құр сүлдесі қалды*. She became emaciated after prolonged illness.

✤ Он жыл бойғы азаматтық соғыс пен үкіметтегі жемқорлықтың кесірінен кішкентай елдің *құр сүлдесі қалды*. The small country has become bare-boned after a decade of civil war and government corruption.

өңменнен өту [to pass through the body]: to be piercing, as eyes, words, cold wind, or cold weather

✤ Менің нағашы көкемнің көкшіл *көзі өңменнен өтетін*. My maternal uncle's light blue eyes were piercing.

✤ Баспасөз құралдары президенттің саясатын қатты сынға алу үшін *өңменнен өтетін сөздер* қолданды. The media used piercing words to attack the president's policy.

✤ Чикагодағы *жел өңменнен өтеді*. The wind in Chicago is piercingly cold.

сай сүйегі босау [to have one's parts and bones loosen]: to feel great pity for someone or something (see *сай сүйегі сырқырау*)

✪ Optional dative. Also used with a dependent adverbial clause of condition, place, or time. Variant: *сай сүйегі сырқырау*.

сай сүйегі сырқырау [to have one's parts and bones ache with dull pain]: to feel great pity for someone or something

✪ Optional dative. Also used with a dependent adverbial clause of condition, place, or time. Variant: *сай сүйегі босау*.

✤ Мен цирктердегі жануарларды аяймын.

Тайландта пілдер шоуында менің *сай сүйегім сырқырады*. I feel sorry for circus animals. I felt overwhelming pity at the elephant show in Thailand.

✤ Інісінің әйелімен нашар жағдайда ажырасып жатқанын ойлағанда, Темірдің *сай сүйегі босады*. Temir felt great pity when he thought of his brother going through a tough divorce.

сүйегі асыл [one's bone is precious]: well-born, as a person

✤ Бұл жердің әйелдері *сүйегі асыл*, салт басты Сәкенді аңсайды. The women in this community are all pining after the well-born bachelor Saken.

✤ Ол бірнеше қылмыс істеп, түрмеде отыр ма? *Сүйегі асыл* адамның ұлы емес пе? He is in the prison for several crimes? Isn't he the son of the well-born man?

сүйек жаңғырту [to renew bones]: to renew relations between clans or tribes, which are related through marriage already, by marrying off more children after some generations

✪ Traditionally, Kazakhs valued the relationship they entered through marriage of their children and looked at it as a way of forming new alliances and winning social contracts. To keep the alliances strong, clans or tribes that are already related through marriage would yet again arrange the marriage of their young members. See also *жеті ата* (in *Numbers*), *сүйек шатыс*.

✤ Екі азулы ру *сүйек жаңғырту* мақсатымен балаларын атастырды. The two powerful clans wanted to renew their bond and arranged for their children to get married.

✤ Қазақтың *сүйек жаңғырту* салтына ұқсас дәстүр ортағасырлық еуропалық патшалардың отбасыларында кеңінен тараған болатын. The tradition similar to the Kazakh tradition of renewing relations between clans was widespread among medieval European royalty.

сүйек шатыс [bone tangle]: related by marriage, as families, clans, or tribes

✪ See also *жеті ата* (in *Numbers*), *қыз*

алысу (in *Humans and Their Kin*), *сүйек жаңғырту*.

❖ Айгүл мен Нұржан үйленгенде, олардың жанұялары *сүйек шатыс* болды. Aigul and Nurzhan's families became relatives when they got married.

❖ Менің болашақ келінім *досыма сүйек шатыс* адамның қызы екен. My future daughter-in-law turned out to be the daughter of my friend's relative by marriage.

сүйекке сіңу [to be absorbed to the bone]: to be one's second nature, as in tradition, habit, trait of character, or the like being innate to someone

❂ Syn: *қанға сіңу*, *бойға сіңу*. *Сүйекке сіңу* implies that something is ingrained deeply and permanently, as it will even stay with one's bones. *Қанға сіңу* implies that one is influenced by a cultural background. Collocation: *ана сүтімен сүйекке сіңу (to be ingrained through mother's nurture)*. Also: *сүйекке сіңді (innate, ingrained)*.

❖ Заңды құрметтеу америкалықтардың *сүйегіне сіңген*. Respect for laws is Americans' second nature.

❖ Қонақжайлық — қазақтардың *сүйегіне сіңген* дәстүр. Hospitality is second nature to Kazakhs.

сүйекке таңба болу [to be a seal on the bone]: to be a stigma on one's family, clan, or tribe

❂ Variant: *бетке таңба болу* denotes a stigma on one's personal reputation or dignity, whereas *сүйекке таңба болу* implies a stigma on a family's reputation or dignity. Also: *сүйекке таңба салу* (to bring a shame or disgrace to one's own family, clan, or tribe).

❖ Көзге шөп салушылық *сүйекке таңба болып отыр*. Infidelity has been a stain on the family.

❖ Кейбір елдерде жолдан бала табу деген нәрсе *сүйекке таңба салады*. To have children out of wedlock would bring shame upon the family in some cultures.

сіңірі шығу [to have one's tendon come out]: to be impoverished, ***to be dirt poor***

❂ Collocation: *сіңірі шыққан кедей* (very poor person).

❖ *Сіңірі шыққан* кісі ақша табу үшін не болса да бәрін істеуге ықтияр болған. The dirt-poor man was willing to do anything to earn money.

❖ Үкімет халықаралық жәрдемді ысырап ететіндіктен, халық әлі *сіңірі шыққан* күйінде. The people are still dirt poor because the government squanders away the international aid.

тамырды басу [to press the vein]: ***to feel the pulse of someone or something***

❂ Collocations: *халықтың тамырын дәл басу*, *халықтың тамырын дөп басу* (to exactly know the general sentiment of the public), *уақыттың тамырын баса білу* (to keep up with the times).

❖ Журналист әртістің келесі рөлі туралы не ойлайтынын білгісі келіп, оның *тамырын басып көрді*. The journalist felt the pulse of the actor wanting to know what he thought about his next movie role.

❖ Саясаткер - көпшіліктің көңілінен шыққан адам, өйткені ол әрдайым қала тұрғындарының *тамырын дәл басады*. The politician is very popular because he always has his fingers on the pulse of the city.

терісін тірідей сыпыру [to take off one's skin alive]: to mercilessly or severely scold, punish, or critize someone; ***to skin someone alive***; ***to have someone's hide***

❂ Variants: *терісін тірідей іреу*. Syn: *қаққанда қанын, сыққанда сөлін алу*.

❖ Манат ұсақ қателік істегені үшін Ерланның *терісін тірідей сыпырды*. Manat skinned Erlan alive in front of everyone for making a minor mistake.

❖ Ол жаулары мен басып алған елдерінің *терісін тірідей іреді*. He mercilessly punished his enemies and the people he conquered.

терісін тірідей іреу [to take off one's skin alive]: to mercilessly or severely scold, punish, or criticize someone; ***to skin someone alive***; ***to have someone's hide*** (see *терісін тірідей сыпыру*)

❂ Variants: *терісін тірідей сыпыру*. Syn: *қаққанда қанын, сыққанда сөлін алу*.

терісіне сыймай ашулану [to get angry (to the point of) not fitting one's skin]: to be very angry

❦ Аймарал сүйікті сөмкесін сұрамай алып кеткен сіңлісін күтіп, *терісіне сыймай ашуланып отырды*. Aimaral became very angry while waiting for her sister, who had taken her favorite purse without permission.

❦ Ұлы мәртебелі колледжден оқудан шығып қалып, Ерболат *терісіне сыймай ашуланып отыр*. Yerbolat is very angry because his son dropped out of the prestigious college.

толыққанды [with full blood]: full, complete

❂ Formal.

❦ Қызметтің бұл түрі эксклюзивті клубтың *толыққанды* мүшелеріне арналған. This service is for full members of the exclusive club.

❦ Барлық нәсілді балаларды бір мектепте оқыту ісінің *толыққанды* жүзеге асуына біраз уақыт кетті. It took a while for schools to fully integrate children of all races.

шапқа от тастау [to drop fire onto the groin]: *to cut someone to the quick, to hit where it hurts most*

❂ Also: *шапқа шоқ түсу* (*to be cut to the quick, to be hit where it hurts most*); *шапқа шоқ түскендей болу, шапқа шоқ түскендей ырши* (to react as if someone was hit where it hurts most); *шапқа шоқ түскендей тулау* (to adamantly refuse).

❦ Баспасөз мәслихатында күдіктінің бас прокурорды мазақ еткені ақымақтық болды. Ол бас прокурордың *шабына от тастап*, оны шаш ал десе бас алатын қылды. It was foolish for the suspect to ridicule the district attorney at the press conference. It cut the district attorney to the quick and made him overzealous.

❦ Бұрын жүрген қыздарын айтсам болды, менің жігітімнің *шабына шоқ түседі*. When I bring up his past girlfriends, my boyfriend is cut to the quick.

шапқа тию [to touch the groin]: to offend, to hurt one's ego or pride

❦ Әкелетін тамағыңа не істеп қоятынын білмейсің ғой. Сондықтан даяшының *шабына тимегенің* дұрыс шығар. You don't know what he might do to your food. So it's probably not a good idea to offend your waiter.

❦ Жеке әндер жинағын шығарамын деп, солист өзінің топ мүшелерінің *шабына тиді*. The lead singer hurt her band's ego by wanting to do a solo album.

ішкен асы бойына сіңбеу [not to have one's eaten food be absorbed to one's body]: not to be satisfied or happy until something is done or achieved (see *ішкен асы бойына тарамау*)

❂ Used with a dependent adverbial clause of condition or time. Variant: *ішкен асы бойына тарамау*.

ішкен асы бойына тарамау [not to have one's eaten food spread to one's body]: not to be satisfied or happy until something is done or achieved

❂ Used with a dependent adverbial clause of condition or time. Variant: *ішкен асы бойына сіңбеу*.

❦ Сараптаманың қорытындысы *шыққанша, әкемнің ішкен асы бойына тарамайды*. My father won't be happy until the results of his analysis come out.

❦ Менің күйеуім қайда барса да, компьютерін алып жүреді. Интернетті *тексермесе, оның ішкен асы бойына сіңбейді*. My husband takes his computer everywhere he goes. He is not happy if he doesn't check the Internet.

Arm and Hand: *Қол*

ақ білектің күшімен, ақ найзаның ұшымен [with the strength of a white wrist and with the tip of a white lance]: with brutal force

❂ Used in regard to conquering or controlling a nation or fighting an enemy. Variant: *ақ білектің күшімен, көк найзаның ұшымен*. See also *ақ найза* (under *ақ* in *Color*).

❦ Ірі империялар отарлаған жерлерін *ақ білектің күшімен, ақ найзаның ұшымен* қол астында ұстап отырды. Large empires controlled their colonies with brutal force.

❦ АҚШ соғысты тоқтату үшін Жапонияны *ақ білектің күшімен, көк найзаның ұшымен* жеңді. To defeat Japan and thus end the war, the United States fought Japan with brutal force.

ақ білектің күшімен, көк найзаның ұшымен [with the strength of a white wrist and with the tip of a blue lance]: with brutal force (see *ақ білектің күшімен, ақ найзаның ұшымен*)

☸ Variant: *ақ білектің күшімен, ақ найзаның ұшымен*

алақан жаю [to spread a palm]: **(1)** to beg for money; **(2)** *to ask for a handout*

☉ Optional dative. Sarcastic in the second sense. Variant: *қол жаю*. Syn: *аузын ашу* in the second sense.

❀ Көшелерде *алақан жайып жүрген* көп кедей адамды көргенде жүрегің ауырады. It is heartbreaking to see so many poor people begging for money in the streets.

❀ Әнди 1970 жылдардағы экономикалық дағдарыс кезінде де *үкіметке қол жайып*, әлеуметтік жәрдемақы сұраған емес. Even during the worst economic recession of the 1970s, Andy did not ask for a handout from the government and its social welfare programs.

алақанға салу [to put in a palm]: to cherish, to treasure someone

☉ Accusative. Collocations: *алақанға салып аялау tr* (to care for a child tenderly), *алақанға салып әлпештеу tr* (to care for a child tenderly), *алақанға салып қадірлеу tr* (to treasure and respect), *алақанға салып өсіру tr* (to raise a child, usually a daughter, with tender care).

❀ Жапонияда *қарияларды алақанға салып қадірлейді* деп естідім. I have heard that in Japan, elders are treasured and respected.

❀ Болат ағ *қызын алақанына салып өсірді*. Uncle Bolat raised his daughter with tender care.

арзанқол [cheap hand]: cheap and of low quality, as products

❀ *Арзанқол заттар* Алматының барахолкасында самсап тұр. There are many cheap and low-quality things at the Almaty flea market.

❀ Менің досым *арзанқол киім* алғаннан гөрі, қымбат та болса, сапалы киім кигенді қалайды. My friend prefers high-quality clothes, even though they are expensive, over cheap and low-quality ones.

ашса алақанда, жұмса жұдырықта [when open, it is in the palm and when closed, it is in the fist]: under someone's tight control or power, *in the palm of one's hand*

☉ Collocations: *ашса алақанда, жұмса жұдырықта болу* (to be in the palm of one's hand); *ашса алақанда, жұмса жұдырықта қалу* (to be left in the palm of one's hand); *ашса алақанда, жұмса жұдырықта ұстау* (to keep someone in the palm of one's hand).

❀ Демократиялық жүйе құлатылғаннан кейін бүкіл ел бір адамның *ашса алақанында, жұмса жұдырығында қалды*. After the democratic system was destroyed, the whole country was left in one person's ruling hand.

❀ Бай мұрагер қыз өзінің ойын-сауық қуған *жігітін ашса алақанында, жұмса жұдырығында ұстайды*. The wealthy heiress has her playboy boyfriend in the palm of her hand.

бармақ басты, көз қысты [stamped with the thumb and winked the eye]: venal, corruptible, as actions or measures

❀ Жол полицейлерінің *бармақ басты, көз қысты әрекеттерінің* кесірінен жол ережесі сақталмайды. Due to the traffic policemen's venal activities, the traffic rules are not enforced.

❀ Сенатордың ұзақ, сый-құрметке толы қызмет жолына оның соңғы кездегі *бармақ басты, көз қысты істерінің* кесірінен дақ түсті. The senator's long and distinguished career has been destroyed by his recent venal activities.

бармақ тістеу [to bite a thumb]: **(1)** *to be at a financial loss*; **(2)** *to kick oneself*

☉ Mostly used with a dependent adverbial clause of reason, which specifies why one is disappointed or regretful. Syn: *сан соғу* in the second sense.

❀ Үй нарығы шарықтау шегіне жеткенде *үй сатып алып, бармағымды тістеп отырмын*. I am at a financial loss, having bought my house at the peak of the market.

❀ Кезінде ағылшын тілін *үйреніп алмай, бармағын тістеп отыр*. She is kicking herself for not learning English at that time.

білек сыбану [to roll up a wrist]: to get ready for some action with determination and commitment, *to roll up one's sleeves*

❂ Dative. Collocations: *білек сыбанып кірісу* (to get into something by rolling up one's sleeves), *білек сыбанып отыру* (to be ready, to have one's sleeves rolled up).

❀ Биыл жазда үй *салуға білек сыбанып отырмыз*. We are ready to build a house this summer.

❀ Жазғы демалысқа шыға сала, Дина ағылшын тілін *оқуға білек сыбанып кірісті*. As soon as Dina took some time off during the summer, she rolled up her sleeves and started learning English.

екі қолды мұрынға тығу [to hide the two hands in the nose]: to be left without anything, to have gone bankrupt as a result of financial irresponsibility

❂ Colloquial. Marked by sarcasm and a mocking view toward someone who is bankrupt, along with disapproval of his or her financial irresponsibility. Used in the western variety of Kazakh. Variant: *екі қолды танауға тығу*.

❀ Ол ақшасын үнемдемей, оңды-солды шашып, соңында *екі қолын мұрнына тығып қалды*. He was not economical, spent his money left and right, and finally went bankrupt.

❀ Жылжымайтын мүлік саласындағы көптеген пайдасыз істерге ақшасын салған Айнұр қазір *екі қолын танауына тығып отыр*. Because Ainur invested in too many bad real estate deals, she has gone bankrupt.

екі қолды танауға тығу [to hide the two hands in the nostrils]: to be left without anything, to go bankrupt as a result of financial irresponsibility (see *екі қолды мұрынға тығу*)

❂ Colloquial. Marked by sarcasm and mocking view toward someone who is bankrupt, along with disapproval of his or her financial irresponsibility. Used in the Western variety of Kazakh. Variant: *екі қолды мұрынға тығу*.

жәрдем қолын созу [to extend one's helping hand]: to provide aid or assistance, *to give a helping hand* (see *көмек қолын созу*)

❂ Formal. Variants: *көмек қолын созу, қол ұшын беру*.

жуан жұдырықты [with a thick fist]: **(1)** harsh, oppressive, *heavy-handed*;

(2) powerful pertaining to physical strength, especially with the hands

❂ Also: *жуан жұдырық* (harshness; power).

❀ Байырғы халықтарға қарсы *жуан жұдырықты* саясат жүргізілгені әйгілі. It is known that there was a heavy-handed policy againt the native peoples.

❀ Чемпионның *жуан жұдырығы* қарсыласына дәл тиді. The champion's heavy fist struck his opponent with immense precision.

жұдырық ала жүгіру [to run taking a fist]: to be quick to resort to violence or abuse

❂ Optional dative.

❀ Полиция қит етсе *жұдырық ала жүгіретін* көше бұзақыларын тәртіпке келтіруде қала тұрғындарының жәрдемі қажет екенін айтты. The police stated that they needed help from the city residents in disciplining street bandits who get violent over little things.

❀ Кішкентай дау-дамайларда басқа *ковбойларға жұдырық ала жүгіріп*, оларды өлтіріп, Билли Бала атты қылмыскердің жаман атағы шықты. The outlaw Billy the Kid was notorious for getting violent and killing other cowboys over small disputes.

жұдырық жеу [to eat a fist]: to be beaten or punched

❂ Optional ablative showing the person who does the beating. Variant: *таяқ жеу* (in *Miscellaneous*).

❀ Әскердегі әлімжеттікке көз жұмуға болмайды. Әскерге жастар *жұдырық жеу* үшін емес, қоғамға үлес қосуы үшін баруы керек. Military hazing cannot be ignored. Young men should go to the army not to be beaten, but to contribute to society.

❀ Киелі кітаптағы бір аңызда Голиаф атты алып өзінен біршама кішкентай батыр *Давидтан жұдырық жегені* айтылады. The biblical story proclaims that the giant Goliath was beaten by the much smaller hero David.

көмек қолын созу [to extend one's helping hand]: to provide aid or assistance, *to give a helping hand*

❂ Dative; formal. Variants: *жәрдем қолын созу, қол ұшын беру*.

❀ Әрбір ірі апаттан кейін бірнеше мыңдаған ерікт елдің түкпір-түкпірінен барып, *зардап шегушілерге көмек қолын созады*. After every major disaster, thousands of volunteers appear from all parts of the country to give the victims a helping hand.

❁ Әйгілі суретшіні *шақыруға* жергілікті өнер жанашырлары *жәрдем қолын созды*. The local art aficionados helped to invite the famous painter.

қанға қолын малу [to soak one's hand in blood]: *to have blood on one's hand*

✪ Variant: *қолын қанға былғау* (under *қол былғау*). *Қанға қолын малу* emphasizes the brutality of killing or murder. Also: *қанға қолы малыну pass.*

❁ Сталиннің бұйрығын орындап, бірнеше мыңдаған жазықсыз адамды атуға қатысқандар да еріксіз *қанға қолдарын малды*. Following Stalin's orders, those who participated in shooting thousands of innocent people involuntarily got blood on their hands.

❁ Қала тұрғындары *қанға қолын малған* барлық адамдарға ауыр жаза кесілуін талап етті. The city residents demanded a harsh punishment for all people who had blood on their hands.

қол астында [under the hand]: **(1)** under one's rule; **(2)** under one's supervision or leadership

✪ Can be formal.

❁ Қал жаудың *қол астында* қалмады. The city had not been left under the enemy's rule.

❁ Мен ол кісінің *қол астында* екі жыл жұмыс істедім. I worked under her supervision for two years.

қол босау [to have the hands be freed]: to be free (from work)

✪ Ablative.

❁ Бүкіл *тірлігімнен қолым босағаннан кейін*, жаңалық қарадым. I watched the news after I was free from all my chores.

❁ Менің күйеуім жауапкершілігі көп *жұмысынан қолы босағанда*, көкөністің әр түрін отырғызғысы келеді. My husband wants to plant various vegetables when he is free from his demanding job.

қол былғау [to dirty the hands]: to be involved in illegal, criminal or corrupt activities

✪ Dative. Also: *қолы былғану pass.* Collocations: *қылмысқа қол былғау* (to be involved in a crime), *қолын қанға былғау* (**to have blood on one's hands**). Variant: *қанға қолын малу* for *қолын қанға былғау*. See also *қолын қанға малу*.

❁ Жастайынан бұзақы болған Мират жалдамалы баскесерлердің қасында жүріп, көптеген *қылмысқа қолын былғады*. Having been a hoodlum from childhood, Mirat has been involved in many crimes.

❁ *Заңсыз істерге қол былғағысы келмейтін* адамдар көп. Many people do not want to be involved in illegal activities.

қол жалғап жіберу [to connect an arm]: to pass from one person to another

✪ Dative. The expression is used when someone cannot reach something.

❁ *Бұрышқа қол жалғап жіберші*. Please pass the pepper.

❁ Үстелдің аяқ жағында тұрған картоп салатына қолым жетпей тұр. *Соған қол жалғап жібересіз бе?* I can't reach the potato salad at the end of the table. Could you please pass it to me?

қол жаю [to spread a hand]: **(1)** to beg for money; **(2)** **to ask for a handout** (see *алақан жаю*)

✪ Sarcastic in the second sense. Variant: *алақан жаю.* Syn: *аузын ашу* in the second sense.

қол жету [to have the hand reach]: **(1)** to reach something; **(2)** to achieve, to obtain, to gain

✪ Dative. Formal in the second sense. Also: *қол жеткізу caus*; *қолжетімді* (accessible). Collocations: *мақсатқа қол жету* (to achieve a goal), *тәуелсіздікке қол жеткізу* (to gain independence). See also *қол жалғау* in the second sense.

❁ Жоғарғы сөреде тұрған ана *кітапқа қолың жетеді ме?* Can you reach that book on the high shelf?

❁ Екі жылдан кейін жақсы *жұмысқа қолым жетті*. After two years, I obtained a good job.

қол жұмсау [to send a hand]: to physically abuse someone, *to lay a hand on someone*

✪ Dative.

❀ *Жұбайына қол жұмсады* деген айып тағылып отырған Мәжиттің соты бүгінге белгіленді. Mazhit's trial on the charge of spousal abuse has been assigned for today.

❀ Айыпталған зорлықшыны тұтқындамас бұрын полицияның *оған қол жұмсағаны* кеңінен белгілі болды. It was widely known that the policemen severely abused the convicted rapist before arresting him.

қол құсырып отыру [to sit with crossed arms against the chest in a bowing gesture]: not to take action, to idle

❀ Мақалада әлемдік қауымдастық бұл мемлекеттің ядролық қару жасағанына *қол құсырып қарап отыр* деген пікір айтылды. The article contended that the world community is not taking any action in response to this nation's development of nuclear weapons.

❀ Күйеуім үйдің сыртын сырлап жатқанда, мен *қол құсырып отырмай*, үйдің ішін тазаладым. When my husband was painting the house, I didn't sit idle but instead cleaned inside the house.

қол салу [to put a hand]: **(1)** to embezzle; **(2)** *to get one's greedy paws on something*; **(3)** *to have a hand in*; **(4)** to commit suicide, when used with *өзіне-өзі*; **(5)** to abuse or molest sexually

✿ Dative. Formal in the first sense. Variant: *қол сұғу* in the first sense. Collocations: *қазынаға қол салу* (to embezzle from a treasury), *қоймаға қол салу* (to embezzle from a warehouse), *мемлекет қаржысына қол салу* (to embezzle public funds).

❀ Жұмыста қызметкерлер жиі кеңсе *тауарларына* ойланбастан *қол салады*. Employees will often embezzle office supplies without hesitation.

❀ Көптеген шетелдік инвесторлар банкротқа ұшыраған көлік өндіруші компанияның *құнды мүлігіне қол салайын* деп жатыр. Many foreign investors are about to get their greedy little paws on the bankrupt car company's assets.

❀ Джон әйтеуір құнды қағаздар *нарығына қол салды*. John finally got a hand in the stock market.

❀ *Өзіне-өзі қол салған* жас жігіттің өлімі бойынша тергеу ісі басталды. An investiga-

tion has started into the death of the young man who committed suicide.

❀ Полиция кішкентай *қыз балаларға қол салған* адамды бүкілхалықтық деңгейде іздестіріп жатыр. The police are on a nationwide manhunt for the man who sexually molested young girls.

қол сұғу [to slip the hand]: **(1)** to embezzle (see *қол салу*); **(2)** to commit a burglary or theft; **(3)** to violate one's rights and freedoms; **(4)** to break the integrity of a country, to invade territory; **(5)** to abuse someone sexually, usually used with *ар*: *арға қол сұғу*; **(6)** *to have a hand in* (see *қол салу*)

✿ Dative. Formal in the first, third, fourth, and fifth senses. Variant: *қол салу* in the first, second, and fifth senses. Collocations: *халық игілігіне қол сұғу* (to embezzle from public funds); *құқыққа қол сұғу* (to violate a right); *мүлікке қол сұғу* (to burglarize or embezzle property); *мемлекеттік меншікке қол сұғу* (to embezzle public property); *бүтіндікке қол сұғу, тұтастыққа қол сұғу* (to break territorial integrity); *қаржыға қол сұғу* (to embezzle finances); *жерге қол сұғу* (to invade a land); *меншікке қол сұғу* (to violate property rights); *өмірге қол сұғу* (to violate a right to life).

❀ Қылмыскер бірнеше ай бойы жергілікті *дүкендерге қол сұққан*. The criminal burglarized the local shops for months.

❀ Үкіметтік емес ұйымдар полицияны кейбір кезде азаматтардың *адам құқықтарына қол сұқты* деп мәлімдеді. Nongovernmental organizations stated that the police sometimes infringed on citizens' human rights.

❀ Біздің одақтастарымыз егемен *жерімізге қол сұққан* қуатты жауымызды жеңуге көмектеседі ме? Will our allies help us to defeat the powerful enemy who invaded our sovereign territory?

❀ Оның *арына қол сұққан* қылмыскерді іздеуге бүкіл қала тұрғындары қатысты. The residents of the whole city participated in the search for the criminal who had sexually abused the woman.

❀ Полиция мафияның баскесерін тағы босатып жіберді. Бұл мафияның *іске қол сұққанын* көрсетеді. The police freed the mafia's hit man again. This shows that the mafia had a hand in the matter.

қол тию [to have the hands touch]: not to be busy, to get a chance to do something

❀ *Қолым тигенде* теледидардан өзімнің сүйіп қарайтын саяхат туралы көрсетілімді тамашалаймын. When I am not busy, I watch my favorite travel show on TV.

❀ Менің күйеуімнің өлең жазуға *қолы тимей жүр*. My husband has been too busy to write a poem.

қол ұшын беру [to give a tip of the hand]: *to give someone a hand*

❂ Dative. Variants: *жәрдем қолын созу, көмек қолын созу*.

❀ Мейірімді қыз бір зағип *қарияға* мәшине көп көшеден *өтуге қол ұшын берді*. The kind girl gave the old, blind man a hand to help him cross the busy street.

❀ Әлем қауымдастығы жер сілкінісінен кейін *Қытайға қол ұшын берді*. The world community lent a helping hand to China after the earthquake.

қол үзу [to split the hand]: **(1)** to leave one's career or work for good, to give up; **(2)** to lose contact

❂ Ablative. Formal.

❀ Менің досым әртістік *қызметінен* біржола *қол үзіп*, тіл маманы болуға оқуға түсті. My friend gave up her acting career and went to school to become a linguist.

❀ Он жыл бұрын мектеп бітіріп, елдің түкпір-түкпіріне тарап кетсе де, бірге оқыған достар *бір-бірінен қол үзген жоқ*. Although they graduated from high school ten years ago and went to live throughout the country, the former high school friends did not lose contact with each other.

қол шығару [to take the hand out]: to make an obscene gesture at someone, *to flip someone off*

❂ Dative. It is an obscene gesture to show a fist in which the thumb is placed between the index and middle fingers.

❀ Мұрат жолда алдынан кесіп өткен мәшиненің *жүргізушісіне қолын шығарды*. After being cut off in traffic, Murat flipped off the other driver.

❀ Мұғалім баланы бір *оқушыға қолын шығарып*, тентек болғаны үшін жазалады. The teacher punished the misbehaving child for making an obscene gesture at another student.

қол шығу [to have the hand come out]: **(1)** to have good luck at a card game; **(2)** *to get lucky* (sexually)

❂ Slang, in the second sense.

❀ Кеш бойы *қолым шықпады* деп тұнжырап отырған күйеуімнің көңіл-күйі покер ойынының соңына қарай ұта бастағанда тез-ақ көтерілді. My gloomy husband said he'd had no luck all night. But he quickly got into a good mood when he started to win toward the end of the game.

❀ Сен ыржиып тұрсың ғой. Кеше түнде *топ-модельмен қолың шықты ма*? You have the biggest grin on your face. Did you get lucky with that model last night?

қолға алу [to take into the hand]: *to turn one's hand to something*

❂ Accusative. Can be formal. Also: *қолға алыну* pass.

❀ Жаңа бастықтан полиция бөліміндегі сыбайлас жемқорлықты *жою ісін қолға алу* сұралды. The new commissioner was asked to turn his hand to ending corruption in the Police Department.

❀ Экономикалық реформалар *қолға алынбақ*. Economic reforms will be undertaken.

қолға қарау [to look at the hand]: to be dependent on someone for care

❂ *Қол* is used with or without a possessive ending.

❀ Қыста мал біздің *қолымызға қарап қалады*. In the winter, the livestock depend on us for care.

❀ Әділ үлкен жол апатында жарақаттанып, төсек тартып жатқан кезінде толықтай өз жанұясының *қолына қарап қалды*. While Adil was bedridden from the major car accident, he was wholly dependent on his family.

қолға тию [to touch the hand]: *to get one's hands on something*

❂ Variant: *қолға түсу* implies looking for something and obtaining it, whereas *қолға тию* refers to randomly obtaining something.

Қолға тию is used in regard to an inanimate object only.

❀ Ол әлі күнге дейін *қолына тиген* кітапты оқиды. He still reads any book he gets his hands on.

❀ Менің күйеуім *қолына тиген* орхидеяның түр-түрін сатып алды. My husband bought all the orchid plants he could get his hands on at the nursery.

қолға түсу [to descend to a hand]: **(1)** to be captured; **(2)** *to get one's hands on someone or something*

◉ Dative in the first sense. *Қолға* does not take a possessive ending in the first sense. In the second sense, it can be used with or without the possessive ending. Variant: *қолға тию* refers to randomly obtaining something, whereas *қолға түсу* implies looking for something and obtaining it. *Қолға тию* is used in reference to an inanimate object only.

❀ Сенатор МакКейн Вьетнам соғысында солтүстік *вьетнамдықтарға қолға түскен*. Бірнеше жыл соғыс тұтқыны болған. Senator McCain was captured by the North Vietnamese during the Vietnam War. He remained a prisoner of war for years.

❀ Сантехник менің жуынатын бөлмемді дұрыстап жөндемей кетіп қалыпты. Ол *менің қолыма түспей отыр*: мен оны сүйреп әкеліп, қайтадан жөндеткізейін деп едім. The plumber left without properly fixing my bathroom. I can't get my hands on him, but I wanted to drag him back and make him redo it.

қолға үйрету [to train to a hand]: to domesticate

◉ Accusative. Can be formal. Also: *қолға үйретілу pass.*

❀ Жақында батыс археологтары қазіргі Қазақстан аумағында өмір сүрген байырғы тайпалардың *жылқыны* алғаш *қолға үйреткенін* дәлелдеді. Recently, Western archeologists have proved that the ancient tribes who had lived in the territory of present-day Kazakhstan first domesticated horses.

❀ Адамзат серік қылудан басқа да бірнеше себеппен *итті қолға үйреткен*. Humankind domesticated dogs for numerous reasons other than companionship.

қолдағы бала [the child that is in the hand]: a son who continues living with his parents after marriage

◉ Collocations: *қолдағы бала-келін* (the son and his wife who live with his parents), *қолдағы келін бала* (the daughter-in-law who lives with her husband's parents). Also: *қолына бару* (to go to live with parents or children), *қолына келу* (to come to live with parents or children).

❀ Көрші әжей *қолындағы келінін* қатты мақтайды. Мақтаса, мақтағанға тұрарлық. Our neighbor always praises her daughter-in-law, who lives with her. She is worth all her praises.

❀ Мен былтыр кенжем Әбілдің *қолына бардым*. Last year I went to live with my youngest son, Abil.

қолдан жасау [to make from a hand]: **(1)** to make by hand; **(2)** to make artificially

◉ Can be formal. Collocations: *қолдан жасалған қару* (homemade weapon), *қолдан жасалған инфляция* (artificial inflation).

❀ Менің досым *қолдан жасалған* жиһазды қатты ұнатады. My friend likes handmade furniture very much.

❀ АҚШ долларының әлсіреуі жанармай бағасын *қолдан жасалған инфляцияға* ұшыратты. The weakening US dollar has resulted in the artificial inflation of gasoline prices.

қолдан келу [to come from the hand]: to be able to do something

❀ Өтірік айту *қолымнан келмейді*. Lying is something I can't do.

❀ Ол *қолынан келген* көмегін аямайды. He does not hold back on the help he is able to give.

қолды байлау [to tie the hands]: to be an obstacle or restraint

◉ Also: *қолбайлау* (obstacle); *аяққа тұсау, қолға байлау* (ball and chain).

❀ Құрылыс материалдарының жетіспеушілігі *қолымызды байлап отыр*. Әйтпесе, тағы бірнеше үй салар едік. The insufficient construction materials are becoming an obstacle for us. Otherwise, we would build more houses.

❀ Қарыздарым маған қалаған университетіме түсуге *аяққа тұсау, қолға байлау* болды. My debts were a ball and chain in my quest to attend the college of my choice.

қолды болу [to be with the hands]: to be stolen by a thief or robber

❂ Can be formal. See also *суық қолды*.

❀ Бірнеше туынды мұражайдан *қолды болды*. Several pieces were stolen from the museum.

❀ 500 жыл бұрын *қолды болған* зергерлік бұйымдар Канададан табылды деген сөз болды. Одан әрі тексеру барысында ол жалған сөз болып шықты. The jewels that were stolen five hundred years ago were thought to have been found in Canada. But after further investigation, the discovery turned out to be a hoax.

қолмен істегенді мойынмен көтеру [to lift with the neck what the hand has done]: to take responsibility for one's own illegal, criminal, or wrongful actions; to pay for one's own actions

❀ Прокуратура қылмыскердің біреуіне жеңілдетілген жаза алу үшін өзінің сыбайласына қарсы куәгер болуды ұсынды. Бұл оның сыбайласы сияқты *қолымен істегенін мойнымен көтеруі* тиіс деген қоғамдық наразылық тудырды. The prosecutors offered one of the criminals a deal to testify against his partner for a reduced punishment. This created a public outcry to make him equally responsible for what he did.

❀ Сен үнемі өзіңнің теріс әрекеттеріңе басқа адамдарды кінәлайсың. *Қолыңмен істегеніңді мойныңмен көтеретін* кез келді! You always blame others for your own wrong actions. It's time to take responsibility for your own actions!

қолтыққа дым бүрку [to sprinkle moisture to an armpit]: to instigate someone to do something negative or undesirable

❂ Variant: *қолтыққа су бүрку*

❀ Үкімет көрші мемлекетті сепаратистік топтардың *қолтығына дым бүркіп отыр* деп айыптады. The government accused the neighboring nation of instigating separatist groups in its country.

❀ Саған сол керек. Інілеріңнің *қолтықтарына су бүркіп*, басқа балаларға әлімжеттік істеуге айдап салғаның үшін алатын жазаң сол. You deserve to be punished. That's what you get for instigating your brothers to bully other kids.

қолтыққа су бүрку [to sprinkle water to an armpit]: to instigate someone to do something negative or undesirable (see *қолтыққа дым бүрку*)

❂ Variant: *қолтыққа дым бүрку*

қолы ашық [one's hand is open]: generous, as a person

❂ Used as an adjective only. It is incorrect to use it for predication: *Мараттың қолы ашық*.

❀ Менің досым Яна — *қолы ашық адам*. Ол менің балаларыма көп сыйлық береді. My friend Yana is a generous person. She gives many presents to my children.

❀ Жібек апа *қолы ашық жан* болатын. Жағдайлары қиын көршілеріне үнемі азық-түлік, киім-кешек беріп көмектесетін. Aunt Zhibek was a generous person. She used to help her neighbors in difficult financial situations by giving them food and clothing.

қолы бату [to have one's hand sink]: **(1)** to unintentionally hurt when slightly slapping someone; **(2)** *to use elbow grease*, when used in the causative voice with *тазала*

❂ Dative in the first sense. Also: *қол батыру caus.*

❀ Мен жиенімнің құйрығынан жәйлап салып жібердім. Ол шыңғырып жібергенде, *оған қолымның батып кеткенін* түсіндім. I slightly slapped my nephew on his butt. When he screamed, I realized I had hurt him.

❀ Пеш өте лас. *Қолыңды батырып тазала*. The oven is very dirty. Use elbow grease to clean it.

қолы қалт еткенде [when one's hand makes a jerking movement]: when someone gets a break from hard work

❂ Also: *қолы қалт етсе*.

❀ Сіңлім *қолы қалт еткенде* теледидардан табиғат пен жан-жануарлар туралы көрсетілімдерді қарағанды жақсы көреді. When my sister gets a break, she likes to watch TV shows about nature and animals.

❀ Зура *жұмысынан қолы қалт етсе, әріптестерімен бірге кофе ішеді*. Zura goes to drink coffee with her coworkers when she gets a break from her hard work.

қолы қысқа [one's arm is short]: to be financially incapable, to be short of money

✿ Also: *қолдың қысқалығы* (shortage of money). *Қолы ұзын* is not an antonym.

❀ *Өнер мұражайының қолы қысқа. Ол өнер жанашырлары мен қамқоршыларының көмегіне сүйенеді.* The art museum is short of finances. It relies on art aficionados.

❀ *Ол қолының қысқалығынан* баласын Алматыға оқуға жібере алмады. She couldn't send her son to Almaty to study because of a shortage of money.

қолы ұзын [one's arm is long]: influential and having connections with those in power, ***big shot***

✿ *Қолы қысқа* is not an antonym.

❀ *Қанат сотта ақталып шықты. Кейбіреулер оны қолы ұзын әкесінің арқасында құтылып кетті деп есептейді.* Kanat was acquitted at the trial. Some think that he got away thanks to his father, who has connections to those in power.

❀ *Компаниядағылар оған қолы ұзын болғандықтан төзіп жүр.* He is tolerated by the people in the company because he is a big shot.

қолы-қолына жұқпау [not to have one's hand adhere to another hand]: an adroit person who does some kind of work fast and well

✿ See also *аузы-аузына жұқпау*

❀ *Теледидардан бір қытайлықтың ежелгі дәстүр бойынша кеспе созғанын көрдім. Шеберлігі сонша, оның қолы-қолына жұқпайды.* I saw on TV how a Chinese person made noodles by hand in the ancient tradition. He is so adroit that you can hardly keep up with his hands.

❀ *Әкімшілік хатшысы минөтіне жүз елу сөз басады. Компьютерге сөз тергенде, қолы-қолына жұқпайды.* The executive secretary can type 150 words per minute. When she types she is so adroit and fast.

құр алақан [empty palm]: empty-handed

✿ Variant: *құр қол*. Collocations: *құр алақан келу* (to come empty-handed), *құр алақан кету* (to leave empty-handed), *құр алақан қалу* (to be left empty-handed).

❀ *Калифорнияға алтын іздеп барған кеншілер үйлеріне құр алақан қайтты.* After traveling to California to discover gold, the miners came back home empty-handed.

❀ *Ол ата-әжесіне қарсы шығып, мұрадан құр алақан қалды.* Because of his rebellious attitude toward his grandparents, he was left out of their inheritance.

❀ *Әжем үйге келген қонақты құр қол жібермейді. Бала-шағаңа апар не болмаса жолыңа азық болсын деп тамақ салып береді.* My grandmother does not send away a guest who comes to her house empty-handed. She gives him or her food and tells them to take it to their children or says that they may need it as a snack for the road.

құр қол [empty hand]: empty-handed (see *құр алақан*)

✿ Variant: *құр алақан*. Collocations: *құр қол кету* (to leave empty-handed), *құр қол қалу* (to be left empty-handed).

оң қол [right hand]: ***right-hand person***

❀ *Жақында Арайдың қызметі жоғарылап, бас ғалымның оң қолы болды.* Arai has recently been promoted to become the chief scientist's right-hand person.

❀ *Ерте ержеткен Жалғас әкесінің бизнесіне көмектесіп, оның оң қолы болды.* Maturing early, Zhalgas helped his father's business and became his right-hand person.

орта қолды [with the middle hand]: of average quality

❀ *Италияда жасалған мына сөмкемен салыстырғанда анау – орта қолды сөмке.* That handbag is only of average quality when compared with the handbag made in Italy.

❀ *Мына дүкенде жоғары сапалы жиһазбен қатар орта қолды жиһаз да сатылады.* This store sells furniture of average quality in addition to high-quality furniture.

өз қолы өз аузына жету [to have one's own hand reach one's own mouth]: to become self-sufficient, to become independent

❀ *Жалақысы жоғары жұмысқа орналасқаннан кейін, Сәкеннің өз қолы өз аузына жетті.* Saken is self-sufficient now that he's got a high-paying job.

❧ Көптеген мемлекеттер егемендік алып, *өз қолы өз аузына жетсе де,* әлі саяси-экономикалық қиыншылық көруде. Even though many states became independent, they are still faced with political and economic difficulties.

суық қолды [with a cold hand]: thief or robber

☸ Euphemism. See also *қолды болу.*

❧ Жұмыстағы тоңазытқыштан адамдардың тамақтары жоқ болып кетіп жатыр. *Суық қолды* кім екен? People's food started to disappear from the refrigerator at work. Who is the thief?

❧ Көршілердің ауласындағы ұсақ-түйек заттар ұрлана бастады. Олар жаңадан көшіп келген Азаматты *суық қолды* деп отыр. Small things in the neighbors' yards started to be stolen. They say that their new neighbor Azamat is a thief.

тырнақ астынан кір іздеу [to look for dirt under the nail]: *to dig up dirt on someone or something*

❧ Фатима ажырасуға арыз бермес бұрын күйеуінің *тырнағының астынан кір іздеуге* жеке тергеушіні жалдады. Fatima hired a private investigator to dig up dirt on her husband before filing for divorce.

❧ Тілшілер кез келген атақты жұлдыздың *тырнағының астынан кір іздейді.* Reporters love to dig up dirt on any celebrity.

тырнаққа татымау [not to be worth a nail]: not to be equal to someone or something, *not to hold a candle to someone*

☸ Accusative. Variant: *тырнаққа тұрмау*

❧ Болат әр күрес чемпионатында үстем болды. *Оның тырнағына татитын адам бар ма?* Bolat has dominated at every wrestling championship. Can anyone hold a candle to him?

❧ Көп адам Әсемді *Алматтың тырнағына тұрмайды* деп ойлайды. Many believe that Adilet cannot hold a candle to Almat.

тырнаққа тұрмау [not to be worth a nail]: not to be equal to someone or something, *not to hold a candle to someone* (see *тырнаққа татымау*)

☸ Accusative. Variant: *тырнаққа татымау*

уыстан шығармау [not to let out of a palm]: to keep tight control over someone or something

☸ Accusative.

❧ Батыс баспасөзі оның әрекетін үкімет *билігін уысынан шығармауға* талпынысы деп сипаттады. The Western media described this action as his attempt to keep tight control over the government.

❧ Марат — өте жақсы бастық. Өз жұ-мысшыларын *уысынан шығармаса да,* шығармашылық пен өнімділікті қолдайды. Marat is a very effective leader. Although he keeps tight control over his workers, he also promotes creativity and productivity.

Ear: *Құлақ*

ақпа құлақ [leaking ear]: person who forgets something that has been told or reminded by others

☸ Marked by sarcasm toward a forgetful person. Ant: *құйма құлақ*

❧ Математика сабағын қайта-қайта түсіндіріп, інімнің құлағына құйсам да, *ақпа құлақ* болып, ертесіне үйреткенімнің бірін білмей отыратын. Even though I would drill math into my brother and explain it multiple times, the following day he wouldn't remember a thing.

❧ Мен *ақпа құлақ* екенмін. Мамамның бірнеше рет айтқанын тағы ұмытып кеттім. As it turns out, I am a forgetful, stupid person. I forgot again what my mom told me several times.

аш құлақтан тиыш құлақ болу [to be a peaceful ear than a hungry ear]: to stay away from trouble even if it means not to have something, *to be out of harm's way* (see *аш құлақтан тыныш құлақ болу*)

☸ *Тиыш* is a colloquial variant of *тыныш.* Variant: *аш құлақтан тыныш құлақ болу.*

аш құлақтан тыныш құлақ болу [to be a peaceful ear than a hungry ear]: to stay away from trouble even if it means not to have something, *to be out of harm's way*

☸ Variant: *аш құлақтан тиыш құлақ болу.*

❀ Жалақыларын жоғарылата алатындарына қарамастан, кәсіподаққа бірікпеген жұмыс-шылар *аш құлақтан тыныш құлақ болғанын* қалайтындарын айтты. Workers who did not join the trade union said that they preferred to stay away from trouble, even if they could get a better salary by having representation.

❀ Мирас *аш құлақтан тиыш құлақ болып,* бастықтарымен жалақысының әділ түрде көбейтілмегені жөнінде дауласпауды ұйғарды. Miras decided to stay out of harm's way and not dispute his unfair raise with management.

бір құлақтан кіріп, екінші құлақтан шығу [to go in from one ear and come out from the second ear]: *to go in one ear and out the other*

❀ Ұлыма бөлмесін жина деп бірнеше рет айтсам да бәрібір. Оның *бір құлағынан кіріп, екінші құлағынан шығып кетеді.* It doesn't matter how many times I remind my son to clean his room. It just goes in one ear and out the other.

❀ Айтқан нәрселер Қанаттың *бір құлағынан кіріп, екінші құлағынан шығады*; ол бүгін әйелінің сатып ал деп тапсырған жемісін тағы ұмытып кетті. Things just go in one of Kanat's ears and out the other; today he again forgot to buy the fruit that his wife had asked for.

естір құлақ [the ear that will hear]: someone who is willing to hear, someone of a mind to hear

✪ Not used as a predicate. Incorrect: Ол — *естір құлақ* емес. See also *көрер көз, тыңдар құлақ.*

❀ Адамдар *естір құлаққа* ағынан жарылуға бейім. People tend to confide in someone who is willing to listen to their concerns.

❀ Бізге халық уайымын *естір құлақ* керек. We need someone of a mind to hear people's concerns.

жар құлағы жастыққа тимеу [not to have one's earflap touch a pillow]: to work without rest, *to keep one's nose to the grindstone* (see *жарғақ құлағы жастыққа тимеу*)

✪ Variant: *жарғақ құлағы жастыққа тимеу*

жарғақ құлағы жастыққа тимеу [not to have one's earflap touch a pillow]: to work without rest, *to keep one's nose to the grindstone*

✪ Variant: *жар құлағы жастыққа тимеу*

❀ Белгіленген қысқа мерзім ішінде гибрид мәшинені жасап шығару үшін инженерлер *жарғақ құлақтары жастыққа тимей* жұмыс істеді. To meet the aggressive deadline, the engineers worked without rest to develop the hybrid car.

❀ Жеке ісін жаңа ашқан кезде көкемнің *жар құлағы жастыққа тимейтін.* When my uncle started his own business, he kept his nose to the grindstone.

кәрі құлақ [old ear]: an elderly person who is knowledgeable about history

✪ Almost always used with *қария* or *қарт* to show respect and be polite, because it is not polite to use the expression by itself.

❀ Мақал-мәтел жинағым келетінін айтқа-нымда, әжем ең алдымен ауылға барып, *кәрі құлақ қарттармен* сөйлес деп ақыл айтты. When I told my grandmother that I wanted to gather proverbs and sayings, she advised me to first go to the village and talk with its knowledgeable elderly residents.

❀ Адамдар саябақта *кәрі құлақ Азамат қарияның* айналасына жиналып, оның әңгімелерін тыңдағанды жақсы көреді. People love gathering around elderly Azamat in the park to listen to his many anecdotes.

құйма құлақ [pouring-in ear]: a person who absorbs and retains information or knowledge; a sponge

✪ Ant: *ақпа құлақ.* See also *құлаққа құю.*

❀ Мына бала *құйма құлақ.* Не айтсаң да соны тез қағып алады. This child is like a sponge. Whatever you say, he will learn it.

❀ Тәжірибесіз болғанымен, жаңа практикант *құйма құлақ* екен. Үйреткеннің бәрін құлағына құйып алып, бір айдың ішінде әдетте басқалар бірнеше айда шығаратын күрделі есептерді шешті. Although inexperienced, the new intern is a sponge. She was able to absorb all of what she was taught and solved complex problems in a month that would normally take others several months.

құлақ асу [to hang an ear]: **(1)** to listen, to heed; **(2)** to pay attention

☸ Dative.

❀ Бірбеткей жасөспірім ағасының *сөзіне құлақ асты.* The stubborn teenager listened to what his elder brother had to say.

❀ Қаржы кеңесшісінің *айтқанына құлақ аспай,* тәуекелге барып, бірнеше миллион долларға акция сатып алды. The client didn't pay attention to his financial adviser and bought millions of dollars of risky stocks anyway.

құлақ қағыс қылу [to do the tapping on an ear]: to remind

☸ Dative and accusative. Also: *құлақ қағыс ету.*

❀ Әріптестеріме жиналыстың бүгін *болатынын құлақ қағыс қылу* үшін жұмысқа келе сала электронды поштамен қысқа хат жаздым. The first thing I did after I came to work was to send a brief e-mail message to my colleagues reminding them that the meeting would be today.

❀ Үй менеджері *тұрғындарға* пәтер ақысы келесі аптаның соңына дейін *төленуі керектігін құлақ қағыс етіп,* үй-үйге кіріп шықты. The apartment manager went door to door to remind people that their rent was due by the end of the week.

құлақ қою [to put an ear]: to be attentive in listening to someone or something

☸ Dative. Collocation: *құлақ қойып тыңдау* (to listen attentively).

❀ *Сөзіме құлақ қоймаған* соң, айтқаным есіңнен шығып кете береді. You are not attentive to my words, that's why you keep forgetting what I said.

❀ Сырқат дәрігердің *болжамын құлақ қойып тыңдады.* The patient listened attentively as the doctor gave his prognosis.

құлақ түру [to perk up an ear]: to be curious or eager to hear, ***to be all ears***

☸ Dative. Also: *құлағы түрік* (curious or eager to hear). Collocation: *құлақ түріп тыңдау* (to listen eagerly).

❀ Бүкіл дүние жүзі Пекин *Олимпиадасына құлақ түрді.* The whole world was all ears about the Beijing Olympics.

❀ Мектепке алғаш барар алдында атамның маған мұғалімнің *айтқанын құлағыңды түріп тыңдап,* үй тапсырмаларыңды мұқият орындап жүр дегені есімде. I remember before I went to school for the first time that my grandfather told me to be all ears for my teacher and do my homework diligently.

құлаққа кірмеу [not to go into an ear]: ***to fall on deaf ears***

☸ Variant: *құлаққа кіріп шықпау* is marked by emphasis and precision of meaning.

❀ Сенің қайта-қайта зар жақ болып айтқаның оның *құлағына кірмейді.* Your constant nagging is falling on deaf ears.

❀ Оған ақыл айтамын деп босқа әуреленбе, ол оның *құлағына кіріп шықпайды.* Don't even bother giving him any advice, it will only fall on deaf ears.

құлаққа кіріп шықпау [not to go in and out of an ear]: ***to fall on deaf ears*** (see *құлаққа кірмеу*)

☸ Variant: *құлаққа кірмеу. Құлаққа кіріп шықпау* is marked by emphasis and precision of meaning.

құлаққа құю [to pour into an ear]: to din something into someone, to din something into someone's head

☸ Accusative. See also *құйма құлақ.*

❀ Атам жаман әдеттерден аулақ *болу керектігін құлағыма құйып отыратын.* My grandfather used to sit and din into me that I had to avoid bad habits.

❀ Жаттықтырушы әр сайыстың алдында ойын *жоспарын* ойыншылардың *құлақтарына құятын.* The coach dinned the game plan into the players' heads before each tournament.

құлаққа тию [to touch the ear]: to hear bits and pieces of something

❀ Жас жанұяларға жер телімін беріп жатыр деген сөз інімнің *құлағына тигенде,* тез құжаттарын әзірлеп, қаланың сыртынан үй салуға жер алып үлгерді. When my brother heard that plots of land were being given to young families, he quickly prepared his documents and managed to get land outside the city to build a house.

❀ Бір сұлу жігіттің келгені *құлақтарына тие* сала, ауыл қыздары, әдемі көйлек пен жақсы әтір су сатып алды. When the young women of the village heard the news of the handsome visitor, they went out to buy pretty dresses and nice perfumes.

құлаққа тыныштық болмау [not to have peace for the ear]: not to have peace, to be nagged, to be bugged

✪ Also: *құлаққа тыныштық беру* (to give someone peace).

❖ Биыл компания жақсы табыс түсірді. Содан бері оның *құлағына тыныштық жоқ*, өйткені қызметкерлер жалақыларын көтеруді сұрап қоймай жүр. This year, his company performed very well. But now he doesn't have any peace because his employees keep nagging him and asking for raises.

❖ *Құлағыма тыныштық беріңдерші!* Шуылдағандарыңа екі сағат болды. Please give me some peace. You have been noisy for two hours.

құлақты жару [to blow up the ear]: to be very loud, as a noise, sound, voice or scream, to deafen

❖ Концертте біздің артымызда отырған жас қыздардың шыңғырған даусы *құлағымызды жара жаздады*. The young girls sitting behind us at the concert kept screaming, and their scream almost turned us deaf.

❖ Біздің кеңсенің сыртындағы құры лысшылардың даусы *құлағымызды жарады*. The construction workers are being very loud outside the office building.

құлақтың құрыш етін жеу [to eat the thick meat of an ear]: to badger, to irritate someone with endless talks, ***to talk someone's ear off***

✪ Syn: *ми жеу* implies more irritation, as if someone's endless talks get to one's brain.

❖ Дүкеннен көріп қалған ойыншықты сұрап, мазасын алған баласына шешесі: «*Құлағымның құрыш етін жеп қойдың-ау!* Ызыңдауыңды қоймасаң, мүлдем ештеңе алып бермеймін», – деді. To her son who bugged her, asking for the toy that he had seen in the store, the mother said: "You have talked my ear off, haven't you? If you don't stop nagging, I will not buy anything at all."

❖ Күйеуі күнде әйелінің *құлағының құрышын жеп*, ақыры жаңа гольф таяғын алып тынды. The husband badgered his wife daily, until she finally got him the new golf clubs.

құлақтың құрышы қану [to have the thick meat of an ear be satisfied]: to enjoy and to be satisfied with a song or music

✪ Optional dative. Also: *құлақтың құрышын қандыру caus* (to be a treat for the ears).

❖ Жақсы көретін классикалық әндерімді тыңдап, *құлағымның құрышын қандырып отырсам*, көршімнің айқайлатып ойнатқан рок музыкасы рақатымды су сепкендей басты. I was enjoying my favorite classical songs, but when my neighbor played his rock music loudly, I lost all the satisfaction.

❖ Джаз тобының баурап алатын *сазына* ашық аспан астында өткен концертке жиналған көрермен қауымның *құлағының құрышы қанды*. The crowd that massed at the outdoor concert was immensely satisfied by the jazz band's hypnotic music.

сақ құлақ [cautious ear]: with keen ears

✪ *Саққұлақ* is a popular name for dogs.

❖ Қалың ағаштан ештеңе көрінбейтін джунглилерде адамдардың *сақ құлақ* болуы керек шығар. People might need to have keen ears in jungles where they can't see anything though the thick woods.

❖ Менің жетпістегі әжем туралы ешқандай жағымсыз нәрсе айтпа, өйткені ол — әлі *сақ құлақ*. Do not say anything negative about my seventy-year-old grandmother because she still has very keen ears.

тыңдар құлақ [the eye that will see]: someone willing to listen to someone or something, someone of a mind to listen

✪ Not used as a predicate. Incorrect: Жанар — *көрер көз*. See also *естір құлақ, көрер көз*.

❖ Қазір маған қиын болып тұр. Мені *тыңдар құлақ* керек. I am having hard times right now. I need someone of a mind to listen.

❖ Сылтауларыңды *тыңдар құлаққа* айт. Say your excuses to someone of a mind to listen.

ұзын құлақ [long ear]: grapevine telegraph

✪ Collocation: *ұзын құлақтан есту* (to hear from the grapevine telegraph).

❖ Біздің ауылда не болып жатқанын істімей қаламын деп қорықпа. *Ұзын құлақ* өте жақсы жұмыс істейді. Don't worry that you will not hear about what goes on in our village. The grapevine telegraph does a good job.

❀ *Ұзынқұлақтан естуімізше*, компания қызметкерлердің отыз пайызын қысқартадымыс. According to the grapevine telegraph, the company supposedly will lay off 30 percent of its staff.

Eye: *Көз*

көз айырмау [not to separate the eye]: *not to take eyes off of someone or something*

✪ Ablative. Variant: *көз алмау.*

❀ Әлем кубогының шешуші ойынында адамдар *теледидардан көз айырмайды.* People don't take their eyes off the television set when the World Cup finals match is on.

❀ Жігіттер түнгі клубқа кіріп келген *Әсемнен көз алмады.* The men could not take their eyes off the beautiful Asem as she entered the nightclub.

көз алдау [to cheat the eye]: to deceive by pretending to give a false impression

✪ See also *көз бояу.*

❀ Мен қызымның өз бөлмесін тазалаған болып, *көзімді алдап тұрғанын* біліп тұрмын. Компьютерінен көз алмағанын білемін. I know my daughter is deceiving me by pretending to be cleaning her room. I know she hasn't taken her eyes off her computer.

❀ Самат кездесіп жүрген қыздарының *көзін алдап*, қымбат мәшине айдап, қымбат мейрамханаларда тамақтанады. Samat drives an expensive car and dines at expensive restaurants in order to deceive the women he dates.

көз алдына келу [to come to the front of the eye]: to be visually recollected, as past images and scenes

✪ Also: *көз алдына келтіру caus.*

❀ Ескі күнделігімді көргенде, бүкіл балалық шағым *көз алдыма келді.* When I looked at my old diary, I saw my whole childhood.

❀ Саябақта немерелерімен жүрген бір қария атаммен өткізген *күндерімді көз алдыма келтірді.* Seeing the old man with his grandchildren at the park brought visual recollections of the time with my grandfather.

көз алдынан кетпеу [not to leave the front of the eye]: to persist in one's mind's eye, as past images or scenes

❀ Гавайидағы мұхит ешқашан *көз алдынан кетпейді.* The ocean view in Hawaii is persisting in his mind's eye.

❀ Концлагерьден аман шыққандар онда көргендері және бастан кешіргендері *көз алдарынан кетпейтінін айтты.* The concentration camp survivors said that what they saw and what they had to go through would persist in their mind's eye.

көз алдында тұру [to stand in front of the eye]: to be vivid in visual memory, to be fresh in the mind

❀ Тонаушының бет-әлпеті әлі Бақыттың *көз алдында тұрды*, сондықтан ол полицияда тізіліп тұрғандардың арасынан оны тез таныды. Her mugger's face was still vivid in Bakhyt's mind, so she easily picked him out in the police lineup.

❀ Үйленгенімізге бес жыл толғанда, Еуропаға барған кезіміз керемет ұмытылмас кезең болды. Ол кез әлі менің *көз алдымда тұр.* The trip to Europe for our fifth anniversary was wonderful and unforgettable. It is still fresh in my mind.

көз алмау [not to take the eyes]: *not to take eyes off of someone or something* (see *көз айырмау*)

✪ Ablative. Variant: *көз айырмау.*

көз ашу [to open the eye]: **(1)** to be free from constant trouble or oppression; **(2)** to become literate and educated; **(3)** to teach someone about something; **(4)** to look carefully, when used with *қарау*: *көз ашып қарау*; **(5)** to be too young to do or want something, when used in the negative form *көз ашпау*

✪ Ablative in the first sense and dative in the third sense. *Көз* is used with a possessive ending in the third, fourth, and fifth senses. Also: *көзі ашық* (literate, educated, or enlightened). See also *қараңғылықтан шығу* (in *Nature*).

❀ Шағын арал тәуелсіздік алу үшін жан аямай күресті. Сөйтіп, адамдар құрлықта орналасқан шет елдің ұдайы *езушілігінен* қазір *көз ашты.* The small island fought hard to gain its independence. The people are now relieved from the constant oppression of the mainland foreigners.

❧ Абрахам Линкольн бала кезінде мектепке бармаған. Ол өз бетінше оқып, *көз ашқан.* Abraham Lincoln did not go to school as a child. He became literate and educated through self-study.

❧ Ол буддизмнің *өмірге көзін ашқанын* айтады. He claims that Buddhism taught him the meaning of life.

❧ «Менің қолғабым қайда?» «Міне тұр ғой, *көзіңді ашып қарамайсың ба*?!» "Where are my gloves?" "Here they are, why don't you look carefully?"

❧ Ол жастардың *көздерін ашпай жатып,* байығылары келетініне қынжылатынын айтты. He said that he was upset with young people wanting to get rich, even when they are too young.

көз байлану [to have the eyes be bound]: to reach nightfall, to become dark

☸ Syn: *қас қараю*

❧ Аңыз бойынша, қансорғыштар ауыл адамдарына ылаң салу үшін *көз байланғанда* оянады-мыс. Legend has it that vampires awaken after nightfall to terrorize the villagers.

❧ Марди грас тойы таңертең ерте басталып, әбден *көз байланғаннан* кейін бітеді. The Mardi Gras festivities last from early morning until well after nightfall.

көз бояу [to paint the eye]: to whitewash, to humbug

☸ Genitive. This is because, unlike the English "whitewash," in Kazakh someone who is not supposed to see what is happening figuratively gets "eyes painted." Also: *көзбояушылық* (whitewash). Note: *саяси көзбояушылық* (political whitewash). See also *көз алдау.*

❧ Рашида өте ерте тұрып, көршісінің ұлы қиратып тастаған шарбағын жөндеді. Міне, осылай үшінші рет *көршісінің көзін бояп отыр.* Rashida woke up very early and fixed her neighbor's fence, which had been vandalized by her son. This was the third time she whitewashed her son's acts in front of her neighbor.

❧ Кәсіподақ мүшелері жаңа еңбек келісім-шартын *көз бояушылық* деп тапты. The union members thought the new labor contract was a whitewash.

көз жазу [to rest the eye]: **(1)** to lose someone due to death; **(2)** to lose something due to extinction or disappearance; **(3)** to lose sight of someone or something

☸ Ablative. Literary in the first and second senses.

❧ Менің көршім жеті ай бұрын *әйелінен көз жазып қалып,* әлі қайғырып жүр. My neighbor lost his wife seven months ago and he is still grieving.

❧ Шектен тыс аулағанның кесірінен өркешті *киттен көз жазып қала жаздадық.* The humpback whale was almost lost to extinction because of excessive whaling.

❧ Адамға толы сауда орталығында *балаларынан көз жазып қалғанда,* Жаннаның жүрегі ұшып кетті. Zhanna panicked because she lost sight of her children in the crowded mall.

көз жасқа ерік беру [to give liberty to the tears of the eye]: *to give way to tears*

☸ Variant: *көз жасқа ырық беру*

❧ Әсем той үстінде қуаныштан *көз жасына ерік берді.* Asem burst into tears out of joy during the wedding.

❧ Әлемнің тарап-тараптарындағы жанкүйерлері оның мезгілсіз қаза болғанын естігенде, *көз жасына ырық берді.* His fans across the world gave way to their tears when they heard about his untimely death.

көз жасқа ырық беру [to give control to the tears of the eye]: *to give way to tears* (see *көз жасқа ерік беру*)

☸ Variant: *көз жасқа ерік беру*

көз жасын көл ету [to make a lake out of one's tears of the eye]: **(1)** to shed many tears, *to cry buckets*; **(2)** begrudgingly, when used with *бер*: *көз жасын көл етіп беру* (see *көз жасын көл қылу*)

☸ Variants: *көз жасын көл қылу, көз жасын төгу.*

көз жасын көл қылу [to make a lake out of tears of one's eye]: **(1)** to shed a lot of tears, *to cry buckets*; **(2)** begrudgingly, when used with *бер*: *көз жасын көл қылып беру*

⛭ Variants: *көз жасын көл ету, көз жасын төгу*. Collocation: *көз жасын көл қылып жылау* (to cry shedding a lot of tears). *Көз жасын көл қылып беру* is an exaggerated variant of *жылап беру*.

❀ Кинотеатрда кино көріп отырған әйелдер аянышты көріністе *көз жасын көл қылды*. The women in the movie theater were crying buckets during the emotional scene.

❀ Әкемнен мәшинесін сұрағанда, маған оны *көз жасын көл етіп берді*. When I asked my father to lend me his car, he gave it to me begrudgingly.

көз жасын төгу [to pour tears of one's eye]: to pour tears (see *көз жасын көл қылу*)

⛭ Variant: *көз жасын көл қылу*

көз жасына қалу [to be left with tears of one's eye]: to cause someone's sorrow or suffering

⛭ Genitive.

❀ Сталин бірнеше миллиондаған *адамның көз жасына қалды*. Stalin caused millions of peoples' suffering.

❀ Зорлық-зомбылық көрсетуге бейім күйеуі *оның көз жасына қалғанын* түсінбейді. Her abusive husband does not understand that he caused her sorrow.

көз жұму [to close the eye]: **(1)** to pass away; **(2)** to close eyes to someone or something

⛭ Dative in the second sense. Formal in the first sense. Collocation (in the second sense): *көз жұма қарау* (***to turn a blind eye to something***). Syn (in the first sense): *дүние салу, дүниеден көшу, дүниеден қайту, дүниеден өту, о дүниеге аттану, бұл жалғанмен қош айтысу, пәни жалғанмен қоштасу, өмірден озу, өмірден өту* (in *Soul and Spirit*); *дәм-тұзы таусылу* (in *Food*).

❀ Кеше мен атақты Игорь Моисеевтің ұлттық би тобының өнерін көруге бардым. Ол кісі екі ай ғана бұрын жүз бір жасында *көз жұмған* екен. Yesterday I went to see the show by the well-known Igor Moiseyev's folk dance company. I learned that he passed away two months ago at the age of 101.

❀ Қомақты пара берсе, жемқор полиция жол ережесін *бұзушылыққа көз жұмады*. The corrupt cop will close his eyes to the traffic infractions if he is offered a sizable bribe.

❀ Сәкен — мектептегі озат оқушы. Сондықтан барлық мұғалімдер оның *бұзақылығына көз жұма қарайды*. Saken is the best student in the school. That's why all the teachers turn a blind eye to his mischief.

көз жүгірту [to make the eye run]: to skim, to read, or to look at in a cursory manner, ***to run one's eyes over***

⛭ Dative. See also *ой жүгірту* (in *Mind and the Intellect*).

❀ Оспанның уақыты болмағандықтан, ол соңғы емтиханның алдында ғана *оқулыққа көз жүгіртіп алды*. Ospan was running out of time, so he could only skim the textbook before the final exam.

❀ Ешкім ешқашан ұсақ кәріппен жазылған ескертпені оқымайды. Адамдар тек *құжатқа көз жүгіртіп шығады*. Nobody ever reads the fine print. They just run their eyes over the document.

көз жіберу [to send the eye]: **(1)** to look at; **(2)** to look toward

⛭ Dative. Can be formal in the second sense.

❀ Тергеушілер екі пойыздың түйісу себебін анықтау үшін әрбір *айғаққа көз жіберді*. The investigators looked at every bit of evidence to determine how the trains had crashed into each other.

❀ Бақшама *көз жібергенде*, бір қоянның сәбіздерімді жеп жатқанын көрдім. I looked toward my garden and saw a rabbit eating my carrots.

❀ Сәкен *өткеніне көз жібергенде* еш өкінбейді. Saken has no regrets when he looks back at his past.

көз көрмес, құлақ естімес [the eye will not see and the ear will not hear]: very far, foreign, and unknown, as a place, country, etc., ***the place you don't hear of everyday***

❀ Iзтұрған жұмыспен өз елінен *көз көрмес, құлақ естімес жерлерге* барған. Izturgan's job has taken him to places that are very far away from his home.

❖ Қазақстаннанмын десем, америкалықтар: «*Көз көрмес, құлақ естімес елден* келіпсің ғой!», — дейді. Whenever I say that I am from Kazakhstan, Americans say: "That's a country you don't hear of everyday."

көз көру [to have the eye see]: to see something obvious

⚙ Accusative.

❖ Сатушының баға туралы өтірік айтып *тұрғанын көзім көріп тұр*. I can see that the salesman is lying about the price.

❖ Екі елдің арасындағы жібі әлсіз бейбітшіліктің ұзаққа *бармайтынын көз көріп отыр*. It's plain to see that the fragile peace between the two nations will not last.

көз көріп, құлақ есту [to have the eye see and the ear hear]: to see and hear, to be well aware

⚙ Accusative. Also: *құлақ естіп, көз көрмеген* (never heard of or seen) implies being immensely shocked or surprised by something.

❖ Мына зауыттың күнде жер-суды *ластап жатқанын құлағымыз естіп, көзіміз көріп отыр*. We see and hear that this plant contaminates the land and water everyday.

❖ Әлемдік экономика туралы 2008 жылы күн сайын айтылған суық хабар үрей туғызды. Ол көп адам үшін *құлақ естіп, көз көрмеген* нәрсе болды. Bad news about the world economy came out everyday in 2008 and caused fear. This was something that many people had never heard of or seen.

көз көріп, құлақ естімеген [not seen by the eye and not seen by the ear]: never seen or heard

❖ Ел *көз көріп, құлақ естімеген* байлыққа ие болды. The country has acquired wealth that has never been seen or heard of.

❖ Нацист жауынгерлер соғыс кезінде *көз көріп, құлақ естімеген* зұлымдық істеді. During the war, the Nazi soldiers committed atrocities that had never been seen or heard of.

көз қиығы [the slit of the eye]: **(1)** *the corner of one's eye*; **(2)** not a smallest amount of attention, when used with *салмау: көз қырын салмау*

⚙ Variant: *көз қыры*. Collocations: *көз қиығымен қарау* (to look at out of the cor-

ner of one's eye); *көз қиығымен көру* (to see out of the corner of one's eye); *көз қиығымен байқау* (to notice out of the corner of one's eye); *көз қиығымен бағу* (to watch carefully out of the corner of one's eye); *көз қиығын салу, көз қиығын тастау* (to glance out of the corner of one's eye); *көз қиығымен шолу* (to scan out of the corner of the eye). Syn: *көзге ілмеу* for *көз қиығын салмау*.

❖ «Сатамын» деген жазуды *көз қиығыммен көріп қалдым*. I spotted the "For Sale" sign out of the corner of my eye.

❖ Елдегі құрамы аз халықтар үкімет *өздеріне көз қиығын салмайды* деп мәлімдеді. The national minorities stated that the government did not give a slightest attention to them.

көз қызығу [to have one's eye be interested]: to be visually attracted

⚙ Dative. Also: *көз қызықтыру, көзді қызықтыру саиs* (to be eye-catching).

❖ Менің қайын апам дүкенде ұсақ-түйек *заттарға көзі қызығып*, жиырма бес түрлі нәрсе сатып алды. My sister-in-law was attracted to the knickknacks at the store and bought twenty-five of them.

❖ Жаңа түрлі-түсті гүлдер мен өсімдіктер егілген бақша қазір *көз қызықтырады*. With the addition of colorful flowers and plants, the garden is now eye-catching.

көз қыры [the edge of the eye]: **(1)** *the corner of one's eye*; **(2)** not a smallest amount of attention, when used with *салмау: көз қырын салмау*

⚙ Variant: *көз қиығы*. Collocations: *көз қырымен қарау* (to look at out of the corner of one's eye), *көз қырын салу* (to check on someone or something from time to time, *to have one eye on someone or something*). Syn: *көзге ілмеу* for *көз қырын салмау*.

❖ *Ініңе көз қырыңды салып қой*. Have one eye on your younger brother.

❖ Қорғаушы бұл жайттың әкенің *баласына көз қырын да салмағанының* кесірінен болғанын айтты. The lawyer said that this happened because of the child's father not paying even little attention to him.

көз майын тауысу [to spend the oil of one's eye]: to pursue something such as a study, research, or creative work diligently or studiously

❀ Микеланжело «Сикстин капелласын» бітіргенше күні-түні *көз майын тауысты.* Michelangelo worked day and night until he finished the Sistine Chapel.

❀ *Көз майымды тауысып* аударған жұмысымның ақысын төрт айдан кейін алдым. I got paid for my diligent translation work after four months.

көз салу [to put an eye]: **(1)** to glance, to look at; **(2)** to lay an eye

◉ Dative.

❀ Арайлым дүкеннің терезесінде тұрған әдемі сәнді *көйлектерге көз салмай* өтіп кете алмады. Arailym couldn't pass without glancing at the beautiful designer dresses in the store window.

❀ Сәкен — өте қызғаншақ кісі. Сұлу *әйеліне көз салған* кез келген еркектен қауіптеніп жүреді. Saken is a very jealous husband. He gets threatened by any man who lays an eye on his beautiful wife.

көз сүйсіну [to have the eyes be delighted]: *to be a delight to the eye*

◉ Dative. Also: *көз сүйсіндіру caus* (*to delight the eye*). See also *көз тарту, көз тоймау.*

❀ Стамбұлдағы керемет тарихи *ғимараттарға көзім сүйсінді.* The wonderful historic buildings in Istanbul were a delight to my eyes.

❀ Мына әп-әдемі гүл шоғы оның *көзін сүйсіндіретіні* анық. This gorgeous flower bouquet will surely delight her eyes.

көз талу [to have the eyes numb]: to have the eyes be tired

❀ Алматыдан Астанаға он үш сағат мәшинемен жүріп келген Мағжанның *көзі талды.* Magzhan's eyes were tired after thirteen hours of driving from Almaty to Astana.

❀ *Көзің талса,* компьютердегі жұмысыңды қойып, демалып ал. If your eyes are tired, take a break from the computer work.

көз тарту [to pull the eyes]: to be visually attractive

◉ *Көз* can take possessive and accusative endings: *көзін тарту* (to attract someone). See also *көз сүйсіну, көз тоймау.*

❀ Мына ауданда *көз тартатын* үйлер көп. In this neighborhood, there are a lot of attractive houses.

❀ Ботаникалық бақта қала тұрғындарының *көзін тартатын* экзотикалық өсімдіктер көрмеге қойылған. The botanical garden exhibits exotic plants that attract city residents.

көз тию [to have the eye touch]: to jinx

◉ Dative if an object that is to be jinxed is used. Only used about people jinxing people, animals, or concrete things. Also: *көзі бар* (to have an evil eye).

In traditional Kazakh culture, there is a belief that people have an evil eye, that they can jinx someone or something good or attractive, and that the ones who are jinxed can get sick, die, or be destroyed. There is also a superstition that people with green or blue eyes are most likely to have an evil eye. Not to allow jinxing, for example, parents might smear a little bit of soot on the cheeks or forehead of infants or toddlers, or attach a shiny beaded brooch on their shirts. Kazakhs are careful to say good things about someone or something who is attractive or good out of fear that their words might negatively affect them or cause their demise. So they will say *тфә-тфә (tfa-tfa)* or *тіл-аузым тасқа* immediately before or after they use the words such as good, beautiful, nice, and so on. If someone looks at someone or something fixedly, he or she will be asked to spit (usually by making a gesture, as if spitting) and say *тфә-тфә.* Young children, young women, and beautiful animals are believed to be prone to the negative effects of an evil eye. See also *тіл-аузым тасқа, тілім тасқа.*

❀ Сүйкімді деп, *балаға көзің тимесін.* Don't jinx the baby by saying that he's cute.

❀ «Бүгінгі пикникке ауа райы өте жақсы болып тұр». «*Түкір, көзің тиеді*». "The weather is perfect for our picnic today." "Don't say that or you will jinx it!"

көз тоймау [not to have the eye be sated]: **(1)** *to feast eyes on;* **(2)** to be avaricious; **(3)** *to have one's eyes bigger than one's stomach,* in *өзі тойса да көзі тоймау*

◉ Dative (mandatory in the first sense). The affirmative form is used in rhetorical questions only. In the third sense, it implies being extremely insatiable for material possessions as well as for food. See also *көз сүйсіну, көз тарту* (in the first sense); *көзге құм құйылу* (in the second and third senses).

❀ Жаңа ғана жөндеп бітірген ас *үйіне* Әнуардың *көзі тоймайды*. Anuar can't take his eyes off the kitchen that he just renovated.

❀ «Сабын көпіршігі» кезінде нағашы ағам *көзі тоймай*, бірнеше үй сатып алды. During the housing bubble, my uncle became avaricious and bought several houses.

❀ Түскі тамақ дастарханын швед үстелі мәнерінде жаятын жерлерге барсам, *өзім тойсам да, көзім тоймай*, тамақты көп ішіп қоямын. Whenever I go to a lunch buffet, I end up eating more because my eyes are bigger than my stomach.

көз тұну [to have the eyes settle]: to be too many to look at

⚙ Ablative.

❀ Мына нашар безендірілген бөлмеде аяқ басатын жер жоқ. Толып тұрған *заттардан көз тұнады*. This room is poorly decorated and cluttered. There's just too much clutter to look at.

❀ Әдемі *көйлектерден көзім тұнады*. Қайсысынан бастарымды білмей тұрмын. There are too many beautiful dresses around here. I don't know where to start.

көз түрткі болу [to be an eye push]: to be in disfavor with someone, to be regarded unfavorably by someone

⚙ Dative. Variant: *көзге түрткі болу*.

❀ Мемлекет ядролық қаруды сынақтан өткізіп, әлемнің басқа *елдеріне көз түрткі болуда*. The nation is in disfavor with the rest of the world for testing nuclear weapons.

❀ Айтқанды істе, әйтпесе *көзге түрткі боласың*. Do as you are told or else you will be regarded unfavorably.

көз тігу [to sew the eye]: **(1)** to eye; **(2)** *to be all eyes*

⚙ Dative.

❀ Ана қымбат *ойыншыққа көз тікпе*! Біздің оны қалтамыз көтермейді. Don't eye that expensive toy! We can't afford it.

❀ Дүние жүзі археологтары жаңадан табылған *пирамидаға көз тікті*. Archeolo-

gists from across the world were all eyes on the newfound pyramid.

көз үйрену [to have the eyes be trained]: to get used to seeing something

⚙ Dative.

❀ Алпыс жастағы атасының құлағындағы *сырғасына* әлі Джонның *көзі үйренбей жүр*. John still can't get used to seeing earrings on his sixty-year-old grandpa.

❀ Төргі бөлмеде тұрған менің тастар *жинағыма* әйтеуір әйелімнің *көзі үйренді*. My wife has finally got used to seeing my rock collection displayed in the living room.

көз шырымын алу [to take an eye rest]: to take a nap, *to catch forty winks*

⚙ Syn: *көз іліп алу, көз іліндірп алу* (under *көз ілу*).

❀ Түстен кейін *көз шырымын алған* дұрыс. It is good to take a nap in the afternoon.

❀ Бір сағат *көз шырымын алғаннан* кейін, жұмысымды жалғастырдым. I continued my work after catching forty winks.

көз ілу [to hook an eye]: to fall asleep

⚙ Also: *көз ілмеу neg* (*not to sleep a wink*); *көз іліп алу, көз іліндірп алу* (*to catch forty winks*); *көзі ілініп кету* (*to drift off*), *көзі ілініп бару* (*to be drifting off*).

See also *көз шырымын алу, көрер таңды көзбен атқызу.*

❀ Болат операциясы туралы уайымдап, сағат екіде ғана *көз ілді*. Bolat was worried about his surgery and fell asleep only at two o'clock in the morning.

❀ «Әуежайға барар алдында ұйықтай алмадым». «Мен де *көз ілмедім*». "I couldn't sleep before going to the airport." "I didn't sleep a wink either."

❀ Жангүл нәрестелері ұйықтап жатқанда *көз іліндірп алды*. Zhangul caught forty winks when her toddlers were sleeping.

❀ Он бес минөтке *көз іліп алған* адамның денсаулығы үшін өте жақсы делінеді. It is said that a fifteen-minute nap is very good for you.

❀ Автобуста менің *көзім ілініп кетіп*, аялдамамнан асып кеттім. I drifted off on the bus and missed my stop.

❀ Оның *көзі ілініп барады*. Теледидарды

сөндіріп тастайық. He is drifting off. Let's turn off the TV.

көзайым болу [to be one's moon of the eye]: to be happy to see someone or something that has returned

☀ Frequently used to imply parents' happiness to see their visiting children who live far away. Also: *көзайым* (someone or something that people are happy to see).

🌼 Бір жыл көрмеген қызым келіп, *көзайым болдым*. I was happy to see my daughter, whom I hadn't seen for a year.

🌼 Эльмираның мамасы қайта қалпына келтірілген үйлену тойының суреттерін көріп, *көзайым болды*. Elmira's mother was very happy to see her restored wedding pictures.

көзбен [with the eye]: *to eyeball*

☀ Collocations: *көзбен өлшеу tr* (to eyeball the measurement); *көзбен есептеу, көзбен санау tr* (to eyeball the estimate or number). Note: *көз мөлшер* (an approximate estimate of weight, height, etc.).

🌼 Ерлер киімінің тігіншісі *Дидарды көзбен өлшеді*. Костюм оған шақ болады ма? The tailor eyeballed Didar. Will the suit fit him?

🌼 Қойшы *қойларын көзбен санап*, барлық қойы түгел екенін сенімді түрде айтты. The shepherd eyeballed the herd of sheep and confidently said that all his sheep were there.

көзбен ату [to shoot with the eye]: *to shoot someone a dirty look, to give someone the evil eye*

☀ Accusative. Variant: *ала көзбен ату* (in *Color*) implies a larger extent of anger than *көзбен ату*.

🌼 Рахия шовинист *еркекті көзімен атты*. Rakhiya gave the male chauvinist a cold stare.

🌼 Шіркеуде бүкіл адам ұйықтап кеткен *шалды ала көзімен атты*. Everyone gave cold stares to the old man falling asleep in church.

көзге елестету [to make it loom to the eye]: to picture to oneself

☀ Accusative.

🌼 Аяғың ауыр кезде үлкен корпорацияда *жұмыс істегенді көз алдыңа елестетіп көрші*. Try to picture yourself working full time for a big corporation when you are pregnant.

🌼 Мен *өзімді* күні бойы гольф ойнап жүретін зейнеткер ретінде *көзіме елестетемін*. I picture myself as a retired person playing golf all day.

көзге көк шыбын үймелеу [to have blue flies swarm on the eye]: to be miserable or pitiful due to someone's punishment or harsh treatment

☀ It implies a temporary state of being miserable or pitiful. Syn: *көзі жылтырау*. Also: *көзге көк шыбын үймелету caus*.

🌼 Менің әйелім қаладағы ажырасу ісімен айналысатын ең жақсы адвокатты жалдапты, *көзіме көк шыбын үймелейтіні* анық. My wife has hired the best attorney in town; I will surely be miserable.

🌼 Үкімет үдемелі табыс салығын салып, дәулетті азаматтардың *көзіне көк шыбын үймелетті*. The government is making wealthy citizens miserable by imposing a progressive income tax.

көзге көріну [to be seen to the eye]: to stand out, usually by one's heroism, talent, demeanor, personality, or other positive traits or character (see the first meaning of *көзге түсу*)

☀ Syn: *көзге түсу*

көзге күйік болу [to be a burn to the eye]: to be unpleasant to look at, *to be an eyesore*

☀ Syn: *көзге шыққан сүйелдей*

🌼 Дәуреннің қараусыз қалған ауласы өз аулалары тап-таза көрші-көлемнің *көзіне күйік болып отыр*. Dauren's unkempt yard is an eyesore for the otherwise pristine neighborhood.

🌼 Қала әкімшілігі автомагистральдағы көліктен келетін шуды азайтатын қабырға тұрғызды. Бірақ шу әлі естіледі, ал қабырға *көзге күйік болып отыр*. The city built a wall that was supposed to reduce noise from traffic on the highway. But you can still hear traffic noise, and the wall is an eyesore.

көзге қарау [to look to the eye]: to look carefully

☀ Only used imperatively or interrogatively.

🌼 Көшеден өтпес бұрын, мамам: «*Көзіңе қара!*», — деді. Before crossing the street, my mom said: "Watch out!" to me.

🌼 Сүрініп, баланы тағы құлатып алдың.

Неге *көзіңе қарамайсың*? You tripped and dropped the child again. Why don't you look carefully?

көзге құм құйылу [to have the sand pour to the eye]: to drop dead, as an avaricious person

☼ Based on the idea that the eyes of a human being are avaricious, only upon death can an avaricious person be satiated. See also *көз тоймау*.

❀ *Көзіне құм құйылғанда* ғана Болатқа тойым болады. Bolat's avarice will only end when he drops dead.

❀ Тапқан бір миллион доллары көзі тоймайтын Арманды қанағаттандыра алмады. *Көзіне құм құйылғанша* оған қанағат жоқ. Even making a million dollars did not satiate the avaricious Arman. He won't ever be satisfied until he drops dead.

көзге оттай басылу [to be pressed on the eye like a fire]: to strike someone's eye

☼ Used in the passive voice only.

❀ Той көйлектерінің қайсысы *көзіңе оттай басылды*? Соны ал. Which wedding dress struck your eye most? Get that one.

❀ Бұрынғы кеңсеме барғанымда, кішкентай ескі үстелім менің *көзіме оттай басылды*. Оның әлі сол жерде тұрғанына таң қаламын. When I visited my old office, the old small desk that I used to have struck my eye. I can't believe it is still there.

көзге түрткі болу [to be a push to the eye]: to be in disfavor with someone, to be regarded unfavorably by someone (see *көз түрткі болу*)

☼ Variant: *көз түрткі болу*

көзге түртсе көргісіз қараңғы [dark where it will not be seen if they poke the eye]: *pitch dark*

☼ Also: *көзге түртсе көргісіз қараңғылық* (complete darkness).

❀ Балалар *көзге түртсе көргісіз қараңғы* бөлмеде ұйықтай алмайды. Оларға білте шам керек. The chidren cannot sleep in a pitch-dark room. They need a night light.

❀ Әсем *көзге түртсе көргісіз қараңғыда* жалғыз жүруге қорқады. Asem is scared to walk alone at night when it's pitch dark.

көзге түсу [to descend on the eye]: **(1)** to stand out, usually by heroism, talent, demeanor, personality, or other positive traits or character; **(2)** *to catch someone's eye*

☼ Instrumental in the first sense. Syn: *көзге көріну* in the first sense. Variant: *көзге іліну* in the second sense. The adverb *ерекше* is frequently used with both variants.

❀ Асқар құрдастарының арасында сурет салуға *дарындылығымен көзге түсті*. Askar stood out by his talent for painting among his peers.

❀ Қызыл көне сандық Айымгүлдің *көзіне түсті*. The antique red chest caught Aimgul's eyes.

көзге түрту [to poke to the eye]: to pinpoint something, usually some shortcoming, in order to criticize or reproach (see *көзге шұқу*)

☼ Accusative. Variant: *көзге шұқу* is harsher than *көзге түрту*.

көзге ұру [to beat to the eye]: to be very obvious

☼ Not used in sentences with the structure similar to the English "*to be very obvious from.*"

❀ Кейбір студенттердің колледжде оқуға дайын еместігі *көзге ұрды*. It was very obvious that some students are not prepared for college.

❀ Қорғаушының кемшіліктері *көзге ұрып тұр*. The defense lawyer's mistakes are very obvious.

көзге шел біту [to get corneal leukoma to the eye]: to be blinded by something that makes people disdainful, such as power or wealth

☼ Ablative if the reason of being disdainful is to be mentioned. Variant: *көзге шел қаптау*. Also: *көзге шел бітіру caus.*

❀ Басына түскен *байлықтан* Саматтың *көзіне шел бітті*. Samat is blinded by his newfound wealth and treats all his old friends with disdain.

❀ Менеджер болып, оның қызметі өсті. Мансап оның *көзіне шел қаптатқан* сияқты, өйткені ол қазір басқаны менсінбейді. She was promoted to manager. I think the power has blinded her because she's very disdainful now.

көзге шел қаптау [to get the eye be covered with corneal leukoma]: to be blinded by something that makes people disdainful, such as power or wealth (see *көзге шел біту*)

✿ Variant: *көзге шел біту*. Also: *көзге шел қаптату саиs*.

көзге шөп салу [to put grass to the eye]: to cheat on a spouse or lover

✿ Genitive.

❋ Адалдықты білмейтін Мирас *әйелінің көзіне шөп салды*. Unfaithful Miras cheated on his wife.

❋ Голливуд *жұптарының бір-бірінің көзіне шөп салғаны* туралы естігім келмейді. I hate hearing about Hollywood couples cheating on each other.

көзге шұқу [to pick the eye]: to pinpoint something, usually some shortcoming, in order to criticize or reproach

✿ Accusative. Variant: *көзге түрту* is less harsh than *көзге шұқу*. Collocation: *көзге шұқып көрсету* is marked by sarcasm or resentment and used in regard to someone who needs concrete explanation and pinpointing in order to see or understand something.

❋ Баспасөз құралдары әртіс жұлдыздардың *қателіктерін көздеріне шұқығанды* жақсы көреді. The media loves to point out the mistakes that celebrities make in interviews.

❋ Басқаның *кемшіліктерін көзіне түртпес* бұрын өзімізге қараған жөн. Before pointing out another's flaws, one should look within first.

❋ Мен Назарға *үлгіні көзіне шұқып көрсеттім* емес пе? Тағы дым білмей отыр. Didn't I explain the model pinpointing everything? Again, he doesn't know anything.

көзге шыққан сүйелдей [like a wart that came out in the eye]: **(1)** unpleasant to look at, *eyesore*; **(2)** annoying, troublesome, or making someone suspicious, ***thorn in one's side***

✿ Syn: *көзге күйік болу* in the first sense. Collocations: *көзге шыққан сүйелдей көру* (to see someone as a thorn in one's side), *көзге шыққан сүйелдей көріну* (to be a thorn in one's side).

❋ Ресторанындағы қара дүрсін пластикалық безендіргіштер *көзге шыққан сүйелдей*. The kitsch plastic decoration in the restaurant is an eyesore.

❋ Сұрақ-сауалы көп тілші саясаткерге *көзге біткен сүйелдей көрінді*. The inquisitive reporter was a thorn in the politician's side.

көзге ілмеу [not to hang on to the eye]: **(1)** to pay no attention, to take no notice of; **(2)** not to give a slightest attention, usually out of disdain

✿ Accusative. Syn: *көз қиығын салмау* (under *көз қиығы*).

❋ Әсел кішкентай кезінде сүйкімді болған жоқ. Ұлдар *оны көздеріне ілген* жоқ. Asel was an ugly duckling. Boys took no notice of her while she was growing up.

❋ Ризашылықты білмейтін, паң бастық туған күніне алып берген *гүлді көзіне ілмеді*. The ungrateful and arrogant boss didn't even look at the flowers we got for his birthday.

көзге іліну [to be hung on the eye]: ***to catch someone's eye*** (see *көзге түсу*)

✿ Variant: *көзге түсу*. Also: *көзге ілінер* (eye catching), *көзге ілінер-ілінбес* (invisible to the naked eye).

көзден бұлбұл ұшу [to fly like a nightingale from the eye]: to be short-lived

❋ Рыцарлық – бүгінгі ұрпақ үшін *көзден бұлбұл ұшқан* ізгі қасиет. Chivalry is a short-lived virtue in today's generation.

❋ Екі апта бұрын үйленгендердің некесі *көзден бұлбұл ұшты*. The couple's two-week marriage was short-lived.

көзден ғайып болу [to disappear from the eye]: to disappear from sight

❋ Қашқын олжасымен бірге *көзден ғайып болды*. Соңғы рет оны біреулер халықаралық әуежайда көріпті-міс. The fugitive and his loot disappeared. Allegedly, he was last seen at the international airport.

❋ Менің әйелім *көзден ғайып болғанша* жұлдызға қарап тұрды. My wife was watching the star until it disappeared.

көзден таса [hidden from the eye]: **(1)** out of someone's sight; **(2)** unnoticed or unconsidered

❂ Also: *көзден таса қалдыру caus*. Collocations: *көзден таса қылмау tr* (not to let someone or something out of sight), *көзден таса болу* (to be unnoticed or unconsidered), *көзден таса қалу* (to be left out of someone's sight; to be left unnoticed).

✤ Сауда орталығында адам көп екен. Мына *сөмкені көзіңнен таса қылма*. There are many people here at the mall. Don't let this bag out of your sight.

✤ Кездейсоқ мектеп сайысында ол дарындылығымен дылығымен дейін жас ғұлама *көзден таса болды*. The young genius went unnoticed until a fortuitous school competition finally revealed his talents.

көзді ала бере [taking and giving the eye]: *before someone could blink*

❂ Used as an adverbial modifier. The expression is not commonly used with verbs in the passive voice. Variants: *көзді ашып-жұмғанша, қас пен көздің арасында, қас қағым сәтте.* See also *бие сауым* (in *Livestock with Beasts and Birds*); *ет пісірім, сүт пісірім* (in *Food*).

✤ Әділ қарындасының *көзін ала бере* оның кәмпитіне *шап берді*. Adil snatched his sister's candy before she could blink.

✤ Менің жиенім *көзімді ала бере* теңізге қарай *қашты*. My nephew ran toward the sea before I could blink.

көзді ашып-жұмғанша [until opening and closing the eyes]: *in the blink of an eye* (see *қас пен көздің арасында*)

❂ Variants: *көзді ала бере, қас қағым сәтте, қас пен көздің арасында.* See also *бие сауым* (in *Livestock with Beasts and Birds*); *ет пісірім, сүт пісірім* (in *Food*).

көздің жауын алу [to take the enemy of the eye]: to be captivating by visual appeal, especially by a large amount, variety, different colors, or another visual quality; to be a treat for the eyes

❂ See also *көздің құртын жеу*.

✤ Көрмеге қойылған асыл тастар *көздің жауын алады*. The showcased gems are a treat for the eyes.

✤ Дүкендегі кәмпит кішкентай жиенімнің *көзінің жауын алды*. The candies at the store were captivating for my little nephew.

көздің қарашығы [pupil of the eye]: someone or something that is cherished and treasured, *apple of one's eye*

❂ Collocations: *көздің қарашығындай сақтау* (to preserve someone or something cherishingly), *көздің қарашығындай қорғау* (to protect someone or something cherishingly). See also *қызғыштай қорғау* (in *Livestock with Beasts and Birds*);

✤ Жаңа туған егіздер — менің *көзімнің қарашығы*. The newborn twins are the apple of my eye.

✤ Менің күйеуім өзінің бағалы кен-қазба тастар *жинағын көзінің қарашығындай қорғайды*. My husband cherishingly protects his precious rock and fossil collections.

көздің құртын жеу [to eat the worm of the eye]: to be greatly appealing and tempting

❂ Also: *көздің құрты* (greatly appealing and tempting thing) also refers to something that causes one's greediness. See also *көздің жауын алу*.

✤ Көптеген адамға шылым шегуді қою мүмкін емес, өйткені темекі олардың *көздерінің құртын жейді*. It's nearly impossible for many people to give up smoking because cigarettes are so appealing and tempting to them.

✤ Байғұс Нұртас. Қазір емдәм ұстап жүр, бірақ әрбір тамақ оның *көзінің құрты болып отыр*. Poor Nurtas; he's on a diet, but every piece of food looks appealing and tempting.

көзкөрген [the eye has seen]: **(1)** old, referring to a deceased person's old friend or associate; **(2)** eyewitness, when used with *куә: көзкөрген куә*

✤ Атамның барлық *көзкөрген достары* оның жылына келді. All my grandfather's old friends came to his one-year wake.

✤ *Көзкөрген куә* өз басы мен жанұясына келетін кесірден қорқып, полициямен тізе қосудан бас тартты. The eyewitness to the crime refused to cooperate with the police because she feared for her and her family's safety.

көзі жету [to have one's eye reach]: **(1)** to come to realization and belief through convincing evidence; **(2)** to make sure

☀ Dative. Also: *көзін жеткізу caus.*

❋ Тағы бір жылға созылған дағдарыстан кейін, экономикаға серпіліс беру жоспарының жүзеге асуына уақыт *керектігіне* адамдардың *көзі жетті*. After another year of the recession, people realized that the economic stimulus plan will take time to work.

❋ Ақшаңды салмас бұрын банктың *беделді екеніне көзіңді жеткіз*. Make sure that the bank is reputable before you deposit money in it.

көзі жылтырау [to have one's eyes glitter]: to be pitiful due to punishment or harsh treatment

☀ Syn: *көзге көк шыбын үймелеу*. Also: *көзін жылтырату caus.*

❋ Тілазар бала бұрышта *көзі жылтырап тұрды*. The disobedient child was pitifully standing in the corner.

❋ Тоқтаусыз қатты сұрақтың астына алған тергеуші күдіктінің *көзін жылтыратты*. The investigator's harsh and nonstop questioning reduced the suspect to a pitiful state.

көзі қаныҚ [one's eye is well aware]: well-acquainted, as a result of having seen something

☀ Dative. Can be formal. See also *көз таныс*.

❋ Бірнеше экспедицияны бастап алып жүргендіктен, Ізтұрғанның Хан тәңірі *шыңына көзі қанық*. Izturgan is well acquainted with the Khan Tengri Peak because he has led several hiking expeditions.

❋ Қоғамдық *көлік жүйесіне көзі қанық* Әділет қонақ үйге тез жетті. Because Adilet was well acquainted with the public transit system, he quickly got to his hotel.

көзі қарауыту [to have one's eye darken]: **(1)** to have blurred vision, as in fainting or being hungry; **(2)** to darken with anger, usually used with words denoting anger; **(3)** to be greedy, avaricious (see *көзі қараю*)

☀ Variant: *көзі қараю*, in the second and third senses. *Көзі қараю* implies being angry, greedy, or hungry to an extreme extent, more than *көзі қарауыту*. This nuance in meaning is evident in the verbs *қарауыту* (darken) versus *қараю* (blacken). Collocations: *аштықтан көзі қарауыту* (to have blurred vision due to

hunger); *ашудан көзі қарауыту* (to darken with anger); *ызадан көзі қарауыту* (to darken with rage).

❋ Дәрігерлік тексеруден өтер алдында тамақ ішпеген Бауыржанның *көзі қарауытты*. Bolat was famished after fasting for his medical checkup.

❋ Орнымнан тез тұрсам, бір сәт *көзім қарауытып кетеді*. When I stand up suddenly, things will become dark for a brief moment.

❋ Інім Қанаттың мектепте тағы бұзақылық істегенін естігенде, *ашудан әкеміздің көзі қарауытты*. Dad's face darkened with anger to learn that my brother Kanat had got in trouble at school again.

көзі қараю [to have one's eye blacken]: **(1)** to have very blurred vision, as from being hungry; **(2)** to darken with anger or become vicious, usually used with words denoting anger; **(3)** to be greedy, avaricious

☀ Syn: *көзі қарауыту* implies being angry, greedy, or hungry to a lesser degree than *көзі қараю*. This nuance in meaning is evident in the verbs *қарауыту* (darken) versus *қараю* (blacken). Collocations: *аштықтан көзі қараю* (to have very blurred vision due to hunger); *ашудан көзі қарауыту* (to darken with extreme anger); *ызадан көзі қарауыту* (to darken with extreme rage).

❋ *Аштықтан көзі қарайған* Сәкен бір бүтін пиццаны өзі жеп қойды. Because he was greedy from hunger, Saken ate the whole pizza himself.

❋ Зайра қарсыласып, сөмкесін оңайлықпен бере қоймаған кезде, *ашудан тонаушының көзі қарайып кетті*. The mugger became vicious when Zaira put up a fight and didn't let him take her purse easily.

❋ *Көздері қарайған* ұрылар үйден бір нәрсе қалдырмай алып кетті. The avaricious thieves plundered everything from the house.

көзі қимау [not to have one's eye cut]: not to be able to part with something

☀ Accusative. The affirmative form is used in rhetorical questions only. It can also be used to imply greediness.

❋ Мына *сөмкемді* сіңліме берейін десем,

көзім қимай жүр. I wanted to give this purse to my sister, but I can't part with it.

❧ Сондай қатты жақсы көретін ескі ұсақ-түйек *заттарыңды* қалай *көзің қиып беріп жібердің?* How were you able to part with and give away your old knickknacks that you loved so much?

көзі таныс [one's eye is acquainted]: familiar, as something seen before

☻ Also: *көз таныс.* See also *көзі қанық.*

❧ Алма тұрмыс құрғанына бір жыл толғанын тойлауға *көзі таныс* жерге барғысы келді. Alma wanted to go somewhere familiar for her wedding anniversary.

❧ Біз жергілікті шәйханада *көз таныс* адамдарды көреміз. We see familiar people at the local tea shop.

көзі тірі [one's eye is alive]: living, alive

❧ *Көзі тірі* соғыс қылмыскері әділ жазадан қашып кете алмады. The living war criminal couldn't escape justice.

❧ Көптеген адамдар ақынның *көзі тірі* екенін естіп, таң қалды. Ол зейнетке шыққаннан кейін адамдардан оқшауланып, көзден ғайып болған-ды. Many people were surprised to discover that the poet was still alive. He had become a recluse and disappeared after his retirement.

көзі шарасынан шығу [to have one's eye come out of its eye socket]: to be extremely frightened or surprised, **one's eyes pop out of one's head** (see *екі көзі шарасынан шығу* in *Numbers*)

☻ Variant: *екі көзі шарасынан шығу* is more precise and focused in meaning because of the use of number "two." Also: *екі көзі шарасынан шыға жаздау* (**one's eyes nearly pop out of one's head**).

көзі ішіп-жеу [to have one's eye drink and eat]: to devour with one's eyes; look at someone fixedly, steadily, and harassingly; to eye someone or something greedily (see *екі көзі ішіп-жеу* in *Numbers*)

☻ Variant: *екі көзі ішіп-жеу* is more precise and focused in meaning because of the use of number "two." Also: *көзімен ішіп-жеу* tr; *көзі ішіп-жеп бару* (**to be eyeing someone or something greedily**).

көзін жоғалту [to make one's eye be lost]: **(1)** to get rid of someone or something tangible; **(2)** to get lost, as in voluntarily absenting oneself

☻ Variant: *көзін құрту.* Also: *көзіңді жоғалт* (get lost!). Syn: *көзіңді құрт* (under *көзін құрту*), *табаныңды жалтырат* (under *табанды жалтырату*). See also *қараңды өшір* (under *қарасы өшу* in *Color*), *қараңды батыр* (under *қарасы бату* in *Color*).

❧ Ескі мәшинеңнің *көзін* қашан *жоғалтасың?* When are you going to get rid of your old car?

❧ Әйелім үйге келмес бұрын менің жынды достарым *көздерін құртқандары* дұрыс. My crazy friends better get lost before my wife comes home.

көзін жою [to destroy one's eye]: to annihilate, to destroy, to eliminate

☻ Genitive.

❧ Әуе күштері жаудың қару-жарақ қорының *көзін жойды.* The air force annihilated the enemy's weapons supply.

❧ Шекара сақшылары есірткі саудагерлерін ұстап алып, олардың *марихуанасының көзін жойды.* The border patrol captured the drug dealers and destroyed their marijuana.

көзін құрту [to obliterate one's eye]: **(1)** to get rid of someone or something tangible; **(2)** to get lost, as in voluntarily absenting oneself (see *көзін жоғалту*)

☻ Genitive. Also: *көзіңді құрт* (get lost!). Syn: *көзіңді жоғалт* (under *көзін жоғалту*), *табаныңды жалтырат* (under *табанды жалтырату*), *қараңды өшір* (under *қарасы өшу* in *Color*), *қараңды батыр* (under *қарасы бату* in *Color*).

көнекөз [ancient eye]: **(1)** experienced, as an elderly eyewitness to history; **(2)** ancient

☻ Used with *қария* or *қарт* in the first sense. Also: *көненің көзі* (material evidence of history).

❧ Мен аштық кезінде адамдардың қалай аман қалғаны туралы әңгімелерді ауылдың *көнекөз қарияларынан* жинадым. I collected stories of survival during the famine from the village's experienced elderly residents, who had eyewitnessed those events.

❧ Археологтар боливиялық *көнекөз*

ғимараттардың қалай салынғанын білмей аң-таң болуда. Archaeologists are baffled about how the ancient Bolivian buidlings were constructed.

көрер көз [the eye that will see]: someone willing to see or take notice, someone of a mind to see something

☀ Not used as a predicate. Incorrect: Жанар — *көрер көз*. See also *естір құлақ, тыңдар құлақ.*

❧ Елге қоршаған ортаны сақтау мәселелерін *көрер көз* керек. The country needs someone of a mind to see the environmental issues.

❧ Жақсылап қарасаң, сұлулық өзінен-өзі *көрер көзге* түседі. Look carefully and beauty will reveal itself to those with a mind to see it.

көрер таңды көзбен атқызу [to make the dawn that one is to see rise with the eye]: *not to sleep a wink*

☀ Not used in the negative form. Variant: *көз ілмеу* (under *көз ілу*).

❧ Балам түнімен жылап, *көрер таңды көзбен атқыздым.* I didn't sleep a wink because my son cried all night.

❧ Жұмысын уайымдап, *көрер таңын көзімен атқызып жүр.* Because he is stressed out about his work, he is not sleeping a wink.

сырт көз [an outside eye]: outsider, foreigner

☀ Note the saying *сырт көз — сыншы* (The outsider's eye is a criticizer.)

❧ Үйді мынадай жасыл түске боясақ, *сырт көзге* оғаш көрінуі мүмкін. If we paint the house this type of green, it might look strange to outsiders.

❧ Елде туризмді жетілдірсек дейміз. *Сырт көзді* немен қызықтыруға болады? We wish to advance tourism in our county. To what can we attract outsiders?

Face: *Бет*

бет алу [to take face]: to head toward a destination or goal

☀ Dative. Formal. Variant: *бет түзеу.* Syn: *көш түзеу* (in *Livestock with Beasts and Birds*). Also: *беталыс* (course, direction). Note: *беталды* (aimlessly, haphazardly, arbitrarily).

❧ Елдің маңдай алды спортсмендері ғана Олимпиада *ойындарына бет алды.* Only the best sportsmen in the country are heading to the Olympic Games.

❧ Ел көшіп-қону туралы заң-ережелерін толық *өзгертуге бет түзеді.* The country is headed toward completely changing its immigration policies.

бет ауған жақ [the side where the face migrates to]: indefinite direction, *(drive off) into sunset* (see *бас ауған жақ.*)

☀ Variant: *бас ауған жақ.*

бет бақтырмау [not to let someone look after face]: not to let someone else dispute or rebut one's own contestable claim, to insist on one's own disputable claim

☀ Someone's own claim must be mentioned.

❧ Олар өздері жоғалтып алған құжат-тарымды «ешқашан тапсырмағансың» деп *бет бақтырмады.* They didn't let me dispute their claim that I never submitted my documents — the ones that they had lost themselves.

❧ Сабыр компания *банкротқа ұшырамайды* деп қашанғы *бет бақтырмай отырады?* How long will Sabyr insist that the company is not going bankrupt?

бет бұру [to turn the face]: to turn to

☀ Dative. Formal. Variant: *мойын бұру.* Also: *бетбұрыс* (turn).

❧ Көп адам бастарына іс түскенде *дінге бет бұрады.* Many people turn to religion in times of need.

❧ Біздің компаниямыз ең жоғарғы технологияларды *енгізуге мойын бұрды.* Our company has turned to introduce the state-of-the-art technologies.

бет жырту [to rip off the face]: to mourn greatly, as a woman

☀ Collocation: *бет жыртып жылау* (to cry and mourn greatly), *бет жыртып жоқтау айту* (to sing a lament and mourn greatly).

❧ Әкесінің қазасында *бет жыртып жылаған* қызды туыстары қалай жұбатарын білмеді. The relatives didn't know how to console the girl who was crying and mourning greatly at her father's funeral.

❧ Менің досым *бет жыртып жоқтау айтқан* апайын құшақтап отырды. My friend was holding her aunt who was singing a lament and mourning greatly.

бет жыртысу [to rip off each another's face]: to quarrel harshly, using insulting words to discredit one another, as women

✪ Used in the reciprocal voice only. Variant: *жүз шайысу*, in the second sense.

❇ Екеуі бір-бірін жек көрсе де, ешқашан *бет жыртысқан емес*. Though they hate each other, they have never quarreled.

❇ Екеуіңнің бір-біріңе айтпаған жаман сөздерің қалмады. Бір азғантай ақша үшін не болды *бет жыртысып*? You two don't have bad words that you haven't said to each other. Why are you quarreling harshly over such a small amount of money?

бет қаратпау [not to let the face look]: to be fierce or furious

✪ Collocations: *бет қаратпай жеңу, бет қаратпай ұту* (to defeat fiercely; to win by a landslide).

❇ Катрина дауылы *бет қаратпай*, Нью-Орлеан қаласын түгелдей жайпап өте жаздады. Hurricane Katrina was fierce and nearly wiped out New Orleans.

❇ Біз мына *команданы бет қаратпай жеңе аламыз*. We should be able to defeat this team fiercely.

бет кою [to set the face]: to commit to a certain activity, course, development, or direction

✪ Dative.

❇ Президент әр азаматты жалпыға бірдей денсаулық сақтау бағдарламасымен қамтамасыз *етуге бет қойды*. The president has made a commitment to provide universal health care for every citizen.

❇ Ол жас кезінен ғылыми *жұмысқа бет қойған*. He has been committed to scientific research since he was young.

бет моншағы үзілу [to have one's headwear pendent bead split]: to be very shy

✪ Often marked by disapproval or sarcasm toward being shy. *Бет моншақ* is a beaded pendent ornament decorating the traditional Kazakh headwear for girls and young women.

❇ Шындығында, жұмыстастары Жаннаны *бет моншағы үзіліп*, өздерімен араласпайтындығы үшін жақтырмайды.

Coworkers actually resent Zhanna for being painfully shy and not socializing with them.

❇ Дәурен достарына арнап караокемен өлең айтып, би билегенді жақсы көретін. Бірақ бүгін оның *бет моншағы үзіліп*, билемек түгіл бір өлең айтуға қысылып отыр. Dauren likes to sing karaoke and dance for his friends. But today he is very shy and doesn't feel comfortable to sing one song, not to mention to dance.

бет түзеу [to straighten the face]: to head toward a destination or goal (see *бет алу*)

✪ Variant: *бет алу*. Formal. Syn: *көш түзеу* (in *Livestock with Beasts and Birds*).

бет-жүзге қарамау [not to look at the face]: to be upfront with someone and not consider one's position, social status, or age in speaking out (see *бетің бар, жүзің бар демеу*)

✪ Syn: *бетің бар, жүзің бар демеу*

бетке басу [to press to the face]: to use a particular reason to disgrace, criticize, or reproach someone

✪ Accusative. Syn: *бетке шіркеу ету, бетке шіркеу ету қылу* (under *бетке шіркеу болу*).

❇ Компания тендерді ұтпағанда, менеджер белгіленген мерзімнен артық *жұмыс істемегенін команданың бетіне басты*. When the company didn't win the contract, the manager used the fact that the team hadn't worked overtime to reproach it.

❇ Күйеуі одан бұрынғы *кемшіліктерін бетіне баспауын* өтінді. Her husband asked her not to use his past mistakes to criticize him.

бетке таңба болу [to be a seal on a face]: to be a stigma

✪ Variant: *сүйекке таңба болу* implies a stigma on a family's reputation or dignity, whereas *бетке таңба болу* denotes a stigma on one's personal reputation or dignity. *Бетке таңба болу* is also used about a country: *ел бетіне таңба болу* (to be a stigma on a nation).

❇ Егер айыпталса, ақшаға қол салды деген айып оның *бетіне таңба болады*. If he is convicted, the embezzlement charges will be a stigma on his reputation.

❇ Президенттің жемқорлығы оның беделді әйелінің *бетіне таңба болды*. The president's corruption was a stigma on his influential wife.

бетке ұстау [to hold to the face]: **(1)** to be guided by a principle, idea, or policy; **(2)** to target a goal or destination; **(3)** to hold someone or something as the best, *cream*

⚙ Accusative. Can be formal. When used in the participle forms as an adjective in the third sense, someone or something that is the best must be mentioned together with a community or group that believes it to be so. Examples: *қаланың бетке ұстар аяқдоп ойыншылары* (the city's cream of football players), *елдің бетке ұстайтын ғалымдары* (the country's cream of scientists).

❧ Шағын бизнес қожайыны қызметкерлеріне жалақыларына қоса көптеген сыйақылар мен жеңілдіктер береді. Ол бақытты қызметкерден жақсы қызметкер шығады деген *пікірді бетке ұстайды*. The small business owner provides his employees with many perks. He is guided by the principle that happy employees make good employees.

❧ Көз қиығымен көне заттар дүкенін көре салысымен, менің әйелім *оны бетке ұстады*. As soon as my wife saw the antique shop from the corner of her eye, she targeted it and headed straight for it.

❧ Егер жақсы жылжымайтын мүлік агенті керек болса, Әділетті ал. Біздің компания *оны бетке ұстайды*. If you need a good real estate agent, take Adilet. Our company regards him as the cream of agents.

❧ *Қаланың бетке ұстайтын* саябағының орнын зәулім үйлер баспақшы. The park that is the cream of the crop in the city will be replaced by high-rise condominiums.

бетке шіркеу болу [to be a veil of shame for the face]: to be a reason to be ashamed, disgraced, or reproached

⚙ Also: *бетке шіркеу ету, бетке шіркеу қылу tr* (to use some reason to disgrace or reproach someone else); *бетке шіркеу келтіру, бетке шіркеу түсіру caus* (to bring disgrace upon someone). Syn: *бетке басу* for *бетке шіркеу ету* and *бетке шіркеу қылу*. See also *бетке таңба болу*.

❧ Поло клубындағы ханзаданың бассыз әрекеті корольдің отбасының *бетіне шіркеу болды*. The prince's unruly behavior at the polo club has been a reason for the royal family's disgrace.

❧ Алма бай ата-анасынан ешқашан қарызға ақша алмайды, өйткені олар оның *колледж бітірмегенін бетіне шіркеу етеді*. Alma never borrows money from her rich parents because they will use the fact that she didn't finish college to reproach her to shame her.

бетсіз [faceless]: extremely shameless, without conscience, as a person

⚙ Also: *бетсіздік* (shamelessness).

❧ Қарияларды *бетсіз* адам ғана тонайды ғой. You have to be extremely shameless to steal from senior citizens.

❧ Сот жазасы шығарылар кезде, *бетсіз* қылмыскер құрбандарын мазақ қылды. At his sentencing, the shameless criminal mocked his victims.

бетте қан-сөл болмау [not to have blood and juice on the face]: to be very pale, *to have a bloodless face*

⚙ Rare variants: *өңде қан-сөл болмау, жүзде қан-сөл болмау*. See also *бетінен қаны тамған*.

❧ *Бетіңде қан-сөл жоқ* қой. Не болды? You are very pale. What happened?

❧ Бірнеше күн ауырған *оның бетінде қан-сөл болмады*. He was pale after days of being sick.

беттен алу [to take from the face]: to attack someone aggressively and verbally, especially someone who is older or higher in rank or authority; *to bite someone's head off, to jump down someone's throat*

⚙ Accusative. Variant: *беттен алып, төске шабу* emphasizes the extensiveness of an aggressive verbal attack.

❧ Жас әртіс көбірек эмоция көрсетуі керектігін айтқан *директорды беттен алды*. The young actress attacked her director when he said that she needed to show more emotion.

❧ Ата-ананың *бетінен алып, төсіне шабу* жаман қасиет. It is a bad practice to agressively and verbally attack parents.

беттен алып, төске шабу [to take from the face and attack the chest]: to attack aggressively and verbally, *to bite someone's* *head off, to jump down someone's throat* (see *беттен алу*)

🔅 Variant: *беттен алу. Беттен алып, төске шабу* emphasizes the extensiveness of an aggressive verbal attack.

беттен қақпау [not to hit on the face]: *to give free rein to children*

🔅 Accusative. The affirmative form is used in rhetorical questions only. See also *маңдайдан шертпеу*.

🔅 Ира балаларының жан-жақты, өнерлі болып өскенін *оларды беттерінен қақпай* өсіргенінің арқасында дейді. Ira says that her children grew up having varied interests and were artistic because she gave them free rein.

🔅 Менің көршім баласын бес жасқа дейін *баланы беттен қақпау керек* деген ұстаным бойынша тәрбиелеп жатыр. Оның баласы өте тентек. My neighbor is raising her son on the principle that a child should be given a free rein until the age of five. Her son is very naughty.

беттің арын белбеуге түю [to knot the honor of the face to the belt]: **(1)** to decide not to follow one's conscience before committing a shameful or embarrassing act; **(2)** *to swallow one's pride*

🔅 Syn: *ұятты былай қою* (in *Miscellaneous*)

🔅 Ол *бетінің арын белбеуге түйіп,* дүкеннен ақысын төлемей тамақ алып кетті. He consciously took food from the store without paying for it.

🔅 Асқар *ұятты былай қойып,* жүріп жүрген қызынан ақша сұрады. Askar swallowed his pride and asked his girlfriend for money.

беттің арын сақтау [to preserve the honor of the face]: *to save face*

🔅 Саясаткер жанжалдан аулақ болып, *беттің арын сақтау* үшін қызметінен кетті. To avoid scandal and save face, the politician stepped down.

🔅 Менеджер *бетінің арын сақтау* үшін қызметкерінен жеке кешірім сұрады. To save face, the manager apologized privately to his employee.

беті аулақ [one's face is away]: *God forbid* (see *бетін ары қылсын*)

🔅 Used with a dependent adverbial clause of condition. Variant: *бетін ары қылсын.*

беті бармау [not to have one's face go]: not to dare to do something

🔅 Dative. The affirmative form is used in rhetorical questions only.

🔅 Күйеуімнің маған тапсырып кеткен гүлін өлтіріп алғанымды *айтуға бетім бармай тұр.* I don't dare tell my husband that I killed the flowering plant that he had entrusted to me.

🔅 Бұрын екі рет қарызға алған ақшамды әлі қайтарған жоқсың. Үшінші рет тағы ақша *сұрауға қалай бетің барады?* You haven't returned the money that you borrowed twice yet. How dare you ask me the third time for money?

беті бермен қарау [to have one's face look this way]: **(1)** to get better from illness or injury; **(2)** to see improvement on a problem, matter, condition, situation, or work (see *беті бері қарау*)

🔅 Variant: *беті бері қарау. Бермен* is a colloquial variant of *бері.*

беті бері қарау [to have one's face look this way]: **(1)** to get better from illness or injury; **(2)** to see improvement on a problem, matter, condition, situation, or work

🔅 Genitive. Variant: *беті бермен қарау.*

🔅 Ел сүйікті дәрігерлерінің жол апатынан алған жарақаттарынан *беті бері қарай бастағанын* естіп қуанды. Everyone was glad to hear that the beloved town doctor was getting better from his car accident injuries.

🔅 Ұлымен жеке сөйлесіп, оның ойын білгеннен кейін, *жағдайдың беті бермен қарай бастады.* After he talked to his son personally and learned what his thought was, the situation started improving.

беті болмау [not to have one's face]: to be very ashamed to do something

🔅 Dative or participle acting as an adjective. The affirmative form is used in rhetorical questions only. See also *не бетімен істеу.*

🔅 Көршімнің баласы кеше дүкенде бір қорап кәмпитті жеп қойып, бүгін онда *баруға көршімнің беті жоқ.* My neighbor's son ate one box of candies yesterday at the grocery store, and today my neighbor is ashamed to go to that store.

🔅 Мас болып отырып түскен фотомды ата-анам көріп қойыпты. Сөйтіп, бірнеше күн бойы оларға *қарайтын бетім болмады*. It turns out that my parents had seen my photo, in which I was drunk. So I was ashamed to look at them for several days.

❧ Кешегі айқайдан кейін оның менің үйіме *келетін беті бар ма*? How can she be not ashamed to come to my house after yesterday's fight?

беті бүлк етпеу [not to have one's face gurgle]: to show no sign of shame, guilt, or conscience during or after lying or acting shamefully; *to have no pang or twinge of guilt*

⛭ Variants: *беті былш етпеу*, *беті шімірікпеу*. *Беті былш етпеу* is colloquial.

❧ Ол бірнеше рет уәде берсе де, қарызға алған ақшамды әлі қайтармай жүр. Оның үстіне, *беті бүлк етпей*, тағы ақша сұрап отыр. Despite promising several times, he hasn't returned the money that he borrowed from me. On top of that, showing no sign of shame, he is asking for money again.

❧ Салық төлеушілердің ақшасын жеке мүддесіне пайдаланғанын мойындаған кседе, алаяқ саясаткердің *беті былш етпеді*. The crooked politician showed no signs of shame as he admitted using taxpayers' money for personal ends.

беті былш етпеу [not to have one's face plop]: to show no sign of shame, guilt, or conscience during or after lying or acting shamefully; *to have no pang or twinge of guilt* (see *беті бүлк етпеу*)

⛭ Colloquial. Variants: *беті бүлк етпеу*, *беті шімірікпеу*

беті қайту [to have one's face return]: **(1)** to retreat, as an illness; **(2)** to retreat due to resistance or defeat; **(3)** to be diminished such as the intensity of danger, fire, flame, or problem; **(4)** *to lose heart*

⛭ Genitive (in the first, second, and third senses), ablative (concrete noun, in the fourth sense). Syn: *жүрегі шайлығу* (in the fourth sense) implies losing courage, whereas *беті қайту* implies losing boldness. Also: *бетің қайтпасын* (don't lose heart), *бетін қайтару caus.*

❧ Барлық анализдер *ісіктің бетінің*

қайтқанын көрсетті. All tests have shown that the cancer has retreated.

❧ Екі күнгі шайқастан кейін *жаудың беті қайтты*. The enemy retreated after two days of battle.

❧ Өрт сөндірушілер бір аптадан кейін Калифорниядағы *өрттің бетін қайтарды*. After one week the firefighters diminished the intensity of the fire in California.

❧ Нұржан аяқдоп ойынына жаттығу курсын тағы бітіре алмай, *аяқдоптан беті қайтты*. Nurzhan lost heart after he failed to complete training camp for football again.

беті шыдамау [not to have one's face be patient]: to be ashamed to show one's face in order to do something

⛭ Dative (infinitive). Variant: *жүзі шыдамау*. The affirmative form is used in rhetorical questions only.

❧ Ол достарымен *амандасуға беті шыдамады*, өйткені оларға өтірік айтқан-ды. He was ashamed to show his face to his friends and to greet them because he had lied to them.

❧ Айжанның күйеуі ұрыстан кейін онымен *сөйлесуге жүзі шыдамады*. Aizhan's husband was ashamed to show his face to his wife and to talk to her after the quarrel.

беті шімірікпеу [not to have one's face shiver]: to show no sign of shame, guilt, or conscience during or after lying or acting shamefully; *to have no pang or twinge of guilt* (see *беті бүлк етпеу*)

⛭ Variants: *беті бүлк етпеу*, *беті былш етпеу* (colloquial).

бетім-ай [oh, my face]: *for shame*

⛭ An expression of shame and embarrassment uttered by women, used in the first person only. Variant: *бетім-ау*.

❧ *Бетім-ай*, мына адамдар жағажайда неге жалаңаш жүр? For shame! Why are these people nude on the beach?

❧ *Бетім-ау*, ақша төлемей жатып, дүкенде рұқсатсыз неге тамақтың дәмін татып көресің? For shame! Why do you sample the food at the store without permission or paying for it?

бетімен кету [to leave with one's face]: to become unruly or disobedient to law, rules, and authority, including parental authority

◈ Also: *бетімен кетушілік* (unruliness, disobedience), *бетімен жіберу tr* (to let someone become unruly or disobedient).

❋ Көршіміздің үш ұлы әбден *бетімен кеткен*. Our neighbor's three sons are absolutely unruly.

❋ Онда полиция наразылық білдірген студенттер *тобын бетімен жібермеу* үшін тұрды. The police were there to not allow the crowd of student protesters to become unruly.

бетін ары қылсын [may one's face be put away]: *God forbid*

◉ Shortened version of *құдай бетін ары қылсын*. Used with a dependent adverbial clause of condition. Variant: *беті аулақ*.

❋ *Бетін ары қылсын, жерсілкініс болса,* біз дайын болуымыз керек. We must be ready, if — God forbid — there's an earthquake.

❋ Ертең, *беті аулақ, су тасыса,* не істейміз? What will we do tomorrow, if — God forbid — there's a flood?

бетін ашу [to open one's face]: (1) to make a memorable turn, to open a new page in something; (2) to reveal; (3) to unveil a bride; (4) to unveil a new building

◉ Genitive. Collocations: *шындықтың бетін ашу* (to reveal the truth), *қылмыстың бетін ашу* (to solve a crime). Note that *бет* is always used in the singular: *кемшіліктердің бетін ашу* (to reveal shortcomings). Also: *беті ашылу pass.*

❋ Бірінші әйел президентті сайлап, ел өзінің ұзақ *тарихының жаңа бетін ашты*. With the election of the first woman president, the country has turned a new page in its long history.

❋ Есепшінің мәлімдемесі компанияның істеген *қылмыстарының бетін ашуға* көмектесті. The accountant's statement helped reveal the many financial crimes the company had been committing.

❋ Қобалжыған күйеу жігіт шіркеуде *жарының бетін ашып жатқан* кезде дірілдеп тұрды. The nervous groom was shaking as he unveiled his bride to everyone in the church.

❋ Әкім Қала күні жаңа *кітапхананың бетін ашты*. The mayor unveiled the new library on All-City Day.

бетіне жан қаратпау [not to let a soul look at one's face]: *to be a force to be reckoned with*

◉ Used about a person only. See also *бет қаратпау*.

❋ Парламенттің қаржы комитетінің төрайымы — *бетіне жан қаратпайтын адам*. The chairwoman of Parliament's Finance Committee is a force to be reckoned with.

❋ Ауыр салмақты қазақ балуаны Олимпиадада *бетіне жан қаратпады*. The heavyweight Kazakh wrestler was a force to be reckoned with at the Olympics.

бетінен қаны тамған [one's blood dripped from one's face]: radiating, glowing with health, *a picture of health* (see *ағы ақ, қызылы қызыл* in *Color*)

◉ Syn: *ағы ақ, қызылы қызыл* (in *Color*). See also *бетте қан-сөл болмау*.

бетің бар, жүзің бар демеу [not to say "you have a face and you have a look"]: to be up front with someone and not consider one's position, social status, or age in speaking out

◉ Syn: *бет-жүзге қарамау*

❋ Кіші сенатор әріптестеріне *бетің бар, жүзің бар демей*, олардың ісі баяу екендігіне көңілі толмайтындығын айтады. The junior senator is up front with his colleagues about his discontent with their slow pace.

❋ Сыншылар өздерінің шолуларында *бет-жүзге қарамады*. The critics were up front in their reviews.

жүз шайысу [to rinse each another's face]: to quarrel harshly using insulting and discrediting words, *to trade barbs*

◉ Variant: *түс шайысу, бет жыртысу*. Used in the reciprocal voice. The nonreciprocal pair *жүз шаю* literally means *to rinse a face*.

❋ Өзгешеліктерімізге қарамастан, *қайын жұртыммен жүз шайысқан емеспін*. Despite our differences, my in-laws and I have never traded barbs.

❋ Сот қуынушы мен айыпталушыны сотқа бағынбады деген айып тағамын деп қорқытқанға дейін, олар *жүз шайысты*. The plaintiff and the defendant traded barbs until the judge threatened to hold both of them in contempt of court.

жүзі шыдамау [not to have one's face be patient]: to be ashamed to show one's face in order to do something (see *беті шыдамау*)

⚙ Dative (infinitive). Variant: *беті шыдамау*

жылы қабақ таныту [to make a warm eyelid be known]: **(1)** to show warmth or friendliness to someone or something; **(2)** to become warm, as weather

⚙ Dative and literary, in the first sense. Ant: *суық қабақ таныту*.

❀ Еріктілер қоғамдастықтағы мұқтаж *адамдарға жылы қабақ танытты*. The volunteers showed warmth to needy people in the community.

❀ Атырауда биыл күн ерте *суық қабақ танытты*. The weather in Atyrau got cold early this year.

зар жақ [grieving jaw]: **(1)** constantly weeping; **(2)** nagger, nagging

❀ Бір *зар жақ* бала мені ұшақта ұйықтатпады. The constantly weeping child didn't let me sleep on the plane.

❀ «*Зар жақ* болып, гаражды жина деп қақсауыңды қойшы». «Жинаймын дегеніңе екі ай болды, енді мен міне *зар жақ* атанып отырмын». "Please stop nagging me about tidying up the garage." "It's been two months since you said that you would clean up, and now I have become a nagger."

иек арту [to lean the chin]: **(1)** to depend upon, to rely on; **(2)** to adjoin; **(3)** to belong to a certain age group, such as being in the twenties or thirties

⚙ Dative. Formal. Variants: *арқа сүйеу* (in the first sense), *иек сүйеу*. See also *аяқ басу*, in the third sense.

❀ Менеджер көп жұмыс бітіру керек болғанда өз *орынбасарларына иек артады*. The manager relies on his deputies to get the abundance of work completed.

❀ *Көлге иек артып тұрған үй* — ең қымбат үй. The house that adjoins the lake is the most expensive one.

❀ *Алпысқа иек артқан* Сәкен әлі ойын-сауық қуып жүр. Even in his sixties, Saken is still a playboy.

иек астында [under the chin]: very near in time or distance

⚙ See also *таяқ тастам жер* (in *Miscellaneous*).

❀ Менің әйелімнің жұмысы балаларымыз барып жүрген балабақшаның *иек астында*. My wife's workplace is very near the daycare center where she drops the children off.

❀ Қыс *иек астында*, ал мен әлі қысқы күрте алған жоқпын. The winter is very near, but I still haven't bought a winter jacket.

иек сүйеу [to lean the chin]: **(1)** to depend upon, to rely on; **(2)** to adjoin; **(3)** to belong to a certain age group, such as being in the twenties or thirties (see *иек арту*)

⚙ Dative. Formal. Variants: *арқа сүйеу* (in the first sense), *иек арту*. See also *аяқ басу*, in the third sense.

қас-қабақ бағу [to wait on the eyebrow and eyelid]: to be attentive and obsequious in order to receive a sign of good mood, approval, or direction

❀ Апамның жейдесін сұрап алуым керек болды. Ол ойым іске асуы үшін, мен үй тірлігін асыра орындап, оның *қас-қабағын бағып жүрдім*. I needed to borrow my elder sister's shirt. That's why I did more work around the house than my chores, and I was attentive and obsequious to her so I would have a better chance at getting the sweater.

❀ Екі ел көршілерінің өз сауда саясатын аймақтық супердержаваның мақұлдағанын қалап, оның *қас-қабағын бағатынын* ұнатпайды. These two countries don't like that their neighbors are attentive and obsequious to the regional superpower to gain its approval of their trade policies.

қас-қабақ [the eyebrow and eyelid]: facial expression, when used in collocations below

⚙ Collocations (accusative): *қас-қабақтан ұғу* (to realize something from facial expression), *қас-қабақтан түсіну* (to understand someone or something from facial expression), *қас-қабақтан аңғару* (to notice something from facial expression), *қас-қабақтан тану* (to sense something from facial expression).

❀ Менің тағы бір кілем сатып алғанымды *жақтырмағанын* күйеуімнің *қас-қабағынан таныдым.* I sensed that my husband didn't approve of me buying another rug from his facial expression.

❀ Біздің жиеніміз өте сезімтал бала; ол *бізді қас-қабағымыздан түсінеді.* My nephew is very sensitive; he understands us from our facial expressions.

қабағы ашылу [to have one's eyelid open]: **(1)** to gain a good mood, to lighten up; **(2)** to improve, as weather, when used with words related to weather

☸ Also: *қабағы ашылмау* (to be in a bad mood; to be gloomy, as weather). Syn: *қабақтан қар жауу.*

❀ Сүйікті балмұздағын үстел үстінен көргенде, жасөспірімнің *қабағы ашылды.* The teenager lightened up when he saw his favorite ice cream on the table.

❀ Көршінің әрқашан *қабағы ашылмайды,* ешкіммен араласпайды. The neighbor is always in a bad mood and never socializes with anyone.

❀ Не *күннің қабағы ашылуы* керек, не теннис чемпионаты кейінге қалдырылуы керек. The weather will have to improve, or the tennis championship will have to be postponed.

қабақтан қар жауу [to snow from the eyelid]: **(1)** to be in a very bad mood; **(2)** to be severe, as weather

☸ Syn: *қабағы ашылмау* (under *қабағы ашылу*)

❀ Жаңа жыл түні жұмыс істейтінін біліп, Дәуреннің *қабағынан қар жауып жүрді.* Dauren was in a very bad mood because he'd learned that he had to work on New Year's Eve.

❀ *Қабағынан қар жауған* қыстың кесірінен біз шаңғы тебуге бармайтын болдық. We had to cancel our ski trip because of severe winter weather.

қас қағым сәтте [in the moment when the eyebrow blinks]: ***in the blink of an eye*** (see *қас пен көздің арасында*)

☸ Variants: *көзді ала бере, көзді ашып-жұмғанша, қас пен көздің арасында.* See also *бие сауым* (in *Livestock with Beasts and Birds*); *ет пісірім, сүт пісірім* (in *Food*).

қас қараю [to have the eyebrow blacken]: to reach nightfall, to become dark

☸ Syn: *көз байлану*

❀ *Қас қарайды.* Үйге қайтайық. It's dark now. Let's go back home.

❀ Күйеуім үйдің сыртын *қас қарайғанда* ақтап бітірді. My husband finished painting the exterior of the house when it got dark.

қас пен көздің арасында [between the eyebrow and the eye]: ***in the blink of an eye***

☸ Variants: *көзді ала бере, көзді ашып-жұмғанша, қас қағым сәтте.* See also *бие сауым* (in *Livestock with Beasts and Birds*); *ет пісірім, сүт пісірім* (in *Food*).

❀ Атақты бас аспазшы *қас пен көздің арасында* кешкі ас дайындай алады. The famous chef can prepare dinner in the blink of an eye.

❀ Паспорт алуға өтініш тапсыру үдерісі *қас қағым сәтте* бітті. The passport application process was completed in the blink of an eye.

маңдай алды [front of the forehead]: best, leading

☸ Literary or formal.

❀ Еуропаның *маңдай алды* ғалымдары жылдық конференцияға Швейцарияға жиналды. The leading scientists of Europe met in Switzerland for the annual conference.

❀ Мақсатты Алматыдағы *маңдай алды* заң фирмасы жұмысқа шақырды. Maksat was offered a position at the best law firm in Almaty.

маңдай тер [forehead sweat]: hard work

☸ Collocations: *маңдай термен табу* (to earn with hard work), *маңдай терін төгу* (to work very hard), *маңдай терін аямау* (***blood, sweat, and tears***). See also *маңдай тер, табан ақы.*

❀ *Маңдай термен тапқан* ақшаның қадірі болмақ. The money that comes with hard work will be highly valued.

❀ Азаматтық құқық қозғалысының жетекшілері 1960 жылдары барлық азаматтарға теңдік әперу үшін *маңдай терін төкті.* During the 1960s civil rights leaders worked very hard to gain equality for all citizens.

❀ Ол үш ай бойы *маңдай терін аймай*, кітабын бітірді. She finished her book after months of blood, sweat, and tears.

маңдай тер, табан ақы [fee of the forehead sweat and foot sole]: payment, wage for hard work

⛭ Collocations: *маңдай тер, табан ақысын алу* (to receive a payment for one's hard work), *маңдай тер, табан ақысына алу* (to buy with one's payment for hard work). See also *маңдай тер*.

❀ Басқа елден келген жұмысшылардың *алатын маңдай тер, табан ақысы* түкке жетпейді. The money that the migrant workers get for their hard work is next to nothing.

❀ Адамдар *маңдай тер, табан ақыларын* уақытында *алмағандарына* ашуланды. People were angry for not getting the wages for their hard work on time.

маңдайға біту [to be given to the forehead]: to be blessed with only one person or thing

❀ Әскердегі әлімжеттік жайттарынан қанықпын. Сондықтан *маңдайыма біткен жалғыз ұлымды* армияға жібере алмаймын. I know about the military hazing in the army. That's why I cannot send my only son whom I am blessed to have.

❀ Бірнеше жылдан кейін Арман мен Дананың *маңдайына бала бітті*. After trying for many years, Arman and Dana were blessed with their only child.

❀ Аризонаның *маңдайына* Гранд-Каньон *біткен*. Arizona is blessed to have the one and only Grand Canyon.

маңдайға жазылу [to be written on the forehead]: to be destined

⛭ Also: *маңдайға жазу act.* Syn: *пешенеге жазылу* (in *Life and Death*). See also *тағдырдың жазуы* (in *Life and Death*).

❀ Асыланның ұлы бес жасында домбыра тарта бастады. Ұлы сазгер болу оның *маңдайына жазылған*. Asylan's son started playing the dombra when he was only five years old. That boy is destined to be a great musician.

❀ Асқардың басында жаңашыл ой көп: не жұмысы жемісті тапқыр не бай кәсіпкер болу оның *пешенесіне жазылған*. Askar has so many innovative ideas flying around in his head; he is destined to be either a prolific inventor or a wealthy entrepreneur.

маңдайға сыймау [not to fit the forehead]: to lose someone to death

⛭ Not used in the affirmative form.

❀ Жеңгем *маңдайына сыймай кеткен* қызын жоқтап, әлі қайғыруда. My aunt who lost her daughter is still in mourning.

❀ Атам бес ұлын соғысқа жіберген. Төртеуі оның *маңдайына сыймады*. Grandpa sent five of his sons to war. He tragically lost four of them.

маңдайдан шертпеу [not to flick on the forehead]: to treat children or siblings gently without restriction or discipline, *to give children free rein*

⛭ The affirmative form is used in rhetorical questions only. See also *беттен қақпау*.

❀ Олар бес баласын алақандарына салып, аялап, *маңдайларынан шертпей* өсірді. They raised their five children with love and care, and gave them free rein.

❀ *Сені* әке-шешең *маңдайыңнан шертті ме?* Неге өз балаңа солай қарамайсың? Have your parents ever restricted or disciplined you? Why don't you treat your own child gently, as your parents treated you?

маңдайдан шертіп [flicking on the forehead]: carefully, only pertaining to hand-picking someone or something

⛭ Variant: *шекеден шертіп*. Also: *маңдайдан шертіп жүріп* (carefully over time), *маңдайдан шертіп-шертіп* (carefully and repeatedly). Collocations: *маңдайдан шертіп таңдау* (to choose carefully), *маңдайдан шертіп іріктеу* (to select carefully).

❀ Біздің қалада қолдан тоқылған шығыс кілемдерін сататын бірнеше дүкен бар. Сондықтан ең жақсысын *маңдайынан шертіп жүріп* сатып алайық. In our city, several stores sell handmade oriental rugs. So let's carefully select and buy the best.

❀ Күйеуімнің жиені үздік оқушыларды *шекелерінен шертіп таңдап алатын* мектепке қабылданды. My husband's niece got accepted to the school that carefully selects the best students.

маңдайы жарқырау [to have one's fore-
head shine]: **(1)** to win a competition;
(2) to have a presence

❂ Collocations: *төрде маңдайы жарқырау*
(to have a commanding presence), *арада
маңдайы жарқырау* (to have a presence
among others), *сахнада маңдайы жарқырау*
(to have a stage presence), *өмірде маңдайы
жарқырау* (to be a real presence).

❋ Биылғы халықаралық сәнді би жарысында
танымал емес бір жұптың *маңдайы
жарқырады.* An unknown couple won the
international ballroom competition this year.

❋ Жас президент сахна төрінде *маңдайы
жарқырап отырды.* The young president had
a commanding stage presence.

миығынан күлу [to laugh from one's mous-
tache]: *to laugh in one's sleeve*

❂ Variant: *мұртынан күлу.*

❋ Қорқақ Қанат өзінің ерліктері туралы
әңгіме айтса болды, ауылдастары *миығынан
күледі.* Whenever the cowardly Kanat talks
about his heroic acts, his fellow villagers laugh
in their sleeves.

❋ Ұжым мүшелері менеджердің оптимизм-
мен істелген жұмыс кестесіне *мұрттарынан
күлді.* The team laughed in their sleeves at the
manager's optimistic schedule.

мұрттай ұшу [to fly off like a moustache]: **(1)**
to collapse out of fatigue, exhaustion, or a
loss of consciousness; **(2)** to fly, as a result
of tripping over or being pushed

❂ Also: *мұрттай ұшыру caus.*

❋ Рахия бүгін бір жұмыс сұхбатынан
екінші жұмыс сұхбатына жүгірді. Содан
кешке үйіне келгенде, *мұрттай ұшты.* Ra-
khiya ran from one job interview to another to-
day. When she came home in the evening, she
collapsed from exhaustion.

❋ Қараңғыда тасқа сүрініп, *мұрттай ұштым.*
I tripped over a rock in the dark and flew.

мұрты қисаймау [not to have one's mous-
tache be crooked]: **(1)** not to show the
slightest concern; **(2)** not to suffer from the
consequences of previous negative action

❂ Dative in the first sense.

❋ Кейбіреулер шекарадағы *зорлық-
зомбылық жайттарына* федералдық үкіметтің

мұрты қисаймайтынын айтады. Some say
that the federal government does not show the
slightest concern for border violence.

❋ Компанияларын банкротқа ұшыратқан
бас атқарушы менеджерлердің *мұрты
қисайған жоқ.* Керісінше, олар қомақты
бонус алды. Nothing happened to the CEOs
who bankrupted their companies. Instead, they
got huge bonuses.

мұртын балта шаппау [not to have an axe
cut one's moustache]: **(1)** not to be nega-
tively affected by a crisis or climatic con-
ditions; **(2)** to be above the law because
of one's power or connections to people
in power

❋ Қаржы дағдарысы ірі банктарды қиратып
жатқанда, мына шағын банктың *мұртын
балта шаппағанына* таң қаламыз. We are
surprised that this small bank is not being
affected at all when the financial crisis is de-
stroying the large banks.

❋ Маратқа сілтейтін айғақтар болғанымен,
полиция оған тиісе алмайды. Саясаткерлерді
танитындықтан, оның *мұртын балта шап-
пайды.* Despite the implicating evidence, the
police cannot touch Marat. He's above the law
because of his connections to the politicians.

мұртын бұзбау [not to spoil one's mous-
tache]: to unalter, as in keeping one's
original condition or state

❋ Жаңа президент елдің сыртқы саясатын
жаңартып, бірақ алдыңғы президенттің
ұлттық қорғаныс саясатының *мұртын
бұзбай* қалдырды. The new president re-
vamped the country's foreign policy but left his
predecessor's national defense policy unaltered.

❋ *Мұрты бұзылмаған* күйде сақталған
көне заттар өте бағалы. Antiques that are
kept unaltered are most valuable.

мұртынан күлу [to laugh from one's mous-
tache]: *to laugh in one's sleeve* (see
миығынан күлу)

❂ Variant: *миығынан күлу.*

не бетімен істеу [to do with what face]: how
to be able to do something

❂ Used in rhetorical questions. See also *беті
болмау.*

❋ Ол *не бетімен әртіс болып жүр?*

Дарынсыздығына ұялмайды екен! How can he be an actor? He is not embarrassed for a lack of talent, is he?

❧ Бар істегені қате түзету бола тұрып, резюмесінде *не бетімен журналистпін дейді*? How can she claim to be a journalist in her résumé, when all she did was proofreading?

не бетін айту [to say what face]: what to say

◉ Used in rhetorical questions expressing a shame.

❧ Мемлекеттік қызметкерлер қала әкімшілігі ғимаратының алдына қойылған ескерткішке шектен тыс көп ақша жұмсап қойды. Енді қала тұрғындарына *не бетін айтады*? The government officials were drastically overbudget on the city hall statue. What do they have to say for themselves now?

❧ Азамат жанұясын тастап кеткен, бірақ олар оны кері қабылдауға әзір. Дегенмен, балаларына *не бетін айтады?* Azamat abandoned his family, but they are willing to take him back. What will he say to his children?

оң қабақ таныту [to show a right eyelid]: **(1)** to give approval; **(2)** to favor, to cooperate, as weather

◉ Dative. Literary in the first sense. The expression is used without adverbs, unlike the English *to highly approve*. Also: *оң қабаққа ілінү* (to gain one's approval or favor).

❧ Жанар бірге тұрмыс құрмақшы *жігітіне ата-анасының оң қабақ танытқанын* біліп, қатты қуанды. Zhanar was very happy to know that her parents approved of her fiancé.

❧ Бүгін сейіл кезінде ауа райы *бізге оң қабақ танытады* деген үмітіміз бар. Hopefully, the weather will cooperate today during our picnic.

өз бетімен [with one's own face]: *on one's own*

❧ Дәурен Атыраудан Алматыға он жеті жасында келді. Содан бері ол *өз бетімен* өмір сүріп жатыр. Dauren moved from Atyrau to Almaty when he was seventeen. He's been on his own ever since.

❧ Самат басқа көп студенттерге қосылып оқығаннан гөрі *өз бетімен* оқығанды қалайды. Samat prefers studying on his own rather than joining a big study group.

өз бетінше [according to one's own face]: **(1)** arbitrarily; **(2)** by oneself

◉ Collocations: *өз бетінше қабылданған шешім* (an arbitrary or independent decision), *өз бетінше шешім қабылдау* (to make a decision independently), *өз бетінше адам өмірін қию* (to arbitrarily deprive someone of life).

❧ Қызметкерлерге ауырғанда берілетін күнді саған *өз бетінше* алып тастауға болмайды. You cannot eliminate sick day benefits arbitrarily.

❧ Жағдайы нашар облыс туберкулез ауруымен *өз бетінше* күресе алмайды. Біздің оларға көмектесуіміз керек. The region that is in bad shape cannot fight against tuberculosis by itself. We need to help.

сор маңдай [misery forehead]: miserable, as a person

◉ Also: *әй, сор маңдай (you miserable!).*

❧ Қартайғанда *сор маңдай* шал болып қалмас үшін бақытыңды тап. Find love before you become a miserable old man.

❧ Таңертең кофе ішпесем, мен күні бойы *сор маңдай* болып жүремін. If I don't drink coffee in the morning, I am like a miserable person for the whole day.

суық қабақ таныту [to show a cold eyelid]: **(1)** to show coldness or unfriendliness to someone or something; **(2)** to get cold (weather) (see *жылы қабақ таныту*)

◉ Literary in the first sense. Ant: *жылы қабақ таныту*

Head: *Бас*

ақшаның басына су құю [to pour water onto the head of the money]: **(1)** to spend money; **(2)** to waste money; *to blow money*

◉ Marked by regret, disappointment, or sarcasm — in the first sense.

❧ Мен бүгін базарға барып, жиырма мың *теңгенің басына су құйдым*. Сондағы алғаным, үш-төрт қана зат. Today I went to the market and spent 20,000 tenge. But all I bought were three or four things.

❧ Олар өздеріне қажеті жоқ нәрселерді алып, *ақшаның басына су құйып жүр*. They are blowing money on unnecessary items for themselves.

балақтан басқа өрлеу [to advance from the bottom of a trouser leg to the head]: to advance forward or gain more power after being in an inferior position, to be challenged by someone who is perceived as inferior

⚙ Marked by sarcasm and a disparaging attitude toward people who might be advancing forward or challenging the superior position of others. The expression is truncated from the saying *балақтағы бит басқа шықты* (the louse living in the bottom of a trouser leg climbed to the head), which implies that people who were once in an inferior position have moved up to pose a threat or challenge to their superiors. Variant: *балақтан кіріп, басқа шығу.*

❀ Самат бүгін ашулы, өйткені бөлімнің жаңа бастығы Әділет оның қызметін төмендетіп тастады. Біреулер Саматтың «Жақсылықты білмейтін оны он жыл бұрын практикант ретінде жұмысқа мен алғанмын. Енді *балақтан басқа өрледі*» дегенін естіді. Today Samat is angry because the new department head, Adilet, has demoted him. Samat was heard saying "I hired that ingrate ten years ago as my intern. Didn't he arrive, did he?"

❀ Жанболат пен оның інісі біздің дүкенде сатушы болып қана жұмыс істейтін. *Балақтан кіріп, басқа шығып*, менің әкемнің ісін сатып алмақшы ма? Zhanbolat and his brother were nothing but salespeople at our store. Where do they get the nerve trying to buy out my dad's business?

балақтан кіріп, басқа шығу [to come in from the bottom of a trouser leg and come out to the head]: to advance forward or gain more power after being in an inferior position, to be challenged by someone who is perceived inferior (see *балақтан басқа өрлеу*)

⚙ Variant: *балақтан басқа өрлеу*

бас айналу [to have the head spin]: (**1**) to be dizzy, to have one's head spin; (**2**) to be dazed, usually from happiness or love; (**3**) to be infatuated or enamored; (**4**) to be bewitched, *to be under a spell*; (**5**) to be

blinded by wealth, money, and the like, *to turn someone's head*

⚙ Optional ablative (in the first and second senses), dative (in the third and fourth senses). Collocations (in the fifth sense): *байлыққа бас айналу* (to be blinded by wealth that one can potentially obtain), *байлықтан бас айналу* (to be blinded by wealth that has already been obtained). Compare the last two examples. See also *басқа тию* in the first sense.

❀ Тәтті *шараптан басым айналып*, теңселіп кеттім. My head was spinning from the sweet wine.

❀ Жүріп жүрген қызы тұрмысқа шығуға келіскенде, Асхаттың *бақыттан басы айналып*, төбесі көкке бір елі жетпей жүрді. Askhat was dazed and walking on cloud nine after his girlfriend accepted his marriage proposal.

❀ 1970 жылдары америкалықтардың *дискоға басы айналды*. Americans were infatuated with disco throughout the 1970s.

❀ Ұзақ уақыт сұлу *көршісіне Әділеттің басы айналып жүрді*. For a long time Adilet was under a spell about his beautiful neighbor.

❀ Айнагүл *байлыққа басы айналып*, кәрі миллионерге тұрмысқа шықты. Ainagul was blinded by wealth and married the old millionaire.

❀ Айнагүл *байлықтан басы айналып*, айналасында не болып жатқанын көрмеді. Ainagul was blinded by wealth and didn't see what was going on around her.

бас алмау [not to take the head]: to be engrossed in something

⚙ Ablative. Variant: *бас көтермеу*. Collocation: *кітаптан бас алмау* (**to have one's nose in the books**).

❀ *Кітаптан бас алмайтын* қызынан шешесі бір кезек сыртқа шығып, көрші балалармен ойнауын өтінді. The mother asked her daughter who always had her nose in the books to go outside and play with the neighborhood kids for a change.

❀ Менің күйеуім ала жаздай *жұмыстан бас алмады*. My husband was engrossed in his work all summer.

бас амандығы [safety and security of the head]: personal safety

✿ *Also: бас аман болу* is used in a dependent adverbial clause of condition or in an expression wishing safety. See the last two examples. See also *амандық болса* (in *Miscellaneous*).

❧ Мен экзотикалық елдерге саяхаттап жүргенімде, ата-анам менің тек *бас амандығымды* тіледі. My parents wished for my personal safety as I traveled to exotic countries.

❧ Алаяққа алданып, ақшамыздан айрылғанымызға ештеңе етпейді. *Басымыз аман болса,* бәрі жақсы болады. It doesn't matter that we lost our money to this crook. As long as we are safe, we will be OK.

❧ Лаңкестік *шабуылдардан басымыз аман болсын.* May we be safe from terrorist attacks.

бас ауған жақ [the side where the head migrated to]: indefinite direction, ***drive off into the sunset***

✿ Variant: *бет ауған жақ*

❧ Мектепті бітіргеннен кейін *басым ауған жаққа* кетемін. After I finish high school, I will leave for wherever life takes me.

❧ Миллионер қоғамнан түңіліп, жиғантерген дүниесінен бас тартып, *беті ауған жаққа* қашты. The millionaire became disenchanted with society, gave up all his worldly possessions, and drove off into the sunset.

бас ауыру [to have the head ache]: **(1)** to be concerned or troubled about someone or something; **(2)** to have a hangover

✿ Dative, in the first sense. Also: *бас ауырту caus.* See also *бас жазу*, in the second sense.

❧ Мақалада шекаралық аймақтардағы есірткі сатушылардың арасында болып жатырған *атыс-шабысқа* үкіметтің *басы ауырмайды* деген пікір айтылды. The article expresses an opinion that the government is not concerned about the shootings and attacks happening between the drug dealers in the border regions.

❧ Айнұр – көп ішпейтін адам. Кешкі тамаққа екі бокал шарап ішсе, *басы ауырады.* Ainur is a light drinker. She has a hangover from drinking just two glasses of wine for dinner.

бас ауырып, балтыр сыздау [to have a headache and a dull pain in a calf]: to have aches and pains

✿ Used in regard to and by elders.

❧ Ауылдағы аурухана қаржының жоқтығынан жабылғанда, үлкендер *бас ауырып, балтыр сыздаса* қайда бармақпыз деп ауыл әкіміне шағымданды. When a village hospital was closed down due to a lack of finances, the elders complained to the mayor, asking where they would go if they have aches and pains.

❧ Соғыс ардагерлеріне жақсы дәрігерлік күтім қажет. Олардың жастары ұлғайған сайын *басы ауырмай, балтыры сыздамай* тұрмайды. The war veterans need good medical care. The older they get, the more often they have aches and pains.

бас болу [to be the head]: to be in charge of someone, to be trusted to take care of someone

✿ Dative. Can be formal.

❧ Ата-анасы жұмыста болғанда, Марат *інісі-қарындастарына бас болып жүрді.* Marat was in charge of his younger brothers and sisters when his parents were at work.

❧ Ұлы Отан соғысы кезінде әйелдерге *елге бас болуға* тура келді. During the Great Patriotic War, women had to take care of their communities.

бас десе, құлақ деу [to say "ear" when told "head"]: to be dimwitted, ***not to know one's head from one's ass***

❧ Мен бір сұрағымды екі рет қойып, оған мүлдем қатысы жоқ жауап алдым. *Бас десем, құлақ деп отыр.* I asked the same question twice, and got completely unrelated answers. He is being dimwitted.

❧ Адамдар Алматтың кеңес төрағасы болып сайланғанына сенбей отыр, өйкені ол — *бас десе, құлақ дейтін* адам. People are in disbelief that Almat was elected chairman of the board because he doesn't know his head from his ass.

бас жазу [to cure the head]: to overcome hangover

✿ Hot soup and beer are believed to help overcome hangover. Thus, an offer to overcome hangover might mean getting an alcoholic beverage. See also *бас ауыру.*

❧ Менің досым таңертең сыра ішіп, *бас жазады.* My friend drinks beer in the morning to cure hangovers caused by drinking the night before.

❀ Ол бір күн бойы үйде жатып, *бас жазғанын* айтты. He told us he was at home for the day to overcome his hangover.

бас жарылып, көз шығу [to have the head crack and the eye come out]: to be hurt in a physical confrontation

◉ Often used in the negative form to express one's perception that the result of a quarrel or confrontation is exaggerated.

❀ Ешкімнің *басы жарылып, көзі шықпаса* да, полиция көршілердің екеуін де бөлімшеге алып кетті. The police took both of the neighbors in, even though nobody had been hurt in the light scuffle.

❀ Ата-аналар балаларының мектептегі төбелесіне шу шығарып, *басы жарылып, көзі шықпаған* балаларын ауруханаға апарды. The parents overreacted to the boys' schoolyard fight and took them to the hospital despite the fact that nobody had been hurt.

бас ию [to bow the head]: (1) to pay homage to, to acknowledge, to admire, *to take one's hat off*; (2) to abide; (3) to be under the ancient military command of someone

◉ Dative. Formal.

❀ Мен атақты балерина Майя Плесецкаяның *өнеріне бас иемін*, ал менің күйеуім Альберт *Эйнштейнге* салыстырмалылық теориясы үшін *бас иетінін* айтады. I take my hat off before the famous ballet dancer Maya Plisetskaya, whereas my husband pays homage to Albert Einstein for his relativity theory.

❀ Әр адамның *заңға бас июі* тиіс. Everyone must abide by the law.

❀ Қолбасы *жауына* қанша адам *бас иетінін* білгісі келді. The commander wanted to know how many soldiers were under his enemy's command.

бас көтермеу [not to raise the head]: to be engrossed in something (see *бас алмау*)

◉ Ablative. Not used in the affirmative form. Variant: *бас алмау*. Collocation: *кітаптан бас көтермеу* (*to have one's nose in the books*).

бас көтеру [to raise the head]: (1) to rise up, to stand up against something; (2) to recover (from illness); (3) to emerge; (4) to arise, as a question or problem; (5) to be downtrodden by travail when used in the negative form with *бейнет*: *бейнеттен бас көтермеу*

◉ Ablative, in the second sense. The idiom is formal in the first and third senses. Also: *бас көтерер* (the strongest and most capable person who can stand up for a whole family, community, or country).

❀ Бүгін мигрант жұмысшылар еңбек қанауына қарсы *бас көтерді*. Today the migrant workers rose up against labor exploitation.

❀ Дәрігерлер атлетке *ауруынан бас көтергенше* жаттығуды тоқтату керектігін айтты. The doctors told the athlete to stop training until he recovers from his illness.

❀ Кеңес Одағы ыдырағаннан кейін, Шығыс Еуропада демократияны қолдайтын көптеген мемлекеттер *бас көтерді*. With the breakup of the Soviet Union, many prodemocracy nations have started to appear in Eastern Europe.

❀ Кездесу кезінде жаңа *сұрақтар бас көтерді*. During the meeting, new questions arose.

❀ Кейбір иммигрант жұмысшылар *бейнеттен бас көтермейді*. Some immigrant workers are downtrodden by travail.

❀ Менің досым жанұясының тірегі еді. Ол қайтыс болғаннан кейін, оның егіз інісі үй ішінің *бас көтерері* болды. My friend was the pillar of support for her family. After her death, her twin brothers became the strongest and the most capable people to stand up for the whole family.

бас қату [to have the head harden]: (1) to stress over something, to be concerned with something; (2) not to be able to understand and work out a problem, to be stressed out, *to beat one's brains out*

◉ Optional dative, in the first sense. Compare the first two sentences. Variants: *ми ашу* (in the second sense), *ми қату*. Syn: *шақшадай бас шарадай болу*. Also: *бас қатыру саис*.

❀ Мұрат бүгін жұмысынан айрылып, мынадай қарқыны бәсеңдеп жатқан экономикада жаңа жұмыс таба алу-алмауын ойлап, *басы қатып отыр*. Murat just lost his job today and is stressed about being able to find a new job in this slowing economy.

❊ *Өз денсаулығына оның басы қатпайды.* He is not concerned about his own health.

❊ Мына күрделі сөйлемді қалайша қазақшаға аударарымды білмей, *миым қатып отыр.* I am beating my brains out not because I do not know how to translate this complex sentence into Kazakh.

бас қосу [to add a head]: to hold a meeting

☀ Also: *бас қосылу rec* (to get together). *басқосу* (meeting). Formal.

❊ Орталық Азия мемлекеттерінің президенттері Ташкентте *бас қосты.* The presidents of the Central Asian countries held a meeting in Tashkent.

❊ Біз мәдени орталық мәселесін талқылауға қала тұрғындарының *басқосуына* қатыстық. We attended the town meeting to discuss the cultural center.

бас пайда [benefit of the head]: one's own benefit

☀ Collocations: *бас пайданы ойлау* (to think about one's own benefit), *бас пайданы көздеу* (to target one's own benefit), *бас пайданы күйттеу* (to do things for one's own benefit).

❊ Сәкен салық көлемін азайту үшін ғана қайырымдылық қорына ақша беріп жатыр. Ол үнемі тек өзінің *бас пайдасын* ғана *күйттейді.* The only reason Saken is donating to charity is so that he can get a tax break. He always does things for his own benefit.

❊ Көптеген ірі кәсіпорындар *бас пайдасын көздеп,* көбінесе өздерінің қоршаған ортаға тигізер әсеріне көңіл бөлмейді. Many large manufacturing businesses operate to target their own profit and often ignore their impact on the environment.

бас салу [to put the head]: **(1)** to attack; **(2)** to aggress; **(3)** *to dive*, *to dig into* (e.g., a meal, book, or work); **(4)** to grab someone or something, as in an attempt to hug or to kiss

☀ Dative and frequently preceded by *тарпа* in the first, second, and third senses. Collocations (in the second sense): *бас салып ұрысу* (to scold aggressively), *бас салып айқайлау* (to yell aggressively).

❊ Ашуланған наразылық білдірушілер жолдарына бөгет болған полиция қызметкерлеріне *тарпа бас салды.* The angry protesters attacked the policemen who stood in their way.

❊ Полиция тоқтатқан кезде, Жанар *оған бас салды.* Zhanar attacked the police officer when he was stopped.

❊ Ашқарақ балалар үлкендерді күтпестен *тамаққа бас салды.* The voracious children dug into the food without waiting for their elders to start the meal.

❊ Мұрат пойыздан түскен қызы Гаухарды *бас салып* құшақтады. Murat grabbed and embraced his girlfriend Gaukhar as she stepped off the train.

бас сауғалау [to save the head]: to flee from someone or something, to be a fugitive

☀ Ablative, dative, or locative. Also: *бас сауғалату caus.*

❊ Саяси қуғын-сүргін көптеген адамдардың *шет елдерге бас сауғалауына* себеп болды. Political persecution was the reason for many people to flee to foreign countries.

❊ Соғыс қылмыскері деп айып тағылған нацист Оңтүстік Америкада *бас сауғалап* жүрген кезінде қолға түсті. The accused Nazi war criminal was captured in South America, where he was a fugitive.

бас тарту [to pull the head]: **(1)** to refuse, to decline; **(2)** to recant; **(3)** to abstain; **(4)** to give up, to relinquish

☀ Ablative. Formal and informal. Hom: *бас тарту* (in *Food*).

❊ Президент әлеуметтік қамсыздандыру бағдарламаларын қаржыландыру үшін салықты *көтеруден бас тартып,* салықты көтеру экономиканы одан әрі бәсеңдетеді деп мәлімдеді. The president categorically refuses to raise taxes to fund welfare programs, and he has stated that they will drive the economy further into recession.

❊ Жел сөз таратқанды жақсы көретін «сары» газет әртіс туралы жалған *мақаласынан бас тартпады.* The tabloid newspaper did not recant its false story about the actress.

❊ Жауапкершілік сезімі бар көптеген студенттер наша мен *ішімдіктен бас тартып,* оның орнына оқуларына көңіл бөледі. Many responsible college students abstain from using drugs and alcohol; instead they focus on their studies.

❧ Отаршылар біздің жерімізге айтқан *дағуасынан бас тартады ма*? Will the colonialists relinquish their claims to our land?

бас терісі құрысу [to have the skin of one's head contract]: to be irritated, annoyed

☼ Used with a dependent adverbial clause condition or time. Variant: *бас терісі тырысу*.

❧ Реалти-шоу *десе*, Самалдың *бас терісі құрысады*. When it comes to reality shows, Samal gets irritated.

❧ Оның әңгімелерінің еш мәні жоқ. Сондықтан ол *мылжыңдай бастаса*, менің *бас терісім тырысып қалады*. Her stories never make sense. That's why, when she starts babbling, I get annoyed.

бас терісі тырысу [to have the skin of one's head tighten]: to be irritated, annoyed (see *бас терісі құрысу*)

☼ Variant: *бас терісі құрысу*

бас-аяғы [one's head and foot]: **(1)** altogether, a total of; **(2)** only

❧ Екі елдің президенттерінің кездесуі *бас-аяғы үш сағатқа* созылды. Десе де, бұл кездесу татуласуға апарар жолдағы алғашқы қадам деп есептелді. The meeting between the presidents of the two countries lasted a total of three hours. However, this meeting was seen as a first step toward possible reconciliation.

❧ Ол докторлық диссертациясын *бас-аяғы екі жылдың* ішінде бітірді. She finished her doctoral dissertation in only two years.

бас-көз [the head and the eye]: someone who looks after someone or something

☼ Dative in the first sense.

❧ Әке-шешем жұмысқа кетерінде кішкентай *інілеріме бас-көз болуды* маған тапсыратын. When they had to go to work, my parents would give me the responsibility of looking after my small brothers.

❧ Америкада кішкентай балаларды *бас-көзсіз* үйде қалдыру заңға қайшы болып есептеледі. In America it is against the law to leave young children at home without having someone to look after them.

бас-көз демей [without saying a head and an eye]: **(1)** blindly; **(2)** thoughtlessly, recklessly, indiscriminately (see *бас-көзсіз*)

☼ Variants: *бас-көзсіз* (in the first and second senses), *бас-көзге қарамай* (in the second sense).

бас-көзге қарамай [without looking at the head and the eye]: thoughtlessly, recklessly (see *бас-көзсіз*)

☼ Variant: *бас-көзсіз*

бас-көзсіз [without a head and an eye]: **(1)** blindly; **(2)** recklessly, thoughtlessly, indiscriminately

☼ Variants: *бас-көз демей* (in the first and second senses), *бас-көзге қарамай* (in the second sense).

❧ Сектаның тартымды жетекшісі өзіне *бас-көзсіз* еретіндей етіп адамдардың бастарын айналдырып тастады. The charismatic cult leader brainwashed people to blindly follow him.

❧ Мирас мәшинені *бас-көзге қарамай* айдап, жолаушыларының өміріне қатер төндірді. Miras endangered his passengers by driving recklessly.

❧ Ол Жанардың баяндамасының барлық тұстарын *бас-көз демей* сынай береді. He keeps indiscriminately criticizing all aspects of Zhanar's report.

басқа бақ қону [to have happiness land on the head]: to find happiness and luck (see *бастан бақ ұшу*)

☼ Literary. Ant: *бастан бақ ұшу*

басқа бәле тілеу [to wish the head a misfortune]: to inflict some kind of misfortune, problem, or trouble upon oneself, *to ask for trouble*

☼ Variant: *басқа пәле тілеу*. Syn: *сау басқа сақина тілеу* (under *сау басқа сақина*).

❧ Саясаткер тұрмыстағы әйелдермен жүріп, *басына бәле тілеп алады*. The politician gets himself into trouble by having affairs with married women.

❧ Сен іссапар кезінде ішімдік ішіп, үнемі *басыңа бәле тілейсің*. You always ask for trouble by drinking alcohol on business trips.

басқа көтеру [to raise to the head]: to be loud at a place while talking, shouting, laughing, singing, or crying; *at the top of one's lungs* (see *басқа көшіру*)

🔅 Accusative. Variant: *басқа көшіру*.

басқа көшіру [to move to the head]: to be loud at a place while talking, shouting, laughing, singing, or crying; *at the top of one's lungs*

🔅 Accusative. For example, *үйді басқа көшіру* (to be so loud that the whole house hears), *ауылды басына көтеру* (to be so loud that the whole village hears). Variant: *басқа көтеру*.

🔆 Біздің көрші күйеуіне айқайлағанда бүкіл ауылды басына көшіреді. When my neighbor yells at her husband, the whole village hears it.

🔆 Дүшта айқайлап өлең айтуыңды тоқтатшы! *Үйді басыңа көтеріп*, барлығымызды таң ата ерте оятып жібересің. Please stop singing loudly in the shower. You are so loud that the whole house hears you and you awaken all of us early in the morning.

басқа күн туу [to have a day be born to the head]: to fall on times of trouble, as when tragedy or suffering befalls someone

🔅 Literary and formal. See also *басқа түсу*.

🔆 1990 жылдар Югославия халқының *басына күн туған* кезең болды. Қантөгіс пен елдің бөлек республикаларға бөлінуіне апарып соққан шиеленістер орын алды. The 1990s were troubling times for the people of Yugoslavia. There were conflicts that led to deadly wars and the eventual breakup of Yugoslavia into separate republics.

🔆 Ел *басына күн туды*. Қатты жерсілкініс пен дауылдың кесірінен бірнеше мыңдаған адам қаза тапты. Tragedy has befallen the country. Catastrophic earthquakes and hurricanes have killed thousands of people.

басқа пәле тілеу [to wish the head a misfortune]: to inflict some kind of misfortune, problem, or trouble upon oneself, *to ask for trouble* (see *басқа бәле тілеу*)

🔅 Variant: *басқа бәле тілеу*. Syn: *сау басқа сақина тілеу* (under *сау басқа сақина*).

басқа тию [to touch the head]: **(1)** to have an unpleasant experience that is supposed to teach someone a lesson; **(2)** to cause in-

toxication (only alcohol), *to go to one's head*

🔅 Variant: *шекеге тию* in the first sense. See also *бас айналу* in the second sense.

🔆 Қанат шектен тыс ойынқұмар болып, бар ақшасынан айырылды. *Басына тигеннен кейін*, ол ешқашан құмар ойын ойнамайтын болды. Kanat had a very unpleasant experience with excessive gambling and losing all his money; he's learned his lesson and will not ever do that again.

🔆 Кішкентай рөмке коньяк менің *басыма тиді*. A small glass of cognac intoxicated me.

басқа түсу [to descend on the head]: to befall

🔅 Collocations: *басқа қасірет түсу* (to have sorrow befall), *басқа қиыншылық түсу* (to have a difficulty befall), *басқа тауқымет түсу* (to have a burden befall), *басқа іс түсу* (to have a misfortune befall).

🔆 *Басыма ауырпалық түссе*, көмектесетін апаларым бар. I have elder sisters who support me when difficulty befalls me.

🔆 Ұзаққа созылған дағдарыстың кесірінен көптеген жанұялардың *басына қиыншылық түсті*. Many families have fallen on hard times because of the prolonged recession.

🔆 Дала өрті өршіп, ауыл тұрғындарының *басына іс түсті*. Misfortune befell the villagers when the wildfire spread.

басқа шығу [to go up the head]: *to walk all over someone*

🔅 Also: *басқа шығару caus.*

🔆 Студенттер жәй сөйлейтін мұғалімнің *басына шығып алған*. The students walk all over their softspoken teacher.

🔆 Ол баласына кішкентайынан дегенін істетіп, *басына шығарып алған*. She let her son do whatever he wanted, and now he walks all over her.

бас-қасында болу [to be near one's head and side]: **(1)** to be heavily involved in some work, taking charge or making a significant contribution; **(2)** to be near someone, to be at the bedside

🔅 Genitive. Also: *бас-қасында жүру*, in the first sense. The past participle of *бас-қасында болу* is used as an adjective in the past and future tenses. The past participle of *бас-қасында жүру* is used as an adjective in the present and present continuous tenses.

❀ Жиналысқа елдің экономикасын түбегейлі өзгертіп, дамыту *ісінің бас-қасында болған* ғалымдар мен мамандар шақырылды. Scholars and experts who are heavily involved in reforming and developing the country's economy were invited to the meeting.

❀ Мамам ауырып қалса, папам үнемі оның *бас-қасында болатындықтан*, біз жұмыстан сұранып әуре болмаймыз. If my mom gets sick, my dad will always be near her, so we don't have to take a day off from work.

бассыз кету [to leave headless]: *to be out of control*

❂ Also: *бассыз* (out of control), *бассыздық* (a state of being out of control).

❀ Дидар ұлын тым еркін жіберіп, енді ол *бассыз кеткен*. Didar gave his son a lot of freedom, and now he is out of control.

❀ Кейбір адамдар үкімет жеке құқықтары мен бостандығын шектейтін қажетсіз заңнамалар қабылдап, *бассыз кетеді* деп қорқады. Some people fear that the government will be out of control, and thus will pass unnecessary legislation that restricts their individual rights and freedoms.

бастан асу [to go over the head]: to be too much, too many

❀ Қаржысы тапшы мектептегі жаңа мұғалімнің жұмысы *бастан асады*. Оның оқушылары өте көп, ал жұмыстастарынан келер көмек жеткіліксіз. The new teacher was overwhelmed with work at the underfunded school. She had too many students and not enough help from the staff.

❀ Былтыр жалақысы жоғары жұмысынан айырылғаннан кейін, Мараттың проблемалары *басынан асты*. Marat had too many problems after losing his high-paying job last year.

бастан бақ ұшу [to have happiness fly from the head]: to lose happiness and luck

❂ Variant: *бастан бақ таю*. Ant: *басқа бақ қону*.

❀ Нұргүл әдемі де тамаша қыз, бірақ махаббатқа келгенде оның *басынан бақ ұшқан*. Кездескен жігіттерінің бәрі оны сыйламады. Nurgul is a gorgeous and wonder-

ful girl, but she has been unfortunate in love. All the men she has dated have mistreated her.

❀ Биыл біздің қаланың баскетбол командасының *басына бақ қонды*. Алты жыл бойы жеңе алмаған қарсыласын ұтты. This year our city's basketball team has gotten lucky. They defeated their opponents after they couldn't win for six years.

бастан бақ таю [to have happiness slip from the head]: to lose happiness and luck (see *бастан бақ ұшу*)

❂ Variant: *бастан бақ ұшу*. Ant: *басқа бақ қону*.

бастан кешіру [to have something go through the head]: to go through some experience

❂ Accusative. Can be formal. *Бас* is used with or without a personal possessive ending. Variant: *бастан өткізу*. Also: *бастан кешу pass*.

❀ Шешендер Қазақстанға күштеп көшірілген кезінде талай *азапты бастан кешірді*. The Chechens went through suffering when they were forced to move to Kazakhstan.

❀ Ел ірі экономикалық *өзгерістерді басынан өткізуде*. The country is going through major economic changes.

бастан өткізу [to have something pass through the head]: to go through some experience (see *бастан кешіру*)

❂ Accusative. Can be formal. Variant: *бастан кешіру*. Also: *бастан өту intr*.

бастан сөз асырмау [not to let a word go over the head]: to arrogantly and contentiously disallow other people's criticism or opinion

❀ Мен Дананың есеп-баяндамасындағы кемшіліктерін оған айта алмаймын, өйткені ол *басынан сөз асырмайды*. I can't mention the shortcomings in her report to Dana, because she is too arrogant and contentious to listen to what I have to say.

❀ *Басынан сөз асырмайтын* бастығымыз жиналыста компанияның басқа бөлім бастықтарын тағы сөйлетпеді. Our arrogant and contentious boss again did not let other department heads speak at the meeting.

бастан-аяқ [from head to foot]: from start to end

❀ Көптеген голливудтық фильмдерде *бастан-аяқ* не болатынын алдын-ала айтып беруге болады. Көп киноның оқиға желісі бірдей. One can tell what will happen in many mainstream Hollywood movies from start to end. Many films have the same plot.

❀ Менің қарт әжем тойымда *бастан-аяқ* болды. My old grandmother was at my wedding from start to end.

бастары бір қазанға сыймау [not to have one's head fit into one *qazan*]: not to get along mutually due to stubborn personalities

✵ *Қазан* is a cast iron cooking pot. The idiom is truncated from the saying *екі қошқардың басы бір қазанға сыймайды* (the heads of two rams do not fit into one *qazan*).

❀ Бір-бірінің ойын тыңдамайтындықтан, ана екі инженердің *бастары бір қазанға сыймайды*. Those two engineers do not get along very well because they are not open to each other's ideas.

❀ Көп жыл дос болған елдердің енді неге *бастары бір қазанға сыймай қалғанын* түсінбеймін. I don't understand why these countries that were friends for many years all of a sudden do not get along.

басты ажалға тігу [to set the head as a prize to death]: to risk one's life

✵ Variants: *басты бәйгеге тігу*, *басты өлімге тігу*

❀ Тыңшы мафия басшысына қарсы айғақ беріп, *басын ажалға тікті*. The informant risked his own life by testifying against the mafia crime boss.

❀ Қауіпті қалалардағы полиция азаматтарды қорғау үшін *бастарын өлімге тігеді*. Policemen in dangerous cities risk their own lives to protect the citizens.

басты ала қашу [to run taking the head]: **(1)** to categorically refuse; **(2)** to run away to avoid someone or something

✵ Ablative. Variants: *басты алып қашу*, *бойды алып қашу*. Syn: *ат-тонын ала қашу* (in *Livestock with Beasts and Birds*). In the first sense, it is also used to imply refusing to deal with a problem, danger, or take a responsibility. Collocations: *жауапкершіліктен*

басты ала қашу (to refuse taking responsibility), *қауіптен басты ала қашу* (to categorically refuse to face a danger), *мәселеден басты ала қашу* (to categorically refuse to face a problem).

❀ Отырыста бұрынғы бастығы болатынын айтып едім, Нұргүл онда *барудан басын ала қашты*. When I told Nurgul that her ex-boss would be at the party, she categorically refused to go there.

❀ Ол уақыты жоқ екенін айтып, жігіті туралы *сұрақтан басын алып қашты*. She categorically refused to face the question about her boyfriend, saying that she did not have time.

❀ Мұрат бұрын жүрген қызын көріп қалғанда кері *басын ала қашты*. When he saw his ex-girlfriend, Murat ran off in the opposite direction to avoid her.

басты алып қашу [to take the head and run]: **(1)** to categorically refuse; **(2)** to run away to avoid someone or something (see *басты ала қашу*)

✵ Ablative. Variants: *басты ала қашу*, *бойды алып қашу*. Syn: *ат-тонын ала қашу* (in *Livestock with Beasts and Birds*).

басты бәйгеге тігу [to set the head as a prize to a horse race]: to risk one's life

✵ Variants: *басты ажалға тігу*, *басты өлімге тігу*

❀ Көптеген қауіпті адамдардың қылмыстарын жария ететін мақалалар жазып, ол қылмысқа қарсы күресте өз *басын бәйгеге тікті*. By writing articles that revealed the crimes of many dangerous people, he risked his own life in the fight against crime.

❀ Ол босқындарға қауіпсіз жерге жетуге көмектесіп, *басын бәйгеге тігеді*. He risks his own life by helping refugees reach a safe place.

басты өлімге тігу [to set the head as a prize to death]: to risk with one's life (see *басты ажалға тігу*)

✵ Variants: *басты ажалға тігу*, *басты бәйгеге тігу*

басты тау мен тасқа соғу [to beat the head on a mountain and a rock]: ***to beat one's head against the wall*** (see *басты тауға да, тасқа да соғу*)

❂ Used with a dependent adverbial clause. Variant: *басты тауға да, тасқа да соғу*.

басты тауға да, тасқа да соғу [to beat the head on a mountain, as well on a rock]: ***to beat one's head against the wall***

❂ Used with a dependent adverbial clause. Variant: *басты тау мен тасқа соғу*.

❦ Ана көне мәшинені қайтадан жүргіземін *деп, басымды тауға да, тасқа да соқтым*. I beat my head against the wall trying to get that antique car working again.

❦ Ол есепті шығара *алмай, басын тау мен тасқа соқты*. He beat his head against the wall to solve a math problem.

басы бірігу [to have one's head unite]: to be united, as people

❂ Also: *басын біріктіру caus*.

❦ Көрші-көлем болып жиналып, үйіміздің жанынан жаңа дүкен салынуына наразылық білдіргіміз келгенімен, *басымыз бірікпеді*. Although we, as neighbors, wanted to express our protest against the new shop being built near our houses, we could not unite.

❦ Ленин Ресей ақсүйектеріне қарсы пролетариаттың *басын біріктіре алды*. Lenin was able to unite the proletariat against the Russian aristocracy.

басы жұмыр пенде [a human being whose head is spherical]: a human being with all inherent faults and weaknesses

❂ Also: *жұмыр басты пенде*

❦ Болат жұмысында қате жіберіп алды. *Басы жұмыр пенде* ғой. Bolat made a mistake at work. He's only human, after all.

❦ Қадірменді әртіс *жұмыр басты пенде* екенін көрсету үшін ерікті ретінде кедей адамдарға көмектеседі. The esteemed actress volunteers for the poor to show that she is just human.

басы істемеу [not to have one's head work]: to be stupid

❂ The affirmative form is used in rhetorical questions only.

❦ Мен *басым істемей*, үйді жоғары бағаға сатып алдым. I was stupid to buy the house at such a high price.

❦ *Басың істейді ме?* Жалақыңды ойынханаға салғаның не? Are you stupid? Why did you waste your paycheck at the casino?

күн тас төбеге жеткенде [when the sun reached right to the top of the head]: when the sun reaches its zenith (see *күн тас төбеге шыққанда*).

❂ Used traditionally to tell the time. Variants: *күн тас төбеге көтерілгенде, тас төбеге шыққанда, күн тас төбеде тұрғанда*. Also: *күн тас төбеден ауғанда* (when the sun passes its zenith).

күн тас төбеге көтерілгенде [when the sun rose right to the top of the head]: when the sun reaches its zenith (see *күн тас төбеге шыққанда*)

❂ Used traditionally to tell the time. Variants: *күн тас төбеге жеткенде, күн тас төбеге шыққанда, күн тас төбеде тұрғанда*. Also: *күн тас төбеден ауғанда* (when the sun passes its zenith).

күн тас төбеге шыққанда [when the sun came out right to the top of the head]: when the sun is at its zenith

❂ Used traditionally to tell the time. Variant: *күн тас төбеге жеткенде, күн тас төбеге көтерілгенде, күн тас төбеде тұрғанда*. *Also*: *күн тас төбеден ауғанда* (when the sun passes its zenith).

❦ Біз таңмен ерте жолға шыққымыз келгенімен, *күн тас төбеге жеткенде* ғана кеттік. We wanted to set out early in the morning, but were able to leave when the sun reached its zenith.

❦ Бүгін сағат он екіде *күн тас төбеге шықты*. The sun was at its zenith at 12 p.m. today.

күн тас төбеде [the sun is at the top of the head]: the sun is at its zenith

❂ Used traditionally to tell the time. Collocation: *күн тас төбеде тұрғанда* (when the sun is at its zenith). Variants: *күн тас төбеге жеткенде, күн тас төбеге көтерілгенде, күн тас төбеге шыққанда*. Also: *күн тас төбеден ауғанда* (when the sun passes its zenith).

❦ *Күн тас төбеде. Жолға ерте шығатын адамдар әлі кеткен жоқ*. The sun is at its zenith. But the people who were going on a trip early still haven't left.

❋ Ойын *күн тас төбеде* тұрғанда басталды. The game started when the sun was at its zenith.

ку бас [dried-up head]: unmarried and childless man

☸ Marked by sarcasm or pity.

❋ «Қашан үйленесің? *Ку бас* болып қашанғы жүрмексің?», — деп әжей немересінің мазасын алды. The grandmother bugged her grandson saying "When will you get married? How long are you going to be lonely without a family?"

❋ Жас, салт басты кезінде қызық қуған ол—қазір *ку бас*. Although the playboy enjoyed his youthful days as a bachelor, he is now lonely and has no family.

ми ашу [to have the brain burn]: not to be able to understand and work out a problem, to be stressed out, *to beat one's brains out*

☸ Variants: *бас қату*, *ми қату*. Syn: *шақшадай бас шарадай болу*. Also: *ми ашыту caus*.

❋ Бүгінгі *дәрістен менің миым ашып кетті*. I beat my brains out after today's lecture.

❋ Қазақ тілі мұғаліміміз грамматика ережесін ұзақ түсіндіріп, біздің *миымызды ашытпайтын*. Сөз тіркестері мен сөйлемдерге талдау жасау арқылы ережені өзіміз құрап шығаратынбыз. Our Kazakh teacher would not explain a grammar rule and made us beat our brains out. Instead, we would analyze phrases and sentences and formulate the rule ourselves.

ми жеу [to eat the brain]: (1) to badger, to irritate someone with endless talks, *to talk someone's head off*; (2) *to be eating at someone*

☸ Syn: *құлақтың құрыш етін жеу* in the first sense, *жанды жегідей жеу* in the second sense (in *Soul and Spirit*). In the first sense *ми жеу* implies more irritation, as if someone's endless talks get to one's brain. In the second sense *ми жеу* implies being distressed and thinking about something too much. *Жанды жегідей жеу* implies emotional distress.

❋ Жаңа компьютерлік ойынның шыққанын білгеннен кейін, балалар ата-анасының *миын жей бастады*. The children started nagging their parents after learning about the new computer game.

❋ Ертеңгі күнге деген күмән мен үрей жақында жабылмақ зауыттың жұмысшыларының *миын жеді*. Uncertainty and fear about tomorrow were eating at the workers because their plant will soon close.

ми қайнатар ыстық [brain boiling heat]: extremely hot, as weather

☸ Syn: *аспан айналып жерге түскендей* (in *Nature*).

❋ Менің інім жаздың *ми қайнатар ыстығында* қазына іздеймін деп үйде отырмайтын. My brother used to stay out in the extreme heat of summer looking for treasure.

❋ Шөл далада *ми қайнатар ыстық* болып тұр, сондықтан балалар түстен кейін далада ойнамайды. The weather is extremely hot here in the desert, so children do not play outdoor sports during the afternoon.

ми қату [to have the brain harden]: (1) to stress over something, to be concerned with something; (2) not to be able to understand and work out a problem, to be stressed out, *to beat one's brains out* (see *бас қату*)

☸ Optional dative, in the first sense. Variants: *бас қату* (in both senses), *ми ашу* (in the second sense). Syn: *шақшадай бас шарадай болу*. Also: *ми қатыру caus*.

миға кірмеу [not to go into the brain]: not to comprehend, not to understand

☸ The affirmative form is used in rhetorical questions only. Variants: *миға қонбау*, *миға кіріп шықпау*. *Миға қонбау* implies that initial understanding was present, but it did not become a systematic comprehension. *Миға кірмеу* implies that understanding was not present altogether. *Миға кіріп шықпау* is marked by emphasis and precision of meaning.

❋ GRE тестісіне дайындала бастағаннан кейін бір-екі апта бойы математика сұрақтары *миыма кірмей қойды*. When I started to prepare for the Graduate Record

Exam, I just couldn't comprehend the math questions for the first couple of weeks.

❦ Сот құжатына қоса берілген дәрігердің есебі заңгердің *миына кіріп шықпады*. Ол оны түсіндіріп беруге тәжірибелі дәрігерді жалдауға мәжбүр болды. Because the lawyer could not comprehend at all the medical report attached to the lawsuit, he had to hire an experienced doctor to interpret it for him.

миға кіріп шықпау [not to go in and out of the brain]: not to comprehend, not to understand at all (see *миға кірмеу*)

◉ The affirmative form is used in rhetorical questions only. Variants: *миға кірмеу*, *миға қонбау*. *Миға кіріп шықпау* is marked by emphasis and precision of meaning in comparision with *миға кірмеу*.

миға қонбау [not to land on the brain]: not to comprehend, not to understand

◉ The affirmative form is used in rhetorical questions only. Variants: *миға кірмеу*, *миға кіріп шықпау*, in the first sense. *Миға кірмеу* implies that understanding was not present altogether, whereas *миға қонбау* implies that initial understanding was present, but it did not become a systematic comprehension. *Миға кіріп шықпау* is marked by emphasis and precision of meaning.

❦ Салық туралы өте күрделі заңды екі рет оқысам да, *миыма қонбады*. I could not comprehend the very complex tax law, even when I read it twice.

❦ Жанармай бағасы аспандап жатқанда, қазір адамдардың қоғамдық көлікпен жүрмейтіні *миға қонбайды*. With gas prices skyrocketing, it is not understandable why people are not commuting by public transportation.

өз басым [my own head]: personally

◉ Used only in the first person, in both the singular and plural.

❦ Достарымның барлығы мейрамханадан шығып, барға бет алғанда, *өз басым* үйге қайттым. When all my friends headed to a bar after the restaurant, I personally went home.

❦ Мен *өз басым* мәшинеммен емес, қоғамдық көлікпен, жаяу немесе велосипедпен жүремін. I personally use public transportation, walk, and bike instead of driving.

өз басын өзі алып жүру [to go carrying one's own head oneself]: to be capable of being responsible for and taking care of oneself

◈ Variant: *қара басын алып жүру* (under *қара бас* in *Color*).

❦ Алфия он жеті жасынан бастап *өз басын өзі алып жүр*. Alfiya has been on her own and taking care of herself since she was seventeen.

❦ Сен оған басқаға бас-көз болуды жүктейтінің не? *Өз басын өзі алып жүрсе* қалай! What are you thinking making him in charge of others? He is hardly capable of taking care of himself!

салт басты [with one head]: unmarried, single, as a man

❦ *Салт басты* болғандықтан, Мұратқа бір қаладан екінші қалаға көшіп, жұмыстан-жұмысқа ауысу қиын емес. Because Murat is a single man, it is not difficult for him to move from city to city for different jobs.

❦ Асылан отыз жасында *салт басты* өмірінің қызығын көрді. Қырыққа келген оның енді шаңырақ құрмақ ойы бар. When he was in his thirties, Asylan enjoyed the freedom of being a single man. But now that he's in his forties, he is thinking of starting a family.

сау басқа сақина [a migraine to a healthy head]: unnecessary trouble for someone free of trouble

◉ Collocations: *сау басқа сақина салу* (to cause someone a trouble), *сау басқа сақина табу* (to find a trouble), *сау басқа сақина тілеу* (**to ask for trouble**), *сау басқа сақина іздеу* (**to look for trouble**). Syn: *басқа бәле тілеу* for *сау басқа сақина тілеу*.

❦ Бастығының әйелімен жымыңдасып, Азамат *сау басына сақина тілеп алды*. Azamat was asking for trouble when he flirted with the boss's wife.

❦ Оның саяси пікірі күшті екенін білемін. Бірақ үкіметке қарсы шығамын деп, *сау басына сақина тауып алғанын* білмейді ме? I know that he has strong political convictions, but doesn't he know that he has found the trouble he has been asking for by going against the government?

соқа басы сопаю [to have one's only head elongate to an oval shape]: to be alone

⚙ Variant: *соқа басы сопию*. Also: *соқа басы сопайып жалғыз қалу* (to be left all alone).

❀ Үйленбей жүрген ұлына шешесі *соқа басың сопайып*, қашанғы жүресің деп ұрысты. The mother scolded her unmarried son by asking him how long he would be alone.

❀ Барлық басқа банктар біздің шағын қаладағы филлиалдарын жапқаннан кейін, «Коммерц» банкының *соқа басы сопайып жалғыз қалды*. The Commerce Bank was the one that was left all alone after all other banks closed their branch offices in our town.

соқа басы сопию [to have one's only head elongate to an oval shape]: to be alone (see *соқа басы сопаю*)

⚙ Variant: *соқа басы сопаю*. Also: *соқа басы сопиып жалғыз* (all alone).

сорлы бас [miserable head]: poor thing, poor wretch

❀ *Сорлы бас* жұмысынан тағы айрылды. The poor wretch has lost his job again.

❀ Менің ұлым Әділет бүкіл апта бойы еңсесі түсіп жүрді. *Сорлы басты* жүріп жүрген қызы тастап кетіпті. My son Adilet has been moping all week. That poor thing was dumped by his girlfriend.

төбе көрсету [to show the top of the head]: *to make an appearance*

⚙ Dative or locative.

❀ Атақты әртіс кеше *жанкүйерлеріне төбе көрсетті*. Yesterday the famous actor made an appearance to his fans.

❀ Ұрыссып-төбелескендеріне қарамастан, бұрынғы әйелінің *кәдесінде* Әбілдің *төбе көрсеткені* адамшылық болды. It was decent of Abil to make an appearance at his ex-wife's funeral despite the fights that they used to have.

төбе құйқасы шымырлау [to have the skin of the top of the head tingle]: **(1)** to be moved or touched by something; **(2)** to be affected with fear, horror, or pity, *to give the creeps*

⚙ Used with a dependent adverbial clause of time. Also: *төбе құйқасын шымырлату caus* (*to make one's skin crawl*).

❀ Ұлының мектеп бітірушілердің атынан сөйлеген сөзін *естігенде*, Жаннаның *төбе құйқасы шымырлады*. Zhanna was moved by her son's valedictory speech at his graduation.

❀ Дәуреннің әйелі бейіттің жанындағы арзан үйді сатып алудан бас тартты. Бейітті *көргенде*, оның *төбе құйқасы шымырлайды* екен. Dauren's wife refused to buy the cheap house near the cemetery. It gave her the creeps.

төбе шашы тік тұру [to have one's hair on top of the head stand straight]: to be terrified

⚙ Used with a dependent adverbial clause of condition, time, or reason. *Десе* or *дегенде* are used to specify what someone is terrified of. Compare the third and fourth examples.

❀ Жәндік *көрсе*, Жаннаның *төбе шашы тік тұрады*. Zhanna is terrified to death of insects.

❀ Қараңғы көше бойымен жүру керек болатынын *білгенімде*, менің *төбе шашым тік тұрды*. When I learned that I would have to walk along the dark street, I was terrified.

❀ Тақырбастарды *көріп*, оның *төбе шашы тік тұрды*. He saw the skinheads and he was terrified.

❀ Тақырбастар *десе*, оның *төбе шашы тік тұрады*. He is terrified of skinheads.

төбеге көтеру [to raise to the top of the head]: *to put someone on a pedestal* (see *аспанға көтеру* in *Nature*)

⚙ Variants: *аспанға көтеру*, *көкке көтеру* (in *Nature*)

төбеден жай түскендей болу [to be as if thunder fell on the top of the head]: to be stunned, to be taken aback

⚙ Also: *төбеден жай түсіргендей қылу caus*.

❀ Әрдайым оқимын деп құлшынған қызының айтқанынан айнып, тұрмысқа шығатынын айтқанда, ата-ананың *төбесінен жай түскендей болды*. The parents were stunned when they heard that their daughter, who had always been passionate about going to college, had changed her mind and was instead going to get married.

❀ Диана ханшайымның оқыс қазасы әлемдегі барлық адамдардың *төбесінен жай түсіргендей қылды*. The world was stunned to learn of Princess Diana's sudden death.

төбесі тесік [one's top of the head has a hole]:
(1) a shrewd and smart one, as a person;
(2) someone who understands a foreign
language but pretends not to

❦ Мен Ерболат сияқты *төбесі тесік адаммен*
жұмыстас болуды асыға күтіп жүрмін. I
look forward to being business partners with
someone as shrewd and smart as Yerbolat.

❦ Сақ бол, Әділеттің намысына тиетін
нәрсені қазақша айтпа; оның *төбесі тесік*.
Be careful not to insult Adilet in Kazakh; he is
fluent in the language but feigns to not be.

үлкен басымен [with one's big head]: de-
spite one's old age (see *ақ шашымен* in
Color)

✿ Used to express one's admiration or disap-
proval toward an older person's action. Syn:
аппақ сақалымен, ақ шашымен (in *Color*).
Аппақ сақалымен is also used to express dis-
approval to young people or even children who
are older than others and act immaturely.

шақшадай бас шарадай болу [to have a
head that is like a snuffbox become like
a bowl]: not to be able to understand and
work out a problem, to be stressed out, ***to
beat one's brains out***

✿ Variant: *шарадай бас шақшадай болу*. Syn:
бас қату, ми ашу, ми қату. Also: *шақшадай
басты шарадай ету, шақшадай басты ша-
радай қылу caus*.

❦ Тым көп жауапкершілік Райханның мой-
нында. Әр адамның қажетін өтеймін деп,
шақшадай басы шарадай болып жүр. Rai-
khan has too many responsibilities. She's beat-
ing her brains out trying to handle everyone's
needs.

❦ Көшіп-қону нысандары мен қажетті
құжаттар менің *шарадай басымды
шақшадай қылды*. The immigration forms
and necessary documents make my head spin.

шарадай бас шақшадай болу [to have
a head that is like a bowl become like a
snuffbox]: not to be able to understand and
work out a problem, to be stressed out, ***to
beat one's brains out*** (see *шақшадай бас
шарадай болу*)

✿ Variant: *шақшадай бас шарадай болу*.
Syn: *бас қату, ми ашу, ми қату*. Also: *шара-*

*дай басты шақшадай ету, шарадай басты
шақшадай қылу caus*.

шаш ал десе бас алу [to take the head when
told to take the hair]: **(1)** to go too far with
violence; **(2)** to perform a task overzeal-
ously, to overkill

✿ Note: *бас алу* (to behead).

❦ Жанна көзіне шөп салып жүрген күйеуін
жәй қорқытсын деп бұзақыны жалдаған,
еді ал ол *шаш ал десе бас алып*, күйеуін
ауруханадан бір шығарды. Zhanna hired the
thug to scare her cheating husband, but instead
he went too far and put him in the hospital.

❦ Мамам Әнуардан бір тамақ пісіруін
сұраған еді, ал *шаш ал десе бас алатын*
бала үш табақтан тұратын ас дайындады.
Mom asked Anuar to cook a side dish, but
instead the overzealous boy prepared a three-
course meal.

❦ Патша екінші рет үйлене алуы үшін
сақшыларына әйелінің *басын алуды*
бұйырды. The king ordered the guards to be-
head his wife so that he could remarry.

шаш жетпеу [not to have hair be sufficient]:
to be unable to afford

✿ Dative.

❦ Алматыда жалға берілетін пәтер айына
кем дегенде бес жүз доллар екен. Менің *оған
шашым жетпейді*. It costs at least $500 to
rent an apartment in Almaty. I can't afford that.

❦ Жыл сайын жаңа құрал-жабдық сатып
алуға шаш жетпейді. Сондықтан бір рет
сапалы құрал-жабдық алған дұрыс. One
cannot afford to buy new equipment every
year. That's why it is right to buy high-quality
equipment once.

шаш-етектен [hair is down to the bottom of
the garment]: a lot, a great deal

✿ Used as a predicate.

❦ Осы аптада мен кездесе алмаймын.
Жұмысым *шаш-етектен*. I can't meet this
week. I have a lot of work.

❦ Арақтың денсаулыққа зияны *шаш-
етектен*. Vodka does a great deal of harm to
your health.

шекеге тию [to touch the temple of a head]:
to have an unpleasant experience that is

supposed to teach someone a lesson (see *басқа тию*)

⊚ Variant: *басқа тию*.

шекеден шертіп [flicking on the temple of a head]: carefully, only pertaining to handpicking someone or something (see *маңдайдан шертіп*)

⊚ Variant: *маңдайдан шертіп*. Collocations: *шекеден шертіп таңдау* (to choose carefully), *шекеден шертіп іріктеу* (to select carefully).

шүйке бас [head with a short lock of hair]: a young woman of nineteen to twenty-two years of age, *chick*

⊚ Marked by sarcasm or humor. Syn: *шөп желке*. The difference is in the age shown by the length of hair: *шөп желке* is too short, but *шүйке бас* has longer locks.

❀ «Азамат әйтеуір үйленіпті!» «Иә, қырыққа келгенде бір *шүйке басты* тапқан ғой». "I heard that Azamat has finally married!" "Right, at the age of forty, he must have found a chick."

❀ Ойын-сауық қуған миллионер жиі желпілдеген әдемі *шүйке бастармен* жүреді. The millionaire playboy often dates young and attractive but silly chicks.

Heart and Lung: *Жүрек пен өкпе*

дін аман [heart is safe and secure]: safe and sound

⊚ Borrowed from Persian, *дін* means heart.

❀ Бір жасөспірім ұшақ апатынан *дін аман* қалды. The teenager was safe and sound after the plane crashed.

❀ Кепілдікке алынғандардың бәрі *дін аман*. The hostages are safe and sound.

діні қатты [one's heart is hard]: callous, tough, or unsentimental; *hard-boiled*

⊚ Borrowed from Persian, *дін* means heart.

❀ *Діні қатты* Арман зәрлі сөздеріне кешірім сұрамады. The hard-boiled Arman did not apologize for his scathing remarks.

❀ Мұғалім *діні қатты*, бірақ әділ кісі болатын. The teacher was tough but fair.

ержүрек [male heart]: brave

⊚ Can be formal. Also: *ержүректік* (braveness).

❀ *Ержүрек* көршінің арқасында балалар өрттен аман қалды. The children survived the fire thanks to their brave neighbor.

❀ Еске алу күнінде елін қорғап, қаза тапқан *ержүрек* жауынгерлерді қастерлейміз. Memorial Day honors the brave soldiers who died serving the country.

ет-жүрегі елжіреу [to have one's meat and heart melt]: **(1)** *to have one's heart melt*; **(2)** to be loving and compassionate (see *жүрегі елжіреу*)

⊚ Dative, in the second sense. Variants: *ет-жүрегі елжіреу, іші-бауыры елжіреу* (in the second sense). *Ет-жүрегі елжіреу* is more frequently used in the second sense, whereas *жүрегі елжіреу* is more commonly used in the first sense. Also: *ет-жүрегін елжірету caus.*

жау жүрек [enemy heart]: valiant in battles

⊚ Also: *жау жүректік* (valiance).

❀ *Жау жүрек* спартандықтардың саны өте аз болса да, дұшпандарына қарсы тайынбай шайқасты. The valiant Spartans were overwhelmingly outnumbered but fought the enemy fiercely.

❀ Жауынгер көп кешікпей ұрыста *жау жүректігімен* аты шықты. The warrior soon became well known for his valiance in battle.

жүрегі айну [to have one's heart recant]: to become nauseated

⊚ Also: *жүректі айныту caus* (to nauseate).

❀ Ұшақта үнемі менің *жүрегім айнитын*. Мүлдем тамақ іше алмайтынмын. I used to always become nauseated in airplanes. I couldn't eat at all.

❀ Гаухардың иісі өткір әтірі оның бір оқушысының *жүрегін айнытты*. Gaukhar's strong perfume nauseated one of her students.

жүрегі алып ұшу [to have one's heart fly off]: to be extremely excited or anxious

❀ Таңертең жас жұбайлардың *жүрегі алып ұшты*. Себебі, бүгін банк несие беру туралы шешімін айтпақ. The young couple were anxious in the morning. Today the bank is going to tell them its decision about their mortgage.

❀ Мен қызметім мен жалақымның жоғарылағанын әйеліме айтуға үйге *жүрегім алып-*

ұшып жеттім. I rushed home excitedly to tell my wife that I got a promotion and a big raise.

жүрегі аузына тығылу [to have one's heart hide in one's mouth]: ***to have one's heart in one's mouth***

☼ Variant: *өкпесі аузына тығылу*

❀ Үлкен өрмекші төсегіне түскенде, Гүлнұрдың *жүрегі аузына тығылды*. Gulnur's heart was in her mouth when a big spider fell on her bed.

❀ Ұшаққа отырардың алдында Бибінұрдың *өкпесі аузына тығылады*. Bibinur's heart stands still before she boards a plane.

жүрегі дауаламау [not to have one's heart dare]: not to have the courage to do something, ***not to have the stomach to do something***

☼ Dative. Used in the negative form only.

❀ Ол кездесіп жүрген қызын тастап *кетуге жүрегі дауаламады*. He didn't have the courage to leave his girlfriend.

❀ Тауға өрмелеуге Жұлдыздың *жүрегі дауаламайды*. Zhuldyz doesn't have the courage to go rock climbing.

жүрегі езілу [to have one's heart be mashed]: to feel compassion or sympathy, ***one's heart bleeds for someone or something***

☼ Dative. Variants: *ет-жүрегі езілу, іші-бауыры езілу*.

❀ Жетім *балаларға* оның *жүрегі езіледі*. Her heart bleeds for the orphans.

❀ Адасып кеткен сүп-сүйкімді мысық босағаларына келіп алды. *Оған* балалардың *жүрегі езіліп*, ата-аналарынан мысықты асырап алуын сұрап жалынды. When an adorable lost kitten showed up on their doorstep, the kids felt extremely sympathetic and begged their parents to keep it.

жүрегі елжіреу [to have one's heart melt]: **(1)** ***to have one's heart melt***; **(2)** to be loving and compassionate

☼ Dative, in the second sense. Variants: *ет-жүрегі елжіреу, іші-бауыры елжіреу* (in the second sense). *Ет-жүрегі елжіреу* is more frequently used in the second sense, whereas *жүрегі елжіреу* is more commonly used in the first sense. Also: *жүректі елжірету* caus.

❀ Ұлымның алғашқы «мама» деген сөзін

естігенде, *жүрегім елжіреді*. When I heard my son saying his first word and calling me mommy, my heart melted.

❀ Азаттың неге анасымен сөйлеспей жүргенін білмеймін. *Азатқа* әрдайым оның *ет-жүрегі елжіреп тұратын*. I don't know why Azat is not speaking to his mom. She has always been loving and compassionate to him.

жүрегі жарыла қуану [to be happy (to the point of) having a heart rupture]: ***to burst with joy***

☼ Collocations: *қуаныштан жүрегі жарыла жаздау, қуанғаннан жүрегі жарылып кете жаздау* (to nearly burst with joy).

❀ Лотерея жеңімпазы ретінде аты аталғанда, үш жерде жұмыс істеп жүрген жігіттің *жүрегі жарыла қуанды*. The young man who worked three jobs burst with joy when it was announced that he was the lottery winner.

❀ Түлектердің кездесу кешінде бұрынғы достарын көргенде, *қуаныштан* Гүлнәрдің *жүрегі жарыла жаздады*. Gulnar nearly burst with joy to see her old friends at the reunion.

жүрегі жылу [to have one's heart warm]: to become sympathetic to someone

☼ Dative. Variant: *жүрегі жібу*

❀ Заңсыз иммигранттарға парламентегілердің *жүрегі жылып жатыр*. The lawmakers are becoming more sympathetic to illegal immigrants.

❀ Қайыршыларға менің досымның *жүрегі* еш *жібімейді*. My friend is never sympathetic to beggars.

жүрегі жібу [to have one's heart defrost]: to become sympathetic to someone; see *жүрегі жылу*

☼ Variant: *жүрегі жылу*

жүрегі қан жұту [to have one's heart swallow blood]: to be grief-stricken; see the first meaning of *жүрегі қарс айырылу*

☼ Syn: *жүрегі қарс айырылу, жүрегі қан жылау, көкірегі қарс айрылу, қан жұту, қан жылау, өзегі өртену* (in *Miscellaneous*), *іші қан жылау*.

жүрегі қан жылау [to have one's heart cry bloodily]: to be grief-stricken; see the first meaning of *жүрегі қарс айырылу*

❂ Syn: *жүрегі қан жұту, жүрегі қарс айырылу, көкірегі қарс айырылу, қан жұту, қан жылау, өзегі өртену* (in *Miscellaneous*), *іші қан жылау.*

жүрегі қарс айрылу [to have one's heart be torn into two]: **(1)** to be grief-stricken; **(2)** *to be heartbroken*

❂ Syn: *жүрегі қан жылау, жүрегі қан жұту, қан жұту, қан жылау, іші қан жылау* (in the first sense); *көкірегі қарс айрылу, өзегі өртену* (in both senses, in *Miscellaneous*).

❀ Соғыста мерт болған ұлын ойлап *көкірегі қарс айырылған* ана теледидарда сөйлеген сөзінде соғыс атаулыға лағнет айтты. During her speech on TV, the mother who is grief-stricken over her son's death in the war cursed the war.

❀ Ғылыми орталықтың жабылғанына ғалымдардың *жүрегі қарс айырылып отыр.* The scientists are heartbroken at the loss of their research center.

жүрегі мұздау [to have one's heart freeze]: **(1)** to be appalled; **(2)** *to have one's heart stand still*

❂ Dative. Variants: *жан-дүниесі мұздау* (in *Soul and Spirit*), *денесі мұздау, бойы мұздау, іші мұздау. Жан-дүниесі мұздау* and *жүрегі мұздау* are more frequently used to imply being appalled at inhumanity and indecency, whereas *іші мұздау, бойы мұздау and денесі мұздау* are predominantly used to imply having a feeling of fright.

❀ Жау қолына бірге түскен жауынгердің *опасыздығына* оның *жүрегі мұздады.* He was appalled by the betrayal of the fellow soldier who had been captured by the enemy along with him.

❀ Жан досының мәшинесі апатқа ұшырағанын естігенде, оның *іші мұздап кетті.* Her heart stood still when she learned that her best friend had been in a car crash.

жүрегі орнына түсу [to have one's heart descend to its place]: to be relieved from worry, concern, or fear

❀ Жол кептелісінің кесірінен рейске кешіктім. Бірақ ұшақтың екі сағатқа кешіккенін естіп, *жүрегім орнына түсті.* I was late for my flight because of the traffic.

But I was relieved to hear that the flight was delayed for two hours.

❀ Нұрбибінің ұлы екі жылдай қақтығыс аймақтарында әскери қызмет етті. Ұлының пойыздан түсіп жатқанын көргенде ғана Нұрбибінің *жүрегі орнына түсті.* Nurbibi's son served in the military in the regions of conflict for about two years. Only when she saw him getting off the train was she finally relieved.

жүрегі секем алу [to have one's heart take a suspicion]: to get a bad feeling

❂ Optional ablative.

❀ Сіңлісінің жасы үлкен бір кісімен қыдыруға кетіп бара жатқанын көріп, Айнагүлдің *жүрегі секем алды.* Ainagul got a bad feeling when she saw her sister going out with an older man.

❀ Қанат барлық нәрсені тым құпия ұстайтын *көршісінен жүрегі секем алғанын* айтты. Kanat said he got a bad feeling about his overly secretive neighbor.

жүрегі су ету [to have one's heart whiz]: *to have one's heart jump out of fear* (see *жүрегі ұшу*)

❂ Variants: *жүрегі тас төбесіне шығу, жүрегі ұшу. Жүрегі су ету* and *жүрегі ұшу* imply a temporary feeling of fright, whereas *жүрегі тас төбесіне шығу* emphasizes the extremeness of the temporary feeling of fright.

жүрегі тас төбесіне шығу [to have one's heart come out to the top of one's head]: to be terrified

❂ Variants: *жүрегі су ету, жүрегі ұшу* imply a temporary feeling of fright, whereas *жүрегі тас төбесіне шығу* emphasizes the extremeness of the temporary feeling of fright.

❀ Ұлының жұмыс істейтін жерінде атыс болғанын естігенде, Гаухардың *жүрегі тас төбесіне шықты.* Gaukhar became terrified when the news of a shooting incident at her son's workplace reached her ears.

❀ Теңізге батып кете жаздаған кезімді ойласам болды, *жүрегім тас төбеме шығады.* I become terrified whenever I think of the time I nearly drowned in the sea.

жүрегі ұшу [to have one's heart fly]: *to have one's heart jump out of fear*

❂ Variant: *жүрегі су ету, жүрегі тас төбесіне шығу. Жүрегі су ету* and *жүрегі ұшу* imply a temporary feeling of fright, whereas *жүрегі тас төбесіне шығу* emphasizes the extremeness of the temporary feeling of fright.

❧ Күйеуім маған бұзаубас көрген сайын *жүрегі ұшып кететінін* айтады. My husband tells me that every time he sees a scorpion, he becomes frightened.

❧ Қараңғы көлік тұрақта бір дыбыс естігенімде, *жүрегім су етті*. I became frightened when I heard a noise in the dark parking lot.

жүрегі шайлығу [to have one's heart be frightened]: **(1)** to be traumatized; **(2)** *to lose heart*

☸ Ablative. Also: *жүректі шайлықтыру caus*. Syn: *беті қайту* in the second sense. *Беті қайту* implies losing boldness, whereas *жүрегі шайлығу* implies losing courage.

❧ Жақында болған *бас көтеруден жүрегі шайлыққан*, басып-жаншылған халық қайта күресуге беттей алмады. Because the oppressed people had been traumatized by the recent uprising, they couldn't bring themselves to fight again.

❧ Мынадай ұзақ *дағдарыстан* көптеген шағын кәсіп иелерінің *жүректері шайлықты*. During this long recession, many small business owners have lost heart.

жүрегінің түгі бар [one's heart has fleece]: fearless, as a person

☸ See also *жау жүрек, жүрек жұтқан, жүрексіз*.

❧ *Жүрегінің түгі бар* атам осы демалыста парашютпен секірмекші. My fearless grandpa will go skydiving this weekend.

❧ Егіз бір-біріне ұқсамайды: біреуінің *жүрегінің түгі бар*, ал екіншісі қорқақ. The twins are different; one is fearless, and the other is timid.

жүрек жалғау [to connect heart]: to have a bite of food, to eat lightly or snack to satisfy hunger

❧ Кешкі тамақ ішкенге дейін кішкене алма жеп, *жүрек жалғап алайын*. Let me snack on a small apple before dinner.

❧ *Жүрек жалғамасам*, аштан өлетін түрім бар. I will die from hunger if I don't have a bite.

жүрек жарды [cracked out from the heart]: heartfelt

☸ Formal. Collocations: *жүрек жарды алғыс* (heartfelt gratitude), *жүрек жарды лебіз* (heartfelt word), *жүрек жарды қуаныш* (heartfelt joy), *жүрек жарды сыр* (heartfelt inner feeling), *жүрек жарды тілек* (heartfelt wish).

❧ Әділет үкіметтік емес ұйымына көмекке келген еріктілердің бәріне *жүрек жарды алғысын* айтты. Adilet expressed his heartfelt gratitude to all the volunteers who had come to help his nonprofit organization.

❧ Күйеуіме күтпеген жерден жаңа гольф таяқтарын сатып әкеліп бергенімде, оның бетінен *жүрек жарды қуанышын* көрдім. I could see heartfelt joy in my husband's face when I surprised him with new golf clubs.

жүрек жұтқан [someone who has swallowed heart]: audacious, valiant, as a person

☸ Ant: *жүрексіз*. See also *жау жүрек, жүрегінің түгі бар*.

❧ Шынар бояудың ашық, алуан түсін қолдануға қорықпайтыны үшін *жүрек жұтқан* дизайнер деп саналады. Shynar is regarded as an audacious fashion designer because of her bold and colorful style.

❧ *Жүрек жұтқан* полицей қосымша күш келгенше жарақаттанған жолдасымен бірге қылмыскермен шайқасты. The valiant police officer fought by his injured partner's side until reinforcements arrived.

жүрек жылуы [warmth of the heart]: *warmth of heart*

☸ Formal. Collocations: *жүрек жылуы жетпеу* (not to get enough warmth of heart), *жүрек жылуын аямау* (to give all warmth of heart), *жүрек жылуын сыйлау* (to give warmth of heart), *жүрек жылуына бөлену refl* (to receive one's warmth of heart), *жүрек жылуына бөлеу tr* (to give someone warmth of heart).

❧ Нью-Йорктағы бір африкалық иммигрант үйін сатып, ақшасын туған елінде мектеп салуға жұмсаған. Осыдан оның *жүрек жылуын* көруге болады. An African immigrant in New York sold her house and used the money to build a school in her homeland. One can easily see her warmth of heart.

❦ Мен атамның *жүрек жылуын* ешқашан ұмытпаймын. I will never forget the warmth of my grandfather's heart.

жүрекке дақ салу [to put a stain on the heart]: to sadden, to make someone sad (see *көңілге қаяу түсіру* in *Soul and Spirit*)

☀ Variants: *жүрекке қаяу түсіру, көңілге қаяу салу, көңілге қаяу түсіру* (in *Soul and Spirit*).

жүрекке қаяу түсіру [to make sadness descend on the heart]: to sadden, to make someone sad (see *көңілге қаяу түсіру* in *Soul and Spirit*)

☀ Variants: *жүрекке дақ салу, көңілге қаяу салу, көңілге қаяу түсіру* (in *Soul and Spirit*). Also: *жүрекке қаяу түсу noncaus*.

жүрекке шоқ түсу [to have live coal descend on the heart]: **(1)** to receive inspiration from someone or something for the first time; **(2)** to spark a flame of love; **(3)** to receive courage, especially after being downtrodden

☀ Also: *жүрекке шоқ түсіру caus, жүрекке шоқ тастау* (to give someone an inspiration or courage; to spark a flame of love in someone).

❦ Мен оның биін көргенімде, *жүрегіме шоқ түсті.* Содан бері бишілікті тастаған емеспін. When I saw her dance, I became inspired. I have never stopped dancing ever since.

❦ Ол күлімсіреген жүзімен менің *жүрегіме шоқ тастады.* With her smile, she sparked a flame of love in me.

❦ Гандидің сөзі бірнеше миллион жастың *жүрегіне шоқ түсірді.* Ghandi's words gave millions of young people courage.

жүрексіз [without heart]: not brave, as a person

☀ Ant: *жүрек жұтқан*

❦ Марат пен Динара — *жүрексіз* адамдар. Олар іргелес жатқан экзотикалық жерге баруға қорқады. Marat and Dinara are not very brave travelers. They are scared to go to the neighboring exotic place.

❦ *Жүрексіз* Болат гольф ойнауға барғысы келетінін әйеліне айтуға қорқады. Bolat, who is not a brave person, is afraid to tell his wife that he wants to go golfing.

қос өкпеден қысу [to squeeze on both lungs]: to squeeze, as in causing financial difficulties; to pressure; *to tighten the screws on someone or something*

☀ Accusative. Also: *қос өкпеден қысылу pass*

❦ Полицияның қылмыскерлерді *қос өкпеден қысуы* керек. The police need to tighten the screws on the criminals.

❦ Энергия бағасының жоғарылап, еңбек нарығының әлсірегенінің кесірінен адамдар *қос өкпеден қысылды.* People have been squeezed by both high energy prices and the weakened job market.

өкпе тұсы [the lung area]: lateral, as location or direction

❦ Адасып қалғансыз-ау деймін. Іздеп жүрген жеріңіз футбол алаңының *өкпе тұсы.* You must be lost. The building you want is located laterally next to the football stadium.

❦ Жау күтпеген жерден *өкпе тұстан* шабуылдады. The enemy made a surprise lateral attack.

өкпесі аузына тығылу [to have one's lung hide in one's mouth]: *to have one's heart in one's mouth* (see *жүрегі аузына тығылу*)

☀ Variant: *жүрегі аузына тығылу*

су жүрек [water heart]: coward, *chicken*

☀ Syn: *қоян жүрек* (in *Livestock with Beasts and Birds*). Unlike *су жүрек, қоян жүрек* is marked by a positive and humorous attitude toward being a coward.

❦ Менің *су жүрек* күйеуім өрмекшіден қорқады. My chicken husband is scared of spiders.

❦ Мұрат әшейінде сондай батыр, бірақ сұлу қыздармен сөйлесуге келгенде, *су жүректің* нағыз өзі. Murat is almost fearless in everything, but when it comes to speaking with attractive women, he is a complete coward.

тасжүрек [stone heart]: *a heart of stone*

❦ *Тасжүрек* Жұлдыз әйелдері босанып жатқан еркек қызметкерлеріне демалыс бермейтін. Zhuldyz, who has a heart of stone, wouldn't let her male employees take time off when their wives were giving birth.

❧ Қанат — *тасжүрек*. Ол ақшаға зар кедей адамдарды алдайды. Kanat has a heart of stone. He takes advantage of poor people who desperately need money.

шикі өкпе [raw lung]: very young

❧ Азат *шикі өкпе* кезінде толық болған. Azat was fat when he was a very young child.

❧ Менің тұрмыс құрмаған досым танысқан жігіттерінің көпшілігін *шикі өкпе* дейді. My single friend complains that most of the guys she meets are very young.

Leg and Foot: *Аяқ*

аяғы аспаннан келу [to have one's leg come from the sky]: (1) fall on one's back; (2) to fall defeated, *to be flat on one's back*

☸ Variants: *аяғы көктен келу, төрт аяғы аспаннан келу* (in *Numbers*). *Төрт* adds more sarcasm and a sense of being completely flat on the back to the idiom. Also: *аяғын аспаннан келтіру caus.*

❧ Сноуборд теуіп жүріп, қайта-қайта *аяғым аспаннан келді*. I fell on my back several times when I was snowboarding.

❧ Соңғы бес жылда жеңіліп көрмеген чемпионның *аяғы аспаннан келді*. The champion who hadn't lost for the past five years was defeated.

❧ Мәскеуді қыста аламын деген неміс армиясының *аяғы аспаннан келді*. The German army fell flat on its back in the attempt to invade Moscow in the winter.

аяғы көктен келу [to have one's leg come from the blue sky]: (1) to fall on one's back; (2) to fall defeated, *to be flat on one's back* (see *аяғы аспаннан келу*)

☸ Variants: *аяғы аспаннан келу, төрт аяғы аспаннан келу* (in *Numbers*). *Төрт* adds more sarcasm and a sense of being completely flat on the back to the idiom. Also: *аяғын көктен келтіру caus.*

аяғын шалыс басу [to press one's foot wrongly]: to make a mistake in actions

❧ Сайлау алдында үміткерлер бір-бірінің *аяқтарын шалыс басқан* кездерін айтып, оларды өз мақсатында қолданады. During the election campaign, the contenders bring each other's past mistakes out and use them for their own ends.

❧ *Аяғымды шалыс бастым*. Енді жағдайды қалай түзетемін? I made a mistake. Now how do I correct the situation?

аяқ алып жүре алмау [to be unable to go taking the leg]: (1) to be too crowded or busy to navigate through; (2) to be over-abundant, to flood the market

☸ Ablative. Also: *аяқ алып жүргісіз* (too many to navigate through).

❧ Жаңа жылдың алдында Көк базардағы *адамнан аяқ алып жүре алмайсың*. Бүкіл қала тұрғындары тек бір сол жерге баратын сияқты. On New Year's Eve there are too many people in the Green Bazaar; you can hardly walk. It seems like the entire city residents go to that place only.

❧ Атақты жұлдыздардың өмірбаян *кітап-тарынан аяқ алып жүргісіз* болып отыр. There are way too many autobiographical books of celebrities on the market.

аяқ астынан [from underneath the foot]: suddenly, unexpectedly

☸ Variant: *табан астынан*

❧ Жерсілкініс әрдайым *аяқ астынан* болады. Earthquakes always happen unexpectedly.

❧ Байырғы америкалықтар еуропалық басқыншылардың Жаңа Әлемге әкелген тұмау секілді ауруларынан *табан астынан* өле бастады. Native Americans started to die unexpectedly from foreign diseases, such as influenza, that had been brought to the New World by the colonizing Europeans.

аяқ басу [to press foot]: (1) *to set foot*; (2) to reach a certain age

☸ Dative. Formal. See also *иек арту, иек сүю*, in the second sense.

❧ Азамзат басқа *планетаға* қашан *аяқ басады*? When will humankind set foot on another planet?

❧ Елу *жасқа аяқ басқанда* кітап жазуды ұйғарды. She decided to write a book when she reached fifty.

аяқ суыту [to cool the foot]: to take a rest, especially during or after walking

☸ See also *ам суыту* (in *Livestock with Beasts and Birds*).

❧ Дүкенге бара жатқанда, Қанат біраз *аяғын*

суытуға мәжбүр болды. Kanat had to take brief breaks when he was walking to the store.

❀ Саябақта *аяқ суытатын* жер жоқ екен. There was no place to sit down and rest in the park.

аяқ тарту [to pull the leg]: to be cautious, hesitant, and without boldness

☸ Collocations: *аяғын тартып басу* (to make cautious steps without boldness), *аяғын тартып жүру* (to go cautiously without boldness).

❀ Тергеушілер барлық фактілер расталмай-ынша күдіктіге зорлық айыбын тағуда *аяқтарын тартып басты*. The investigators were cautious about charging the suspect with rape until all the facts were verified.

❀ Менің ағам каратэ үйренгелі, басқаға әлімжеттік жасағанды жақсы көретін балалар *аяғын тартып жүретін* болды. Since my brother learned karate, the kids who like bullying others have been cautious and hesitant.

аяқасты [under the feet]: disregarded, given no due respect or attention

☸ Collocations: *аяқасты болу* (to be disregarded, to receive no due respect or attention), *аяқасты қалу* (to remain disregarded), *аяқасты ету* (to disregard, to give no due respect or attention).

❀ Кейбір азаматтар шетелдік мұнай компанияларымен келісім жүргізілгенде ел мүддесі *аяқасты* болды деп қынжылады. Some individuals who are upset are saying that there is no regard for the country's interests during the negotiations with foreign oil companies.

❀ Опера әншісі нашақорлығымен өз өнерін *аяқасты* етіп отыр. The opera singer is disregarding his career with his own drug addiction.

аяққа бас ұру [to beat the head onto the foot]: to throw oneself at someone begging for forgiveness, mercy, or help

❀ Жәбірленуші жәбірлеушіден *аяғына бас ұрып*, кешірім сұрауын талап етті. The victim demanded that the offender beg him for forgiveness.

❀ Жұмысқа зәру иммигрант жұмыс берушінің *аяғына бас ұрып*, көмек сұрады. Because he was desperate for work, the jobless immigrant threw himself at the employer's feet and begged for help.

аяққа басу [to press by foot]: not to respect, to violate (see *аяққа таптау*)

◉ Accusative. Variant: *аяққа таптау*. Also: *аяққа басылу pass*. Collocations: *арды аяққа басу* (to violate one's honor, to sexually assault; not to respect one's honor), *бостандықты аяққа басу* (to violate freedom), *заңды аяққа басу* (not to respect the law), *адам құқын аяққа басу* (to violate human rights), *салтты аяққа басу* (not to respect tradition).

аяққа оралғы болу [to be a wrap to the leg]: to be a hindrance to someone, to be in one's way

❀ Апамның төрт баласы оның *аяғына оралғы болатын* түрі жоқ. Ол қазір докторлық жұмысын жазып жатыр. My sister's four children are not going to be a hindrance to her. She is writing her doctoral thesis right now.

❀ Бюрократия тиімділікке ұмтылуда үкіметтің *аяғына оралғы болып отыр*. Bureaucracy is a huge hindrance in achieving efficiency in government.

аяққа таптау [to tread by foot]: not to respect, to violate

◉ Accusative. Variant: *аяққа басу*. Also: *аяққа тапталу pass*. Can be formal. Collocations: *арды аяққа таптау* (to violate one's honor, to sexually assault; not to respect one's honor), *бостандықты аяққа таптау* (to violate freedom), *заңды аяққа таптау* (not to respect the law), *адам құқын аяққа таптау* (to violate human rights), *салтты аяққа таптау* (not to respect tradition).

❀ Режим азаматтарының жеке бас *бостандықтарын аяққа таптайды*. The regime does not have respect for the individual freedoms of the nation's citizens.

❀ Құрамышағын халықтар мәдениеттерінің *аяққа тапталғанын* айтады. National minorities report that their culture is not respected.

аяққа тұру [to stand on the foot]: *to stand on one's own feet*

◉ Variants: *аяққа тік тұру, аяққа қаз тұру* (in *Livestock with Beasts and Birds*). *Аяққа тұру* and *аяққа қаз тұру* imply becoming independent but still vulnerable, whereas *аяққа тік тұру* implies becoming completely independent and self-sufficient. Can be formal. Also: *аяқтан тұрғызу tr.*

❦ Қазір біз жақсы жерден үй ала алмаймыз. *Аяғымызға тұрғанға* дейін бізге осы үй де жарайды. Because we cannot afford to buy a house in a good area right now, this house will need to suffice until we can stand on our own feet.

❦ Бес жыл бойы хирург болып қызмет еткеннен кейін, Әнуар *аяғына тұрды*. Five years after starting his surgical practice, Anuar was able to stand on his own feet.

аяқтан тарту [to pull from the leg]: not to allow someone to progress and advance

◉ Accusative. *Аяқ* is used with or without a possessive ending. Syn: *аяқтан шалу*.

❦ Компанияда оған лайықты көптеген деңгейі жоғары қызметтер болды. Бірақ бастығы *оны аяғынан тартып отыр*. He is qualified for many higher positions, but his boss is not allowing him to progress.

❦ Неге профессорың *сені аяқтан тартып*, тез арада оқуыңды бітірткізбей жүр? Why isn't your professor allowing you to move forward and graduate soon?

аяқтан тік тұру [to stand straight on foot]: **(1)** *to stand on one's own two feet*; **(2)** to do everything possible in order to be an excellent host; **(3)** to be ready to proactively take action or measures, *to be on one's toes*

◉ Variants: *аяққа тұру, аяққа қаз тұру* (in *Livestock with Beasts and Birds*), in the first sense. *Аяққа тік тұру* implies becoming completely independent and self-sufficient, whereas *аяққа тұру* and *аяққа қаз тұру* imply becoming independent but still vulnerable. Also: *аяқтан тік тұрғызу tr.*

❦ Рахия жұмыс көп Астанаға көшіп, жиырма төрт жасында *аяғынан тік тұрды*. Rakhiya moved to Astana to find more employment opportunities and was able to stand on her own two feet by the age of twenty-four.

❦ Мен сіңлімнің үйіне барғанда, ол мені *аяғынан тік тұрып* күтті. Қатты риза болдым. When I went to my sister's house, she waited on me and did everything possible. I appreciated it very much.

❦ Құс тұмауының шығуы бүкіл әлемді дүрліктіріп, дәрігер ғалымдарды ғана емес,

мемлекет басшыларын да *аяқтарынан тік тұрғызды*. Bird flu caused a lot of panic around the world, and challenged not only medical scientists but also leaderships of the countries.

аяқтан шалу [to trip someone up from the leg]: to undermine, to try to cause one's failure

◉ Accusative. Syn: *аяқтан тарту*

❦ Ол өзінің жетістіктерін көп көрсетпейді, себебі адамдар көреалмаушылықтан *аяғынан шалады* деп қорқады. He keeps his achievements low-key because he fears people will undermine him.

❦ Менеджер жас инженерлердің *аяқтарынан шалды*, өйткені ол олардың жаңашылдығын компанияда өзіне төнетін қатер деп білді. The manager undermined the young engineers because he saw their innovation as a threat to his position in the company.

аяқты қия бастырмау [not to let the foot step on a slope]: not to let someone go anywhere

◉ Also: *аяғын қия баспау non caus.*

❦ Жасөспірім кезімде мен ешқашан кештерге немесе отырыстарға барған емеспін. Қатал анам *аяғымды қия бастырмады*. I never went to parties when I was a teenager. My strict mother did not let me go anywhere.

❦ Ол басты күдікті болғандықтан, *аяғын қия баспады*. He didn't go anywhere because he was the main suspect.

бір аяғы жерде, бір аяғы көрде болу [to have one's one foot on the ground and one's one foot in the grave]: *to have one foot in the grave*

◉ Syn: *кәрі қойдың жасындай жас қалу* (in *Livestock with Beasts and Birds*); *төрінен көрі жуық* (in *Yurt*)

❦ Қарт ата күрсініп: «Мына қайғылы оқиға менің алысқа аттанатын күнімді жақындатты. Онсыз да *бір аяғым жерде, бір аяғым көрде* еді», — деді. My elderly grandfather sighed and said: "This tragedy made my days shorter. I already had one foot in the grave."

❦ Ісік оның денесіне тез тарап жатыр; оның *бір аяғы жерде, бір аяғы көрде*. The cancer is spreading quickly, and he has one foot in the grave.

екі аяғын бір етікке тығу [to squeeze one's two legs into one boot]: ***to make it hot for someone***

❂ Аға инженер есептегі ақпарды бұрмалағаны үшін практиканттың *екі аяғын бір етікке тықты*. The senior engineer made it hot for the intern who had falsified data in the report.

❂ Әкімнің сыбайлас жемқор екені баршаға белгілі болып, ауыл ақсақалдары оның *екі аяғын бір етікке тығуға* дайын отыр. Now that everybody has learned that the mayor is corrupt, the village elders are ready to make it hot for him.

ел аяғы [peope's feet]: crowd, traffic with people (see *кісі аяғы*)

⊕ Variants: *жұрт аяғы, кісі аяғы*

жезөкше [brass heel]: prostitute

⊕ Also: *жезөкшелік* (prostitution).

❂ Қоғамдық мәселелермен айналысатын ұйым *жезөкшелікке* күштеп салынған әйелдерге жәрдем көрсететінін баса айтты. The organization that deals with social work emphasized that they help women forced into prostitution.

❂ Құлдыққа немесе *жезөкшелікке* сатылған балаларды құтқарғым келеді. I want to rescue the children who were sold into either slavery or prostitution.

жұрт аяғы [people's feet]: crowd, traffic with people (see *кісі аяғы*)

⊕ Variants: *ел аяғы, кісі аяғы*

кісі аяғы [person's feet]: crowd, traffic with people

⊕ Variant: *ел аяғы, жұрт аяғы*. Collocations: *кісі аяғы басылу* (to become less crowded with people, to thin out), *кісі аяғы көп жүру* (to be a high-traffic area, to be crowded with people), *кісі аяғы аз жүру* (not to be crowded with people), *қонақ аяғы басылғанда* (in the evening, when guests settle for a night), *адам аяғы аз* (not crowded with people), *ел аяғы басылу* (to become less crowded with people, to thin out), *жұрт аяғы сиреу* (to become less crowded with people, to thin out), *кісі аяғы үзілу* (to become less crowded with people, to thin out). See also *ел орынға отыра* (in *Humans and Their Kin*). Collocations with *үзілу* require an ablative complement, whereas the ones with *басылу* require a locative complement.

❂ Кешке көшеде *кісі аяғы басылғанда* жүріп қайтайық. Let's take a walk later in the evening, when there are fewer people on the streets.

❂ Менің әке-шешем өте қонақжай адамдар; біздің *үйден қонақ аяғы үзілмейді*. My parents are very hospitable; our house is always crowded with guests.

❂ Біздің *кісі аяғы көп жүретін* жерлерге барғымыз келмейді. We don't want to go to high-traffic areas.

ку сирақ [dried-up shin]: very poor

❂ Marked by one's disdainful attitude toward someone who is poor.

❂ Айдардың өз інісі *қу сирақ* деп, оны менсінбейді. Aidar's own younger brother looks down upon him, saying that he is a very poor person.

❂ Әй, *қу сирақ*, менің қоқыс шелегіме тиіспе. Hey, you poor wretch, don't touch my trash can.

өкше басу [to step on the heel]: **(1)** to be right behind someone, especially in a competition or chase; **(2)** to be close in age to someone older; **(3)** ***to follow in someone's footsteps***

❂ Syn: *жолын қуу, із басу* (in *Miscellaneous*) in the third sense.

❂ Қылмыскер қашып құтылдым деп ойлаған еді, бірақ оған полиция қуып жетіп, *өкшесін басып келе жатты*. The criminal thought he had gotten away, but the police caught up and were right behind him.

❂ Ол *өкшесін басқан* інісіне сөзін өткізе алады. He can make his younger brother, who is close in age, listen to him.

❂ Ағамның *өкшесін басу* қиын, өйткені ол — өте дарынды адам. It's difficult to follow in my older brother's footsteps because he is such a gifted individual.

сан соғу [to hit the thigh]: ***to kick oneself*** (see *бармақ тістеу*)

❂ Slapping one's own thigh is a gesture of regret. Syn: *бармақ тістеу*.

табан астынан [from underneath the sole]: suddenly, unexpectedly (see *аяқ астынан*)

❂ Variant: *аяқ астынан*

табан астында [underneath the sole]: right away, immediately

⚙ Variant: *табан аузында*

❈ Жаңа мәшине алғысы келген күйеуіне Нағима: «Оған *табан астында* ақшаны қайдан таппақшысың?», — деп ашуланды. "How do you think you can come up with money for that right away?" said Nagima angrily to her husband who wanted to buy a new car.

❈ Университет қалашығының полицейі студенттер мен профессорларды қорқытып жатқан мылтықты адамды қолға түсіру үшін *табан аузында* жетіп келді. The campus police appeared immediately to capture the crazed gunman who was threatening students and professors.

табан аудармау [not to turn the sole over]: not to move, not to change a place of residence, work, or career

⚙ Ablative or locative, if used as an adverbial modifier.

❈ Мектеп бітіргелі менің достарым *ауылдан табан аударған емес*. My friends never left the village since we graduated from high school.

❈ Қанағат *елшілікте табан аудармай жұмыс істеп келеді*. Kanagat has been working at the embassy without changing his career.

табан аузында [in the mouth of the sole]: right away, immediately (see *табан астында*)

⚙ Variant: *табан астында*

табан тіресу [to lean the sole against one another]: **(1)** to be stubborn, to be persevering or resolute; **(2)** to compete against, *to go toe to toe with someone*

⚙ Instrumental if a singular subject is used. Used in the reciprocal voice.

❈ Мафияның жалдамалы баскесері *полициямен табан тіресіп*, қылмысын мойындатып, қағазға қол қойдыру әрекеттеріне беріспеді. The mafia hit man stubbornly resisted the police's repeated attempts to obtain a signed confession from him.

❈ Бүгін біздің аяқдоп ойыншыларымыз бен көрші елдің ойыншылары *табан тіреспек*. Today our football players will go toe to toe with the players from the neighboring country.

табан тіреу [to lean the sole]: to stop by

⚙ Dative. Syn: *ат басын тіреу* (in *Livestock with Beasts and Birds*).

❈ Арып-ашыған туристтер көздеріне түскен бірінші *кофеханаға табан тіреді*. The hungry and weary tourists stopped by the first coffee shop they found.

❈ Мехико қаласына бара жатқан жолда, біз барлық шағын тарихи қалалар мен ондағы *мұражайларға табан тіредік*. On the way to Mexico City we stopped by all the smaller historic cities and visited their museums.

табанды жалтырату [to make the sole sparkle]: to go away, to depart altogether

⚙ Also: *табаныңды жалтырат* (get lost!). Syn: *көзіңді жоғалт* (under *көзін жоғалту*), *көзіңді құрт* (under *көзін құрту*), *қараңды өшір* (under *қарасы өшу* in *Color*), *қараңды батыр* (under *қарасы бату* in *Color*).

❈ Ол қызыл кеңірдек айтыстан кейін *табанын жалтыратты*. After the heated argument he departed altogether.

❈ Мейрамхана иесі тонаушыны көргенде, бар орындығын қолына алып, «*Табаныңды жалтырат*! Мұнда ешқашан келуші болма!», - деп айқайлады. When the restaurant owner saw the burglar, he grabbed a bar stool and screamed "Get lost and never come back!"

табаны күректей . . . жыл [(X number of) years whose sole is like a shovel]: significant number of years, *the good X years*

❈ Мектеп бітіргенімізге *табаны күректей жиырма жыл* болыпты. It's been a good twenty years since we graduated from high school.

❈ Кеңес Одағы әйелдер гимнастикасында *табаны күректей отыз жыл* үстемдік етті. The Soviet Union dominated women's gymnastics for a good thirty years.

табаны тозу [to have one's sole wear out]: *to walk one's feet off*

⚙ Also: *табан тоздыру caus.*

❈ Жас аналар жәрдемақы ала алмай, сан кеңсенің есігін қағып, *табандары тозғандарын* айтып шағынды. Young mothers complained that they walked their feet off going to many offices and asking for help with welfare.

❈ Арай президенттіктен үміткердің атынан

үгіт-насихат жүргізу үшін әр үйдің есігін қағып, *табан тоздырды*. Босқа жүрген екен, өйткені үміткері сайыста жеңіліп қалды. Arai walked her feet off going from house to house to campaign for her presidential candidate. But her efforts were in vain because he lost.

тобықтан қан кешу [to walk through blood that is up to the ankle]: to fight in a war, as a soldier or fighter (see *қан кешу*)

☸ Variants: *ат сауырынан қан кешу* (in *Livestock with Beasts and Birds*), *қан кешу, толарсақтан қан кешу*.

толарсақтан қан кешу [to walk through blood that is up to the calf]: to fight in a war, as a soldier or fighter (see *қан кешу*)

☸ Variants: *ат сауырынан қан кешу* (in *Livestock with Beasts and Birds*), *қан кешу, тобықтан қан кешу*.

тұяқ серіппеу [not to move the hoof]: **(1)** to do nothing, ***not to lift a finger***; **(2)** soundly and tightly, when used with *ұйықтау*: *тұяқ серіппей ұйықтау*; **(3)** to become idle, usually used with *қалу*: *тұяқ серіппей қалу*.

❀ Полиция өшпенділікке негізделген қылмысқа көз жұма қарап, оны тергеуде *тұяқ серіппеді*. The police turned a blind eye and did nothing to investigate the hate crime.

❀ Күйеу жігіт пен оның достары салт бастылардың тойынан кейін *тұяқ серіппей ұйықтады*. The groom and his men slept soundly and tightly after the bachelor's party.

❀ Кейбір машине зауыттары әлемдік сұраныстың азайғанының кесірінен *тұяқ серіппей қалды*. Some car factories have become idle due to decrease in worldwide demand.

тізе батыру [to have the knee sink]: to bully, to browbeat

☸ Dative. Also: *тізесі бату non-caus*.

❀ Біздің мектептегі үлкен ұлдар *кішілерге тізе батырады*. The older boys at our school bully the younger ones.

❀ Шағын ауданның тұрғындарының жерлерін сатып алғысы келген азулы құрылыс корпорациялары *оларға тізе батырды*. The small community was browbeaten by the powerful developers who wanted to buy their land.

тізе бүктіру [to make someone bend the knee]: to defeat someone

☸ Accusative.

❀ Жас боксшы екінші раундта *бәсекелесін тізе бүктірді*. The young boxer defeated his opponent in the second round.

❀ Рональд Рейган 1984 жылғы АҚШ президентін сайлау кезінде *қарсыласын* бет қаратпай *тізе бүктірді*. Ronald Reagan defeated his rival in a landslide during the 1984 US presidential elections.

тізе қосу [to add a knee]: **(1)** to do something together, to collaborate; **(2)** to unite to do something

❀ Халықаралық наша айналымына қарсы *тізе қосып* күрескенде ғана нәтижеге қол жетпек. Only when we fight together against international narcotics will we reach some result.

❀ Қуатты Ұлыбритания империясын жеңу үшін он үш отар аймақ *тізе қосты*. The thirteen colonies united to defeat the powerful British Empire.

Liver and Kidney: *Бауыр мен бүйрек*

бауыр басу [to press with liver]: **(1)** to become closely attached to someone, to become like a family; **(2)** to become emotionally attached to something or some place

☸ Dative.

❀ Өрт сөндірушілер *бір-біріне бауыр басып қалды*. The firefighters have become like a family, a band of brothers.

❀ Американдық консультант *Алматыға бауыр басып*, келісім-шартының ұзартылуын өтінді. The American consultant became emotionally attached to Almaty and requested an extension of his contract.

бауырға басу [to press against the liver]: **(1)** to embrace someone, especially a child, by pressing to the side of the body where the liver is, holding with one or two arms; to clasp someone to heart; **(2)** to adopt (a child); **(3)** ***to open one's heart and home to others***; **(4)** to take possession of something, to appropriate

☸ Accusative. The first meaning is the basis for other meanings. The idiom can be formal, in the third sense. Variants: *бауырға салу* (in the second sense); *бауырға тарту, ішке тарту* (in the third sense). See also *бауыр*.

❀ Мәдина көше бойымен кетіп бара жатып, *немересін бауырына басты*. Madina pressed her grandson against her side as they walked down the alley.

❀ Әсел күйеуі екеуі екі *баланы бауырларына басты*. Asel and her husband adopted two children.

❀ Көптеген жаны жомарт еріктілер жер-сілкіністен *зардап шеккендерді бауырына басты*. Many generous volunteers opened their hearts and homes to those affected by the earthquake.

❀ Отаршылар ең жақсы *жерлерді бауырына басып алды*. The colonists appropriated the best lands for themselves.

бауырға тарту [to pull to the liver]: **(1)** to pull someone close in order to embrace by pressing to the side of the body where the liver is; to clasp to one's heart; **(2)** *to open one's heart and home to others* (see the second meaning of *бауырға басу*)

✪ Accusative. Can be formal in the second sense. Variants: *бауырға басу, ішке тарту* in the second sense.

❀ Айнагүл құшақтайын деп, *мені бауырына тартты*. Ainagul pulled me close to give me a hug.

❀ Досымның мамасы Алматыға Қазақстанның түкпір-түкпірінен оқуға келген *бізді бауырына тартып*, көмектесіп, тамақ беріп тұратын. My friend's mom opened her heart and home to those of us who had come to Almaty to study from across Kazakhstan, and so she would help us and give us food.

бауырын көтеру [to raise one's liver]: **(1)** to stand on feet at an early stage of life, as a baby or a baby animal; **(2)** to begin reviving or recovering from something

✪ See also *буыны бекіп, бұғанасы қату*; *қабырғасы қату*; *қанаты қатаю* (in *Livestock with Beasts and Birds*).

❀ Менің көршім бір мысығын *бауырын көтерген* бойда маған береді. My neighbor will give me one of his kittens as soon as it can stand on its own feet.

❀ Цунамидің кесірінен қирап қалған аудандар *бауырын көтерді*. The communities that were devastated by the tsunami are beginning to revive.

безбүйрек [rejecting kidney]: coldhearted or soulless

✪ See also *бүйрегі бұру*

❀ *Безбүйрек* Дәулет бастарына қиын кезең туған ағайындарына көмектесуден бас тартты. The coldhearted Daulet refused to help his family during their greatest time of need.

❀ *Безбүйрек* менеджер денсаулықты сақтандыру көлемін азайтып, зейнетақыны алып тастауды ұсынды. The soulless manager proposed to reduce health care benefits and eliminate retirement pensions.

бүйрегі бұру [to have one's kidney turn]: **(1)** to incline or tend to sympathize with, favor, or prefer someone or something; **(2)** to incline toward something (see *іші бұру*)

✪ Syn: *іші бұру*. See also *безбүйрек*.

бүйректен сирақ шығару [to make a shinbone come out of the kidney]: to oppose the majority's consensus, to be a rebel or contrarian

✪ Also: *бүйректен сирақ шығарушы* (rebel, contrarian).

❀ Үй ішіндегілер саяхаттауға тауға барғалы жатқанда, Асылан *бүйректен сирақ шығарып*, балық аулауға баруды ұсынды. As the family was heading out to hike in the mountains, Asylan disagreed with the majority and proposed to go fishing instead.

❀ Коперник жер күнді айналады дегенде, оған адамдар *бүйректен сирақ шығарушы* деп қарады. Copernicus was viewed as a rebel when he proposed that the Earth revolves around the sun.

ет бауыр [meat liver]: close kin, akin

✪ Variant: *ет жақын* refers to someone who is akin farther in the lineage than *ет бауыр*. The idea of being close to someone in the lineage is attributed to the presence of *бауыр* in the expression. See also *бауыр*.

❀ Менің *ет бауыр* туыстарым университет бітіру салтанатыма келмек. My relatives who are close kin will be flying in for my graduation ceremony.

❧ Студенттік кезінде Сабыр *ет бауыр ағасымен* бірге тұрды. Sabyr and his closest kin were roommates throughout college.

жатбауыр [alien liver]: estranged, alienated, as blood relatives

✪ Not used in reference to estrangement between spouses, as they are not related by blood.

❧ Бір-бірін жиырма жыл көрмеген ағайынды екі кісі *жатбауыр* болып кеткен. The two brothers who haven't seen each other for twenty years are estranged.

❧ Адамдар бірнеше жыл шетелде тұрса да оның өз мәдениетіне *жатбауыр* болып кетпегеніне таң қалды. People were surprised that he was not alienated from his heritage culture, even though he has lived abroad for several years.

тасбауыр [stone liver]: heartless and compassionless toward one's own family

✪ Ant: *бауырмал* (under *бауыр*).

❧ Сабыржан тіпті сырқат әкесіне көмектескен жоқ; ол — *тасбауыр* адам. Sabyrzhan did not even help his sick father; he is compassionless to his own father.

❧ Менің інім сияқты *тасбауыр* адамды көрдіңіз бе? Ол — миллионер, бірақ маған дәрігердің ақысын төлеуге қарызға бір мың доллар да бермей отыр. Have you ever met anyone as heartless and compassionless as my cousin? He's a millionaire but won't even let me borrow $1,000 to help pay my medical bills.

Mouth: *Ауыз*

азуы кере қарыс [one's double tooth is a *qarys*]: powerful, dominative, formidable

✪ *Қарыс* is a Kazakh unit of measure for length based on the width of an expanded hand from the tip of the thumb to the tip of the middle finger. It equals approximately 8 inches, or 20 to 22 centimeters. Variant: *азуы алты қарыс* (in *Numbers*). The difference is in the extent of one's power: *six qaryses* versus *a qarys*.

❧ *Азуы алты қарыс* миллиардер көптеген саяси науқанға ақшалай үлес қосады. The very influential billionaire contributes to many political campaigns.

❧ *Азуы кере қарыс* ауыр атлет 392 келі салмақты оңай көтеріп алды. The powerful weightlifter hoisted 392 kilograms over his head easily.

айтуға аузы бармау [not to have one's mouth go to say]: not to dare to say something

✪ Accusative. Also: *деуге аузы бармау* (not accusative).

❧ Мен өте-мөте қызық, бірақ тым ұят анекдот білемін, бірақ жұмыста *оны айтуға аузым бармайды*. I know of an extremely funny but too obscene joke, so I cannot recite it in a professional work environment.

❧ Бізді мына жоба бойынша тер төккен жоқ *деуге ешкімнің аузы бармас*. No one will dare to say that we didn't work hard on this project.

аузы берік [one's mouth is strong]: **(1)** someone who will not let out a secret, *someone who does not breathe a word*; **(2)** someone who is fasting during Ramadan

❧ Сыр-құпияға келгенде, оның *аузы берік*. Сондықтан оған сеніп айтуыңа болады. When it comes to secrets, he does not breathe a word. That's why you can trust him with your secrets.

❧ Жұмысқа үйден пісіріп әкелген тәтті наннан дәм тат дегенімде, ол *аузы берік* екенін айтты. When I brought the sweet bread to work from home and offered her some, she said she was fasting.

аузы дуалы [one's mouth is incantational]: prophetic, as someone whose words always come true

✪ Also: *дуалы ауыз* (prophetic).

❧ Көп адамдар Нострадамустың болжамдарына күдік келтірсе де, ол *аузы дуалы* болған адам болып есептелді. Nostradamus was thought to be prophetic, even though his predictions were questioned by many people.

❧ *Аузы дуалы* әжемнің айтқанының осы жолы дәл келетін-келмейтінін көргім келді. I was curious to see if my grandmother, whose words always come true, would be right this time.

аузы жаман [one's mouth is bad]: **(1)** crude and rude, as someone who uses obscene language; **(2)** jinx, as someone who is believed to bring bad luck by his or her ill-wishing words

❧ Бағланға балалармен сөйлесуге рұқсат жоқ өйткені оның *аузы жаман*. Baglan is not allowed around the children because he uses obscene language.

❧ «Үйлеріңді су алып кеткен жоқ па?» «*Аузың қандай жаман*!» "Has your house been washed out by the flood yet?" "You are jinxing it!"

аузы кеппеу [not to have one's mouth dry]: to drink alcohol all the time (see *аузы құрғамау*)

☸ Variant: *аузы құрғамау*

аузы көпіру [to have one's mouth foam]: to talk too much, *to flap one's jaw*

☸ Frequently used as an adverb modifying the verb. Also: *көбік ауыз* (**chatterbox**).

❧ Жанымдағы серіктес жолаушы *аузы көпіріп*, бастығын *мақтап отырды*. The fellow passenger next to me was flapping his jaw and praising his boss.

❧ Менің *көбік ауыз жиенім* мені бірнеше сағатқа телефонға байлап қояды. My niece the chatterbox keeps me on the phone for hours.

аузы күю [to have one's mouth burn]: to undergo a bitter experience or bad luck in doing something, *to be bitten*

☸ Truncated from the saying *аузы күйген үрін ішеді* (***once bitten, twice shy***).

❧ Жас студенттерге жалға үйін беріп, Мұраттың *аузы күйді*. Олар оның үйін қиратып кетті. Murat had bad luck when he rented his house to young students, because they left the house destroyed.

❧ Бірінші рет ажырасқанда *аузы күйген* ол екінші рет үйленерінің алдында неке келісім-шартын жасамақ болды. He learned his lesson from his first divorce and planned on having a prenuptial agreement before his second marriage.

аузы қарап отырмау [not to have one's mouth sit looking]: not to withhold a remark or comment, especially when it is not reasonable or smart, or when it is neither the place nor the time to do so, *me and my big mouth*

☸ Variant: *аузы қышу* is coarse and is marked by sarcasm or resentment. It implies the internal urge to say something, whereas *аузы қарап отырмау* implies saying something without reservation.

❧ Бастығы техникалық ғылымдарда әйелдер ерлер сияқты табысты емес дегенде, Рахия *аузы қарап отырмай*, бастығына сондай еркектердің бірі емессің деген жауап айтты. When her boss said that women are not as successful in the technical sciences as men, Rakhiya replied that he was not one of those men — she and her big mouth.

❧ *Аузым қышып*, суретшінің көзінше суретін ұсқынсыз дедім. I said that the painting was ugly in front of the artist — me and my big mouth.

аузы құрғамау [not to have one's mouth dry]: to drink alcohol all the time

☸ Variant: *аузы кеппеу*

❧ Біздің көрші бүгін тағы мас. *Аузы құрғамайтын* болды ғой. Our neighbor is drunk again today. He is not going to stop drinking, is he?

❧ Қызметінен айрылып, әйелімен ажырасқаннан кейін, күйігін басамын деген Алмастың *аузы кеппеді*. After losing both his job and wife, Almas was constantly drinking alcohol to drown his sorrows.

аузы қышу [to have one's mouth itch]: not to withhold a remark or comment, especially when it is not reasonable or smart, or when it is neither the place nor the time to do so, *me and my big mouth* (see *аузы қарап отырмау*)

☸ *Аузы қышу* is coarse and is marked by sarcasm or resentment. It implies the internal urge to say something, whereas *аузы қарап отырмау* implies saying something without reservation. Note the saying *сөзіңді біреу сөйлесе, аузың қышып бара ма?* (If someone else is saying your words, is your mouth itching?)

аузы тыным таппау [not to have one's mouth find a rest]: to be very talkative

☸ Variant: *аузына тыным болмау*

❧ Менің жұмыстасым жұма күні көп жұмыс бітірмейді, өйткені әркімге барып, демалыста немен шұғылданатынын айтып, *аузы тыным таппайды*. My coworker does not complete many tasks on Friday because he goes around to everyone and talks a lot about his weekend activities.

❧ Кішкентай жиенімнің *аузына тыным жоқ*. Көрген нәрселері туралы әңгімесі ұзақ, жаудыратын сұрақтары көп. My little nephew talks all day long. His stories about the things he has seen are long, and he inundates me with many questions.

аузы-аузына жұқпау [not to have one's mouth (lips) adhere to each another]: to speak rapidly, often glibly

☸ Marked by negative attitude toward a person who speaks rapidly and glibly. See also *қолы-қолына жұқпау*.

❧ Қолданылған көлік сатушы қалада ең төменгі бағаға машине сататынын айтып, *аузы-аузына жұқпады*. The used car salesman spoke rapidly about how his dealership had the lowest prices in town.

❧ Саясаткерлердің біреуі *аузы-аузына жұқпай*, пікірсайыста басқаларды сөйлетпеді. One of the politicians was speaking fast and did not let others participate in the debate.

аузы-мұрнынан шығу [to come out of the mouth and nose]: to be overcrowded

❧ Мейрам алдында әуежайлар *аузы-мұрнынан шығады*. The airports are overcrowded before the holidays.

❧ Қазіргі кезде қоғамдық көлікке мінетін адамдардың саны барған сайын өсуде. Мен мінетін автобус үнемі *аузы-мұрнынан шығады да тұрады*. More and more people are taking public transportation these days. The bus I take is always overcrowded.

аузын алу [to take one's mouth]: to bribe someone; see *аузын майлау* (in *Food*)

☸ Variants: *аузын майлау* (in *Food*). See also *ауызбастырық*.

аузын ашу [to open one's mouth]: **(1)** to say something, ***to open one's mouth***; **(2)** to be amazed, to be in awe; **(3)** ***to have one's jaw drop***; **(4)** to be confused or puzzled, to be at a loss; **(5)** ***to ask for a handout*** (see *алақан жаю*)

☸ Dative, in the second, fourth, and fifth

senses. Variant: *аузын ашып, көзін жұму* in the third sense. Sarcastic, in the fifth sense. Syn: *алақан жаю, қол жаю* (in the fifth sense).

❧ Мама көп сөйлемейді, бірақ *аузын ашса*, барлық адамды тыңдатады. Mom doesn't say much, but when she opens her mouth, everyone listens!

❧ Ерлан Гранд-Каньонды өз көзімен көргенде, оның *сұлулығына аузын ашты*. Erlan was in awe of how breathtaking the Grand Canyon was in person.

❧ Дөрекі даяшы маған қолын шығарғанда, *аузымды ашып қалдым*. My jaw dropped when the rude waiter made an obscene gesture at me.

❧ Адамдардың бәрі компания президентінің аяқ астынан *жұмыстан кеткеніне аузын ашты*. Everyone was at a loss at the sudden resignation of the company's president.

❧ Үй ішіндегілердің барлығы жалқау; олар табысты *ағаларына ауыз ашып отырады*. Everyone in the family is lazy; they sit around asking their successful brother for a handout.

аузынан түсіп қалу [to drop out of one's mouth]: to physically resemble one's own parents very much, ***to be a carbon copy of someone***

☸ Genitive.

❧ «Асан әкесіне қатты ұқсайды екен». «Иә, шынымен *әкесінің аузынан түсіп қалғандай*». "Asan looks like his dad." "Yes, he is a carbon copy of his father."

❧ Жанардың атақты әкесіне қатты ұқсайтыны ғажап. Ол *әкесінің аузынан түсіп қалған*. It is incredible how much Zhanar resembles her famous father. She is a carbon copy of her father.

аузының салымы [luck of one's mouth]: one's luck in winning or obtaining material gain

❧ Бір ерлі-зайыпты бірнеше рет лотерея ұтқан. Шынымен, *ауыздарының салымы* бар екен! One couple won the lottery several times. They are really lucky with money!

❧ Арай туған күніне бай атасынан тағы бір пәтер алды. Оның *аузының салымы* қандай! For her birthday, Arai has received yet another apartment property from her wealthy father-in-law. She is lucky!

ауыз жабу [to shut the mouth]: to shut up

☸ Also: *аузын жабу* (to shut someone up).

❧ Боқтауыңды қойып, *аузыңды жап*! Stop cursing and shut up!

❧ Жанболат жұмысты уақытында бітіру үшін белгіленген мерзімнен артық жұмыс істемеді деп оны айыптап жатты. Ардақ оның *аузын жабу* үшін демалыс кезінде жұмыс істегенін дәлелдейтін қағазды көрсетті. Zhanbolat was accusing him of not working overtime to meet the deadline. Ardak produced the timecard record showing his weekend overtime to shut Nurbolat's mouth.

ауыз жаласу [to lick each other's mouth]: to ally with an opposing side and do dishonest favors for one another, *to work hand in glove with someone*

☸ Instrumental if a singular subject is used. Used in the reciprocal voice.

❧ Кейбір полиция қызметкерлері мен мафия *ауыз жаласты*. Some police officials worked hand in glove with the mafia.

❧ Кейбір адамдар оппозициялық партияны *билікпен ауыз жаласты* деп кінәлайды. Some people accuse the opposition party of working hand in glove with the regime.

ауыз салу [to put the mouth]: **(1)** to hit, to affect, as in a disease, a crisis affecting someone; **(2)** *to dip into one's savings*; **(3)** to make a successional or repeated attack; **(4)** to attack successionally or repeatedly, as in criticizing severely

☸ Dative.

❧ Мына дағдарыс ірі *кәсіпорындарға* да *ауыз салды*. This recession has also hit the big businesses.

❧ Айнагүл сынып қалған мәшинесінің орнына жаңасын алу үшін *жинағына ауыз салды*. Ainagul had to dip into her savings to replace her broken-down car.

❧ Империя бір елден екінші *елге ауыз салуын* тоқтатпады. The empire didn't stop attacking one country after another.

❧ Баспасөз президентті біраз сынады. Енді оның *әйеліне ауыз салып жатыр*. The media

concentrated on the president for a while. Now it is attacking his wife.

ауыз су [mouth water]: drinking water

❧ Марат лас *ауыз судан* ауырып қалды. Marat got sick because he had ingested contaminated drinking water.

❧ Мына таулы аймақтың *ауыз суы адамды сергітетін*, айрықша таза -су. The drinking water in this mountainous region is particularly pure and refreshing.

ауыз тию [to have the mouth touch]: to taste some food; to be treated to some bread and/or sweets

☸ Ablative. In the Kazakh tradition, when stopping by at someone's house even for a brief moment, one will be offered some bread and/or sweets. The idea is that because the person cannot stay for tea (usually having tea means having a full-course meal), he or she at least should be treated to bread and/or sweets.

❧ Жаңа рецепт бойынша пісірген *нанымнан ауыз ти*. Try the bread that I made with this new recipe.

❧ Менің ата-әжем үйге келген кісілерден үнемі нан немесе *тәттілерден ауыз тиюлерін* сұрайды. My grandparents always ask visitors to taste either bread or sweets before leaving.

ауыз толтырып айту [to say something filling the mouth]: to have plenty of things to say that are worth mentioning

☸ Also: *ауыз толтырып айтатындай*, *ауыз толтырып айтар*, *ауыз толтырып айтарлық* (worth mentioning).

❧ Біздің жетістіктеріміз *ауызға толтырып айтарлық*. Оларды баяндамаңа қос. Our achievements are worth mentioning, so please include them in your presentation.

❧ Мен достарыма бірінші ұлымның дүниеге келгенін *ауыз толтырып айттым*. I had plenty to say about the birth of my son to my friends.

ауыз толтырып берер [will give filling the mouth]: something that one can *bring to the table*

☸ Also: *ауыз толтырып берген* (in the past tense)

❧ Сұхбаттан кейін оның *ауыз толтырып*

берері көп емес деген қорытынды жасалды. After the interview, it was concluded that he didn't have a lot to bring to the table.

❀ Жиналысқа қатысқандардың *ауыз толтырып берген* ұсыныстары басшылықты ойға салды. The suggestions that the meeting participants brought to the table made the management think.

ауызбастырық [mouth presser]: bribe

◉ Euphemism. This expression alludes to the tradition of giving a gift called *ауызбастырық* to ask the person who has heard or seen something that needs to be kept secret not to tell anyone. The person who receives this gift must keep what he or she has heard or seen a secret. See also *аузын алу*, *аузын майлау* (in *Food*).

❀ Асқар айыппұл төлемеу үшін жол полицейіне *ауызбастырық* берді. Askar paid "processing fees" to the cop to avoid the traffic ticket.

❀ Салық инспекторы оның кішігірім салық заңбұзушылықтарына көзін жұматынын айтып, *ауызбастырық* сұрады. The tax agent said that she would let his minor tax offenses pass and requested a "tip" for it.

ауызбен орақ ору [to sickle with the mouth]: **(1)** to talk glibly, to be talky; **(2)** to talk about things without taking any action; **(3)** to be articulate, *to be silver-tongued*

❀ Жақсы сатушы *аузымен орақ оруы* керек. A good salesman needs to speak glibly.

❀ Сайлауалды науқанда *аузымен орақ орған* саясаткерлер көп болды. During the election campaign, many politicians claimed they had done a lot.

❀ Компанияның жаңа бас атқарушы менеджері *аузымен орақ оратын* адам сияқты; оның сөздері өте мықты. The new company CEO seems to be silver-tongued; his words are powerful.

ауызбірлік [mouth unity]: unity

◉ Can be formal. Variant: *ауызбіршілік* is used informally.

❀ Саяси партиялар келіспеушіліктерін былай қойып, президенттің экономикаға дем беру жоспарын қолдауда үлкен *ауызбірлік* көрсетті. The political parties set aside their differences and showed tremendous unity in

supporting the president's plan to stimulate the economy.

❀ Осындай қиын-қыстау кезеңде ағайын-туыстар берік болып, *ауызбіршілік* танытуы тиіс. The family must show strength and unity in these troubling times.

ауызбіршілік [mouth unity]: unity (see *ауызбірлік*)

◉ Variant: *ауызбірлік*.

ауызға алу [to take to the mouth]: **(1)** to speak of, to mention; **(2)** to drink (alcohol)

◉ Accusative.

❀ Менің ағам бүгін бірінші рет бұрынғы *әйелін аузына алды*. Today my uncle spoke of his ex-wife for the first time.

❀ Бес жыл бұрын бауырына операция жасалғалы, Максим *ішімдікті* мүлдем *аузына алған емес*. Since his liver surgery five years ago, Maxim has not drunk alcohol at all.

ауызға ие болу [to be an owner of the mouth]: not to say anything in situations where it is not reasonable or smart to say something that might have a negative effect

❀ Жұмыстастары оның досын әдепсіз деп айыптап жатқанда, Асыланға *аузына ие болу* қиын болды. When his coworkers were accusing his friend of unethical conduct, it was difficult for Asylan to keep his mouth shut.

❀ Егер екі банк тонаушының біреуі *аузына ие болғанда*, олар қолға түспеген болар еді. If only one of the two bank robbers had kept his mouth shut, they wouldn't have been captured.

ауызға қақпақ болу [to be a lid to the mouth]: to stop others from talking about someone or something

◉ Truncated from the saying *ел аузына қақпақ бола алмайсың* (you cannot be a lid to the people's mouth).

❀ Президенттің көңілдесінің бар екені енді құпия емес. Елдегі ең күшті адамның өзі жеке өмірін сөз еткен жұрттың *аузына қақпақ бола алмады*. The president's affair is no longer a secret. Even the most powerful person in the country could not stop his people from talking about his personal life.

❀ Бұл ауылдағы әрбір өсекті көңіліңе алма. Ешқашан адамдардың *аузына қақпақ бола алмайсың.* Don't get upset about every rumor you hear in this village. You will never be able to stop people from talking.

ауызға қарату [to make someone look at the mouth]: **(1)** to make someone revere oneself; **(2)** to make someone be amazed or in awe; **(3)** to make someone depend on something

☸ Accusative.

❀ Альберт Эйнштейн ғылыми төңкеріс жасап, өзінің көрнекі *замандастарын аузына қаратты.* Albert Einstein made his brilliant peers revere him because his ideas were revolutionary.

❀ Дарынды жас әнші әр *адамды* асқақ даусымен *аузына қаратты.* The talented young singer made everyone in awe of his powerful voice.

❀ Біздің еліміздің *басқаларды аузымызға қарататындай* көп мұнайы жоқ. Our country does not have that much oil to make others depend on it.

ауызға құм құйылу [to have the sand pour to the mouth]: to stop talking after being presented a strong argument, brought shame upon, or taken actions

☸ Also: *ауызға құм құю act*

❀ Полиция қызметкері радар құралын көрсеткенде, онымен жол айыппұлы жөнінде айтысып жатқан менің *аузыма құм құйылды.* I argued with the policeman about the traffic ticket until the officer showed me the radar speed gun.

❀ Ардақ пен Темір кімнің мәшинесі сенімдірек деп айтысып жатты. Ардақ тұтынушылардың берген бағасын көрсеткенде, Темірдің *аузына құм құйылды.* Ardak and Temir were arguing over whose car was more reliable. Temir lost the argument and couldn't speak any further when Ardak showed him the reliability results from *Consumer Reports.*

ауызға сөз түспеу [not to have a word descend to the mouth]: not to be able to figure out what to say, *not to be able to find one's tongue*

☸ The affirmative form is used in rhetorical questions or as a relative modifier, such as

ауызға түскен сөз (the word that someone figured out to say).

❀ Қобалжығаннан *аузыма сөз түспеді.* I was unable to find my tongue because I was nervous.

❀ Сасып қалған прокурордың *аузына түскен сөзі* «Басқа сұрағым жоқ» болды. "No more questions," was what the befuddled prosecutor figured out to say.

ауызға түсіп тұру [to be descending to the mouth]: to almost be in one's possession

❀ Неге одан айнып қалдың? Бағасы жаман емес, әдемі *үй аузыңа түсіп тұрған еді* ғой. Why did you walk away from the deal? That beautiful house with an affordable price was almost yours.

❀ Менің армандап жүрген мәшинем *аузыма түскелі тұр*! I am so close to getting my dream car!

ауызға тыным болмау [not to be a rest for the mouth]: to be very talkative; see *аузы тыным таппау*

☸ Variant: *аузы тыным таппау*

ауызға іліну [to get hang onto the mouth]: to be talked about because of one's significant work or contribution

☸ Used in the passive voice only. Collocations: *аты ауызға іліну, есімі ауызға іліну (to become a household name).*

❀ Сабырдың жаңашыл шешімдері компанияда *ауызға ілінді.* Sabyr's innovative business solutions are being talked about all over the company.

❀ Отыз жасқа жеткенде Эйнштейннің есімі *ауызға ілінді.* Einstein had become a household name by the time he was in his thirties.

ауыздан ақ ит кіріп, көк ит шығу [to have a white dog go into the mouth and have a blue dog come out]: to curse using obscene language

❀ Мейрамханада ұрыссып жатқан қыз бен жігіттің *ауыздарынан ақ ит кіріп, көк ит шыға бастады.* In the restaurant, the quarreling lovers started to curse at each other using obscenities.

❀ Қызметкерлерінің алдында *аузынан ақ ит кіріп, көк ит шыққаны* бейне таспаға жазылып қойғаннан кейін, директор қызметінен босатылды. The director was fired after he was caught on video cursing at his staff with obscenities.

ауыздан жыру [to rip off from the mouth]: to help at the expense of oneself or someone else

❀ Сенің інің өз пәтеріне ақшаны өзі табуы керек. Сен оған қашанғы өз балаларыңның *аузынан жырып ақша бермекшісің?* Your brother needs to find money for his own apartment. How long do you plan on giving him money at the expense of your children?

❀ Менің анамның өзіне ақша керек. Бірақ ол кедей адамдарға көмектесу үшін жергілікті қайырымдылық қорларына *өз аузынан жырып береді.* My mom needs money herself. But she donates all her extra money to the local charities to help poor people.

ауыздан тастамау [not to drop from the mouth]: to speak of someone or something all the time, positively or fondly

⍟ Accusative. See also *ауыздан түспеу.*

❀ Ерлан үнемі өз *інісін* мақтан етіп, *аузынан тастамайды.* Erlan is very proud of his younger brother and speaks very highly of him all the time.

❀ Арайдың жағрапия мұғалімі әлі *оны аузынан тастамайды.* Arai's geography teacher still talks about her fondly all the time.

ауыздан түспеу [not to get off the mouth]: **(1)** to be spoken of all the time, to always be the subject of conversation; **(2)** to be sung or narrated fondly, as in songs, poetry, or legends

⍟ See also *ауыздан тастамау* in the first sense.

❀ Баршаға ортақ медициналық қамсыз-дандыру президенттік сайлауалды науқанда *ауыздан түспеді.* The topic of universal health care has been the subject of conversation during the presidential campaign.

❀ Әрбір халықтың тойларда *аузынан түспейтін* әні болады. There is a popular song in every culture that is fondly sung on special occasions.

ауыздан шығып кету [to leave out of the mouth]: to slip out, *to be a slip of the tongue*

❀ Әйелінің аяғы ауыр екенін ол хабардың Азаттың *аузынан шығып кеткенде білдік.* It was from Azat's slip of the tongue that we found out his wife was pregnant.

❀ Эльмира Жанардың құпия рецептісін айтып қояйын деген жоқ. *Аузынан шығып кеткені* анық. Elmira did not intend to reveal Zhanar's secret recipe. Clearly it slipped out.

ауызды ауырту [to have the mouth hurt]: *to waste one's breath*

⍟ Dative or used with a subordinate clause.

❀ Менеджер ынтасыз жұмысшылармен *сөйлесіп, аузын ауыртты.* The manager was wasting her breath on the unmotivated workers.

❀ Оны көндіремін деп көп сөйледің. *Оған аузыңды ауыртпа.* Ол есек сияқты қырсық. You talked a lot trying to convince him. Don't waste your breath on him. He's stubborn as a mule.

ауызды қу шөппен сүрту [to wipe the mouth with dried-up grass]: to understate one's own wealth, to claim to be poor, *to poormouth*

⍟ Variant: *ауызды құрғақ шөппен сүрту.*

❀ Кейбір адамдар үкіметтен көмек алу үшін *ауыздарын қу шөппен сүртіп отырады.* Some people claim to be poor in order to receive government support.

❀ Менің қайын апам өте бай, бірақ ол үнемі *аузын құрғақ шөппен сүртіп отырады.* Менің ойымша, ол адамдар ақша сұрайды деп қорқатын сияқты. My sister-in-law is rich, but she always claims to be poor. I guess she fears that people would ask for money.

ауызды құрғақ шөппен сүрту [to wipe the mouth with a dry grass]: to understate one's own wealth, to claim to be poor, *to poormouth* (see *ауызды қу шөппен сүрту*)

⍟ Variant: *ауызды қу шөппен сүрту.*

ауыздың суы құру [to have water of the mouth vanish]: to show great interest and admiration

⍟ Dative. Collocations: *ауыздың суы құрып оқу* (to read with great interest), *ауыздың суы құрып тыңдау* (to listen with great interest), *ауыздың суын құртып айту* (to tell engagingly), *ауыздың суы құрып айту* (**to go into raptures**), *ауыздың суы құрып мақтау* (to praise going into raptures). See also *жер-көкке сыйғызбай мақтау* (in *Nature*).

❀ Таңғажайып *сиқырға балалардың ауыздарының суы құрыды*. The children were wowed by the amazing magic show.

❀ Бүкіл дүние жүзіндегі миллиондаған оқырман Гарри Поттер туралы кітапты *аузының суы құрып оқыды*. Millions of readers worldwide read the Harry Potter books with great interest.

ашық ауыз [open mouth]: naive, credulous, dupable, as a person

❀ Жиені *ашық ауыз* Қайыржанды тағы алдап кетті. His nephew again lied to the naive Kairzhan.

❀ Алаяқтар үнемі *ашық ауыз* адамдарды іздейді. The con artists constantly look for dupable people.

бірінің аузына бірі түкіріп қою [to spit into each another's mouth]: to say one and the same thing

❀ Қылмыскерлер *бірінің аузына бірі түкіріп қойған*; әңгімелерінің жаттанды екені анық. The criminals have conspired to say the same thing; it is clear that their story is rehearsed.

❀ Саяси үміткерлердің барлығы *бірінің аузына бірі түкіріп қойгандай* сыбайлас жемқорлыққа қарсы күресетіндерін айтады. All political candidates say the same thing when they claim that they will fight corruption.

екі езуі екі құлағына жету [to have one's two sides of the buccal cavity reach one's two ears]: *to grin from ear to ear; to grin like a Cheshire cat*

❀ Жарыста жеңіске жеткен спортсменнің қуаныштан *екі езуі екі құлағына жетті*. The sportsman who won the competition has a big smile on his face.

❀ Бала туған күнінде өте көп сыйлық алып қатты қуанды. Күні бойы оның *екі езуі екі құлағында болды*. The child was very happy to receive so many toys on her birthday. All day she had a grin from ear to ear.

ел аузынан [from people's mouth]: from oral traditions of people (see *халық аузынан*)

☸ Can be formal. Collocations: *ел аузынан*

жазып алу (to write something down from oral traditions), *ел аузынан жинау* (to gather something from oral traditions), *ел аузында жүру* (to be used in oral traditions), *ел аузында сақталу* (to be preserved in oral traditions).

жағы қарысу [to have one's jaw get a spasm]: to lose ability to speak, *a cat has got one's tongue*

☸ Also: *жағың қарысқыр*, *жағың қарыссын* (may you lose ability to speak) are expressions wishing a curse and are marked by one's annoyance or frustration with someone's incessant cry or talk, or unfavorable prediction. Syn: *жағыңа жылан жұмыртқалағыр*.

❀ Не болды? *Жағың қарысып қалды ма?* What's the matter? Cat got your tongue?

❀ «Дауылда біздің үйдің шатыры ұшып кететін шығар». «Не айтып тұрсың? *Жағың қарысқыр!*» "The roof of our house will probably get torn off in the storm." "What are you saying? May you lose your ability to speak."

жағыңа жылан жұмыртқалағыр [may a snake lay an egg in your jaw]: *damn you for saying that*

☸ Expression of a curse used to rebuff someone's bad prediction because of fear that it might come true. Also: *жағыңа жылан жұмыртқаласын*. Syn: *жағың қарысқыр* (under *жағы қарысу*).

❀ «Дауылда үйің құлап қалса не істейсің?» «Сұрағың қандай жаман! *Жағыңа жылан жұмыртқалағыр!*» "What will you do if your house collapses in the storm?" "What a bad question! Damn you for saying that."

❀ «Сенің күйеуің ішімдіктен өледі». «*Жағыңа жылан жұмыртқаласын*». "Your husband will die from his drinking." "Damn you for saying such a bad thing!"

жақ ашпау [not to open the jaw]: not to say a single word, to keep silent about someone or something, *to keep a tight lip*

☸ Not used in the affirmative form. Variant: *жұмған аузын ашпау* implies being silent about someone or something initially and continuing to do so. *Жақ ашпау* implies not saying anything at a particular moment.

❀ Ерлан зейнетке шыққанда не істейтіні

туралы *жақ ашпай отыр.* Erlan is keeping a pretty tight lip about his retirement plans.

❧ Ол бірнеше күн бойы бос орынға кімді ұсынатыны жөнінде *жақ ашпай жүрді.* For days, he kept silent about whom he will recommend for the vacant position.

керауыз [obstinate mouth]: an obstinate person whose opinions are always the opposite of others'

❧ *Керауыз* Темірмен мәнді әңгіме-дүкен құру мүмкін емес. It's difficult to have a meaningful conversation with Temir because he will always say opposing things to contradict you.

❧ Бала кезінде Гаухар үлкендермен *керауыз* болғаны үшін жазаланатын. As a child, Gaukhar would be punished for always saying obstinate things to her elders.

күміс көмей, жез таңдай [silver larynx and brass palate]: extraordinarily talented, as a singer

✪ Literary. *Күміс көмей* is sometimes used by itself.

❧ Университет 200 жылдық мерейтойында өнер көрсетуге Еуропадан *күміс көмей, жез таңдай* әншіні шақырмақ. The university is inviting an extraordinarily talented singer from Europe to sing at its two-hundredth commemorative celebration.

❧ *Күміс көмей* балалардың байқауы ертең басталады. The competition for talented child singers will start tomorrow.

құр ауыз [empty mouth]: (1) without eating some food or drinking tea at someone's place; (2) without seeing some token of respect or hospitality from someone

✪ The second meaning is based on the first meaning, because treating a visiting person to food or tea is a token of respect and hospitality. Collocations: *құр ауыз аттану* (to set out without eating food; to set out without seeing respect); *құр ауыз аттандыру, құр ауыз жіберу* (to send someone without treating him or her to food; to send someone without giving a token of respect), *құр ауыз кету* (to leave without eating food; to leave without seeing respect), *құр ауыз қалу* (to be left out of food; to be left out of token of respect), *құр ауыз*

шығу (to come out without eating food; to come out without seeing respect).

❧ Тағы *құр ауыз* кетесің бе? Үйге кіріп, шәй іш. Are you leaving without having tea again? Come in and have tea.

❧ Қонақтар Ерланның үйінен *құр ауыз* шықты. The guests left Erlan's house without seeing an ounce of hospitality.

таңдай қағу [to hit the palate]: to be amazed

✪ Dative. Making a clicking sound by hitting the palate with the tongue shows one's amazement. Also: *таңдай қақтыру* caus.

❧ Эко-туристтер Амазон орманының табиғи *сұлулығына таңдайларын қақты.* The eco-tourists were amazed by the breathtaking natural beauty of the Amazon rain forest.

❧ Алты жасар дарынды әнші байқауда қазылар мен *көрермендерге таңдай қақтырды.* The six-year-old singing sensation amazed the judges and the crowd at the talent show.

тіл тістеу [to bite the tongue]: to refrain oneself from speaking, ***to bite one's tongue***

❧ Енесі кешкі тамаққа дайындаған екі түрлі тағамын сынағанда, Нұрлан *тілін тістеуге* мәжбүр болды. Nurlan had to bite his tongue when his mother-in-law criticized the two dishes he had prepared for dinner.

❧ Үйімнің алдында көршімнің итінің боғын үшінші рет көргенде, мен *тілімді тістеп қала алмадым.* When I saw the feces of my neighbor's dog in front of my house for the third time, I couldn't bite my tongue.

тіл шығу [to have the tongue come out]: (1) to begin to talk, as a baby; (2) to speak out, as a person who is often silent, meek, or oppressed into silence

❧ Бір жиенімнің *тілі* өте ерте *шықты.* Екі тілді ортада өссе де, екінші жиенімнің *тілі* қазақша *шықты.* One of my nephews began talking very early. Even though he grew up in a bilingual environment, my other nephew began talking in Kazakh first.

❧ Әшейінде жуас Айымгүлдің *тілі шығып,* мазақ еткен құрдастарына сөз қайтарып тастады. The usually meek Aimgul spoke out and talked back to her peers who were mocking her.

тіл-ауыздан айырылу [to lose the tongue and mouth]: **(1)** to lose speech capability because of illness or injury; **(2)** to be speechless (see *тіл-ауыздан қалу*)

☸ Variant: *тіл-ауыздан қалу*. Ant: *тілге келу*

тіл-ауыздан қалу [to be left without tongue and mouth]: **(1)** to lose one's ability to speak because of illness or injury; **(2)** to be speechless

☸ Variant: *тіл-ауыздан айырылу*. Ant: *тілге келу*.

❀ Инсульттың кесірінен Ахат аз уақыт *тіл-ауыздан қалды*. Akhat lost his ability to speak for a short time because of the stroke.

❀ Ойын-сауық қуған сүр бойдақ үйленетінін жариялағанда адамдар *тіл-ауыздан айырылып қалды*. People were speechless when the longtime playboy announced his engagement.

тілге тиек ету [to make something a guitar pick for the tongue]: to emphasize

☸ Accusative.

❀ Ертеңгі жиналыста заманауи технологияны енгізу *қажеттігін тілге тиек етпекшімін*. At tomorrow's meeting I intend to emphasize the need to introduce modern technology.

❀ Ата-аналар балаларымен әңгімелескенде, есірткі қолданбаудың *маңызды екенін* үнемі *тілге тиек етіп отырулары* тиіс. Parents must always emphasize the importance of not using drugs to their children.

тілдің ұшында тұру [to stand on the tip of the tongue]: *to be on the tip of one's tongue*

❀ Оның аты *тілімнің ұшында тұр*. His name is on the tip of my tongue.

❀ Бүгін жегім келетін тамақтың атын білемін: *тілімнің ұшында тұр*. I know the name of the dish I wanted to order today; it's on the tip of my tongue.

тіл-көзім тасқа [my tongue and eye (go) to the stone]: *knock on wood* (see *мілім тасқа*)

❀ An expression uttered by someone after he or she looks at someone or something and says some good words to keep off a jinx possibly brought by a good word or glance. See also *көз тию*.

тілі мен жағына сүйену [to lean on one's tongue and jaw]: to be loquacious, long-winded

❀ Біздің компанияда *тілі мен жағына сүйенген* адамдар көзге түсетін секілді. It seems like in our company people who are loquacious get more visibility.

❀ Ол іс істеуді емес, *тілі мен жағына сүйенуді* білетін адам. He doesn't know how to get things done; he just knows how to be long-winded.

тілі у [one's tongue is poisonous]: a person who says poisonous or malicious things

❀ Менің әжемнің *тілі у*. My grandma says malicious things to others.

❀ *Тілі у* інім менің жанды жерімді біледі. My brother, with his poisonous tongue, knows my weak spot.

тілі ұзын [one's tongue is long]: verbose

❀ Арман адамдарды мақтауға келгенде сөзі қысқа да, сынауға келгенде *тілі ұзын*. Arman is brief in giving praise to people but is verbose in criticizing them.

❀ Аймаралға *тілі ұзын* еркектер емес, ісін білетін еркектер ұнайды. Aimaral likes men of action, not verbose men.

тілім тасқа [my tongue (go) to the stone]: *knock on wood*

❀ An expression uttered by someone after he or she says some good words about someone or something to keep off a jinx possibly brought by a good word. Variant: *тіл-көзі тасқа*. See also *көз тию*.

❀ Ұлың шынымен әдемі екен. *Тілім тасқа*! I don't want to jinx it, but your son is really handsome.

❀ *Тіл-көзім тасқа*! Менің қызымның сабағы жақсарып келеді. Let me knock on wood, but my daughter is making huge progress at school.

тілін тарту [to pull one's tongue]: to refrain from speaking harshly or inappropriately, *to hold one's tongue*

❀ Also: *тіліңді тарт* (*hold your tongue*) is a colloquial and harsh expression used to ask someone to stop saying rude, harsh, or inappropriate things.

❀ Сындарлы емес, жойқын сын естісек,

тілімізді тартып тұру қиын. It's difficult to hold one's tongue if one is hearing destructive rather than constructive criticism.

❀ Маған жаман сөздер айтып жатырсың. *Тіліңді тарт!* You are saying bad words to me. Hold your tongue!

тіс батпау [not to have the tooth sink]: **(1)** not to be able to chew; **(2)** to be too powerful or strong for someone to deal with; **(3)** to be beyond one's capabilities or skills

☸ Dative. Variant: *тіс өтпеу*.

❀ Ақыл тістері жұлынғаннан кейін Әселдің біразға дейін кейбір *тамаққа тісі батпай жүрді*. Asel could not chew certain foods for a while after her wisdom teeth were removed.

❀ *Корпорацияға* үкіметтің *тісі батпайтындай болып кетті* деген үрей бар. Монополияны ыдырату үшін заңнама жасалып жатыр. There is a fear that the corporation has become too powerful and big for the government to deal with. Legislation is being passed to break the monopoly apart.

❀ Қазіргі қызмет белесінде қиын *эксперименмке* Темірдің *тісі өтпейді*. The difficult research experiment is beyond Temir's capabilities at this point in his career.

тіс жармау [not to crack the tooth]: not to say anything

☸ Not used in the affirmative form, except in rhetorical questions and as an adverbial modifier to another verb used in the negative form. For example, *тіс жарып, ештеңе айтпау*. Syn: *тіл қатпау* (in *Miscellaneous*).

❀ Қызметкерлердің әшейінде өзара айтар шағымы көп. Бірақ бастық шағымдарын ашық айтуларын сұрағанда, ешкім *тіс жармады*. The employees usually have a lot of complaints that they express among themselves. But when the boss asked them to express their complaints openly, nobody said anything.

❀ Ол басына түскен қиыншылықтары туралы ағасына тағы да *тіс жармады*. He again did not say anything to his brother about the problems he was having.

тіс қағу [to hit the tooth]: to be very experienced, **to learn the ropes**

☸ Also: *тіс қақты* (experienced).

❀ Ол көпшілік алдына шығып сөйлеуде *тіс қақты*. She has learned the ropes in public speaking.

❀ Нұрлан — *тіс қаққан* саяхатшы. Nurlan is a very experienced world traveler.

тіс өтпеу [not to have the tooth pass through]: **(1)** not to be able to chew; **(2)** to be too powerful or strong for someone to deal with; **(3)** to be beyond one's capabilities or skills (see *тіс батпау*)

☸ Dative. Variant: *тіс батпау*.

тістегеннің аузында, ұстағанның қолында кету [to be left in the mouth of the one who has bitten and in the palm of the one who has touched]: to be taken or destroyed piece by piece during a robbery, fraud, or looting

☸ Variant: *ұстағанның қолында, тістегеннің аузында кету*

❀ Адамдардың мүліктері Катрина дауылынан кейін *тістегеннің аузында, ұстағанның қолында кетіп жатыр*. People's belongings were looted piece by piece from the abandoned houses after Hurricane Katrina.

❀ Бірнеше миллион ақша *ұстағанның қолында, тістегеннің аузында кетіп*, қазір оның қайда екенін ешкім білмейді. Millions were embezzled little by little, and now no one knows the whereabouts of the money.

тістен шығармау [not to let out from the tooth]: not to tell about something, **to be tight-lipped**

☸ Accusative.

❀ *Айтқанымды тісіңнен шығарма!* Don't tell anybody what I told you!

❀ Ираға сырыңды сеніп айтуыңа болады, өйткені ол *оны тісінен шығармайды*. You can trust Ira with your secrets because she is tight-lipped.

тісі тісіне тимеу [not to have one's tooth touch another tooth]: to shake out of cold, fear, or anger

☸ Variant: *тісі-тісіне тимеу*. Collocations: *тісі тісіне тимей қалшылдау* (to shake out of anger or cold), *тісі тісіне тимей дірілдеу* (to shiver out of cold or fear).

❀ Ешкім айтарлықтай жарақат алмаса да, қонуға мәжбүр болған ұшақтың жолаушыларының қорыққандарынан *тісі тісіне тимеді*. Although no one was seriously hurt, the passengers on the airplane forced to make an emergency landing were shaking out of fear.

❀ Жалғыз ұлының колледждегі оқуын тастап кеткенін естігенде, Айнұр *тісі-тісіне тимей қалшылдады*. Ainur was shaking out of anger after she learned that her only son had dropped out of college.

ұстағанның қолында, тістегеннің аузында кету [to be left in the palm of the one who has touched and in the mouth of the one who has bitten]: to be taken or destroyed piece by piece during a robbery, fraud, or looting (see *тістегеннің аузында, ұстағанның қолында кету*)

⚙ Variant: *тістегеннің аузында, ұстағанның қолында кету*.

үріп ауызға салғандай [as if it can be blown and put in the mouth]: cute, pretty, as young children and women, *as cute as a button*, *as pretty as a picture*

❀ Сенің кішкентай қызың *үріп ауызға салғандай*. Your little daughter is as cute as a button!

❀ Менің әжем жас кезінде *үріп ауызға салғандай* болған екен. When she was young, my grandmother was as pretty as a picture.

халық аузынан [from people's mouth]: from oral traditions of people

⚙ Can be formal. Collocations: *халық аузынан жазып алу* (to write something down from oral traditions of people), *халық аузынан жинау* (to gather something from oral traditions of people), *халық аузында жүру* (to be used in oral traditions), *халық аузында сақталу* (to be preserved in oral traditions).

❀ Мен елдің батыс аймағында қолданылатын мақалдарды *халық аузынан жинамақпын*. I am going to gather the proverbs used in the western part of the country from the people's oral traditions.

❀ Көптеген африкалық мәдениеттерде балалар ғасырлар бойы *ел аузында сақталған* әңгімелерден нәр алады. In many African cultures, children learn from stories preserved orally by their people for centuries.

Neck: *Мойын мен желке*

арамтамақ [devious throat]: someone who lives off of someone else without making one's own living, *freeloader*

⚙ Variant: *арам тамақ*. Syn: *мойынға міну*.

❀ Біздің көрші апайдың екі ұлы жұмыс істемей, *арамтамақ* болып отыр. Our neighbor's two sons don't work; they are a burden on her.

❀ Қандай жұмыс болса да, бәрібір. Өз нанымды өзім тапқым келеді. Ешкімге *арамтамақ* болғым келмейді. I don't care what kind of job it is. I want to earn my own bread. I don't want to be a freeloader on anybody.

жегені желкесінен шығу [to have what was eaten come out of the nape of one's neck]: to end badly for someone who is believed to be corrupt or engaged in embezzlement or fraud

⚙ Genitive.

❀ Жемқор *саясаткердің жегені желкесінен шықты*: сот оны кінәлі деп тауып, он бес жылға соттады. It ended badly for the corrupt politician; he has finally been found guilty and sentenced to fifteen years in jail.

❀ Компаниядан бірнеше миллион ұрлаған *бухгалтердің жегені желкесінен шығып*, Мексикада тұтқындалып тынды. It finally ended badly for the accountant who embezzled millions of dollars from the company; he was arrested in Mexico.

желкемнің шұңқыры көрсін [may the nape of my neck see]: *may I never see someone again*

⚙ Accusative.

❀ Кездесіп жүрген қызым екеуіміз қатты ұрыссып, ажырасып тындық. Оны енді көргім келмейді. *Оны желкемнің шұңқыры көрсін*! My girlfriend and I had a big fight and we broke up. I don't want to see her again. May I never see her again!

❀ Сен мені екі рет алдадың. *Сені желкемнің шұңқыры көрсін*! You cheated me twice. May I never see you again!

мойны жар бермеу [not to have one's neck yield]: to be lazy to do something, to have no desire to do something

❖ Dative.

❀ Жазатын қағазым көп. Уақыт тығыз. Бірақ *оған мойным жар бермей отыр*. I have a lot of papers to write, and the time is precious. But I am being lazy.

❀ Үш апталық демалысынан кейін, жұмыстағы электронды хаттарын *оқуға* Мұраттың *мойны жар бермей отыр*. After three weeks of vacation, Murat was being lazy about reading all his work e-mails.

мойныңды бұраймын [I will twist your neck]: *I'll break your neck*

❖ Expression of threat. Variant: *мойныңды үземін*.

❀ Бір баланың тепкен добы ауласына ұшып келіп, Марат ағаға тигенде, ашуланған ол: «Тағы осылай істесең, *мойныңды бұраймын!*»,-деп айқайлады. When a ball kicked by a boy flew into his yard and hit Uncle Marat, he got angry and yelled: "If you do that again, I'll break your neck!"

❀ Мені ренжітсең, ағам *сенің мойныңды үзеді*! If you make me upset, my elder brother will break your neck!

мойныңды үземін [I will split your neck]: *I'll break your neck* (see *мойныңды бұраймын*)

❖ Expression of threat. Variant: *мойныңды бұраймын*.

мойын бұру [to turn the neck]: to turn to (see *бет бұру*)

❖ Variant: *бет бұру*.

мойын ұсыну [to offer the neck]: to obey, to yield

❖ Can be formal. Dative. Variant: *мойынсұну*.

❀ Ганди өз заманындағы әлеуметтік *философияға мойын ұсынбады*. Gandhi did not obey the prevalent social philosophy of his day.

❀ Бізді жақсы бала болды деп айтуға болады, себебі біз *ата-анамызға мойынсұнатынбыз*. You could say that we were good children because we obeyed our parents.

мойынға алу [to take to the neck]: **(1)** to take on an obligation or duty; **(2)** to take responsibility for something

❖ Accusative. Also: *мойынға алдыру tr.*

❀ Алмагүл досының қазасынан кейін оның балаларын *өсіруді мойнына алды*. After his friend's death, Almagul took on the duty of raising her children.

❀ Айыпталушы сотта бастапқы айғағынан айнып, полицияның ұрып-соғып, *қылмысты мойнына алдырғанын* айтты. At the trial, the defendant recanted his initial statement and said that the police had beat him and forced him to plead guilty.

мойынға жүктеу [to load to the neck]: to give or bear obligation, responsibility, or duty (see *мойынға ілу*)

❖ Accusative.

мойынға міну [to mount the neck]: **(1)** to be a financial burden or financially dependent on someone else, to live off someone else; **(2)** to be a *free rider*, especially due to laziness at work

❖ Marked by negative attitude toward people who live off others. Syn: *арамтамақ*.

❀ Менің әріптесім бір жерге тұрақтап, жұмыс істемей, *мойнына мініп отырған* күйеуін жамандай береді. My colleague keeps badmouthing her husband who doesn't work, stays in one place, and lives off her.

❀ Жұмысында басқалардың *мойнына мініп алған* адамдарға күйеуімнің жыны келеді. My husband is annoyed by free riders at his work.

мойынға су кету [to have water go down the neck]: to be dispirited (see *мойынға су құйылу*)

❖ Variant: *мойынға су құйылу*.

мойынға су құйылу [to have water pour on the neck]: to be dispirited

❖ Variant: *мойынға су кету*. Also: *мойынға су құю act.*

❀ Компаниясынан ерте зейнетке шыға алмайтынын естігенде, Мараттың *мойнына су құйылды*. Marat was dispirited to find out that he did not qualify for early retirement from the company.

❀ Бастық биыл жалақыны қысқартып, жұмыскерлерінің *мойындарына су құйды*. The boss made his employees feel dispirited because he cut their salaries this year.

мойынға ілу [to hang to the neck]: **(1)** to give or bear obligation, responsibility, or duty; **(2)** to give or receive punishment, when used with *жаза* or *X* number of years of imprisonment; **(3)** to lay responsibility for work or crime, to become responsible for work or crime

🔯 Accusative. Variant: *мойынға жүктеу* in the first sense. Collocations: *мойынға жүк ілу, мойынға жүк арту, мойынға жүк ілу* (to give or bear heavy responsibility or serious duty).

🌸 Дүкен қожайыны демалысқа кеткенде, Болат істі басқару *жауапкершілігін мойнына іледі*. When the store owner is on vacation, Bolat bears the responsibility of managing the store.

🌸 Қорғаушысының сотта жіберген қателіктерінің кесірінен айыпталушы *он жылды мойнына іліп* кете барды. Due to the mistakes made by his defense attorney, he received ten years behind bars.

🌸 Сыбайлас жемқор полиция *қылмысты* бейкүнә адамның *мойнына ілді*. The corrupt police laid the responsibility for the crime on the innocent man.

мойында [on the neck]: someone's responsibility, *on someone*

🔯 Genitive.

🌸 Түскі ас дайындау *менің мойнымда*. It is on me to prepare lunch.

🌸 Емделушіге операция кезінде қателік жібергенін айту *дәрігердің мойнында*. It was on the doctor to inform the patient that he had made a surgical error.

мойынмен көтеру [to raise with the neck]: to bear a burden, trouble, responsibility, or hardship

🔯 Accusative. Collocations: *ауыртпалықты мойынмен көтеру* (to bear a burden), *қиындықты мойынмен көтеру* (to bear hardship), *жауапкершілікті мойынмен көтеру* (to bear responsibility). See also *мойынға ілу*.

🌸 Әкеміз өте бейқам адам, сондықтан шешеміз отбасының барлық *тауқыметін мойнымен көтереді*. Dad is very carefree, so mom has to bear all the burden of the family.

🌸 Бізге бар *жауапкершілікті мойнымен*

көтере алатын адам керек. We need someone who can bear all the responsibility.

мойынсұну [to offer the neck]: to obey, to yield (see *мойын ұсыну*)

🔯 Dative. Variant: *мойын ұсыну.*

өзегі талу [to have one's gullet faint]: to be hungry

🔯 Variant: *өзегі үзілу*. See also *іші ұлу.*

🌸 Бірінші баласына аяғы ауыр кезінде үнемі Айнұрдың *өзегі талып жүретін*. Ainur was hungry all the time during her first pregnancy.

🌸 Тым ұзақ дүкен араласақ болды, күйеуім *өзегім талып* бара жатқанын айта бастайды. When we go shopping for too long, my husband begins to complain that he is getting hungry .

өзегі үзілу [to have one's gullet be split]: **(1)** to be famished; **(2)** to have unconditional love and sacrificial feelings for someone, especially for children, relatives, or guests

🔯 Dative in the second sense. Variant: *өзегі талу* in the first sense. Also: *өзегін үзіп беру* (to sacrifice out of unconditional love), in the second sense. See also *іші ұлу* in the first sense.

🌸 Маған мына дәм-ем жақпай жүр. Үнемі *өзегім үзіліп*, ешнәрсеге күшім жоқ. I don't enjoy this diet. I am always starved and have no energy to do anything.

🌸 Ол *балаларына өзегі үзіліп тұрады*. He loves his children unconditionally and is ready to sacrifice everything for them.

🌸 Мұрат кедей магистрант болса да, *інісіне өзегін үзіп беруге* дайын. Murat is a poor graduate student but he is ready to sacrifice everything for his brother.

тоң мойын [hardened neck]: *pigheaded*

🌸 Ол — сондай *тоң мойын* адам. Мен оған дәретханаға барғаннан кейін қолыңды сабындап жу деп миллион рет айттым, бірақ ол әлі олай істемей жүр. He is so pigheaded. I've told him a million times to wash his hands with soap and water after using the bathroom, and he still won't do it.

🌸 Менің *тоң мойын* күйеуім тропикалық өсімдіктерді мынадай құрғақ шөл жерде өсіруге тырысуын қоймай жүр. My pigheaded husband keeps trying to grow exotic tropical plants in this dry desert.

шөп желке [grassy back of the head]: a young and immature girl of sixteen to eighteen years of age, *chick*

🔅 Marked by sarcasm or humor. Syn: *шүйке бас*. The difference is in the age shown by the length of hair: *шөп желке* is too short, but *шүйке бас* has longer locks.

❄ «Бүгін билеуге барайық!» «Жарайды, бірақ кілең *шөп желкелер* баратын жерлерден аулақ болайықшы». "Let's go dancing tonight." "All right, but let's avoid those places where the young chicks hang out."

❄ Мына радио стансасынан тек *шөп желке әншілердің* әндерін ғана естисің. You only hear songs of young chicks on this radio station.

Nose: *Мұрын*

боқ мұрын [snot nose]: little snot

🔅 An offensive term used in the western and southern varieties of Kazakh to disparagingly belittle someone who is young. Variants: *су мұрын* (used in the northeastern variety), *боқмұрын*.

❄ Ана *боқ мұрын* инженер жақсы университет бітіргендіктен бәрін білемін деп ойлайды. That little snot of an engineer thinks he knows everything just because he went to a good college.

❄ Үлкен топ-модельдер жас, әдемі Шынарды көре алмай, оны сыртынан *боқ мұрын* деді. The older models were jealous of the beautiful, young Shynar and called her a little snot behind her back.

иісі мұрын жару [to have one's smell blast the nose]: to smell good and strong

❄ Менің сіңлім шілде-тамыз айларында әртүрлі жидектерден тосап қайнатқанда оның *иісі мұрын жаратыны* есімде. I remember that the jam would smell so good when my sister made jam from different berries during July and August.

❄ Мамыр айында біз қырға қызғалдақ теруге баратынбыз. Жазық дала гүлге көмкеріліп, бір әдемі кілемдей болып қана

қоймай, қызғалдақтың *иісі мұрын жаратын*. We used to go to the steppe to pick tulips. The flat land would be filled with flowers and seem like one beautiful rug, and the tulips would smell so good.

мұрнымды кесіп берейін [let me cut and give my nose]: *I will eat my hat*

🔅 Marked by some sarcasm, this expression is used to show that a certain outcome is unlikely to occur. Preceded by a dependent adverbial clause of condition.

❄ Біздің қаланың командасы соңғы маусымда ешбір ойында жеңген жоқ. Олар биыл чемпионатқа *жетсе, мен мұрнымды кесіп берейін*. The hometown team did not win a single game last season. I will eat my hat if they can reach the championship game this year.

❄ «Бүгін Асылан кешікпей келемін деді». «Егер ол *кешікпесе, мен саған мұрнымды кесіп беремін*!» "Asylan said he wouldn't be late today." "I will eat my hat if he isn't late."

мұрынды шүйіру [to contort the nose]: to look down upon someone or something, *to turn one's nose up*

🔅 Dative. This expression is not used in the passive voice. Variant: *тұмсықты шүйіру* (in *Livestock with Beasts and Birds*). *Тұмсық* (snout), used in lieu of a human nose, adds sarcasm to the expression.

❄ Дұп-дұрыс *жігіттерге мұрнын шүйіріп* жүріп, менің немере апам отырып қалды. My aunt never married because she looked down upon good guys.

❄ Мұрат бастық болғалы біз сияқты қарапайым *жұмысшыларға тұмсығын шүйіріп* қарайтын болды. Ever since Murat got the big management promotion, he has looked down upon us regular workers with contempt.

мұрыннан шаншылу [to be jabbed by the nose]: to be extremely busy with something

❄ Мұғалімдерге арналған алмасу бағдарламасына қатысамын деп *мұрнымнан шаншылып жатырмын*. I am so busy applying to the teacher exchange program.

❄ Менің әйелім үй тірлігінен *мұрнынан шаншылған соң*, көмекке үй қызметшісін жалдауға тура келді. My wife got so busy with household chores that we had to hire a maid to help her.

су мұрын [water nose]: little snot (see *боқ мұрын*)

✪ An offensive slang used in the northeastern variety of Kazakh to disparagingly belittle someone who is young. It is based on the idea of running nose. Variant: *боқ мұрын* is used in the southern and western varieties.

тынысы кеңею [to have one's breath broaden]: ***to breathe easy***

✪ Also: *тынысын кеңейту caus*. Ant: *тынысы тарылу* (under *тынысын тарылту*).

❀ Жақсы жұмыс тауып, Қанаттың *тынысы кеңейді*. Kanat can breathe easy now that he has found a good job.

❀ Парламенттің екі палатасының екеуін де қолымызға алып, *тынысымыз кеңейді*. One can breathe easy now that we have taken control over both houses of Parliament.

тынысты тарылту [to narrow the breath]: ***to put the squeeze on someone or something***

✪ Also: *тынысы тарылу pass*. Ant: *тынысын кеңейту* (under *тынысы кеңею*).

❀ Үй несиесі саласындағы дағдарыс *тынысты тарылтты*. The mortgage crisis has put the squeeze on people.

❀ Ірі кәсіпорындар жергілікті кішкентай дүкендердің *тынысын тарылтып жатыр*. The big businesses are putting the squeeze on the mom-and-pop shops.

Torso: *Кеуде*

арқа еті арша, борбай еті борша болу [to have the meat of one's back become a juniper and the meat of one's leg get deep cuts]: to toil, ***to work fingers to the bone***

✪ Also: *арқа етін арша, борбай етін борша ететін; арқа етін арша, борбай етін борша қылатын* (toilsome).

❀ Үш ай бойы Диас *арқа еті арша, борбай еті борша болып*, артығымен жұмыс істеді. Dias toiled overtime for three months.

❀ Балаларға демалыс керек. Бүкіл жаз бойы үйді жөндеуге көмектесіп, *арқа еті арша, борбай еті борша болды*. The children

need a vacation. They have been working their fingers to the bone to help renovate the house all summer.

арқа сүйеу [to lean the back]: to depend upon, to rely on (see *иек арту*)

✪ Dative. Variants: *иек арту, иек сүйеу*.

арқасы бар [having one's back]: **(1)** possessed or spiritual, as poets or performers only; **(2)** someone who is thought to have shamanic abilities

✪ In the second sense, the idiom is used in the western variety of Kazakh. Also: *арқалы* in the first sense.

❀ *Арқасы бар* ақын өлең жазғанда үйіне қамалып алатын. The possessed poet used to lock himself in his house to write.

❀ Ол лицензиялы емшіге емес, *арқасы бар* Сәкенге ауыратын тізесін көрсетуге барды. He went to see shamanic Saken, not the certified healer to seek treatment for his knee pain.

бел байлау [to tie the waist]: to decide to do something, to be determined to do something

✪ Dative (infinitive). Can be formal. Variant: *бел буу* implies deciding or being determined firmly as *буу* means tying firmly and tightly, whereas *байлау* means just tying. Used with *бекем* (firmly), both expressions mean to firmly decide or be determined: *бекем бел байлау, бекем бел буу*. Tautology is apparent in *бекем бел буу*. *Бел* must be used with the accusative case ending if it is followed by *бекем*: *белді бекем байлау, белді бекем буу*.

❀ Біз қалаға *көшуге бел байлап отырмыз*. We have decided to move to the city.

❀ Мемлекет басшылары жемқорлықпен *күресуге бекем бел бұғанын* мәлімдеді. The leaders of the country stated that they firmly decided to fight against corruption.

бел бала [waist child]: **(1)** biological child of a male (see *белден шыққан*); **(2)** product or result of something, a child, creation

✪ Variant: *белден шыққан* in the first sense.

❀ Ол өз *бел баласы* — өнер галереясына өмірін арнайтынын айтты. She said that she will devote her life to her baby–the art gallery.

❀ Кәсіпкерлік уақытының *бел баласы* емес пе, ол кез келген жаңа істің ебін табады. Не is the product of the time of entrepreneurship; he knows how to run any new business.

бел жазу [to roll out the waist]: to stretch one's back

⚙ Variant: *бой жазу*. *Бел жазу* implies giving a stretch to one's back after prolonged sitting. *Бой жазу* implies giving a stretch to the whole body.

бел құда [waist *quda*]: man in relation to another man with whom he mutually arranged their children's marriage when they were not yet born

⚙ *Құда* is a term used for parents and families of a married couple in relation to one another. Two sets of families become *құда* once their children are married to each other. The mothers are *құдағи* in relation to each other and their families. Kazakhs value this type of relationship, and *құда* and *құдағи* are entitled to respect. *Бел құда* refers to a man whose daughter's or son's marriage into another man's family was arranged before the children were born. This type of arrangement was more prevalent between male friends who wanted to reinforce their friendship by becoming *құда* to each other. This old tradition is nonexistent today. See also *бесік құда*, *қыз алысу* (in *Humans and Their Kin*), and *жеті ата* (in *Numbers*).

❀ Әйелдерінің бір уақытта аяғы ауырлағанын естіп, екі жақын дос *бел құда* болуға серттесті. When they learned that their wives were simultaneously pregnant, the two best friends vowed to become related through their children.

❀ Ол *бесік құдасын* сый-құрметке бөледі. He showed his *quda* respect and hospitality.

белден шыққан [came out of the waist]: biological child of a male

⚙ Variant: *бел бала*.

❀ *Белінен шыққан* жалғыз ұлына қоса бір кішкентай жетім баланы асырап бақты. He adopted an orphan and raised him in addition to his own only son.

❀ Мағжан *бел баласын* көп жыл көрмеді. Magzhan didn't see his own biological child for many years.

белсіз [without a waist]: infertile, as male

⚙ Can be formal as the term is accepted as a medical term. Also: *белсіздік* (male infertility).

❀ Ерлан *белсіз* екенін білгенде қатты қиналды. Erlan was devastated to learn that he was infertile.

❀ *Белсіздікті* қалай емдейді? How is male infertility treated?

белшеден бату [to sink up to the waistline]: to be heavily involved in some activity, **to be up to one's neck in something**

⚙ Dative. Collocations: *байлыққа белшеден бату* (to be swimming in wealth), *былыққа белшеден бату* (to be in a deep mess), *жемқорлыққа белшеден бату* (to be deeply involved in corruption), *қарызға белшеден бату* (to be in deep debt), *шығынға белшеден бату* (to be in deep financial loss). Rare variant: *белуардан бату*.

❀ Көрсеқызар ол несиеге өте қымбат заттар алатын. Керек пе, жоқ па, оны ойламады. Сөйтіп, *қарызға белшесінен батқанда* барып, одан құтылудың қиын екенін көрді. Because he was easily tempted, he used to buy very expensive things on credit. He did not think about whether he needed them. So after he was in debt up to his neck, he realized how hard it was to get out of it.

❀ Кейбір мемлекеттік қызметкерлер *жемқорлыққа белшеден батқан*. Some government officials were deeply involved in corruption.

белі бүгілу [to have one's waist bend over]: **(1)** to be overcome by grief or sorrow; **(2)** to be devastated; **(3)** to be beaten down from toiling

⚙ It is not used in the active voice. Variants: *белі қайысу*, *қабырғасы қайысу*.

❀ Екі бірдей баласынан айрылған көрші апайдың *белі бүгіліп кеткен*. Our neighbor who lost two of her sons has been taken over by sorrow.

❀ Әлем экономикасының дәл қазір *белі бүгіліп қалған* шығар, бірақ бір күні еңсесін көтереді. The world economy may be devastated right now, but it will be back on its feet someday.

❀ Мақта алқабындағы ауыр еңбектен Әнуардың *белі бүгіліп кетті*. Anuar was beaten down from toiling in the cotton field.

белі қайысу [to have one's waist bend over]: **(1)** to be overcome by hardship or sorrow; **(2)** to be devastated; **(3)** to be beaten from toiling (see *белі бүгілу*)

☸ Variants: *белі бүгілу, қабырғасы қайысу.* Also: *белін қайыстыру caus.*

бесіктен белі шықпау [not to have one's waist come out of the cradle]: to be too young to do something

☸ Syn: *аузынан ана сүті кеппеу* (in *Humans and Their Kin*), *мәйегі аузынан шығу* (in *Food*).

❀ Менің інім он жеті жасында үйленемін дегенде, әкем: «*Бесіктен белің шықпай* жатып, үйленемін дегенің не? Үй болу оңай дейсің бе?*», - деп қатты қарсылығын білдірді. When my seventeen-year-old brother said that he wanted to marry, my father expressed his opposition: "What's up with you wanting to marry, when you are basically still in the cradle? Do you think it is easy to have a family?"

❀ Егер жасың 21-ге жетпеген болса, Америкада сен ішімдік ішуге *бесіктен белің шықпаған* болып есептелесің. You are considered too young to drink in America if you are under twenty-one.

бос кеуде [empty chest]: a useless person without aspirations and opinions, and who is incapable of doing anything

☸ Variant: *қуыс кеуде*

❀ Қанатқа еш сенуге болмайды. Ол — *бос кеуде*. Don't depend on Kanat for anything. He's completely useless.

❀ Ол — ағалары сияқты *бос кеуде*. He's useless like his brothers — unmotivated and incapable of doing anything right.

бұғанасы қату [to have one's collarbone harden]: to fledge, to mature (see *буыны бекіп, бұғанасы қату*)

☸ Literary. Variants: *буыны беку; буыны бекіп, бұғанасы қату*. Also: *бұғанасы қатпау neg* (to be nascent). Syn: *қабырғасы қату, қанаты қатаю* (in *Livestock with Beasts and Birds*). See also *бауырын көтеру*.

екі иығын жұлып жеу [to tear off and eat one's two shoulders]: **(1)** to be very angry, *to be steaming mad*; **(2)** to be fierce

☸ Variant: *екі иінін жұлып жеу*

❀ Асқар ұлының оқудан шығып кеткенін біліп, *екі иығын жұлып жеп* отырды. Askar was steaming mad to find that his son had dropped out of college.

❀ Менің жездемнің жаны сірі, өйткені ол *екі иінін жұлып жеп* шайқасатын адам. My uncle is a survivor because he has a fierce fighting spirit.

екі иықтан дем алу [to breathe from two shoulders]: *to gasp for breath* (see *екі иінін жұлып жеу*)

☸ Variant: *екі иіннен дем алу.*

❀ Қонағымыздың біріншісі келгенде, әйелім екеуіміз тамақ дайындап, *екі иығымыздан дем алып жаттық*. We were gasping for breath amid all the preparations when the first dinner guest arrived.

❀ Жұмысты мерзімінде бітіреміз деп, *екі иінімізден дем алып жатқанда*, бастығымыз қосымша тапсырма берді. Even as we were gasping for breath to meet the deadline, our boss gave us an additional task.

екі иіннен дем алу [to breathe from two shoulders]: *to gasp for breath* (see *екі иықтан дем алу*)

☸ Variant: *екі иықтан дем алу*

екі иінін жұлып жеу [to tear off and eat one's two shoulders]: **(1)** to be very angry, *to be steaming mad*; **(2)** to be fierce (see *екі иығын жұлып жеу*)

☸ Variant: *екі иығын жұлып жеу*

еңсе көтеру [to raise the upper body]: to hearten

☸ Also: *еңсесі көтерілу pass.* Ant: *еңсесі түсу.*

❀ Әкеміздің тез жазылғаны бәріміздің еңсемізді көтерді. Dad's quick recovery heartened all of us.

❀ Үкіметтің басты мақсаты — кедейленген халықтың еңсесін көтеру. The government's primary goal is to hearten impoverished people.

еңсесі биік [one's upper body is high]: *to hold one's head up high*

☸ Formal. Also used to describe high buildings.

❀ Қолынан келгенінің бәрін істегенін түсінген Диастың *еңсесі биік*. Dias can hold his head up high because he knows that he has put his best foot forward.

❋ Мектепті бітіреалатын оқушының саны көп болса, бұл штаттағы мұғалімдердің *еңсесі биік* болмақ. Teachers in this state will hold their heads up when more students graduate from high school.

еңсесі түсу [to have one's upper body sulken]: to be disheartened

❂ Also: *еңсені түсіру caus.* Ant: *еңсесі көтерілу* (under *еңсе көтеру*).

❋ Дәулеттің *еңсесі түсіп жүр*, өйткені ол әлі жұмыс тапқан жоқ. Daulet is disheartened because he still hasn't found a job.

❋ Жаннаның жабыраңқы түрмен айтқан хабары бәріміздің *еңсемізді түсірді*. Zhanna's glum announcement disheartened us all.

иық тіресу [to mutually lean a shoulder]: **(1) *to be shoulder to shoulder*; (2)** to be on a par with someone or something; **(3) *to be neck and neck*; (4)** to be side by side

❂ Instrumental, if a singular subject is used in the first and third senses, and mandatory instrumental in the second sense. Formal in the first, second, and third senses. The expression can also be used as an adverb in the first and third senses. In the fourth sense, it is used as an adverb.

❋ Екі ел есірткі саудасына қарсы *иық тіресін* күресетінін мәлімдеді. The two countries stated that they would fight shoulder to shoulder against drug trafficking.

❋ Сәкен – өте дарынды пианист және кіммен болса да *иық тіресіп тұр*. Saken is a very talented pianist and is on par with anyone.

❋ Соңғы сауалнамалар екі үміткердің бұл сайыста *иық тіресіп* келе жатқанын көрсетеді. The latest polls show that the two candidates are neck and neck in the race.

❋ Бүгінгі дәрісте тыңдармандар өте көп болды. Олардың барлығы кішкентай бөлмеде *иық тіресіп* отырды. At today's lecture, there were many people in the audience. They all sat side by side in the small room.

кеуде керу [to pull the chest]: to be haughty

❂ Variants: *кеуде қағу, кеуде соғу, көкірек керу, көкірек көтеру.*

❋ Әсел қызметі жоғарылағаннан кейін *кеудесін кере бастады*. Asel began to put on airs once she got a promotion.

❋ Біздің орта таптық түрімізді көріп, қымбат дүкендегі сатушы жігіт *көкірегін керіп*, бізге көмек көрсетуден бас тартты. The sales clerk at the expensive store was haughty and refused to help us because of our middle-class appearance.

❋ Рэппер *кеудесін соғып*: «Дүниедегі ең күшті әншімін», - деді. The rapper exclaimed haughtily that he was the best musician of all time.

кеуде қағу [to hit the chest]: to be haughty (see *кеуде керу*)

❂ Variants: *кеуде керу, кеуде соғу, көкірек керу, көкірек көтеру.*

кеуде соғу [to punch the chest]: to be haughty (see *кеуде керу*)

❂ Variants: *кеуде керу, кеуде қағу, көкірек керу, көкірек көтеру.* Also: *кеудемсоқ* (haughty).

кеудеге нан пісу [to have bread bake on the chest]: to be arrogant and self-important

❋ Қызметі жоғарлағалы, оның *кеудесіне нан пісіп жүр*. Since receiving his promotion, he has become arrogant and self-important.

❋ Амантаймен жұмыс істеу қиын, өйткені ол – *кеудесіне нан піскен* адам. Amantai is very difficult to work with because he is arrogant and self-important.

кеуделі [with a chest]: powerful, dominant, formidable (see *омыраулы*)

❂ Variant: *омыраулы.* See also *қабырғалы.*

кеудені кернеу [to overfill the chest]: to fill the heart, as in being overwhelmed by a feeling, pride, dream, or passion

❂ Variant: *көкіректі кернеу.*

❋ Әйелдер күні оқушылары гүл бергенде, Бибінұрдың *кеудесін қуаныш кернеді*. Bibinur's heart was filled with joy when she received flowers from her students on International Women's Day.

❋ Көп жыл жүрген болашақ жарынан айрылысқаннан кейін Ерланның *көкірегін мұң кернеді*. After breaking up with his long-time fiancée, Erlan's heart was filled with sadness.

кеудені оққа тосу [to put the chest forward to the bullet]: to risk or sacrifice one's life in a battle

❀ Президент өз елі үшін *кеудесін оққа тосқан жауынгерге* қаза тапқаннан кейін құрмет орденін берді. The president posthumously awarded the highest medal to the soldier who had sacrificed his life for his country.

❀ Менің атам Ұлы Отан *соғысында кеудесін оққа тосты*. My grandfather risked his life in the Great Patriotic War.

көкірегі қарс айрылу [to have one's bosom tear into two]: **(1)** to be grief-stricken; **(2)** *to be heartbroken* (see *жүрегі қарс айрылу*)

✪ Syn: *жүрегі қан жұту, жүрегі қарс айырылу, жүрегі қан жылау, қан жұту, қан жылау, іші қан жылау* (in the first sense); *өзегі өртену* (in both senses in *Miscellaneous*).

көкірегі ояу [one's bosom is awake]: bright and intelligent

✪ The idiom does not imply being educated. It can be formal. It can also be used with *көзі ашық*: *көзі ашық, көкірегі ояу* (educated and intelligent). See also *көзі ашық* (under *көз ашу*).

❀ Менің компанияма тек білімдар емес, *көкірегі ояу* адамдар да керек. Сондықтан дипломы жоқ адамдарды да сұхбатқа шақыр. My company needs not only educated people but also bright and intelligent people. That's why we also invite the ones without a degree.

❀ Ол өте зерек, *көкірегі ояу*, айтқанымды тез қағып алады. She is sharp and bright; she learns very quickly.

көкірегі сайрап тұру [to have one's bosom be singing]: to be very knowledgeable about something

✪ It can also be used to imply not having a hands-on experience despite being knowledgeable.

❀ Археология туралы Дарынның *көкірегі сайрап тұр*. Daryn is very knowledgeable about archeology.

❀ Инженерлік салада докторлық дәрежесі бар Сәкеннің *көкірегі сайрап тұрғанымен*, тәжірибесі жоқ болғандықтан, жұмыс табу қиын. Even though Saken is very knowledgeable and has a PhD in engineering, he is not very marketable because he doesn't have any applied experience.

көкірек керу [to pull the bosom]: to be haughty (see *кеуде керу*)

✪ Variants: *кеуде керу, кеуде қағу, кеуде соғу, көкірек көтеру*. Expression: *жүрген бір көкірек* (some kind of snob).

көкірек көтеру [to raise the bosom]: to be haughty (see *кеуде керу*)

✪ Variants: *кеуде керу, кеуде қағу, кеуде соғу, көкірек көтеру*. Expression: *жүрген бір көкірек* (some kind of snob).

көкіректе сайрап тұру [to be singing in the bosom]: to race through one's head, as in unexpressed thoughts, ideas, and the like, being alive in someone

❀ Келесі кітабым туралы көп *ой көкірегімде сайрап тұр*. I have a lot of ideas for my next book running through my head.

❀ Мәселенің барлық шешімі оның *көкірегінде сайрап тұрды*, бірақ бастығы оны сөйлетпеді. He had all the solutions to the problem racing through his head, but his boss didn't let him speak.

көкіректі кернеу [to overfill the bosom]: to fill the heart, as in being overwhelmed by a feeling, pride, dream, or passion (see *кеудені кернеу*)

✪ Formal. Variant: *кеудені кернеу*

кіндік шеше [navel mother]: a woman who cuts the umbilical cord of a child at birth, *godmother*

✪ In the traditional Kazakh culture, parents chose someone to cut the umbilical cord of a child at birth. She is believed to give her personality traits to the child. *Кіндік шеше* receives *кіндік кесер*, a special gift from the child's parents. *Кіндік әке* is the husband of the woman who cuts the umbilical cord of the newborn baby.

❀ Арайлым қызы мейірімді болсын деп, Алмагүлді *кіндік шеше* ретінде таңдады. Arailym chose Almagul to cut her daughter's umbilical cord, hoping that her daughter would inherit Almagul's kind personality.

⚜ Мына баланың *кіндік шешесі* кім? Who is this child's godmother?

кіндік кесілген жер [the place where an umbilical cord was cut]: birthplace

☀ Literary. Also: *кіндік кескен жер*. Variant: *кіндік қаны тамған жер.*

⚜ 1920-сыншы жылдары көптеген қазақтар *кіндік кесілген жерлерін* тастап, Қытайға қашуға мәжбүр болды. In the 1920s many Kazakhs had to leave their native lands and escape to China.

⚜ Атырау — менің *кіндік қаным тамған жер.* Atyrau is my birthplace.

кіндік қаны тамған жер [the place where the blood from the umbilical cord dripped]: birthplace (see *кіндік кесілген жер*)

☀ Literary. Variant: *кіндік кесілген жер.*

кіндіктес [with the same navel]: **(1)** of the same root or origin; **(2)** closely related or connected to something

☀ Instrumental.

⚜ Қазақ *тілімен кіндіктес тілдерді* де зерттеген. He has done research on the languages that are of the same origin as Kazakh.

⚜ Жойылуға қалған көптеген жануарлардың тағдыры ғаламдық *жылумен кіндіктес* жатыр. The fates of many endangered species are closely related to global warming.

қабырға ағайын [rib relative]: a very distant relative of the eighth to tenth degrees

☀ Syn: *сары сүйек* (in *Color*).

⚜ Орал жақта біздің *қабырға ағайындарымыз* тұрады. Our relatives of the ninth degree live in Oral.

⚜ Атамның *қабырға ағайындарын* білетіні ғажап. It is amazing that my grandfather knows his relatives of the tenth degree.

қабырғалы [with the rib]: **(1)** powerful, strong; **(2)** major

☀ Formal. Collocations: *қабырғалы ел* (a powerful country), *қабырғалы мәселе* (a major issue), *қабырғалы қаламгер* (a major writer). See also *омыраулы*, *кеуделі*.

⚜ *Қабырғалы* қаржы компаниясының өзі экономикалық күйзеліске қарсы тұра алмады. Even the powerful banking company could not withstand the economic meltdown.

⚜ *Қабырғалы* университеттердің барлығы келесі семестрде оқу ақысын көтергелі жатыр. All the major universities are increasing tuition fees next semester.

қабырғамен кеңесу [to consult with the rib]: to think something over

☀ Note the saying *екеу болсаң, бір-біріңмен кеңес; біреу болсаң, қабырғаңмен кеңес.*

⚜ Күйеуім үлкенірек үй алу туралы ойымды сұрағанда, мен оған *қабырғаммен кеңесетінімді* айттым. When my husband asked me about buying a bigger house, I said that I would think it over.

⚜ Жұмысқа шақырып отырғандардың ұсынысы туралы *қабырғаммен кеңесуім* керек болады. I will have to think over the job offer.

қабырғасы қайысу [to have one's rib bend over]: **(1)** to be overcome by grief or sorrow; **(2)** to be devastated; **(3)** to be beaten down from toiling (see *белі бүгілу*)

☀ Ablative. Variants: *белі бүгілу, белі қайысу*. Also: *қабырғаны қайыстыру саис.*

қабырғасы қату [to have one's rib harden]: to grow up, to develop (see *буыны бекіп, бұғанасы қату*)

☀ Also: *қабырғасы қатпау neg* (to be nascent). Syn: *қанаты қатаю*. See also *бауырын көтеру.*

қуанышы қойнына сыймау [not to have one's joy fit one's embrace]: to be overwhelmed with joy

⚜ Берлин қабырғасы құлағанда, немістердің *қуанышы қойындарына сыймады.* The Germans were overwhelmed with joy when the Berlin Wall came crashing down.

⚜ Маған шәкіртақы берілетінін естіп, *қуанышым қойныма сыймай отыр.* I was overwhelmed with joy when I heard that I had been granted a stipend.

қуыс кеуде [recess chest]: a useless person without aspirations and opinions, and who is incapable of doing anything (see *бос кеуде*)

☀ Variant: *бос кеуде*)

омыраулы [with the bosom]: powerful, dominant, formidable

☀ Formal. Variant: *кеуделі*. See also *қабырғалы.*

❀ Аризона штатында испан тілі де *омыраулы* тіл болып табылады. Spanish is also a dominant language in the state of Arizona.

❀ Қырғи қабақ соғысы екі *кеуделі* дұшпанды бір-біріне қарсы қойды. The Cold War pitted two formidable foes against one another.

өр көкірек [proud bosom]: an arrogant person

✪ Variant: *өркөкірек*. Also: *өркөкіректену* (to act arrogantly).

❀ Ол — *өр көкірек*. Егер сен оның үйіріне жатпасаң, ол сенімен тіпті сөйлеспейді. She is a very arrogant person. She won't even speak to you unless you are in her social circle.

❀ Ақшалы болып алғаннан кейін Болат *өркөкіректеніп жүр*. Bolat acts arrogantly now that he's got money.

шынжыр балақ, шұбар төс [trousers with a grip hook and a spotted chest]: mighty

✪ This expression was originally used to refer to the wealthy ruling class (especially of prerevolutionary times) and to imply that they were oppressive and ruthless. Today, the expression has retained its sarcartic overtone and is used about mighty countries, oligarchs, upper management, and the like.

❀ *Шынжыр балақ, шұбар төс* олигархтың *біреуі* қазір түрмеде отыр. One of the mighy oligarchs is in prison today.

❀ *Шынжыр балақ, шұбар төс* ел ғасырлар бойы отар жерлерін ақ білектің күшімен билейді. For centuries, the mighty country ruled its colonies with an iron fist.

іш тарту [to pull the abdomen]: (1) to incline or tend to sympathize with, favor, or prefer someone or something; (2) to incline toward something (see *іші бұру*)

✪ Variant: *іші бұру*. Syn: *бүйрегі бұру*.

іш-бауырға кіру [to enter the abdomen and the liver]: (1) to be personable and sociable; (2) to wheedle

✪ Syn: *алды-артын орау* (in *Miscellaneous*), *майлы ішектей айналдыру* (in *Food*), in the second sense.

❀ Әнуардың *іш-бауырыңа кіріп* алатыны соншалық, біраз сөйлескеннен кейін-ақ сенімен достасып алады. Anuar is so personable and sociable that he becomes your friend after you spend a few moments with him.

❀ Көшуге көмектесер ме екен деген үмітпен Эльмира бірнеше күн бойы достарының *іш-бауырына кіріп жүрді*. Elmira was wheedling her friends for days in hopes that they would help her move.

ішек-сілесі қатқанша күлу [to laugh until one's abdomen hardens]: to laugh hard

✪ Also: *ішек-сілесі қатқанша күлдіру* tr.

❀ Комедия әртісінің әзілдері тың, күлкілі екен. *Ішек-сілеміз қатқанша күлдік*. The comedian had fresh and funny jokes. We laughed so hard.

❀ Әлжан *адамды ішек-сілесі қатқанша күлдіреді*. Alzhan will make you laugh until your stomach hurts!

ішке сыймау [not to fit the abdomen]: not to be able to keep news, gossip, a secret, a feeling, or a thought to oneself

❀ Қуанышты хабар *ішіме сыймай бара жатыр*. I am hardly able to keep this happy news to myself.

❀ Мен оны саған құпия ретінде айтқан жоқпын ба? Неге сырымды басқаға жаясың? *Ішіңе сыймады ма*? Didn't I tell you that is a secret? Why did you spread my secret to others? Was it too much to keep?

ішке тарту [to pull to the abdomen]: to embrace, ***to open one's heart and home to others***

✪ Accusative. Variants: *бауырға басу*, *бауырға тарту*.

❀ Американың түкпір-түкпіріндегі адамдар Катрина дауылынан *зардап шеккендерді ішке тартты*. People across America opened their hearts and homes to Hurricane Katrina victims.

❀ Көпұлтты Қазақстан барлық *халықтарды ішке тартады*. Kazakhstan is a diverse country and embraces all cultures.

іште шынашақ айналмау [not to have the little finger spin in the abdomen]: to be very jealous and envious, ***to be green with envy***

✪ Syn: *іші күю*. See also *іші тар*; *ішің күйсе, тұз жала*.

❀ Асылан мен Қанат жақсы дос. Бірақ олардың әйелдері бір-бірімен бәсекелес. Мысалы, егер Асылан көп пайда әкелетін іс бастаса, Қанаттың әйслінің *ішінде шынашақ айналмай қалады*. Asylan and Kanat are good friends. But there is a rivalry between their wives. For example, if Asylan makes a good business deal, Kanat's wife gets extremely jealous.

❀ Көп жыл бірге еңбек еткен жұмыстасының қызметі жоғарлағанда, *ішінде шынашақ айналмайтын* Марат бір ауыз құтты болсын айтуға жарамады. When his longtime coworker got a promotion, the envious Marat couldn't even say congratulations.

іштен тыну [to calm from within the abdomen]: to repress one's hard feelings, *to bottle something up*

❀ *Іштен тынған* жақсы емес, сондықтан жиі ашуыңды сыртқа шығарып тұр. It is unhealthy to keep things bottled up, so release steam often.

❀ Қанат жексұрын қылықтарын жақтырмайтынын жұмыстастарына ешқашан айтпады. Бірнеше жыл бойы *іштен тынып жүрді*. Kanat never expressed his resentment toward the obnoxious behavior of his coworkers. For years, he bottled his feelings up.

іші бұру [to have one's abdomen turn]: **(1)** to incline or tend to sympathize with, favor, or prefer someone or something; **(2)** to incline toward something

◉ Dative. The expression is not used in the negative form. Variant: *іш тарту*. Syn: *бүйрегі бұру*.

❀ Америкада көптеген адамдармен достассам да, *жерлестеріме ішім бұрып тұрады*. Even though I've made many friends in America, I still identify and sympathize with my countrymen.

❀ Мен ғылыми фантастика фильмдерін жақсы көремін, ал менің күйеуім драмаға *іші бұрып тұрады*. I like science fiction movies, but my husband inclines toward drama.

іші жылу [to have one's abdomen warm]: **(1)** *to warm to someone*; **(2)** to like one's word or action

◉ Dative.

❀ Арманның компанияға адал екенін ұққаннан кейін *оған* бастығының *іші* *жылыды*. When his boss realized that Arman was loyal to the company, she warmed to him.

❀ Ауырғанда берілетін күннің орнына ақша беру туралы *ұсынысына* қызметкерлердің *іші жылыды*. The employees liked his proposal to trade in sick leave for extra pay.

іші күю [to have one's abdomen burn]: **(1)** to be very envious, jealous; *to be green with envy*; **(2)** to feel extreme pain, disappointment, and regret over loss, defeat, or something unrealized (see *іші удай ашу*)

◉ Dative. Variant: *іші удай ашу* in the second sense. Syn: *іште шынашақ айналмау*. See also *іші тар*; *ішің күйсе, тұз жала*.

❀ Жаңыл — басқаны көре алмайтын адам. Қазір ол жұмыстасының жаңа үй *сатып алғанына іші күйіп отыр*. Zhangyl is a jealous person. She is now green with envy about her coworker's new house.

іші қазандай қайнау [to have one's abdomen boil like a *qazan*]: *to boil with anger*, often unexpressed one

◉ Dative. *Қазан* is a cast iron cooking pot.

❀ Менің бастығым фото-сурет салатын тақтайшамды сындырып тастады. *Соған ішім қазандай қайнап отыр*. My boss broke my picture frame, and I am boiling with anger.

❀ Дидардың *іші қазандай қайнап жатқанын* оның қызарып, қара терге түсіп, үндемей қалатынынан білуге болады. You can tell when Didar is boiling with anger because he turns bright red, sweats profusely, and says nothing.

іші қан жылау [to have one's abdomen cry bloodily]: to be grief-stricken (see the first meaning of *жүрегі қарс айрылу*)

◉ Syn: *жүрегі қан жұту*, *жүрегі қан жылау*, *жүрегі қарс айырылу*, *көкірегі қарс айрылу*, *қан жұту*, *қан жылау*, *өзегі өртену* (in *Miscellaneous*).

іші мұздау [to have one's abdomen freeze]: **(1)** to be suddenly frightened; **(2)** to be suddenly appalled

◉ Variants: *жан-дүниесі мұздау* (in *Soul and Spirit*), *жүрегі мұздау*, *бойы мұздау*, *денесі мұздау*. *Жан дүниесі мұздау* and *жүрегі мұздау* are more frequently used to imply being appalled at inhumanity and indecency, whereas *іші мұздау, бойы мұздау* and *денесі мұздау* are predominantly used to imply having a feeling of fright.

❀ Ол үйінің алдында тұрған полицей мәшинесін көргенде, *іші мұздап* қоя берді. Бақытына орай, ешқандай жаманшылық болмаған екен. When he saw the police car parked in front of his house, he became very frightened. Fortunately, nothing bad had happened.

❀ Жұмсақ мінезді инженердің ашықтан-ашық нәсілшіл нәрсе айтқанын естігенде, менің *ішім мұздап кетті*. I was appalled when I heard the mild-mannered engineer make an overtly racist comment.

іші тар [one's abdomen is narrow]: jealous, envious

◉ Also: *іштарлық* (jealousy, envy). See also *іште шынашақ айналмау; іші күю; ішің күйсе, тұз жала.*

❀ *Іші тар* адамдармен араласпау керек. We should not socialize with jealous people.

❀ Сұлтанның әйелдерінің арасындағы *іштарлық* көп адамға қайғы әкелді. The jealousy between the sultan's wives brought sorrow to many people.

іші удай ашу [to have one's abdomen burn like a poison]: to feel extreme pain, disappointment, and regret about a loss, defeat, or something unrealized

◉ Dative. Variant: *іші күю.*

❀ Менің күйеуім биржада жоғалтқан ақшасына әлі *іші удай ашып жүр*. My husband is still feeling pain about the money he lost in the stock market.

❀ Алматы қаласының өзіндік келбетін жоғалтып жатқанына *ішім удай ашиды*. It is painful to me that the city of Almaty is losing its original character.

іші ұлу [to have one's abdomen howl]: **(1)** to have the stomach growl from hunger; **(2)** to experience a void, when used together with a phrase referring to life or the meaning of life

◉ See also *өзегі талу, өзегі үзілу* in the first sense.

❀ Бірнеше жиналыс болып, түскі тамақ ішкен жоқпыз. Қазір біздің *ішіміз ұлып отыр*. We had several meetings, so we had to skip lunch. Now we are so hungry!

❀ *Іші ұлып жүрген* салт басты жігіт өмірінің мәнін дүние-мүлікпен келтіре алмайды. The bachelor cannot fill the void he is experiencing with material possessions.

іші-бауыры елжіреу [to have one's abdomen and liver melt]: to be loving and compassionate (see *жүрегі елжіреу*)

◉ Variants: *жүрегі елжіреу, ет-жүрегі елжіреу*

ішің күйсе, тұз жала [if your abdomen is burning, lick some salt]: *eat your heart out*

◉ This expression is said in reference to a jealous person. The expression is used imperatively in the second or third person only. See also *іште шынашақ айналмау, іші күю, іші тар.*

❀ «Мұрат сенің жаңа мәшинеңді сондай жақсы емес деп жатыр». «Қызғаныштан айтып отыр ғой. *Іші күйсе, тұз жаласын!*» "Murat is saying that your new car is not a good one." "Well, he is saying that out of jealousy. May he eat his heart out!"

❀ Мектептегі ең әдемі қызбен кездесе бастағанына достарының іштері күйгенде, Әнуар оларға: «*Іштерің күйсе, тұз жалаңдар!*», — деді. When his friends became jealous that Anuar had started dating the most popular and beautiful girl in school, he said to them: "Eat your hearts out!"

Clothing: Киім-кешек

етек алу [to take a skirt]: to spread (see *етек жаю*)

☀ Formal. Variant: *етек жаю*. Collocation: *кең етек алу* (to spread widely).

етек жаю [to spread a skirt]: to spread

☀ Formal. Variant: *етек алу*. Collocations: *кең етек жаю, етегін кеңге жаю, етегін кеңінен жаю* (to spread widely). Syn: *кең қанат жаю* (under *қанат жаю* in *Livestock with Beasts and Birds*).

❀ Шошқа тұмауы *етек жайып барады.* The swine flu is spreading.

❀ Ұялы телефондар *етегін кеңге жайып,* ғаламның түкпір-түкпірінде қолданылуда. Cell phones are spreading like wildfire and are being used around the globe.

етек-женді жию [to gather a skirt and a sleeve]: to regain control of oneself as a nation and put political, economic, and other infrastructure or order in place

☀ Variants: *етек-женді жинау, етекті жию.* Collocations: *етек-жеңі жиюлы мемлекет, етек-жеңі жинақы ел* (a country with a fully organized and developed society). These expressions are based on the idea of a neat and well-put-together person. See also *етек-жеңі жинақы.*

❀ Біз ұзақ уақыт бейберекет өмір сүрдік. *Етек-жеңімізді жиятын уақыт* келді. We have lived in chaos for a long period, and the time has come to regain control of ourselves as a nation.

❀ Зор дағдарыстан кейін ел тез *етек-жеңін жинады.* The country quickly regained control of itself economically after the great recession.

етек-жеңі жинақы [one's skirt and sleeve are neat]: **(1)** conservative, mostly pertaining to a conservatively dressed woman; **(2)** well put together

☀ The second sense is an extension of the first: the idea of a neat and well-put-together person is transferred to something cohesive. See also *етек-женді жию.*

❀ Айнұр жұмыс сұхбатына *етек-жеңі жинақы киім киді.* Ainur dressed conservatively for her interview.

❀ *Етек-жеңі жинақы* бір шығарманы қоспағанда, студенттердің көпшілігінің жұмыстары нашар жазылған. Most of the students' essays were poorly written, except for one that was well put together.

етек-жеңі кең [one's skirt and sleeve are wide]: **(1)** generous spirit; **(2)** loosely cut, as a clothing item

❀ Бұл жердің халқы *етек-жеңі кең* халық ретінде танымал. The people of this area are known for their generous spirit.

❀ Көптеген жасөспірімдер *етек-жеңі кең* киімді жақсы көреді. Many teenagers like to wear loosely cut clothing.

етек-жеңі мол [one's skirt and sleeve are plentiful]: **(1)** plump, full-figured; **(2)** generous, big-hearted; **(3)** extensive

☀ Euphemism, in the first sense. Variant: *етек-жеңі мол пішілген*, in the first sense.

❀ Әсел апаны танымай қалдым, ол бұрын *етек-жеңі мол* адам болатын. I didn't recognize Aunt Asel because she had always been plump.

❀ Ол — қоғамдық жұмысқа көп уақытын бөлетін, ел ішінде *етек-жеңі мол* адам. She volunteers a lot of time and is very generous to the community.

❀ Ол археология саласында *етек-жеңі мол* еңбек жазды. He wrote extensive works in the field of archaeology.

етек-жеңі мол пішілген [one's skirt and sleeve are cut plentiful]: plump, full-figured; see *етек-жеңі мол*

☀ Euphemism. Variant: *етек-жеңі мол.*

етекке намаз оқу [to read *namaz* on a skirt]: to be pious or devoutly religious

☀ Sarcastic. This expression, which is often used in rhetorical questions, is colloquially used to express the opposite.

❀ Басына күн туған кездерінде Асқардың *етегіне намаз оқығанына* сене алмаймын. I hardly believe that Askar remained devoutly religious even through his darkest days.

❀ Бірнеше әйел мойнына асылып жатқанда, үйленген атақты рок жұлдызы *етегіне намаз оқып жүрді* деп ойлайсың ба? Do you think that the famous married rock star was pious when numerous women were throwing themselves at him?

етектен айырылмау [not to let go of a skirt]: to cling, *to stick like white on rice*

❀ Ауырып жүрген бала шешесінің *етегінен айырылмады*. The sick toddler clung to his mother.

❀ Кішкентай Асылан аруақтардан қорқады, сондықтан ағасының *етегінен айырылмайды*. Little Asylan is afraid of ghosts, so he clings to his older brother like white on rice.

етектен тарту [to pull from a skirt]: to encumber

❀ Виза алуда бюрократия *етектен тартып жатыр*. Bureaucracy is encumbering completion of the visa application.

❀ Бастық алға ілгерілеуде *етектен тартып жатқан* кедергілерді жоюға қатты жұмыстанып жатыр. The manager is working hard to remove all the obstacles that are encumbering progress.

етектен ұстау [to hold by a skirt]: to marry someone (about women)

◉ Often used colloquially when a woman marries out of desperation, societal pressure, or other circumstances.

❀ Қарлығаш оқуға түсу жоспарын кейінге қалдырып, мектепте жүрген *жігітінің етегінен ұстады*. Karlygash put off her college plans and married her high school boyfriend.

❀ Әжем маған: «Отыз төрт жасқа келдің, ауылдың бір *баласының етегінен ұстасайшы*», — дейді. My grandmother says to me: "You are almost thirty-four. Just marry one of the village boys."

етекті жинау [to gather the skirt]: to regain control of oneself as a nation and put political, economic, and other infrastructure or order in place

◉ Variants: *етек-жеңді жию, етекті жию*.

жағасын ұстау [to hold one's collar]: to be terrified or appalled about something

❀ Теледидардан неше түрлі сұмдық оқиғаларды көргенде, *жағамызды ұстаймыз*.

We are terrified when we see different horrible happenings on TV.

❀ Ескі дәстүрді берік ұстайтын тұрғындар жандарынан стрип-клуб ашылатынына *жағаларын ұстап отыр*. The conservative residents are terrified that the strip club will be built near their neighborhood.

жең ұшынан жалғасу [to be connected through the end of a sleeve]: to be involved in bribery

❀ *Жең ұшынан жалғасқан* лауазымды қызметкерлер орындарын босатуы керек. The officials who were involved in bribery need to step down.

❀ Жол ережесін бұзғаны үшін салынған айыппұлдан құтылу үшін ол *полициямен жең ұшынан жалғасты*. He was involved in bribing the policeman to get rid of the traffic ticket.

жүзіктің көзінен өту [to pass through the hole of a ring]: **(1)** to be slick and shifty; *to be as slippery as an eel*; **(2)** to be sleek

◉ Syn: *майлы қасықтай жылпылдау, майлы қасықтай лыпылдау* (in *Food*), in the first sense.

❀ Алаяқ *жүзіктің көзінен өтеді*, алдайтын адамдарына қалай сөйлейтінін көрсеңіз. The con artist was as slippery as an eel; you should see how he talks to his victims.

❀ *Жүзіктің көзінен өтетін* шетелдік мәшине бәсеке саудада ең көп сатылған нәрсе болды. The sleek, classic foreign car sold for the highest price at the auction.

жыртыққа жамау болмау [not to be a patch for a tear]: to be of very minor assistance, *to be a drop in the bucket*

◉ The affirmative form is commonly used in rhetorical questions.

❀ Мына ұйым сый ақшаның айтарлықтай бөлігін әкімшілік шығындарға жұмсайды; сондықтан ол ақша кедей адамдар үшін *жыртыққа жамау болмайды*. This organization uses a significant portion of the donations it receives to pay for administrative costs, so it is a drop in the bucket for impoverished people.

❀ Жерсілкіністің кесірінен баспанасыз қалған адамдарға үкімет бір миллион доллар ақша бөліпті. Ол *жыртыққа жамау болады ма?* The government allegedly allocated $1 million for the people who became homeless because of the earthquake. Is this going to be any help?

киімшең бала [clothed child]: child of a woman from her previous marriage in relation to her new husband and in-laws

❂ Based on the idea of a child being born naked to one family and having clothes when he or she joins another family along with his or her mother. Variant: *киімшең келген бала*.

❀ Менің ағам *киімшең баласын* заңды түрде асырап алғалы жатыр. My brother is going to legally adopt his wife's child from her previous marriage.

❀ «Ол Ерланға мүлдем ұқсамайды ғой». «Өйткені, ол Ерланның *киімшең келген баласы*». "He doesn't look anything like Erlan." "That's because he is Erlan's stepson."

киімшең келген бала [child who came clothed]: child of a woman from her previous marriage in relation to her new husband and in-laws (see *киімшең бала*)

❂ Variant: *киімшең бала*

қалта көтермеу [not to have a pocket hold]: not to be able to afford

❂ Accusative.

❀ Ұзақ уақыт жүрсе де, пойызға билет аламын. Ұшақтың *билетін қалтам көтермейді*. I will buy a train ticket, even though the train takes too long. I can't afford the airplane ticket.

❀ Арай қымбат *көйлекті қалтасы көтермей*, мата сатып алып, өзі көйлек тігіп алды. Arai cannot afford a fancy dress, so she bought the material and made the dress herself.

қалталы [with a pocket]: someone with a sizable amount of money

❂ Syn: *қалтасы қалың* implies having much more money and wealth than *қалталы*.

❀ Менің *қалталы достарым* қысқы демалысты Швейцарияда өткізеді. My friends with money spend their winter vacations in Switzerland.

қалтасы қалың [one's pocket is thick]: ***deep pockets***

❂ Syn: *қалталы*. *Қалтасы қалың* implies having much more money and wealth than *қалталы*.

❀ Шетелдік университеттер үздік студенттерге шәкіртақы беріп, оқуларын қаржыландырады. Сондықтан шетелде оқу тек *қалтасы қалыңдардың* ғана қолы жететін нәрсе емес. Foreign universities give scholarships to the best students and finance their educations. Therefore, study abroad is not something that only people with deep pockets can do.

қалтасын қағу [to shake one's pocket]: **(1)** to get money out of someone, usually by swindling or pressuring; **(2)** to strain one's resources

❀ Ол адвокатын істі мұқият тексеріп, шындықты көрсетуге күш салуды емес, тек *қалта қағуды* білетін адам деп кінәлады. He accused his lawyer of being a person who does not scrutinize a case and put all his efforts into showing the truth but instead only knows how to get money out of others.

❀ Қымбатқа түскен метро жүйесі қала әкімшілігі мен салық төлеушілердің *қалтасын қақты*. The expensive metro system was a strain on the city and taxpayers' resources.

сырттан тон пішу [to cut a fur coat behind the back]: to presume, to assume negatively about someone

❀ Олар ең жақсы университет бітірмеген *Әбілдің сыртынан тон пішіп*, оны жетекшілік етуге қабілетті емес деп ойлады. They assumed that Abil was not a capable leader because he hadn't received a degree from a top university.

❀ Жанар сіңлісінің *досының сыртынан тон пішіп*, оны әлі ақылы толыспаған деп, одан аулақ жүрді. Zhanar avoided her sister's friend because she presumed he would be immature.

тақияға тар келмеу [not to be narrow for a hat]: ***not to be small potatoes***

❂ The affirmative form is used in rhetorical questions only.

❀ Бес миллиард доллар көмек кішкентай *елдің тақиясына тар келмейді*. An aid package of $5 billion is no small potatoes for a small country.

❀ Алты саннан тұратын жалақы *тақияға*

тар келеді ме? Is a six-figure salary small potatoes for you?

тонын жамылу [to cover oneself with someone's fur coat]: to pretend to be someone or something else

☸ Genitive that specifies who or what someone pretends to be.

❀ Ол жүрген қыздарын таңқалдыру үшін бірнеше жыл бойы *дәрігердің тонын жамылып жүрді.* For years he pretended to be a doctor to impress the women he dated.

❀ Өзіңе-өзің адал бол; ешқашан *басқаның тонын жамылма.* Be true to yourself and never pretend to be someone you're not.

үлде мен бүлдеге бөлеу [to swaddle someone in silk and brocade]: to dress someone in expensive and luxurious clothes

☸ Accusative. Variant: *үлде мен бүлдеге орау.* Also: *үлде мен бүлдеге бөлену refl.*

❀ Бай мұнай магнаты жас *әйелін үлде мен бүлдеге бөледі.* The oil tycoon dressed his young wife in expensive and luxurious clothes.

❀ Әкеміз шетелдік іс-сапарынан киім-кешек сатып алып келіп, *бізді үлде мен бүлдеге орайтын.* My father would dress us in expensive and luxurious clothes that he acquired during his international business trips.

үлде мен бүлдеге орау [to wrap someone in silk and brocade]: to dress someone in expensive and luxurious clothes (see *үлде мен бүлдеге бөлеу*)

☸ Accusative. Variant: *үлде мен бүлдеге бөлеу.* Also: *үлде мен бүлдеге орану refl.*

шашбауын көтеру [to lift one's *shashbau*]: to please and serve someone or something

☸ Genitive. *Шашбау* is a Kazakh traditional hair ribbon decorated with coins and worn by girls and women. Syn: *қолжаулық болу* (in *Miscellaneous*).

❀ Елдің белгілі зиялыларының жылпос *саясаткердің шашбауын көтеріп жүргендері* ұят. It is a shame that the country's well-known intelligentsia are following this conniving politician.

❀ Өте оқыған адамдардың тартымды культ *жетекшісінің шашбауын көтеріп,* өз-өздеріне зиян келтіретіні ақылға сыйымсыз. It is inexplicable how well-educated people can follow charismatic cult leaders to their detriment.

шен-шекпен [rank and caftan]: higher political and social rank or status

☸ *Шекпен* is an item of Kazakh outerwear similar to a caftan. The ones that are made from the finest camel's-hair wool and are elaborately decorated are worn by people from distinguished clans or famous warriors to show their social status. Collocations: *шекпен кию, шен-шекпен кию; шен тағып, шекпен кию* (to acquire a higher social status).

❀ Алаяқ шенеуніктер *шен-шекпен* үшін бір-біріне иттік істейді. The crooked officials backstab each other to obtain higher political status.

❀ Ернар қайын жұртының көмегінің арқасында *шен-шекпен киді.* Yernar acquired a higher social status through marriage.

Color: Түс

Black: *Қара*

ауылдың қара сирағы [a black lower leg of a village]: a common child from a village

✿ *Сирақ* is used as a metonymy for a child. Also: *ауылдың қара сирақ баласы, қара сирақ ауыл баласы, ауылдан шыққан қара сирақ қазақ баласы*

❀ *Ауылдың қара сирақ балаларына* жазда құдайы береді: олар суға шомылып, жағажайдан шықпайды. The common village children have their best times in the summer when they go swimming and hang out on the beach.

❀ Ауылға барғанымызда, *ауылдың көптеген қара сирақ баласы* айналаны бізге қуана-қуана көрсетті. When we visited the village, many children were happy to show us around.

жүзі қара [one's face is black]: extremely shameless (see under *қара бет*)

✿ Used as an expression of invective. Variant: *қара бет* is commonly used in reference to men and women, whereas its variant *жүзі қара* is more frequently used in regard to women.

зіл қара тас [heavy black stone]: very heavy

❀ Біз *зіл қара тас төсекті* басқа бөлмеге апара жатқанымызда, күйеуім белін ауыртып алды. My husband injured his back when we were moving the heavy bed into another room.

❀ Дәулет – өте күшті жігіт. Ол *зіл қара тас мәшинені* бір өзі көтере алады. Daulet is a very strong person. He can lift a very heavy car with his bare hands.

қазақтың қара топырағы [black soil of the Kazakhs]: Kazakh land

✿ Literary. Marked by respect and love toward the Kazakh land. Based on the meaning of the color *қара*, which implies sacredness, stability, and prosperity. Collocations: *қазақтың қара топырағы жазу* (to die in the Kazakh land), *қазақтың қара топырағынан шығу* (to be born and raised on the Kazakh land), *қазақтың қара топырағын аңсау* (to long for the Kazakh land).

❀ Ол Сібірде айдауда жүргенінде *қазақтың*

қара топырағын аңсады. While in exile in Siberia, he longed for the Kazakh land.

❀ Бұл жер — ата-бабамыз жаудан қорғап келген *қазақтың қара топырағы*. This area is the Kazakh land, which our ancestors defended from their enemies.

қара [black]: dark complexioned (see *ақ сары*)

қара алтын [black gold]: (1) oil, as a natural resource; (2) coal, as a natural resource

✿ See also *ақ алтын*.

❀ Парламент мүшелері жақында теңізде *қара алтын* өндіру жобасын мақұлдады. The lawmakers have recently approved offshore drilling for oil.

❀ Экономика күйзеліп жатқанда *қара алтынға* деген сұраныс бұрын болмаған төмен деңгейге азаяды. With the economy sinking into a recession, the demand for coal has dropped to record lows.

қара аспанды жаудыру [to make the black sky rain]: to paint a very bleak picture of a problem, crisis, or danger (see *қара аспанды төндіру*)

✿ Variants: *қара аспанды суға алдыру, қара аспанды төндіру*. Syn: *асан қайғы соғу* (in *Miscellaneous*). See also *қара бұлт төну*.

қара аспанды суға алдыру [to make the black sky be taken by water]: to paint a very bleak picture of a problem, crisis, or danger (see *қара аспанды төндіру*)

✿ Variants: *қара аспанды жаудыру, қара аспанды төндіру*. Syn: *асан қайғы соғу* (in *Miscellaneous*). See also *қара бұлт төну*.

қара аспанды төндіру [to make the black sky impend]: to paint a very bleak picture of a problem, crisis, or danger

✿ Variants: *қара аспанды жаудыру, қара аспанды суға алдыру*. Syn: *асан қайғы соғу* (in *Miscellaneous*). See also *қара бұлт төну*.

❀ Экономисттер ғаламдық экономикалық дағдарыс ұзаққа созылады деп, *қара аспанды төндіріп жатыр*. Economists are painting a bleak picture by saying that the global economic recession will last a long time.

🌼 Мен *қара аспанды төндіргенді* ұнатпаймын, бірақ үй бағасы бұдан да төмендейді. I don't like to paint a bleak picture of things, but the house prices will decrease even more.

қара бас [black head]: one's own self, ***one's own hide***

☸ Collocations: *қара бастың қамы* (concern for oneself); *қара бастың мүддесі* (interest in oneself); *қара бастың қамын жеу, қара бастың қамын күйіттеу, қара бастың қамын ойлау* (***to be concerned for one's own hide***); *қара басты қатерге тігу* (to risk oneself); *қара басын сақтау* (***to save one's skin***); *қара басын алып жүру* (to be capable of being responsible for and taking care of oneself). See also *өз басын өзі алып жүру* (in *Body*).

🌼 Өзімшіл іскер жігіт фабрикаларын жауып, шетелдерге көшіргенде өзінің жұмысшылары туралы ойлаған жоқ. *Қара басының қамын жегендіктен* солай істеді. The selfish businessman did not think about his employees when he decided to shut down the factories and outsource the work abroad. He was worried for his own hide.

🌼 Ол бір жұмыста тұрақтай алмайды, оқудан қайта-қайта шығып қала береді. *Қара басын алып жүре алмай жүргенде* қалайша бала тәрбиелемек? She can't maintain a job and constantly drops out of school. How can she raise a child when she can't even take care of herself?

қара басу [to be pressed by black]: to be overcome by temptation to do something inappropriate or negative

☸ Accusative.

🌼 Ойынхананы көргенде *оны қара басып*, бар ақшасын құмар ойынға салып, ұтылды. When he saw the casino he was overcome by temptation and gambled away all his money.

🌼 Отырыстағы ішімдікті көргенде, *Джонды қара басып*, уәдесін ұмытып, қайтадан ішіп қойды. When John saw all the alcohol at the party he was overcome by temptation and drank again, despite his promise to stay sober.

қара бет [black face]: disgraced or dishonored, as a person who causes shame

☸ Collocations: *қара бет болу* (to be disgraced), *қара бет қылу tr* (to disgrace someone), *қара бет атану pass* (to be called a disgrace). Also used as an expression of invective. Variant: *жүзі қара*. *Қара бет* is commonly used in reference to men and women, whereas its variant *жүзі қара* is more frequently used in regard to women.

🌼 Полиция офицері қылмыскерлерден пара алып, *қара бет болды*. The police officer has disgraced himself by taking bribes from criminals.

🌼 *Жүзі қара!* Сен неге менің күйеуімнің басын айналдырып жүрсің? Bitch! Why are you seducing my husband?

қара боран [black storm]: ***black blizzard***, heavy dust storm (see *қара дауыл*)

☸ Variant: *қара дауыл*.

қара бұқара [black people]: populace, the masses (see *қара халық*)

☸ Variant: *қара халық*.

қара бұлт төну [to have a black cloud impend]: **(1)** to experience difficult times or hardships, ***to have dark clouds hanging over***; **(2)** to be in imminent crisis, instability, oppression, or danger

☸ Collocations: *басқа қара бұлт төну* (to have a dark cloud hanging over oneself), *қара бұлт сейілу* (to have difficult times or crises wane), *басқа қара бұлт үйірілу* (to be in big trouble), *бастан қара бұлт арылмау* (to have a string of troubles and misfortunes). See also *асан қайғы соғу* (in *Miscellaneous*), *қара аспанды төндіру*.

🌼 Жұмыссыздық көбейіп, инфляция деңгейі көтерілгенде, *қара бұлт төнді*. The dark clouds were hanging overhead when the unemployment rate and inflation went up.

🌼 Ірі көлік *өндіріс орындарының басына бұлт төнгенде*, үкімет оған араласуға мәжбүр болды. The government had to step in when the big automakers were in danger of failure and bankruptcy.

🌼 Прокуратура жаңа айғақ тапқан кезде, *айыпталушының басына қара бұлт үйірілді*. When the state found new evidence, the defendant was in big trouble.

🌼 Биыл Мұраттың *басынан қара бұлт*

арылмай қойды. Ырінші қызы тастап кетті, сосын мәшинесінің быт-шыты шықты. Ол аз болғандай, үйіне ұры түсіп, құнды заттарынан айрылды. It hasn't been a good year for Murat. First, his girlfriend dumped him, and then he totaled his car. And as if that wasn't enough, his house was burgled and he lost his valuables.

қара дауыл [black storm]: severe dust storm, **_black blizzard_**

⚙ Variant: *қара боран.* Collocation: *қара дауыл соғу* (to storm severely).

❋ 1930-ыншы жылдары Оклахома мен Техаста соққан жойқын *қара дауыл* ауыл-шаруашылығын киратты. The devastating black blizzards in Oklahoma and Texas caused agricultural disasters in the 1930s.

❋ Биыл жазда бұрын-соңды болмаған *қара боран* болды. This summer there was a severe dust storm that had never been seen before.

қара домалақ [black sphericality]: a cute, roly-poly Kazakh child

⚙ Used to show endearment to Kazakh children. Collocations: *қазақтың қара домалақ баласы* (cute roly-poly Kazakh child), *ауылдың қара домалақ баласы* (cute, roly-poly child from a village), *қазақтың қара домалақ ұл-қызы* (cute, roly-poly Kazakh boys and girls). See also *тойған қозыдай томпию* (in *Livestock with Beasts and Birds*).

❋ Екі қолында кәмпиті бар бір *қара домалақ* көшеде кетіп бара жатты. The cute, roly-poly Kazakh child was walking down the street with candy in both his hands.

❋ Менің жиенім тележарнамаға іріктеліп алынды, өйткені ол — *қазақтың қара домалағы.* My nephew was selected to act in the TV commercial because he is a cute and roly-poly Kazakh boy.

қара дүрсін [black haughtiness]: primitive, unsophisticated, unartful

⚙ Collocations: *қара дүрсін пікір* (a primitive opinion), *қара дүрсін өнер* (kitsch art), *қара дүрсін адам* (a simple person), *қара дүрсін жұмыс* (an unsophisticated work).

❋ Оның қонақ бөлмесі *қара дүрсін өнер* туындыларымен безендірілген. Her living room is decorated with kitsch art.

❋ Ол мені өзінің *қара дүрсін ойларымен* тағы жалықтырып жіберді. He bored me again with his primitive ideas.

қара жаяу [on black foot]: **(1)** with no horse, no means of transportation, on foot; **(2)** no ordinary, when used with negative *емес*: *қара жаяу емес*; **(3)** mediocre

⚙ In the past, a person without a horse was called *қара жаяу.*

❋ Мәшинем бұзылып қалып, *қара жаяу* қалдым. My car broke down and I am with no means of transportation.

❋ Ол *қара жаяу* дәрігер емес. Ол — осы жердегі ең үздік маман. That's no ordinary doctor. He's the best medical practioner around.

❋ Біз жобаны қайта істеуіміз керек. Өйткені, ол *қара жаяу* күйде. We need to redo the project. It is in a mediocre state.

қара жел [black wind]: cold north wind, norther

⚙ In some texts, it is used to refer to the west wind. See also *қоңыр жел, қызыл жел, сары жел.*

❋ *Қара жел* үй ішін гүілдеп алып кетпес үшін Жамал терезелерді жапты. Zhamal closed the windows to prevent the cold north wind from blowing through the house.

❋ Менің бетім *қарашаның қара желінен* үсіп кете жаздады. My face was nearly frozen from the cold norther of November.

қара жер [black earth]: a personification of the Earth as a gracious and caring being

⚙ Originates from the ancient Turkic cosmonogony. Syn: *Жер-Ана* (in *Humans and Their Kin*). Note: *көк тәңір мен қара жер* (the Sky and the Earth).

❋ *Қара жер* бізге мейірімін төгіп тұр: биыл егін көп шықты. The Earth has been kind to us; the crops are plentiful this year.

❋ Қар еріп, көктем туып, *қара жер* бусанып жатыр. The winter snow is melting, spring is coming, and the good Earth is coming alive.

қара жерге отыру [to sit on a black ground]: to be swindled

⚙ Variants: *жер соғу, тақыр жерге отыру* (in *Nature*); *көк мұзға отыру.* Also: *қара жерге отырғызу tr.*

❋ Адамдар кейбір Интернет компанияларынан ай бетінен жер сатып алып, *қара жерге отырып қалуда.* People are swindled by purchasing real estate properties on the moon from some Internet companies.

❀ Алаяқтар табыс әкелмейтін дивидендті уәде етіп, бар жинақтарын сыпырып алып, *қарттарды қара жерге отырғызып кетеді.* Con artists who promise unattainable investment returns often swindle senior citizens out of their life savings.

қара жол [black road]: dirt road

☀ See also *сары жол.*

❀ Қала әкімшілігі бір кездегі *қара жолға* тас төседі. The dirt road has now been paved near the city.

❀ Ауылға баратын тас жол жаман болғандықтан, менің атам *қара жолмен* жүретін. My grandfather used to drive on the dirt road because the paved road to the village was bad.

қара жұмыс [black work]: manual labor, *blue-collar work*

☀ Also: *қара жұмысшы* (manual laborer). Collocations: *қара жұмысқа салу* (to put someone to manual labor), *қара жұмысқа жегу* (to exploit someone for manual labor), *қара жұмыс істеу* (to do manual work).

❀ «Қайнар» компаниясы *қара жұмысқа* адам алып жатыр деп естідім. Барып көрейік пе? I heard that the Kainar company is accepting people for manual labor. Do you want to go and see?

❀ Елдегі білімдері жоқ заңсыз иммигранттардың көпшілігі *қара жұмыс істейді.* The majority of uneducated illegal immigrants in this country do manual labor.

қара көлеңке [black shadow]: **(1)** dusk, partially dark; **(2)** *a cloud of suspicion or disgrace*

☀ Syn: *ала кеуім.* Collocations: *қара көлеңке түсу* (to be under a cloud of suspicion or disgrace), *қара көлеңке түсіру caus* (to cause someone to be under a cloud of suspicion or disgrace), in the second sense. See also *ала көлеңке.*

❀ Бөлмеңнің іші *қара көлеңке* ғой. Шам керек пе? It is dusk in your room. Do you need a lamp?

❀ Біз күн батып, алқапты *қара көлеңке* басқанда ғана оралдық. We returned only when the sun set and dusk descended on the field.

❀ Плагиат айыбы тағылған *студентке қара көлеңке түсіп тұр.* A cloud of suspicion hangs over the student who was accused of plagiarizing.

қара күз [black autumn]: late autumn

☀ Autumn is divided into three phases: early autumn is *қоңыр күз,* mid-autumn is *сары ала күз,* and late autumn is *қара күз.* Late autumn is *қара күз,* because the steppe is dark and the weather is cold. See also *қара суық.*

❀ Мәскеудің *қара күз* жауыны сондай суық. The rainfall in Moscow in late autumn is especially dreary and cold.

❀ *Қара күзде* теректер жапырақтарынан айрылады. In late autumn the trees are barren of leaves.

қара күйе жағу [to smear a black soot]: *to sling mud at someone*

☀ Dative. Variant: *күйе жағу* (in *Miscellaneous*). *Қара* adds intensity and emphasis to *күйе жағу.* Also: *қара күйе жағылу pass.*

❀ Баспасөз құралдары деректерді тексеріп алмай, *оған қара күйе жақты.* The press have slung mud at him without first checking the facts.

❀ Әртіс бұрын жүрген жігітін *өзіне күйе жаққаны* үшін сотқа беріп жатыр. The actress is suing her ex-boyfriend for slinging mud at her.

қара күш [black strength]: **(1)** pure physical strength, power, or force; **(2)** workforce for manual labor

☀ Collocations: *қара күш иесі* (man of pure physical strength; wrestler, or weightlifter), *қара күш қолдану* (to use intense force on someone), *қара күшке салу* (to use intense force on someone), *қара күшке жүгіну* (to resort to a pure force), *қара күшке сену* (to rely on pure force), *қара күш қажет ететін жұмыс* (work that requires pure physical strength). See also *өгіз қара күші болу* (in *Livestock with Beasts and Birds*).

❀ Ұлы пирамиданы тұрғызған *қара күш* пе, әлде инженерлік ғұламалық па? Was it great physical strength or engineering ingenuity that built the great pyramids?

❖ Құрылыс компаниясы *қара күш* ретінде көбінесе заңсыз келген мигранттарды жұмысқа алды. The construction company employed a workforce consisting of mostly illegal immigrants.

❖ Полиция *ереуілшілерге қара күш қолданған жоқ*. The police didn't use force against the protesters.

❖ Ешкімге тізе бүкпеген *қара күш иесі* бүгін де алдына жан салмады. The undefeated wrestler was again second to none today.

қара қағаз [a black paper]: **(1)** a military death notice; **(2)** carbon paper

✹ During World War II the Soviet army used to send a letter, or *қара қағаз*, to the families of fallen soldiers.

❖ Ұлы Отан соғысының сұрапыл шағында оның ата-әжесі екі *ұлынан қара қағаз* алды. During the height of World War II her grandparents received two death notices from the army for their two sons.

❖ Біз жұмыста әлі *қара қағаз* қолданамыз. Carbon paper is still used in our office.

қара қазақ [black Kazakh]: Kazakh populace, common Kazakh people

✹ In the past, the Kazakhs were socially divided into two groups: *ақсүйек* (descendants of Genghis khan's eldest son Jochi khan who ruled Kazakhstan) and *қара* (populace). Collocation: *қара қазақтан шығу*. See also *қара халық, қарадан шығу, ақсүйек*.

❖ Менің ағам Асылан Алматыда жылжымайтын мүлік саласындағы бум кезінде миллионер болып алғанымен, әлі қарапайым *қара қазақ* сияқты тұрады. Even though my uncle Asylan became a millionaire during the real estate boom in Almaty, he still lives like a common Kazakh man.

❖ Мұрат *қара қазақтан шыққанымен*, басқаны баурап алу қабілетінің арқасында бай қыздармен жүрді. Even though Murat is a Kazakh man of the common people, he was still able to date many high-class women because of his charisma.

қара қазан, сары баланың қамы [concern for a black qazan and yellow child]: concern for earning daily bread for family

✹ *Қазан* is a cast iron cooking pot. *Сары*

бала refers to young children, as the color yellow denotes youth.

❖ Үш баланы жалғыз өзі асырап жүрген Қарлығаш *қара қазан, сары баланың қамы* үшін екі жерде жұмыс істейді. Karlygash, a single mother of three children, works two jobs to ensure that ends meet for her family.

❖ Жұбайым екеуіміз мына қымбат қалада *қара қазан, сары баланың қамымен* демалыс күндері қосымша жұмыс істейміз. My wife and I work extra on the weekends to make ends meet for our family in this expensive city.

қара қасқа [black wretch]: **(1)** wretched, miserable; **(2)** wretchedly, when used with *кедей*: *қара қасқа кедей*

✹ In the first sense this idiom is used in western Kazakhstan.

❖ Ол *қара қасқа*. Жұмысынан тағы айырылды. He is a wretch. He lost his job again.

❖ Азамат ойынқұмарлығының кесірінен *қара қасқа кедейге* айналды. Because of his gambling addiction, Azamat became wretchedly poor.

қара қол [black hand]: instrument, as in a person serving or being used by another as a tool for his or her personal end; *pawn*

❖ Ол компанияда өзі жоғары қызметке жетуі үшін сені *қара қол* ретінде ғана пайдаланып жүр. She's merely using you as an instrument to move ahead in the company.

❖ Оны тергемей-ақ қой. Ол халықаралық жасанды *ақша шығарушылардың қара қолы* ғана болған. Don't bother investigating him. He was just a pawn in their international counterfeiting scheme.

қара құйын [black whirlwind]: furious whirlwind

✹ See also *ала құйын*.

❖ *Қара құйын* жолымызды жауып тастады. The furious whirlwind blocked our path.

❖ Ауладағы нәрселер *қара құйыннан* кейін шашылып жатыр. The backyard is in disarray after the furious whirlwind.

қара қылды қақ жару [to split the black horse hair exactly in two]: *to even the scales of justice*

✹ Based on the Kazakh judicial tradition. In the past, Kazakhs who took their disputes to court were believed to bring along a rope made of horsehair. After the judge presented his verdict, he would cut the rope into two, signifying that justice has been served.

❋ Елде заңдылықты күшейтуде соттардың *қара қылды қақ жаруы керек*. In strengthening the rule of law in the country, judges need to even the scales of justice.

❋ Төле би баршаға *қара қылды қақ жарған әділ би* болған. Ол өзінің әділдігімен елдің құрметіне бөленген. Tole Bi was a just judge who evened the scales of justice for everyone. He was respected by his nation for his justice.

қара нар [a black one-hump pedigree camel]: a strong, hardy, and courageous male

◉ Mostly literary. Marked by poetic emphasis, *қара нар* is used to refer to prominent men with tremendous strength and courage who can take responsibility for a large community or devote themselves to fighting for their country. Expression: *қайыспайтын қара нар* (a strong, hardy, and courageous male who will not break). See also *нар* in *Livestock with Beasts and Birds*.

❋ Джордж Вашингтон өз елінің бостандығы үшін күрескен *қара нар* болған. George Washington was a strong, hardy, and courageous man who fought for his country's freedom.

❋ Қуғын-сүргін кезінде *елдің қара нарлары* атылды. During the repression, the country's courageous men were shot.

қара нөсер [black rainfall]: heavy rainfall

◉ Collocations: *қара нөсер төгу, қара нөсер құю* (to be pouring, to rain heavily).

❋ Тропикалық дауылдың кесірінен осы аптаның аяғына дейін *қара нөсер құяды*. There will be heavy rainfall for the rest of the week because of the tropical storm.

❋ *Қара жауынның* кесірінен бірнеше жол апаты болып жатыр. The heavy rain shower is causing several car accidents on the road.

қара орман [black forest]: **(1)** thick forest; **(2)** massive, large number, when used with words denoting people; **(3)** countless, as in glut of wealth, a vast estate

◉ Collocations: *қара орман халық* (massive group of peope), *қара орман оқырман* (massive group of readers).

❋ Ұры олжасын *қара орманда* жасырды деген сөз бар. It was believed that the thief hid his loot in the thick forest.

❋ Жексенбіде шіркеуге *қара орман кісі* келді. A large number of people showed up at church on Sunday.

❋ Ата-әжесінен мұраға *қара орман байлық* алып, Асыланның бағы жанды. Asylan was very fortunate to inherit vast wealth from his grandparents.

қара өзек [black core]: **(1)** time in very early spring when the food and feed stored for winter are almost gone; **(2)** difficult, as in tough times (see *көк өзек*); **(3)** black ink, as in a pen with black ink

◉ Can be used in formal Kazakh in the first and third senses. Variants: *көк өзек* (in the first and second senses), *ұзын сары* (in the first sense). The idiom can be used with *шақ* or *кезең* in the first and second senses.

қара өлең [black poem]: a verse, in which each line consists of eleven syllables

◉ Can be used in formal Kazakh.

❋ Қазақ ақындары әндерін *қара өлеңмен* жазады. Kazakh poets often write in verse with eleven syllables in each line.

❋ *Қара өлең* әлі де көпшілікке өте ұнайды. Verse with eleven syllables in each line is still very popular.

қара сан [black thigh]: mid-thigh

❋ Армангүл тойға денесіне шап-шақ, *қара саннан* келетін етек көйлек киді. Armangul wore a skin-tight, mid-thigh skirt to the party.

❋ Қатты тиген теннис добынан *қара саным* көгеріп кетті. I got a bruise mid-thigh from a hard-hit tennis ball.

қара сөз [black word]: prose

◉ Can be used in formal Kazakh. Collocations: *қара сөзбен жазу* (to write in prose); *қара сөзбен айту, қара сөзбен білдірytr* (to express in prose).

❋ Бұл туынды — *қара сөзбен жазылған* жыр. This work is a ballad written in a prose style.

❋ Мен *арман-тілегімді қара сөзбен білдірдім*. I expressed my wishes and dreams in prose.

қара су [black water]: water from a natural reservoir

◉ Can be used to describe a poor, frugal, or inhospitable person. A poor person drinks just water because he or she cannot afford black tea and milk, whereas a frugal or inhospitable person will not offer even water to his or her guest. See also *бір сабақ жіп бермеу* (in *Numbers*), *ақ су*.

❋ Байғұс Марат жұмысынан қысқартылып қалды. Енді ол тек *қара су ішеді*. Poor Marat has been laid off from his job. He has to drink only water because he cannot afford simple pleasures like tea and milk.

❋ Жанаргүлдің қытымырлығы сондай, үйіне барған *достарына қара су* да *бермейді*. Zhanargul is so cheap that she won't offer even water to her visiting friends!

қара суға түсу [to descend onto black water]: to sweat significantly, ***to sweat like mad***

◉ Variants: *ақ тер, көк тер болу*; *қара терге түсу*. *Ақ тер, көк тер болу* implies perspiring over one activity for several extended periods of time, whereas *қара суға түсу* and *қара терге түсу* mean to sweat over one period of time.

❋ Асылан мен Айнұр ауласына алша ағашын егіп, *қара терге түсіп жатыр*. Asylan and Ainur are sweating like mad as they plant the apricot tree in their backyard.

❋ Мен еденді жуамын деп, *қара суға түстім*. I sweated like mad while trying to scrub the floor.

қара суық [black coldness]: dry and severe coldness

◉ See also *қара күз*

❋ Менің күйеуім Атыраудың *қара суығына* жарайтын киім әкелмеді. My husband didn't bring proper clothing for the dry, severe coldness of Atyrau.

❋ Сібір қысқы *қара суығымен* әйгілі. Siberia is notorious for its dry, severe coldness during the winter.

қара табан [black foot]: poor, as a member of the masses who is a workhand

◉ Collocations: *қара табан кедей* (very poor workhand), *қара табан халық* (poor people), *қара табан қазақ* (poor Kazakh workhand), *қара табан шаруа* (poor peasant).

❋ *Қара табан* жанұя қоңыртөбел ауданда тұрды. The poor family lived in a modest neighborhood.

❋ Ауыл тұрғындары — жыл бойы ауыл шаруашылығымен айналысатын *қара табан* адамдар. The villagers are poor people who farm year round.

қара тану [to recognize black]: to be literate

◉ *Қара* refers to writings scripted in black ink.

❋ XVIII ғасырда *арабша қара танып*, араб елдеріне барып білім алған қазақтар туралы мәлімет бар ма? Is there information about Kazakhs who were literate in Arabic and studied in Arabic countries in the eighteenth century?

❋ *Қара танымайтын адамдар* ауылдық жерлерде шоғырланған болатын. The nation's illiterate people used to be concentrated in rural areas.

қара таяқ [black stick]: common, populace, as a herdsman or shepherd

◉ This term, which is marked by a disparaging attitude toward herdsmen and shepherds, refers to those who do not have their own livestock and work for hire. *Ақ таяқ*, conversely, is used to show respect to herding and shepherding as the craft left from forefathers. See also *ақ таяқ*.

❋ Ол ешкім емес; менің әкемнің малын бағып жүрген *қара таяқ қойшы*. He's a nobody, he's just a common shepherd who works for my dad.

❋ Болат *қара таяқ қойшылардың* бірі ғана. Ондай қойшы көп. Bolat's just another herdsman, and there are tons of them out there.

қара терге түсу [to descend onto black sweat]: to sweat significantly, ***to sweat like mad***

◉ Variants: *ақ тер, көк тер болу*; *қара суға түсу*. *Ақ тер, көк тер болу* implies perspiring over one activity for several extended periods of time, whereas *қара терге түсу* and *қара суға түсу* mean to sweat during one period of time.

қара торы [black chestnut]: slightly dark complexioned (see *ақ сары*)

қара түнек [black darkness]: dark, troubled, as in dark days of the war, dark ages, troubled times

⚙ Collocations: *басқа қара түнек әкелу* (to bring dark days upon someone), *басқа қара түнек туу* (to have dark days), *қара түнек заманды бастан кешу* (to endure troubled times), *қара түнек дәуірден шығу* (to come out of the dark ages), *қара түнек күндер* (the dark days).

❀ Ғалымдар Еуропадағы *қара түнек заман* деп орта ғасырдың бастапқы жылдарын айту керектігін айтады. The scholars state that the Dark Ages in Europe should refer to the early Middle Ages.

❀ Вьетнам соғысының *қара түнек жылдарында* көп бейбіт халық қырылды. In the dark days of the Vietnam War, many civilians were massacred.

қара үй [black house]: a yurt that consists of three qanats (see *киіз үй* in *Yurt*)

⚙ *Қанат* is a term used to describe the size of the yurt. It is determined by the number of wood rods of three different lengths used to form an open web carcass, or *кереге*. One qanat consists of fourteen long rods, nine medium-length rods, and nine short rods. The Kazakh yurt consisting of three qanats was called *қара үй*; of four qanats, *қоңыр үй*; of five qanats, *боз үй*; and of six qanats, *ақ үй*: *алты қанат ақ үй*. Yurts assembled for guests can be made of eight or twelve qanats. Kazakh yurts can also be classified according to the color of the felt that is used to make them.

қара халық [black people]: populace, the masses

⚙ Variant: *қара бұқара*. See also *қара қазақ*, *қарадан шығу*, *қара қазақтан шығу*.

❀ Әнуардың ұлттық тағам мейрамханасы *қара халыққа* өте ұнайды. Anuar's traditional restaurant is well liked by the populace.

❀ *Қара бұқараны* шынымен түсінетін саясаткер аз. Few politicians truly understand the common people.

қара шаңырақ [black upper circle of the yurt]: **(1)** an honored ancestral house, traditionally passed on to the youngest son; **(2)** a native country; **(3)** an educational or cultural institution with a long tradition and history that has become an important place in a certain field

⚙ Based on the meaning of the color *қара*, which implies sacredness, stability, and prosperity. Used in formal Kazakh in the second and third senses. Variant: *шаңырақ* (in *Yurt*).

❀ Вьетнам дәстүрі бойынша ұлдың ең үлкеніне мұраға *қара шаңырақ* берілсе, ал қазақ салтында ол ең кіші ұлға қалады. In Vietnamese tradition the eldest son inherits his parents' house, as opposed to the youngest son in Kazakh tradition.

❀ Бүгінгі таңда Қазақстан — сан алуан халықтар мекен ететін *қара шаңырақ*. Today Kazakhstan is the native country for various ethnicities.

❀ Гарвард медицина институты — Америка медицинасындағы *қара шаңырақ*, әрі ең үздік білім ордасы болып табылады. Harvard University Medical School has a long tradition of excellence and scholarship and is one of America's best medical schools.

қарадан шығу [to come from black]: to belong to populace, the masses, to be a common man

⚙ Based on the meaning of *қара*, "ordinary" or "simple." *Қара* is mostly used in the ablative case with the ending *-дан*. Another expression in which *қарадан* is used: *қарадан әйел алу* (to marry a woman from a populace).

❀ Авраам Линкольн *қарадан шыққан* қарапайым адам болған. Abraham Lincoln was a common man with a humble background.

❀ Мен күнде қымбат ірімшік жеп, қымбат шарап ішпеймін. Мен *қарадан шыққанмын*. I don't eat expensive cheese and drink expensive wine every day. I am a common man.

қарайып қалу [to become blackened]: to forget what has been known or learned because of being out of practice for some time

❀ Ұлыммен отырып, физикадан бір қарапайым есеп шығарып тастайын десем, *қарайып қалыппын*. Физика оқулығын қолыма ұстамағаныма он жыл болды. I've forgotten how to solve a simple physics homework problem with my son because it's been ten years since I read a physics textbook.

❀ Кәріс тілінен *қарайып қалдым*. I have forgotten the Korean language.

қаракөз [black eye]: Kazakh, as in a person of Kazakh ethnicity

☀ Mostly used about young women: *қаракөз қыз* (Kazakh girl), *қаракөз бойжеткен* (young Kazakh woman), *қаракөз қарындас* (Kazakh sister). *Қаракөз* is also a common female name. Due to consonant devoicing, *Қаракөз* is sometimes spelled or pronounced *Қарагөз*.

❀ Ұшақта менен басқа *қаракөз* болмады. There was no other Kazakh on the plane.

❀ Сұлу *қаракөз* барлық адамның көзіне түсті. The beautiful Kazakh girl caught everyone's eyes.

қарасы бату [to have one's black silhouette sink]: **(1)** to disappear from sight; **(2)** to stop to exist; **(3)** to go away, to get lost (see *қарасы өшу*)

☀ Also: *қарасын батыру caus*, *қараңды батыр* (go away, get lost!). Syn: *көзіңді жоғалт* (under *көзін жоғалту* in *Body*), *көзіңді құрт* (under *көзін құрту* in *Body*), *табаныңды жалтырат* (under *табанды жалтырату* in *Body*).

қарасы өшу [to have one's black silhouette be erased]: **(1)** to disappear from sight; **(2)** to stop to exist; **(3)** to go away, to get lost

☀ Variants: *қарасы үзілу* (in the first sense), *қарасы бату* (in all senses). Also: *қарасын өшіру caus*, *қараңды өшір* (go away, get lost!). Syn: *көзіңді жоғалт* (under *көзін жоғалту* in *Body*), *көзіңді құрт* (under *көзін құрту* in *Body*), *табаныңды жалтырат* (under *табанды жалтырату* in *Body*).

❀ Көшенің бойында шашлық пісіріп, *сатып тұратындардың қарасы өшкен.* Those making and selling shish kebabs along the street disappeared from sight.

❀ Нацистік Германияның *қарасының өшеніне* биыл алпыс екі жыл. It's been sixty-two years since Nazi Germany ceased to exist.

❀ Бұрын жүрген қыздарым туралы болған ұрыстан кейін менің болашақ жарым қатты ренжіп, маған: «*Қараңды батыр!*», - деп айқайлады. After my fiancée and I had a heated argument about my ex-girlfriends, she was very upset and yelled "Get lost!"

қарасы үзілу [to have one's black silhouette split]: to disappear from sight

☀ Variants: *қарасы өшу*, *қарасы бату*. Also: *қарасын үзу act.*

❀ Теңіз жағалауында отырып, күн батысқа қарай жүзіп бара жатқан кемелерге *қарасын үзгенше* қарағанды жақсы көреміз. We like sitting on the beach and watching the ships disappear from sight as they sail into the sunset.

❀ Сара университетке аттанып бара жатқан ұлының *мәшинесінің қарасы үзілгенше* жылап тұрды. Sarah stood at the door and cried until her son's car disappeared from sight, taking him away for another year of college.

мақпал қара [velvet black]: **(1)** deep black horse; **(2)** deep black

☀ *Мақпал* is used to add a sense of richness and beauty to the black color. In the first sense it is common that horses are metonymically referred to by their colors. In the second sense it is used to describe a woman's rich, black hair.

❀ Бәйгеге қосылған аттардың ішінде бір *мақпал қара* ерекше көзге түсті. Among all the racehorses, this particular black horse caught everyone's eye.

❀ Ол Жанардың *мақпал қара шашына* қатты қызығады. She likes Zhanar's rich, black hair very much.

Blue: *Көк*

көйлегі көк, тамағы тоқ [one's dress is blue and food is full]: well-off

☀ Syn: *не ішемін, не жеймін демеу; ішкені алдында, ішпегені артында* (in *Food*).

❀ Жақсы жұмысқа тұрғалы әйтеуір *Айдананың көйлегі көк, тамағы тоқ.* Aidana is finally well-off after getting a good job.

❀ Менің інім — әке-шешеміздің сүйіктісі, сондықтан *оның үнемі көйлегі көк, тамағы тоқ* болды. My youngest brother is my parent's favorite child so he was always well-off.

көк ала қойдай [like blue multicolored sheep]: ***black and blue***

☀ Collocations: *көк ала қойдай етін сабау tr, көк ала қойдай қылып ұру tr* (***to beat someone black and blue***).

❀ Дүкен қожайынының денесі *көк ала қойдай.* Ұры оны қатты сабап, бар ақшасын тартып алған. The store owner was black and blue after the robber beat him severely and took all the money.

❧ Алдына жан салмаған *боксшыны* қазіргі чемпион *көк ала қойдай етіп сабады.* The outmatched boxing contender was beaten black and blue by the current champion.

көк аяз [blue frost]: bitter, freezing winter weather

☀ Variant: *сары аяз.*

❧ Өзіңді *көк аяздан* қорғау үшін жылы тон ки. Wear a warm jacket to protect yourself from the bitter, freezing winter weather.

❧ *Көк аязда* далада не істеп жүрсің? Үйге кір, менімен бірге шәй іш. What are you doing out in the bitter, freezing cold? Come inside and have some tea with me.

көк бақа [green frog]: lean

❧ Денсаулығын күтіп қалған отбасым тек *көк бақа ет* қана жейді. My health-conscious family only eats lean meat.

❧ Ол емдәм қолданып, *көк бақаға* айналды. She went on a diet and became very lean.

көк долы [blue furious]: ***shrew***

☀ Applies to a married woman. Interestingly, there is not a similar term about unmarried women, because in Kazakh culture, unmarried women are expected to be mild-tempered. There is a humorous saying: *Қыз кезінде бәрі жақсы, жаман әйел қайдан шығады?* (All unmarried girls are nice, so where do mean wives come from?)

❧ Элизавета үш рет ажырасқан, оның бұрынғы күйеулерінің бәрі оны *көк долы* деген екен. Elizabeth has been divorced three times, and all her ex-husbands have stated that she is a shrew.

❧ *Көк долы* Дана өзін сүйетін күйеуімен қажеті жоқ жерде көп ұрыс-керіс бастаған. Shrew Dana has instigated many unnecessary arguments with her loving husband.

көк езу болу [to be a blue buccal cavity]: ***until someone is blue in the face***

☀ Collocations: *көк езу әңгіме* (long, exhausting conversation), *көк езу мақтау* (long, exhausting praise), *көк езу болып айту* (to speak until someone is blue in the face), *көк езу боп айтысу* (to argue until someone is blue in the face). See also *қызыл кеңірдек болу.*

❧ Мен бастығымды көндіремін деп *көк езу болдым.* I tried to persuade my boss until I was blue in the face.

❧ Саясаткерлер үкімет реформасы туралы *көк езу боп айтысты.* The politicians were arguing about government reform until they were blue in the face.

көк етікті кездеспей, көн етіктіні менсінбеу [to condemn the one with simple leather boots because of not meeting the one with blue boots]: to be selective in finding Mr. Right.

☀ Also: *көк етікті* (a wealthy man), *көн етікті* (a poor man).

❧ Ол *көк етікті кездеспей, көн етіктіні менсінбей жүріп,* отырып қалады. She is so picky about finding Mr. Right that she will never marry.

❧ *Көн етіктіні менсінбей, көк етіктіні күте-күте шаршадым.* I have been trying to find Mr. Right. I am sick of waiting for him.

көк жалқау [blue lazy]: extremely lazy

❧ Ол сенуге болмайтын *көк жалқау.* He is an extremely lazy person who cannot be depended on.

❧ Сен неге ержеткен *көк жалқау* ініңді үйіңнен қуып шықпайсың? Why don't you kick your extremely lazy, grown-up brother out of your house?

көк жасық [blue lean]: **(1)** very lean; **(2)** timid and meek; **(3)** weak, as publication

☀ Variant: *көкжасық.*

❧ Шашлық дәмді емес, өйткені *көк жасық қой етінен* істелген. The shish-kebab is not tasty because the lamb is very lean.

❧ Ашық та турашыл өнер адамы бір кездері *көк жасық* болыпты. The outspoken performer was once a timid and meek child.

❧ Газет өзіндік үні жоқ, *көкжасық басылым* болғаны үшін сынға алынды. The newspaper is criticized for being a weak publication with no voice of its own.

көк желке [blue neck]: **(1)** nape of the neck; **(2)** right behind someone or something

☀ Expression: *көк желкесі тартып ауыру* (to have a sharp pain in the nape of the neck).

❧ Оның *көк желкесінде* көбелектің татуаж

суреті бар. She got a tattoo of a butterfly on the nape of her neck.

❧ Асқан ақылды генерал оқыс шабуылдау үшін астыртын жасағын *жаудың көк желкесіне* апарып қойды. The brilliant general secretly moved his troops right behind the enemy for a surprise attack.

көк жұлын [blue spinal cord]: **(1)** fearless; **(2)** exhausted, worn out

◉ Collocation: *көк жұлын қылып жұмсау* (to have someone work until exhaustion).

❧ Полиция қызметкерлері *көк жұлын* болуы керек. The police are expected to be fearless.

❧ Ерлан шыжыған ыстықта жұмыс істеп, *көк жұлын болды.* Erlan was exhausted from working in the searing heat.

көк инені көзіне түртпеу [not to poke the eye of a blue needle]: not to have any sewing or needlework skills

❧ Мен *көк инені көзіне түртпеймін,* сондықтан маған тігіншіге көп ақша төлеуге тура келеді. I have no sewing skills, so I have to pay a lot of money for a seamstress.

❧ *Көк инені көзіне түртпейтін* ол қалайша тігінханаға қожалық етпек? How can she own a tailor shop and not have any sewing skills?

көк ми [blue brain]: *blockhead, knucklehead*

◉ Syn: *су ми* (in *Nature*)

❧ Менің *көк ми* күйеуім диванда ұйықтап жатыр; бүгін мерейтойымыз екенін ұмытып кеткен. My blockhead husband is sleeping on the sofa tonight; he forgot our anniversary.

❧ *Көк ми* інім университеттегі оқуына деп берілген ақшаны оқуына жұмсаудың орнына қымбат машина алуға пайдаланды. Instead of using the college fund for school, my blockhead brother used the money to buy a new, fancy car.

көк мойын [blue neck]: a bottle of vodka

◉ *Көк мойын* is also one of the terms used in the Kazakh traditional game *тоғызқұмалақ*.

❧ Ол шкафына бір *көк мойын* қойып қояды. He keeps a bottle of vodka in his cabinet.

❧ Қанат дүкеннен екі *көк мойын* алып келді. Kanat brought back two bottles of the best vodka from the store.

көк мұз [blue ice]: *black ice*

◉ Collocations: *көк мұзға таю* (to slip over black ice), *көк мұзға айналу* (to become black ice).

❧ Мәшине *көк мұзға* келгенде сырғи жөнелді. The car skidded as it came across black ice.

❧ *Көк мұзға тайып* жығылдым. I slipped walking over the black ice.

көк мұзға отыру [to sit on blue ice]: to be swindled (see *қара жерге отыру*)

◉ Variant: *жер соғу, тақыр жерге отыру* (in *Nature*); *қара жерге отыру*. Also: *көк мұзға отырғызу tr.*

көк мылжың [blue babbler]: a true babbler, *someone who wags one's tongue*

❧ Бейсболға келгенде Мирас *көк мылжың*. Сөйлей бастаса болды, кездейсоқ, бұлыңғыр фактілерімен ішіңді пыстырып жібереді. Miras is a true babbler when it comes to baseball. Once he gets on this topic, he will bore you with random and obscure facts.

❧ Мен Жанарды *көк мылжың* деп ойлайтынмын, бірақ оның әңгімесіне дұрыстап құлақ қойғанымда әңгімелері қызықты әзілге толы екенін түсіндім. I used to think that Zhanar was a babbler until I actually listened to her stories; they are interesting anecdotes filled with humor!

көк өзек [blue core]: **(1)** time in a very early spring when the food and feed stored for winter are almost exhausted; **(2)** difficult, as in tough economic times; **(3)** blue ink, as in a pen with blue ink

◉ Can be used in formal Kazakh in the first and third senses. Variants: *көкөзек, қара өзек* (in the first and second senses), *ұзын сары* (in the first sense). The idiom can be used with *шақ* or *кезең* in the first and second senses.

❧ Биыл қыс қатты болғалы тұр. Бірақ біз тек қыс азығын ғана емес, *көк өзек көктемді* де ойлауымыз қажет. The winter is going to be very severe this year. Yet we should not only think about food for winter but also for the early spring, when our food and feed supply will be exhausted.

❧ Ол *көк өзек шаққа* көпке дейін үйрене алмады. It took her a while to adjust to the difficult economic time.

❧ Мен *көк өзек қаламмен* жазғанды қалаймын. I prefer using a pen with blue ink when I write.

көк сүт [blue milk]: skim milk

❀ Диетолог оған беті алынбаған сүттің орнына *көк сүт ішуге* ақыл берді. The nutritionist recommended that he switch from whole milk to skim milk.

❀ Көп уақыттан кейін мен әйтеуір *көк сүтке* үйрендім. It took a long time, but I am finally used to drinking skim milk.

көк тайғақ [blue slippery]: extremely slippery due to black ice

✪ See also *көк мұз*.

❀ Жаяу жүргіншілерге арналған жол *көк тайғақ*. The sidewalks were extremely slippery due to patches of black ice.

❀ Жол *көк тайғақ* болғандықтан тауға мәшинемен бару қиын болды. It was difficult to drive to the mountains because the roads were extremely slippery from the black ice.

көк тиын [blue copeck]: *red cent*

✪ *Тиын* equaled to one-100th of a ruble (*сом* in Kazakh) in the Soviet Union. Now it is the 100th part of a Kazakh monetary unit of *теңге*. Not used in affirmative sentences. Variants: *бір тиын* (in *Numbers*), *соқыр тиын* (in *Miscellaneous*). Collocations: *көк тиынға татымау*, *көк тиынға тұрмау*, *құны көк тиын* (not to be worth a red cent), *көк тиын пайда* (red cent profit or use), *көк тиын пайда көру* (to make a red cent profit).

❀ Қалтамызда *көк тиын болмағандықтан*, базардан ешнәрсе ала алмадық. We could not buy anything at the flea market today because we did not have a red cent in our pockets.

❀ Ол ешқашан сөзінде тұрмайды. Оның *уәделерінің құны көк тиын*. She never keeps her word. Her promises are not worth a red cent.

❀ Жазған кітаптарымнан *бір тиын пайда көрген жоқпын*. I haven't made a red cent profit from the books that I published.

көкөрім [blue plait]: adolescent, junior, young, tender age

❀ Бұзақы Әнуар *көкөрім* кезінде үлкендердің теріс қабағына ілінетін. Mischievous Anuar used to get into a lot of trouble during his adolescent years.

❀ *Көкөрім* аяқдоп тобы он үштен он алты жасқа дейінгі ойыншыларды қабылдайды. The junior football team accepts players from thirteen to sixteen years old.

көлденең көк атты [transverse and with a blue horse]: a stranger viewed by the community as an outsider

❀ Ауыл тұрғындары жер байлығының *көлденең көк аттылардың* қолында кеткенін айтты. The villagers said that resources from their land went away to strangers.

❀ Анасы Армангүлдің ауылдағы іскер адаммен емес, басқа жақтан келген *көлденең көк аттымен* кездесіп жүргеніне ренжіді. Armangul's mother was upset that she was dating a stranger from out of town instead of one of the local businessman.

көн етіктіні менсінбей, көк етікті кездеспеу [to condemn the one with simple leather boots and not to meet the one with blue boots]: to be selective in finding Mr. Right (see *көк етікті кездеспей, көн етіктіні менсінбеу*)

✪ Variant: *көк етікті кез келмей, көн етіктіні менсінбеу*.

көсегесі көгеру [to have one's fortune become blue]: to flourish, to prosper

✪ Also: *көсегесін көгерту* caus; *көсегелерің көгерсін* (may you prosper) is used to wish prosperity to newlyweds at weddings. See also *шаңырағың биік, босағаң берік болсын* (under *шаңырақ* in *Yurt*).

❀ Мықты, білімді орта тап болмай, *елдің көсегесі көгермейді*. The country will not prosper unless there is a strong and educated middle class.

❀ *Көсегелерің көгерсін*! Ұзақ та, тату-тәтті өмір сүріңдер! May your new family prosper! Live long and happy together!

Brown: *Қоңыр*

қоңыр дауыс [brown voice]: a pleasant, serene voice in the lower vocal range, *a voice as smooth as a velvet*

✪ Variant: *майда қоңыр дауыс* (under *майда қоңыр*)

❀ Әнші *қоңыр даусымен* әйгілі. The singer

is famous for his voice, which is as smooth as velvet.

❦ Ол әсерлі сөзімен, *қоңыр даусымен* тыңдармандарын баурап алды. He fascinated his audience with his impressive speech and smooth, velvet voice.

қоңыр домбыра [brown dombra]: a dombra that has a smooth, velvet sound

◉ The color *қоңыр* signifies the smooth, serene characteristic of a sound or song. Collocations: *қоңыр күй* (smooth, serene kui), *қоңыр ән* (smooth, serene song), *қоңыр әуен* (smooth, serene sound), *қоңыр саз* (smooth, serene melody). See also *қоңыр дауыс*.

❦ Сазгерлер тыңдармандарды тамсандырып, *қоңыр домбыраны* күмбірлетті. The musicians played the dombra to the delight of the audience.

❦ *Қоңыр домбыра* оркестрге жақсы саз қосады. The dombra adds a nice melody to the orchestra.

қоңыр жел [brown wind]: warm, pleasant wind

◉ See also *қара жел, қызыл жел, сары жел*.

❦ Күндіз қатты ыстық болғанымен, кешке *қоңыр жел* еседі. Although it is very hot during the day, a warm, pleasant wind blows in the evening.

❦ Саяжайда күздің *қоңыр желі* жанды тербетеді. The warm autumn wind feels good on the beach.

қоңыр кеш [brown evening]: mild, pleasant summer evening with colorful sunset

❦ Біз *қоңыр кеште* қыдырып қайттық. We took a walk in the pleasant summer evening.

❦ Рахияның тойы әдемі бақта *қоңыр кеште* өтті. Rakhiya's wedding was held in a beautiful garden on a pleasant summer evening.

қоңыр күз [brown autumn]: a warm autumn from middle to late September, *Old Wives' summer*

◉ Autumn is divided into three phases: early autumn is *қоңыр күз*, mid-autumn is *сары ала күз*, and late autumn is *қара күз*. Early autumn is *қоңыр күз*, because the weather is warm and pleasant, as the color *қоңыр* signifies mildness and pleasantness.

❦ Бір Парижге *қоңыр күзде* бардық; ауа райы өте тамаша болды. We visited Paris

during Old Wives' summer and the weather was perfect.

❦ Біз *қоңыр күздің* жылы күндері мен салқын түндерін күтіп жүрміз. We look forward to the warm days and cool nights of Old Wives' summer.

қоңыр салқын [brown cold]: nice and cool, as temperature

◉ Collocations: *қоңыр салқын жел* (nice and cool wind), *қоңыр салқын жаз* (nice and cool summer), *қоңыр салқын леп* (nice and cool breeze).

❦ Бүгін күн *қоңыр салқын* болып тұрғанда, гольф ойнауға барып алайық. Let's go golfing today when the temperature is nice and cool.

❦ Биыл жаз *қоңыр салқын* болады екен. It turns out that the summer this year will be cool and nice.

қоңыр төбел тұрмыс [brown spot life]: ordinary, simple life (see *қоңыр тірлік*)

◉ *Қоңыр төбел* is a brown spot on the forehead of a horse. Variant: *қоңыр тірлік, қоңырқай тіршілік*. Collocations: *қоңыр төбел ғұмыр кешуші* (an ordinary person), *қоңыр төбел орта* (a humble background), *қоңыр төбел тірлік* (an ordinary way of life), *қоңыр төбел тірлік ету* (to live a simple life).

қоңыр тірлік [brown life]: ordinary, simple life

◉ Variants: *қоңырқай тіршілік, қоңыр төбел тұрмыс*. Collocations: *күнделікті қоңыр тірлік* (ordinary daily life), *қоңыр тірлік ету* (to live a simple life), *қоңыр тұрмысты отбасы* (an ordinary family).

❦ Азамат өзінің *қоңыр тірлігіне* серпіліс беру үшін Оңтүстік Америкаға барды. Azamat went to South America to add excitement to his average life.

❦ Жанармай бағасының 2007 жылы қатты өсуі *қоңырқай тұрмысты* отбасыларын мәшинелерін тастап, қоғамдық көлікпен жүруге мәжбүр етті. The high price of gas in 2007 forced many ordinary families to abandon their cars for public transportation.

❦ Олар өмір бойы қоңырқай үйлерінде *қоңыр тірлік етті*. All their lives they lived an ordinary life in their ordinary house.

қоңыр үй [brown house]: a yurt that consists
of four qanats (see *киіз үй* in *Yurt*)

🏵 *Қанат* (qanat) is a term used to describe
the size of the yurt. It is determined by the
number of wood rods of three different lengths
used to form an open web carcass or *кереге*.
One qanat consists of fourteen long rods, nine
medium-length rods, and nine short rods. The
Kazakh yurt consisting of three qanats was
called *қара үй*; of four qanats, *қоңыр үй*; of
five qanats, *боз үй*; and of six qanats, *ақ үй*:
алты қанат ақ үй. Yurts assembled for guests
can be made of eight or twelve qanats. Kazakh
yurts are also classified according to the color
of the felt that is used to make them.

қоңырқай тіршілік [brownish life]: ordi-
nary, simple life (see *қоңыр тірлік*)

🏵 Variants: *қоңыр тірлік*, *қоңыр төбел тұр-
мыс*. Collocations: *қоңырқай тіршілік ету*
(to live a simple life), *қоңырқай тұрмыс* (an
ordinary way of life), *қоңырқай тұрмысты
отбасы* (an ordinary family), *қоңырқай үй* (a
simple house).

майда қоңыр [soft brown]: **(1)** pleasant, lower
vocal ranged, serene voice (see *қоңыр
дауыс*); **(2)** warm and pleasant, as a wind
(see *қоңыр жел*)

🏵 Көрермендер әншінің *майда қоңыр
даусына* сүйсінді. The audience enjoyed the
singer's soft voice.

🏵 *Майда қоңыр жел* жазғы кештің ыс-
тығында денені тербейді. A gentle and pleasant
wind soothes the body on a hot summer night.

Gray: *Боз*

боз ала таң [gray, multicolored dawn]: pre-
dawn

🏵 *Ала таң* can be either *боз ала таң* or *сары
ала таң*. *Боз ала таң* refers to a predawn
when the sunlight is pale, whereas *сары ала
таң* implies a predawn when the sunlight is
brighter. See also *ала таңнан қара кешке
дейін*.

🏵 Метеор нөсері *боз ала таңда* өте жақсы
көрінеді. The meteor showers are most visible
at predawn.

🏵 Саяхатшылар *боз ала таңда* күн ысымай
тұрғанда жолға шықты. The travelers set out
at predawn to avoid the hot sun.

боз үй [gray house]: a yurt that consists of five
qanats (see *киіз үй* in *Yurt*)

🏵 *Қанат* (qanat) is a term used to describe the
size of the yurt. It is determined by the number
of wood rods of three different lengths used to
form an open web carcass or *кереге*. One qanat
consists of fourteen long rods, nine medium-
length rods, and nine short rods. The Kazakh
yurt consisting of three qanats was called *қара
үй*; of four qanats, *қоңыр үй*; of five qanats,
боз үй, and of six qanats, *ақ үй*: *алты қанат
ақ үй*. Yurts assembled for guests can be made
of eight or twelve qanats. Kazakh yurts can
also be classified according to the color of the
felt that is used to make them.

Multicolored: *Ала*

ала ауыз [multicolored mouth]: inharmoni-
ous, discordant

🏵 Variant: *ала ауыз*, *алтыбақан ала ауыз*
(in *Numbers*). *Алты бақан*, *алауыз* implies
higher extent of being discordant than *ала
ауыз*, due to the addition of *алты бақан*.
Also: *ала ауыздық* (discordance).

🏵 Жанұяда *ала ауыз* болғаннан гөрі бірлік
пен үйлесім тапқан жақсы. It is better to find
unity in a family than being inharmonious.

🏵 Тарихи мәліметтерге сүйенсек, *алауыз
қазақ руларының* басын қосып, оларды бір
шешімге келтіру оңай болмаған сияқты. Ac-
cording to the historical record, it was not easy
to unite all the discordant Kazakh clans and
make them come to one decision.

ала аяқ [multicolored leg]: crook, swindler;
dirty rotten scoundrel, ***old fox***

🏵 A compound of *ала* and *аяқ*. The old spell-
ing variant in some earlier writings is *ала аяқ*.
Also: *алаяқтық* (swindle, crookedness).

🏵 Менің әжем бұрын пайдаланылған көлік
сатушыны *алаяқ* дейді, өйткені ол әжеме бір
жаман мәшинесін өткізіп жіберген екен. My
grandmother believes that the used car salesman
is a crook because he sold her a bad car.

🏵 Әке-шешем қазіргі саясаткерлерге
сенбейді. Олар саясаткерлердің көпшілігін

алаяқ деп есептейді. My parents do not trust today's politicians anymore. They believe that most politicians are crooks.

ала бөтен [multicolored strange]: **(1)** special, as in a feeling, treatment, or action toward someone or something; **(2)** different

☸ Variant: *алабөтен*

❀ Парижде отыз жыл бұрын алғаш рет кездескен кафелеріне менің ата-анамның көңілі *ала бөтен*. Mom and Dad have a special feeling toward the Parisian café where they first met thirty years ago.

❀ Консьерж маған курорттың VIP қонақтарға *алабөтен қарайтынын* айтты. The concierge told me that VIP guests get completely different treatment at this spa and resort.

ала жаз бойы [during the multicolored summer]: all summer long (see *ала жаздай*)

ала жаздай [all multicolored summer long]: all summer long

☸ In this sense, *ала* is only used with *жаз* and *қыс*. Variant: *ала жаз бойы*. See also *ала қыстай*.

❀ Ол *ала жаз бойы* үй салып, ақша тапты. He made money building houses all summer.

❀ Ауылдарда жас балалар *ала жаздай* далада шөп шауып, ата-аналарына көмектесетін. In the villages, young boys used to help their parents by mowing hay in the fields all summer.

ала жібін аттамау [not to step over one's multicolored rope]: to be humble, honest, and virtuous; *to be on the straight and narrow*

☸ Genitive.

❀ Менің атам Отанына адал қызмет етті. Ешқашан *елдің ала жібін аттаған жоқ*. My grandfather served his motherland with honesty. He was never dishonest to anyone.

❀ Қала әкімі *ешкімнің ала жібін аттамаған*. Өз қызмет жолы үшін емес, қала тұрғындары үшін қолынан келгенін істеді. The town's mayor was an honest and virtuous politician. He did his best to help the town's people instead of his own career.

ала кеуім [multicolored dusk]: dusk, partially dark; see the first meaning of *қара көлеңке*

ала көзбен ату [to shoot with a multicolored eye]: *to shoot someone a dirty look, to give someone the evil eye*

☸ Accusative. Variant: *көзбен ату* (in *Body*). *Ала көзбен ату* implies a larger extent of anger than *көзбен ату*.

❀ Асқардың кешегі әзіліне ренжіген ол бүгін әлі *оны ала көзімен атып отыр*. Because she's still angry about yesterday's joke, she's giving me a dirty look today.

❀ Әйелім тағы бір гольф аяққиімін оның келісімінсіз сатып алғаным үшін күні бойы *мені ала көзімен атып жүрді*. My wife has been giving me the evil eye all day for buying another pair of golf shoes without her approval.

ала көлеңке [multicolored shadow]: half light

☸ Collocations: *ала көлеңке іңір* (half light of dusk), *таң ала көлеңке* (half light of dawn). See also *қара көлеңке*.

❀ Көне суреттер бояуы өңіп кетпес үшін *ала көлеңке* бөлмеде сақталады. To prevent color degradation, the antique paintings are stored in a room in half light.

❀ Менің жаңа жұмысым *таң ала көлеңкеде* басталады. My new work starts in the half light of the dawn.

ала көңіл [multicolored spirit]: worry, concern

☸ Dative. Collocations: *ала көңіл болу* (to be worried, concerned), *ала көңіл ету tr* (to make someone be worried or concerned), *ала көңіл күй кешу* (to be in a state of worry).

❀ Қанат әлеуметтік мүмкіншіліктері шектеулі *балаларға* шынымен *ала көңіл*. Kanat's concern for underprivileged children is sincere.

❀ Ол жұмыс мәселесі туралы *ала көңіл күй кешті*. He was in a state of worry about the job market.

ала құйын [multicolored whirlwind]: **(1)** powerful whirlwind; **(2)** stormy

☸ Collocations: *ала құйын заман* (stormy ages), *ала құйын күй* (stormy state), *ала құйын тағдыр* (stormy fate), *ала құйын мінез* (stormy personality), in the second sense. See also *қара құйын*.

❀ Біз жиі жазда үйдің алдында отырып, алқаптың шаңын бұрқыратып көтеріп жіберетін *ала құйынды* қарап отыратынбыз.

We often sat on our parent's porch during the summer and watched the powerful whirlwind stir up dust in the crop fields.

❦ Куәгерлер *ала құйынның* кішкентай мотоциклды көтеріп алып, қораға қарай лақтырып жібергенін айтты. Witnesses stated that the powerful whirlwind picked up the small motorcycle and threw it against the barn.

❦ Халық қантөгіс азаматтық соғыс пен халықтың жаппай толқуы орын алған *ала құйын заманды бастан кешірді*. The nation went through stormy periods, with violent civil wars and political turmoil.

❦ Болат өзіне өмірлік серік таба алмай жүргенін айтып шағымданады; онысы мүмкін *ала құйын мінезінен* шығар. Bolat complains that he can't find a soulmate; perhaps it's because of his stormy personality.

ала қыс бойы [during the multicolored winter]: all winter long (see *ала қыстай*)

ала қыстай [all multicolored winter long]: all winter long

☉ In this sense, *ала* is only used with *қыс* and *жаз*. Variant: *ала қыс бойы*. See also *ала жаздай*.

❦ Бақыт Мәскеуде *ала қыстай* жұмыс істеді. Bakhyt worked in Moscow all winter long.

❦ Азат пен Арайлым *ала қыстай* Оңтүстік Американы шарлады. Azat and Arailym traveled around South America all winter long.

ала өкпе болу [to be a multicolored lung]: **(1)** to be out of breath, ***to gasp for breath***; **(2)** to exert a great deal of effort, ***to lay oneself out***

☉ *Ала өкпе* is also a term for a lung disease suffered by livestock.

❦ Толық полицей *ала өкпе болып*, ұрыны бос қа қуды; ол бәрібір ұстатпады. The overweight policeman chased the robber in vain until he was gasping for breath, but the robber still got away.

❦ Нұржан Халықаралық әйелдер күнінің қарсаңында жүгіріп сыйлық іздеп, *ала өкпе болды*. Nurzhan laid himself out looking for last-minute gifts for International Women's Day.

ала таңнан қара кешке дейін [from a multicolored morning till a black evening]: ***from dawn to dusk***, ***from sunup to sundown***

☉ Variants: *ертеден қара кешке дейін, таңертеңнен қара кешке дейін, азаннан қара кешке дейін*. See also *сары ала таң, боз ала таң*.

❦ Студент кезімде әр емтиханның алдында *ала таңнан қара кешке дейін* оқу материалын қайталап отыратыным есімде. I recall having to review class material from morning 'til night before every exam in college.

❦ Клиентпен бүгінгі кездесуге қажетті ақпаратты дайындаймын деп, кеше *қара кешке дейін* жұмыста болдым. I was at work 'til night yesterday trying to prepare data for today's meeting with the customer.

ала-құла [multicolored and reddish]: **(1)** disparate, inconsistent, inhomogeneous, ***mixed bag***; **(2)** spotty, patchy

☉ Literally refers to the multicolored and reddish colors of horses. The color *құла* is exclusively used to describe a color between yellow and reddish yellow in horses. Also: *ала-құлалық* (inconsistency, patchiness).

❦ Жалпыхалықтық сауалнама либералдар мен консервативтік азаматтардың сыртқы саясат туралы пікірінің *ала-құла* екенін көрсетеді. A national poll reveals that liberals and conservatives still have disparate opinions on foreign policy.

❦ Оның күдіктіге қарсы берген айғақтары *ала-құла* болды. His testimony against the suspect was inconsistent.

❦ Шөл далада жаңбыр *ала-құла жауады*. The rainfall in the desert is spotty.

❦ Құрамы *ала-құла* ереуілшілер бір ғана нәрсені — сайлауды әділ өткізуді талап етті. A mixed bag of protesters demanded the same thing: fair elections.

алауыз [multicolored mouth]: inharmonious, discordant (see *ала ауыз*)

☉ Compound of *ала* and *ауыз*.

алаяқ [multicolored leg]: crook, swindler; ***dirty rotten scoundrel***, ***old fox*** (see *ала аяқ*)

☉ Compound of *ала* and *аяқ*.

көз аларту [to make the eye multicolored]: **(1)** to look at someone or something angrily; **(2)** to covet; **(3)** to show hostility toward someone or something

☸ Dative.

☸ Даяшы қыз көрсеткен қызметіне ақша бермегені үшін *Ізтұрғанға көзін алартты.* The waitress looked at Izturgan angrily because he had not tipped her.

☸ Шетелдіктер біздің табиғи *байлықта-рымызға көз алартып отыр.* Foreigners are coveting our natural resources.

☸ Фирмалары басқа бір компанияның мен-шігіне өткеннен кейін, қызметкерлер жаңа *басшыларына көздерін алартып жүрді.* After their firm was taken over by another company, the employees showed hostility toward the new management.

Red: *Қызыл*

қызарған [the one that became red]: spotting, blood

☸ Euphemism. Used in western Kazakhstan informally by women to refer to gynecological conditions.

☸ Дәрігер одан: «*Қызарған* кетіп жүр ме?», - деп сұрады. "Have you had spotting?" the doctor asked her.

☸ *Қызарған* болса, тез дәрігерге бар. If you are bleeding, go to the doctor.

қызыл жел [red wind]: dry, hot wind

☸ See also *қара жел, қоңыр жел, сары жел.*

☸ Адамдар шөл далада *қызыл желден* қорғану үшін, беттерін жауып жүреді. People have to cover their faces in the desert to shield against the dry, hot wind.

☸ Ауа райымен таныстырушы екі күн бойы қалада қатты *қызыл жел* соғатынын айтты. The weatherman said that the strong, dry, and hot wind will be blowing through town for the next two days.

қызыл империя [Red Empire]: the Soviet Union

☸ Marked by satire, sarcasm, and resentment toward the Soviet Union.

☸ Кейбір украиндықтар өз жерінде болған аштықты *қызыл империяның* өздеріне

істеген қылмысы деп санайды. Some Ukranians consider the famine that occurred in their territory a crime that the Red Empire committed against them.

☸ Кейбір қазақтар *қызыл империядан* жан сауғалауға мәжбүр болды. Some Kazakhs had to flee from the Red Empire.

қызыл кеңірдек болу [to be a red trachea]: to argue oneself hoarse

☸ Variant: *қызыл өңеш болу.* Collocations: *қызыл кеңірдек керіс* (an intense quarrel), *қызыл кеңірдек айтыс* (an intense argument).

☸ Жол ережесіне сай солға бұрылғанын айтып, *полициямен қызыл кеңірдек болған* Маржанның даусы қарлықты. Marzhan lost her voice arguing with the policeman about the legality of her left turn.

☸ Маған *қызыл кеңірдек айтыс* керек емес. Сенікі дұрыс бола қойсын. I don't need an intense argument; let's just say that you are right.

қызыл қарын бала [a red belly child]: a very young child of two or three years of age

☸ *Бір қызыл қарын бала* дүкенді жалғыз өзі шарлап жүрген жерінен табылды. A very young child was found wandering in the store alone.

☸ *Қызыл қарын баланы* бассейннің қасына жалғыз тастап кетуге болмайды. You should never leave a very young child alone near the pool.

қызыл өңеш болу [to be a red esophagus]: to argue oneself hoarse (see *қызыл кеңірдек болу*)

☸ Variant: *қызыл кеңірдек болу.*

қызыл су [red water]: spring water on river ice

☸ Бүгін өзенге бармаңдар. *Қызыл су* жүріп жатыр. Don't go to the river today. The spring water on river ice is flowing.

☸ Көктемгі *қызыл суға* дайынбыз ба? Are we ready for the spring water on river ice?

қызыл табан шұбырынды [red foot trail]: mass movement of Kazakhs from their homeland to other countries fleeing the Soviet regime in the period 1929–33.

❂ Coined after *ақ табан шұбырынды*, *қызыл* is used as it was the color of the Bolsheviks and the Soviet government. See also *ақ табан шұбырынды*.

❀ Біздің жаңа көршіміз — *қызыл табан шұбырынды* кезінде Түркияға бас сауғалап кеткен бір қазақтың ұрпағы. Our new neighbor is a descendant of one Kazakh man who fled to Turkey during the Trail of Red Feet.

❀ *Қызыл табан шұбырындыда* көптеген қазақтар аштан қырылды. Many Kazakhs died of hunger in the Trail of Red Feet.

қызыл тіл [red tongue]: **(1)** eloquence in speech; **(2)** tongues of flame, when used with words denoting fire: *өрттің қызыл тілі*

❂ Literary, in the first sense. Eloquence is valued in the Kazakh culture. Note the proverb *Өнер алды — қызыл тіл* (eloquence is at the front of the arts). Also: *қызыл тілді* (**silver-tongued**). Collocations: *қызыл тілді шешен* (a silver-tongued orator), *өрттің жалаңдаған қызыл тілі* (lambent tongues of flame).

❀ Президент — *қызыл тілді шешен адам*; оның сөздері басқа қара бұлт үйірілген кездері халыққа дем беріп, сенімдерін нығайтады. The president is a silver-tongued orator; his words inspire and reassure the nation during its darkest hours.

❀ *Өрттің қызыл тілі* шабындықты жалмап бара жатыр. The red flames of the fire are devouring the hay.

қызыл шәй [red tea]: black tea with milk made dark and strong

❂ *Қара шәй* refers to black tea as a type of tea. But when the black tea is made and served dark and strong, it is called *қызыл шәй*. Expressions: *қызартып шәй құю, қызылдатып шәй құю* (to serve dark and strong black tea).

❀ Гүлнәр *қызыл шәй* ішкенді жақсы көреді. Gulnar likes drinking very strong, dark, black tea.

❀ Мейрамханада *шәйді қызылдатып құйып әкеледі.* The restaurant serves rich, dark, strong black tea.

қызыл іңір [red dusk]: early evening

❂ See also *қоңыр кеш.*

❀ *Қызыл іңір* болып қалыпты, тез кешкі тамақ дайындайын. It is almost early evening, so let me make dinner.

❀ Арайлым балаларына *қызыл іңірде* тәтті жегізбейді. Arailym does not let her children eat sweets early in the evening.

қызылдар [the reds]: military and political members of the Red Army

❂ The Red Army (*Қызыл армия*) fought against the White Army (*Ақ армия*) during the Civil War in Russia and Kazakhstan in the period 1917–23. Phrase: *қызыл әскерлер* (the Red Guards). See also *ақтар.*

❀ *Қызылдар* жұмысшы табы үшін күресті. The members of the Red Army fought for the working class.

❀ *Қызыл армия* Ресейдегі азаматтық соғыста жеңіске жетті. The Red Army was victorious in the Russian Civil War.

қызылды-жасылды [with red and green]: bright and colorful

❀ Біз Амазонка тропикалық орманын аралаған кезімізде *қызылды-жасылды құстарды* көрдік. We saw bright and colorful tropical birds during our tour of the Amazon rain forest.

❀ Ана көйлек менің жасымдағы әйел үшін тым *қызылды-жасылды* ғой. That dress is too bright and colorful for a woman of my age.

қызылшақа [red young]: newborn, as an infant

❀ Жаннаның *қызылшақа бөпесі* екі келі ғана. Zhanna's newborn baby weighs only 2 kilograms.

❀ *Қызылшақа нәрестеге* қарап, оның кімге тартқанын айта алмайсың. Looking at the newborn child, you can't tell who he looks like.

қызылшыл [obsessed with red]: someone who is quickly and indiscriminately attracted to colorful and shiny things

❂ Attraction to colorful and shiny things is traditionally attributed to young women. Syn: *көрсе қызар* (in *Miscellaneous*).

❀ *Қызылшыл* Айжан тағы бір жалт-жұлт еткен моншақ сатып алды. Aizhan, who loves colorful and shiny things, has bought yet another sparkling necklace.

❀ Менің досым өзін *қызылшылмын* дейді, бірақ онысын байқамаппын. My friend says of herself that she loves colorful and shiny things, but I have never noticed that in her.

қырмызы [bright red]: young, beautiful, and blossoming, as young men and women in their early twenties

⚙ Literary.

❋ Ол *қырмызы қызға* айналып, талай жас жігіттің көзіне түсті. She has blossomed into a beautiful young woman who catches the eyes of many young men.

❋ *Қырмызы қыз-жігіттер* көрші ауылдағы тойға бет алды. Young and beautiful men and women headed to the party in a neighboring village.

White: *Ақ*

ағы ақ, қызылы қызыл [one's white is white and one's red is red]: radiating, glowing with health, ***the picture of health***

⚙ Genitive, when the idiom acts as a predicate. Syn: *бетінен қаны тамған* (in *Body*).

❋ Бес жылдың ішінде қатарынан төрт бала туса да, Жаннаның *ағы ақ, қызылы қызыл*. Zhanna is radiant with health even after having had four babies in five years.

❋ Дәрігердің айтуынша, *менің ағым ақ, қызылым қызыл* екен. According to the doctor I am the picture of health.

ақ алтын [white gold]: cotton, as a commodity or industry

⚙ See also *қара алтын*.

❋ Өзбекстан — әлемдегі ірі *ақ алтын* өндірушілердің бірі. Uzbekistan is one of the world's large cotton exporters.

❋ Биыл *ақ алтын* өндірісі Жер-Анадан көп қиыншылық көрді. The cotton industry has suffered many setbacks this year at the hands of Mother Nature.

ақ босаға аттау [to step over a white doorjamb]: to marry and join the groom's family (see *босаға аттау* in *Yurt*)

⚙ Literary. Emphasizes the sacredness of marriage and family. Variant: *босаға аттау* (in *Yurt*).

ақ бұйрықты өлім [death with white order]: a death in which a person passes away af-

ter saying good-bye to his or her family (see *ақ өлім*)

⚙ Variant: *ақ өлім*.

ақ дастархан [white tablecloth]: a sacred meal offered to guests or at celebrations

⚙ *Дастархан* is one of the things that are considered sacred in the Kazakh culture. Collocations: *ақ дастархан жаю* (to honor someone with a sacred meal), *ақ дастархан басында* (over the sacred meal), *ақ дастархан басына жиналу* (to gather for a sacred meal); *ақ дастарханнан дәм тату* (to taste food offered at a sacred meal).

❋ Сыйлы қонаққа *ақ дастархан жайылды*. A sacred meal was prepared for the guest of honor.

❋ Мен атамның *ақ дастархан басында* берген батасын ешқашан ұмытпаймын. I will never forget the blessing my grandfather gave me over the sacred meal.

ақ дегені алғыс, қара дегені қарғыс [one's white is a thanks and one's black is a curse]: to have absolute power, ***one's word is law***

❋ 1930-ыншы қуғын-сүргін жылдарда шексіз билік Сталиннің қолында болды. *Оның ақ дегені алғыс, қара дегені қарғыс* болып, көп адам одан зардап шекті. During the 1930s repression years, absolute power was in Stalin's hands. His word was law, and many people suffered from it.

❋ Халықаралық лаңкестікпен күресте бір ғана *елдің ақ дегені алғыс, қара дегені қарғыс* болмауы керек. Барлық мемлекеттердің бірлесіп, бір шешім қабылдап, бір-біріне жәрдемдесуге жұмыстануы қажет. In the fight against international terrorism, only one country should not have the absolute power. All countries need to unite, come to one decision, and work to help each other.

ақ жарқын [white affability]: genial, affable, amiable

⚙ Collocations: *ақ жарқын көңіл* (an affable attitude), *ақ жарқын пейіл* (a genial treatment), *ақ жарқын мінез* (a genial disposition), *ақ жарқын жүз* (an affable face), *ақ жарқын қонақжайлық* (warm hospitality).

❧ Жамалға барғанды жақсы көремін, өйткені ол — *ақ жарқын* қонақжай адам. It's always nice to visit Zhamal because she is such a genial hostess.

❧ Бүгінгі жиналысымызда бастық *ақ жарқын* көңіл-күйде болды. The boss was in an affable mood at the meeting today.

ақ жауып арулау [to prepare a corpse for burial by covering with white]: to conduct proper and respectful burial procedures and rituals

◉ Accusative. Variant: *ақ жуып арулау*. Collocations: *ақ жауып арулап жөнелту, ақ жауып арулап жерлеу, ақ жауып арулап қою* (to conduct proper and respectful burial procedures and rituals).

❧ Археологиялық айғақтар египеттіктердің *фараондарын ақ жауып арулағандарын* көрсетеді. Archaeological evidence reveals that the Egyptians buried their pharaohs with respect.

❧ Соғыс кезінде жауынгерлер қаза тапқан кейбір *жолдастарын ақ жуып арулап көме алмады*. During the war the soldiers were not able to give some of their fallen fellow combatants a proper burial.

ақ жем болу [to be an exsanguinated meat]: **(1)** to wrinkle, as in fingers shriveling from prolonged exposure to water; **(2)** *to write until one's fingers bleed*, when used with *саусақ*; **(3)** to be overused to the point of insignificance

◉ *Ақ жем* is a meat that is soaked in water and fed to falcons or eagles in Kazakh falconry and eagle hunting. Also: *ақ жем ету, ақ жем қылу tr.*

❧ Бүлдіршін жүзгенді өте жақсы көреді; *қолы ақ жем болып*, бассейннен шықпайды. The toddler loves swimming and will stay in the pool until his fingers are wrinkled like prunes.

❧ Әнуар үйге қамалып алып, *саусағы ақ жем болғанша* кітап жазды. Anuar locked himself in the house and wrote a book until his fingers bled.

❧ Гаухар жігітіне қайта-қайта сүйетіндігін айта берді. Біраздан кейін ол *сөзі ақ жем болды*. Gaukhar repeatedly said "I love you"

to her boyfriend. After a while, it was overused to the point of insignificance.

ақ жол ашу [to open a white road]: to open a string of opportunities and possibilities for someone

◉ Often used with *алдынан*. Also: *ақ жол ашылу pass.*

❧ Ағылшын тілін меңгергені, Алмагүлдің *алдынан ақ жол ашты*. Ірі университетте ғылыми жұмыспен айналысты, сосын шетелге барып оқуға шәкіртақы алды. Сонымен қатар, аудармашы-тілмәш ретінде атағы шықты. After mastering English, a string of opportunities opened up for Almagul. She did research at a large university, and then she received a scholarship to go overseas to study. In addition, she became known as a translator and interpreter.

❧ Президентке күйеу бала болғаннан кейін, Асыланның *алдынан ақ жол ашылды*. Бірінші, ол ұлттық банктың басшысы болып тағайындалды, сосын Қорғаныс министрі болды. Ал қазір Жоғары Сотқа оның кандидатурасы қаралып жатыр.

After marrying into the president's family, a string of positive opportunities opened up for Asylan. First he was put in charge of the national bank, then he was appointed defense minister, and now he is being considered for the Supreme Court.

ақ жуып арулау [to prepare a corpse for burial by washing it white]: to conduct proper and respectful burial procedures and rituals (see *ақ жауып арулау*)

◉ Variant: *ақ жауып арулау*. Collocations: *ақ жуып арулап жөнелту, ақ жуып арулап жерлеу, ақ жуып арулап қою* (to conduct proper and respectful burial procedures and rituals).

ақ жүрек [white heart]: purehearted

◉ Also: *жүрегі ақ*.

❧ *Ақ жүрек* Асыланға Қанаттың қалайша өз досына алаяқтық істегенін түсіну қиын болды. It was hard for purehearted Asylan to understand how Kanat had swindled his own friend.

❧ Көршілер оның әдейі өрт қоймағанын, өйткені оның *жүрегі ақ адам* екенін айтты.

The neighbors said that he could not have set the fire intentionally, because he was a pure-hearted person.

ақ иық [white-shouldered eagle]: gifted, as a poet or improviser

☉ Based on the idea that the talent of a poet is in his or her ability to fly like an eagle in the endless sky of poetry and to make readers experience the same. Variant: *ақиық*.

❀ Мына *ақиық ақынның* өлеңдерін оқығанда мен шабыттанып, жаңа бір көкжиекке жеткендей боламын. When I read the poems of this gifted poet, I am inspired and feel as if I have reached a new horizon.

❀ Мен кітапханадан *ақиық ақындардың* шығармаларын іздегенмін. I have looked for the works of gifted poets.

ақ киізге көтеру [to raise on a white felt rug]: to crown a khan

☉ Crowning someone a khan involved a ritual in which people would lift up the khan on a white felt rug. Also: *ақ киізге отырғызу.*

❀ Келесі айда олар тұңғыш ұлын *ақ киізге көтереді.* Next month they will crown the eldest son a khan.

❀ Әділ, қуатты жауынгер *ақ киізге көтерілгенде*, ауылдастар қуанып, тойлатты. The villagers celebrated and rejoiced when the just and powerful warrior was crowned a khan.

ақ көңіл [white spirit]: magnanimous, great-hearted

☉ Variant: *аққөңіл*

❀ Болат *ақ көңіл*; туыстары қарызға алған ақшасын қайтармаса да, оларға қарыз бере береді. Bolat is very magnanimous with his family; even though they don't return his money, he continues to let them borrow it.

❀ *Аққөңіл Рахия* қалжыңдап тиісе беретін жұмыстастарына ешқашан ренжімейді. Magnanimous Rakhiya never gets angry with her co-workers, even though they constantly tease her.

ақ қар, көк мұз [white snow and blue ice]: **(1)** severe winter, **(2)** a lot of snow and ice

☉ Collocation: *қыстың ақ қар, көк мұз қақаған аязы* (very bitter winter cold).

❀ Біз қыстың *ақ қар, көк мұз* аязына қарамай ойнайтынбыз. We used to play outside regardless of the freezing winter.

❀ *Аулада ақ қар, көк мұз.* Менің інілерім күн қақап тұрса да, ауланы қардан тазартып жүр. There is a lot of snow and ice in the yard. My brothers are cleaning the snow from the yard even though it's freezing.

ақ құба [light, white yellow]: fair complexioned with dark hair (see *ақ сары*)

ақ маржан [white coral]: rice, as a commodity or industry

❀ *Ақ маржан* оңтүстік-шығыс Азияда басты ауылшаруашылық өнім болып табылады. Rice is a major crop in Southeast Asia.

❀ Қазақстан да *ақ маржан* өсіреді. Kazakhstan also produces rice.

ақ өлең [white poem]: blank verse

☉ Can be used in formal Kazakh. See also *қара өлең*.

❀ Уильям Шекспир өзінің әйгілі шығармаларының көпшілігінде *ақ өлеңді* қолданды. William Shakespeare used blank verse in many of his famous plays.

❀ Оқушылар әдебиет сабағында *ақ өлең* жазуды үйренді. Schoolchildren learned how to write blank verse in literature class.

ақ өлім [white death]: a death in which a person passes away after saying good-bye to his or her family

☉ Variant: *ақ бұйрықты өлім*. Collocations: *ақ өліммен дүниеден өту, ақ өліммен өлу* (to die after saying good-bye to family), *ақ өлім жазу* (to be destined to have such a death). See also *ит өлім* (in *Livestock with Beasts and Birds*).

❀ Баспанасыз кісі жанұясы бар екенін және құдайдан *ақ өлім* сұрайтынын айтты. The homeless man said that he had a family and that he had asked God to take him after he rejoined his family.

❀ Болаттың атасы ауруханадан үйге қайтып, *ақ өліммен өлгісі келетінін* айтып тұрып алды. Bolat's grandfather insisted on coming home from the hospital, because he wanted to die surrounded by his family.

ақ патша [white tsar]: Russian tsar

☉ Some scholars claim that the term *ақ патша* was originally applied to the Kazakh khan named Tokhtamys and only later came to be used in reference to Russian tsars.

❖ Николай *ақ патшалардың* соңғысы болды. Nikolai was the last Russian tsar.

❖ Большевиктер *ақ патшаға* қызмет еткен қазақтарды қуғындады. Kazakhs who served the Russian tsar were persecuted by the Bolsheviks.

ақ пейіл [white grace]: kind heart

☼ Also: *ақ пейілді* (kindhearted), *ақ пейілділік* (kindheartedness). Collocation: *ананың ақ пейілі* (mother's kindness of heart).

❖ *Ақ пейілді* дәрігер алыстағы ауылда тегін ем береді. The kindhearted doctor operates a free clinic in the remote village.

❖ Оның *ақ пейілділігіне* менің жаным сүйсінеді. I admire her kindheartedness.

ақ пен қара [white and black]: right and wrong; true and false (see *ақ-қара*)

☼ Generally not used with a genitive complement. Variant: *ақ-қара*. Collocations: *ақ пен қараны айыру, ақ пен қараны ажырату* (to distinguish between right and wrong); *ақты ақ, қараны қара деу* (to call it like it is).

ақ сары [white yellow]: quite light complexioned with light-colored eyes and very light brown hair

☼ The color yellow, not white, is used to describe people of the Caucasoid race as well as people belonging to other races, especially Mongoloid, who have light-colored skin, eyes, and hair. Other types of complexion: *ақ құба* (fair complexioned with dark hair), *сары* (of lighter complexion than *ақ сары,* with blond hair), *сап-сары colloq* (very light complexioned with blond hair), *қара торы* (slightly dark complexioned), and *қара* (dark complexioned).

❖ Менің вьетнамдық қайын атам — *ақ сары* адам. My Vietnamese father-in-law has light complexion, light eyes, and very light brown hair.

❖ Адамдар күдіктіні сұңғақ бойлы, *сары* жігіт деп сипаттады. The suspect was described as a slender, light-skinned, young male with blond hair.

ақ сирақ жұт [white shinbone disaster]: death of almost all livestock in winter (see *ақ сүйек жұт*)

☼ Variant: *ақ сүйек жұт.*

ақ сөйлеу [to speak white]: to tell the truth only, to speak with honesty or to speak justly

❖ Ол айғақ беру кезінде *ақ сөйлесе*, алқа билері өзінің кінәсіз екеніне сенеді деп ойлады. She thought that the jurors would believe her innocence if she told the truth when she testified.

❖ Сарапшылар экономика туралы *ақ сөйлеп жатыр*. Experts are speaking with honesty about the economy.

ақ су [white water]: a mixture of hot water and milk

☼ In past difficult times, black tea was a commodity that was not readily available or accessible to all. Because of this, some people used to drink hot water with milk only. See also *қара су*.

❖ Шіркін, *ақ судың* орнына дұрыс шәй ішсем ғой. Oh how I yearn to drink proper tea instead of just hot water and milk.

❖ Асыланның студент кезінде шәй алатын ақшасы болмай, тек *ақ су* ішті. Asylan could not afford to buy tea while in college, so he settled for hot water and milk.

ақ сүйек жұт [white bone disaster]: death of almost all livestock in winter

☼ *Жұт* is a term for the death of livestock because of a lack of food during an extended, severe winter. Variant: *ақ сирақ жұт.*

❖ 1953 жылдың суық қысындағы *ақ сирақ жұтта* атам бар малынан айрылды. During the severe and extended winter of 1953, my grandfather lost all his livestock because of the shortage of food for the animals.

❖ Көптеген ауыл адамдары шаруашылықтарынан айырылуы мүмкін, өйткені осы қыста *ақ сүйек жұт* болды. Many villagers may lose their farms because all the livestock died this winter.

ақ сүт беру [to give white milk]: to give motherly love and care

☼ Mostly used as an adjective to show one's respect and reverence for a mother. A mother and mother's milk are considered sacred in the Kazakh culture. There is a belief that the Kazakh culture, language, and spirit are given to a child through the mother's milk. See also *ана сүтін ақтау* (in *Humans and Their Kin*), *ақ сүтін көкке сауып қарғау.*

❧ *Ақ сүт берген* анамыздың алпыс жыл мерейтойына арнап өлең жазып, ән шығардық. We composed songs and poems for mom's sixtieth birthday to thank her for raising us with love.

❧ *Ақ сүт берген* анаңды қалай карттар үйіне жібердің? How could you send your mother, who nurtured you, to a nursing home?

ақ сүтін көкке сауып қарғау [to curse milking one's white milk to the blue sky]: to curse severely, as a mother

☸ Accusative. Only used about mothers who curse their own children for physically or verbally abusing the parents or disgracing the family or community. Mothers and mother's milk are considered sacred in the Kazakh culture. In old days the mother's curse was the harshest punishment a child could receive from parents. Being cursed by one's mother meant being disowned by the family and becoming an outcast to the community. See also *ақ сүт беру, ана сүтін ақтау* (in *Humans and Their Kin*).

❧ Мас Болат ата-анасын құрметті қонақтардың алдында жаман сөз айтып қорлады. Шешесі бірден *оны ақ сүтін көкке сауып қарғап*, үйден куып жіберді. The drunken Bolat crossed the line by verbally abusing his parents in front of the honored guests. His mother immediately cursed him and disowned him from the family.

❧ Жангүл дүкеннен тағы зат ұрлап жатқанда ұсталып, түрмеде жазасын өтейтін болды. Бірақ алған ең жаман жазасы – анасының *оны ақ сүтін көкке сауып қарғағаны болды*. Zhangul was caught shoplifting again and will have to serve some jail time; but even worse, her mother has cursed her.

ақ табан шұбырынды [white foot trail]: the devastating movement when Kazakhs fled from the invading Jungars in 1723

☸ Variant: *ақтабан шұбырынды, Алқакөл сұлама*. The expression describes people fleeing the Jungars in large numbers, running until their feet were white and they reached Lake Alkakol. See also *қызыл табан шұбырынды*.

❧ *Ақ табан шұбырынды* кезінде шыққан «Елім-ай» әні — жерін тастап, босып кеткен халықтың зарлы үні. The song "Elim-ai," which was created during the Trail of White Feet, expresses the sorrowful voice of the people fleeing their lands.

❧ Қазақтар жоңғарларға *ақтабан шұбырындыдан* кейін 1728 жылы алғаш рет тойтарыс берді. It was 1729 when the Kazakhs defeated the Jungars for the first time after the Trail of White Feet.

ақ таяқ [white stick]: the trade of herding and shepherding, associated with men

◉ Used to show respect to shepherding as the trade left by forefathers. *Қара таяқ*, conversely, is marked by a disparaging attitude to the trade of herding and shepherding. Collocations: *атабабаның ақ таяғы* (ancestral trade of shepherding or herding), *ақ таяқты қолға алу* (to become a shepherd or herdsman), *ақ таяқты қолға ұстау, ақ таяқты тапсыру* (**to pass the torch of a shepherd**). See also *қара таяқ*.

❧ Өмір бойы шопан болған Ерлан ұлының жоғары білім алғанын қалап, оған *ақ таяғын тапсырған жоқ*. Erlan was a shepherd all his life but did not pass the torch to his son, whom he wanted to go to college.

❧ Ерболат он сегіз жасында *ақ таяқты қолына алды*. Yerbolat became a shepherd at the age of eighteen.

ақ тер, көк тер болу [to be a white sweat and a blue sweat]: **(1)** to sweat significantly, *to sweat like mad*; **(2)** to work very hard, *to sweat blood*

◉ Variants: *қара терге түсу, қара суға түсу*, in the first sense. *Ақ тер, көк тер болу* implies perspiring over one activity for several extended periods of time, whereas *қара терге түсу* and *қара суға түсу* mean to sweat for one period.

❧ Ержан жұмысына аптаған ыстықта жаяу барып, *ақ тер, көк тер болып жүр*. Yerzhan sweats like mad as he walks to work in the intense heat.

❧ Шаруа күнкөріс үшін күн ұзақ алқапта *ақ тер, көк тер болады*. The farmer sweats blood in the field all day to earn his living.

ақ түйенің қарны жарылу [to have a white camel's stomach explode]: to rejoice in happiness, usually at celebrations or festivities

◉ Locative. Based on the practice of keeping

the meat or the fat in the stomach of a camel, burying it under the ground, and opening it during celebrations or festivities.

❋ Шағын қалада мәдени орталық ашылып, *ақ түйенің қарны жарылды*. The townspeople were rejoicing with the grand opening of the cultural center.

❋ Жаңа жыл қарсаңы — біздің үйде *ақ түйенің қарны жарылатын күн*. Біз барлығымыз жиналып, жаңа жылды тойлатамыз. New Year's Eve is when we will rejoice in happiness. All of us will get together and celebrate the coming of the new year.

ақ үй [white house]: a yurt that consists of six qanats (see *киіз үй* in *Yurt*)

❂ *Қанат* is a term used to describe the size of the yurt. It is determined by the number of wood rods of three different lengths used to form an open web carcass or *кереге*. One qanat consists of fourteen long rods, nine medium-length rods, and nine short rods. The Kazakh yurt consisting of three qanats was called *қара үй*, of four qanats, *қоңыр үй*; of five qanats, *боз үй*; and of six qanats, *ақ үй: алты қанат ақ үй*. Yurts assembled for guests can be made of eight or twelve qanats. Kazakh yurts are also classified according to the color of the felt that is used to make them.

ақ халатты [with a white robe]: a medical doctor

❂ Literary. The white color of the uniform that is worn by doctors is transferred as a metonymy from the uniform to an individual who wears that uniform. Collocation: *ақ халатты абзал жан* (literally, a kind soul in a white robe) is used to refer to medical doctors to show respect and appreciation of their work and kindness.

❋ Менің анам *ақ халатты абзал жан* болып, отыз жылдан аса ауыл емханасында қызмет етуде. My mom has been working at a rural hospital for more than thirty years as a respected medical doctor.

❋ *Ақ халатты* зейнетке шыққаннан кейін, Африкадағы кедей балаларға көмектесу үшін Бейбітшілік корпусына ерікті болып жұмысқа тұрды. After retiring from the hospital, the well-respected and kind doctor volunteered with the Peace Corps to help poor children in Africa.

ақ шашты, сары тісті [with white hair and yellow teeth]: elder (see *сары тіс*)

❂ Variant: *сары тіс*

ақ шашымен [with one's white hair]: despite one's old age

❂ Used to express one's admiration for or disapproval of an older person's action. Syn: *үлкен басымен, аппақ сақалымен. Аппақ сақалымен* is also used to express disapproval to young people or even children who are older than others and acting immaturely. Note: *ақ шаш* (gray hair).

❋ Әнуар аға дастархан басында *ақ шашымен ішіп алып*, жастарға дұрыс үлгі көрсетпеді. Despite being the eldest family member at the table, Uncle Anuar set a bad example for the young men by getting drunk.

❋ Қарт профессор мейірімді, жомарт кісі. Ол бөлімдегілердің барлығынан жасы үлкен болса да, *үлкен басымен* барлық әріптестеріне кофе *дайындайды*. The elderly professor is very warmhearted and generous. Despite his age, he makes coffee for everyone in the office.

ақ шәй [white tea]: black tea with a lot of milk

❂ See also *қызыл шәй*.

❋ Мен *ақ шәй* ішкенді жақсы көремін. I like drinking black tea with a lot of milk.

❋ *Ақ шәйдан* басқа не керек? What do you want besides black tea with a lot of milk?

ақжаулық [white headscarf]: wife, spouse

❂ It is a metonymy for a wife because a white headscarf was traditionally worn by women after marriage. Mostly used in formal language. Collocation: *ақ жаулықты ана* is used in formal language to show respect to a woman for being a mother.

❋ Бай мұнай магнаты *ақжаулық* ретінде бір сұлу модельді таңдап алды. The rich oil tycoon chose a beautiful model to be his wife.

❋ Бір қазақ мақалында «Бірінші байлық — денсаулық, екінші байлық — *ақжаулық*» делінген. A Kazakh proverb says: "First treasure is health and second treasure is wife."

аққөз [white eye]: **(1)** dauntless; **(2)** insolent; **(3)** irrational, when used with *ашу*: *аққөз ашу*

☉ Also: *аққөздік* (insolence), *аққөздену* (to be dauntless, insolent, irrational).

❀ *Аққөз өрт сөндірушілер* адамдарды құтқару үшін жанып жатырған үйді бұзып кірді. The dauntless firefighters broke through the burning building to save the people.

❀ Өз ағасына жаман сөз айтқаны сондай *аққөздік*. It is such insolence to say bad words to his own elder brother.

❀ Ол қазір *аққөз ашудың* жетегінде кетіп отыр, кейін онысына өкінеді. He is now driven by irrational anger, but he will later regret it.

ақ-қара [white and black]: right and wrong; true and false

☉ Genitive. Variant: *ақ пен қара* is generally not used with a genitive complement. Collocations: *ақты ақ, қараны қара деу* (to call it like it is); *кім ақ, кім қара* (who is right and who is wrong).

❀ Сыйға берілген қаржыға келгенде, жас саясаткер оның *ақ-қарасын* айтуға уәде етті. When it came to the donations, the junior politician promised to tell what is true and what is false.

❀ Ол *ақ пен қараны* ажырата алмайтын сияқты. It seems that she cannot distinguish between right and wrong.

ақсақал [white beard]: an elder, respected male

☉ Also used after proper names to show respect for the elders.

❀ Ауыл *ақсақалдары* жаздың бұрын-соңды мұндай салқын болмағанын айтты. The village elders said that they had never seen this kind of cool summer.

❀ Бақша егер алдында көрші *Ғали ақсақалдан* кеңес сұрадық. We asked neighbor grandpa Gali for his advice before starting a vegetable garden.

ақсаусақ [white finger]: someone who does not like to get his or her hands dirty

❀ *Ақсаусақ* әйел бірбеткейленіп, үй тазалап, тамақ пісіруден бас тартып отыр. The prissy wife, who does not like getting her hands dirty, obstinately refuses to clean and cook.

❀ Әкем: «Ешқашан *ақсаусақ* адамға тұрмысқа шықпа», — дейтін. Dad used to say: "Never marry a man who does not like to get his hands dirty."

ақсүйек [white bone]: aristocrat

☉ This term was used to refer to Jochi Khan's (Genghis Khan's eldest son) descendants who ruled Kazakhstan. In the past, Kazakhs were socially divided into two groups: *ақсүйек* and *қара* (populace). See also *қара қазақ, қара халық, қарадан шығу*. In some texts, *қарасүйек* is used to refer to populace. This compound word was coined after *ақсүйек*, and is incorrectly used along with *қара*.

❀ Бұрынғы кезде *ақсүйек* өзімен әлеуеті тең әйелмен отау құруға тиіс болған. In the past a nobleman was expected to marry a woman of equal social status.

❀ *Ақсүйек* отбасымен бірге өте қымбат шарап ішіп, мол тамақ жеп рахаттанды. The aristocrat and his family enjoyed fine wine and extravagant dinners.

ақтабан шұбырынды, Алқакөл сұлама [white foot trail and falling flat at Alqakol]: the devastating movement when Kazakhs fled the invading Jungars in 1723 (see *ақ табан шұбырынды*)

☉ The expression describes people fleeing the Jungars in large numbers, running until their feet were white and they reached Lake Alqakol. Variant: *ақ табан шұбырынды*.

ақтан жарылу [to crack from white]: to be sincere in telling the truth or feelings, ***to pour one's heart out***

☉ *Ақ* must be used with a possessive ending.

❀ Компания банкротқа ұшырағанын жарияламас бұрын, бас атқарушы менеджер мен қаржы директоры *ағынан жарылып*, компанияның қаржы мәселелері туралы баяндама жасады. Before the company declared bankruptcy, the CEO and financial director poured their hearts out about the company's financial problems.

❀ Адвокатыма ғана *ағымнан жарылып*, уайымымды айттым. I poured my heart out and shared my worries with my lawyer.

ақтаңдақ [white spot]: **(1)** a time in history marked by mass persecution or oppression; **(2)** false assumptions or conclusions made as a result of oppressive censorship

✿ Literary. Collocations: *ақтаңдақ жылдар* (years of persecution and oppression), *тарихтың ақтаңдақ беттері* (pages of history marked by persecution), *тарихтың ақтаңдақ ақиқаты* (the truth about persecution and oppression).

❀ 1970-інші жылдар Қызыл кхмерлерден қуғын-сүргін көрген камбоджалықтар үшін *ақтаңдақ жылдар* болды. The 1970s were dark times for Cambodians, who were persecuted by the Khmer Rouge.

❀ Диктаторлық режимде жазылған еңбектерде *ақтаңдақтар* болады. The works written under the dictatorship's regime will contain some false conclusions.

ақтар [the whites]: military and political members of the White Army

✿ The White Army (*Ақ армия*) fought against the Bolsheviks and the Red Army (*Қызыл армия*) during the Civil War in Russia and Kazakhstan in the period 1917–23. Phrase: *ақ әскерлер* (the White Guards). See also *қызылдар* (members of the Red Army).

❀ Кейбір *ақтар* қазіргі кезде батыр ретінде танылып жатыр. Some White Army soldiers are being recognized as heroes today.

❀ Нью-Йоркта *Ақ армияның* кейбір генералдарының жесірлері тұрды. There were widows of some White Army generals living in New York.

ақтылы қой, алалы жылқы [sheep of mostly white colors and horses of various colors]: sheep and horses of all types

❀ *Ақтылы қой, алалы жылқыны* жаны сүймейтін қазақ бар ма?! Is there a Kazakh who doesn't love sheep and horses of all types?

❀ Алматтың арғы атасының малының көп болғаны соншалық, *ақтылы қойы, алалы жылқысының* дәл санын білмеген екен. Almat's forefather had so many livestock that people would say that he did not know the exact number of all his sheep and horses of all types.

аппақ сақалымен [with one's very white beard]: despite one's old age or seniority in age

✿ Used to express one's admiration for or disapproval of an older person's action. Also used to express disapproval to young people or even children who are older than others and acting immaturely. Syn: *ақ шашымен, үлкен басымен* (in *Body*).

❀ Жасөспірімдер *аппақ сақалдарымен* кішкентай балалармен ойыншыққа *таласып жатыр*. Despite their old age, the teenagers were still fighting with the children over the toys.

❀ Арайлым үлкен баласына «*Аппақ сақалыңмен* велосипедке *мініп алыпсың*, түс те, оны *ініңе бер*», — деді. Arailym told her older son, "You're too old for that bike so give it to your little brother."

аузы аққа жету [to have one's mouth reach the white]: **(1)** to be able to drink homemade whole milk after wintertime; **(2)** to improve economically, as in betterment of one's economic situation (see *аузы аққа тию*)

✿ Variant: *аузы аққа тию*.

аузы аққа тию [to have one's mouth touch the white]: **(1)** to be able to drink homemade whole milk after wintertime; **(2)** to improve economically, as in betterment of one's economic situation

✿ In the winter, Kazakhs used to not have fresh milk, because the livestock do not produce milk during this time. Therefore, the expression is also used to describe the coming of the spring or spring equinox when the cattle give milk after giving birth to new calves. Variant: *аузы аққа жету*. Collocations: *аузы аққа қарқ болу* (to have abundant supply of milk), *аузы аққа жару* (to have a sufficient amount milk to drink). See also *малдың аузы көкке тию* (in *Livestock with Beasts and Birds*).

❀ Ауыл адамдары ұзаққа созылған қыстан кейін *аузымыз аққа тиеді* деп қуанып отыр. The villagers are excited about drinking fresh homemade milk after the prolonged winter.

❀ Қызметкерлер Болаттың қол астында болған кездерінде көп жақсылық көріп, *ауыздары аққа тиді*. Under the management of Bolat, the employees received many privileges and their situation improved.

қосағыңмен қоса ағар [whiten together with your spouse]: may you live long together with your spouse

☸ Used to wish a bride or a groom a long life together. *Ағару* refers to getting gray hair, that is, living to an old age. See also *тағдыр қосқан қосақ, құдай қосқан қосақ* (in *Livestock with Beasts and Birds*).

❧ *Жаңа отау құрып жатырсың. Қосағыңмен қоса ағар!* You are forming a new family. May you live long with your wife.

❧ *Қазақстанда үйлену тойларында жас жұбайларға «қосағыңмен қоса ағар» деген тілек айтады.* During a wedding celebration in Kazakhstan, it is customary for the guests to make the wish that the new bride and groom will happily grow old together.

сүттен ақ, судан таза [whiter than milk and cleaner than water]: innocent

☸ Marked by sarcasm.

❧ *Менің інім бұзақылық істесе де, сүттен ақ, судан таза болып шығады. Ешқашан теріс әрекетіне жаза алып көрген емес.* In all his mischief, my younger brother comes out looking like a saint. He has never been punished for any wrongdoing.

❧ *Адвокат айыпталушыға қарсы айғақ берген куәгердің өзінің сүттен ақ, судан таза еместігін соттың есіне салды.* The defense lawyer reminded the court that the witness testifying against the defendant is not an innocent person.

Yellow: *Сары*

сап-сары [very yellow]: very light complexioned with blond hair (see *ақ сары*)

☸ Used colloquially for banter. The color yellow, not white, is used to describe people of the Caucasoid race as well as people belonging to other races, especially Mongoloid, who have light-colored skin, eyes, and hair.

сары [yellow]: light complexioned with blond hair (see *ақ сары*)

☸ The color yellow, not white, is used to describe people of the Caucasoid race as well as people belonging to other races, especially Mongoloid, who have light-colored skin, eyes, and hair.

сары ала күз [yellow, multicolored autumn]: mid-autumn

☸ Autumn is divided into three phases: early autumn is *қоңыр күз*, mid-autumn is *сары ала күз*, and late autumn is *қара күз*. Mid-autumn is *сары ала күз*, because the steppe turns yellow and trees turn various shades of yellow.

❧ *Теректердің жапырақтары сары ала күзде түстерін өзгерте бастайды.* The leaves on the trees began to change colors in mid-autumn.

❧ *Біз Стамбұлға сары ала күзде баруды жоспарлап отырмыз.* We are planning a trip to Istanbul in mid-autumn.

сары ала таң [yellow, multicolored morning]: predawn (see *боз ала таң*)

☸ See also *ала таңнан қара кешке дейін*.

сары ауыз [yellow mouth]: young, **green**

☸ Variant: *сары үрпек*. Collocation: *сары ауыз балапан* (little baby, **green**).

❧ *Саясаткердің шалыс басқан қадамдарына қарап, қаншалықты сары ауыз екенін білуге болады.* You can really tell how green that politician is from all the gaffes he commits.

❧ *Майкл Джексонның аты сары ауыз балапан кезінде-ақ шыққан.* Michael Jackson became famous when he was very young.

сары аяз [yellow frost]: bitter, freezing winter weather

☸ Variant: *көк аяз*. Collocations: *сары шұнақ аяз, сақылдаған сары аяз, сақ-сақ күлген сары аяз*.

❧ *Сары аяз бұл жерге тән емес.* The bitter, freezing winter is unusual for this area.

❧ *Адамдар сақылдаған сары аяздан далаға көп шықпай отыр.* People are not getting out of their homes much because of the bitter, freezing cold weather.

сары дала [yellow steppe]: vast steppe

❧ *Атыраудың сары даласын көктемде қызғалдақ көмкереді.* The vast steppes in Atyrau are laden with tulips in springtime.

❧ *Жылқылар сары далада жосып жүр.* Horses roam the vast steppe.

сары жамбас болып жату [to lie being a yellow pelvis]: to lie around

❧ *Қанат жексенбіде таңертең ештеңе*

істегенді ұнатпайды. Түске дейін *сары жамбас болып жатады*. Kanat likes to be idle on Sunday mornings. He lies around until noon!

❀ *Сары жамбас болып жатқанша*, неге жұмыс таппайсың? Instead of just lying around, maybe you should find a job.

сары жел [yellow wind]: incessant wind

❂ See also *қара жел, қоңыр жел, қызыл жел*.

❀ Дала өртін ауыздықтауда *сары жел* өрт сөндірушілердің жұмысын қиындатуда. The incessant wind is making it difficult for the firefighters to contain the wildfire.

❀ Атырауда *сары жел* есіп тұрады. An incessant wind blows in Atyrau.

сары жол [yellow road]: bridle path

❂ See also *қара жол*.

❀ Біз *сары жолмен* қыдырып қайттық. We took a nice walk along the bridle path.

❀ Мына *сары жол* бір кездері пошта тасуға пайдаланылған екен. The bridle path was once used to deliver mail.

сары қарын [yellow belly]: a woman who is about forty-five to fifty years of age and who has borne many children

❂ This expression implies that a woman has lost her figure to age and motherhood. It is used both as an unflattering expression or an expression of appreciation toward a woman's age and motherhood.

❀ Менің кезінде мектепте жүрген, талдырмаш қызым қазір *сары қарын* әйел болыпты. My once-petite high school girlfriend was now a plump, middle-aged mother of five.

❀ Бір *сары қарын* әйел алты баласымен бірге балмұздақ дүкеніне маймаңдап кіріп келді. A portly, middle-aged woman and her six children waddled into the ice cream parlor.

сары қымыз [yellow kumis]: kumis made in autumn

❂ *Kumis* is a Kazakh traditional drink made of fermented horse milk. *Сары қымыз* is considered to have medicinal properties and thus to be the best one.

❀ Мен ауырғанда, әйелім маған *сары қымыз* ішкізді. When I was feeling sick, my wife had me drink kumis made in autumn.

❀ *Сары қымызды* асыға күтіп жүрмін. Ол менің ең жақсы көретін қымызым! I can't wait to drink the kumis made in autumn. That's my favorite type!

сары сүйек [yellow bone]: a very distant relative of the eighth to tenth degree (see *қабырға ағайын* in *Body*)

❂ Syn: *қабырға ағайын* (in *Body*). Collocations: *сары сүйек құда* (an in-law relative of the eighth to tenth degree), *сары сүйек құдалық* (being related in the eighth to tenth degree and being in-laws at the same time).

сары табан [yellow sole]: experienced, as person

❀ Жоғары технологиялық құралдар жасауда компания *сары табан* болып алған. The company is experienced in making high-technology gadgets.

❀ Райхан — біздегі ең *сары табан* маркетинг директоры. Raikhan is our most experienced marketing director.

сары тоқым ұры [a yellow saddlecloth thief]: a horse-stealer *of the blackest dye*

❂ A horse thief spends a lot of time on the saddle, so the brown leather becomes worn and yellowed.

❀ Мына *сары тоқым ұры* ауылдың жылқыларын қоймады. The horse stealer of the blackest dye has devastated our village's horse supply.

❀ Полиция кеше түнде менің бауырымның жылқысын ұрлағалы жатқан *сары тоқым ұрыны* ұстады. The police finally captured the horse stealer of the blackest dye last night while he was trying to steal horses from my cousin's farm.

сары төсек болу [to be a yellow bed]: to be bedridden

❂ Based on the idea of the bed of a sick and bedridden person becoming soiled and yellowed.

❀ Оның әжесінің *сары төсек болғанына* жыл жарым болды. It has been half a year since his grandmother became bedridden.

❀ Ісік ауруы атамызды әбден қалжыратқаны соншалық, ол өткен айдан бері *сары төсек болып* жатып қалды. The cancer has weakened our grandfather's health so much that he has been bedridden for the last month.

сары тіс [yellow teeth]: elder

⚙ Variant: *ақ шашты, сары тісті*. Also: *сары тісті* (elderly).

❀ *Сары тіс* инженерлер жас мамандарға тәлімгерлік көрсетуде. The elderly engineers are mentoring the new engineers.

❀ *Ақ шашты, сары тісті,* мейірімді педиатр қырық жыл қызмет етіп, зейнетке шығып жатыр. The kind, elderly pediatrician is retiring after forty years.

сары уайымға салыну [to put oneself into yellow worry]: to worry greatly, *to worry to death*

⚙ Also: *сары уайымға салу tr.*

❀ Ұлы әскерге баруға бел буғанда, Жанар *сары уайымға салынды*. Zhanar became worried to death when her son decided to enlist in the army.

❀ Жасы ұлғайған әкемнің жол апатына ұшырағаны *мені сары уайымға салды*. The fact that my elderly father got into a car accident made me worry to death.

сары уыз балапан [yellow colostrum chick]: (1) too young, as a baby; (2) too young and inexperienced

⚙ Variants: *сары ауыз балапан* (under *сары ауыз*), *сары үрпек балапан*.

❀ *Сары уыз балапан* сәбилер балабақша ауласына кіре бастады. Little babies started entering the kindergarten yard.

❀ *Сары уыз балапан* саясаткер жұртшылық алдында сөйлеген алғашқы сөзінде көп қате жіберді. The inexperienced politician made many mistakes in his first public speech.

сары үрпек [yellow chick]: young, *green* (see *сары ауыз*)

⚙ Variant: *сары ауыз*. Collocations: *сары үрпек балапан* (**green**), *сары үрпек бала* (young child).

ұзын сары [long yellow]: time in very early spring when the food and feed stored for winter are almost gone (see *көк өзек*)

⚙ In the past Kazakhs used to prepare for this time of the year by burying partially fried meat in a cooked stomach of livestock. Variants: *көк өзек, қара өзек*.

Food: Тамақ

абыройы айрандай төгілу [to have one's dignity spill like airan]: to lose honor and dignity

❁ *Айран* is a dairy drink made by putting a fermenting agent in the milk. Also: *абыройды айрандай төгу* act.

❁ Егер той-думан орны ретінде аты шықса, *университеттің абыройы айрандай төгілмек*. The university is bound to lose honor and dignity if it becomes known as a party school.

❁ Тергеушілер мемлекет қаржысын өз демалысына жұмсағанын ашып, губернатордың *абыройын айрандай төкті*. The revelation by the investigators that the governor had used public funds to pay for his vacations made him lose his honor and dignity.

азан-қазан [azan-qazan]: *hustle and bustle*

❁ *Азан* does not have a specific meaning in this combined word; it is added to rhyme with *қазан* and give a sense of noisiness. *Қазан* is a cast iron cooking pot. Also: *азан-қазан болу* (to be hustle and bustle), *азан-қазан ету tr* (to cause the hustle and bustle).

❁ Жиендерім жиналса, үйдің іші *азан-қазан болады*. When my nephews gather, there is a hustle and bustle inside the house.

❁ Көк базар Жаңа жыл қарсаңында *азан-қазан*. The Green Bazaar is very noisy and bustling on the eve of the New Year.

ай сүттей жарық [the moon is as bright as milk]: moonlit

❁ Атырау өлкесінде тамыз айында түн *ай сүттей жарық* болады. In Atyrau, August nights are moonlit bright.

❁ Әйелім екеуіміз *ай сүттей жарық кештерде* өзен жағасында серуендегенді жақсы көреміз. My wife and I enjoy taking a long walk along the river on moonlit nights.

айрандай ұю [to clabber like airan]: to live in peace and harmony with one another

❁ *Айран* (airan) is a dairy drink made by putting a fermenting agent to the milk. Variant: *сүттей ұю*. Also: *айрандай ұйыту tr*. Ant: *ірітқі салу*. *Ірітқі* or rennet curdles the milk into separate granular pieces found in a cot-

tage cheese, whereas *ұйытқы* or a fermenting agent transforms the milk into one smooth consistency seen in yogurt. See also *ұйыту*.

❁ Көп мәдениетті америкалықтар *айрандай ұюдың* жолын тапқан. Multicultural Americans have found a way to live in peace and harmony with one another.

❁ Олардың анасы үлкен *отбасын айрандай ұйытып отыр*. Their mother is helping the members of her large family live in peace and harmony with one another.

алма мойын [apple neck]: beautiful neck, in women

❁ Mainly literary.

❁ *Алма мойыныңды* көрсетпейтін киім киме. Don't wear anything that would hide your beautiful neck.

❁ Інжу алқасы *оның алма мойнына* жақсы жарасып тұр. The pearl necklace rests nicely on her beautiful neck.

ант-су ішу [to drink an oath water]: to swear

❁ Қанағат романын жаз соңында бітіретінін айтып, *баспагеріне ант-су ішті*. Kanagat swore to his publisher that he would finish his novel by the end of the summer.

❁ Сайлауалды науқан кезінде, саясаткерлер бірдей *нәрсе істеуге*: салықты, шығынды *азайтуға* және халықтың әл-ауқатын *жақсартуға ант-су ішеді*. As part of their campaign agendas, politicians usually swear to do the same things: reduce taxes, cut spending, and improve people's quality of life.

ас беру [to give meal]: to have or host a memorial or commemorative festivity for a deceased person, usually who lived a long life

❁ Dative. *Ас беру* is an old Kazakh tradition still alive in certain parts of Kazakhstan. A family will organize a feast for its deceased member, usually after five to ten years of death. This includes sacrificing an animal and cooking it for the whole community and organizing horse races, games and other competitions to celebrate the deceased person's life.

❁ Өткен айда біз дүниеден өткеніне он жыл толған *атамызға ас бердік*. Last month our family hosted a feast to commemorate the ten-year anniversary of grandfather's passing.

❧ Ол марқұм *күйеуіне* биыл *ас бергісі келеді.* She wants to have her late husband's memorial festivity this year.

аузын майлау [to butter one's mouth]: to bribe someone

❂ Variants: *аузын алу, ауызбастырық* (in *Body*)

❧ Мафия өз басшыларын түрмеге жаптыртпас үшін жемқор *сот төрешісінің аузын майлап отыр.* The mafia has been bribing the corrupt judge to keep its crime bosses out of jail.

❧ Азат *полицейдің аузын алып,* жол ережесін бұзғаны үшін салынбақ тағы бір айыппұлдан құтылып кетті. Azat avoided getting another traffic ticket by bribing the police officer.

аузыңа май, астыңа тай [butter to your mouth and a foal to your buttocks]: *bless you for your kind words*

❂ Expression used to wish well to someone who makes a positive prediction or brings good news. Sometimes *аузыңа май* is used alone.

❧ «Сенің биыл жалақың көтеріледі.» «Рас па? *Аузыңа май!*» "You will get a raise this year." "Really? Bless you for your kind words."

❧ Көріпкел менің мамама ұзақ уақыт бойы үйленбей жүрген інімнің жақында үйленетінін айтқанда, ол: «*Аузың май, астыңа тай!*», — деп алғысын білдірді. When the fortune teller told my mother that my longtime single brother would marry soon, my mom thanked her, saying "Bless you for your kind good words!"

ащы шындық [sour truth]: *bitter truth*

❧ Ел табиғи ресурстарға бай болғанымен, халықтың жартысынан көбі кедей. Бұл — *ащы шындық.* Though the country is rich in natural resources, more than half the population is poor. This is the bitter truth.

❧ Сенің барлық балаларың үлкен қызыңдай табысты бола алмайды. Осы *ащы шындыққа* мойынсұнуың керек. Not all your children can be successful like your eldest daughter. You just have to accept this bitter truth.

бас тарту [to present a head]: to serve cooked sheep's head as part of the main meal

❂ Dative. Singed and cooked sheep head is served as part of the Kazakh main dish *em.* It is served to the oldest male, who shares the meal. He cuts the sheep's head, takes a piece, and gives its parts — such as the brain, ears, tongue, and palate — to others to share. See also *em асу.* Hom: *бас тарту* (in *Body*).

❧ *Басты Әлжанға тарту керек,* өйткені ол — сыйлы қонақтардың ең үлкені. We need to serve the sheep's head to Alzhan because he is the eldest among the honored guests.

❧ *Әділ құдасына бас тартты.* Adil served his daughter's father-in-law the sheep's head.

бидай өңді [wheat-faced]: fair-skinned

❧ *Бидай өңділер* көптеген шығыс елдерінде ажарлы болып есептеледі. Fair-skinned people are prized in many eastern cultures.

❧ Куәгер күдіктіні денелі, қысқа бойлы және *бидай өңді* деп суреттеді. The witness described the suspect as heavyset, short, and fair-skinned.

білім нәрінен сусындау [to drink from the nutrient of knowledge]: to receive knowledge and education at an educational institution

❂ Formal. Also: *білім нәрінен сусындату tr* (to give someone knowledge and education).

❧ Жастар *білім нәрінен сусындау* үшін оқуға барады. Young men and women go to college to receive knowledge and education.

❧ Ауылдық мектепте талай *баланы білім нәрінен сусындатқан* ұстаз бүгін зейнетке шықты. The teacher who gave knowledge and education to so many children at the rural school has retired today.

бір қазанда қайнау [to boil in one qazan]: to be closely connected and blended

❂ *Қазан* is a cast iron cooking pot.

❧ Әртүрлі мәдениеттер Қазақстанда ғасырлар бойы *бір қазанда қайнап жатыр.* Various cultures have been blending in Kazakhstan for centuries.

❧ Екі елдің саясаты онжылдықтар бойы *бір қазанда қайнады.* The politics of the two countries were closely connected for decades.

бір қайнауы ішінде [one's inside needs one more boiling]: *half-baked*

☀ Must be used as a predicate. Otherwise, use as collocations: *бір қайнауы ішінде кету, бір қайнауы ішінде қалу* (to remain half-baked).

❀ Үкімет *саясатының бір қайнауы ішінде.* The government policies are half-baked.

❀ Әбілдің *бір қайнауы ішінде кететін ойлары* ешқашан жүзеге аспайды. Abil's half-baked ideas never come to fruition.

дәм тату [to taste the taste]: to taste food

☀ Ablative.

❀ Мен 1993 жылы алғаш рет наурыз *көжеден дәм таттым.* I tasted the Nauryz drink for the first time in 1993.

❀ Әлемге әйгілі шеф-аспаз жер-жердегі *тағамдардан дәм татуға* әртүрлі елдерге сапар шегеді. The world-renowned chef gets to travel to different countries to taste local foods.

дәм-тұз атқыр [may food and salt shoot you]: *may you be miserable*

☀ Used to wish a curse on a person who has done something bad and who was treated to food by the person cursing him or her. Based on the idea that the person who was treated to food by another must not do bad things to that person. Also: *дәм-тұз атсын.*

❀ «*Сені дәм-тұз атқыр!*», — деді Айнұр көзіне шөп салған жігітіне. "May you be miserable!" said Ainur to her cheating boyfriend.

❀ Менімен дос болып, талай менің үйімде тамақ іштің. Мынадай сатқындығың масқара ғой. *Сені дәм-тұзым атсын!* You were my friend and were treated to food at my home several times. Your betrayal is outrageous. May you be miserable!

дәм-тұзы жарасу [to have each other's food and salt suit one another]: to have a harmonious relationship, as in marriage or friendship

☀ Also: *дәм-тұзы жараспау neg* (to have irreconcilable differences in marriage).

❀ Қазіргі кезде жастар *дәм-тұзымыз жараспады* деп, төрт-бес айдың ішінде тез ажырасып кетеді. These days young people divorce quickly within four or five months saying that they have irreconcilable differences.

❀ Әйелім екеуіміз *дәм-тұзымыз жарасып,* отыз жыл бірге өмір сүріп жатырмыз. My wife and I have been in a harmonious marriage for thirty years.

дәм-тұзы таусылу [to have one's food and salt run out]: to pass away (see *пәни жалғанмен қоштасу* in *Life and Death*)

☀ Syn: *бұл жалғанмен қош айтысу, дүние салу, дүниеден көшу, дүниеден қайту, о дүниеге аттану, өмірден озу, өмірден өту, қайту, пәни жалғанмен қоштасу* (in *Life and Death*). *Қайту* is colloquially used in the western variety of Kazakh.

ет асу [to cook meat]: to prepare the traditional Kazakh dish *ет* made from boiled meat and flat noodles

☀ *Ет* is made of lamb, beef, horse meat, or camel meat. From selecting an animal to slaughter and butchering it to serving the dish and eating the meal, the process shows food culture, traditions of respect and hospitality, and beliefs. Specific parts and bones of the animal that are placed on each plate according to the age, kinship, and status of family members and guests are called *сыбаға*. The dish is served as a family meal and at family events such as weddings, birthdays, wakes, funerals, and dinner parties. It is served in a large, flat serving plate or *табақ*. The traditions and practices associated with serving the dish vary in different parts of the country. See also *сыбағасын алу, бас тарту, бесбармақ* (in *Numbers*).

❀ Біз Жаңа жыл тойына *ет астық.* We prepared the traditional Kazakh meat and flat noodle dish for the New Year's party.

❀ *Етті қалай асатынын* білесің бе? Do you know how to prepare the traditional Kazakh meat and flat noodle dish?

ет пісірім [meat cooking]: two and a half to three hours

☀ Traditionally used to express the amount of time. Used with words denoting time such as *уақыт, мезгіл, мезет,* and *кез.* See also *сүт пісірім, бие сауым* (in *Livestock with Beasts and Birds*), *қас қағым сәтте* (in *Body*).

жабулы қазан жабулы күйінде қалу [to have a covered qazan stay covered]: to remain undisclosed, as in a secret, problem, crime, or the like that is unrevealed

⚙ *Қазан* is a cast iron cooking pot. Also: *жабулы күйінде қалдыру caus.*

❋ Саяси себептермен болған қылмыстар *жабулы қазан жабулы күйінде қалып жатыр.* Some politically motivated crimes are being kept undisclosed.

❋ Менің жанұямдағы үлкендер үй ішіндегі *мәселелерді жиі жабулы күйінде қалдырады.* The older generation of our family often leaves family issues undisclosed.

жолыңа жуа біткір [may an onion grow on your road]: *may you have a bad luck* (see *жолың болмағыр* under *жолы болу* in *Miscellaneous*)

⚙ An expression wishing a curse on someone.

жіліктің майлы басы [fatty head of a shinbone]: *the largest slice of the pie*

⚙ Collocation: *жіліктің майлы басын мұжу* (*to enjoy* **the largest slice of the pie**). See also *ет асу, сыбағасын алу.*

❋ Сонда бар жұмысты біз істеп, *жіліктің майлы басының* менеджерлерге тигені қалай? How come we did all the work but the managers got the largest slice of the pie?

❋ *Жіліктің майлы басы* Голливудта сияқты. Адамдардың соған қарай шұбыратынына таң қалуға болмайды. It seems like the largest slice of the pie is in Hollywood. No wonder people flock there.

қазанда қайнау [to boil in a qazan]: to have a long career in a certain field

⚙ *Қазан* is a cast iron cooking pot. Collocations: *өндіріс қазанында қайнау* (to have a long career in the manufacturing industry), *спорттың қазанында қайнау* (to have a long career in sports), *театрдың қазанында қайнап-пісу* (to advance one's expertise in the performing arts).

❋ Менің *әкем компьютер саласының қазанында қайнаған.* My dad has been part of the computer industry since the beginning.

❋ Ол атақты теннис *ойыншыларымен бір қазанда қайнап барып,* зейнетке шықты. She retired after having a long career in tennis together with famous players.

қаймағы бұзылмау [not to have one's cream be spoiled]: to be preserved, as a language, culture, tradition, or legacy

❋ Баланың дүниеге келуін тойлауға қатысты салт-дәстүрлердің ғасырлар бойы *қаймағы бұзылмаған.* The traditions related to the celebration of a child's birth have been preserved for centuries.

❋ Байырғы халықтың тілі ұрпақтан ұрпаққа *қаймағы бұзылмаған* күйінде қалып отыр. The indigenous language has been preserved for generations.

қаймақ [cream]: cream, best of something

⚙ Genitive. Collocations: *қазақтың қаймағы* (cream of the Kazakh nation), *ұлттың қаймағы* (cream of the nation).

❋ Университет әкімшілігі бұл *мектептің қаймағын* өздеріне тартып жатыр. Administrators are campaigning to attract the cream of this school to their university.

❋ Қоғамның *қаймағымен* жұмыс істеп, заң фирмасының аты шығып отыр. The law firm is famous for working with the cream of the society.

қайнаған орта [the boiling environment]: hub

⚙ Can be used in formal Kazakh.

❋ Көптеген адамдар Париж – *сәннің қайнаған ортасы* деп сенеді. Many believe that Paris is the hub for fashion.

❋ Интернет саласындағы төңкеріс кезінде Сан-Хосе қаласы технологиялық *шығармашылықтың қайнаған ортасы* болды. During the Internet revolution San Jose became the hub for technology.

қан сорпа болу [to become a bloody broth]: to be very exhausted, *to be worn out* (see *ұті шығу* in *Livestock with Beasts and Birds*)

⚙ Also: *қан сорпасы шығу* (to be exhausted, *to be worn out*); *қан сорпа ету tr, қан сорпа қылу tr, қан сорпасын шығару caus* (to make someone worn out). Syn: *ұті шығу* (in *Livestock with Beasts and Birds*).

қашпаған қашардың уызына таласу [to fight for the colostrum of a heifer that has not mated yet]: to fight for things that may or may not be available; *to count chickens before they are hatched*

⚙ Instrumental if a singular subject is used. Cow's colostrum is popular in rural areas, especially with children, who await it in the spring. Although the meanings of the Kazakh and English idioms are almost identical, the Kazakh expression involves two or more people wanting the same thing that might or might not be available. This is apparent in the reciprocal verb that is used in the idiom.

❀ Шыдамсыз жасөспірім ағалы-іні демалыста мәшинені қайсысы айдайтыны туралы айтысып отыр. Бірақ екеуі де мәшине жүргізуден әлі емтихан тапсырмаған. *Қашпаған қашардың уызына таласу деген осы.* The anxious teenage brothers are fighting over who would get to drive the car on the weekends, even though they haven't passed the driving exams yet. They are counting their chickens before they are hatched.

❀ Лотереяны ұтпай жатып, *Бақыт күйеуімен қашпаған қашардың уызына таласып,* ақшаны кіммен бөлісетіні туралы айтысып жатыр. Although they haven't won the lottery yet, Bakhyt is arguing with her husband about which family members they will share the money with. They are counting their chickens before they are hatched.

құйрық-бауыр асату [to spoonfeed the fat and liver]: to feed the fat and liver of the sheep during the celebration of becoming *құда*

◉ Dative. Parents and families of a groom and his bride become *құда* to each another. During the wedding the groom's side treats the bride's side to the fat and liver of a sheep to celebrate this new relationship. This relationship is very important in the traditional Kazakh culture, given that families and clans in the past were constantly seeking alliances and social contracts through this type of relationship. Traditionally, Kazakhs believed in the longevity of the relationship, which is reflected in the proverb *Күйеу жүз жылдық, құда мың жылдық* (Husband is for a hundred years and *quda* is for a thousand years). *Құда* and his wife *құдағи* are entitled to respect. Variant: *құйрық-бауыр жеу.* Also: *құйрық-бауыр асау попсаиs.*

❀ Құдалықта күйеу баламның жеңгесі маған *құйрық-бауыр асатты.* During the meeting of new *qudas*, my son-in-law's sister-in-law fed me the fat of the liver of the sheep to celebrate the unification of families.

❀ Әке-шешем сіңлімнің құдалығында *құйрық-бауыр асату* кезінде жылады. During my sister's wedding, Mom and Dad cried during

the ceremonial eating of the fat and liver of the sheep to celebrate the unification of families.

❀ Құдалар тойда *құйрық-бауыр жесіп,* бір-біріне жарқын болашақ тіледі. The *qudas* ate the fat and liver of the sheep at the wedding and shared blessings for a happy future together.

құйрық-бауыр жеу [to eat the fat and liver]: to eat the fat and liver of the sheep during the celebration of becoming *құда* (see *құйрық-бауыр асату*)

◉ Also: *құйрық-бауыр жесу rec.*

май шелпек [butterfat flat bread]: something easy and profitable, *easy money*

◉ *Шелпек* is a soft, fried Kazakh flat bread.

❀ Орта тап адамдары тұратын қалада қымбат қонақ үйдің иесі болу *май шелпек* емес. Owning a luxury hotel in this middle-class town is not easy money.

❀ Ол жылжымайтын мүлік саласынан *май шелпек* іздеді. She looked for easy money in the housing market.

майдай жағу [to be liked like butter]: to be much to one's liking

❀ Мына қаланың жұмсақ ауа райы менің қарт *ата-анама майдай жағып отыр.* The temperate weather of this city is much to my aging parents' liking.

❀ Қалалық жер үсті пойыз жолдарының ашылуы *баршаға майдай жақты.* The addition of light-rail public transportation was much to everyone's liking.

майлы жер [fatty place]: position or job, usually in the government, that brings wealth through corruption and bribery

❀ Ол *майлы жерде отырып,* астыртын көп байлық жинап алды. He made a fortune under the table while holding the high government position.

❀ Жаңа үкімет сыбайлас жемқорлықты жойып, *майлы жерлердің* көзін құртуда. The new administration is cracking down on corruption and eliminating shady government positions.

майлы қасықтай араласу [to mix like an oily spoon]: to hang out with someone closely

◉ Instrumental. Variant: *майлы ішектей араласу.*

❦ Жауынгерлсрдің отбасылары *бір-бірімен майлы қасықтай араласып жүр*. The soldiers' families are hanging out with each other closely.

❦ Ол *көршісімен майлы ішектей араласатын*. He used to hang out with his neighbor closely.

майлы қасықтай жылпылдау [to slip like an oily spoon]: to be slick and shifty, ***to be as slippery as an eel*** (see the first meaning of *жүзіктің көзінен өту* in *Clothing*)

✿ Variant: *майлы қасықтай лыпылдау*. Syn: *жүзіктің көзінен өту* (in *Clothing*).

майлы қасықтай лыпылдау [to scurry like an oily spoon]: to be slick and shifty, ***to be as slippery as an eel*** (see the first meaning of *жүзіктің көзінен өту* in *Clothing*)

✿ Variant: *майлы қасықтай лыпылдау*. Syn: *жүзіктің көзінен өту* (in *Clothing*).

майлы ішектей айналдыру [to turn someone inside out like a fatty intestine]: to wheedle

✿ Accusative. Based on the practice of washing the intestine and braiding it to be cooked. Syn: *алды-артын орау* (in *Miscellaneous*), *іш-бауырға кіру* (in *Body*).

❦ Менің күйеуім жаңа теледидар алғысы келіп, өткен аптадан бері *мені майлы ішектей айналдырып жүр*. My husband wants a new TV, and he has been wheedling me since last week.

❦ Арманжан *менеджерін майлы ішектей айналдырып*, өзіне ең жақсы ноутбук компьютер беруге көндірді. Armanzhan wheedled her manager into getting her the best laptop computer.

майлы ішектей араласу [to mix like a fatty intestine]: to hang out with someone closely (see *майлы қасықтай араласу*)

✿ Variant: *майлы қасықтай араласу*

майын ағызу [to pour one's fat]: to speak eloquently, expressively, or engagingly

✿ Variant: *майын тамызу*. Collocations: *сөздің майын ағызу* (to be an eloquent speaker), *шет тілдің майын ағызып сөйлеу* (to speak eloquently, expressively, or engagingly in a foreign language).

❦ Менің досым *әңгіменің майын ағызатыны* соншалық, мен оны тыңдап отырғанда уақыттың қалай өтіп кеткенін байқамай қаламын. My friend speaks so expressively and engagingly that I lose track of time when I listen to her stories.

❦ Профессор менің *ана тілімнің майын тамызып сөйлейді*. The professor speaks eloquently in my native language.

майын тамызу [to drip one's fat]: to speak eloquently, expressively, or engagingly (see *майын ағызу*)

✿ Variant: *майын ағызу*. Collocations: *сөздің майын тамызу* (to be an eloquent speaker), *шет тілдің майын тамызып сөйлеу* (to speak eloquently, expressively, or engagingly in a foreign language).

мәйегі аузынан шығу [to have one's whey come out of one's mouth]: to be too young, as person (see *аузынан ана сүті кеппеу* in *Humans and Their Kin*)

✿ Syn: *аузынан ана сүті кеппеу* (in *Humans and Their Kin*), *бесіктен белі шықпау* (in *Body*).

нан ұрсын [may a bread hit]: ***I swear on my life***

✿ Used as expression of vowing. The genitive complement *мені* is omitted. Bread is considered sacred, and mishandling bread is blasphemy. Variant: *нан ұстайын*. Syn: *өліп кетейін* (in *Life and Death*).

❦ *Нан ұрсын*, мен бүгін таңертең қуырылған бәліш жегем жоқ. I swear on my life, I didn't eat a donut this morning.

❦ Мен сенің кітабыңды алған жоқпын, *нан ұстайын*. I haven't taken your book, I swear on my life.

нан ұстайын [let me hold a bread]: ***I swear on my life*** (see *нан ұрсын*)

✿ Used as expression of vowing. Bread is considered sacred, and mishandling bread is blasphemy. It may be followed by a gesture of extending the arm to the bread and touching it. Variant: *нан ұрсын*. Syn: *өліп кетейін* (in *Life and Death*).

нәр алу [to take a nutrient]: to be enlightened
✿ Ablative. Formal.

❀ Ол атақты *ғалымнан нәр алу* үшін Алматыға оқуға кетті. He went to Almaty to be enlightened by the famous scientist.

❀ Ол ежелгі парсы *ақындарынан нәр алды*. He was enlightened by the ancient Persian poets.

нәр сызбау [not to draw a nutrient]: not to eat anything at all (see *нәр татпау*)

❂ Variant: *нәр татпау*

нәр татпау [not to taste a nutrient]: not to eat anything at all

❂ Variant: *нәр сызбау*.

❀ Менің қайын апам тамақтан уланып қалып, бір күн бойы *нәр татпады*. My aunt had food poisoning and didn't eat anything for a day.

❀ Қазір ораза, сондықтан Асылан *нәр сызбай жүр*. It's Ramadan, so Asylan is not eating anything at all.

не ішемін, не киемін демеу [not to say *what I will drink and what I will wear*]: to be well-off (see *ішкені алдында, ішпегені артында*)

❂ Syn: *көйлегі көк, тамағы тоқ* (in *Color*); *ішкені алдында, ішпегені артында*.

өкпесі қара қазандай болу [to have one's resentment be like a black *qazan*]: to be angry with someone or something

❂ Dative. *Қазан* is a cast iron cooking pot.

❀ Мен Жанарды жақтағанмын, сол үшін *маған досымның өкпесі қара қазандай*. I have sided with her, and that's why my friend is angry with me.

❀ Табыс салығын көтергені үшін *үкіметке Әділдің өкпесі қара қазандай болды*. Adil was angry with the government for raising income taxes.

сүр бойдақ [dry-cured bachelor]: an old bachelor

❀ Біздің бір *сүр бойдақ* досымыз бар. We have a friend who is an old bachelor.

❀ Елу жастағы *сүр бойдақ* Асылан салт бастылығының қызығын көруде. Asylan is enjoying his freedom and independence as an old bachelor of fifty years.

сүт кенже [milk youngest child]: the youngest child in the family

❀ Ата-аналар *сүт кенжелерінің* қателіктерін көрмейтін сияқты. The parents seem not to see the mistakes of their youngest children.

❀ Неге ол *сүт кенжесін* еркелетеді? Why does he spoil his youngest child?

сүт пісірім [milk boiling]: five to ten minutes

❂ Traditionally used to express this amount of time. Used with words denoting time such as *уақыт, мезгіл, мезет,* and *кез*. See also *ет пісірім, бие сауым* (in *Livestock with Beasts and Birds*), and *қас қағым сәтте* (in *Body*).

сүттей ұю [to clabber like milk]: to live in peace and harmony with one another (see *айрандай ұю*)

❂ Variant: *айрандай ұю*. Also: *сүттей ұйыту tr*. See also *ұйыту*.

сыбағасын алу [to take one's share of meat]: (1) to get one's share; (2) to get the punishment one deserves

❂ *Сыбаға* comprises specific parts and bones of the animal served in the traditional Kazakh dish *ет* to guests and family members according to their age, kinship, and marital and social status. See also *ет асу*. The main traditional dish *ет* is made of lamb, beef, horse meat, or camel meat. From selecting an animal to slaughtering and butchering it to serving the dish and eating the meal, the process shows food culture, traditions of respect and hospitality, and beliefs. The dish is served in several large, flat serving dishes or *табақ*. The traditions and practices slightly vary in different parts of the country.

The following represent how the dish is served in Atyrau. *Бас табақ* (head plate) is presented to an oldest guest or an elder. It contains a sheep's head or half a of cow's head, hipbone, radial bone, backbone, shinbone, and the ribs. These can also be served to *құда* in *құда табақ* (*құда* plate). See also *құйрық-бауыр асату*. *Үлкендер табағы* (elder's plate is called *орта табақ* in other parts of Kazakhstan), which contains a shoulderbone, backbone, shinbone (for men), and talus bone (for women), is served to middle-aged people. The son-in-law receives *күйеу табақ* (son-in-law plate) with a chest bone. The new bride of the son is presented with *келін табақ* (bride plate) containing fourth stomach and heart. Unmarried daughters receive *қыз табақ* (girl's plate) with heart, palate, kidney, and ischium. Young, unmarried daughters or girls are not given a radial because of a superstition that they will become spinsters. Young boys are not allowed to handle the sheep's head out of fear that their father might die.

Collocations: *сыбағасын қолға ұстату* (to hand one's share; to get the punishment one deserves), *басқаның сыбағасын жеу* (to enjoy someone else's share). See also: бас тарту.

❖ Ғаламдық дағдарысқа кінәлілердің қатарында Америка да *өз сыбағасын алды*. America also got its share of the blame for the global recession.

❖ Сот инвесторлардың бірнеше миллиард доллар ақшасын жоқ қылып жіберген алаяқтың *сыбағасын қолына ұстатты*. The judge handed a deserved punishment to the con artist who had lost billions of investors' dollars.

❖ Жетімдер үйіне бөлінген ақша қазынадан жоқ болып кетті. Қай тасжүрек *балалардың сыбағасын жеді екен*? The money allocated to the orphanage is gone. What kind of cold-hearted person has enjoyed the children's share?

талшық ету [to use as fiber]: to use something as food

⚙ Accusative.

❖ Жауынгерлер *жыбырлағанды талшық етуге* үйретілді. The soldiers were trained to use anything that crawled as food.

❖ Шаруалар өздерінің көкөнісі мен *малын талшық етеді*. Farmers use their own vegetables and livestock as food.

ұйытқы болу [to be an organized ferment]: to be a positive driving force

⚙ Dative. Formal. *Ұйытқы* is used to make *айран*, the traditional Kazakh yogurt drink. *Ұйытқы* clabbers the milk into the smooth consistency of this drink.

❖ Ол біздің қоғамдастықтағы барлық оң *өзгерістерге ұйытқы болды*. She was the driving force for all the good changes in our community.

❖ Сенатор үкіметте ауқымды реформа *жүргізуге ұйытқы болды*. The senator was the driving force for sweeping reform in the government.

ұйыту [to clabber]: **(1)** to hypnotize with powerful words; **(2)** to be a driving force for certain values or beliefs held in a family, community, or country; **(3)** to be a binding force for a family, community, or country

⚙ Accusative. Can be used in formal Kazakh, in the second and third senses. In the second sense, the idiom occurs in two structures: *елде ынтымақты ұйыту* (with the locative complement preceding the accusative complement) and *елді ынтымаққа ұйыту* (with the accusative complement preceding the locative complement). Collocation: *ұйып тыңдау* (to listen to someone's words with entrancement). Also: *ұю intr.* See also *айрандай ұю,* in the third sense. Ant: *іріткі салу,* in the third sense. *Іріткі*, or rennet, curdles the milk into separate granular pieces found in cottage cheese, whereas *ұйытқы* or a fermenting agent transforms the milk into one smooth consistency seen in yogurt.

❖ Шешен жалынды сөзімен *тыңдармандарын ұйытты*. The orator hypnotized the crowd with his powerful speech.

❖ Премьер-министр соғыстан тоз-тозы шыққан *елді бірлік пен үйлесімділікке ұйытты*. The prime minister inspired and maintained solidarity and harmony in the once war-torn country.

❖ Қалада апат болған кезде, әкім *халықты ұйытып отырды*. The mayor was the binding force for the community when disaster struck the city.

шайнам ақылы жоқ [no intelligence for chewing]: stupid, idiotic, as a person (see *шайнам ми жоқ*)

⚙ Based on the idea of the amount of intelligence being very small to chew. The affirmative form is used in rhetorical questions only. Variant: *шайнам ми жоқ*.

шайнам ми жоқ [no brain for chewing]: stupid, idiotic, as a person

⚙ Based on the idea of the amount of intelligence or brain being very small to chew. The affirmative form is used in rhetorical questions only. Variant: *шайнам ақыл жоқ*.

✤ *Шайнам миы болса,* мәшинесіне дұрыс жанармай құю керектігін түсінбес пе еді? If he is not an idiot, wouldn't he understand that his car needs the right type of gas?

✤ *Шайнам ақылы жоқ* Азамат дұрыс жолға түспесе, оқудан шығып кететінін түсінбейді. Stupid Azamat doesn't understand that he will be expelled from school if he doesn't clean up his act.

шикі [raw]: **(1)** not fully completed, ***half-baked***; **(2)** questionable, suspicious, or shady when preceded by *түбі*: *түбі шикі*

✪ Also: *шикілік* (incompleteness), *түбінде шикілік болу* (to be questionable, suspicious, or shady).

✤ Бұл сенің тез байытпақ-мыс, *шикі айла-шарғыңның* бірі ме? Is this another one of your half-baked, get-rich-quick schemes?

✤ Тергеуші жас жігіттің әңгімесін тыңдап отырып, оның *түбі шикі* екенін сезді. Listening to the young man's story, the investigator felt that it was shady.

шіріген жұмыртқа [rotten egg]: a person who brings disgrace or harm or who is of no good use for a family, community, or nation; ***black sheep***

✤ «Менен басқа балаларыңның бәрі оқыған, жақсы жұмыста. Сені ешқашан ұятқа қалдырған емес. Ал мен болсам, *шіріген жұмыртқамын*», — деді Мақсат. "All your children except me are educated and have good jobs. They never caused any embarrassment to you. But I am the black sheep in the family," said Maksat.

✤ Атақты ақындар шыққан ауыл қанішер Сапарға *шіріген жұмыртқа* деп қарап, оны ауылдастары екенін жоққа шығарады. The village that produced some famous poets considers Sapar the black sheep and denies that he is one of them.

ыдыс-аяқ сылдырлау [to have the dishware clang]: to have petty fights between spouses or between a daughter-in-law and a mother-in-law

✪ Based on the idea of wife's washing dishes angrily. Collocation: *ыдыс-аяқ сылдырламай*

тұрмау (to inevitably have normal petty fights in a family).

✤ Әр үйде *ыдыс-аяқ сылдырламай тұрмайды.* In every family, there are petty fights.

✤ Жанар мен Ерлан *ыдыс-аяқ сылдырлаған* сайын психологқа жүгіреді. Zhanar and Erlan go to a counselor every time they have a petty fight.

іріткі салу [to put a rennet]: to foment discord among others

✪ Dative or used with postpositions *арасына* or *ішінде*. Ant: *ұйыту, айрандай ұю, сүттей ұю*. Based on the idea that *іріткі*, or rennet, curdles the milk into separate granular pieces found in cottage cheese, whereas *ұйытқы*, or a fermenting agent, transforms the milk into one smooth consistency seen in yogurt.

✤ Журналистке *қоғамға іріткі салды* деген айып тағылды. The journalist has been accused of fomenting discord in society.

✤ Өгей шеше күйеуі мен өгей ұлының *арасына іріткі салуға* тырысты. The step-mom tried to foment discord between her husband and stepson.

ішкен асын жерге қою [to put food that one is eating on the ground]: to love someone or something very much, as in being passionate about sports, activities, entertainment, music, or languages

✪ Used with a noun denoting the object of love and *дегенде* (past tense) or *десе* (present and past tense).

✤ Менің күйеуім *гольф десе ішкен асын жерге қояды.* Жаңбыр жаусын, жаумасын, бос уақытында үнемі гольф ойнайды. My husband has a passionate love for golf. Rain or shine, he is always playing golf in his free time.

✤ Сапар *гитар дегенде ішкен асын жерге қоятын.* Қазір пианино ойнауға бой ұрды. Sapar used to love guitars very much, but now he is into playing the piano.

ішкені алдында, ішпегені артында [what was drunk is in front, and what was not drunk is behind]: well-off

✪ Collocation: *ішкені алдында, ішпегені артында қалу* (to be well-off). Syn: *не ішемін, не киемін демеу*; *көйлегі көк, тамағы тоқ* (in *Color*).

❀ Біз бәріміз оның шірігсн бай екеніп білеміз. Бірақ ол үнемі *ішкені алдында, ішпегені артында* екенін айтып мақтанып отырады. We all know that he is stinking rich, but he always brags that he is well-off.

❀ Ол *ішкені алдында, ішпегені артында қалып өсті.* She grew up being well-off.

ішкені ірің, жегені желім болу [to have what was drunk be a puss and what was eaten be a glue]: ***to be worried sick***

❀ Азық-түлік бағасы көтеріліп, әрбір *адамның ішкені ірің, жегені желім болып жүр.* Everyone's worried sick about the rise in food prices.

❀ Ұлы екі күн бойы телефон көтермей, *Әділдің ішкені ірің, жегені желім болды.* Adil was worried sick when he couldn't reach his son for two days.

Humans and Their Kin:
Адамдар мен ағайындар

адам айтқысыз [not said by a human being]: unspeakable, as in something terrible, appalling, or unusual that is indescribable

☀ Can be used in formal Kazakh. Collocations: *адам айтқысыз ауыр жағдай* (unspeakably difficult situation), *адам айтқысыз азап* (unspeakable torture), *адам айтқысыз ахуал* (unspeakable state), *адам айтқысыз зұлымдық* (unspeakable cruelty).

❀ Кішкентай ауыл ешқашан мынадай, *адам айтқысыз* зұлымдықты көрмеген. The small village has never seen this kind of unspeakable cruelty.

❀ Кейбір мигрант жұмысшылардың жағдайы *адам айтқысыз*. Some migrant workers' condition is unspeakable.

адам баласы [child of a human being]: human being

☀ Mainly informal.

❀ Өлім жазасына қарсылар жаза ретінде екінші бір *адам баласын* өлтіру дұрыс емес деп есептейді. Those against the death penalty do not believe that it is right to kill another human being.

❀ *Адам баласы* ретінде бізді өзге тіршілік иелерінен айыратын нәрсе — аяушылық сезіміміз. Compassion is what sets us apart as human beings from other creatures.

адам болмау [not to become a human being]: not to recover, not to survive illness or injury (see *мал болмау* in *Livestock with Beasts and Birds*)

☀ Syn: *мал болмау*. *Адам болу* is not an antonym. *Адам болмау* is used in reference to human beings only.

адам болу [to become a human being]: **(1)** to start living an honest and dignified life; **(2)** to become somebody as opposed to being considered nobody, ***to arrive,*** to amount to someone good (see *адам санатына қосылу*)

☀ Variant: *адам санатына қосылу*. *Адам болмау* is not an antonym. Also: *адам ету tr*, *адам қылу tr*.

адам санатына қосылу [to join the row of a human being]: **(1)** to start living an honest and dignified life; **(2)** to become somebody as opposed to being considered nobody, ***to arrive***; **(3)** to be considered as a human being

☀ Variants: *адам қатарына қосылу, адам болу* (in the first and second senses); *адам санамау* (in the third sense). Also: *адам санатына қосу tr*, *адам қатарына қосу tr*.

❀ Үй-күйсіз қаңғып жүргеніңе екі жыл болды. *Адам қатарына қосылатын ойың* бар ма? You have been wandering around without a family or place. Do you plan to start living a normal life as other humans?

❀ Маған агент және продюсер кісінің *Шағаланы адам қатарына қостым* дегені ұнамады. Шағала – өте ақылды, дарынды адам. Ол кісінің көмегінсіз де әйгілі бола алатын адам. I didn't like that the agent and producer said that he made Shagala somebody. Shagala is a very smart and talented person — the type of person who could have become famous without the help of that agent.

❀ Бірнеше жыл бойы олар *құлдарды адам санамай*, оларға зорлық-зомбылық көрсеткен. For years, slaves weren't even considered human beings and were treated very poorly.

адам сүйер қылығы жоқ [no quality that a human being will love]: very unpleasant, as a person

☀ Variant: *құдай сүйер қылығы жоқ* (in *Miscellaneous*)

❀ Скрудж — Чарлз Диккенстің классикалық әңгімесіндегі *адам сүйер қылығы жоқ* кейіпкер. Ол жұмыскерлерін Рождество кезінде жұмыс істеуге мәжбүр етіп, оларға тиын-тебен ғана төлейді. Scrooge is a very unpleasant fictional character in Charles Dickens's classic story *The Christmas Carol* who forced his employees to work during Christmas and paid them pennies.

❀ Ол дөрекі, тәкаппар және алаяқтың нағыз өзі. *Құдай сүйер қылығы жоқ* адаммен қалай бірге тұрмақшысың? He is rude, snobbish, and a true con artist. How will you be able to live with someone this unpleasant?

ана сүтін ақтау [to live up to mother's milk]: to repay one's mother by making her happy and proud, treating her well and taking care of her

◉ Because a mother and mother's milk are considered sacred in the Kazakh culture, one is expected to repay her for her mothering. A mother's blessing is *ақ сүтімді ақтадың*, and her curse is *ақ сүтімді көкке сауып қарғаймын*. Variant: *ана сүтін өтеу*. See also: *ақ сүтін көкке сауып қарғау* (in Color).

❀ Жамал анасының арқасында барлық табысқа қолы жеткенін айтады. Жазған кітаптарын анасына арнағаны *ана сүтін ақтауға* жетерлік іс емес дейді. Zhamal attributes all her successes to her mother. She says that dedicating her books to her mother is not enough to repay her.

❀ Бірнеше жыл бойы қайта-қайта сотталған Болат енді *анасының сүтін ақтағысы келеді*. After years of being repeatedly imprisoned, now Bolat wants to make his mother happy and proud.

ана сүтін өтеу [to pay off the mother's milk]: to repay one's mother by making her happy and proud, treating her well and taking care of her (see *ана сүтін ақтау*)

◉ Variant: *ана сүтін ақтау*. See also: *ақ сүтін көкке сауып қарғау* (in Color).

апама жездем сай [my brother-in-law matches my sister]: the two deserve each other

❀ Біздің көршіміз үнемі мас болып жүреді, ал оның әйелі күнде көп сыра ішеді. Қысқасы, *апама жездем сай*. Our neighbor is always drunk, and his wife drinks a lot of beer every day. In short, the two deserve each other.

❀ Бұл елде полиция мен сот *апама жездем сай болып жүреді*: полиция билігін асыра қолданса, ал сот сыбайлас жемқор. In this country the police and the courts are not better than each other; the police forces abuse their power, and the courts are corrupt.

ата сақалы аузына біту [to have one's ancestral beard grow near one's mouth]: to reach old age but to not act one's age

◉ Marked by sarcasm and a disapproving attitude toward men of old age acting inappropriately. Variants: *ата сақалы аузына шығу*, *ата сақалы аузына түсу*.

❀ Сенің *ата сақалың аузыңа бітсе* де, жас қыздармен ғана жүріп жүрсің бе? Are you dating only young women, even if you have reached old age?

❀ Болаттың *ата сақалы аузына түссе де*, ақылы толыспаған. Bolat is still immature, even though he's reached old age.

ата сақалы аузына түсу [to have one's ancestral beard descend on to one's mouth]: to reach old age but to not act one's age (see *ата сақалы аузына біту*)

◉ Marked by sarcasm and a disapproving attitude toward men of old age acting inappropriately. Variants: *ата сақалы аузына біту*, *ата сақалы аузына шығу*.

ата сақалы аузына шығу [to have one's ancestral beard come out near one's mouth]: to reach old age but to not act one's age (see *ата сақалы аузына біту*)

◉ Marked by sarcasm and disapproving attitude toward men of old age acting inappropriately. Variants: *ата сақалы аузына біту*, *ата сақалы аузына түсу*.

ата-ана көрген [seen the parents]: well-bred, as a person

◉ Variant: *бесік көрген*, which applies to young women only.

❀ *Ата-ана көрген бала* ондай дөрекілікке бармайды. A well-bred child will not be that rude.

❀ Айнұр ұлының *бесік көрген қызға* үйленгенін қалайтынын айтады. Ainur says that she wants her son to marry a well-bred girl.

аталы сөз [word with ancestors]: instructive and wise words that are usually delivered by elders and that bring people to one consensus or put the matter to rest

◉ Collocation: *аталы сөзден аттамау* (to obey elders' instructive and wise words).

❀ Екі көршінің арасындағы мәселе Ғали атай *аталы сөз* айтқанда бітті. The matter between the two neighbors ended when Grandfather Gali said the final instructive and wise words.

✤ Бұл ауылда жастарды *аталы сөзден аттамауға* үйретеді. In this village the young people are taught to obey elders' instructive and wise words.

атам заман [age of my ancestor]: **(1)** a very long time; **(2)** old days, ancient times

☸ Almost always used as *атам заманда* (in the old days, a long time ago), *атам заманнан* (from the old days, from a long time ago), *атам замандағы* (that of the old days). Also: *атам заманғы* (old, ancient).

✤ Мен сенің кітабыңды *атам заманда* қайтарғанмын. I returned your book a long time ago.

✤ Адамдар *атам заманнан бері* әртүрлі құрал-жабдықтарды құрастырып, пайдалана білген. Since ancient times, people have known how to make and use various types of equipment.

✤ Ол маған *атам заманғы* өкпесін айта береді. She keeps telling me about her ancient hard feelings.

атаңа лағынет [curse to your grandfather]: *God damn you* (see *атаға нәлет*)

☸ Vulgar. Variant: *атаңа лағынет.*

атаңа нәлет [curse to your grandfather]: *God damn you*

☸ Vulgar. Variant: *атаңа лағынет.*

✤ Ашуға толы кария: «Терfloор земді сындырып тастадың. *Атаңа нәлет*!», - деп айқайлады. The angry old man yelled out "You broke my window. God damn you!"

✤ Менің ақшамды ұрлап алғаның үшін *атаңа лағынет.* God damn you for stealing my money!

атаңның басы [head of your grandfather]: *no way in hell*

☸ Vulgar.

✤ «Қарызға ақша бересің бе?» «Өткен жолы алған ақшаңды қайтарған жоқсың, сондықтан *атаңның басы* беремін». "Can I borrow some money?" "You didn't return the money you borrowed last time, so no way in hell will I give you!"

✤ «Саған ұнасын-ұнамасын, мен түнгі клубқа барамын». «*Атаңның басы*!» "I am going to the nightclub whether you like it or not." "No way in hell!"

атасының құнын сұрау [to ask the value of one's grandfather]: to be extremely expensive; *to cost an arm and a leg* (see *әкесінің құнын сұрау*)

☸ Variant: *әкесінің құнын сұрау.* Also: *атасының құнын беру* (to pay for something expensively).

аузынан ана сүті кеппеу [to have mother's milk still wet in one's mouth]: to be too young, as a person

☸ Syn: *бесіктен белі шықпау* (in *Body*), *мәйегі аузынан шығу* (in *Food*).

✤ *Аузынан ана сүті кеппеген* Қанат әлдеқашан қайда оқитынын, қайда жұмыс істейтінін жоспарлап қойған. Though he is still very young, Kanat has already planned out where he will study and where he will work.

✤ Сен *аузыңнан ана сүті кеппей жатып*, шылым шегіп жүрсің бе? You are smoking, when you are too young?

әй дейтін әже, қой дейтін қожа жоқ [no grandmother to say "hey," and no owner to say "stop"]: to have no one to discipline

✤ Мына жатақханада балаларға *әй дейтін әже, қой дейтін қожа жоқ* сияқты ғой! It seems to me that there is no supervision for these kids at this dormitory.

✤ Әбілге бала кезінде *әй дейтін әже, қой дейтін қожа болмады*, өйткені оның әке-шешесі оған қарауға жұмыстан қолдары тимеді. Қазір ол — тәртіпсіз жасөспірім. As a child Abil had no supervision because his parents were too busy working. And now he is an undisciplined teenager.

әйел жанды [with woman's soul]: uxorious

☸ Colloquial and sarcastic. Variant: *қатын жанды* is disparaging due to the use of the vulgar term *қатын.*

✤ Асылан тер төгіп еңбек етеді, сосын үйіне келіп, әйелінің бабын табу үшін одан әрі талмай жұмыс істейді. Сондай *әйел жанды* болып не керек? Asylan works so hard, comes home, and works even harder to ensure that his wife is taken care of. Why does he have to be so uxorious?

✤ Болат қол астындағылармен қатал, бірақ *әйел жанды адам* болған. Bolat was stern with his employees but was uxorious with his wife.

әкесін таныту [to make someone recognize one's father]: **(1)** to teach someone a lesson by punishing or scolding; **(2)** to show the true art of something

☸ Genitive. Used by males in regard to males, in the first sense. Syn: *көкесін көзіне көрсету*.

❀ Менің досым жездесінің тәрбиесінде болды. Жездесі көп ұрыспайтын. Бірақ оның айтқанын екі етсе, жездесі *оның әкесін танытатын*. My friend was raised by his uncle, who didn't scold him much. But if my friend made him repeat his orders, he would teach him a big lesson.

❀ Бүгін сэнсей оқушыларына *каратэнің әкесін танытпақ*. Today the sensei will show the true art of karate to the students.

әкесінің құнын сұрау [to ask the value of one's father]: to be extremely expensive; ***to cost an arm and a leg***

☸ Variant: *атасының құнын сұрау*. Also: *әкесінің құнын беру* (to pay for something expensive).

❀ Мына дүкендегі жиһаз *әкесінің құнын сұрайды* ғой. The furniture at this store is extremely expensive.

❀ Бізге ұнаған үй *атасының құнын сұрап тұр*. The house we like is extremely expensive.

бала сүю [to kiss a child]: to have children (see *перзент сүю*)

☸ Formal and literary. Not used in the simple present tense.

бала тұрмау [not to have a child live]: to have multiple children die at birth or afterward

☸ This expression was relevant in the past when infant death was high. In old times, Kazakhs had a tradition that was believed to stop infants from dying. The family that lost several children at birth or afterward would give the newborn child to another woman and "buy" the child back from her. This custom was simply called *сатын алу* (buying).

❀ Олар *бала тұрмаған соң*, бала асырап алуды ұйғарды. They decided to adopt after none of the children survived childbirth.

❀ Менің әжем *бала тұрмаған абысынының* жаңа туған нәрестесін көршісінен қалай сатып алғанын әңгімелеп берді. My grandmother told me a story of how my great aunt performed the ritual of "buying" her infant back from her neighbor because she had lost many children at childbirth.

бесік көрген [seen the cradle]: well-bred, as a young woman (see *ата-ана көрген*)

☸ Based on the idea of having had a good upbringing since a young age or since the cradle. Variant: *ата-ана көрген*, which applies to both genders.

бесік құда [cradle *quda*]: man in relation to another man when the two mutually arranged their children's marriage when they were infants

☸ Archaic. *Құда* is a term used for parents and families of a married couple in relation to one another. Two sets of families become *құда* once their children are married to each other. The mothers are *құдағи* in relation to each other and their families. Kazakhs value this type of relationship, and *құда* and *құдағи* are entitled to respect. *Бесік құда* refers to a man whose daughter or son's marriage into another man's family was arranged when the children were in the cradle. This type of arrangement was more prevalent between male friends who wanted to reinforce their friendship by becoming *құда* to each other. This old tradition is nonexistent today. See also *бел құда* (in *Body*), *қыз алысу*, *жеті ата* (in *Numbers*).

❀ Тұрған мен Айдар тұңғыштарын атастырып, *бесік құда* болуға келісті. Turgan and Aidar agree to betroth their firstborns and become related through their children.

ел ағасы [brother of the people]: a respected male leader in a community

☸ Literary.

❀ Сапар аға өмір бойы ақыл айтып, жөн сілтеп, халық игілігіне қызмет етіп, *ел ағасы* болды. Uncle Sapar became the leader by advising, showing the right way, and working toward the well-being of the people.

❀ Табысты іскер кісі *ел ағасына* айналды. The successful businessman became the leader of the community.

ел қатарлы [side by side with people]: like other normal people

❀ Болат *ел қатарлы* бала-шағасын бағып отыр. Bolat takes care of his family just like other normal people.

❀ Мен *ел қатарлы* жұмыс істегім келеді. I want to work like other normal people.

ел орынға отыра [as people start sitting in their places]: in the evening

❂ Based on the idea of people settling for a night. Syn: *бие ағытар* (in *Livestock with Beasts and Birds*). See also *кісі аяғы* (in *Body*).

❀ Біз жолға *ел орынға отыра* шықтық. We hit the road in the evening.

❀ Менің анам *ел орынға отыра* бізге әңгіме айтып беретін. My mom used to tell us stories in the evening.

елден ала бөтен [multicolorfully strange among people]: different kind of something

❀ Жамалдың *елден ала бөтен* тазалығын үйіне барғанда көресің: үйінде бір қылаң шаң жоқ. Zhamal has a different kind of cleanliness, which you can see when you go to her house: It is spotless.

❀ Оның *елден бөтен* әзілқойлығы бар; мен оны басқа ешкімнен көрген емеспін. He's got a different sense of humor from anyone I've ever met.

еңкейген қария мен еңбектеген бала [hunching elderly and crawling child]: everybody from a child to an elderly person; **everyone and his brother**; **every Tom, Dick, and Harry**

❂ Variant: *еңкейген қариядан еңбектеген балаға дейін*. Syn: *тайлы-таяғы* in (*Livestock with Beasts and Birds*).

❀ Ауылға қаладан концерт келсе, оған ауылдың *еңкейген қариясы мен еңбектеген баласы* қалмай барады. If there is a concert of musicians visiting from the city in the village, everyone and his brother will go.

❀ Жылдың ең үлкен сатылымы кезінде дүкендерге *еңкейген қариядан еңбектеген балаға дейін* жиналады. The biggest shopping sale of the year draws every Tom, Dick, and Harry to the malls.

еңіреген ер [wailing man]: a male fighter for his nation's freedom and happiness

❂ Literary. Collocation: *елім деп еңіреген ер*.

❀ *Еңіреген ерлердің* қарсыластары оларды лаңкестер деп атайды. The opponents of the freedom fighters call them terrorists.

❀ *Елім деп еңіреген ерлер* бірнеше жыл бойы отаршылдарға қарсы күресті. The freedom fighters fought against the colonists for years.

ер мінезді [with a personality of a man]: chivalrous and generous, as a man, nation, or generation

❂ See also *қыз мінезді*.

❀ Маралдың бағы бар; оның күйеуі *ер мінезді*. Maral is very lucky to have such a chivalrous and generous husband.

❀ Ерлан — *ер мінезді* әкесіндей емес, өзімшіл адам. Erlan is rather selfish, unlike his chivalrous and generous father.

❀ *Ер мінезді тайпа* жаулап алушыларға қарсы жан аямай күресті. The brave tribe fought fiercely against the invaders.

еркекшора [male master]: *tomboy*

❂ Colloquial. Traditional characteristics of *еркекшора* included dressing in men's clothing and engaging in activities that were traditionally viewed as a man's, for example, fighting in a war. This term is also used to denote that a *еркекшора* daughter is spoiled by her father. *Еркекшора* was expected to stop behaving and dressing like a boy before marriage.

❀ Батыр өзіне қарсы қол бастап келе жатқанның *еркекшора қыз* екенін бірден аңғара қоймады. The warrior did not notice at once that the one leading the troops against him was a tomboy.

❀ Төрт ағасының арасында Әсем *еркекшора* болып өсті. Among four brothers, Asem grew up like a tomboy.

жан баласы [child of the soul]: living soul (see *тірі жан* in *Soul and Spirit*)

❂ Syn: *тірі жан* (in *Soul and Spirit*).

жар құшу [to embrace a beloved wife]: to get married, to know the love of a woman, as a man (see *жар сүю*)

❂ Literary. Because the idiom contains a direct object, it is not used with another object, as in the English *to get married to someone*. Variant: *жар сүю*.

жар сүю [to kiss a beloved wife]: to get married, to know the love of a woman, as a man

❂ Literary. Because the idiom contains a direct object, it is not used with another object, as in the English *to get married to someone*. Variant: *жар құшу*.

❀ Ұлы ғалым *жар сүймей* өмірден жас кетті. The great scholar passed away young without knowing a love of a woman.

❀ *Жар құшу* жас батырдың арманы еді. To get married was the young warrior's dream.

Жер-Ана [Earth Mother]: a personification of the Earth as a gracious and caring being, *Mother Nature* (see *қара жер* in *Color*)

☸ Literary. Syn: *қара жер* (in *Color*)

кенже қалу [to stay the youngest child]: to fall behind in technology, society, economy, or politics, *to fall short*

☸ Formal. *Тұңғыш* is the firstborn in a family, *ортаншы* is the middle child, and *кенже* is the youngest.

❀ Бірнеше жылғы соғыстың кесірінен бұл ел ғылым мен өнер салаларында көп *елдерден кенже қалды*. Because of wars that lasted several years, the country fell behind many other countries in the sciences and arts.

❀ Диктатор жоғары білім жүйесін алып тастайды деген алыпқашпа сөз бар. Егер ол рас болса, ол өмірдің барлық салаларында елдің *кенже қалуына* себеп болмақ. There is a rumor that the dictator will abolish higher education. If it is true, it will further cause the country to fall behind in every aspect of life.

көкесін көзіне көрсету [to show someone's uncle to one's eye]: **(1)** to teach someone a lesson by punishing or scolding; **(2)** to show the true art of something (see *әкесін таныту*)

☸ Genitive. Syn: *әкесін таныту*.

қыз алысу [to exchange daughters]: to be allowed to have marriages between two clans

☸ Used in the reciprocal voice. Variant: *қыз алысып, қыз берісу*. Collocation: *жеті атаға дейін қыз алыспау* (not to allow marriages between two clans until there are seven degrees of patrilineal clan separation between the clans). See also *бесік құда*, *жеті ата* (in *Numbers*); *қан бұзу*, *сүйек шатыс* (in *Body*).

❀ Марат пен Тұрғанның рулары *қыз алысады*. The bloodline between Marat and Turgan's clans is sufficiently separated to allow marriage between their children.

❀ Арман мен Азаттың рулары бірнеше ғасыр бұрын туыстас болған, қазір олардың рулары *қыз алысып, қыз беріседі*. Although Arman and Azat's ancestors were related centuries ago, their clans are now allowed to marry.

қыз алысып, қыз берісу [to give each other a daughter and take each other's daughter]: to be allowed to have marriages between two clans (see *қыз алысу*)

☸ Used in the reciprocal voice. Variant: *қыз алысу*.

қыз мінезді [with a personality of a girl]: polite, affable, sweet-tempered, as a man

☸ These are positive traits of character for a male to have in the Kazakh culture. See also *ер мінезді*.

❀ Қыздар Әнуарды жақсы көреді, өйкені ол *қыз мінезді*. Women love Anuar because he is polite and affable.

❀ Ол *қыз мінезді* жігітпен танысқысы келеді. She wants to meet a polite and affable guy.

қыз теке [girly male goat]: an effeminate male

☸ Colloquial. Marked by a mocking view toward effeminate males. Currently, this idiom is increasingly being used as a disparaging and offensive term for a male homosexual. Variant: *қызтеке*.

❀ Ол кішкене *қыз теке* сияқты. He's a little effeminate for a guy.

❀ *Қызтеке* Болат қызылды-жасылды киім кигенді жақсы көреді. Effeminate Bolat likes wearing flamboyant clothes.

немере сүю [to kiss a grandchild]: to have grandchildren (see *перзент сүю*)

☸ Formal and literary. Not used in the simple present tense.

ой, бауырымдау [to say *oh, my brother*]: **(1)** to cry over a deceased relative or close friend; **(2)** to show one's care, especially in greetings between men

☸ In the past, «*ой, бауырым!*» was used while saying good-bye to a deceased relative or expressing one's condolences. Collocations: *ой, бауырымдап қоштасу* (to cry and bid farewell to the deceased); *ой, бауырымдап* құшақтау (to embrace someone with brotherly care); *ой, бауырымдап амандасу* (to greet someone with brotherly care).

⟐ Достары кәде кезінде онымен *ой, бауырымдап қоштасты.* Friends cried and bid farewell to him at the funeral.

⟐ Менің әкем бала кезгі досын әуежайда *ой, бауырымдап құшақтады.* My dad embraced his childhood friend at the airport with brotherly care.

өзі би, өзі қожа [one's self is a judge and an owner]: free to do whatever someone wants to do, one's own boss

⟐ Қарсы келер деген адамдардың бәрін атқыздыртқаннан кейін, Сталин елге *өзі би, өзі қожа болды.* After having the people who opposed him shot, Stalin became the sole ruler of the country; he was free to do anything he wanted to do.

⟐ Менің жеке іс бастап, *өзім би, өзім қожа* болғым келеді. I want to start my own business and become my own boss.

перзент сүю [to kiss an offspring]: to have children

◉ Formal. Not used in the simple present tense. Variants: *бала сүю* (to have children), *немере сүю* (to have grandchildren).

⟐ Қазіргі кезде жұмысбасты жұптар кешірек *перзент сүюде.* Professional couples are having children later in life now.

⟐ Жамал мен Батыр *төрт немере сүйіп отыр.* Zhamal and Batyr have four grandchildren.

тәй-тәй басу [to step tai-tai]: to be nascent

◉ *Тәй-тәй* is used to describe a baby's first steps. These steps are metaphorically transferred to a new entity or country that is nascent but going forward and developing. Syn: *қанаты қатаймау* (under *қанаты қатаю* in *Livestock with Beasts and Birds*); *буыны бекіп, бұғанасы қатпау* (under *буыны бекіп, бұғанасы қату* in *Body*); *қабырғасы қатпау* (under *қабырғасы қату* in *Body*.

⟐ *Тәй-тәй басқан компания* бәсекелестерін қуып жетіп келе жатыр. The nascent company is steadily gaining on its competitors.

⟐ Дамыған мемлекеттер *тәй-тәй басып келе жатқан елге* көмектеседі. The developed countries are helping the nascent country.

түн баласы [child of the night]: *the small hours of the night*

◉ Collocation: *түн баласы туу* (the small hours of the night come).

⟐ *Түн баласында* оянып кетіп, ұйықтай алмадым. I woke up in the small hours of the night and then couldn't sleep.

⟐ Барлық мейрамханалар мен барлар *түн баласы туғанға дейін* ашық. All the restaurants and bars stay open into the small hours of the night.

Life and Death: Өмір мен өлім

ажал айдау [to be driven by Death]: to be lured by Death, *to tempt fate* (see *ажал түрту)*

🔅 Accusative. Variant: *ажал түрту.*

ажал аузынан аман алып қалу [to take someone safely from the mouth of death]: *to snatch someone out of the jaws of death*

🔅 Accusative. Also: *ажал аузынан аман қалу intr.* See also *ажал аузында жату.*

❄ Қанат *досын* жанып жатқан мәшинеден қас қағым сәтте шығарып, *ажал аузынан аман алып қалды.* Kanat snatched his friend out of the jaws of death by pulling him out of the burning car in the blink of an eye.

❄ Ержүрек балықшы алай-дүлей дауыл кезінде суға батып бара жатқан *адамды ажал аузынан аман алып қалды.* The brave fishermen snatched the drowning man out of the jaws of death during the fierce storm.

ажал аузында жату [to lie at the mouth of the death]: *to lie at death's door*

🔅 Variant: *өлім аузында жату.* See also *ажал аузынан аман алып қалу.*

❄ Ауыр жол апатынан кейін ол біраз уақыт *ажал аузында жатты.* She was lying at death's door for some time after the major car crash.

❄ Пойыз апатынан зардап шеккен жолаушылардың көпшілігі *өлім аузында жатыр.* Most of the victims of the train wreck are lying at death's door.

ажал түрту [to be poked by Death]: to be lured by Death, *to tempt fate*

🔅 Accusative. Variant: *ажал айдау.*

❄ «Мама, балалармен бірге жағажайға баруға бола ма?» «Жүзе алмайсыңдар ғой. *Сендерді ажал түртіп тұр ма?*» "Mom, can we go to the beach with the other kids?" "You guys don't know how to swim. Are you trying to tempt fate?"

❄ Ол көпірдің құлағалы тұрғанын біліп, онымен ешқашан жүрмейтін. Бірақ кеше *оны ажал айдап,* асығыс болғандықтан көпірмен өте салуға бел буады. Көпір құлап, ол мерт болды. He never traveled across the bridge because he knew that it was on the verge of collapsing. But yesterday he was lured by Death; he was in a hurry and decided to travel across the bridge. It collapsed and he died.

ажал тырнағына ілігу [to get caught on the nail of death]: to be killed

🔅 Also: *ажал тырнағына іліну pass.*

❄ Бір топ шыңға өрмелеуші қар көшкінінің кесірінен *ажал тырнағына іліге жаздады.* A group of rock climbers nearly got killed because of the avalanche.

❄ Әйгілі рокн-ролл әншісі есірткіні көп пайдаланып, *ажал тырнағына ілінді.* The famous rock-and-roll singer was killed by a drug overdose.

ажалы жету [to have one's death reach]: to be visited by Death (see *ажалы келу)*

🔅 Variant: *ажалы келу.*

ажалы келу [to have one's death come]: to be visited by Death

🔅 Variant: *ажалы жету.*

❄ Ол көріпкелден *ажалы* қашан *келетінін* сұрады. He asked the psychic when Death would come for him.

❄ Ауыр жол апатында тек оның ғана *ажалы жетпеді.* He was the only person for whom Death did not come in that terrible car accident.

арманда кету [to leave in a dream]: to die without achieving one's dream

❄ Досымның әкесінің жүрегі ауыратын. Жалғыз қызының оқу бітірген күніне жетсем деп айтып отыратын. Бірақ ол кісі оған жете алмай, *арманда кетті.* My friend's father had heart disease. He used to say that he dreamed of seeing the day when his only daughter would graduate. But he never saw that day.

❄ Абрахам Линкольн Американың бірікке-нін көрмей, *арманда кетті.* Abraham Lincoln was assassinated before his dream of uniting America was realized.

асарын асап, жасарын жасау [to eat what was there to be eaten and live what was there to be lived]: to live a relatively long life, to live through life

❧ «Жетпістің үстінде, *асарын асап, жасарын жасады* деп, маған дұрыс мән бермей отырсың ба?», – деп атай дәрігерге ойындағысын айтып салды. The grandfather told the doctor what was on his mind: "Are you not paying proper attention to me, thinking that I am above seventy and have already lived my life?"

❧ Әжемнің анасының бағы бар екен; ол *асарын асап, жасарын жасады*. Great grandmother is fortunate in that she has lived a long and fulfilling life.

бұл жалғанмен қош айтысу [to exchange good-byes with this world]: to pass away (see *пәни жалғанмен қоштасу*)

✡ Literary. Sometimes *л* is dropped in *бұл* in colloquial language: *бұ жалғанмен қош айтысу*. Variant: *пәни жалғанмен қоштасу*. Syn: *дәм-тұзы таусылу* (in *Food*), *дүние салу*, *дүниеден көшу*, *дүниеден қайту*, *о дүниеге аттану*, *өмірден озу*, *өмірден өту*, *қайту*. *Қайту* is colloquially used in the western variety of Kazakh.

демі үзілу [to have one's breath split]: to die

✡ Collocations: *ақтық демі үзілу, соңғы демі үзілу* (to take one's last breath).

❧ Менің досым анасының *демі үзілгенше* қасында болды. My friend was at her dying mother's side until her last breath.

❧ Ауруханаға жетпей жедел көмек мәшинесінде жол апатынан *зардап шегушінің демі үзілді*. The car accident victim died in the ambulance before reaching the hospital.

дүние салу [to put away the world]: to pass away

✡ Formal. Variants: *дүниеден көшу, дүниеден қайту, дүниеден өту, о дүниеге аттану, қайту*. Syn: *бұл жалғанмен қош айтысу, дәм-тұзы таусылу* (in *Food*), *көз жұму* (in *Body*), *пәни жалғанмен қоштасу, өмірден озу, өмірден өту*. *Қайту* is colloquially used in the western variety of Kazakh.

❧ Менің атамның *дүние салғанына* бірнеше жыл болды. It's been several years since my grandpa died.

❧ Джейн Остин соңғы кітабын бітірмес бұрын, жастай *дүниеден көшті*. Jane Austen passed away at a young age, before completing her final book.

дүниеге әкелу [to bring to the world]: *to bring into the world*

❧ Алқа бидің біреуі куәгердің *дүниеге әкелген* анасына қарсы айғақ бергенін мүлдем жақтырмады. One of the jurors didn't at all like the witness who testified against her mother who gave birth to her.

❧ Сіңлім бүгін 3.8 келі ұл баланы *дүниеге әкелді*. Today my sister gave birth to a baby boy who weighs 3.8 kilograms.

дүниеге келу [to come to the world]: *to come into the world*

✡ Variant: *дүниенің есігін ашу*

❧ Менің бес балам мен кезінде туылған ауруханада *дүниеге келді*. All five of my children were born in the same hospital, as was I.

❧ Бір жылы үкімет бірінші қаңтар күні *дүниенің есігін ашқан* нәрестелерге бірнеше мың теңге ақша берді. One year, the government gave several thousand tenge to babies who were born January 1.

дүниеден көшу [to move out of the world]: to pass away (see *дүние салу*)

✡ Formal. Variants: *дүние салу, дүниеден қайту, дүниеден өту, о дүниеге аттану, қайту*. Syn: *бұл жалғанмен қош айтысу, дәм-тұзы таусылу* (in *Food*), *көз жұму* (in *Body*), *пәни жалғанмен қоштасу, өмірден озу, өмірден өту*. *Қайту* is colloquially used in the western variety of Kazakh.

дүниеден қайту [to return from the world]: to pass away (see *дүние салу*)

✡ Formal. Variants: *дүние салу, дүниеден көшу, дүниеден өту, о дүниеге аттану, қайту*. Syn: *бұл жалғанмен қош айтысу, дәм-тұзы таусылу* (in *Food*), *көз жұму* (in *Body*), *пәни жалғанмен қоштасу, өмірден озу, өмірден өту*. *Қайту* is informally used in the western variety of Kazakh.

дүниеден өту [to pass from the world]: to pass away (see *дүние салу*)

✡ Formal. Variants: *дүниеден көшу, дүниеден қайту, о дүниеге аттану, қайту*. Syn: *бұл жалғанмен қош айтысу, дәм-тұзы таусылу* (in *Food*), *көз жұму* (in *Body*), *өмірден озу*,

өмірден өту, пәни жалғанмен қоштасу.
Қайту is informally used in the western variety of Kazakh.

дүниенің есігін ашу [to open the door of the world]: *to come into the world* (see *дүниеге келу*)

жалғанды жалпағынан басу [to step on this world in its wideness]: **(1)** to live carefree, without any concerns; **(2)** *to live large*

☸ Sarcastic.

❁ Орта жастағы рок әншілері қаладан қалаға қаңғырып, *жалғанды жалпағынан басып жүр.* The middle-aged rock singers wander from city to city living carefree.

❁ Ата-әжесінен мұраға көп ақша қалғаннан кейін, Әнуар *жалғанды жалпағынан басты.* Anuar lived large after inheriting a lot of money from his grandparents.

жолында қаза табу [to get killed on one's road]: to die for someone or something

☸ Optional genitive; compare the two examples. Formal. Variant: *жолында өлу.*

❁ Мына ескерткіш ел *тәуелсіздігі жолында қаза тапқандарға* арналған. This monument is dedicated to those who died fighting for their country's independence.

❁ Көптеген діни диссиденттер орта ғасырларда өз *сенім-нанымдарының жолында өлді.* Many religious dissidents in the Middle Ages died for their beliefs.

жолында өлу [to die on one's road]: to die for someone or something (see *жолында қаза табу*)

☸ Optionally marked genitive.

қайту [to return]: to pass away (see *дүние салу*)

☸ Used informally in the western variety of Kazakh. Syn: *бұл жалғанмен қош айтысу, дәм-тұзы таусылу* (in *Food*), *дүниеден көшу, дүниеден қайту, дүниеден өту, көз жұму* (in *Body*), *о дүниеге аттану, өмірден озу, өмірден өту, пәни жалғанмен қоштасу.*

қайырлы болсын [may it be blessed]: **(1)** congratulations; **(2)** may someone rest in peace

☸ Used as an expression of condolence in the western Kazakh variety. In this sense, it is of-

ten used with *арты.* Collocation: *қайырлы болсын айту* (to express condolences).

❁ Алғашқы немереңіз *қайырлы болсын.* Congratulations on your first grandchild!

❁ Ұлыңыздың *арты қайырлы болсын.* Our condolences for your fallen son.

қыршын кету [to leave young]: to die young (see *қыршыннан қиылу*)

қыршыннан қиылу [to be cut in youth]: to die young

☸ Variant: *қыршын кету.*

❁ Моцарт *қыршыннан қиылды.* Mozart died young, way before his time.

❁ Оның *қызының қыршыннан кеткені* жүректі қарс айыратын жағдай. It is a tragedy that his daughter died so young.

о дүниеге аттану [to set out to that world]: to pass away (see *дүние салу*)

☸ Literary. Variants: *дүние салу, дүниеден көшу, дүниеден қайту, қайту.* Syn: *бұл жалғанмен қош айтысу, дәм-тұзы таусылу* (in *Food*), *көз жұму* (in *Body*), *өмірден озу, өмірден өту, пәни жалғанмен қоштасу.* *Қайту* is informally used in the western variety of Kazakh.

өлердегі сөзін айту [to say one's words said before death]: to implore, to beseech

❁ Күйеуім *өлердегі сөзін айтып,* демалыста жолдастарымен бірге аң аулауға жіберуімді сұрады. My husband beseeched me to let him go hunting with his friends for the weekend.

❁ Бір бейшара баспанасыз кісі адамдардан ақша мен тамақ сұрап, *өлердегі сөзін айтты.* The poor homeless fellow implored people for food and money.

өлі мен тірінің арасында [between the living and the dead]: *between life and death*

❁ Жанып жатқан үйде адамдар *өлі мен тірінің арасында* қалды. People were caught between life and death in the burning building.

❁ Мынадай қиын жағдайда оның компаниясы *өлі мен тірінің арасында.* In these difficult times, his company is between life and death.

өлім аузында жату [to lie at the mouth of the death]: *to lie at the death's door* (see *ажал аузында жату*)

❂ Variant: *ажал аузында жату.* See also *ажал аузынан аман алып қалу.*

өліп кетейін [let me die]: ***I swear on my life***

❂ Syn: *нан ұрсын, нан ұстайын* (in *Food*).

❀ *Өліп кетейін,* мен сенің ақшаңды жоға-лтқан жоқпын. I swear on my life that I did not lose your money.

❀ Енді темекі шекпеймін. *Өліп кетейін!* I will not smoke another cigarette — I swear on my life!

өліп тірілу [to die and revive]: ***to kill oneself over something***

❀ Болат талабы жоғары бастығы үшін *өліп-тіріліп жұмыс істеді.* Bolat killed himself working for his demanding boss.

❀ Бибінұр жалғыз ұлын оқуға жіберу үшін *өліп-тірілді.* Bibinur killed herself sending her only son to college.

өмірден озу [to outrun the life]: to pass away (see *дүние салу*)

❂ Formal. Variant: *өмірден өту.* Syn: *бұл жалғанмен қош айтысу, дәм-тұзы таус-ылу* (in *Food*), *дүние салу, дүниеден көшу, дүниеден қайту, көз жұму* (in *Body*), *о дүниеге аттану, қайту, пәни жалғанмен қоштасу. Қайту* is informally used in the western variety of Kazakh.

өмірден өту [to pass the life]: to pass away (see *дүние салу*)

❂ Formal. Variant: *өмірден озу.* Syn: *бұл жалғанмен қош айтысу, дәм-тұзы таус-ылу* (in *Food*), *дүние салу, дүниеден көшу, дүниеден қайту, көз жұму* (in *Body*), *о дүниеге аттану, қайту, пәни жалғанмен қоштасу. Қайту* is informally used in the western variety of Kazakh.

өмірін қию [to cut one's life]: to take some-one's life

❂ Also: *өмірі қиылу pass.* Note: *өз өмірін өзі қию* (to take one's own life).

❀ Ұлы Отан соғысы жиырма жеті миллион *адамның өмірін қиды.* The Great Patriotic War ended the lives of 27 million people.

❀ Торыққан рок жұлдызы шамадан тыс дәрі ішіп, *өз жас өмірін өзі қиды.* The de-pressed rock star took his own young life by overdosing on drugs.

пәни жалғанмен қоштасу [to exchange good-byes with this world]: to pass away

❂ Literary. *Пәни* is also spelled *фәни: фәни жалғанмен қоштасу.* Variant: *бұл жалғанмен қош айтысу.* Syn: *дәм-тұзы таусылу* (in *Food*), *дүниеден көшу, дүниеден қайту, көз жұму* (in *Body*), *о дүниеге аттану, өмірден озу, өмірден өту, қайту. Қайту* is informally used in the western vari-ety of Kazakh.

❀ Бұрынғы президент диагноз қойылғаннан алты айдан кейін *фәни жалғанмен қош айтысты.* The former president passed away six months after his diagnosis.

❀ Ол *пәни жалғанмен қоштасқанша* елі үшін күресті. He fought for his country until he passed away.

пешенеге жазылу [to be written in the fate]: to be destined (see *маңдайға жазылу* in *Body*)

❂ Also: *пешенеге жазу act.* See also *тағ-дырдың жазуы.*

тағдыр кешу [to go through fate]: to live life, to go through life

❂ Formal.

❀ Ол жастайынан қиын *тағдыр кешкен.* He had lived a difficult life since a young age.

❀ Кітап саяси тұтқындардың *кешкен тағдырын* баян етеді. The book reports about how the political prisoners went through life.

тағдырдың жазуы [the writing of the fate]: destiny, fate

❂ Also: *тағдырдың жазғаны.* Collocations: *тағдырдың жазуымен болу* (to occur as one's fate); *тағдырдың жазғанын көру* (***to see what destiny has in store***). See also *пешенеге жазылу.*

❀ Бірнеше жүздеген шешен отбасылары сияқты, менің досымның ата-әжесі *тағ-дырдың жазуымен* Қазақстаннан қоныс тепті. Like several hundred Chechen families, my friend's grandparents were destined to set-tle in Kazakhstan.

❀ Мен бүгін Англияға кетейін деп отыр-мын. Тіл білмеймін. Жұмыс табу да қиын болады. Бірақ бәрібір сонда барып, *тағдырдың жазғанын көремін.* I am leaving for England today. I don't know the language, and it will be difficult to find a job. But I will see what is destined for me over there.

тағдырдың салғаны [what was put by the fate]: destiny, fate (see *тағдырдың жазуы*)

⚙ Variants: *тағдырдың жазғаны, тағдырдың жазуы*. Collocations: *тағдырдың салғанына шыдау* (to bear what destiny has in store); *тағдырдың салғанын көру* (**to see what destiny has in store**). See also *пешенеге жазылу*.

тағдырдың тәлкегі [mockery of the fate]: a sinister twist of fate

⚙ Collocation: *тағдырдың тәлкегі түсу* (to fall victim to the sinister twist of fate).

❀ Менің күйеуімнің ата-анасының көрмеген қиындығы, зардабы жоқ. Бірақ *тағдырдың тәлкегі* оларды жұмсақ мінездерінен айыра алған жоқ. There is no hardship and suffering that my husband's parents did not go through. But the sinister twist of fate couldn't deprive them of their soft personalities.

❀ Неге *тағдырдың тәлкегі* адал адамдарға *түседі*? Why does the sinister twist of fate always seem to prey on decent people?

тар жол, тайғақ кешу [to go through a narrow and slippery road]: to go through hardships, *to go down a rocky road*

⚙ Literary.

❀ Қазіргі заманда *тар жол, тайғақ кеше алатын* болуымыз керек. In today's world, we need to be able to go through the hardships of life.

❀ Америкаға жаңадан келгенде, біз біраз *тар жол, тайғақ кештік*. We had to go through many rocky roads when we first came to America.

түпке жету [to reach the bottom]: **(1)** *to get to the bottom of something*; **(2)** to bring someone or something to one's demise; **(3)** to exhaust something

⚙ Accusative.

❀ Полиция мына шешілмеген істің *түбіне жетпейінше* тоқтамайды. The police will not stop until they get to the bottom of this unsolved case.

❀ Кейбіреулер егер біз ғаламдық жылу мәселесін шешпесек, *жер шарының түбіне жетеміз* деп есептейді. Some believe that if we don't address global warming, we might bring the planet to its demise.

❀ Адамзаттың абайлағаны жөн, әйтпесе олар *мұнай қорының түбіне жетпек*. Humans had better be careful; otherwise, they will exhaust the oil supply.

Livestock with Beasts and Birds:
Мал мен аң-құс

айдап салу [to herd off]: to instigate someone to do something

❂ Accusative and dative.

❀ Мына үш көршінің ара-қатынасы барған сайын шиеленісіп жатыр, өйткені олар *бірін біріне айдап салуды* ғана біледі. The relationship between these three neighbors is getting more complicated, because all they know is to provoke each other.

❀ Ажырасқан кекшіл әйел *балаларын әкелеріне айдап салу* үшін оларға көп өтірік айтады. The vindictive divorced mother feeds lies to her children to incite them to fight with their father.

айылын жиғызу [to make someone gather one's girth]: **(1)** to intimidate; **(2)** *to put someone in his or her place*

❂ Also: *айылын жию попсаив.*

❀ Зауыт жұмысшылары қатал жаңа бастықтарына әлімжеттік көрсетіп жүрген жұмыстастарының біржола *айылын жиғызғанына* риза болды. The assembly line workers were grateful for the new strict manager who put the bully in his place once and for all.

❀ Полиция оны жанын шығарып тергесе де, ол *айылын жиған жоқ*. He was interrogated intensely by the police, but he was not intimidated.

буынсыз жерге пышақ салу [to put a knife to a jointless place]: to ask for something that is beyond someone's power, control, or capabilities

❂ In slaughtering an animal, the idea is to butcher the animal between its joints in order to easily separate the bones from each other. Putting the knife directly into the bones will make it impossible to butcher the animal efficiently. Variant: *буынсыз жерге пышақ ұру.*

❀ Көше шуын естіртпейтін қабырға тұрғындардың өтініші бойынша салынып, бірақ тұрғындар оны мүлдем ұнатпады, кейбіреулері тіпті оның құлатылғанын қалайды. Олар *буынсыз жерге пышақ салып отырғандарын* түсінбейді. After the requested noise cancellation wall was erected,

the residents didn't like it at all, and some even want it down. They don't understand that they are asking for something impossible.

❀ *Буынсыз жерге пышақ ұрма.* Менің күйеуім сүйікті мәшинесін саған бергізбейді. Please don't ask for something beyond my control. My husband won't let me lend you his beloved car.

буынсыз жерге пышақ ұру [to hit the jointless place with a knife]: to ask for something that is beyond someone's power, control, or capabilities (see *буынсыз жерге пышақ салу*)

бір шыбықпен айдау [to herd with one stick]: *to rule with an iron fist*

❂ Accusative.

❀ Ол үйдегі қатал бастық — Жанар. Барлық *адамдарды бір шыбықпен айдайды*. In that family, Zhanar is the strict boss. She rules with an iron fist.

❀ Қазір әлемде *елдерін бір шыбықпен айдайтын* диктаторлар бар. There are many dictators in the world today who rule their countries with an iron hand.

ен тағу [to pin a label]: to label something as one's choice

❂ Dative. Note: *ен* is an ear mark used for livestock.

❀ Әжем сырға-сақиналарын бермекші болып, немере қыздарын шақырды. Күміс айшық сырғаны көрген бойда, мен *оған ен тақтым*. My grandma invited her granddaughters to give them her jewelry. When I saw the silver earring in the shape of a moon, I labeled it as mine.

❀ Біздің көрші мүліктерін гаражына шығарып сатқанда, әйелім үлкен заманауи *айнаға ен тақты*. At our neighbor's garage sale my wife claimed the large, modern mirror for herself.

жұмырға жұғын болмау [not to be sticky leftovers for abomasum]: to be absolutely insufficient, as in insufficiency of money, water, or other needs

❂ The affirmative form is used in rhetorical questions only. Variant: *жұмырға жұқ болмау*.

❀ Паналау орнына келген он бес консервіленген сорпа адамдардың *жұмырына жұқ болмайды*. The fifteen cans of soup that the shelter received are absolutely insufficient for the people.

❀ Банк бізге қажетті ақшаның үштен бірін берді. Ол біздің *жұмырымызға жұғын бола ма*? The bank gave us one-third of the money we needed. Will it be sufficient?

жұмырға жұқ болмау [not to be sticky leftovers for abomasum]: to be absolutely insufficient, as in insufficiency of money, water, or other needs (see *жұмырға жұғын болмау*)

❂ The affirmative form is used in rhetorical questions only. Variant: *жұмырға жұғын болмау*.

жүндей түту [to tease like a wool]: **(1)** *to rake someone over the coals*; **(2)** *to beat the hell out of someone*, as in a competition, sports; **(3)** *to grate on someone's nerves*, when used with *жүйке*: *жүйкені жүндей түту*

❂ Accusative. *Жүн түту* is a part of manual wool processing: the wool is pulled by hand so that it is scoured and ready for spinning. Syn: *итін шығарып ұрсу*. See also *мүтін жеу* in the first and second senses.

❀ Ата-анасы математикадан тағы құлағаны үшін Әділетті *жүндей түтті*. Adilet's parents raked him over the coals for failing math class again.

❀ Бразилия бүгін *қарсыласын жүндей түтеді*. Today Brazil will beat the hell out of its opponent.

❀ Менің күйемнің тоқтамайтын қорылы *жүйкемді жүндей түтті*. My husband's incessant snoring is grating on my nerves.

жүні жығылу [to have one's fur tumble]: *with one's tail between one's legs*

❂ Used in the passive voice only.

❀ Бастығынан ұрыс естігеннен кейін, барлық адаммен жауласып жүрген *қызметкердің жүні жығылып кетті*. The belligerent employee left with his tail between his legs after being reprimanded by the manager.

❀ Ол тәжірибессіздігінің кесірінен сайлауда жеңіліс тапты. Сөйтіп, *жүні жығылып*, саясаттан мүлдем кетіп қалды. His inexperience cost him the election. He left politics with his tail between his legs.

көш бастау [to lead a caravan of nomads]: to be in a leading position or role

❂ Formal. *Көш* is a term used in the past Kazakh nomadic culture to refer to moving or migrating on horseback and camelback between summer and winter settlements. Clans moved together, taking their yurt, livestock, and other property in a caravan-like manner. Also: *көш басын бермеу* (not to give the leading position or role to competitors).

❀ Әлемде кілем тоқудан ирандықтар *көш бастайды*. In the world, Iranians lead in rug weaving.

❀ Тайгер Удс тағы *көш басын бермей келе жатыр*. Tiger Woods is again at the top of the leader board.

көш соңында [behind a caravan of nomads]: behind, making less progress than others

❂ *Көш* is a term used in the past Kazakh nomadic culture to refer to moving or migrating on horseback and camelback between summer and winter settlements. Clans moved together, taking their yurt, livestock, and other property in a caravan-like manner. Collocations: *көш соңында қалу* (to be left behind others), *көш соңында келу* (to come behind others). Ant: *көш ілгері*.

❀ Интернет технологиясын әрбір салада қолдануда еліміз *көш соңында* қалып қойған жоқ па? Is our country behind others in using Internet technology in every field?

❀ Мына мектептің оқушылары математикадан *көш соңында*. The children at this school are behind the other children in mathematics.

көш түзеу [to straighten the caravan of nomads]: **(1)** to move, to migrate; **(2)** to head toward a specific destination or goal

❂ Dative. Formal, in the second sense. *Көш* is a term used in the past Kazakh nomadic culture to refer to moving or migrating on horseback and camelback between summer and winter settlements. Clans moved together, taking their yurt, livestock, and other property in a caravan-like manner. Syn: *бет алу, бет түзеу* (in *Body*) in the second sense.

❁ Ұйым *атажұртқа көш түземекші* адамдарға көмек көрсетеді. The organization helps the people who intend to emigrate to their historic motherland.

❁ Батыс елдері *демократияға көш түзеген* елдерге көмек беруге тырысады. The Western countries are trying to help the nations that are headed toward democracy.

көш ілгері [ahead of the caravan of nomads]: well ahead of others, making more progress than others

☸ Ablative. *Көш* is a term used in the past Kazakh nomadic culture to refer to moving or migrating on horseback and camelback between summer and winter settlements. Clans moved together, taking their yurt, livestock, and other property in a caravan-like manner. Syn: *оқ бойы озық* denotes being just a step ahead, whereas *көш ілгері* implies being well ahead of others. Ant: *көш соңында*.

❁ Білім тестілері Гаухардың өз *құрдастарынан көш ілгері* екенін көрсетіп отыр. The aptitude tests show that Gaukhar is well ahead of others in her age group.

❁ Біздің компаниямыз робот технологиясын дамытуда *бәсекелестерінен көш ілгері*. Our company is far ahead of our competitors in developing robotic technology.

қалың мал [thick livestock]: dowry presented to bride's parents by groom's parents

☸ In the past, the dowry usually included nine, seventeen, twenty-seven, thirty-seven, or forty-seven horses. The extent and amount of the dowry varied in different parts of the country. The tradition is still alive in certain parts of Kazakhstan. Nowadays, two sets of parents might agree on a certain amount of money, a rug, or one or two large animals, such as a camel or a horse.

❁ Олар *қалың мал* сұрамауды ұйғарды. They decided not to ask for a dowry.

❁ Былтыр олар үйленгенде Сәкеннің ата-анасы Әселдің ата-анасына *қалың малға* бір түйе сыйлады. Saken's parents gave a camel to Asel's parents as a dowry when they got married last year.

қамшы болу [to be the whip]: to impel, to spur

☸ Dative.

❁ Гандидің сөзі әлеуметтік *іс-қимылға қамшы* болды. Gandhi's words impelled people to social action.

❁ Кітап осы мақаланы *жазуыма қамшы болды*. The book spurred me to write this article.

қыл үстінде [on the horse hair]: *hung by a thread*

☸ Used in reference to one's life, career, fate, or future.

❁ Ауыр жол апатынан кейін оның *өмірі қыл үстінде* тұрды. He was hanging by a thread after the major accident.

❁ Елдің бейбіт *болашағы қыл үстінде* тұр. The country's peaceful future is hanging by a thread.

қысыр сөз қыстыру [to squeeze in a farrow word]: to insert meaningless words into a conversation or speech

☸ Also: *қысыр әңгіме* (pointless story or conversation), *қысыр сөз* (pointless words).

❁ Мен оның бітпейтін әңгімелерін соңына дейін шыдап тыңдай алмаймын. Сосын онымен қоймай, мен сөйлеп отырғанда, *оның қысыр сөз қыстыратыны бар*. I can't bear her endless stories. And she has this thing of squeezing in meaningless words when I am speaking.

❁ Маған мына *қысыр әңгімені* неге айтып отырсың? Why are you telling me this pointless story?

мал атау [to name a livestock]: **(1)** to present an animal as a gift on birthdays, weddings, circumcision, celebrations, and jubilees; **(2)** to designate a certain type of livestock for sacrifice or donation

☸ Dative. In the first sense, mostly used in the western variety of Kazakh. The type of livestock presented can be specified: *жылқы атау* (to present a horse), *сиыр атау* (to present a cow).

❁ Жиеніміздің сүндет *тойына мал атасақ па*, әлде сыйлық сатып алсақ па? Should we present an animal or buy a gift for our nephew's circumcision?

❧ Өкем жер сілкіністен *зардап шегушілерге жылқы атады*. My father donated a horse to the earthquake victims.

мал болмау [not to be the livestock]: **(1)** not to recover, not to survive an illness or injury; **(2)** not to amount to something good, as a person; **(3)** not to be fixed or be of use

✿ Originally used with regard to livestock, it is also applied to humans and objects. Syn: *адам болмау* (in *Humans and Their Kin*), in the first and second senses.

❧ Менің сиырым екі күннен бері жатыр. *Мал болмайтын* сияқты. My cow has been down for the past two days. It seems like she will not make it.

❧ Көршінің баласы *мал болмайды*; тәртібі өте нашар және санасы таяз. The neighbor's son will amount to no good; he lacks basic discipline and morals.

❧ Менің күйеуім жұмыс істемейтін, ескі компьютерін *мал болмаса* да лақтырмай жүр. My husband won't throw away his old, dysfunctional computer, even though it is clear that it can't be fixed and won't be of any use.

мал біту [to bear livestock]: **(1)** to be blessed with livestock; **(2)** to gain wealth and assets

✿ Dative. For past nomadic and some current rural Kazakhs, livestock represents major wealth. Therefore, obtaining livestock equates to gaining wealth. Ant: *мал таю*.

❧ Ауылға көшіп келгенімізге жарты жыл болды. *Бізге* қашан *мал бітеді*? It's been half a year since we moved to the village. When will we be blessed with livestock?

❧ Ебін тапса, осындай экономикалық қиын уақытта да ақылды, іскер *адамдарға мал бітеді*. Even in these hard economic times, clever businessmen can gain wealth if they are resourceful.

мал табу [to find livestock]: to earn a living

✿ For past nomadic and current rural Kazakhs, livestock have offered a way to make a living.

❧ Лондонда қаржы кеңесшісі болып жақсы *мал табуға болады*. You can earn a very profitable living as a financial adviser in London.

❧ «Биші болып *мал таппайсың*». «Неге? Табысым аз болатын болар, бірақ көңілім толатын іспен айналысатын боламын». "You can't earn a living being a dancer." "Why? My income will probably be small, but I will have the work that I like."

мал таю [to have livestock slip away]: **(1)** to lose livestock; **(2)** to lose wealth

✿ Ablative. For past nomadic and some current rural Kazakhs, livestock represent major wealth. Therefore, losing livestock equates to losing wealth. Ant: *мал біту*. See also *тігерге тұяқ болмау*.

❧ Мал бағасы төмендегенімен, мал азығы қымбаттады. Сөйтіп, бір кездері табын-табын қойы мен үйір-үйір жылқысы бар *ауылдан мал тайды*. The price of livestock has decreased, but the cost of food for livestock has increased. So the village residents who once had herds of sheep and horses have lost their livestock.

❧ Қор биржасы 2008 жылы қирағанда, көптеген *америкалықтардан мал тайды*. So many Americans lost their wealth in the stock market crash of 2008.

мал шашу [to scatter livestock]: to waste money or fortune

✿ Can be used with adverbs *орынсыз, бекер, бет алдына*, and *босқа* (in vain) to intensify the sense of wasting money or fortune.

❧ Қыс болмайтын оңтүстік Аризонада қымбат тон алу босқа *мал шашу* деген сөз. To buy an expensive fur coat in southern Arizona, where there is no winter weather, means to waste money.

❧ Мынадай қажетсіз ұсақ-түйектер *мал шашатын* адамдарға арналған. These are for people who spend money on unnecessary knickknacks.

малдың аузы көкке тию [to have the mouth of the livestock touch greenery]: to be able to enjoy fresh grass with the coming of spring (about livestock)

✿ See also *аузы аққа тию* (in *Color*).

❧ Биыл қыс ұзақ болып отыр. *Малдың аузы қашан көкке тиер* екен? The winter has been long this year. When can the livestock enjoy the fresh grass?

❀ *Аузы көкке тигелі, мал* семіріп жатыр. The livestock are becoming plump now that they are able to enjoy the fresh grass.

мал-жан амандығы [safety and security of livestock and soul]: overall well-being, which includes the well-being of family members as well as their livestock

❂ *Мал-жан аман ба?* is a common greeting still used in some rural areas. For past nomadic and some current rural Kazakhs, the well-being of their livestock has been as vital as the well-being of humans.

❀ Көкем *мал-жан амандығын* білу үшін біздің үйге келіп кетті. My uncle dropped by to see if our family and livestock were doing well.

❀ Әзілқой дәрігер қалалық емделушілеріне де «*Мал-жан аман ба?*», – деп амандасады. The humorous doctor greets even his city patients by saying, "How are your family and livestock?"

малжанды [with a soul for the livestock]: with a passionate love for the livestock

❂ Also: *малжандылық* (love of livestock).

❀ Қазақтар көшпенді болған, *малжанды* халық ретінде әйгілі. Мал олардың тіршілік көзі болған. Kazakhs are nomadic people and are known to passionately love their livestock. Their livestock are their livelihood.

❀ Дәурен — тамаша шопан, өйткені ол — *малжанды* адам. Dauren is an excellent shepherd and loves his livestock passionately.

малмен көз ашу [to open an eye with livestock]: to herd or take care of livestock as the main trade, *to live and breathe livestock*

❀ Сәкен ағаның мал шаруашылығы табысты іс болып отыр, өйткені ол — *малмен көзін ашқан* адам. Uncle Saken has a successful farming business because he personally takes care of his livestock every day.

❀ Күн ашық болсын, бұлтты болсын, ранчо иесі таң бозарғанда *малмен көзін ашады*. Rain or shine, the rancher wakes up at the crack of dawn to herd his livestock.

марқасқа [wide, white line on forehead of livestock]: outstanding, prominent

❂ Formal. *Мар* refers to the white line found on an animal's forehead.

❀ *Марқасқа* дәрігер біздің медицина орталығымызда зерттеуші болып қызмет етуге келісті. The prominent doctor has accepted a research position at our medical center.

❀ Салтанатты рәсім азаматтық құқықтар қозғалысының *марқасқа* жетекшісінің өміріне арналған. The ceremony will celebrate the life of the outstanding civil rights leader.

өмір көші [nomadic caravan of life]: life (see *уақыт көші*)

❂ Literary. *Көш* is a term used in the past Kazakh nomadic culture to refer to moving or migrating on horseback and camelback between summer and winter settlements. Clans moved together, taking their yurt, livestock, and other property in a caravan-like manner.

пұшпағы қанамау [not to have the skin of one's legs bleed]: to be infertile, as a woman

❂ Colloquial. *Пұшпақ* is a skin of animal legs.

❀ Жеңгем бес жыл бойы *пұшпағы қанамаған* соң, бала асырап алды. My aunt adopted a child because she had been infertile for five years.

❀ *Пұшпағы қанамаған* досым қырыққа келгенде бала көтерді. My infertile friend became pregnant when she reached the age of forty.

соңғы тұяқ [last hoof]: the remaining or the last member of a group or family

❀ Қазір полиция аты шулы баскесерлердің *соңғы тұяқтарын* іздестіріп жатыр. Currently, the police are searching for the last remaining infamous gangsters.

❀ Император жанұясының *соңғы тұяғы* биыл көз жұмды. The last member of the emperor's family passed away this year.

тоңды жібіту [to defrost the animal excrement layered and frozen for a long time]: to cause to warm up in a cold relationship

❂ Also: *тоң жібу попсаиs*.

❀ Екі көрші ел бірнеше жылғы *тоңды жібітіп*, мәмлігерлік қадамдарға бет бұрды. The two neighboring countries are warming up to each other and started diplomatic talks after years of isolation.

❦ Ерболат пен оның бірнеше жыл бойы араласпаған ұлының арасындағы *тоң жібіп жатыр*. After years of silence, Yerbolat and his estranged son are warming up to each other.

тұмсықты шүйіру [to contort the snout]: to look down upon someone or something, **to turn one's nose up** (see *мұрынды шүйіру* in *Body*)

☼ Dative. The expression is not used in the passive voice. Variant: *мұрынды шүйіру*. *Тұмсық* used in lieu of a human nose adds sarcasm to the expression.

тұсау кесу [to cut a hobble]: to hold a premier or grand opening

☼ Formal. Based on the idea of *тұсау кесу*, that is, to celebrate a baby's first steps. In the tradition of *тұсаукесер*, a baby's legs are loosely tied with the ribbon and someone chosen by the parents cuts the ribbon. In the past, the hobble was made of various things believed to bring fortune or good values to the child. Most were related to livestock. Also: *тұсаукесер* (premier, grand opening, or ceremony).

❦ Бүгін жаңа аудандық кітапхана *тұсауын кесті*. Today a new community library held its grand opening.

❦ Мен *компаниямның тұсаукесерін* үш аптадан кейін өткізуді жоспарлап отырмын. I plan to hold an opening ceremony for my company in three weeks.

❦ Жездесі сияқты пысық, адымы ширақ болсын деп, Жанар *баласының тұсауын кесуге* оны таңдады. Zhanar wanted her son to have an active and energetic walk like her uncle. So she chose her uncle to cut the ribbon to commemorate her baby's first steps.

тұяқ қалдыру [to leave a hoof]: to leave a descendant, posterity

☼ Literary and formal. Also: *тұяқ қалу* requires an ablative complement. Collocations: *қалған тұяқ* (the surviving descendant or follower), *тектінің тұяғы* (descendant of a noble family or a high-minded person), *жақсыдан қалған тұяқ* (a biological offspring of a beloved and respected person), *асылдан қалған тұяқ* (a biological offspring of a prominent

person). Syn: *асылдың сынығы*, *алтынның сынығы* (in *Miscellaneous*) for *асылдан қалған тұяқ*, *жақсыдан қалған тұяқ*. *Жақсыдан қалған тұяқ* implies being a descendant of any beloved good person, whereas *асылдың сынығы* and *алтынның сынығы* refer to a prominent person who was not only beloved but who also made a significant and positive contribution to society, history, or the sciences.

❦ Ұлы суретші *тұяқ қалдырмады*. The great painter did not leave any descendant.

❦ Ана су мидың ұлы ғалымнан *қалған тұяқ* екеніне сенесің бе? Can you believe that knucklehead is a direct descendant of a great scientist?

түтіп жеу [to tease like a wool and eat]: to harshly or severely criticize or scold, **to eat someone alive**

☼ Accusative. This expression alludes to *түту* or *жүн түту*, which is a part of manual wool processing; the wool is pulled by hand so that it is scoured and ready for spinning. See also *жүндей түту*.

❦ Баспасөз құралдары дау-дамай туғызған сөздері үшін *әртісті түтіп жеді*. The press has eaten the actor alive for his controversial remarks.

❦ Ерболаттың әйелі ақ дивандарына дақ салғаны үшін *оны түтіп жеді*. Yerbolat's wife ate him alive for staining their white couch.

тігерге тұяқ болмау [not to have a hoof to set as a prize]: to be poor

☼ For past nomadic and some current rural Kazakhs, livestock represent major wealth. Collocations: *тігерге тұяқ бітпеу* (not to be blessed with livestock, to be poor), *тігерге тұяқ қалмау* (to be left without any livestock). See also *мал таю*.

❦ Ақша керек болған сайын малды сата берсек, жақында *тігерге тұяқ қалмайды* ғой. If we keep selling the livestock every time we need money, soon we will be left without any livestock.

❦ Менің атам *тігерге тұяқ қалмаса* да, бар малын алты ұлын оқуға жіберуге пайдаланған. My grandfather used all his livestock to send his six sons to school, even though he was then left without any livestock.

уақыт көші [nomadic caravan of time]: time

☸ Literary. *Көш* is a term used in the past Kazakh nomadic culture to refer to moving or migrating on horseback and camelback between summer and winter settlements. Clans moved together, taking their yurt, livestock, and other property in a caravan-like manner. The idea of being on the move and caravanning is transferred to notions of time and life. Also: *заман көші* (era), *өмір көші* (life). Collocations: *уақыт көшінің алдында болу* (*to be ahead of one's time*); *уақыт көші алға оза береді* (time goes on), *өмір көші алға жылжи береді*, *өмір көші жалғаса береді* (life moves on).

❀ Бірге өткізген студенттік кезден кейін *уақыт көші* өтіп кетіпті. Time has flown since we were in college together.

❀ Өзіндік ән-сазы оның *заман көшінің алдында* болғанын көрсетеді. His unique music shows that he was ahead of his time.

ұзын арқан, кең тұсау [a long lasso and broad hopple]: less restrictive or restraining

☸ Collocations: *ұзын арқан кең тұсау заң* (less restrictive, less strict law); *ұзын арқан кең тұсау заман* (less restrictive era), *ұзын арқан, кең тұсау болу* (to enjoy fewer restrictions).

❀ Кейбір тұрғындар Үй иелері кооперативінің көшеге көлік қоюға қатысты ережесін *ұзын арқан, кең тұсау* деп шағымданды. Some residents complained that the homeowners' association policy regarding street parking is less restrictive.

❀ Біз өзіміздің есейген, жауапкершілік сезіміміз бар адам екенімізді дәлелдегеннен кейін, әке-шешеміз бізді *ұзын арқан, кең тұсауда* ұстады. Mom and dad became less restrictive when we proved that we are mature and responsible.

Beasts and Birds: *Аңдар мен құстар*

аяққа қаз тұру [to stand on goose foot]: *to stand on one's own feet*

☸ Variants: *аяққа қаз-қаз тұру, аяққа тұру, аяққа тік тұру* (in *Body*). *Аяққа тік тұру* implies becoming completely independent and self-sufficient, whereas *аяққа қаз тұру* and *аяққа тұру* imply becoming independent but still vulnerable. *Аяққа қаз/қаз-қаз тұру* is based on the idea of a goose shifting its weight from one foot to another. This idea is used to convey instability. The expressions are also used in regard to children who just started walking. Also: *аяқтан қаз тұрғызу tr.*

❀ Балаларым *аяқтарына қаз тұрып жатыр*. Бірақ оларға әлі менің көмегім керек. My children are about to stand on their feet. They still need my help.

бақыт құсы [bird of happiness]: luck and happiness, *bluebird of happiness*

☸ Literary. Variant: *бақ құсы*. Collocations: *бақыт құсы оралу* (to regain luck and happiness), *басқа бақыт құсы қону* (to obtain luck and happiness), *бастан бақыт құсы ұшу* (to lose luck and happiness).

❀ Әйелім өзіне кездесіп, *бақыт құсымды тапқанымды* айтып, әзілдейді. My wife jokes that I found my bluebird of happiness when I met her.

❀ Отарлау заманында Тайланд *басына бақ құсы қонған ел* болды. Көреген патшаларының арқасында, батыс мемлекеттері елді ешқашан жаулап алған жоқ. In the eras of colonization, Thailand was a country that had happiness and luck. Thanks to its able king, the country was never invaded by Western powers.

бақыт құсы қолға қону [to have one's bird of happiness land on a hand]: to get married, as a man

☸ Literary. *Құсың құтты болсын* and *қолыңа қондырған құсың құтты болсын* (congratulations on your new bride) are said to a groom or newlywed man. In Kazakh culture, birds symbolize women, especially pertaining to marriage and family. Also (literary): *қолға қонған бақыт құсы* (beloved wife).

❀ *Бақыт құсы қолыңа қонды* деп естідім.

Құтты болсын! I heard that you got married. Congratulations!

❧ Арнайы той конверті емес, құстың суреті бар басқа конверт сатып алып, «*Қолыңа қондырған бақыт құсың құтты болсын*» – деп жазып, үйленгелі жатқан досыма жібердім. I bought a card with a picture of a bird, not the special wedding card, wrote "congratulations on your bluebird of happiness," and sent it to my friend who was getting married.

балапан [little chick]: ***pumpkin***, ***sugar*** (see *ботақан*)

☸ A term of endearment used for children. Variants: *ботақан*, *қошақан*, *құлыншақ*.

балапан шаш [chick hair]: the short and fine hair found on the hairline of some women

❧ Ол *балапан шашын* көрсету үшін шашын артқа қарай тарады. She stroked her hair back to reveal short and fine strands of hair.

❧ Бала кезінде *Айнұрдың балапан шашы* көп болатын. Ainur had many strands of short and fine hair when she was younger.

жылан жалағандай [as if licked by a snake]: very clean, ***as clean as a whistle***

❧ Менің досымның *үйі жылан жалағандай*. My friend's house is as clean as a whistle.

❧ Мен кеңсемді *жылан жалағандай* таза ұстаймын. I keep my office very clean.

көк бөрі [blue wolf]: nation or person of Turkic origin

☸ Literary. In ancient legends, Turkic people were considered to have come from a wolf. The color *көк* (blue) refers to the grayish color of wolves and symbolizes the sky that the ancient Turkic people worshipped. Modern ethnicities that belong to the Turkic people, such as Kazakhs, live in Eurasia and Central Asia.

❧ Азербайжандық *көк бөрі* әлемдік деңгейдегі балуандар мен боксшылар даярлайтынын мақтан тұтады. The Turkic nation of Azerbaijan has a proud history of developing world-class wrestlers and boxers.

❧ Дидар — ұлы *көк бөрі ханның* тікелей ұрпағы. Didar is a direct descendant of a great Turkic Khan.

көкжал [male wolf]: a shrewd male who is aggressive in pursuing victory or success, ***go-getter***

☻ Variant. *қасқыр* (a shrewd female)

❧ Әділеттің он жыл бойы қызметі жоғарыламаған. Сондай *көкжал* болмаған ғой. Adilet has not been promoted in ten years. He must not be much of a go-getter.

❧ Басшылардың барлығы Маржанның компанияға жұмысқа келетініне өте қуанышты. Ол — компанияны келесі деңгейге көтере алатын *қасқыр*. Everyone in management is very excited about Marzhan joining the team. She's a go-getter who can take this company to the next level.

қанат жаю [to spread wings]: **(1)** to expand, grow, or develop, referring to a city or country; **(2)** to be widespread, when used with or without *кең*: *кең қанат жаю*; **(3)** to begin a journey toward a dream or goal

☸ Ablative or dative, or both. Formal. Syn: *кең етек жаю* (under *етек жаю* in *Clothing*), in the second sense.

❧ Алматы жылдам *қанат жайып жатыр*. Almaty is rapidly expanding.

❧ Нәсілшілдік XIX ғасырда елдің оңтүстігінде *қанат жайды*. Racism was widespread in the South during the nineteenth century.

❧ Ол шағын іскер болу *арманына қанат жаю* үшін жұмысынан біржола кетеді. She has quit her job to begin her lifelong dream of becoming a small business owner.

қанат қағу [to flap wings]: to graduate and set forth on a journey

☸ Formal and literary. Schools and educational institutions are figuratively referred to *білім ұясы* (the nest of knowledge). *Түлек* (eaglet) is a graduate or alumnus, and is used in formal Kazakh. Collocations: *білім ұясынан қанат қағу* (to graduate and set forth from school), *білімге қанат қағу* (to set forth into the world of knowledge), *қияға қанат қағу* (to set forth, to advance), *өнерге қанат қағу* (to set forth into the world of arts).

❧ Азамат *университеттен жаңа өмірге қанат қақпақ*. Azamat just graduated from college and is setting forth into the world.

❧ Рахия ғылыми қызметін тастап, *өнер әлеміне қанат қақты*. Rakhiya quit her job as a scientist and is setting forth into the world of the arts.

❈ Ол — шет тілдер *институтынан қанат қаққан түлек*. He is a graduate setting forth from the foreign languages institute.

қанаттыға қақтырмау, тұмсықтыға шоқытпау [not to let the winged predator catch and the beaked predator peck]: to protect and stand up for someone or something

☸ Accusative. *Қанатты* and *тұмсықты* (predatory birds) are metaphors for someone who is powerful and poses a threat.

❈ АҚШ Екінші дүниежүзілік соғыс біткелі бері, *Жапонияны қанаттыға қақтырмай, тұмсықтыға шоқытпай* келеді. The United States has protected Japan from all potential military threats since World War II.

❈ Бақыт асырап алған *ұлын* он сегіз жыл бойы *қанаттыға қақтырмай, тұмсықтыға шоқытпай*, аялап өсірді. Bakhyt has protected and taken good care of her adopted son for the last eighteen years.

қанаты қатаю [to have one's wings harden]: to grow, to develop

☸ Also: *қанаты қатаймау* neg (to be nascent), *қанатын қатайту* caus. Syn: *буыны бекіп, бұғанасы қату*; *қабырғасы қату* (in *Body*). See also *бауырын көтеру* (in *Body*).

❈ Атақты баскетбол ойыншысының *қанаты* осы алаңда *қатайды*. Ол жақында оны жөндеуге қаржылай көмек берді. The famous basketball player developed his skills on this very court. He has recently made a donation to renovate it.

❈ Батыс мемлекеттері біздің елге шағын және орта бизнестің *қанатын қатайтуға* көмек беруде. The Western nations are assisting our country to develop small and medium-sized business.

қанатының астында [under one's wing]: *under one's wing*

☸ Formal and literary. Collocation: *қанаттың астына алу* tr (to take someone or something under one's wing).

❈ Жапония мен Оңтүстік Корея соғыстан кейін *АҚШ-тың қанатының астында* болды. After the war, Japan and South Korea were under the wing of the United States.

❈ Қамқор ұстаз шәкірттерінің *бәрін қа-* натының астына алатын. The caring teacher would take all his students under his wing.

қасқалдақтың қаны [the blood of a baldcoot]: something that is valuable and rare

☸ Also: *қасқалдақтың қанындай (as scarce as hen's teeth)*.

❈ Жақында бағасы *қасқалдақтың қанының* бағасындай болады десем, суды үнемдейсің бе? If I say that soon the price of water will be like that of something valuable and rare, will you save water?

❈ *Қасқалдақтың қанындай* гауһар мұражайда тұр. The diamond that is as scarce as hen's teeth is at the museum.

қасқыр [wolf]: a shrewd female who is aggressive in pursuing victory or success, *go-getter* (see *көкжал*)

қасқыр да тоқ, қой да аман [the wolf is full and the sheep are safe]: *both the strong and the weak are content*

❈ *Қасқыр да тоқ, қой да аман*: кішірек компания банкротқа ұшырамай, бірнеше мыңдаған қызметкерін қысқартпай сақтап қалса, ал үлкен компания оны тиын-тебенге сатып алып отыр. Both sides of the takeover are content; the smaller company is avoiding bankruptcy by laying off thousands of its employees while the big company is gaining control of the small company for pennies on the dollar.

❈ Елін отарланудан сақтау үшін, айлакер патша жағалаудағы шағын аралдарды сатып, шетелдіктерді алдарқатты. Осылайша, *қасқыр да тоқ, қой да аман болды*. To avoid colonization of his country, the cunning king appeased the foreigners by selling them small islands off the coast. Thus, the wolf was full and the sheep were safe.

қолқанат [wing of the hand]: child who helps with household chores or work

❈ Нұртас Әсияның *қолқанаты* болды. Кішкентайынан өсімдіктерді суарып, арам шөпті жұлып, ауланы тазалайтын. Nurtas was Asiya's little helper. He would water the plants, pull the weeds, and clean the yard.

❈ Мен тамақ пісіріп, мамама көмектессем, ал кішкентай сіңлім — *менің қолқанатым*:

ол ыдыс жуып, тамақ пісіріп жатқанда керек нәрсені алып беріп тұрады. I help my mom by cooking, while my little sister is my little helper; she washes the dishes, and when I am cooking, she gets the things that I need.

қоян жүрек [rabbit heart]: coward, *rabbit-hearted*

⚙ Syn: *су жүрек* (in *Body*). Unlike *су жүрек*, *қоян жүрек* is marked by a positive and humorous attitude toward being a coward.

❀ Ағаларым мені *қоян жүрек* дейді, өйткені мен олармен бірге парашютпен секіруге қатты қорқамын. All my brothers call me a chicken because I am too afraid to go skydiving with them.

❀ Максимнің әйелі оны әзілдеп *қоян жүрек* дейді, себебі қорқынышты кино көріп отырғанда оның шошып-қорқып кетуі оңай. Maxim's wife teases him and calls him rabbit-hearted because he gets startled easily during scary movies.

қоян-қолтық [rabbit armpit]: close, collaborative

⚙ Collocations: *қоян-қолтық араласу* (to have a close relationship), *қоян-қолтық жұмыс істеу* (to work closely and collaboratively), *қоян-қолтық күрес* (collaborative fight), *қоян-қолтық қатынас* (a close relationship).

❀ Қайырымдылық қорының қызметкерлері жергілікті үкіметтік емес *ұйымдармен қоян-қолтық араласып*, бірге тығыз жұмыс істейді. The representatives of the charity fund have a close relationship with local nongovernmental organizations and work together with them.

❀ Полиция мен прокуратура істің сәтті шешілуі үшін бірге *қоян-қолтық жұмыс істеді*. The police and the district attorney's office worked closely together to solve the case.

құлан иек таң [*qulan* chin morning]: sunrise, early in the morning

⚙ The color of the sunrise is likened to that of a *qulan's* chin. *Qulan* is a Central Asian wild horse (*Equus hemionus)*. Collocation: *таң құлан иектену* (the sun rises).

❀ Алматы аспаны *құлан иек таңда* жарқын

рендерге толып әдеміленеді. The Almaty sky is beautiful at sunrise, when it is full of radiant colors.

❀ Айнұр достарымен бірге *құлан иек таңда* тауға шығады. Ainur and her friends hike in the mountains every morning at sunrise.

құралай көз [baby gazelle eye]: smaller, dark brown, and shiny eyes of women

⚙ *Құралай көз* describes smaller eyes, whereas *бота көз* implies big and round eyes. See also *бота көз, қой көз, тана көз*.

❀ Жанаттың *құралай көздері* әкесінің жағына тартқан. Zhanat inherited her small, dark brown, and shiny eyes from her father's side of the family.

❀ Неге *құралай көзіңді* адамның күлкісін келтіретін көзілдірікпен жауып алғансың? Why are you hiding your wonderful small, dark brown, and shiny eyes behind those ridiculous sunglasses?

құрдай жорғалау [to crawl like a quail]: *to wait on someone hand and foot, to be at someone's beck and call*

⚙ See also *құрақ ұшу* (in *Nature*).

❀ Жаңа бастықтың көмекшісі оның алдында аптасына жеті күн *құрдай жорғалайды*. The new boss's personal assistant waits on him hand and foot seven days a week.

❀ Балалар өздігінен өмір сүре алмай, қиындық көруде, өйткені ата-аналары өмір бойы *құрдай жорғалап*, олардың айтқанын істеген. The children are having a difficult time on their own because their parents were at their beck and call all their lives.

қызғыштай қорғау [to defend like a plover]: to zealously defend or protect someone or something

⚙ Accusative. Variant: *қызғыштай қору* implies only protecting. See also *көздің қарашығындай қорғау* (under *көздің қарашығы* in *Body*).

❀ Жанарды әкесінің алдында сынаймын деп ойлама. Ол *Жанарды қызғыштай қорғайды*. Don't even think about criticizing Zhanar in front of her father. He will zealously protect her.

❀ Біздің кішкентай қаламызда полиция

көшелер мен *жолдарды қызғыштай қориды*. Бізге келер қауіп жоқ. In our small town, the police zealously protect the streets, so we are safe.

қызғыштай қору [to protect like a plover]: to zealously protect someone or something (see *қызғыштай қорғау*)

☀ Accusative. Variant: *қызғыштай қорғау*. See also *көздің қарашығындай қорғау* (under *көздің қарашығы* in *Body*).

қыран көз [a predatory bird eye]: (1) eye with an excellent vision, **eagle eye**; (2) wise, **farsighted**

❀ Жаңа бастық біздің алға аяқ алысымызды *қыран көзімен* бақылап отырады. The new boss monitors our progress with eagle eyes.

❀ *Қыран көз* мамамның айтқаны тағы да дәл келді. What my farsighted mom said came true again.

қырғи қабақ [a red-footed falcon eyebrow]: hostile or tense

☀ Can be formal. Collocations: *қырғи қабақ соғыс* (Cold War), *қырғи қабақ қатынас* (hostile relationship), *қырғи қабақ әрекет* (hostile action), *қырғи қабақ таныту* (to show hostility).

❀ Кеңес Одағы мен АҚШ арасындағы қатынас *қырғи қабақ соғысы* кезінде шиеленісе түсті. Tensions between the Soviet Union and the United States were heightened during the Cold War.

❀ Мемлекет *көршілеріне қырғи қабақ танытуда*. The country is showing hostility toward its neighbors.

түлкі бұлаңға салу [to put into a fox wag]: to avoid commitment, stall, or mislead by using ambiguous language and/or performing a dubious action

☀ Optional accusative. Variant: *түлкі бұлтаққа салу*.

❀ Үкіметтің бақылауындағы баспасөз көп *мәселені түлкі бұлаңға салады*. The government-controlled media often misleads on a lot of important issues.

❀ Мен сынып қалған мәшинемді сұрасам болды, қу механик *түлкі бұлтаққа салады*. The crooked mechanic avoids giving me straight answers whenever I follow up about my broken car.

түлкі бұлтаққа салу [to put into a fox wag]: to avoid commitment, stall, or mislead by using ambiguous language and/or performing a dubious action (see *түлкі бұлаңға салу*)

☀ Optional accusative. Variant: *түлкі бұлаңға салу*.

Camel: *Түйе*

атан жілік [neutered camel shinbone]: large-framed, as a man

❀ *Атан жілік* болғанымен, Мараттың мінезі жұмсақ. Although Marat is large-framed, he is very softhearted.

❀ Қазақ балуандарының көпшілігі *атан жілік*. Many of the Kazakh wrestlers are large-framed.

бота көз [baby camel eye]: big, dark eyes with large irises and almost invisible whites, of a woman

☀ Baby camels' eyes are so big and have such large irises that the whites can barely be seen. Because of the large iris, the eyes are shiny. Baby camels' eyes are perceived as beautiful, and women's eyes that have these qualities are also considered beautiful. *Тана көз* describes big eyes that have a clearly defined iris and white. See also *тана көз, қой көз, құралай көз*. *Ботакөз* (or *Ботагөз*) is a common female name.

❀ Менің әйелім — сұңғақ бойлы, *бота көз* адам. My wife is of medium height and has beautiful, big, dark eyes.

❀ Мына фото-сурет супермодельдің *бота көзінің* әдемілігін көрсетпейді. This particular photograph does not capture the beauty of the supermodel's beautiful, big, dark eyes.

бота тірсек [baby camel shin]: (1) someone who lacks experience, influence, or power, **to be wet behind the ears**; (2) a fast racehorse

☀ In the first sense, baby camel's shin is considered not strong enough, and is used metaphorically to refer to humans. In the second sense, it is used in regard to horses because the ones whose shins are curved like that of a baby camel are considered fast and powerful.

❀ *Бота тірсек* саясаткер өзі ұсынған заңды қабылдата алмады. The junior politician does not have a lot of influence and power, so he was not able to get his proposed law passed.

❀ Әнуар әрдайым *бота тірсекті* тани білгендіктен көп ақша ұтады. Anuar wins a lot of money because he can always pick the fast racehorse.

ботадай боздау [to bleat like a baby camel]: to cry out of sadness or sorrow, ***to cry bitter tears, to cry like a baby***

☀ A baby camel cries when it longs for its mother, and the cry is perceived to have sadness and sorrow. Therefore, to bleat like a baby camel means to cry out in sorrow or grief. Collocation: *ботадай боздап жылау* (to cry bleating like a calf).

❀ Жігітімен ажырасқаннан кейін Самал түн бойы *ботадай боздады*. After breaking up with her boyfriend, Samal was whining and crying all night long.

❀ Сүйікті иті өліп қалып, қайғырған ұлым екі күн бойы *ботадай боздады*. Saddened by the loss of his favorite dog, my son was crying and lamenting all weekend.

ботақан [sweet, little baby camel]: ***pumpkin, sugar***

☀ A term of endearment term used for children. Variants: *балапан, қошақан, құлыншақ*.

❀ *Ботақан*, тамақ ішші. Sugar, please eat.

❀ *Құлыншақ*, бүгін сабақ қалай болды? Pumpkin, how was school today?

бұйда [leather strap used for camels]: directing power, ***reins***

☀ Variant: *тізгін*. Also: *бұйдасыз* (lacking control, check, or restraint), *бұйдалау tr*. Collocations: *бұйда ұстау* (to hold the reins), *бұйданы қолға алу* (to take the reins), *қолға бұйда тию* (to get hold of the reins), *бұйдасын үзу* (to break free from control), *бұйдасын үзіп кету* (***to be on the loose***).

❀ Не болып жатқанын біреу ұғып болғанша, тұрақсыз аймақ *бұйдасын үзді*. Қазір ол көршілеріне көп мәселе тудырып отыр. Before everybody realized, the unstable region had already broke free from control. It is now creating a lot of trouble for its neighbors.

❀ Екі тұтқын *бұйдасын үзіп кетті*. Two prisoners are on the loose.

бұйдалы тайлақтай [like a two-year-old camel with a strap]: blindly, obediently, or faithfully following someone else, ***yes man*** (see *мұрнын тескен тайлақтай*)

☯ Variant: *мұрнын тескен тайлақтай*. Collocations: *бұйдалы тайлақтай жетекке еру* (to be blindly, obediently, or faithfully led by the hand); *бұйдалы тайлақтай жетектеу* (to lead someone who blindly, obediently, or faithfully follows others); *бұйдалы тайлақтай жетекке алу* (to persuade someone to be blindly, obediently, or faithfully led by the hand).

мұрнын тескен тайлақтай [like a two-year-old camel whose nostrils were pierced]: blindly, obediently, or faithfully following someone else; ***yes man***

☯ Variant: *бұйдалы тайлақтай*. Collocations: *мұрнын тескен тайлақтай жетекке еру* (to be blindly, obediently, or faithfully led by the hand); *мұрнын тескен тайлақтай жетелеу* (to lead someone who blindly, obediently, or faithfully follows others); *мұрнын тескен тайлақтай жетекке алу* (to have someone to be blindly, obediently, or faithfully led by the hand).

❀ Ерболат ғалым ретінде нашар, өйткені ол бастығының ой-пікірлеріне еш дау айтпай, оның айтқанын *мұрнын тескен тайлақтай* орындайды. Yerbolat is not a good scientist because he blindly and obediently does what the boss says without questioning his ideas.

❀ Істұрған — өте қырсық, жеке өз ойы бар адам. *Бұйдалы тайлақтай жетекке ергенді* ұнатпайды. Isturgan is a very stubborn and independent thinker, so he does not like to be blindly led by other people.

мұрындық болу [to be a nose ring]: to be behind some activity, to be an initiator or organizer

☸ Dative.

❀ Үздік оқушыларға арналған *қорды құруға* мектеп түлектері *мұрындық болды*. This school's graduates were initiators of the fund for best students.

❀ Кіші Мартин Лютер Кинг 1960-ыншы жылдардағы америкалық *азаматтық қозғалысқа мұрындық болғандардың бірі*.

Martin Luther King Jr. was one of the primary people behind the American civil rights movement of the 1960s.

нар [large, one-hump pedigree camel]: **(1)** stalwart, as a male; **(2)** a strong, hardy and courageous male

☀ Variant: *қара нар* (in *Color*) in the second sense. Marked by poetic emphasis, *қара нар* is mostly used in literary Kazakh to refer to prominent men with tremendous strength and courage who can take responsibility for a large community or devote themselves to fighting for their country. Also: *нарлық* (strength and courage), *жігіттің нары* (the strongest among young men), *нардай жігіт* (a full-grown young man).

❀ *Нар балуан* қарсыласын оңай ұтты. The stalwart wrestler easily defeated his challenger.

❀ Менің ең үлкен ағам — *үй ішіміздің нары.* Қиын кездерде біз оған сүйеніп, көмек сұраймыз. My eldest brother is a strong and hardy person in our family. During difficult times we seek his help and comfort.

нар тәуекел [one-hump pedigree camel risk]: serious risk or undertaking

☀ Collocations: *нар тәуекел деу* (to assume serious risk), *нар тәуекелге бару* (to take serious risk), *нар тәуекелге бел байлау* (to decide to take serious risk). See also *бел байлау* (in *Body*), *нар.*

❀ Жігері мықты Джон *нар тәуекелге бел байлап,* өлім аузында жатқан інісінің бес баласын асырап алды. The strong-willed John took on a serious responsibility when he adopted his dying brother's five children.

❀ Ержүрек полицей *нар тәуекел деп,* төрт банк тонаушымен жалғыз өзі беттесті. Assuming serious risk, the brave policeman confronted the four bank robbers by himself.

түйе балуан [camel wrestler]: top wrestler

☀ Variant: *түйе палуан*

❀ Көптеген жас спортсмендер Қазақстанның болашақ *түйе балуаны* болуға жан-тәнімен жұмыстануда. Many young athletes are working fiercely to become the next top wrestlers in Kazakhstan.

❀ Әлемдік *түйе палуан* халықаралық жарыстардың ешқайсысында жеңіліп көрмеген.

The top wrestler in the world has not lost a single match in international competitions.

түйе палуан [camel wrestler]: top wrestler (see *түйе балуан*)

☀ Variant: *түйе балуан.*

түйе үстінен сирақ үйіту [to singe an animal's leg on camelback]: to do something in a rush

☀ Marked by sarcasm and a disapproving attitude for doing something in a rush. Also: *түйе үстінен сирақ үйіткендей* (in a rush).

❀ Үй бағасы қазір төмен болғанымен, *түйе үстінен сирақ үйіткендей* асығыс үй сатып алмайық. Жақсылап қалаған үйімізді іздейік. Even though home prices are low, let's not purchase in a rush. Let's do a thorough search for the house we want.

❀ Мәшінеңнен түсіп, не керектігін шәй үстінде айт. Неге *түйе үстінен сирақ үйітіп тұрсың?* Get out of your car and tell me what you want over tea. Why are you in a rush?

түйені түгімен жұту [to swallow the camel with its fur]: to be avaricious (see *түйені түгімен, биені жүгімен жұту*)

☀ Variant: *түйені түгімен, биені жүгімен жұту.*

түйені түгімен, биені жүгімен жұту [to swallow the camel with its fur and the mare with its load]: to be avaricious

☀ Variant: *түйені түгімен жұту.*

❀ Жемқорлар мен парақорлар *түйені түгімен, биені жүгімен жұтады.* People who are corrupt and love bribes are avaricious.

❀ *Түйені түгімен жұтқан* бас атқарушы менеджер қызметкерлері қысқартылып жатқанда тағы бірнеше миллион сый ақы алды. The avaricious CEO took more millions in bonuses while his employees were being laid off.

түйенің етін жегендей [as if someone has eaten camel meat]: taking too long to do something

☀ Based on a superstitious belief that if a pregnant woman eats camel meat, she will be in labor for a very long time.

❀ Мен *түйенің етін жегендей* кітабымды әлі бітірген жоқпын. It's taking me too long to complete writing this book.

❀ Механик *түйенің етін жегендей* мәши-немнің майын әлі ауыстырып жатыр. The mechanic is taking way too long to change the oil in my car.

түйенің жарты етіндей [like a half of the camel's meat]: having a heavy weight

❀ Қатты семіріп кеткен немересін көрген әжей: «*Түйенің жарты етіндейсің* ғой!», — деп таңқалғанын жасырмады. When she saw her grandson put on a heavy weight, not hiding her surprise, grandmother said: "You have the weight of a camel!"

❀ Жапондық сумо балуандары *түйенің жарты етіндей*. The Japanese sumo wrestlers are very big and heavy.

түймедейді түйедей ету [to make something that is like a button be something like a camel]: to exaggerate something minor, to overreact to something; **to make a mountain out of a molehill**

❀ Ләйлі тойының алдында екі килограммға толықтағанына жылап, *түймедейді түйедей етті*. Leila overreacted and began crying when she gained 2 kilograms the week before her wedding.

❀ Бастығы жалақысын тоғыз пайызға, бірақ Асыландікін тоғыз жарым пайызға өсіргенде, Әнуар *түймедейді түйедей етіп* шу көтерді. Anuar overreacted and made a fuss when his boss gave him a 9 percent raise and gave Asylan a 9.5 percent raise.

Cow: *Сиыр*

аузын буған өгіздей [like a bull whose mouth is tied up]: taciturn or reticent, as a man

❂ Marked by sarcasm or disapproval toward a taciturn or reticent male. Collocations: *аузын буған өгіздей үн-түнсіз* (taciturn and silent), *аузын буған өгіздей тұнжырау* (to be gloomy and silent).

❀ Жұмыстастарына Әділетпен араласып кету қиын болды, өйткені ол *аузын буған өгіздей* болып отыратын. It was difficult for the other coworkers to bond with Adilet because he was taciturn.

❀ Нұржан, осылай *аузын буған өгіздей* болып жүре берсең, қалайша қызбен жүремін деп ойлайсың? Nurzhan, how do you expect to ever find a girlfriend if you keep being reticent like that?

құлаққа ұрған танадай тыныштық [quietness like a bull that was hit on an ear]: dead silence

❂ Also: *құлаққа ұрған танадай тыныш* (dead silent). Collocation: *құлаққа ұрған танадай тыныштық орнату* (to create a dead silence).

❀ Жазда мектепте *құлаққа ұрған танадай тыныштық орнайды*. In summer, dead silence falls at the school.

❀ Түнде жүгері алқабына бару қорқынышты, өйткені онда қараңғы және *құлаққа ұрған танадай тыныш* болып тұрады. It is scary to go out to the cornfields at night because it is dark and dead silent.

мүйіз шығу [to have a horn come out]: *would it kill you if you did something?*

❂ Dative. Preceded by a dependent adverbial clause of condition.

❀ Ініңнен *кешірім сұрасаң, саған мүйіз шыға ма*? Would it kill you if you said you're sorry to your younger brother?

❀ Ең болмаса бір рет кешкі *тамақ дайындаса, Алмаға мүйіз шығады ма екен*? Would it kill Alma if she made dinner at least once?

өгіз аяң [bull walk]: a slow pace

❀ Мұражайларға барғанда, біз өнер туындыларын толық, дұрыстап көріп шығу үшін көрмеден көрмеге *өгіз аяңмен* жүргенді жақсы көреміз. While at the museums, we like to walk from exhibit to exhibit at a slow pace to fully appreciate the artworks.

❀ Үкіметтің бюрократия жайлаған агенттігінде еш нәрсе тез бола қоймайды. Барлық іс *өгіз аяң*. Nothing happens quickly in this bureaucratic government office. Everything moves at a slow pace.

өгіз қара күші болу [to have an ox black strength]: to be physically strong, as a man; **to be strong as an ox**

❂ See also *қара күш* (in *Color*). Note the saying *өзімдікі дегенде өгіз қара күшім бар* (when it comes to my own business, I am strong as an ox). It is used to describe someone who is not helpful to others about something that does not concern him or her directly.

❦ *Өгіз қара күші бар Асылан өзінен екі есе үлкен, ауыр балуанды жыға алады.* Strong as an ox, Asylan can take down a wrestler two times his size and weight.

❦ *Атамның жараланған екі жауынгерді арқалап кетіп бара жатқан суреті бар. Жас кезінде оның өгіз қара күші болған екен.* There is a picture of grandfather carrying two wounded soldiers to safety on his back. He was as strong as an ox in his youth.

өгіздей өкіру [to bellow as a bull]: to cry loudly and grievingly, only as a man

☸ Collocation: *өгіздей өкіріп жылау* (to weep loudly and grievingly).

❦ *Атайдың әйелінің қазасына әлі қайғырып жүргені белгілі болды, өйткені ол әжейдің жылында өгіздей өкіріп отырды.* It was evident that grandfather still hadn't recovered from grandmother's death because he was crying loudly at her first anniversary wake.

❦ *Азаматтың әкесі ұлының жол апатында қаза тапқанын естігенде өгіздей өкіріп жылады.* Azamat's father cried loudly when he learned of his son's death in a car accident.

сау сиырдың боғы емес [not the poop of a healthy cow]: *up to no good*

☸ Marked by one's suspicion and disbelief in someone else's decency.

❦ *Ауылдағы ұрының шешесі өз құрбысына ұлының қазір заңды көлік сатумен айналысатынын айтқанында, ол: «Сенің ұлың сау сиырдың боғы емес. Бір пәле іспен айналысып жүрген шығар», — деді.* When the town thief's mother told a friend that her son now runs a legitimate car dealership, the friend replied, "He is up to no good. He is still probably involved in some crooked business."

❦ *Сен сау сиырдың боғы емессің. Кеше ұсқыны біртүрлі адамның сенің үйіңнің алдында тұрғанын көрдім.* You are up to no good. Yesterday I saw a strange-looking guy standing in front of your house.

сипағанды білмеу [not to know the stroking]: not to appreciate kindness shown by others

☸ Truncated from the saying *сиыр сипағанды білмейді*, used in reference to people who are not appreciative of other's kindness shown to themselves. In the saying, the cow is shown as an animal that does not appreciate kindness.

❦ *Ол бірінші рет ұрлық істегенде, көршілері оны аяп, полицияға бермеді. Содан бір ай өтпей жатып, ол сипағанды білмей, көршілерінің үйіне қайта түсті.* When he committed robbery for the first time, his neighbors felt sorry for him and did not report the robbery to the police. But when not one month had passed, he didn't appreciate his neighbors' kindness and robbed their house again.

❦ *Мен оның көп қателіктерін кешіріп келдім. Бірақ сиыр сипағанды білмейді дегендей, менің жақсылығымды түсінбейді.* I have forgiven his many mistakes. But as is true for unappreciative people, he does not value my kindness.

сиыр құйымшақтату [to turn something into cow's sacrum]: to make something become unimportant and small in scope, to lead to one's eventual termination

☸ Accusative. This idiom originates from the juxtaposition of a backbone and a sacrum. The spine consists of long and important backbone that terminates at the smaller and less important sacrum. Therefore, the expression implies something that was once important or large in scope that has been diminished to something that will lose importance and eventually terminate. Also: *сиыр құйымшақтану refl.*

❦ *Консервативтік бюджет саясатын ұстанатын үкімет әлеуметтік бағдарламалардың көпшілігін сиыр құйымшақтатты.* The fiscally conservative government reduced many social programs in importance and scope.

❦ *Менің күйеуім үнемі демалыс кезінде көп іс бітіруге уәде береді, бірақ онысы футбол ойынының кесірінен сиыр құйымшақтанып кетеді.* My husband always promises a lot of things for the weekend, but they become unimportant because of football games.

сиырдың бүйрегіндей [like a cow's kidney]: **(1)** divided; **(2)** diverse

☸ Collocations: *сиырдың бүйрегіндей бөлек-бөлек, сиырдың бүйрегіндей бөлшек-бөлшек* (very divided); *сиырдың бүйрегіндей бытырау, сиырдың бүйрегіндей бөлшектену, сиырдың бүйрегіндей бөліну* (to be divided very much), in the first sense.

❀ Ел *сиырдың бүйрегіндей бөлшектенген* кезде, бірнеше жылғы азаматтық соғыс ақыры бітті. Years of civil war finally ended when the country was divided into several parts.

❀ Бірнеше миллион иммигрант Америкаға ағылып, оның көп ұлтты, *сиырдың бүйрегіндей* болуына үлес қосты. Millions of immigrants have flocked to America and contributed to its multiethnic and diverse background.

тана көз [calf eye]: big eyes with a clearly defined iris and white, of a woman

◉ Calves' eyes are big, and their irises and whites can be clearly be seen. *Тана көз* describes such eyes in women, whereas *бота көз* describes big eyes with a large iris and an almost invisible white. See also *бота көз, қой көз, құралай көз.*

❀ Арай жігіттерді өзіне тарту үшін *тана көздерін* жымыңдатады. Arai bats her big eyes to attract men.

❀ Оның *тана көзі* әдемі. She's got beautiful big eyes.

Dog: *Ит*

ит арқасы қиян [the dog's back is far]: very long distance

◉ Variant: *ит өлген жер. Ит арқасы қиян* often implies a distance as far as a different region or a foreign country, whereas *ит өлген жер* refers to far distances within a city or town.

❀ Атырау Алматыдан *ит арқасы қиянда,* сондықтан пойыз екі қаланың ортасында толық екі күн жүреді. Atyrau is very far from Almaty, that's why the train ride between the cities takes two full days.

❀ Мен бүгін автобустан қалып қойып, *ит өлген жердегі кеңсеме* жаяу бардым. I missed the last bus today so I had to walk a very long distance to the office.

ит әлегі шығу [to have one's dog fuss come out]: to go through trouble or problem; see *иттей болу*

◉ Variants: *ит әуреге түсу, иттей болу.* Also: *ит әлегін шығару caus* (to make some-

one go through trouble or problem), *ит әлекке салу tr* (to make someone go through trouble or problem).

❀ Азаматтық алу өте бюрократиялық үдеріс; ол көптеген *көшіп келушілерді* қажеті жоқ *ит әлекке салып қояды.* The citizenship process is so bureaucratic and causes many immigrants unnecessary trouble.

ит әуреге түсу [to descend to dog fuss]: to go through trouble or problem (see *иттей болу*)

◉ Variants: *ит әлегі шығу, иттей болу.* Also: *ит әуреге түсіру caus* (to make someone go through trouble or problem), *ит әуреге салу tr* (to put someone through trouble or problem).

❀ Олар бір-бірімен өштеспей ажырасты. Сөйтіп, екі жақ та көп *ит әуреге түскен жоқ.* Their divorce was very amicable. Thus, neither side had to go through much trouble.

ит басына іркіт төгілу [to have milk whey be poured on the head of a dog]: to be the times of abundance of food

❀ Археологиялық айғақ аштықта байырғы тайпа жойылып кеткенге дейін *ит басына іркіт төгілгенін* көрсетеді. Archaeological evidence suggests that there were times of abundance of food before the great famine killed off the indigenous tribe.

❀ Экономикасы қиын заманда ысырапшыл болуға болмайды. *Ит басына іркіт төгілген* заман баяғыда өтті. We cannot be wasteful during this harsh economic era. The times of abundance of food are long over.

ит байласа тұрғысыз [a chained dog will not stay]: not fit for human habitation

❀ Мына пәтердің тозғаны сондай, онда *ит байласа тұрғысыз.* This apartment is so run-down and unsafe that it is uninhabitable.

❀ Кейбір жанұялар тәуір аймақтарға көшуден бас тартады. Олар *ит байласа тұрғысыз* жерде аман-есен күндерін көріп жатқан сияқты. Some families refuse to move to better places. They seem to survive in this uninhabitable land.

ит біледі ме [does the dog know]: ***who knows***

◉ Accusative. Expression of uncertainty. Variant: *ит білсін бе.*

❀ Не *ойлап жүргенін ит біледі ме?!* Еш-кімге ештеңе айтпайды ғой. Who knows what he is thinking! He never tells anybody anything.

❀ Келесі пойыздың қашан *келетінін ит білсін бе?!* Пойыз әрқашан кешігіп келеді ғой. Who knows when the next train will be? These trains are always running late.

ит білсін бе [should the dog know]: **who knows** (see *ит біледі ме*)

⚙ Accusative. Expression of uncertainty. Variant: *ит біледі ме.*

ит жанды [with the soul of a dog]: strong and tenacious to survive

⚙ Also: *итжандылық* (strength and tenacity to survive). Note the Kazakh saying *Ит қырық жанды.* In Kazakh culture, dogs and women are considered strong and capable of enduring and surviving hardships. See also *қырық жанды* (in *Numbers*).

❀ Жас балуан *ит жанды* екен. Ол қарсыласынан қайта-қайта жығылса да, дес бермей жатыр. This young wrestler is a strong survivor. He was repeatedly taken down by the competitor, but he keeps coming back.

❀ Менің жездем *итжандылығының* арқасында ғана концлагерьден аман шықты. My uncle was able to survive the concentration camp because of his strength and tenacity.

ит жейде [dog shirt]: first cotton shirt made for a newborn child (see *ит көйлек*)

⚙ Used in the northeastern variety of Kazakh. Variant: *ит көйлек* used in other varieties of Kazakh. See also *ит жейдені бұрын тоздыру.*

ит жейдені бұрын тоздыру [to wear out the dog shirt before]: to be older in age (see *ит көйлекті бұрын тоздыру*)

⚙ Used in the northeastern variety of Kazakh. Variant: *ит көйлекті бұрын тоздыру* used in other varieties of Kazakh. See also *ит жейде.*

ит жынға тию [to touch the dog madness]: to annoy greatly (see *ит жыны ұстау*)

⚙ Dative or preceded by a dependent adverbial clause of condition. Variants: *ит жыны келу, ит жыны ұстау; жынға тию, жыны келу,* and *жыны ұстау* (in *Miscellaneous*). *Ит жынға тию, ит жыны келу,* and *ит*

жыны ұстау show a larger extent of annoyance than *жынға тию, жыны келу,* and *жыны ұстау.*

ит жыны келу [to have one's dog madness come]: to be greatly annoyed (see *ит жыны ұстау*)

⚙ Dative or preceded by a dependent adverbial clause of condition. Variants: *ит жынға тию, ит жыны ұстау; жынға тию, жыны келу,* and *жыны ұстау* (in *Miscellaneous*). *Ит жынға тию, ит жыны келу,* and *ит жыны ұстау* show a larger extent of annoyance than *жынға тию, жыны келу,* and *жыны ұстау.*

ит жыны ұстау [to have one's dog madness hold]: to be greatly annoyed

⚙ Dative or preceded by a dependent adverbial clause of condition. Variants: *ит жынға тию, ит жыны келу; жынға тию, жыны келу,* and *жыны ұстау* (in *Miscellaneous*). *Ит жынға тию, ит жыны келу,* and *ит жыны ұстау* show a larger extent of annoyance than *жынға тию, жыны келу,* and *жыны ұстау.*

❀ Менің қатты қорылдап, *ұйқысын бұзат-ыныма* әйелімнің *ит жыны келеді.* My wife gets annoyed when I snore too loudly and disturb her sleep.

❀ Кешкі жаңалықтарда атақты жұлдыздардың жеке өмірі туралы хабар айтылса, *менің ит жыным ұстайды.* I am annoyed if the night news includes news about the private lives of celebrities.

ит көйлек [dog shirt]: the first cotton shirt made for a newborn child

⚙ Used in the western and southern Kazakh varieties. Variant: *ит жейде* is used in the northeastern variety. Traditionally, the first shirt is sewn for a newborn child by a mother or grandmother. It is made from a colorful cotton fabric and shaped like a tunic with straight embroidered sleeves and a vertical cut in front. In the first forty days of life, the newborn stays at home and can see only his or her own family. At forty days, the arrival of the baby is celebrated in баланы қырқынан шығару. One of the customs performed at this celebration is to wrap the sweets in the shirt and tie it to a dog's neck. The children chase the dog and share the sweets. See also *ит көйлекті бұрын тоздыру.*

❦ Менің әжем ешнәрсені лақтырмайды. Тіпті *әкемнің ит көйлегі* әлі бар. My grandmother doesn't throw away anything. She still even has my dad's first baby shirt.

❦ Енем дүниеге келгелі отырған *немересінің ит жейдесін* өзі тігетінін кешкі тамақ үстінде жариялады. Over dinner, my mother-in-law declared that she would make her soon-to-be-born grandchild's first shirt herself.

ит көйлекті бұрын тоздыру [to wear out the dog shirt before]: to be older in age

☀ Ablative. Variant: *ит жейдені бұрын тоздыру* is used in the northeastern variety. See also *ит көйлек*.

❦ Оған сый-құрмет көрсетуді ұмытпа, себебі ол *ит көйлекті сенен бұрын тоздырды.* Remember to show him respect because he is older than you.

❦ Сен *ит жейдені менен бұрын тоздырсаң да,* менен жас көрінесің ғой! Уайымсыз өміріңнің арқасында ма? You look younger than me, even if you are older. Is it because of your stress-free lifestyle?

ит қорлық көру [to see the dog abuse]: to go through extreme suffering

☀ Also: *ит қорлық* (extreme suffering).

❦ Аштық жариялаған тұтқын түрмеде *ит қорлық көріп* отырғанын айтты. The prisoner who went on hunger strike told us that he was going through extreme suffering in the jail.

❦ Ол ісік ауырына қарсы химия терапияның *ит қорлық* болғанын айтты. She said that the chemotherapy for her cancer was causing extreme suffering.

ит мұрны батпау [not to have a dog's nose sink]: to be thick, as woods and forests (see *ит тұмсығы батпау*)

☀ Variants: *ит тұмсығы батпау, ит тұмсығы өтпеу*

ит мініп, ирек қамшылау [to mount a dog and to wind a whip]: to have a miserable or wretched life

❦ Қылмысқа кесілетін жаза ауырлады. Енді айыпталған қылмыскерлер *ит мініп, ирек қамшылайтын* болды. The punishment for crimes became harsh. Now the convicted criminals will have a wretched life.

❦ Мирастың әйелінен ажырасуы оңай болған жоқ. Ол *ит мініп, ирек қамшылады.* Miras is going through a bitter divorce. He's had a miserable life.

ит өлген жер [the place where a dog died]: very long distance (see *ит арқасы қиян*)

◉ Variant: *ит арқасы қиян* often implies a distance as far as a different region or a foreign country, whereas *ит өлген жер* refers to far distances within a city or town.

ит өлім [dog's death]: dying alone (without a family) in the streets

☀ Collocation: *ит өліммен өлу* (to die alone without a family in the streets). Also: *ит өлім келсін* (may you die alone) is an expression used to wish a curse. See also *ақ өлім* (in Color).

❦ Бір кездері бай болған іскер адам панасыз қалып, Алматыда *ит өліммен өлді.* The once-rich businessman became homeless and died alone in the streets of Almaty.

❦ Үйінен қашып кеткен қыз *ит өліммен өлген.* The runaway girl died alone in the streets.

ит өмір [dog life]: miserable life

☀ See also *ит тірлік*.

❦ Еңбек мигранттары сондай *ит өмір* сүретінін күтпегендерін айтты. Labor migrants said that they had not expected to live such a miserable life.

❦ Миллионер шіріген бай, бірақ өмірі *ит өмір* сияқты. Ол тым көп жұмыстан қажып, діңкесі әбден құрыған, өз байлығының қызығын көруге уақыты жоқ. The millionaire is filthy rich but seems to have a miserable life. He's overworked, overstressed, and has no time to enjoy his wealth.

ит рәсуа болу [to be a waste given to a dog]: to be wasted (see the first meaning of *ит-құсқа жем болу*)

☀ Syn: *ит-құсқа жем болу.*

ит терісін басқа қаптау [to cover a head with dog's hide]: to scold someone using harsh or abusive language

◉ Tautology is apparent when used with *ұрсу* (to scold). In this case, *ит терісін басқа қаптау* means to use harsh and abusive language. See also *итін шығарып ұрсу* (under *иті шығу*).

❀ Көрші апай сәл нәрсе үшін басқаға қатты ұрысуға дайын тұратын. Бірде бір көршінің күшігі ауласына кіріп кетіп, отырғызған гүлдерін таптап кеткенде, *оның ит терісін басына қаптады*. Our neighboring aunt used to be ready to scold people about little things. Once she scolded another neighbor harshly when his dog slipped into her yard and destroyed her flowers.

❀ Түскі тамақ кезінде даяшыға шанышқы лақтырғаны үшін ол ұлының *ит терісін басына қаптады*. The mother scolded her son harshly for throwing a fork at the waiter during lunch.

ит тұмсығы батпау [not to have a dog's snout sink]: to be thick, as woods and forests

✪ Variants: *ит мұрны батпау, ит тұмсығы өтпеу*.

❀ Мынау *ит тұмсығы өтпейтін* орман. Егер сақ болмасаң, оңай адасып кетесің. This is an extremely thick forest. If you are not careful, you can easily get lost.

❀ Амазон тропикалық орманы — табиғаттың таңғажайыбы. *Ит мұрны батпас* орманда жануарлар мен жәндіктердің сан алуан түрі тіршілік етеді. The Amazon rain forest is a natural wonder. In this thick forest, numerous species of animals and insects thrive.

ит тұмсығы өтпеу [not to have a dog's snout pass]: to be thick, as woods and forests (see *ит тұмсығы батпау*)

✪ Variants: *ит мұрны өтпеу, ит тұмсығы батпау*

ит тірлік [dog life]: wretched existence

✪ Variant: *ит тіршілік*. Collocation: *ит тірлік ету* (to have a wretched existence).

❀ Сәкен жұмыс таба алмай екі жыл бойы *ит тірлік еткенін* айтты. Saken spoke about how he couldn't find a job and had a wretched existence for a year.

❀ Кедей адамдардың *ит тіршілігі* үкіметте кең тараған жемқорлыққа тікелей байланысты. The wretched existence of the impoverished citizens is directly due to the rampant corruption in government.

ит тіршілік [dog life]: wretched existence (see *ит тірлік*)

✪ Variant: *ит тірлік*.

ит ырғылжың [dog trouble]: back and forth

✪ Variant: *ит-ырғылжың*. Collocation: *ит ырғылжыңға салу tr* (to put someone through back-and-forth situation).

❀ Жұмыстастардың арасындағы *ит ырғылжың* айыптаулар екеуінің жұмыстан шығуымен бітті. The back-and-forth accusations between the coworkers culminated in both parties losing their jobs.

❀ Екі сағатқа созылған *ит ырғылжыңнан* шаршадым. I am tired of the back and forth that lasted for two hours.

итжеккен [dog was shackled up]: far northern Russia

✪ Kazakhs call the far north of Russia *the land where dogs are shackled up* because its indigenous people use dogs for transportation. Under the Russian tsar, some Kazakhs were exiled to that place. Under the Soviet regime, it was a place where most of the concentration camps were based. Collocations: *итжеккенге айдау tr* (to exile to far northern Russia), *итжеккенге айдатқызу tr* (to have someone exile to far northern Russia), *итжеккенге айдалу pass* (to be exiled to far northern Russia).

❀ Қызық қуған жұп *итжеккенге* жаяу экспедицияға шықты. The adventurous couple went on a hiking expedition to far northern Russia.

❀ *Итжеккенге айдалған* адамдар туралы мағлұмат іздеп жүрмін. I am looking for information about people who were exiled to far northern Russia.

итке бермесін [may it not be given to a dog]: *I wouldn't wish something on my worst enemy*

✪ Often used with *күн* or *өмір* in the accusative case. See also *күнін бермесін* (in *Nature*).

❀ Концлагерьдегі *күнімді итке бермесін*. I don't wish my life at the concentration camp on my worst enemy.

❀ Мен бұрынғы әйеліммен бірге сүрген *өмірімді итке бермесін*. I wouldn't wish the life that I spent with my ex-wife on my worst enemy.

ит-құсқа жем болу [to be feed for a dog and a bird]: **(1)** to be wasted; **(2)** to be prey to the powerful

❂ *Ит* is used as a euphemism for a wolf. Syn: *ит рәсуа болу* in the first sense. Also *ит-құсқа жем қылу tr* (to waste; to make someone or something become prey). See also *жем болу* (in *Miscellaneous*).

❦ Көптеген америкалықтар үкіметтің банктарға берген қаржылай көмегі нің әбден *ит рәсуа болғанына* қынжылады. Many Americans are upset that the financial bailout given to the banks has been completely wasted.

❦ Мұнайға бай елді *ит-құсқа жем қылмау* үшін қорғау керек. The oil-rich country needs to be protected so that it does not become prey to powerful predators.

иттей болу [to be like a dog]: to go through trouble or problem

❂ Variants: *ит әлегі шығу, ит әуреге түсу.* Also: *иттей қылу tr*

❦ Мен екі үлкен шабаданымды мәшинемнің артына өзім салдым. Бірақ кейін оларды түсіре алмай *иттей болдым.* I put two large suitcases into the trunk of my car myself. But I went through hell trying to take them out.

❦ Менің мысығым бүгін әрі-бері қашып, мынадай ыстықта артынан жүгіртіп, *мені иттей қылды.* Today my cat was running back and forth and made me uncomfortable by making me run after him in this heat.

иттің баласы [dog's child]: *little devil*

❂ A curse expression used by parents or others when they are frustrated, both mildly or severely, with children.

❦ *Иттің баласы!* Сабағыңды оқып болмай, неге теледидар қарап жатырсың? You little devil! Why haven't you finished your homework before watching TV?

❦ Ана *иттің баласы* көрші-көлемге лаң болды. Бейсбол добымен жұрттың терезесін сындырады да жүреді. That little devil is a terror to the neighborhood. He keeps breaking people's windows with his baseball.

иттің етінен жек көру [to hate more than dog's meat]: to despise, to hate someone or something very much; *to hate someone's guts*

❂ Accusative. The genitive case ending is sometimes implicit: *ит етінен жек көру.*

❦ Джош қоғамды жақсарту үшін ешнәрсе істемейтін алаяқ *саясаткерлерді иттің етінен жек көреді.* Josh absolutely despises crooked politicians who do nothing to better society.

❦ Мен үлкен *теледидарларды ит етінен жек көремін.* I absolutely hate big TVs.

иттің итақайы [puppy of a dog]: just about anybody, especially someone who does not possess the required merit

❂ Marked by a disparaging attitude.

❦ Тапсырманың анықтығы сонша, оны *иттің итақайы* да орындай алады. The work instructions are so clear that just about anybody can complete the task.

❦ Қазір *иттің итақайы* бас атқарушы менеджер бола алады! Just about anybody can be a CEO nowadays!

иті қырын жүгіру [to have one's dog run askew]: not to be lucky, not to be successful

❂ Truncated from the proverb *қырсыққанда ит қырын жүгіреді* (when you are out of luck, your dog does not run in a wanted direction).

❦ Сайлауалды науқанда дауыс берушілерді өз жағына шығарамын деген *Азаматтың иті қырын жүрді.* Azamat has not been very lucky in winning voters over to his campaign.

❦ Әйеліммен танысқанға дейін *менің итім қырын жүгірген* еді. Ал қазір оның арқасында мен жаңа белестерге жетіп жатырмын. Before I met my wife I was not very successful in my career, but she has inspired me to new levels of success.

иті шығу [to have one's dog come out]: **(1)** to be exhausted, *to be worn out*; **(2)** to scold, *to rake someone over the coals*, when used with *ұрсу*: *итін шығарып ұрсу*

❂ Also: *итін шығару caus.* In the second sense, *итін шығарып ұрсу* implies scolding mildly without very harsh or abusive language, but just enough to make someone angry or exhausted. Syn: *қан сорпа болу* (in *Food*), in the first sense; *жүндей түту*, in the second sense. See also *ит терісін басқа қаптау.*

❦ Демалыста бес тентек немересін қараған *Рахияның иті шықты.* After babysitting her five rambunctious grandchildren the whole weekend, Rakhiya was dead tired.

❦ Әкесі жаңа мәшинесін рұқсатсыз айдағаны үшін *Сәкеннің итін шығарып ұрысты.*

Saken's father raked him over the coals for taking his new car without permission.

күшік [puppy]: *wet behind ears*, as a man

☀ Used disparagingly to belittle a man who is young and inexperienced.

❧ Ол қалай бөлім бастығы болады? Ол *күшік* қой. How can he be the new boss of the department? He's just a little puppy.

❧ Сен Сабырды *күшік* деп мазақ қылма. Ол тәжірибесіз шығар, бірақ өте дарынды, ақылды жігіт. You shouldn't make fun of Sabyr and call him a puppy. He might be inexperienced, but he's an extremely talented and intelligent man.

күшік күйеу [puppy husband]: a husband who lives with his wife's parents, *a caddie husband*

☀ Marked by sarcasm and mocking view toward a man who lives with his wife's parents or in an area where his in-laws live. Traditionally, a married man is expected to bring his wife to his family, as the tradition dictates he must stay with his own family or clan. The man who does not do this is sarcastically called a puppy husband by his clan or community.

❧ Барлық жігіттер Азаматты *күшік күйеу* деп мазақ қылады. All the guys make fun of Azamat by calling him puppy husband.

❧ Тұрғанға *күшік күйеусің* деу — көңілге тиер сөз. Сырқаттанған ата-енесін бағуы қажет, өйткені оның әйелі — олардың жалғыз баласы. It's insensitive to call Turgan a puppy husband. He has to care for his ailing mother-in-law and father-in-law because his wife is their only child.

сенен аяғанды ит жесін [may a dog eat what was grudged from you]: *I will spare no expense for you*

☀ Ablative. The expression is used by parents to convey that they will spare no expense for their children.

❧ *Сенен аяғанды ит жесін*, тойыңда не қалайсың, соның бәріністе. We will spare no expense, so order anything you want for your wedding.

❧ Жанар жақсы университет іздегенде оқу ақысын ойлап уайымдамауы керек. Жалғыз *қызымыздан аяғанды ит жесін*. Zhanar should not worry about the tuition fees when looking for a good college. We will spare no expense for our only daughter.

үй күшік [house puppy]: someone who always stays indoors, *homebody*

☀ Marked by sarcasm and disapproval, especially toward men who are homebodies. Being a male homebody is viewed negatively in the Kazakh culture.

❧ Болат – бір жаққа барғанды ұнатпайтын *үй күшік*. Bolat is an unsociable homebody who doesn't like to go anywhere.

❧ Ол *үй күшікті* қонаққа шақырамын деп әуре болма. Don't bother inviting that homebody.

ішінде ит өлу [to have a dog die inside]: to have a big, dirty secret that supposedly should be difficult to keep

☀ Marked by sarcasm.

❧ *Ішінде ит өліп жатса да,* Максим дымын білдірмейді. Maxim does not utter a peep; how can he keep that big, dirty secret of his?

❧ Ұятты болған *саясаткердің ішінде ит өліп жатыр*. The disgraced politician has a big, dirty secret that he will not reveal.

Horse: *Жылқы*

ақ қаптал [horse with white spots on its back]: very experienced, *old salted*

☀ Based on the idea of a horse having spots on its back from the saddle as it has been ridden for a long time, and thus being experienced.

❧ Мына фигурист өте тамаша билейді. Жас болса да, *ақ қаптал* екен. This figure skater dances very well. Even though he is young, he is very experienced.

❧ Сайлауда жеңіске жеткен жас саясаткер *ақ қаптал* емес. Оны жеңіске жетелеген оның экономиканы жаңғыртуға берген уәдесі болды. The junior politician was not very experienced when he won the elections. It was his promise of economic reform that led him to victory.

ала тайдай алалау [to disfavor as if someone is like a multicolored foal]: to disfavor, to discriminate (see *ала тайдай бөлу*)

☀ Accusative. Based on the perception that

multicolored foals stand out and look different. Variant: *ала тайдай бөлу*.

ала тайдай бөлу [to divide as if someone is like a multicolored foal]: **(1)** to divide, to segregate; **(2)** to disfavor, to discriminate

◉ Accusative. Based on the perception that multicolored foals stand out and look different. Variant: *ала тайдай алалау* in the second sense. Also: *ала тайдай бөліну refl.*

✤ *Халықты либералдар мен консерваторлар деп, ала тайдай бөлетін* уақыт емес. It is not a time to divide one nation into liberals and conservatives.

✤ Кейбір мигрант еңбекшілер компания басшыларының *өздерін ала тайдай алалағанын* айтты. Some migrant workers reported that the company managers discriminated again them.

ала тайдай бүліну [to addle like a multicolored foal]: to become chaotic, to be caused trouble

◉ Based on the perception that multicolored foals tend to be wild. Also: *ала тайдай бүлдіруші* (troublemaker); *ала тайдай бүлдіру tr* (to stir up chaos or bring trouble).

✤ Өте тату жанұя он жыл бойы осы бизнесті бірге жүргізген еді. Әкелері шешелерінен ажырасып, екінші әйелін бизнеске қоспақшы болғанда, олар *ала тайдай бүлінді*. The tight-knit family had run this business together for ten years. The trouble started when the father wanted to divorce his wife and bring his new wife into the business.

✤ Тайпалар тұратын *аймақтарды ала тайдай бүлдіріп жүргендер* кімдер? Who is stirring up chaos throughout the tribal regions?

асыра сілтеу болмау, аша тұяқ қалмау [not to over-direct and not to have fork-like hoof be left]: to be forced into a policy that is assumed to be universal and just for all (see *аша тұяқ қалмау, асыра сілтеу болмау*)

ат басын бұру [to turn a horse's head]: **(1)** to stop by a third place while traveling in between two points of destination; ***to take a detour***; **(2)** to head to, ***to pay a visit***

◉ Dative (that can also be placed between *ат басын* and *бұру*). The idiom is also used with an adverb that can be placed between *ат басын* and *бұру*. Collocations: *ат басын арнайы бұру* (to pay a special visit), *ат басын жиі бұру* (to pay a frequent visit), *ат басын елге бұру* (to pay a country a visit), *туған жерге ат басын бұру* (to pay a visit to one's birthplace).

✤ Литвадан Италияға бара жатқанда Лувр мұражайындағы жаңа көрмені көруге *Францияға ат басын бұрдық*. On our trip from Lithuania to Italy, we decided to stop by France to see the new exhibit at the Louvre Museum.

✤ АҚШ-тың ресми өкілі Моңғолиядағы сапарынан кейін *ат басын Қазақстанға бұрды*. After his visit to Mongolia, the US official headed to Kazakhstan.

ат басын қоя беру [to let go of the horse's head]: **(1)** to gallop at full speed; **(2)** to run at full speed; **3** not to hold back, to let everything out

✤ Шериф пен оның орынбасарлары банк тонаушыларына қуып жету үшін *ат басын қоя берді*. The sheriff and his deputies galloped at full speed to catch up with the gang of bank robbers.

✤ Олимпиада желаяғы жарыс бастала *ат басын қоя берді*; меже сызығын бәсекелестерінен бұрын қиды. The Olympic runner ran at full speed from the start of the race; he sprinted across the finish line well ahead of the other competitors.

✤ Әңгімеге жоқ Алма бір жылдай күйеуіне арманы мен жоспары туралы айта алмай жүрді. Бірақ ақырында оны айтқанда, *ат басын қоя берді*. For about a year, quiet Alma couldn't tell her husband about all her dreams and plans for herself. But when she finally did, she didn't hold back anything.

ат басын тіреу [to lean a horse's head against something]: to stop by at a place while on a trip

◉ Dative. Variant: *ат басын ірігу*. Syn: *табан тіреу* (in *Body*).

✤ Президент Еуразияға сапарында *Қазақстанға ат басын ірікті*. On his visit to Eurasia, the president stopped by Kazakhstan.

✤ Шымбұлаққа атпен шығып бара жатқанда, менің әйелім анадай жерден әдемі киіз үйді көріп қалып, біз түскі ас пен шәй ішуге *сол жерге ат басын тіреуді ұйғардық*. On our horseback ride to the top of Chimbulak, my wife spotted a beautiful yurt in the distance, so we decided to stop by for lunch and tea.

ат басын ірігу [to lean a horse's head against something]: to stop by a place while on a trip (see *ат басын тіреу*)

✿ Dative. Syn: *табан тіреу* (in *Body*).

ат басындай [like the head of a horse]: large

✿ Collocations: *ат басындай алтын* (large bar or bullion of gold), *ат басындай жүрек* (big heart), *ат басындай шер* (big sorrow), *ат басындай алып* (big, prominent person).

❋ Африкалық сәбиді кедейшілік пен торығушылықтан құтқарып, Мұрат *жүрегі ат басындай* екенін көрсетті. Murat showed that his heart was big when he rescued an African child from poverty and despair.

❋ Атамыз біздің үйдің іргетасы болатын, одан айырылғанда жүрегімізде *ат басындай шер* қалды. Grandpa was the foundation of the family, and losing him left a big sorrow in our hearts.

ат жақты [with horse cheek]: with a long face and invisible cheekbones, as a male

❋ *Ат жақты кісілерді* ажарлы деп санайсың ба? Do you consider men with long faces and no visible cheekbones attractive?

❋ Менің сөмкемді ұрлаған анау. Оның *ат жақты бетін* бір шақырым жерден танимын. That's the guy who stole my purse. I'd recognize that long face with invisible cheekbones from a mile away!

ат жалын тартып міну [to mount a horse by grabbing by its mane]: to mature into boyhood or manhood

✿ In the past, children starting at the age of seven were expected to mount a horse without others' help by grabbing the horse's mane. This ability meant that young children matured into boyhood. The same idea is used to describe a boy maturing into manhood.

❋ «Ой, соңғы рет көргеннен бері *ат жалын тартып мінетін* болып қалыпсың ғой», — дедім мен жиеніме. "Oh, you have almost become a big boy since the last time I saw you!" I told my nephew.

❋ Қазір ұлдары *ат жалын тартып мінген* соң, ата-ана немере сүйігісі келеді. Now that their sons have become men, the parents want grandchildren.

ат жетер жер [a place reachable by a horse]: relatively short distance

✿ Traditional Kazakh unit of measuring distance. Ant: *ат жетпес жер*. See also *ат шаптырым, құнан шаптырым, қозы көш, тай шаптырым*.

❋ Мектеп пәтеріме *ат жетер жерде*, сондықтан мен сабаққа жаяу барамын. The school is relatively close to my apartment, so I walk to class.

❋ Біз неге осы *ат жетпес жерде* тұрамыз? Why do you live so far away?

ат жетпес жер [a place unreachable by a horse]: relatively long distance (see under *ат жетер жер*)

✿ Traditional Kazakh unit of measuring distance. Ant: *ат жетер жер*. See also *ат шаптырым, құнан шаптырым, қозы көш, тай шаптырым*.

ат кекілін кесісу [to mutually cut the horse's bangs]: to mutually end or break off a relationship between friends, relatives, communities, or countries; *to mutually cut the ties* (see *ат құйрығын кесісу*)

✿ Also: *ат кекілін кесу non-rec* (*to cut the ties*) requires an instrumental complement.

ат қосу [to add a horse]: (**1**) to participate in a horse race; (**2**) to participate, to contribute; (**3**) to compete, usually by sending a candidate or representative

❋ *Бәйгеге* қатыспағанымызға бес жыл болыпты. Биыл міндетті түрде *ат қосамыз*. It's been five years since we took part in a horse race. We will definitely participate this year.

❋ Мына жобаға *ат қоса ала-алмайтынымды* білмеймін. Менің не тәжірибем, не техникалық білімім жоқ. I don't know if I can contribute much to this project. I don't have the experience or technical expertise.

❋ Қазақстан биылғы *әлемдік чемпионаттарға атқосуда*. Kazakhstan is competing in the world championships this year.

ат қою [to put a horse]: (**1**) to gallop off; (**2**) to attack on horseback

✿ Collocations: *аруақ шақырып ат қою* (to attack on horseback calling out for spirits), *абылайлап ат қою* (to attack on horseback calling out for Abylai's spirit). Hom: *ат қою* (to name).

❈ Тәжірибелі шабандоз бірден *ат қойды*. The experienced jockey galloped off from the start.

❈ Моңғолдар басқаларды тез жаулап ала алған, өйткені олар *ат қоя білген*. The Mongols were successful invaders because they were skilled at attacking on horseback.

ат құйрығын кесісу [to mutually cut the horse's tail]: to mutually end or break off a relationship between friends, relatives, communities, or countries; *to mutually cut the ties*

✿ Variant: *ат кекілін кесісу*. Also: *ат құйрығын кесу поп рес* (*to cut the ties*) requires an instrumental complement. The expression originates from the old Kazakh ritual of cutting the horse's tail or bangs in front of people to symbolize the end of the relationship, and even the start of the war against opponents in case they were not pleased with the judge's decision.

❈ Ағайындай болған екі көрші болар-болмас нәрсе үшін *ат құйрығын кесісті*. Two neighbors who had become like relatives ended their relationship forever over something so minor.

❈ Ғайша бір жыл бұрын жан досы *Нұраймен ат кекілін кесті*. A year ago, Gaisha cut her ties with her best friend Nurai.

ат құлағы көрінбеу [not to have the ears of a horse be seen]: **(1)** to be long and big, as a high meadow; **(2)** to be severe, as a snowstorm; **(3)** to be very dark

✿ Used in the negative form only.

❈ Арам шөпті қашан жұласың? *Ат құлағы көрінбейді* ғой. When are you going to pull the weeds? The weeds are so overgrown that you can't see anything.

❈ Мынадай *ат құлағы көрінбейтін боранда* жұмысқа шынымен мәшинемен барасың ба? Are you sure you want to drive to work in this severe snowstorm that blocks your visibility?

❈ Жазғы түнде әдетте ай жарық. Бірақ бүгін *ат құлағы көрінбе* екен. In the summer the night is usually bright, but tonight it is so very dark that you can't see anything.

ат құлағында ойнау [to play on ears of a horse]: to be a skillful horseman

❈ Жергілікті родеода ковбойлар ат үстінде теріс қарап отырып шауып, биік кедергілерден секіріп, атпен шауып келе жатып қой-ешкілерді арқандап өнер көрсетті. Бұны екі сағат бойы тамашалаған Марал: «Мына америкалық ковбойлар қазақтар сияқты *ат құлағында ойнайды* екен!», — деді. At the local rodeo event, the cowboys performed numerous stunts such as riding horses backward, jumping high obstacles with the horse, and lassoing multiple farm animals while on horseback. After watching the show for two hours, Maral said, "These American cowboys are as skillful horsemen as Kazakhs."

❈ Бұрынғы кезде Американың «Жабайы батысында» шерифтердің бірнеше бұзақыны қуып ұстау үшін *ат құлағында ойнай білуі керек* болған. Back during America's Wild West days, sheriffs had to be very skillful horsemen in order to chase the numerous outlaws.

ат міну [to mount a horse]: **(1)** to be on horseback; **(2)** to receive a horse as a gift; **(3)** to be in the position of leading or being in charge of a family, community, or political party

✿ Also: *ат мінген* (the one on horseback), in the first sense; *атмінер* (the one who is in position of leading or being in charge of a family, community, or political party), in the second sense; *ат мінгізу* (to present someone a horse). *Ат мінгізу* requires a dative complement. Compare the second and third sentences.

❈ Көрші ауылға *ат мініп барамыз*. We will go to the neighboring village on horseback.

❈ Менің досым нағашыларына барып, *ат мініп қайтты*. My friend came back from his maternal relatives with a horse.

❈ ағасы оған *ат мінгізді*. My friend's brother presented him with a horse.

❈ Демократиялық партияның *атмінері* үкіметтің білім ісіне жұмсайтын қаржы көлемін ұлғайтуға шақыратын мықты пікір айтты. The Democratic Party official delivered a powerful argument to increase government spending in education.

ат ойнату [to make the horse play]: **(1)** to ride or perform confidently on horseback; **(2)** to play an active role in an arena (political, economic, etc.); **(3)** to scare, bully, or terrorize

❀ Ковбой қыз-жігіттер родео алаңында батыл *ат ойнатты*. The cowboys and cowgirls performed so many daring tricks on horseback in the rodeo arena.

❀ Қытай бірнеше жылдан кейін әлем экономикасында *ат ойнатады* деп күтілуде. In several years, China will probably play an even larger and more active role in the world economy.

❀ Жаңа бастық мені жек көреді. Ол күнде менің кеңсеме келіп, *ат ойнатып кетеді*. The new boss hates me. He comes into my office and terrorizes me daily.

ат сабылту [to make the horse go on a long and arduous trip]: to make a rather long and arduous trip

❀ Менің бүкіл үй ішім тойыма Атыраудан Алматыға *ат сабылтып келді*. Мен соған шынымен риза болдым. All my family made the long and arduous trip from Atyrau to Almaty for my wedding. I really appreciated it.

❀ Концерт бүкіл аймақта бір қалада ғана болмақшы. Бірақ жанкүйерлер сүйікті әншілерін көру үшін онда *ат сабылтуға* қарсы емес. The concert is taking place in one city in the whole region. But fans don't mind making the rather long and arduous trip to see their favorite singer.

ат сауырынан қан кешу [to walk through blood that is up to horse's crupper]: to fight in a war, as a soldier or fighter (see *қан кешу* in *Body*)

❂ Used in reference to fighting on horseback in ancient wars. Variants: *қан кешу, тобықтан қан кешу, толарсақтан қан кешу* (in *Body*).

ат суыту [to cool the horse]: to allow a horse to take a rest after or during a prolonged trip

❂ See also *аяқ суыту* (in *Body*).

❀ Қазақ шабандозы тоқтап, *атын суытты*. The Kazakh rider paused and allowed his horse to rest.

❀ Тоқтап, *ат суытып алайық*. Let's stop and allow the horses rest before we head off again.

ат төбеліндей [like the faint star on a horse's forehead]: small, as in size or quantity

❂ Generally used to describe a small group, a small area of land, or a small number of years. Also precedes *аз, азғана* or *азғантай* to overemphasize the small size or quantity of a group of people, land, or years. Rare variant: *аттың төбеліндей*.

❀ Ағам екеуіміздің жас айырмашылығымыз *ат төбеліндей* екі жыл ғана. My brother and I are separated in age by only a couple of years.

❀ *Ат төбеліндей* бір топ қала әкімшілігінің алдына оның алма ағаштарды кесіп, өте қымбат, жайлы үй салу шешіміне наразылық білдіруге жиналды. A small group of people gathered before the city hall to protest the city's decision to cut down the apple trees to make room for luxury homes.

❀ Үйіміздің артында *ат төбеліндей жеріміз* бар. We have a small area of land behind our house.

ат үсті [on horseback]: without due attention, carelessly, negligently

❂ Variant: *атүсті*.

❀ Бала бағушы өз *жұмысына ат үсті* қарап, сәбиді іші ыстық мәшинеге тастап, дүкен аралап кеткені үшін тұтқынға алынды. The babysitter was arrested for negligently leaving the young child in her hot car while she went shopping.

❀ Шәкіртақы ала-алмауың сенің шығармаңның сапасына байланысты. Сондықтан оны *ат үсті* жаза салуға болмайды. Whether you will get a scholarship depends on the quality of your essay. That's why you should not write it without due attention.

ат шаптыру [to make the horse gallop]: to conduct a horse race for a celebration such as an anniversary or wedding

❂ Also: *ат шабыс* (horse race).

❀ Қала әкімшілігі қайырымдылық қорына қаржы табу үшін *ат шаптырмақ*. The town administration will be conducting a horse race to raise money for charity.

❀ Сұлтановтар әулеті қыздарының

тойыда *ат шаптырады* деген хабар ауыл тұрғындарына тез тарады. The news that the Sultanov family would conduct a horse race at their daughter's wedding spread quickly among the villagers.

ат шаптырым [horse galloping]: 25 to 30 kilometers

◉ Traditional Kazakh unit of measuring distance and spatial dimension based on the distance that a horse can cover. See also *ат жетер жер, құнан шаптырым, қозы көш, тай шаптырым, таяқ тастам жер* (in *Miscellaneous*).

❀ Қонақ үйді қала орталығынан *ат шаптырым жерден* алғансың ба? You got us a hotel 25 kilometers from the center of the city?

❀ Жанымыздан ашылған саябақтың өзі *ат шаптырым*. The park that opened near us is about 25 kilometers long.

ат ізін құрғатпау [not to let the horse footprint dry out]: to visit often (see *ат ізін суытпау*)

◉ Not used in the affirmative form.

ат ізін салу [to put the footprint of a horse]: to visit a place, *to set foot*

◉ Dative.

❀ Азаматтық соғыста елі екіге бөлінгелі бері, демократ жетекші бірінші рет өзінің коммунист *әріптесіне ат ізін салды*. The democratic leader visited his communist counterpart for the first time since the civil war had divided their country in two.

❀ Ағалы-інілі әке-шешелерінен қалған жер үшін болған таластан кейін он жыл бойы бір-бірінің *үйіне ат ізін салмады*. The two brothers haven't visited each other for ten years since their bitter battle over their parents' estate.

ат ізін суытпау [not to let the horse footprint cool]: to visit often

◉ Not used in the affirmative form. Variant: *ат ізін құрғатпау*.

❀ Біздің курстастарымыз ірі мерекелерде *ат ізін суытпайды*. Our good college friends visit us often during major holidays.

❀ Аға-інінің арасында біздің папа ғана ауруханада сырқаттанып жатқан әжемізге *ат ізін суытпай* барды. Among the siblings, Dad was the one who often visited ailing grandmother at the hospital.

атқа қону [to land on horseback]: **(1)** to set out on horseback; **(2)** to set out to do something

❀ Ранчо жұмысшылары үрке қашқан малды қайтаруға *атқа қонды*. The ranchers set out on horseback to herd the stampeding livestock.

❀ Сәкен жақында зейнетке шығып, дүниені шарлауға *атқа қонбақшы*. Saken is retiring soon and plans to set out to travel the world.

атсалысу [to mutually put forth a horse]: to participate

◉ Dative. Formal.

❀ Қайырымдылық *шарасына* бірнеше компаниялар *атсалысты*. Several companies participated in this charity event.

❀ Бес супердержаваның президенті ядролық қарусыздануға қатысты *келіссөздерге* жақын арада *атсалысуға* келісті. The presidents of the five superpower countries agreed to participate in nuclear disarmament discussions soon.

аттай тулау [to buck like a horse]: **(1)** to bounce; **(2)** to oppose strongly, to buck; **(3)** to have one's heart pounding, when used with *жүрек: жүрегі аттай тулау*

◉ Collocations: *аттай тулаған сезім* (unbridled feeling), *аттай тулаған уақыт* (unbridled times).

❀ Үш балдық доп себетке *аттай тулап* барып кіріп, командаға жеңіс әперді. The game-winning ball was bouncing around the basket but eventually went in for three points.

❀ Ата-анасы кешке көшеге жібермеген кезде жасөспірім қыз *атша тулайтын*. The teenager used to buck every time her parents did not let her go out late.

❀ Америкаға ұшар алдында Янаның *жүрегі аттай тулап*, ұйықтай алмады. Yana's heart was pounding and she could not sleep the night before her trip to America.

ат-тон айып [horse and fur coat compensation]: small compensation or fine

◉ In an old Kazakh custom, a fine or compensation consisting of a horse and fur coat or robe was given for a minor offense. Variant: *ат-шапан айып*. Collocations: *ат-тон айып алу* (to receive a small compensation for a damage), *ат-тон айып беру* (to give a small compensation for damage), *ат-тон айып төлеу* (to pay a small fine).

❧ Менің інім көршінің терезесін сындырып тастағанда, ол *ат-шапан айып төлететінін* айтты. Шешем қымбат коньяк бергенде, ол риза болды. When my brother broke our neighbor's window, he said that he would seek compensation. So when my mom gave him a bottle of expensive cognac, he was happy.

❧ Автотұрақта мәшинем басқа бір мәшинеге барып, түйіскенде, оның жүргізушісі екеуіміз полиция мен сақтандыру компаниясын іске кірістірмеуге келістік. Оның орнына мен жүз доллардай *ат-шапан айыбын төлеп* құтылдым. After the minor car accident in the parking lot, the other driver and I agreed to not get the police and insurance company involved. Instead, I settled for the small compensation of $100.

ат-тонын ала қашу [to run taking one's horse and fur coat]: **(1)** to refuse categorically; **(2)** to run away to avoid someone or something

◉ Ablative. Syn: *басты ала қашу, басты алып қашу, бойды ала қашу* (in *Body*).

❧ Максим інісіне пайда әкелмейтін үй сатып алуға тағы *ақша беруден ат-тонын ала қашты*. Maxim categorically refused to lend his brother more money to invest in horrible real estate deals.

❧ Сабыр қымбат дүкен көріп қалса, әйелі онда кіріп шыққысы келе ме деп, *одан ат-тонын ала қашады*. When Sabyr sees an expensive store that his wife might want to go into while shopping together, he runs away to avoid going into the store.

аттың бауырына алу [to take someone to the horse's embrace]: **(1)** to beat up someone; **(2)** to torment, **to give someone hell**

◉ Accusative. The genitive case ending can be omitted: *ат бауырына алу*. Collocations: *аттың бауырына алып сабау tr* (to beat the hell out of someone), *аттың бауырына алып сөгу tr* (to scold someone harshly).

❧ Егер әкемнің мәшинесін соғып алсам, ол *мені ат бауырына алып сабайды*. If I hit my father's car, he will beat the hell out of me.

❧ Бүгінгі отырыста сенаторлар *үкіметті аттың бауырына алды*. At today's session, the senators gave the government hell.

аттың жалын құшу [to embrace the mane of a horse]: to go limp on horseback due to a wound or death while fighting in a war

◉ The genitive case ending can be omitted: *ат жалын құшу*. Also: *аттың жалын құштыру tr*.

❧ Жебе тиген кезде батыр *аттың жалын құшты*. The warrior's body went limp on his horse when he was struck by an arrow.

❧ Жаудың найзасы батырдың сауытын тесіп өтіп, *оған аттың жалын құштырды*. The warrior was killed by the enemy's spear that pierced his armor.

аттың жалында, атанның қомында [on the crest of a horse and on the hump of a male camel]: on the move (see *аттың жалында, түйенің қомында*)

◉ Variant: *аттың жалында, түйенің қомында*.

аттың жалында, түйенің қомында [on the crest of a horse and on the hump of a camel]: on the move

◉ Variant: *аттың жалында, атанның қомында*.

❧ Әнуардың әкесі әскери қызметкер ретінде жер-жерге жіберілгендіктен, олар үй ішімен үнемі *аттың жалында, түйенің қомында* болды. Anuar's dad is an air force officer and was stationed all over the world, so his family was always on the move.

❧ Сен тым көп жұмыс істеп, бар уақытыңды *аттың жалында, атанның қомында* өткізетін сияқтысың. Қарқыныңды бәсеңдетіп, өмірдің қызығын көруің керек! It seems that you are overworked and spend all your time on the move. You need to slow down and enjoy life!

атұстар [the one who will hold a horse]: son, only in relation to a father

◉ Archaic.

❧ Шешемнің *атұстарға* аяғы ауыр екенін естігенде, төрт қызы бар әкемнің қуанышында шек болмады. After having four daughters, my father was ecstatic to learn that my mother was pregnant with a boy, his son and heir.

❀ Вьетнамдықтардың мәдениетінде ұлдың үлкені ең маңызды адам, өйткені ол — *әкесінің атұстары*. In Vietnamese culture, the eldest son is the most important child because he is the father's heir to the family.

ат-шапан айып [horse and robe compensation]: small compensation or fine (see *ат-тон айып*)

☀ Variant: *ат-тон айып*.

ауыздық салу [to put a horse bit]: **(1)** to tame; **(2)** to control, to curb, to limit

☀ Dative.

❀ Анам уақыт өте әкемнің *сотқарлығына ауыздық салғанын* айтып әзілдейді. Mom jokes that she tamed the wild side of Dad over time.

❀ Мектеп әкімшілігі қарақшы топтардың зорлық-зомбылық *әрекеттеріне ауыздық салуға* аянбай жұмыстануда. School officials are working hard to limit gang violence.

аша тұяқ қалмау, асыра сілтеу болмау [not to have forklike hoof be left and not to over-direct]: to be forced into a policy that is assumed to be universal and just for all

☀ Used by Kazakhs in reference to the Soviet policy of seizing land and livestock from nomadic Kazakhs and collectivizing them into government-run farms in 1920s. The policy caused mass starvation and death among Kazakhs. Variant: *асыра сілтеу болмау, аша тұяқ қалмау*. Also: *аша тұяқ қалдырмау, асыра сілтеу болдырмау* caus.

❀ Менің досымның әжесі *асыра сілтеу болмасын, аша тұяқ қалмасын* кездегі қиын өмірі туралы көп айтатын. My friend's grandmother used to tell us many stories about her hard life during the implementation of the Soviet policy of seizing land and livestock.

❀ Үкімет *аша тұяқ қалдырмай, асыра сілтеу болдырмай*, денсаулық сақтандыру бағдарламасын жалпыға бірдей күштеуде. The government is trying to force universal health care on everyone.

бие ағытар [untying a mare]: evening (see *ел орынға отыра* in *Humans and Their Kin*)

☀ Traditionally used to express time, this term is based on the tradition and practice of mare milking. Mares are untied in the evening so that they can graze during the night. In the morning they are tied back again so that they can be milked several times during the day. The term is used with words denoting time such as *уақыт, мезгіл, мезет*, and *кез*. Syn: *ел орынға отыра* (in *Humans and Their Kin*). See also *бие байлар*.

бие байлар [tying up a mare]: morning

☀ Traditionally used to express time, this term is based on the tradition and practice of mare milking. Mares are untied in the evening so that they can graze during the night. In the morning they are tied up so that they can be milked several times during the day. The term is used with words denoting time such as *уақыт, мезгіл, мезет*, and *кез*. See also *бие ағытар, ел орынға отыра* (in *Humans and Their Kin*).

❀ Жанна *бие байлар кезде* жүгіреді. Zhanna jogs in the morning.

❀ Ол бақта күнде *бие байлар уақытта* жұмыс істейді. He works in the garden every morning.

бие сауым [mare milking]: one and a half hours

☀ The amount of time it takes to milk a mare; that is, one and a half hours was traditionally used to express time. This expression is used with words denoting time, such as *уақыт, мезгіл, мезет*, and *кез*. See also *қас пен көздің арасында* (in *Body*), *бие сауым* (in *Livestock with Beasts and Birds*), and *ет нісірім* and *сүт пісірім* (in *Food*).

❀ Асыланның әйелі ауруханада: олардың бірінші балалары *бие сауымдай уақытта* дүниеге келмек. Asylan's wife is in the hospital and is expected to give birth to their first child in about one and a half hours.

❀ Мына ескі пешке бірдеңе болған. *Бие сауым мезгіл* өтті, пиццаның бетіндегі сыр әлі толық еріген жоқ. Something is wrong with this old oven. It has been one and a half hours but the cheese on the pizza is still not fully melted.

бір күн бие, бір күн түйе [one day — a mare, one day — a camel]: someone who quickly changes mood, mind, or decision; ***to blow hot and cold***

❦ Дина *бір күн бие, бір күн түйе*, сондықтан оның бақытты адам екендігін дөп басып айту қиын. Dina is a very moody person, so it is very hard to predict whether she will be happy or not.

❦ Менің бастығым *бір күн бие, бір күн түйе* болғандықтан, біз ешқашан ісімізде алға қойған мақсаттарымызға жете алмаймыз. My boss keeps changing her decisions, and therefore our business goals are never achieved.

жылқы мінезді [with the personality of a horse]: courageous, strong-willed, and passionate about freedom, movement, and speed

☸ Because Kazakh culture has traditionally been closely intertwined with horses, Kazakhs value horses' love of freedom and courage, and use them in describing a person who has these qualities.

❦ Біздің ата-бабаларымыз *жылқы мінезді* болған; қазір біз кейбір кезде басымызға тегін беріле салғандай көретін бостандық үшін күресті. Our forefathers were courageous and strong willed; they fought for the freedom that we sometimes take for granted today.

❦ Президент *жылқы мінезді* жастарды қарулы күштер қатарына ерікті қызметке шақырды. The president asked courageous young men and women to volunteer for the armed forces.

заңның құрығы [the rope of the law]: *the long arm of the law*

☸ The genitive case ending may sometimes be implicit: *заң құрығы*. To emphasize the far-reaching power of law, the expression may be used with *ұзын*: *заңның ұзын құрығы*. Collocations: *заң құрығына іліну, заңның құрығына ілігу, заңның құрығына түсу* (to be caught by the long arm of the law); *заң құрығынан құтылып кету* (to elude the long arm of the law). See also *құрығы ұзын*.

❦ Заң жүйесіне айла-қулық істей бер, бірақ ерте ме, кеш пе, әйтеуір *заң құрығы* саған да жетеді. You can try and cheat the legal system all you want, but sooner or later, the long arm of the law will catch up with you.

❦ Мына заңы қатал елде *заңның ұзын құрығынан құтыла алмайсың*. You can't escape the long arm of the law in this strict country.

кәрі тарлан [old horse]: a man who has a lot of experience in life or in an area of study, *graybeard*

❦ Мен Виктор ағамның айтқанымен жүремін. Ол *кәрі тарлан* әрдайым даналыққа толы ақыл-кеңес береді. I would stick to what my Uncle Victor says. That graybeard always gives wise advice.

❦ Егер *кәрі тарландардың* барлығы бір кезде зейнетке шығатын болса, компания артта қалмақ. This company is going under if all the graybeards decide to retire at once.

қамыт кию [to wear a horse collar]: to be in the chains of something, as in slavery, poverty, colonization, or orphanhood

☸ Ant: *қамыт шешу*. Collocations: *жетімдік қамытын кию* (to be an orphan); *кедейліктің қамытын кию* (to be in the chains of poverty); *құлдықтың қамытын кию* (to be in the chains of slavery); *отарлық қамытын кию, мойынға отарлық қамытын ілу* (to be colonized).

❦ Бұл аймақтағы адамдар *кедейліктің қамытын киген*. The people in this province are caught in the chains of poverty.

❦ Шағын мемлекет бүгінде тәуелсіздік алып, *отарлық қамытты* біржола *шешті*. Today the small country gained its independence and shook off the chains of colonialization once and for all.

қара айғыр [black stallion]: steam-powered train

☸ When Kazakhs were first introduced to a steam-powered train during industrialization in the 1920s, they compared this means of transportation to a black stallion; both are black, fast, and strong.

❦ Ізтұрған—зейнетке шыққан паровоз жүргізушісі. Оның *қара айғырға* мінбегеніне он жылдың жүзі болыпты. Izturgan is a retired steam-powered train conductor. It has been ten long years since Izturgan rode the "big stallion."

❦ Атам паровозды әлі *қара айғыр* дейді. Grandfather still refers to the steam-powered train as a "black stallion."

құлын дауыс [foal voice]: excruciating or heartbreaking scream, *at the top of one's lungs*

❂ Also: *құлындағы дауыс*. Collocations: *құлын даусы шығу* (to scream at the top of one's lungs), *құлын даусы шырқырау* (to shriek at the top of one's lungs), *құлындағы даусы құраққа жету* (**piercing scream**).

❋ Жас аяқдоп ойыншысының *құлын даусын* барлық адам естіді. Everybody heard the young football player's excruciating scream.

❋ Тіс дәрігері тісімді жұлып алғанда, *менің құлын даусым шықты*. I screamed at the top of my lungs when the dentist pulled out my tooth.

құлыншақ [sweet little foal]: *pumpkin, sugar* (see *ботақан*)

❂ A term of endearment term used for children. Variants: *балапан, ботақан, қошақан*.

құнан шаптырым [three-year-old horse galloping]: 8 to 10 kilometers

❂ Traditional Kazakh unit of measuring distance and spatial dimension based on the distance that a three-year-old horse can cover. See also *ат жетер жер, ат шаптырым, қозы көш, тай шаптырым, таяқ тастам жер* (in *Miscellaneous*).

❋ Сауда орталығы бұл жерден *құнан шаптырым жерде*. The mall is 8 kilometers from here.

❋ Оның үй мен менің үйімнің арасы *құнан шаптырым*. The distance between her house and my house is about 10 kilometers.

құр атқа мінгендей [as if mounting a well-rested horse]: feeling energetic

❂ *Құр ат* refers to a horse who has not been ridden for some time and is well rested. This idiom alludes to the smooth and pleasant ride given by a well-rested horse.

❋ Жақсылап ұйықтап алғаннан кейін ол *құр атқа мінгендей* болып жүрді. She was feeling energetic because of her restful sleep.

❋ Дәмді тамақ пен сусын саяхатшыларды *құр атқа мінгендей* қылды. The good food and drinks made the travelers feel energetic.

құрығы ұзын [one's rope is long]: with far-reaching power

❂ Also: *құрығы қысқару* (to lose some of the far-reaching power), *құрығы ұзару* (to gain more far-reaching power). See also *заңның құрығы*.

❋ *Құрығы ұзын* үкімет дағдарысты күйзеліске айналдырмас үшін бюджеттік саясат қалыптастырды дегенге ешкім дау айта алмайды. No one can argue that the long arm of the government set fiscal policies to prevent the recession from becoming a depression.

❋ Шетелдік әріптестерімен келісімге отырып, құпия қызмет агенттігінің *құрығы ұзарды*. The secret service signed a partnership agreement with its foreign partners and thus gained far-reaching power.

құрық бермеу [not to give in to a rope]: to be uncontrollable or unruly

❋ *Құрық бермеген* саясаткерлер екі партияның мүддесін көздейтін шешімге тоқтағанша бір-бірлеріне беріспеді. The unruly politicians fought back and forth until they finally agreed to a bipartisan solution.

❋ ЖИТС обасы 1980-інші жылдары *құрық бермейтіндей* көрінді. The AIDS pandemic seemed uncontrollable during the 1980s.

құрық салу [to put a rope]: (**1**) to catch; (**2**) to stop some action; (**3**) to choose; (**4**) to gain control over someone

❂ Dative. Also (in the first and fouth senses): *құрыққа түсу* (to be captured or caught); *құрыққа түсіру tr* (to capture or catch someone); *құрыққа ілігу, құрыққа іліну pass* (to be captured or caught); *құрықтан босау act* (to be freed from capture, detention, or control); *құрықтан босату tr* (to free someone from capture, detention, or control); *құрықтан босатылу pass, құрықтан құтылу pass* (to be freed from capture, detention, or control).

❋ Полиция топ серкесінен басқа қылмыскерлердің *барлығына құрық салды*. Ол ку заңның құрығына тағы да түспей кетті. The police were able to catch all the criminals, except for the ringleader. That cunning weasel once more eluded the law.

❋ Жаңа консервативтік президент либералдық заң шығарушылардың *іс-әрекетіне құрық салып*, бірнеше жылғы әлеуметтік бағдарламаларға қаражат бөлуді тоқтатты. The conservative new president stopped the actions of the liberal legislature and ended years of social spending.

❀ Менің досым екі ай той көйлек іздеді. Кеше жаңадан ашылған дүкенге барып, ондағы барлық көйлекті киіп көріп, азар дегенде *біреуіне құрық салды*. My friend looked for a wedding dress for two months. Yesterday she went to a new shop, tried on all their dresses, and finally chose one.

❀ Олар бассыз кеткен *оқушыларға* біржола *құрық салатын* қатал мұғалімді жұмысқа алды. They hired a strict teacher who will finally gain control over the unruly students.

❀ Менің әкем соғыстан кейін *құрыққа түсіп*, он жылға концлагерьге кетті. My dad was captured after the war and put into a concentration camp for ten years.

❀ Ұры дүкеннен қашып шығуға тырысып жатқанда *құрыққа ілінді*. The shoplifter was caught as he was trying to escape from the store.

❀ Жаңа айғақ Дәуреннің кінәсіз екенін дәлелдеді. Ол сегіз жылғы *құрықтан* ақырында *құтылды*. New evidence proved that Dauren is an innocent man. He was finally freed after eight years of imprisonment.

❀ Кепілдікке алынған тұтқындар екі күндік келіссөздерден кейін *құрықтан босады*. The hostages were freed after two days of negotiations.

құрыққа сырық жалғау [to attach a pole to a rope]: *to stretch the truth*

❀ Ол *құрыққа сырық жалғап отырған* болуы керек. Ондай жас инженердің жалақысының алты цифрлы болуы мүмкін емес. He has to be stretching the truth. There's no way a young engineer like that can be making six figures.

❀ Таңқаларлығы, бұл жолы Сәкен сабаққа бармаған себебі туралы *құрыққа сырық жалғамай отырды*. Surprisingly, this time Saken was not stretching the truth about why he missed school today.

сауырға қамшы басу [to press a whip on the crupper]: to urge, to push someone

☀ Variant: *сауырдан соғу*. Also: *сауырға қамшы тию pass*.

❀ Айнұр колледжге оқуға түс, одан кейін жақсы жұмысқа орналас деп қыздарының *сауырларына қамшы басып отырды*. Ainur kept urging her young daughters to go to college and get good jobs.

❀ Айтқанынан қайтпайтын саясаткер қаружарақты бақылау ұсынысын заңға енгізу үшін *Конгресті* қайтадан *сауырдан соқты*. The stubborn politician again pushed Congress to put his gun control proposal into law.

сауырдан сипау [to stroke the crupper]: to placate, to appease

☀ Optional accusative. The expression is based on the idea that horses like to be stroked on their crupper and that they find this soothing and calming. This idea is transferred to the act of one person placating another person.

❀ Асылан ұрыстан кейін *әйелін сауырдан сипау* үшін шоколад пен гүл сатып алды. Asylan bought chocolate and flowers to appease his wife after their fight.

❀ Үкімет салық мөлшерін азайтып, *халықтың сауырынан сипап көрді*. The government tried to placate people by cutting taxes.

сауырдан соғу [to hit on the crupper]: to urge, to push someone (see *сауырға қамшы басу*)

☀ Accusative. Variant: *сауырға қамшы басу*.

сөзге жорға [pacer in speech]: masterful in speech

☀ See also *су жорға*.

❀ Секта басының *сөзге жорға* болғаны сондай, әрбір адамды өмір бойғы жинақтарын шіркеуіне беруге сендірді. The cult leader was so masterful in his speech that he convinced everyone to donate their life savings to his church.

❀ Президент *сөзге жорға*, осындай тұрақсыз уақытта елді өз сөзімен жұбата алады. The president is masterful in his speech and is thus able to comfort the country with his words during these uncertain times.

су жорға [water pacer]: **(1)** pacer (horse); **(2)** highly talented poet and improviser; **(3)** strong candidate running for a political party, team, etc.; **(4)** charming, as in talk or with a word meant to gain favor, *sweet talk*

☀ Shortened variant of *су төккісіз жорға* and *сауырдан су төгілмес жорға*, which describe the horse's pace as so smooth that if you hold water on the horse's back, it will not spill. This quality of a horse helps the rider last longer while traveling and thus be strong. The smooth ride the pacer gives is compared to a poet-improviser's skills of delivering consistent impromptu poetry. The smooth ride is also transferred to words that smooth or even out any doubt and help to gain favor. Syn: *төрт аяғы тең жорға* (in *Numbers*), in the first and second senses. See also *сөзге жорға*.

❀ Менің әкем жылдам болса да жайлы шабатын жаңа *су жорғасын* айтып, үнемі мақтанады. My father is always boasting about how his new pacer provides a fast but smooth ride.

❀ Данияр – бәсекелес партияның үміткер сенаторын жеңе алатын *су жорға*. Daniyar is a strong candidate to defeat the opposition party's incumbent senator.

❀ Біздің сүйікті кафемізде әр сенбі күні өткізілетін поэзия кешінде *су жорға ақындар* өнер көрсетеді. Highly talented poets and improvisers deliver eloquent impromptu poems at poetry gatherings hosted by our favorite café every Saturday.

❀ Жылпос саясаткер мынадай үлкен былықтан қандай *су жорға сөз* айтып құтылар екен? I'd like to see how that crooked politician will sweet-talk his way out of this big mess.

тай шаптырым [two-year-old horse galloping]: 4 to 5 kilometers

◉ Traditional Kazakh unit of measuring distance and spatial dimension based on the distance that a two-year-old horse can cover. See also *ат жетер жер*, ат шаптырым, *қозы көш*, *құнан шаптырым*, *таяқ тастам жер* (in *Miscellaneous*).

❀ Қатты шаршап, поштаға *тай шаптырым* жер қалғанда такси ұстадым. I got very tired, so I flagged a taxi when about 4 kilometers were left to the post office.

❀ Ақмаралға мәшине керек емес, өйткені Алматының қақ ортасында тұрады. Қажетті нәрсенің бәрі оның үйінен *тай шаптырым* жерде. Akmaral does not need a car because she lives right in the heart of Almaty. Everything she needs is within 4 or 5 kilometers of her house.

тайға таңба басқандай [as if a seal was pressed on a two-year-old horse]: *as clear as day*

◉ Also: *тайға таңба басқандай ету tr* (to make something very clear), *тайға таңба басқандай көріну pass* (to seem clear as day). Syn: *айдан анық* (in *Nature*).

❀ *Тайға таңба басқандай* етіп көрсетілген нұсқауды пайдаланып, кітап сөресін бір сағатта өзім құрастырдым. Using these very clear instructions, I assembled the bookcase myself in an hour.

❀ Оның ағылшын тілін жетік меңгергені өте жақсы жазылған шығармасынан *тайға таңба басқандай* көрініп тұрды. The fact that he mastered English was very clear from his well-written essay.

тай-құлындай тебісу [to kick each other like two-year-old horses and foals]: to play joyfully with someone, as children

◉ Used in the reciprocal voice only. Collocation: *тай-құлындай тебісін бірге өсу* (to grow up together playing with each other).

❀ Менің күйеуімді *тай-құлындай тебіскен бөлелерімен* сөйлеспейді десем болады. My husband hardly speaks with his cousins, with whom he once played joyfully.

❀ Менің өз бауырларым болмағанымен, көрші *балалармен тай-құлындай тебісіп бірге өстім*. Although I have no siblings, I still had a very fun time growing up and playing with the neighborhood children.

тайлы-таяғы [those on foals and those with canes]: everyone of all ages; *every Tom, Dick, and Harry*; *everyone and his brother*

◉ Variant: *тайлы-тұяғы*. Syn: *еңкейген қария мен еңбектеген бала* (in *Humans and Their Kin*).

❀ Ойын-сауық пен дәмді тамақ іздеген адамдар *тайлы-тұяғы* қалмай жәрмеңкеге келді. People of all ages showed up to the county fair for the fun events and great food.

❀ Бірінші мамыр күні бүкіл ауыл *тайлы-таяғымен* бәйгеге барады. Қызғалдақ теріп, жергілікті әртістердің ән-биін, балуандардың күресін тамашалап көңіл көтереді. On May 1, the whole village goes to the horse race. They have fun picking tulips, enjoying local singers' and dancers' performances, and watching wrestling matches.

тайлы-тұяғы [those on foals and those on hooves]: everyone of all ages; *every Tom, Dick, and Harry*; *everyone and his brother* (see *тайлы-таяғы*)

⚙ Variant: *тайлы-таяғы*. Syn: *еңкейген қария мен еңбектеген бала* (in *Humans and Their Kin*).

темір тұлпар [a metal horse]: **(1)** automobile; **(2)** tractor

⚙ Initially used as a term referring to a tractor. Currently, it is also used to denote an automobile and is increasingly applied to other means of transportation, including bicycles.

❀ Маржан *темір тұлпарын* сатып, қазір тек қоғамдық көлікпен ғана жүреді. Marzhan sold her automobile and now exclusively uses public transportation.

❀ Біз көрші фермерден пайдаланылған *темір тұлпар* сатып алдық. We purchased a used tractor from the neighboring farmer.

тізгін [leather strap used for horses]: directing power, *reins*

⚙ Variant: *бұйда*. Also: *тізгінсіздік* (lack of regulation, restraint, or check), *тізгіндеу tr* (to curb; to be behind the wheel). Collocations: *тізгінді ұстау* (to hold the reins), *тізгінді қолға алу* (to take the reins); *тізгінді босату* (to let go of the reins); *өз тізгіні өз қолына тию, өз тізгінін өз қолына алу* (to gain independence, to take reins of power into one's own hands). Note: *тізгіні оң жақта орналасқан мәшине* (car with the steering wheel on the right).

❀ Бір жылдың ішінде компанияда үлкен бөлімнің *тізгінін қолыңа алдың*. You received the reins of the big department in the company within a year.

❀ Болашақ *ғылым тізгіні* ғылымға берілген адамдардың қолында. The reins of the future science are in the hands of people who are committed to science.

❀ Федералдық қордың басшысы жедел өсіп жатқан *инфляцияны* несие пайызын көтеру арқылы *тізгіндеді*. The Federal Reserve chief curbed the excelerating inflation by increasing the interest rate.

❀ Кеңес үкіметі құлағаннан кейін, он бес республиканың *өз тізгіндері өз қолдарына тиді*. After the collapse of the Soviet government, fifteen republics received the reins of power in their own hands.

❀ Мен компаниядағы адамдардың қылығынан шошыдым. *Тізгінсіздіктен* солай болады. I was shocked by people's behavior in this company. This happens due to a lack of restraint.

❀ Америкада адамдар он алты жастан бастап *көлік тізгіндейді*. In America, people get behind the wheel at the age of sixteen.

үзеңгі қағыстыру [to hit each another's stirrup]: **(1)** *to come neck and neck*; **(2)** to work side by side, *shoulder to shoulder*

⚙ Instrumental.

❀ Ешкім Ямайка *желаяғымен үзеңгі қағыстыра алмады*. Nobody was able to run neck and neck with the fast Jamaican track and field athlete.

❀ Әрине, мен Арманды білемін. Он жылдан аса уақыт *онымен үзеңгі қағыстырып*, жұмыс істедім. Of course I know Arman; I worked shoulder to shoulder with him for more than a decade.

үзеңгілес [having a stirrup together]: a longtime confidant and close associate, as a man

⚙ Formal and literary. Used to refer to men by men only. Based on the idea of male leaders being on horseback with their feet in the stirrup and moving together to work for the same goal. Collocations: *үзеңгілес жолдас* (longtime comrade), *үзеңгілес дос* (close friend), *үзеңгілес серік* (close partner), *үзеңгілес әріптес* (close colleague). See also *ат міну*.

❀ Партия оны президенттіктен үміткер етіп сайлағанда, барлық адам одан вице-президенттікке өзінің *үзеңгілес әріптесін* таңдайды деп күтті. Бірақ ол өз үйірінен тыс басқа бір адамды таңдады. When he won his party's nomination for the presidency, everyone expected that he would choose his longtime confidante and colleague as the candidate for vice president. Instead, he chose someone outside his circle.

❀ Нұржан екеуіміз жиырма бес жыл бірге жұмыс істеп, осы компанияны іргетасынан бастап құрдық. *Үзеңгілес серігім* екеуіміз енді компаниямызға жаңа бағыт-бағдар беруге дайынбыз. Nurzhan and I have worked together for twenty-five years and have built the company from the ground up. My close partner and I are now ready to set new directions for the company.

үйір [herd of horses]: community, circle, or group with which one identifies

☀ *Үйір* is a herd of up to twenty horses consisting of one stallion, several mares, and foals. Collocations: *үйірден адасу* (to be lost from one's circle), *үйірден айырылу* (to lose a circle), *үйірге қайту* (to return to one's circle), *үйірге қосылу* (to join one's circle), *үйірін табу* (to find one's circle).

❀ Елге көшіп келушілер әзірше *үйірімен* тұрып жатыр. For now, the immigrants are living with their communities.

❀ Динара шетелге кеткенде достарынан қол үзді. Елге оралған соң, *үйіріне тез қосылды*. Zhanna was separated from her friends when she went abroad. Upon her return, she quickly rejoined her circle.

шашасына шаң жұқпау [not to have dust stick to one's fetlock]: **(1)** fast, as a horse; **(2)** eloquent and skilled, as orators, poets, writers, or commentators

❀ Қазақ батыры *шашасына шаң жұқпайтын сәйгүлікпен* шайқасқа кірді. The Kazakh warrior rode a fast horse into battle.

❀ Президент — *шашасына шаң жұқпайтын шешен*. The president is an eloquent and skilled orator.

Sheep and Goat: *Қой-ешкі*

егіз қозыдай [like twin lambs]: inseparable, as children; *like two peas in a pod* (see *тел қозыдай*)

☀ Variant: *тел қозыдай,*

кәрі қойдың жасындай жас қалу [to have as many years as an old sheep]: to have not much time to live; *one's days are numbered*

☀ Not regarded impolite when used about elders by elders. Syn: *бір аяғы жерде, бір аяғы көрде* (in *Body*); *төрінен көрі жуық* (in *Yurt*).

❀ Қосағынан жеті жыл бұрын айрылған көрші Сапар атайдың үйленгелі жатқанын естігенде, атам: «*Кәрі қойдың жасындай жасы қалған* ол шалға не көрінді үйленіп?»,

– деп ойын жасырмады. When my grandfather heard that our neighbor, Grandpa Sapar, who lost his wife seven years ago, was getting married, he spoke his mind, saying "What is that old man thinking marrying when his days are numbered?"

❀ Әжем атамның немерелерімен келесі айда парашютпен секіруге баратынын естігенде, әзілдеп: «Ол өзінің *кәрі қойдың жасындай жасы қалғанын* білмейді ме?», — деді. When Grandma heard that Grandpa was going skydiving with the grandchildren next month, she jokingly said, "Doesn't he know that his days are numbered?"

көгенкөз [bound-to-a-loop lamb eye]: **(1)** helpless, meek, *lamblike*; **(2)** youngster, youth

☀ *Көген* is a way of binding lambs and kids (baby goats); they are each in the loop, and the loop is tied to one long rope. Bounded lambs and kids are perceived to look pitiful. See also *қозыдай көгендеу.*

❀ Катрина дауылынан зардап шеккен *көгенкөз* адамдар бірнеше ай бойы үйлерін көрмеді. The helpless victims of Hurricane Katrina were displaced from their homes for months.

❀ Компанияда менеджерлер арасында *көгенкөздердің* көп екенін байқадым. I noticed that there were many youths among the company's managers.

қозы көш [baby lamb moving]: 5 to 6 kilometers

☀ Traditional unit of distance measurement based on a size of pasture a baby lamb could cover to graze. See also *ат жетер жер, ат шаптырым, құнан шаптырым, тай шаптырым, таяқ тастам жер* (in *Miscellaneous*).

❀ Мұрат келесі жылы мини-марафонға қатысқысы келеді, сондықтан қажетті бапқа келу үшін күн сайын *қозы көш жердей* қашықтыққа жүгіріп жүр. Murat intends to compete in next year's mini-marathon, so he runs 5 to 6 kilometers every day to get in shape.

❀ Айнұрдың ата-анасы зейнетке шыққаннан кейін оған жақын тұрғылары келіп, үй іздеді. Бірақ ұнатқан үйлері Айнұрдікіне сондай жақын емес, *қозы көш жерде.* Ainur's parents wanted to be close to her when they retired, so they looked for a house near her. But the house they liked is not that close to Ainur's; it's about 5 or 6 kilometers away.

қозы қарын [lamb belly]: potbelly, in men only

❀ Мектеп бітіргендерімізге 25 жыл толғанын тойлау кезінде бір кездері бетке ұстаған спортшымызды қарапайым *қозы қарын кісі* ретінде көрген қызық болды. It was surprising to see the star athlete as a typical middle-aged man with a potbelly at the twenty-five-year high school reunion.

❀ Инженерлік іс бөлімінің жаңа деканы олқы-солқы костюмынан *қозы қарны* шығып кеткен, орта жастағы кісі екен. The new dean of the engineering department was a middle-aged man with a potbelly that protruded from his disheveled suit.

қозыдай көгендеу [to bind to a loop like a lamb]: **(1)** to tie, to bind; **(2)** to detain, to arrest, to capture; **(3)** to keep under control

☸ Accusative. *Көген* is a way of binding lambs and kids (baby goats); they are each in the loop, and the loop is tied to one long rope. Bounded lambs and kids are perceived to look pitiful. Also: *қозыдай көгенделу pass.* See also *көгенкөз.*

❀ Біздің өтінішіміз бітпес бюрократияда *қозыдай көгенделіп* жатыр. Our application is tied up in the endless bureaucracy.

❀ Полиция *өрт қоюшыны* өз пәтерінде отырған жерінде *қозыдай көгендеді.* The police arrested the arsonist at his apartment.

❀ Үкімет *инфляцияны қозыдай көгендеп* ұстау үшін несие пайызын көтеруге мәжбүр болды. The government was forced to raise interest rates to keep inflation under control.

қой аузынан шөп алмау [not to take grass from a sheep's mouth]: to be very humble and meek

❀ Менің әкем – өте момын адам. *Қой аузынан шөп алмас* әкемнің сол қасиеті қай ұлына беріледі екен? My father is a very humble man. Which son will have his humbleness?

❀ Тереза ана өз өмір жолында көптеген игі іс істеді, бірақ әрдайым *қой аузынан шөп алмаған жуас* мінезінен таймады. Mother Teresa accomplished many things in her lifetime, but she always remained a humble person.

қой көз [sheep eye]: small, light green eyes

☸ See also *бота көз, тана көз, құралай көз.* Unlike *бота көз* and *тана көз, қой көз* is used to describe both men's and women's eyes.

❀ Менің көкем — *қой көз* адам. My uncle has small, light green eyes.

❀ Сән моделінің әдемі *қой көзі* оның сары шашы мен ақша бетіне жарасымды. The fashion model has small, light green eyes that complement her blond hair and fair skin.

қой үстінде бозторғай жұмыртқалау [to have a lark lay an egg on the back of a sheep]: to be peaceful and prosperous

☸ Literary. Collocation: *қой үстінде бозторғай жұмыртқалаған заман* (peaceful and prosperous times).

❀ Еуропадағы Қайта өрлеу дәуірі *қой үстінде бозторғай жұмыртқалаған кез* болды ма? Was the Renaissance in Europe a peaceful and prosperous time?

❀ Сөз бостандығы шектелгенде, тәуелсіз журналисттер *қой үстінде бозторғай жұмыртқалайтын өмірімен* қоштасады. When freedom of speech is limited, independent journalists say good-bye to their peaceful and prosperous lives.

қошақан [sweet little lamb]: ***pumpkin, sugar*** (see *ботақан*)

☸ A term of endearment used for children. Variants: *балапан, ботақан, құлыншақ.*

құдай қосқан қосақ [a lamb added by God]: spouse

☸ Literary. *Қосақ* is a group of sheep and goats that are bound to each other by their neck before they are milked. This idiom alludes to one lamb being tied to another lamb. Variant: *тағдыр қосқан қосақ.*

❀ Атай *құдай қосқан қосағымен* қырық жыл бақытты өмір сүрді. The grandfather lived happily with his beloved wife for forty years.

❀ Әнуардың *тағдыр қосқан қосағы* өмір бойы оның жанында болды. Anuar's devoted wife stood by him throughout his life.

сенген қойым сен болсаң [if you are the sheep that I trusted]: how foolish that I trusted you

◉ Used to express one's regret and disappointment after having trusted someone with responsibility or task. Truncated from the sayings *сенген қойым сен болсаң, сүйкегеніңе болайын; сенген қойым сен болсаң, маңырағаныңа болайын.*

❀ *Сенген қойым сен болсаң!* Ақшаны кешіктірілген үй несиесін төлеуге жұмсайды деп ойласам, сен оны құмар ойынға салып, ұттырып жібердің. How foolish I am; I thought that you would use the money to pay your late mortgage, but instead you gambled it away.

❀ Бас атқарушы менеджер компанияны банкроттан сақтау үшін ешнәрсе істемеді. Компанияның қаржысын оның жауапкершілігіне берген акционерлер енді *сенген қойым сен болсаң* деп отыр. The CEO did not do anything to save the company from bankruptcy. Now the shareholders are saying how foolish they were to entrust him with the company's assets.

серке [neutered goat]: leader, head

◉ The herd of sheep is led by neutered goats; they are smart and know how to get from a pasture to a farm. This idiom is based on this idea. Used in regard to men.

❀ Қылмыскерлердің *серкесі* ұсталған күннің өзінде бұл топты түп-тамырымен жоюға көп уақыт керек. Even if we could catch the leader of the criminals, we would still need a lot of time to catch the whole group.

❀ Демократиялық партияның *серкесі* президентті сайлау кезінде үзеңгілес саясаткерлерінің сенімі мен қолдауына ие болды. The leader of the democratic party gained the confidence and support of his fellow politicians during the presidential race.

тағдыр қосқан қосақ [a lamb added by the fate]: spouse (see *құдай қосқан қосақ*)

◉ Literary. *Қосақ* is a group of sheep and goats that are bound to each other by their neck before they are milked. The idiom alludes to one lamb being tied to another lamb. Variant: *құдай қосқан қосақ.*

теке сақал [male goat beard]: goatee

❀ Асыланды топ арасынан табу оңай: ол — ұзын бойлы, келбетті, *теке сақал* жігіт. It's easy to find Asylan among the crowd; he's the tall, handsome one with the goatee.

❀ Соққыға жығылған әйел ұры қарақшыны полиция бөлімінде тізіліп тұрғандардың ішінен *теке сақалынан* таныды. The mugged woman picked her assailant out from the lineup based on his distinctive goatee.

теке тірес [male goat brawl]: clash, bickering, quarrel

◉ Also: *текетіресу rec* (to clash, to bicker).

❀ Мына екі ел арасындағы *теке тірес* қашан бітеді екен? When will the quarrel between these two countries end, I wonder?

❀ Ажырасып жатырғандардың *теке тіресі* күйеуі үйінен бас тартқан кезде ғана бітті. The bickering between the divorcing couple finally ended once the husband gave up the house.

тел қозыдай [like lambs who suckle two mothers]: inseparable, as children; *like two peas in a pod*

◉ *Тел қозы* is a lamb that suckles two mothers: its own mother and the mother of another lamb. The term is also used to refer to an orphaned lamb that suckles the mother of another lamb. Variant: *егіз қозыдай. Collocation: тел қозыдай бірге өсу* (to be inseparable and grow up together).

❀ Бала кездерінде *тел қозыдай* болған екі жандай дос бала жұмыс бабымен алыс жерлерде тұрғандықтан бір-бірінен алыстап кетті. Although the two best friends were like two peas in a pod during childhood, they have since drifted because of their jobs being in different parts of the country.

❀ Екі қыз *тел қозыдай бірге өсті.* The twin sisters were inseparable and grew up together.

тойған қозыдай томпию [to look roly-poly like a fully fed lamb]: to look round, plump, and cute, *to be roly-poly*

◉ See also *қара домалақ* (in *Color*).

❀ Теректің көлеңкесінде бір кісі балмұздақ жеп, *тойған қозыдай томпиып отыр.* One guy is eating an ice cream cone and looking roly-poly under the tree.

❀ Киім компаниясы жарнамасына *тойған қозыдай томпиған* балаларды іздестіруде.

The clothing company is looking for cute roly-poly children for its advertising campaign.

тышқақ лақ [a baby goat that poops a lot]: the worst or smallest present, share, or offering

⚙ Collocations (mainly used in the western Kazakh variety): *тышқақ лақ атамау* (not to give a proper gift); *тышқақ лақ бұйырмау* (not to be blessed with even the worst share).

❁ Азамат тойына бай ағасының *тышқақ лақ атамағанына* ренжіді. Azamat was upset that his rich uncle didn't give him even the smallest gift for his wedding.

❁ Қызметкерлер компанияның табысынан *тышқақ лақ та алмады*, бірақ бас атқарушы менеджер қомақты сыйақы алды. The employees are not getting even the smallest share of the company's profit this year, but the CEO received a huge bonus.

Mind and the Intellect:
Ой мен ақыл

ақыл тоқтату [to stop an intellect]: to grow up, to mature, *to cut one's wisdom teeth* (see *ақылы кіру*)

☉ Variants: *ақылы кіру, ақыл-ойы толысу, ақылы толысу, есі кіру*. Syn: *ес жиып, етек жабу*.

ақылға келу [to come to an intellect]: to come to one's senses

❀ Екеуің әлі қырсығып, бір мәмлеге келуден бас тартып отырсыңдар. Біреуіңнің *ақылға келуің керек*, әйтпесе бұл мәселе ешқашан шешілмейді. The two of you are being stubborn and refuse to come to a compromise. One of you should come to your senses; otherwise this issue will never be resolved.

❀ Күйеуі Жанарды қатты қорлайды. Ол *ақылға келіп*, күйеуін қашан тастап кетеді? Zhanar is married to a very abusive man. When will she come to her senses and leave him?

ақылға қону [to land on an intellect]: to make sense, to be reasonable (see *ақылға сыю*)

☉ Also: *ақылға қонымды* (reasonable)

ақылға салу [to put to an intellect]: to think over, to think through

☉ Accusative.

❀ Оның ұсынысын *ақылға салып* көрейік. Let's think his proposal over.

❀ Қазір үйдің бағасы төмендегенімен, Ақсәуле екінші пәтер сатып алу *ойын ақылға салып* көруді ұйғарды. Although the house prices have gone down, Aksaule has decided to think through the idea of buying a second condo.

ақылға сыю [to fit an intellect]: to make sense, to be reasonable

☉ Formal. Variants: *ақылға қону, көкейге қону*. Also: *ақылға сыйымды* (reasonable).

❀ Оның әңгімесі *ақылға сыймайды*. His story does not make sense.

❀ Мына пайдаланылған мәшиненің бағасы *ақылға қонымды*. The cost of this used car is quite reasonable.

ақылдан адасу [to be lost from an intellect]: *to be out of one's mind*, *to lose one's mind*

☉ Variants: *ақылдан айырылу, ақылдан тану, ақылы ауысу*.

❀ Мәшинеңді оған неге бересің? *Ақылыңнан адастың ба?* Мәшине жүргізуге хақы жоқ екенін білмейсің бе? Why did you give your car to him? Have you lost your mind? Don't you know that he is not allowed to drive?

❀ Ана сөмкеге соншама ақша жұмсағаның не? *Ақылыңнан айырылдың ба?* Оны қалтамыз көтермейді ғой. Why did you spend so much money on that purse? Are you out of your mind? We can't afford it.

ақылдан айырылу [to lose an intellect]: *to be out of one's mind*, *to lose one's mind* (see *ақылдан адасу*)

☉ Variants: *ақылдан адасу, ақылдан тану, ақылы ауысу*.

ақылдан тану [to lose an intellect]: *to be out of one's mind*, *to lose one's mind* (see *ақылдан адасу*)

☉ Variants: *ақылдан адасу, ақылдан айырылу, ақылы ауысу*.

ақыл-ойы толысу [to have one's intellect and reasoning gain weight]: to grow up, to mature, *to cut one's wisdom teeth* (see *ақылы кіру*)

☉ Formal. Variants: *ақыл тоқтату, ақылы кіру, ақылы толысу, есі кіру*. Syn: *ес жиып, етек жабу*.

ақылы ауысу [to have one's intelligence transfer]: *to be out of one's mind*, *to lose one's mind* (see *ақылдан адасу*)

☉ Variants: *ақылдан адасу, ақылдан айыры\лу, ақылдан тану*.

ақылы жету [to have one's intellect be enough]: to be smart enough to do something

☉ Dative (infinitive). The dative complement must not be in the negative form. See the second example.

❀ Бұл тапсырманы *орындауға* Әнуардың *ақылы жетеді*. Anuar is smart enough to do this task.

❀ Балалардың есірткі пайдаланбау керек екенін түсінуге *ақылы жетеді* деп үміттенемін.

Hopefully, the children are smart enough not to do drugs.

ақылы кіру [to have one's intellect come in]: to grow up, to mature, **to cut one's wisdom teeth**

⚙ Variants: *ақыл тоқтату, ақыл-ойы толысу, ақылы толысу, есі кіру*. Syn: *ес жиып, етек жабу*.

❀ Өз бетінше жұмыс істегелі, миллионердің ерке балаларының шынымен *ақылы кірген*. The millionaire's spoiled children have really matured since they started working on their own.

❀ Ол жиырма бесте. Бірақ әлі *ақылы кірмеген*. He is twenty-five, but he hasn't yet cut his wisdom teeth.

ақылы толысу [to have one's intellect gain weight]: to grow up, to mature, **to cut one's wisdom teeth** (see *ақылы кіру*)

⚙ Formal. Variants: *ақыл тоқтату, ақыл-ойы толысу, ақылы кіру, есі кіру*. Syn: *ес жиып, етек жабу*.

ес жиып, етек жабу [to gather memory and close the skirt]: to grow up, to mature, **to cut one's wisdom teeth** (see *ақылы кіру*)

⚙ Syn: *ақыл тоқтату, ақыл-ойы толысу, ақылы кіру, ақылы толысу, есі кіру*

ес жию [to gather memory]: **(1)** to gain consciousness; **(2)** **to pull oneself together**

❀ Мас болып, құлаған ол артынша *есін жиды*. He regained consciousness shortly after passing out drunk.

❀ Бірнеше жыл отар болған ел *есін жиып жатыр*. The country is pulling itself together after years of colonialism.

еске алу [to take to memory]: **(1)** to commemorate; **(2)** to reminisce (see the third and fourth meanings of *еске түсу*)

⚙ Accusative. Can be used in formal Kazakh. Also: *еске алу күні* (a memorial day).

❀ Осы аптаның аяғында біз марқұм *атамызды еске аламыз*. This weekend we are going to commemorate my late grandfather.

еске келу [to come to memory]: **to come to mind**; see the second meaning of *еске түсу*

⚙ Variant: *еске түсу*.

еске салу [to put to memory]: to remind someone of something (see *қаперге салу*)

⚙ Accusative. Variant: *қаперге салу*.

еске түсу [to descend onto memory]: **(1)** to recall; **(2)** **to come to mind**; **(3)** to reminisce, when used as *еске түсіру*; **(4)** to commemorate, when used as *еске түсіру* (see the first meaning of *еске алу*)

⚙ Variant: *еске алу* in the second and third senses. Also: *еске түсіру*.

❀ Екі жыл бұрынғы нәрсе *куәгердің есіне түсе* ме? Will the witness be able to recall the facts after two years?

❀ Жақсы ресторанға барғымыз келсе, *есімізге* бірден «Алаша» *түседі*. Whenever we look for a good restaurant, Alasha comes to mind right away.

❀ Екі достың басы қосылса, өткен бәз шақтарын *еске түсіреді*. When the old friends get together, they tend to reminisce about the good old days.

естен адасу [to be lost from memory]: **to be out of one's mind, to lose one's mind** (see *есі ауу*)

⚙ Variant: *есі ауу*. See also *есі кем, есі дұрыс емес*.

естен шығып кету [to leave from memory]: **to slip one's mind** (see *ойдан шығып кету*)

⚙ Variant: *ойдан шығып кету*.

есті шығару [to make the memory come out]: **to drive someone out of one's mind**

⚙ Also: *есі шығу попсаиs*.

❀ Балам түні бойы жылап, *есімді шығарды*. My son drove me out of my mind by crying all night.

❀ Төлқұжатын таба алмай, оның *есі шықты*. She couldn't find my passport, and it drove her out of her mind.

есі ауу [to have one's memory shift]: **to be out of one's mind, to lose one's mind**

⚙ Variant: *естен адасу*. See also *есі кем, есі дұрыс емес*.

❀ Менің командам ұтылып қалғанда, мен *есі ауған* адамдай отырып қалдым. Мен өз көзіме өзім сенбедім. When my team lost, I sat like a crazy person. I couldn't believe my eyes.

⚜ Концлагерьдсгі бірнсшс жылгы психо логиялық қорлықтан кейін де жігерлі жауынгер *есінен адасқан* жоқ. Even after so many years of psychological abuse in the concentration camp, the strong-willed soldier did not lose his mind.

есі дұрыс емес [one's memory is not right]: *not in the right mind*, *not all there*

⚙ Variant: *есі кем*. See also *естен адасу*, *есі ауу*.

⚜ Антидепресанттарды ішкелі соның *есі дұрыс емес*. He's not all there after taking all those antidepressants.

⚜ Ол мынадай қиын жағдайда қымбат мәшине сатып алды. Оның *есі дұрыс емес*. She bought an expensive car in this difficult economy. She is not all there.

есі кем [one's memory is less]: *not all there* (see *есі дұрыс емес*)

⚙ Variant: *есі дұрыс емес*. See also *естен адасу*, *есі ауу*.

есі кету [to have one's memory leave]: to be crazy about something, to be fascinated

⚙ Dative. This expression is preceded by *десе* and *дегенде* when an object of passion is indicated in a dependent adverbial clause of condition. Compare the first two sentences.

⚜ *Балетке* менің *есім кетеді*. I am crazy about ballet.

⚜ *Балет десе*, менің *есім кетеді*. I am crazy about ballet.

⚜ Менің жиенім жапондық мультфильмдерді *есі кетіп қарайды*. My nephew watches Japanese cartoons with such fascination.

есі кіру [to have one's mind come in]: to grow up, to mature, *to cut one's wisdom teeth* (see *ақылы кіру*)

⚙ Variants: *ақыл тоқтату, ақылы толысу, ақыл-ойы толысу*. Syn: *ес жиып, етек жабу*.

⚜ *Есі кіргелі*, Арман жұрттың алдында бақырып-шақыруын қойды. Now that he has grown up, Arman has stopped throwing tantrums in public.

көкей көзі ашық [the eye of the mind is open]: to be open-minded

⚙ Can be used in formal Kazakh. Ant: *көкей көзі бітеу*.

⚜ Жаңа нәрселерге келгенде, оның *көкей көзі ашық*. She is open-minded about trying new things.

⚜ Оның *көкей көзінің бітеулігі* сонша, басқа адамдардың пікірін тыңдағысы келмейді. He is so closed-minded about people's opinions that he is unwilling to listen.

көкей көзі бітеу [the eye of the mind is closed]: to be close-minded (see under *көкей көзі ашық*)

⚙ Can be used in formal Kazakh. Ant: *көкей көзі ашық*.

көкейге қону [to land on mind]: to make sense, to be comprehensible (see *ақылға сыю*)

⚙ Formal. Also: *көкейге қонымды* (comprehensible, reasonable). Syn: *ақылға сыю, ақылға қону*

көкейге тірелу [to bear against mind]: *to come to mind,* as a thought or question

⚜ Дәріс кезінде *көкейіне тірелген сұрақтарын* қоюға уақыт қалмады. There was no time to ask the questions that came to my mind during the lecture.

⚜ Бір сұрақ *көкейіме тірелді*. A question came to my mind.

көкейде қалу [to stay in mind]: to remain, as a question or as a memory

⚙ Formal. Variant: *көкейден кетпеу*.

⚜ Ол кінәлі ме, әлде кінәсіз бе деген сұрақ алқа билерінің *көкейінде қалып қойды*. The question of his guilt remained in the jurors' minds.

⚜ Әжелерінің әңгімелері олардың *көкейінен кетпеді*. The grandmother's stories remained in their memory.

көкейде сайрап тұру [to be singing in mind]: to burn inside, as an idea, question, or thought burning in one's head or legacy and memory burning inside one's heart (see *көңілде сайрап тұру* in *Soul and Spirit*)

⚙ Variant: *көңілде сайрап тұру* (in *Soul and Spirit*).

көкейден жарып шыққан [cracked out of mind]: cherished, as an idea, ideal, or thought (see *көкейкесті*)

⚙ Literary. Variant: *көкейкесті*.

көкейден кетпеу [not to leave mind]: to remain persistently, as a question or a memory (see *көкейде қалу*)

⚙ Formal. Variant: *көкейде қалу.*

көкейкесті [mind cutting]: cherished, as an ideal, dream, thought

⚙ Formal. Variant: *көкейден жарып шыққан.* Also: *көкейді кесу* (to be cherished).

❋ Америкада бостандық — *көкейкесті мұрат.* Freedom is a cherished ideal in America.

❋ Қазақстанның *көкейкесті арманы* дамыған елдер қатарына қосылу болып отыр. Kazakhstan's cherished dream is to join the developed world.

көкейтесті [mind puncturing]: **(1)** covetable; **(2)** pressing

⚙ Can be used in formal Kazakh, in the second sense. Also: *көкейді тесу* (to covet), in the second sense.

❋ Болаттың қымбат шетелдік мәшинесі оның достарының *көкейін тесіп барады.* Bolat's friends are coveting his expensive foreign car.

❋ Былтыр алған теледидарының орнына жаңасын алу оған *көкейтесті мәселе* болып отыр. What is pressing him is to get a new television to replace the one he bought last year.

қаперге кірмеу [not to go in and out of mind]: ***not to cross one's mind*** (see *ойға кірмеу*)

⚙ The affirmative form is used in rhetorical questions only. Variants: *ойға кірмеу, ойға кіріп шықпау, қаперге кіріп шықпау. Ойға кіріп шықпау* and *қаперге кіріп шықпау* are marked by precision in meaning.

қаперге кіріп шықпау [not to come into mind]: ***not to even cross one's mind*** (see *ойға кірмеу*)

⚙ *Қаперге кіріп шықпау* is marked by precision in meaning. The affirmative form is used in rhetorical questions only. Variants: *ойға кірмеу, қаперге кірмеу.*

қаперге салу [to put into the mind]: to remind someone something

⚙ Accusative. Variant: *еске салу.*

❋ Бізге *қарыз* екенін оның *қаперіне салдым.* I reminded him that he owed us some money.

❋ Болат *дәрігерге баратынын әйелінің қаперіне салды.* Bolat reminded his wife about the doctor's appointment.

ой елегінен өткізу [to have something pass a sieve of thought]: to ponder

⚙ Formal. Also: *ой елегінен өту intr, ой елегінен өткізілу pass.* Syn: *електен өту* (in *Miscellaneous*).

❋ Тергеуші *айғақты* қайта-қайта *ой елегінен өткізе берді.* The investigator kept pondering the evidence.

❋ Бұл — *ой елегінен өткен ұсыныс.* This is a proposal that had been pondered.

ой жүгірту [to make the thought run]: to analyze, to examine something

⚙ Dative. See also *көз жүгірту* (in *Body*).

❋ Алқа билері *айғаққа* тағы бір рет *ой жүгіртуді* ұйғарды. The jury decided to analyze the evidence one more time.

❋ Мен жазған *жұмыстарыма ой жүгірттім.* I examined what I had written.

ой келу [to have a thought come]: ***to come to mind,*** as an idea or thought

⚙ Dative.

❋ *Оған* әйеліне бір керемет сыйлық алайын деген *ой келді.* It just crossed his mind to get his wife a wonderful gift.

❋ *Маған* бір тамаша *ой келді.* A marvelous idea just crossed my mind.

ой сабақтау [to thread a thought]: to connect ideas, to continue one's thoughts coherently in a sequence

❋ Сөзім үнемі бөліне берсе, маған *ойымды сабақтау* мүлдем мүмкін емес. It is virtually impossible for me to continue with my thoughts if I am constantly being interrupted.

❋ Ол *ойын сабақтап алайын деп,* бір азғана уақыт үнсіз қалды. She paused for a moment, trying to connect her ideas.

ой салу [to put a thought]: to give an idea, to make someone think about an idea

⚙ Dative. Can be used in formal Kazakh. Variant: *ой тастау.*

❋ *Досымызға* өзінің жеке мейрамханасын ашу туралы *ой салдық.* We gave our friend the idea to start her own restaurant.

❋ Менің досымның оқуға түскені *маған ой*

салды. Мен де жоғары білім алсам ба екен? The fact that my friend went to college made me think. Maybe I should also get a degree!

ой тастау [to drop a thought]: to give an idea, to make someone think about an idea (see *ой салу*)

☸ Dative. Formal. Variant: *ой салу*.

ойға бату [to sink in a thought]: to be deep in thought

☸ Variant: *ойға шому*.

❀ Азамат жұмысындағы мәселелер туралы *ойға батып жүрді*. Azamat was deep in thought about his work problems.

❀ Ол қайтадан қиялдап отыр. Жақындап қалған тойы туралы *ойға шомып отырған* болса керек. She is daydreaming again. She must be deep in thought about her upcoming wedding.

ойға жүйрік [fast in thought]: sharp-minded, having a quick mind

☸ See also *сөзге жүйрік* (in *Power of the Word*).

❀ Елдегі ең үздік университет бүкіл әлемдегі *ойға жүйрік* студенттерді тартады. The nation's top university attracts sharp-minded students from all over the world.

❀ *Ойға жүйрік* адвокат ешқашан сотта жеңіліп көрген емес. The sharp-minded lawyer has never lost a case.

ойға келу [to come to a thought]: **(1)** to arrive at a thought or conclusion; **(2)** *to come to mind,* as a question

❀ Үкімет жақында азаматтарын қолжетімді денсаулық сақтау бағдарламасымен қамтамасыз ету туралы *ойға келді*. The government recently arrived at the thought of providing affordable health care to its citizens.

❀ Ауыз су жүйелерінде болатын апатты жағдайлар туралы мақаланы оқып, ондай жайтқа қалай дайын болу керек деген *сұрақ ойға келді*. After reading an article about water emergencies, the question of how to prepare for that kind of situation came to my mind.

ойға кірмеу [not to go into a thought]: *not to cross one's mind*

☸ The affirmative form is used in rhetorical questions only. Variants: *ойға кіріп шықпау*,

қаперге кірмеу, қаперге кіріп шықпау. Ойға кіріп шықпау and *қаперге кіріп шықпау* are marked by precision in meaning.

❀ Жаңа жылға сыйлық сатып алғанда, ақшасының бар-жоқтығы менің *қайын апамның ойына кірмейді*. When purchasing Christmas gifts for the family, the question of whether she has enough money never crosses my sister-in-law's mind.

❀ Балаларға қарау сендей нашақордың *ойына кіріп шығады ма?* Will taking care of your children ever cross the mind of a drug addict like you?

ойға кіріп шықпау [not to go in and come out of thought]: *not to even cross one's mind* (see *ойға кірмеу*)

☸ The affirmative form is used in rhetorical questions only. Variants: *ойға кірмеу, қаперге кірмеу, қаперге кіріп шықпау. Ойға кіріп шықпау* and *қаперге кіріп шықпау* are marked by precision in meaning.

ойға салу [to put to thought]: **(1)** *to bring to mind*; **(2)** to make someone think, ponder, or contemplate

☸ Collocations: *ауыр ойға салу* (to make someone think heavily), *қалың ойға салу* (to make someone think deeply).

❀ Оның өлеңдері ағартушылық пен үйлесімділікті *ойға салады*. His poetry brings to mind enlightenment and harmony.

❀ Адамды клондау идеясы әрбір *адамды* өмір туралы *қалың ойға салды*. The idea of human cloning has made everyone think deeply about life.

ойға шому [to immerse in thought]: to be deep in thought (see *ойға бату*)

☸ Variant: *ойға бату*. Also: *ойға шомылу pass.*

ойда жоқ жерде [in a place where there is no thought]: unexpectedly (see *ойда жоқта*)

☸ Variants: *ойда жоқта, ойламаған жерден.*

ойда жоқта [when it is not in thought]: unexpectedly

☸ Variants: *ойда жоқ жерде, ойламаған жерден.*

❀ Көршіміз *ойда жоқта* жиналды да, көшіп кетіп қалды. Our neighbor packed up and left unexpectedly.

❀ Бас атқарушы менеджер *ойламаған жерден* зейнетке шығып кетті. The CEO retired unexpectedly.

ойдан кетпеу [not to leave thought]: to be in one's thoughts (see *ойдан шықпау*)

☸ Variant: *ойдан шықпау.*

ойдан шығару [to make something come out of thought]: ***to make something up***, to invent

☸ Accusative. Also: *ойдан шығарылған* (fictitious).

❀ Азамат есеп-баяндамасындағы *деректерді ойдан шығарғанын* мойындады. Azamat admitted making up the facts in his report.

❀ Ол хикаясында *ойдан шығарған ауылды* қолданған. He used a fictitious village for his story.

ойдан шығу [to come out of thought]: ***to meet one's expectations***

☸ *Ойдан шықпау* (not to meet one's expectations) also means *to be in one's thoughts.*

❀ Стамбұл қаласы *ойымыздан шықты*: тарихи ғимараттары өте әдемі, ал түрік тамағы өте дәмді екен. Istanbul met our expectations; its historic buildings are very beautiful, and the Turkish food is very delicious.

❀ Шеберлікпен орындалған жұмыс *ойымнан шықты*. The craftsmanship of the work met my expectations.

ойдан шығып кету [to come out of thought]: ***to slip one's mind***

☸ Variant: *естен шығып кету.*

❀ Бүгін базарға баратыны *ойынан шығып кетті*. It slipped her mind that she was going to the market today.

❀ Әйелімнің туған күні *есімнен шығып кетті*. My wife's birthday slipped my mind.

ойдан шықпау [not to come out of thought]: **(1)** to be in one's thoughts; **(2)** not to meet one's expectations (see under *ойдан шығу*)

☸ Variant: *ойдан кетпеу.*

❀ Марқұм атаммен өткізген күндерім *ойымнан шықпайды*. The time I spent with my late grandfather will always be in my thoughts.

❀ Оның ажарлы жүзі *ойынан кетпейді*. Her beautiful face is in his thoughts.

ойды ортаға салу [to put the thought in the middle]: to share thoughts and ideas

☸ Formal.

❀ Мәжіліс адамдарға *ойларын ортаға салуға мүмкіндік береді*. The conference allows participants to share thoughts and ideas.

❀ Мектеп балаларды мұғалімдері мен өзге оқушылар алдында *ойларын ортаға салуға* ынталандырады. The school encourages the children to actively share their thoughts and ideas with the teachers and other students.

ойды өзгерту [to change the thought]: ***to change one's mind***

❀ Жанболат Астанаға көшу-көшпеу туралы *ойын өзгерте береді*. Zhanbolat keeps changing his mind about moving to Astana.

❀ Мен ұзақ ойланып, жаңа үй сатып алу туралы *ойымды өзгерттім*. I deliberated for a long time and changed my mind about buying a new house.

ойламаған жерден [from a place not thought of]: unexpectedly (see *ойда жоқта*)

☸ Variants: *ойда жоқ жерде, ойда жоқта.*

Miscellaneous: Жиған-терген

айна қатесіз [without a mirror mistake]: **(1)** unmistakably; **(2)** exactly same as the original

✦ Бүкіл дүние жүзіндегі адамдар Паваротидің әдемі даусын *айна қатесіз* таниды. People around the world recognize Pavarotti's unmistakably beautiful voice.

✦ Атақты өнер туындыларын ешкім *айна қатесіз* қайта сала алмайды. Nobody can exactly recreate the famous art works.

айтқаннан шықпау [not to go out of what someone said]: to do exactly as what someone says to do

✦ Балаларым өте тәртіпті, *менің айтқанымнан шықпайды.* My children are very disciplined and do exactly as I ask them to do.

✦ Президент *халықтың айтқанынан шықпайтын сияқты.* The president seems to do exactly what the people wants him to do.

ақсақты тыңдай, өтірікті шындай ету [to make the lame healthy, and the lie — truth]: *to lie through one's teeth* (see *ақсақты тыңдай, өтірікті шындай қылу*)

⚙ Unlike in English, this idiom is not used with *туралы* or *жөнінде*. Rather, *келгенде* is used to convey that someone is lying through one's teeth about something. Variant: *ақсақты тыңдай, өтірікті шындай қылу.*

ақсақты тыңдай, өтірікті шындай қылу [to make the lame healthy, and the lie — truth]: *to lie through one's teeth*

⚙ Unlike in English, this idiom is not used with *туралы* or *жөнінде*. Rather, *келгенде* is used to convey that someone is lying through one's teeth about something. Variant: *ақсақты тыңдай, өтірікті шындай ету.*

✦ Үкімет сайлау *нәтижесіне келгенде ақсақты тыңдай, өтірікті шындай қылып жүр.* The government is lying through its teeth about the election results.

✦ Күдікті осы уақытқа дейін *ақсақты тыңдай, өтірікті шындай етіп келді.* The suspect has been lying through his teeth all this time.

алға тарту [to pull forward]: to adduce, to bring forth

⚙ Accusative. Can be formal.

✦ Прокурор сотта жеңіске жету үшін айыпталушының көңілдесі *болғанын алға тартты.* The prosecutors adduced the defendant's affair in order to win conviction.

✦ Кәсіподақ жетекшілері компания басшыларымен кездесу кезінде *жаңа талаптарын алға тартты.* During the meeting with the company managers, the union leaders brought forth some new demands.

алды-артын орау [to wrap one's front and back]: **(1)** to circle around someone; **(2)** to wheedle

⚙ Genitive. Syn: *майлы ішектей айналдыру* (in *Food*), *іш-бауырға кіру* (in *Body*) in the second sense.

✦ Мен саябаққа қарай бара жатқанымда, ұлым *менің алды-артымды орап жүгірді.* My son ran around me in circles as I walked toward the park.

✦ Асылан *әйелінің алды-артын орап*, мотоцикл алуға көндірді. Asylan wheedled his wife into getting a motorcycle.

алдына келу [to come to one's front]: to have the same bad fate caused to someone befall onto oneself

⚙ Also: *алдына келтіру tr*

✦ *Өз алдына келгенде*, ол біздің өзінен шеккен зардабымызды түсінеді. He will understand how much we suffered from his hands when the same fate befalls him.

✦ Қанішердің басқаға істегені *алдына келіп*, түрмеде өлтірілді. The murderer got what he had done to the other person: He was murdered in jail.

алдынан өту [to pass in front of someone]: **(1)** to meet with a woman's parents or relatives to ask for her hand in marriage, as a man's parents or relatives; **(2)** to seek someone's support, blessing, encouragement, favor, forgiveness, or the like by having a special meeting with that person

⚙ Genitive. The selection of people to go to meet with a woman's parents to ask for her hand in marriage varies in different parts of Kazakhstan. For example, in the western part of the country, the group consists of males, and usually a young man's father will be accompanied by his friend, uncle, or a respected male community member.

❦ Ата-анам менің үйленгім келетін қызымның *ата-анасының алдынан өтуге* Атырауға ұшты. My parents flew to Atyrau to meet with my girlfriend's parents and asked for their daughter's hand in marriage.

❦ Ерлан әкесінің *жолдасының алдынан өтіп*, жаңа ісіне қаржылай көмек алуға үміттенген болатын. Erlan was hoping to get financial support for his new business by meeting with his dad's associate.

алла жазса [if Allah writes]: ***God willing***

✪ Variant: *құдай қаласа* (***God willing***). Syn: *амандық болса* in the western variety of Kazakh. Kazakhs always use these expressions in connection with some future activity.

алтынмен апталып, күміспен күптелу [to be coated in gold and silver]: **(1)** ***to be rolling in money***; **(2)** to be embellished, as in decorating something lavishly or enhancing a written work

✪ Variant: *алтынмен апталып, күміспен қапталу.* Also: *алтынмен аптап, күміспен күптеу tr.*

❦ Астыртын істерінің арқасында мафия басы *алтынмен апталып, күміспен қапталып отыр.* Because of his underhanded dealings, the mafia boss is rolling in money.

❦ Оның той көйлегіне кеткен ақша бүкіл *үйін алтынмен аптап, күміспен қаптап* қоюға жетер еді. The cost of the wedding dress would have been enough to decorate her whole house lavishly.

❦ Компьютерлік бағдарламаның жаңа нұсқасына тұтынушылардың көңілдері тоймай отыр. Оның сыртқы келбеті *алтынмен апталып, күміспен қапталып қойған*, бірақ оған ешқандай ерекше деталь қосылмаған. Users are dissatisfied with the new version of the software. Its visual design has been embellished, but no new features have been added.

алтынмен апталып, күміспен қапталу [to be coated in gold and covered by silver]: **(1)** ***to be rolling in money***; **(2)** to be embellished, as in decorating something lavishly or enhancing a written work (see *алтынмен апталып, күміспен күптелу*)

✪ Variant: *алтынмен апталып, күміспен күптелу.* Also: *алтынмен аптап, күміспен қаптау tr.*

алтынның сынығы [fragment from gold]: a descendant of a very prominent person (see *асылдың сынығы*)

✪ Variant: *асылдың сынығы.* Syn: *асылдан қалған тұяқ, жақсыдан қалған тұяқ* (under *тұяқ қалдыру* in *Livestock with Birds and Beasts*).

амандық болса [if there is safety and security]: if everything goes all right

✪ Used in the western variety of Kazakh. Syn: *құдай қаласа* (***God willing***); *алла жазса* (if destined by Allah), in other varieties. Kazakhs always use these expressions in connection with some future activity.

❦ *Амандық болса*, мен биыл зейнетке шығамын. I will retire this year, if everything goes all right.

❦ *Амандық болса*, менің ұлым Алматыдан бүгін жолға шығады. If everything goes all right, my son will leave Almaty today.

ант ұру [to be hit by an oath]: to be accursed, to be damned

✪ Accusative. The adjectives *ант ұрған* and *ант атқан* (accursed) are often used about a person who breaks his or her oath. Also: *ант ұрсын* is an expression of curse.

❦ Бандаға қосылған күні *сені ант ұрды*. The day you joined the gang, you were accursed.

❦ Тым көп көшетхана газын шығарып, ірі өнеркәсіп орындарын *ант ұрды*. The big manufacturing corporations have been accursed for emitting greenhouse gases that cause pollution.

ара түсу [to descend in the middle]: to intercede with

✪ Dative.

❦ Айыпталушының жанұя мүшелері *оған ара түсіп*, соттан жаза мерзімін қысқартуын сұрады. The defendant's family members tried to intercede with the judge for a reduced sentence.

❀ Інімнің көршісі күтімсіз өсіп кеткен терек үшінініме тағы әлімжеттік істеп жатыр. *Ініме ара түсуге* тура келді.

араға түсу [to descend to the middle]: **(1)** to step in, usually during a fight or conflict; **(2)** to try to separate two people who are in some form of relationship

✿ *Apa* is not used with a possessive ending in the first sense.

❀ Екі баланың төбелесін тоқтату үшін мұғалім *араға түсуге мәжбүр* болды. The teacher had to step in to stop the two boys from fighting further.

❀ Әсел қызы мен оның сандалбай *жігі-тінің арасына түсуге* бар күшін салды. Asel tried her best to separate her daughter from her deadbeat boyfriend.

арасы суу [to have one's middle (space) cool]: to develop a cold relationship

✿ Also: *арасын суыту caus.*

❀ Екі достың *арасы суи түсті*. The relationship between the two friends became colder and colder.

❀ Көреалмаушылық апалы-сіңлінің *арасын суытты*. Jealousy caused the relationship between the two sisters to become cold over the years.

арын сату [to sell one's honor]: ***to sell one's soul to the devil***

✿ This expression sometimes might not contain in itself the meaning of what one sells one's soul for. Collocations: *арын сатқан жезөкше, арын сатқан қыз* (prostitute); *ақша десе арын сату* (to sell one's soul for money); *мансап үшін арын сату* (to sell one's soul for power).

❀ Азамат жақында мафияға есірткі айна-лымынан түскен ақшаны заңдастыруға көмектесті. Ол — ақша десе *арын сататын* адам. Azamat has recently helped the mafia to legalize the money that it earned from drug trafficking. He is the type of person who will sell his soul for money.

❀ Көше *арын сатқан жезөкшелерге* толы. The street is filled with prostitutes who have sold their souls to the devil.

арын таптау [to tread one's honor]: **(1)** to dishonor, as in bringing shame upon a

country; **(2)** to destroy a woman's honor by sexually assaulting or deceiving her into having intercourse (see *арын төгу*)

✿ Formal, in the second sense. Variant: *арын төгу*. Also: *ары тапталу pass.*

арын төгу [to spill one's honor]: **(1)** to dishonor, as in bringing shame upon a family, community, or country; **(2)** to destroy a woman's honor by sexually assaulting or deceiving her into having intercourse

✿ Genitive. Formal, in the second sense. Variant: *арын таптау*. Also: *ары төгілу pass.*

❀ Президенттің жыныстық қатынасы туралы жанжал *елдің арын төкті*. The president's sex scandal brought shame upon his country.

❀ Әншінің *арын төккен* қылмыскер қазір түрмеде отыр. The criminal who sexually assaulted the singer is now in prison.

асан қайғы соғу [to hit *asan qaigy*]: to paint a very bleak picture of a problem, crisis, or danger

✿ *Асан Қайғы* (Asan the Sorrowful) lived in the fourteenth and fifteenth centuries. His concern for his people was evident in his poetry, and he became a hero of many folk stories, particularly as someone who concentrated on the country's negative situation. Syn: *қара аспанды төндіру* (in *Color*).

❀ Ол өте бай. Бірақ үнемі *асан қайғы соғады да жүреді*; адамдар өзінен ақша сұрайды деп қорқатын секілді. She is very rich, but she is always painting a very bleak picture of her life, and we suspect that she does it so people will not ask her for money.

❀ Баспасөз құралдары экономика тағы бірнеше жыл бойы айықпайды деп, *асан қайғы соғып жатыр*. The media is painting a very bleak picture by saying that the economy will not recover for several more years.

асылдың сынығы [fragment from the precious]: a descendant of a very prominent person

✿ Variant: *алтынның сынығы*. Syn: *асылдан қалған тұяқ, жақсыдан қалған тұяқ* (under *тұяқ қалдыру* in *Livestock with Beasts and Birds*). *Жақсыдан қалған тұяқ* implies being a descendant of any beloved, good person, whereas *асылдың сынығы* and *алтынның сынығы* refer to a prominent person who was not only beloved but also made a dramatic and positive contribution to society, history, or the sciences.

❀ Саяси қуғын-сүргін құрбандарын еске алу күніне байланысты зиялылар мен қайраткерлердің ұрпақтарын іздестіру жұммысы басталды. Ең кем дегенде бір *асылдың сынығын* тауып сөйлесу қазақ тарихындағы қайғылы кезеңді түсінуге көмектесері анық. The search for descendants of members of the intelligentsia and political figures was started in connection with the creation of a day to commemorate the victims of political persecution. It is clear that if researchers can find and talk with at least one descendant, it will help to fully explain this sad period of Kazakh history.

❀ Композитор Франс Моцарт — *асылдың сынығы*. Ол атақты Вольфганг Амадей Моцарттың ең кіші ұлы. The composer Franz Mozart was the descendant of a prominent person. He is the youngest son of the famous Wolfgang Amadeus Mozart.

атқа кір келтіру [to let dust come to a name]: to tarnish one's good name

⚘ Structure: *деген ардақты атқа кір келтіру* (to disgrace the good name of an industry or a professional field), preceded by words denoting a professional in a certain field.

❀ Балалардың ешқайсысы ата-аналарының *атына кір келтірген емес.*None of the children ever tarnished their parents' good name.

❀ Біліктілігіңнің жоқтығы *инженер деген атаққа кір келтірді.* Your incompetence has disgraced the entire field of engineering.

аты бар да, заты жоқ [there is a name, but there is no material]: merely existing on paper but not functioning; ***in name only***

❀ Менің досым бұнда *аты бар да, заты жоқ* бас атқарушы менеджерлер көп дейді. My friend says that here there are so many CEOs in name only.

❀ Олимпиада аяқталғалы Афинадағы спорттық *кешеннің аты бар да, заты жоқ.* The Olympic complex in Athens exists in name only since the games ended.

аты жер жару [to have one's name blow the ground]: to be very well known, to have an earth-shattering name, as a person

❀ Жас *әншінің аты жер жарып тұр*! This young singer's name is earth-shattering!

❀ Альберт Эйнштейн — қазіргі замандағы *аты жер жарған* ғалым. Albert Einstein's name is earth-shattering in the modern era.

аты өшу [to have one's name be erased]: to have one's name die or fade

⚘ Genitive. Can be formal.

❀ Уақыт өте, *суретшінің аты өшті*. As time went on, the artist's name faded out.

❀ Ескерткіш қаза тапқандарға арналып, *олардың аты ешқашан өшпесін* деп салынды. The memorial was built to commemorate the fallen men and women and to ensure that their names will never die.

аты шығу [to have one's name come out]: to become famous

⚘ When used with an instrumental complement, it will mean *to become famous for*. See the second example.

❀ Реалити-шоу сайысында өнер көрсеткеннен кейін *әншінің аты шықты*. The singer became famous after appearing on the reality show competition.

❀ Сән саласындағы авангард *жұмысымен оның аты шықты*. He became famous for his avant-garde work in fashion.

атын атап, түсін түстеу [to call one's name and identify one's color]: to identify or to specify one's name

⚘ Genitive.

❀ Егер ол қастандық жасауға *қатысқандардың атын атап, түсін түстесе*, прокуратура оған жеңілдетілген жаза ұсынатынын айтты. The prosecutors said they would offer him a plea bargain if he gave them the names of all his co-conspirators.

❀ Ажырасу кезінде адвокаттар одан өз меншігіндегі заттардың *барлығының атын атап, түсін түстеуін* сұрады. During the divorce proceedings the attorneys asked her to identify everything that belonged to her.

атына заты сай [one's material matches one's name]: ***worthy of the name***

❀ Брюс Ли шығыс төбелесінің *атына заты сай* шебері болды. Bruce Lee was a martial artist worthy of the name.

❀ Осы қалада *атына заты сай* итальяндық ресторан бар ма? Is there an Italian restaurant worthy of the name in this city?

ашу келу [to have anger come]: to be angry

☼ Also: *ашуын келтіру caus*. See also *ашуға тию*.

❀ Үш жыл қатарынан менің туған күнімді *ұмытып кеткеніңе ашуым келіп отыр*. I am angry because you have forgotten my birthday for three years in a row.

❀ *Ашуымды келтірме*! Бөлмеңе бар да сабағыңды оқы! Don't make me angry! Go to your room and do your homework!

ашу шақыру [to invite anger]: to lose one's temper

❀ Ұсақ-түйекке *ашу шақырма*. Don't lose your temper over insignificant things.

❀ Ізтұрған *ашу шақырып*, жолын кесіп өткен жүргізушіге айқайлады. Izturgan lost his temper and yelled at the other driver who had cut him off in traffic.

ашуға тию [to touch anger]: to make someone angry

☼ Variant: *ашуын келтіру* (under *ашуы келу*).

❀ Солтүстіктің ядролық қаруды *сынағаны оңтүстіктің ашуына тиді*. The north's nuclear missile test caused the south's anger.

❀ Інім мені мазақ қылып, *ашуыма тиеді*. My brother keeps teasing me, and that makes me angry.

ашуын қию [to cut one's anger]: to stop being angry

❀ Балаң бұрын бұндай кемшілік істеген жоқ. Оның үстіне қатесін түсініп отыр. *Ашуыңды қи*! Your son has never made this kind of mistake before, and he understands his mistake. So stop being angry!

❀ *Ашуыңды қиши*. Мынадай үлкен қалада адасып кеткенімізге мен ғана кінәлі емеспін. Please stop being angry with me. It was not only my fault that we got lost in this big city.

ә десе, мә деу [to say "mah" if someone says "ah"]: to talk back

❀ Мұрат тек ескерту ғана алатын еді, бірақ ол *полицейге ә десе, мә деп*, нәтижесінде айыппұл төлейтін болды. Murat may have just gotten a warning, but he kept talking back to the policeman and eventually was given a ticket.

❀ Әділет *шешесіне ә десе, мә дегені* үшін жазаланды. Adilet was punished for talking back to his mom.

әл бермеу [not to give strength]: not to yield, not to let others overpower oneself

☼ Optional dative. The affirmative form is used in rhetorical questions only. Variant: *күш бермеу*.

❀ Лаңкестер *әл бермей отыр*. The terrorists are not yielding.

❀ Биыл қазақ балуандары *басқаларға күш бермей жатыр*. This year the Kazakh wrestlers are not letting other competitors overpower them.

әл үстінде [above strength]: **(1)** in critical health condition; **(2)** in dire straits

☼ Variant: *хал үстінде*. Collocations: *әл үстінде жату, әл үстінде жүру* (to be in critical condition or dire straits).

❀ Гаухар ауыр шаңғы апатынан кейін *әл үстінде жатты*. Gaukhar was in critical health condition from the terrible skiing accident.

❀ Жеткілікті көлемде қаржыландырылмаған музыка бағдарламалары *хал үстінде*. The music programs are underfunded and in dire straits.

әліпті таяқ деп танымау [not to recognize the *alif* as a stick]: to be absolutely illiterate

☼ *Alif* is the first letter in the Arabic alphabet. This expression is sarcastically used as an exaggeration in reference to someone who might not have sufficient academic aptitude to do something that requires substantial knowledge and education. The affirmative form is used in rhetorical questions only.

❀ Жұмыс күші қатарында *әліпті таяқ деп танымайтын адамдар* болмас үшін үкімет ересектерге білім беру ісін қаржыландырып жатыр. The state is funding adult education so that there will be no unlettered people in the workforce.

❀ Ол *әліпті таяқ деп танымайды ғой*. Ондай жұмысқа қалайша тұрып алған? He can barely read. How did he get that kind of job?

әліптің артын бағу [to wait for what is behind the *alif*]: to wait and see, to take a wait-and-see attitude

⚙ *Alif* is the first letter in the Arabic alphabet.

❀ Бүкілхалықтық денсаулық сақтау жүйесінің іске асатын-аспайтынын уақыт көрсетеді. Бізге *әліптің артын бағу* қажет. Time will tell whether universal health care will work. We will have to wait and see.

❀ Менің жездем зейнетке шығуға шешім қабылдамас бұрын, мынадай экономикалық жағдайда *әліптің артын бағып отыр*. In this economy, my uncle is taking a wait-and-see attitude before deciding to retire.

бабын табу [to find one's care]: *to have a way with someone or something*

⚙ Genitive.

❀ Ойын-сауықты жақсы көретін Әнуар *қыздардың бабын тапқан*. Fun-loving Anuar has a way with women.

❀ Менің күйеуім ешкіммен тіл табыспайтын *көкемнің бабын тауып отыр*. My husband has a way with my uncle, who generally doesn't get along well with others.

бағы ашылу [to have one's happiness open]: (1) to become happy or happier; (2) to have an opportunity; (3) to flourish

⚙ Genitive. *Бағың ашылсын* (*may you be happy*) is a wish expressed to a bride. Also: *бағын ашу act*.

❀ Үйленгеннен кейін *оның бағы ашылды*. He became happier after marriage.

❀ Жас оқытушыларға арналған бағдарлама *менің бағымды ашып*, кәсіби біліктілігімді ұштады. The junior faculty exchange program gave me an opportunity to develop professionally.

❀ Ол президент болып тұрғанда *экономиканың бағы ашылды*. The economy flourished under his presidency.

бағы жану [to have one's happiness light up]: to become fortunate and lucky, to become successful

⚙ Genitive. Can be formal.

❀ Алматыға келген бойда *оның бағы жанып*, жақсы жұмысқа тұрды. After she came to Almaty, she was lucky to find a good job.

❀ Бірнеше жылдан кейін *Мұраттың бағы жанып*, сұлу жар тапты. Murat was fortunate to find such a beautiful wife after waiting for so many years.

бағын байлау [to tie one's happiness]: (1) not to let someone pursue something that might be his or her source of happiness; (2) *to get in the way of something*

⚙ Genitive.

❀ Ұлым әскери қызметкер болатынын айтқанда *оның бағын байлағым келмеді*. When my son told me that he would go into the military, I didn't want to oppose him doing something that might be his source of happiness.

❀ Табиғатты қорғаушылар жаңа сауда *орталығының бағын байлап отыр*. Environmentalists are getting in the way of the new shopping mall.

бақ сынау [to test happiness]: *to try one's luck*

⚙ Locative. Formal and informal.

❀ Ол келесі жылы *шахмат жарысында бағын сынамақшы*. He intends to test his luck at the chess competition next year.

❀ Осы аптада алған жалақыммен *ойынханада бағымды сынаймын*. I will try my luck at the casino with this week's paycheck.

барымен базар [bazaar with what exists]: satisfied or content with what someone has

❀ Мұздатқышта көп тамақ жоқ. Бірақ *барымен базар етіп*, кешкі тамақ дайындайық. There's not much food in the refrigerator, but let's use whatever we have to prepare dinner.

❀ Менің зейнеткер ата-анам өздерінің кішкентай, жайлы үйлерін *барымен базар* дейді. My retired parents are perfectly content in their small, cozy house.

барып тұрған [went and stood]: true, genuine

⚙ This expression is used with words such as *алалаушылық* (discrimination), *арандатушы* (fomenter), *жауапкершіліксіздік* (irresponsibility), *өтірік* (lie), *өтірікші* (liar), *қылмыс* (crime), and *қылмыскер* (criminal).

❀ Сен оған сенбе! Ол *барып тұрған өтірікші*. Don't believe him! He is the true liar.

❀ Полиция ұрыны емес, басқа біреуді қолға түсірді. *Барып тұрған ұры* әлі бостандықта. The police have caught the wrong person. The true thief is still on the streets.

болары болып, бояуы сіңу [to have what was to happen happen and its paint be absorbed]: *water under the bridge*

❋ Өткен қателіктерімді сынай берме! О-лардың *болары болып, бояуы сіңген.* Ұмыт-ылуы керек нәрселер емес пе? Don't keep criticizing my past mistakes! They are water under the bridge. Aren't they supposed to be forgotten?

❋ Ағалы-інілі *болары болып, бояуы сіңген* ұрыс-керістен бері сөйлескен жоқ. The brothers hadn't talked since the bitter argument that was water under the bridge.

біреуден артық, біреуден кем [more than someone and less than someone else]: average (see *біреуден ілгері, біреуден кейін*)

✿ Variant: *біреуден ілгері, біреуден кейін*

біреуден ілгері, біреуден кейін [ahead of someone and after someone else]: average

✿ Variant: *біреуден артық, біреуден кем.*

❋ Менің жалақым көп емес, бірақ *біреуден ілгері, біреуден кейін* өмір сүруге жеткілікті. My salary is not big, but it is enough to live an average life.

❋ Лотерея ұтып алғандардың көпшілігі ақшаларын дұрыс ұстай алмайды, екі жыл бойы ақша шашқаннан кейін, *біреуден артық, біреуден кем* күйлеріне қайта келеді. Because many lottery winners mismanage their winnings, after a couple years of wasteful spending they are back to living an average life.

біреудің қаңсығы, біреудің таңсығы [someone's rotten thing is another's rarity]: *one man's trash is another man's treasure*

❋ Ол қоқыстан бір тәуір теледидар тауып алды. *Біреудің қаңсығы, біреудің таңсығы* деген осы! He found a decent TV in the dumpster. One man's trash is another man's treasure!

❋ Мен апаларымнан қалған нәрселерді ғана пайдаланамын. Қашанғы *олардың қаңсығы менің таңсығым болмақ?* I only use my elder sisters' hand-me-downs. How long am I going to treasure their trash?

бітеу жара [a closed wound]: *an old wound*

✿ Collocations: *бітеу жараны ашу, бітеу жараны қозғау* (*to open old wounds*).

❋ Әселдің *бітеу жарасы* жазылмай жүр. Asel's old wound is not healing.

❋ Оның бұрын жүрген қызын сөз етпейік, өйткені оның *бітеу жарасын ашып жібе-реміз.* Let's not talk about his ex-girlfriend, because that will open old wounds.

дабыл қағу [to beat a drum]: *to set off the alarm bells*

❋ Кейбір экономистер төніп келе жатқан ғаламдық дағдарыс туралы *дабыл баққанды,* бірақ көп адам оған құлақ аспады. Some economists set off the alarm bells about the imminent global recession, but many people didn't listen.

❋ Ғалымдар әдеттен тыс сейсмикалық белсенділікті байқап, аймақтағы адамдарға *дабыл қақты.* Scientists detected unusual seismological activity and set off the alarm bells to warn people in the region.

домалақ арыз [a round complaint]: an anonymous letter, usually written to untruthfully accuse or denounce someone

❋ Отызыншы жылдардың аяғында *домалақ арыздардың* кесірінен сансыз адам жазықсыз атылды. At the end of 1930 numerous innocent people were shot on the basis of anonymous letters containing lies.

❋ Назгүл кадрлар бөліміне *домалақ арыз жазды.* Бұл оның бастығы мен әріптестерін жұмыстан шығартуға тырысқаны болатын. Nazgul wrote an anonymous letter filled with lies to the human resources department. She was trying to get her boss and coworkers fired.

дүниеқоңыз [stuff bug]: greedy and materialistic

✿ Variant: *дүниеқор.* Also: *дүниеқоңыздық* (greediness).

❋ *Дүниеқоңыз Болат* өзіне ғана көп зат сатып алады. The greedy and materialistic Bolat buys many things that are only for himself.

❋ Әбіл — дос жинағаннан гөрі дүние жина-ғанды қалайтын *дүниеқоңыз адам.* Abil is a greedy and materialistic person who cares more about acquiring things than making friends.

дүниеқор [stuff addict]: greedy and materialistic (see *дүниеқоңыз*)

✿ Variant: *дүниеқоңыз.* Also: *дүниеқорлық* (greediness).

дымы ішінде [one's sound is inside]: keeping one's resentment, anger, secret, or opinion to oneself

✿ Also: *дымы ішінде жүру* (to keep one's resentment, secret, or opinion to oneself); *дымың ішінде болсын* (***don't breathe a word***).

⚜ Жамал ешқашан өз пікірін білдірмейді. *Оның дымы үнемі ішінде.* Zhamal never expresses her opinion. She always keeps her thoughts to herself.

⚜ Отырыс туралы *дымың ішіңде болсын.* Don't breathe a word about the party.

електен өту [to pass through a sieve]: (1) to be carefully selected; (2) to be scrutinized; (3) to be reflected upon

◉ Can be formal. Also: *електен өткізу tr, електен өткізілу pass.* Syn: *ой елегінен өткізу* (in *Mind and the Intellect*), in the third sense.

⚜ Интернеттегі жазбалардың *електен өтпеген* дүние екенін білген жөн. We should know that the writings on the Internet have not been carefully selected.

⚜ Әрбір *құжат електен өткізілді.* Every document was scrutinized.

⚜ Бір жыл бойы істеген *жұмысымды електен өткіздім.* I have reflected upon my one year of work.

енші [share of inheritance]: share, as in one's portion of money, responsibility, a duty, an award, or fame

◉ *Енші* is a share of inheritance given to sons upon marriage when they move to a separate house from their parents. It includes livestock and household items. *Жасау* is a share of inheritance given to daughters upon their marriage. It mainly includes household furniture and items.

Collocations (can be formal): *еншіге өту* (to become one's share or to be transferred into someone's possession), *еншіге тию* (to receive something as one's share of responsibility, duty, award or fame), *еншісін алу* (to receive one's share), *еншісін беру* (to give one's share), *еншісін жібермеу* (not to relinquish one's share of fame, money, or an award), *келесі ұрпақтың еншісіне қалдыру* (to leave for posterity), *тарихтың еншісіне айналу* (to become a part of history), *уақыт еншісіне қалдыру* (to put off until tomorrow). *Еншісін алу* can also be followed by *бөлек шығу: еншісін алып, бөлек шығу* (to receive one's share and become a separate entity). Similarly: *еншісін беріп, бөлек шығару* (to give one's share and have it a separate entity).

⚜ Әдебиет саласы бойынша 2007 жылғы Нобель сыйлығы ұлыбританиялық жазушы *Доррис Лессингтің еншісіне тиді.* The 2007 Nobel Prize in Literature was awarded to the British writer Doris Lessing.

⚜ Біздің бөлім жақында гуманитарлық *колледжден еншісін алып, бөлініп шықпақ.* Our department will soon be split off from the college of humanities.

⚜ Бірнеше жылғы даудан кейін, арал *көршіміздің еншісіне өтті.* After years of dispute, the island became the possession of our neighbor.

⚜ Армстронгтың айға қонғаны *тарихтың еншісіне айналды.* Armstrong's landing on the moon became a part of history.

⚜ Кейбіреулер ғаламдық жылу мәселесін *уақыт еншісіне қалдыруға* болмайды дейді. Some believe that global warming cannot be put off until tomorrow.

⚜ Қазақ балуандары Олимпиадада *алтын медальдан еншісін жібермейді.* The Kazakh wrestling team will not relinquish its share of gold medals at the Olympics.

еңбегі сіңу [to have one's labor be absorbed]: to contribute with one's longtime and dedicated work

◉ Dative. Formal. Also: *еңбек сіңіру act.* "*Еңбек сіңірген . . .*" is a title and award granted by the government for long and dedicated work, such as *Қазақстанның еңбек сіңірген суретшісі.*

⚜ Африкадағы кедейшілік туралы ағартушылық *жұмысқа қоғам белсендісінің еңбегі сіңді.* The civil society activist has promoted awareness of poverty in Africa throughout his long career.

⚜ Менің атам отыз жылдан астам уақыт бойы *экономика саласына еңбегін сіңірді.* My grandfather made a significant contribution to the field of economics for more than thirty years.

еңірегенде етегі жасқа толу [to have one's skirt fill with tears when wailing]: ***to cry one's eyes out***

⚜ Кішкентай Айнұр велосипедтен құлап қалып, *еңірегенде етегі жасқа толды.* Little Ainur cried her eyes out when she fell off her bike.

⚜ Болар-болмас нәрсе үшін *еңірегенде*

етегің жасқа толды ғой. You indeed cried your eyes out for this little thing.

жақсы атты болу [to be the one with a good name]: **(1)** to acquire or preserve a good name; **(2)** *to be the good guy*

🕸 Collocations: *жақсы атты көріну* (***to curry favor with someone***), *жақсы ат беру* (to ensure a good name). Ant: *жаман атты болу.*

🌸 Қызметінен кетіп, жемқор деген айыптан құтылды. Сөйтіп, ол *жақсы атты болып қалды.* By stepping down and avoiding corruption charges, he was able to preserve his good name.

🌸 Менің көкем жұмысында *жақсы атты болуға* бар күшін салады. My uncle tries very hard to be the good guy at his company.

жаман атты болу [to be the one with a bad name]: **(1)** to acquire a bad reputation; **(2)** *to be the bad guy*

🕸 Ant: *жақсы атты болу.*

🌸 Ойын-қызық қуған Ораз көп қыздармен кездесіп, жүректерін қарс айырып тастап кететіндігінен *жаман атты болған.* That playboy Oraz has acquired a bad reputation because he dates many women and breaks their hearts.

🌸 Бастығымыз — дөрекі, қатыгез адам. Бірақ оны үлкен бастықтар жақсы адам деп ойлайды. Сондықтан ешкім оның үстінен шағым айтып, *жаман атты болғысы келмейді.* Our boss is a rude and cruel person. But his bosses think that he is a good person. That's why nobody wants to complain about him and be the bad guy.

жас иіс [young smell]: **(1)** second young wife; **(2)** a baby who is wanted by parents or grandparents after other children or grandchildren grow up

🌸 Шалдың тағы бір *жас иісі бар.* The old man has yet another young mistress.

🌸 Немерелері биыл алтыға толған Қайрат пен Алма *жас иіс керек* деп отыр. Kairat and Zhanar, whose grandchild is six years old this year, are saying that they want a new grandchild.

жата кеп [lying down]: **(1)** relentlessly; **(2)** protractedly, as in laughing

🕸 Variant: *жатып кеп.* Collocations: *жата кеп жамандау* (to badmouth relentlessly), *жата кеп сөгу* (to scold relentlessly), *жата кеп жабысу* (to beg relentlessly), *жата кеп ақтау* (to defend relentlessly), *жата кеп ренжу* (to be upset protractedly), *жата кеп күлу* (to laugh protractedly).

🌸 Баспасөз құралдары қала әкімшілігінің қылмысты азайта алмағанын *жата кеп сынады.* The press relentlessly criticized the city's failure to reduce crime.

🌸 Жүріп жүрген қызы туған күніне қара күзен тонын талап еткенде, ол *жатып кеп күлді.* He laughed protractedly when his girlfriend demanded a mink coat for her birthday.

жатып кеп [lying down]: **(1)** relentlessly; **(2)** protractedly, as in laughing (see *жата кеп*)

🕸 Variant: *жата кеп*

жем болу [to be a feed]: to be prey

🕸 Dative. Also: *жемге айналу* (to fall prey to someone). See also *ит-құсқа жем болу* (in *Livestock with Beasts and Birds*).

🌸 Заңсыз иммигранттар *қанаушыларға жем болады.* Illegal immigrants are prey for the exploiters.

🌸 Жас қыздар адам *саудагерлерінің жеміне айналған.* Young girls have fallen prey to human traffickers.

жеңіл жүріс [light walk]: **(1)** indiscriminate sexual intercourse with multiple people; **(2)** prostitution

🕸 Also: *жеңіл жүрісті әйел* (***a scarlet woman***, ***a woman of ill repute***). Collocations: *жеңіл жүріске салыну, жеңіл жүріске түсу* (to get into prostitution).

🌸 Ойын-сауық саласында бағы жанбас бұрын әртіс қыз *жеңіл жүрісте болған.* Before becoming successful in the entertainment industry, the actress had an indecent lifestyle.

🌸 Мақалада көптеген ауыл қыздарының *жеңіл жүріске салынғанына* уайым білдірілді. The article expresses concern about the many village girls who get into prostitution.

жол ашу [to open a road]: to enable something to occur; *to open the way for something*

🕸 Dative. Formal.

🌸 Компанияның жаңа стратегиясы бүкіл аймақта оның *беделінің өсуіне жол ашты.*

The company's new strategy opened a way to grow its reputation in the whole region.

❀ Құрамы аз халықтан шыққан алғашқы студенттің оқуға қабылдануы барлық ұлт өкілдеріне *жоғары білімге жол ашты*. The acceptance of the first minority student at the college opened a way for students of all backgrounds to pursue higher education.

жол бастау [to start a road]: (1) to lead; (2) to trailblaze

❂ Formal. Also: *жол бастаушы* (leader, trailblazer).

❀ Компания ұстанған *жаңа бағытына жол бастауға* Шарапатты жұмысқа алды. Sharapat was hired to lead the company in a new direction.

❀ Коко Шанель сән саласында *жол бастаушы* болды. Coco Chanel was a trailblazer in the fashion industry.

жол беру [to give a road]: (1) *to give way to*; (2) to allow something to happen; (3) to lose to someone

❂ Dative. Formal.

❀ Біз асығып тұрсақ та, ұзын кезекте тұрған қарт *ата-әжеге жол бердік*. Even though we were in a hurry, we gave way to the elderly couple in the long line.

❀ Алма бақтарының *жойылуына жол бермейік*! Let's not allow the destruction of apple gardens!

❀ «Дженерал Моторс» әлемде мәшине сатудан «*Тойотаға» жол берді*. General Motors lost to Toyota for first place in worldwide car sales.

жол болсын [may there be a road]: (1) *have a nice trip*; (2) *good luck with that, what's up with that*

❂ *Жол* is used with a possessive ending, in the first sense. It can also take a plural ending, in the first sense. Variant: *жортқанда жолың болсын, жолдасың Қыдыр болсын*, in the first sense. In the second sense, it is a sarcastic expression of disappointment with what someone did, and it requires a dative complement (the past participle). *Жол* does not take a possessive or plural ending, in the second sense. See also *жол болу*.

❀ Тауға алғаш бара жатырсыңдар, *жол-*

дарың болсын! This is your first vacation in the mountains. Have a nice trip.

❀ Есікті тағы құлыптамай *кеткеніңе жол болсын*! You have left without locking the door again. Good luck with that!

жол қысқарту [to shorten a road]: to make the long trip seem short by talking and playing games with fellow passengers

❂ Also: *жол қысқару попсаиз*.

❀ Азат *жол қысқарту үшін* балаларына DVD-дан кино көрсетті. Azat showed DVD movies to make the long trip seem short for the children.

❀ Ән мен әңгіме айтсақ, *жол қысқарады*. If we sing and talk, the trip will seem short.

жол соғу [to be hit by a road]: to get tired after a long and tiresome journey

❂ Accusative.

❀ Атырауға дейін жиырма төрт сағат пойызда отырып, *бізді жол соқты*. We were very tired after the twenty-four-hour train ride to Atyrau.

❀ *Балалар* тынышталып қалыпты. Оларды *жол соғып тастаған ғой*. Тынышталып қалыпты. The children are awfully quiet; they must be tired after the long and tiresome journey.

жол тарту [to pull the road]: (1) to set out on a trip; (2) to go, as in shows, written works, and scientific findings going to audiences

❂ Dative. See also *жүрекке жол табу*, in the second sense.

❀ Қазақстан балуандар командасы *Сеулге жол тартты*. The Kazakh wrestling team went to Seoul.

❀ Менің алғашқы өлеңдер жинағым былтыр көктемде *оқырмандарыма жол тартты*. My first book of poems went to my readers last spring.

жолаяқ [road foot]: farewell party thrown by the person who is going away on a trip

❂ Collocations: *жолаяқ жасау, жолаяқ істеу* (to throw a farewell party).

❀ Мен жұмыстағылардың барлығын *жолаяғыма* шақырдым. I invited everyone from the office to my farewell party.

❀ Америкаға дүйсенбіде жүргелі отырмын. Осы демалыста *жолаяғымды істеймін*. I am leaving for America on Monday. This weekend I will have my farewell party.

жолға қойылу [to be put on the road]: to be streamlined and well run; ***to be lean and mean***

☸ Can be formal. Also: *жолға қою tr.*

❀ Төлқұжат алу үдерісі *жолға қойылмаған.* The process of obtaining a passport is not lean and mean.

❀ Қазақстан жас балуандарды баптау *ісін жолға қойған.* Kazakhstan has streamlined the training of young wrestlers.

жолда қалу [to stay on the road]: **(1)** to be stranded or to be left stranded; **(2)** to fall behind, ***to be left in the dust***

☸ Also: *жолда қалдыру tr.* Syn: *шаң қабу* (in *Nature*), in the second sense.

❀ Көптеген жолаушылар түтеген боранның кесірінен *жолда қалды.* Many travelers were stranded on the road because of the fierce snowstorm.

❀ Жас ямайкалық желаяқ қарсыластарының *барлығын жолда қалдырды.* The young Jamaican sprinter left all the other racers in the dust.

жолдан тапқан [found from the road]: born out of wedlock, as a child

☸ Can be euphemistic or sarcastic. Also: *жолдан табылған* (born out of wedlock).

❀ Ол бар мүлкін *жолдан тапқан баласына* тастады. She left all her property to the child she had out of wedlock.

❀ *Жолдан табылған балалар* жетімдер үйіне тапсырылған. Children born out of wedlock were given to the orphanages.

жолы болу [to be one's road]: to be lucky, ***to have luck come one's way***

☸ Can be formal. Also: *жолы болғыш* (always lucky), *жолың болмағыр* (may you have a bad luck). Syn: *айы оңынан туу* (in *Nature*) is used in literary Kazakh. See also *жол болсын, жолыңа жуа біткір* (in *Food*).

❀ Ол он жыл лотерея сатып алған. Бірақ ешқашан *оның жолы болған емес.* He bought lottery tickets for ten years, but he was never lucky.

❀ *Мараттың жолы болғыш.* Мысалы, ол қаланың қақ ортасынан жақсы бағаға жаңа

үй тапты. Marat is always lucky. For example, he has found a good deal on a new house in the heart of the city.

жолы түсу [to have one's road descend]: to get a chance to visit someplace

☸ Genitive. Can be formal.

❀ *Рахияның* ақырында *Оңтүстік Америкаға жолы түсті.* Rakhiya finally got a chance to visit South America.

❀ Сен өте алыс тұрасың. Бірақ *бір жолым түскенде,* міндетті түрде саған барып кетемін. You live very far away, but I will definitely visit you when I get a chance.

жолы үлкен [one's road is big]: entitled to respect and privileged treatment, given in a certain context or because of acquired kinship status

☸ Despite being younger, one can be entitled to respect and privileged treatment, or even have a higher kinship status. One example is an eldest son's child who might be younger than his or her paternal cousins. Because he or she is the eldest son's child, he or she will be treated as someone who is older. Another example is someone who is entrusted with an ancestral house and carries the responsibility of being the backbone of the family. Yet another example of being entitled to respect is someone who is young but has arrived from a long journey; older people should go to greet him or her because coming home from faraway places entitles this person to respect.

❀ Мен бауырларымның ішінде жасы ең кішісімін. Бірақ мен төрге отырамын, *менің жолым үлкен,* өйткені менің әкем үйдің үлкені. I am the youngest among my cousins. But I get to sit in a place for respected guests, because my father is the eldest son in the family.

❀ Ерлан қара шаңырақтың иесі; *жолы үлкен болғандықтан* ағайындар арасындағы мәселелерді шешуде кесімін айта алады. Erlan inherited the ancestral house and has his say in family matters.

жолын беру [to give one's road]: to have the same career and life as someone who is successful and respected

☸ Dative or genitive. Can be formal. It is also used as an expression to wish someone the life and career of a successful and respected person.

❖ Шәкірт *драматургқа ұстазының жолын берді*. The apprentice playwright had the same life and career as his well-respected and successful mentor.

❖ Сен жақсы оқыдың. Жақсы жұмысқа тұрып, сыйлы азамат болдың. Іні-*сіңлілеріңе сенің жолыңды берсін*! You were a good student. You have a good job and have become a respected leader. May your siblings have the same life and career!

жолын кесу [to cut off one's road]: to halt someone from pursuing an illegal or undesirable act

✪ Genitive.

❖ Полиция мафияны қос өкпеден қысып, *олардың жолын кесуге* жақын. The police have tightened the screws on the members of the mafia and are close to halting them.

❖ Үкімет шекара қауіпсіздіген күшейтіп, *заңсыз көшіп келушілердің жолын кесті*. The government has increased border security and has halted the entry of illegal immigrants.

жолын қуу [to chase one's road]: **(1)** to do the same job as someone else, especially a member of one's family, *to follow in someone's footsteps*; **(2)** to dedicate oneself to a field of study (e.g., arts, sciences)

✪ Genitive. Formal. Syn: *із басу* in the first sense, *өкше басу* (in *Body*).

❖ Інім *әкемнің жолын қуып*, инженер болды. My brother followed my dad's footsteps and became an engineer.

❖ Анам сияқты ғылым емес, *музыка жолын қудым*. Unlike my mother, the scientist, I have devoted myself to music.

жолын құшу [to embrace one's way]: to have the same fate — such as death, destruction, or loss — that has befallen someone or something

✪ Genitive. Formal.

❖ Ел ағасының үлкен баласы жол апатынан қайтыс болды. Үш айдан кейін екінші ұлы *оның жолын құшты*. The community leader's eldest son died from a car accident. After three months, his second son also died.

❖ Кейбір ұлттық банктар несие дағдары-

сының кесірінен көп шығынға ұшырады. Біздің қалашығымыздағы шағын банктар да *олардың жолын құшуда*. Some of the national banks have big losses because of the mortgage crisis. The same problem has befallen smaller banks in our town.

жортқанда жолың, жолдасың Қыдыр болсын [may there be a road for you when galloping and may your friend be *Qydyr*]: I wish you Godspeed

✪ *Қыдыр* (also *Қызыр*) is the name of a man who brings happiness and luck to those who stay up and wait for him on the eve of equinox, *Қыдыр түні* (the night of *Qydyr*). Also: *жортқанда жолың болсын*. See also *жол болсын*.

❖ Мен қызыма дүние жүзін шарлауынт қойдырта алмаймын. *Жортқанда жолың, жолдасың Қыдыр болсын* дей ғана аламын. I can't stop my daughter from traveling all around the world. I can only wish her Godspeed.

❖ Америкаға *жортқанда жолың, жолдасың Қызыр болсын*. Godspeed on your journey to America.

жұбын жазбау [not to get separated from a pair]: to be inseparable, *to be stuck together like glue*

❖ Жаңыл екеуіміз *жұбымызды жазбайтынбыз*: мектепке бірге бардық, бірге сабақ оқыдық, бірге биге қатыстық. Zhangyl and I used to be stuck together like glue; we went to school together, we did our homework together, we danced together.

❖ Менің екі мысығым *жұптарын жазбайды*. My two cats are inseparable.

жүзі сынық [one's face is broken]: low-spirited, *blue*

✪ Not used to denote feeling blue, but only looking blue. Variant: *өңі сынық*.

❖ Неге *жүзің сынық*? Why do you look blue?

❖ Жаңа жыл қарсаңында жұмыс істейтін болғандықтан *Жамалдың өңі сынық болып жүрді*. Zhamal looked blue because she had to work on New Year's Eve.

жүрдім-бардым қарау [to look as 'I walked and went']: to have a hit-or-miss approach toward someone or something

✪ Dative.

❖ Біздің балаларымыз білім жағынан бүкіл

штатта ең соңғы орында, өйткені қала әкімшілігі *білім беру жүйесіне жүрдім-бардым қарайды*. Our children rank last in the state because the city takes a hit-or-miss approach toward education.

❧ Студенттер өздерінің зерттеу *жұмыстарына жүрдім-бардым қарағандары* үшін сынға ілікті. The students were criticized for their hit-or-miss approach toward their research projects.

жүрекке жол табу [to find a road to heart]: ***to win someone's heart***

⚙ Genitive. Literary. See also *жол тарту*.

❧ «Гарри Поттер» бірнеше миллион *оқырманның жүрегіне жол тапты*. *Harry Potter* has won the heart of millions of readers.

❧ Балалар Рахияны қатты жақсы көреді. Ол өзінің мейірімділігімен *балалардың жүрегіне жол тапқан*. The children absolutely adore Rakhiya. She has won their hearts with her kindness.

жын қағу [to be hit by a demon]: ***to lose one's marbles***

⚙ Accusative. Variants: *жын соғу, жын ұру*.

❧ Егер мына қисынсыз заң қабылданады деп ойласа, онда *оларды жын қаққан*. They've lost their marbles if they think that absurd law will pass.

❧ *Жамалды жын ұрды ма*? Тағы бір қара күзен тонын алғаны несі? Has Zhamal lost her marbles? Why did she buy another mink coat?

жын соғу [to be punched by a demon]: ***to lose one's marbles*** (see *жын қағу*)

⚙ Accusative. Variants: *жын қағу, жын ұру*.

жын ұру [to be beaten by a demon]: ***to lose one's marbles*** (see *жын қағу*)

⚙ Accusative. Variants: *жын қағу, жын соғу*.

жынға тию [to touch a demon]: to annoy

⚙ Variants: *жыны келу, жыны ұстау; ит жынға тию, ит жыны келу, ит жыны ұстау* (in *Livestock with Beasts and Birds*). *Ит жынға тию, ит жыны келу*, and *ит жыны ұстау* show a larger extent of annoyance than *жынға тию, жыны келу*, and *жыны ұстау*.

❧ Ол *сенің жыныңа тию* үшін солай істейді, сондықтан оған мән берме. He does

these things to annoy you, so don't pay any attention to him.

❧ Болат бұрынғы әңгімелерін қайта-қайта айтып, *жыныма тиеді*. Bolat annoys me with his same old stories.

жыны келу [to have one's demon come]: to be annoyed (see *жыны ұстау*)

⚙ Dative. Variants: *жынға тию, жыны ұстау; ит жынға тию, ит жыны келу, ит жыны ұстау* (in *Livestock with Beasts and Birds*). *Ит жынға тию, ит жыны келу*, and *ит жыны ұстау* show a larger extent of annoyance than *жынға тию, жыны келу*, and *жыны ұстау*. Also: *жынын келтіру* caus.

жыны ұстау [to have one's demon hold]: to be annoyed

⚙ Dative or genitive. Variants: *жынға тию, жыны келу; ит жынға тию, ит жыны келу, ит жыны ұстау* (in *Livestock with Beasts and Birds*). *Ит жынға тию, ит жыны келу*, and *ит жыны ұстау* show a larger extent of annoyance than *жынға тию, жыны келу*, and *жыны ұстау*. Also: *жынын ұстату* caus.

❧ Нұржанның әйелі оның лас *ыдыстарды үйіп қойғанына жыны ұстады*. Nurzhan's wife was annoyed by him for letting dirty dishes pile up in the sink.

❧ *Менің оған жыным келеді*, өйткені ол үнемі өзін-өзі мақтап отырады. She makes me annoyed because she is always boasting about herself.

жынын қағып алу [to catch one's demon]: to intimidate or stop someone who is disdainful, haughty, unruly, or out of control

⚙ Genitive.

❧ Жамал айқайлаған даусымен бассыз кеткен *балаларының жынын қағып алатын*. Zhamal used to stop her unruly children with her booming voice.

❧ Есірме, *жыныңды қағып алармын*! Don't get haughty with me. I will stop you.

жыры біту [to have one's legend finish]: to come to an end, as in a long and overdue process being ended

⚙ Genitive.

❧ Оның әйелімен қырылысып ажырасу *ісінің жыры бітті*. His bitter divorce finally came to an end.

❖ Қаржы мәселесі үйіміздің салынып бітуін кешіктірді. Бірақ, шүкір, үш жылдан кейін ол *мәселенің жыры бітті*. The financial problems had delayed the construction of our house. But thankfully, after three years, the problem came to an end.

жібі түзу [one's thread is straight]: decent

❖ Бұл қалада кәсіби жұмысбасты жастарға арналған *жібі түзу түнгі клуб* жоқ. There are no decent nightclubs for young professionals in this city.

❖ Жас қыздар неге *жібі түзу жігіттерді* ұнатпайды? Олар неге бұзақыларды таңдайды? Why are young women not attracted to decent men? Why do they choose the reckless ones?

жіпсіз байлану [to be tied without a thread]: **(1)** *to be bound hand and foot*; **(2)** to tie someone to a certain place, to tie someone down; **(3)** to be tied to something, as in being dependent on something

◉ Also: *жіпсіз байлау tr*

❖ Ира қызметі қымбат тұратын ұялы байланыс компаниясын ұнатпайды, бірақ басқасына қазір кете алмай, бір жылға *жіпсіз байланып отыр*. Ira hates her expensive cell phone company but can't change because she's bound hand and foot for another year.

❖ Азамат Алматыға қайта көшкісі келеді, бірақ жақсы жұмысы *оны Астанаға жіпсіз байлап отыр*. Azamat would like to move back to Almaty, but he is tied to Astana because of his good job.

❖ Көптеген елдердің экономикасы *табиғи қорларына жіпсіз байланған*. Many countries' economies are tied to their natural resources.

зығырданы қайнау [to have one's anger boil]: *to boil with anger* (see *қаны қайнау* in *Body*)

◉ Variants: *зығыры қайнау, қаны қайнау, қаны қараю* (in *Body*). Also: *зығырданын қайнату caus.*

зығыры қайнау [to have one's anger boil]: *to boil with anger* (see *қаны қайнау* in *Body*)

◉ Variants: *зығырданы қайнау, қаны қайнау, қаны қараю* (in *Body*). Also: *зығырын қайнату caus.*

исі қазақ [one's smell is Kazakh]: ethnically Kazakh

❖ Қалмақ батыры *иісі қазақ адамдардың* барлығын өлтіруге бұйырады. The Kalmyk warrior has orders to kill everyone who is ethnically Kazakh.

❖ *Иісі қазақ адамдар* халықтың екі пайызға жуығын құрайды. Ethnic Kazakhs make up about 2 percent of the population.

келбетін ашу [to open one's beauty]: **(1)** to make something attractive; **(2)** to portray one's character

◉ Genitive. Formal.

❖ Жаңа үлгіде салынған дүкен *қаланың келбетін ашады* делінгенімен, кейбір қала тұрғындары онымен келіспейді. Even though it is said that the store built with a new design will make the city attractive, some city residents do not agree.

❖ Автор қуатты *әйелдердің* шын *келбетін аша білді*. This author was able to portray the true character of strong women.

көкпар [*kokpar*]: **(1)** competition, when used with words specifying the type of contest; **(2)** responsibility passed onto someone else, when used with *тапсыру*; **(3)** an object of a dispute or discussion; **(4)** allocation

◉ This term alludes to *көкпар*, a traditional Kazakh game usually played as part of a festivity or celebration. In this version of the game, two teams of men on horseback compete for a prize. The game starts when the carcass of a goat is placed on the ground and the teams try to snatch it and bring it to a designated place. The opponents must try to take over the carcass and bring it to their designated place. Not only is the game a test of the men's horse-riding skills, but it also tests how well the horses have been trained for battle.

Collocations: *жыр көкпары* (a competition of poets and improvisers); *сөз көкпары* (debate); *ой көкпарына салу* (to debate something); *көкпарын тапсыру* (**to pass the torch of something to someone**); *саясаттың көкпарына салу* (to make something an object of political dispute); *көкпарға айналу, көкпарға салу* (to kick around; to be divided into bits and pieces); *көкпарға салыну, көкпарға түсу* (to be kicked around); *көкпарға тартылу* (to become a pawn in others' game, often power or political game); *көкпарға тігілу* (to be allocated to something).

❀ Биылғы *ән көкпарында* жеңіске жетіп, оның аты шықты. She became famous after winning this year's singing competition.

❀ Буш АҚШ *президенттігінің көкпарын Обамаға тапсырды.* Bush passed the torch of the US presidency to Obama.

❀ Үкімет экономиканы серпілту жолдары туралы *пікірлерін көкпарға салды.* The government is kicking around ideas on how to jump-start the economy.

❀ *Бюджеттің көкпарына тігілетін қаржы* биыл қиылды. The budget allocation for education was cut this year.

❀ Біздің бостандығымыз өздерінің саяси мүддесін ғана ойлайтын *елдердің көкпарына айналып жатыр.* Our freedom is being used as a pawn for these countries to advance their political agenda.

❀ Оның қолы тимейтіндігі сонша, *уақыты көкпарға салынып жатады.* He is so busy that his time gets divided into bits and pieces.

көрсе қызар [if one sees it, he or she will heat up]: someone who is quickly and indiscriminately attracted to things

☸ Dative. Variant: *көрсеқызар.* Also: *көрсеқызарлық* (quick and indiscriminate attraction to things). Syn: *қызылшыл* (in *Color*) refers to being attracted to colorful and shiny things.

❀ Қайын апам ұсақ-түйекке *көрсе қызар.* Оның үйінде ештеңеге орын жоқ. My sister-in-law is easily attracted to knickknacks. There is no room for anything else in her house.

❀ Менің досым кез келген нәрсені ұнатып ала береді. Осындай *көрсеқызарлығының* кесірінен үнемі ақшасыз жүреді. My friend buys everything, saying that she likes it. Because she is quick to like something, she is always short of money.

күйе жағу [to smear a soot]: ***to sling mud at someone*** (see *қара күйе жағу* in *Color*)

☸ Dative. Variant: *қара күйе жағу* (in *Color*).

Күлтөбенің басында күнде кеңес [meeting is every day on the top of *Kultobe*]: frequent meetings

☯ Sarcastic. Historical reference: The Kultobe hill was the place where Tauke khan supposedly gathered all Kazakhs to discuss his *Seven Codes of Justice.* Variant: *Күлтөбенің басында күнде жиын.* Collocations: *Күлтөбенің басында күнде кеңес құру, Күлтөбенің басында күнде жиын өткізу* (to hold frequent meetings).

❀ Тағы бір жиналыстың күнін белгілеу үшін біз *Күлтөбенің басында күнде жиын құрып отырған* сияқтымыз. It seems like we have frequent meetings to schedule more meetings.

❀ *Күлтөбенің басында күнде кеңес.* Сөз көп, іс жоқ. We have meetings everyday. There's a lot of talking but no action.

күш бермеу [not to give strength]: not to yield, not to let others overpower oneself (see *әл бермеу*)

☸ Variant: *әл бермеу.*

қадамың құтты болсын [may your step be blessed]: ***may the wind be at your back, may the road be paved with happiness***

☸ Used as an expression of blessing given to someone starting a new life, career, or studies. Variant: *қадамыңа нұр жаусын.*

❀ Жеке ісіңді ашып жатырсың. *Қадамың құтты болсын!* You have opened your own business. May the wind be at your back!

❀ Жаңа өмірге бірге басып жатқан *қадамдарыңа нұр жаусын.* May the road be paved with happiness in your new life together.

қадамыңа нұр жаусын [may the ray pour to your step]: ***may the wind be at your back, may the road be paved with happiness*** (see *қадамың құтты болсын*)

☸ Used as an expression of blessing given to someone starting a new life, career, or studies.

қазық қағу [to hammer in a pole]: ***to break ground***

☸ Genitive. Formal.

❀ Жұмысшылар пәтер *үйлердің қазығын* қақты. The workers began to break ground for the apartment buildings.

❀ Долли атты қойды шығарып, ғалымдар *клондау саласының қазығын* қақты. The scientists broke ground on cloning when they produced Dolly the sheep.

қалам тарту [to pull a pen]: to write (see *қалам тербеу*)

❂ Formal. Variants: *қалам тербеу, қалам ұштау*

қалам тербеу [to swing a pen]: to write

❂ Formal and literary. Used in regard to writers, poets, and journalists. Variants: *қалам тарту, қалам ұштау*. Collocation: *тақырыбына қалам тербеу* (to write on the subject of).

❀ Ол туған ауылы туралы *қалам тартуды* ойлап жүр. He is thinking of writing about his native village.

❀ *Махаббат тақырыбына қалам тербеген адамдар* қаншама?! How many people have written about love?

қалам ұштау [to sharpen a pen]: to write (see *қалам тербеу*)

❂ Formal. Variants: *қалам тарту, қалам тербеу*

қолжаулық болу [to be a hand scarf]: to be used to serve someone else's interests

❂ Dative or genitive. This expression is marked by more sarcasm if an older person is serving a younger person's interests. Syn: *шашбауын көтеру* (in *Clothing*). See also *қолшоқпар болу, сойылын соғу*.

❀ Тәжірибелі инженерлер жас *менеджердің* қызметі өсуі үшін оған *қолжаулық* болғысы келмейді. Experienced engineers do not want to be used to move a young manager up the corporate ladder.

❀ Көптеген дарынды зиялы, адамдар өзін демократпын деп санайтын тартымды бірақ жемқор *саясаткердің қолжаулығы* болды. Many talented and prominent intellectuals were being used by this charming but corrupt politician who claimed to be a democrat.

қолшоқпар болу [to be a hand mace]: to be an instrument for someone else's personal end

❂ Dative or genitive. Also: *қолшоқпар ету tr.* Syn: *сойылын соғу*. See also *қолжаулық болу, шашбауын көтеру* (in *Clothing*).

❀ Бұқаралық ақпарат құралдары *билік басындағыларға қолшоқпар болуда*. The mass media is being an instrument for those in power.

❀ Кейбір елдерде жауынгерлер басшыларының бейбіт азаматтарға заңсыз күш қолдану бұйрықтарын орындамауға тиісті. Бұл оларға *біреудің қолшоқпары болуға* емес, қоғамға ғана шынайы қызмет етуге көмектеседі. In some countries soldiers are obliged not to obey their commander's illegal orders against citizens. This helps them not to be a tool in someone's hands but to truly serve the society.

құдай қаласа [if God wants]: ***God willing***

❂ Used in the northeastern and southern varieties of Kazakh. Syn: *амандық болса* in the western variety. Kazakhs always use these expressions in connection with some future activity.

құдай сүйер қылығы жоқ [no quality that God will love]: very unpleasant, as a person (see *адам сүйер қылығы жоқ* in *Humans and Their Kin*)

❂ Variant: *адам сүйер қылығы жоқ* (in *Humans and Their Kin*)

қылқалам иесі [an owner of a brush]: a painter

❂ Formal. Variant: *қылқалам шебері*. Also: *қылқалам тербеу* (to paint), *қылқалам туындысы* (painting).

❀ Әлем атақты *қылқалам иесінің* жаңа көрмесін күтіп отыр. The world is waiting for the famous painter's new exhibit.

❀ *Қылқалам иесі* қарапайым адамдардың суретін салғанды жақсы көрген. The painter liked to paint portraits of ordinary people.

қылқалам шебері [a master of a brush]: a painter (see *қылқалам иесі*)

❂ Formal. Variant: *қылқалам иесі*.

қыр көрсету [to show an edge]: ***to flex one's muscles***

❂ Dative.

❀ Солтүстік Корея *Оңтүстік Кореяға* жиі *қыр көрсетеді*. North Korea often flexes its muscles at South Korea.

❀ Ағасы өзінің мектебіне ауысып келгелі, кішкентай денелі Азат басқа *балаларға қыр көрсете* бастады. The small Azat has started to flex his muscles at the other kids since his older brother transferred to his school.

қыр соңға түсу [to descend to the edge of behind]: **(1)** to constantly harass, to persecute; **(2)** ***to be on someone's heels*** (see қыр соңнан қилмау); **(3)** to be dogged by some problem or trouble (see *қыр соңнан қалмау*)

☀ Genitive. Variant: *қыр соңнан қалмау* in the second and third senses.

❀ Босқынды туған жеріне қайтаруға болмайды, себебі құпия полиция *оның қыр соңына түседі*. The refugee cannot be returned to his homeland because he will be persecuted by the secret police.

қыр соңнан қалмау [to stay behind the edge of behind]: **(1)** to hound, *to be on someone's heels*; **(2)** to be dogged by some problem or trouble

☀ Genitive. Variant: *қыр соңға түсу*.

❀ Мен адам көп үлкен қалада адасып қалмау үшін *ағамның қыр соңынан қалмадым*. I was on my brother's heels trying not to get lost in the big crowded city.

❀ Қаржы қиыншылықтары *оның соңынан қалмай жүр*. He is dogged by financial troubles.

мақтамен бауыздау [to slaughter with cotton]: *to cut someone down to size* with subtle or finely drawn criticism or satire

☀ Accusative.

❀ Ол ақымақ емес; сенің *оны мақтамен бауыздауға* тырысып отырғаныңды түсінді. She is not stupid; she understood that you were trying to cut her down to size with your finely drawn satire.

❀ Ол сөз бостандығын демократияның басты іргетасы екенін айтып, сөз бостандығын шектеуді жақтайтын, бірақ өздерін демократ санап *жүргендерді мақтамен бауыздады*. He cut the people who support limitations on freedom of speech but consider themselves democrats down to size by saying that this freedom is a cornerstone of democracy.

мәселе қозғау [to move an issue]: to raise an issue

☀ Formal. See also *сөз қозғау* (in *Power of the Word*).

❀ Тұрғындар қалада қылмыстың көбеюі туралы *мәселе қозғады*. The residents raised the issue of the city's increasing crime rate.

❀ Ғалымдар ғаламдық жылу туралы *мәселе қозғап жатыр*. Scientists are raising the issue about global warming.

не жыны бар [what demon does one have]: **(1)** why in the world, why the hell, what in the world possessed you to do something; **(2)** what draws you to someone or something

☀ Used with a dependent clause (the verb endings are -ып, -іп, -п) in the first sense and a noun in the locative case in the second sense. Also: *не жыны бар еді* (past tense).

❀ Мына тортты мен әкелген жоқпын. Дәмемде жүргенімде *торт сатып алып не жыным бар*? I didn't buy this cake. Why the hell would I buy a cake when I am on a diet?

❀ Балам, саусағыңды екі рет күйдіріп алсаң да, ыстық пешке қайта-қайта бара бересің! Осы пеште сенің *не жының бар*? Baby, you keep going to the hot oven even though you burned your finger twice. What draws you to this oven?

о заман да бұ заман [this and that era]: ever

☀ Used about something that is shocking, unacceptable, or uncommon.

❀ *О заман да бұ заман*, ананың өз балаларын өлтіргенін естіп пе едің? Have you ever heard of a mother killing her own children?

❀ *О заман да бұ заман*, жетімдер үйін тонайды ма екен? Would someone ever rob an orphanage?

оқ бойы озық [ahead by a bullet track]: ahead of someone

☀ Ablative. Also: *оқ бойы озу*. Collocations: *оқ бойы озық келу*, *оқ бойы озық шығу* (to go ahead of others). Syn: *көш ілгері* implies being well ahead of others, whereas *оқ бойы озық* denotes being just a step ahead.

❀ Бұл ел технология бойынша басқа *елдерден оқ бойы озық*. This country is ahead of other countries in technology.

❀ Оның баласы бәйгеде *оқ бойы озық* келе жатыр. His son is ahead of the others in the race.

оң мен сол [right and left]: maturity of mind or intellect

☀ Collocations: *оң мен солын ажырату*, *оң-солын айыру*, *оң-солын тану*, *оң мен солын тану* (to have a maturity of mind or intellect).

❀ Айыпталушының адвокаты оған кісі өлтірген деген айып тағуға болмайды, өйткені ол *оң мен солын ажыратпаған жас* деп отыр. The lawyer is claiming that his client cannot be charged with murder because he is too young and immature.

❧ Ол жас болғанымен, ата-анасының жақсы тәрбиесінің арқасында *оң мен солын тез таныды.* Although she is young, she has matured quickly thanks to her good upbringing.

оңға басу [to step to the right]: to better, to improve

⚙ Formal.

❧ Елдің денсаулық сақтау жүйесі *оңға басып жатыр.* The country's health care system is getting better.

❧ Бүкіл үй іші бизнеске атсалысқанда, іс *оңға басты.* When the whole family became involved in the business, things got better.

ор қазу [to dig a pit]: to do evil or bad things to someone to cause his/her failure or downfall

⚙ Dative. Also: *өз-өзіне ор қазу* (**to dig one's own grave**).

❧ Мен Әселдің жұмысы туралы Жангүлдің айтып жүргеніне сенбеймін. Меніңше, ол *Әселге ор қазып жүр.* I don't believe what Zhangul is saying about Asel. In my opinion, she is doing this to sabotage Asel's career.

❧ Әйеліңе көйлегінің толық қылып көрсететінін айтушы болма. Ол *өз-өзіне ор қазғанмен* тең. Never ever say your wife looks fat in a dress. You'd just be digging your own grave.

орта жолда қалу [to stay halfway on the road]: to be unfinished

❧ Көп пәтердің құрылысы экономиканың құлдырауынан *орта жолда қалды.* Many apartment buildings were left unfinished because of the economic downturn.

❧ Автордың қазасынан кейін роман *орта жолда қалды.* The novel was unfinished due to the author's death.

отырса опақ, тұрса сопақ [if one sits, he or she is a square; and if one stands up, he or she is an oval]: unable to please

⚙ Dative.

❧ Не істесем де, мен қайын *атама отырсам опақ, тұрсам сопақпын.* No matter what I do, I can never please my father-in-law.

❧ Қанша тырысса да, Жұлдыз *бастығына отырса опақ, тұрса сопақ.* Zhuldyz is unable to make her boss happy regardless of how hard she tries.

өзегі өртену [to have one's core burn]: **(1)** to be grief-stricken; **(2)** *to be heartbroken* (see *жүрегі қарс айрылу* in *Body*)

⚙ Syn: *жүрегі қан жұту, жүрегі қан жылау, жүрегі қан жұту, қан жұту, қан жылау, іші қан жылау* (in the first sense); *жүрегі қарс айырылу, көкірегі қарс айырылу* (in both senses). All synonyms are in *Body*. Also: *өзегін өртеу act.*

өзін қоярға жер таппау [not to find a place to put oneself]: to be extremely anxious, worried, pained, or unhappy

❧ Менің күйеуім ақ түнек боранда үйге мәшинемен келе жатты. Оны күтіп отырып, *өзімді қоярға жер таппадым.* My husband was driving home in a severe snowstorm. I was worried sick waiting for him.

❧ Оның тісі қатты ауырып, *өзін қоярға жер таппады.* Her toothache was terrible; she was in excruciating pain.

өзін өзі ұстау [to hold oneself]: to have a grip on oneself; to control one's own temper, emotions, or action

❧ Жарыста жеңіліп қалғанда, мен *өзімді өзім ұстадым.* Жұрт алдында жылағым келмеді. When I lost the competition, I got a grip on myself. I didn't want to cry publicly.

❧ Қызу қанды Әбіл бұл жолы *өзін өзі ұстады.* That hothead Abil was able to control his own temper this time.

өңі сынық [one's face is broken]: low-spirited, *blue* (see *жүзі сынық*)

⚙ Not used to denote feeling blue, but only looking blue. Variant: *жүзі сынық.*

садағаң болайын [may I be your sacrifice]: **(1)** I will die for you, my child; **(2)** I beg of you (see *садағаң кетейін*)

⚙ Variant: *садағаң кетейін*

садағаң кетейін [may I leave as your sacrifice]: **(1)** I would die for you, my child; **(2)** I beg of you

⚙ In the first sense it is used by parents or grandparents to express their readiness to sacrifice for their children. In the second sense it is used in imploring. Variant: *садағаң болайын*.

❀ Жанар жалғыз немересін қатты жақсы көреді, оған үнемі: «*Садағаң болайын*» — дей береді. Zhanar loves her only granddaughter very much and often tells her "I would die for you, my child."

❀ *Садағаң кетейін*, балаларға айқайламашы. I beg of you! Please don't yell at children.

сәлемі түзу [one's greeting is straight]: courteous and on friendly terms

❀ Арамыздағы келіспеушіліктерге қарамастан, *бір-бірімізбен сәлеміміз түзу*. Although we've had our differences, we are on friendly terms.

❀ Жаңа көршінің ұлы бізбен көп сөйлеспейді, бірақ әрдайым *оның сәлемі түзу*. Our new neighbor's son does not talk much with us, but he is always courteous.

сен тұр, мен атайын дейтін [who says "you stand by and let me shoot"]: enterprising

❀ Біздің компанияға *сен тұр, мен атайын дейтін менеджерлер* керек. Our company needs enterprising managers.

❀ *Сен тұр, мен атайын дейтін инженерлер* жаңа амал-әдістерді қалыптастыруда. The enterprising engineers are working on new techniques.

сойылын соғу [to hit with someone's club]: to serve someone to meet his or her ends

❂ Genitive. Also: *сойыл соғар* (a person who serves someone to meet one's ends).

❀ Қала әкімшілігінің қызметкерлері ірі *корпорациялардың сойылын соқты* деп айыпталды. The city officials were accused of serving big corporations.

❀ Кейбір немістер өз өмірі үшін қорқып, *нацистердің сойылын соғуға* мәжбүр болды. Some Germans were fearful for their lives and had to serve the Nazis.

соқпақ салу [to build a path]: *to pave the way for something*

❂ Dative. Formal. Collocation: *тың соқпақ салу* (to pioneer in something).

❀ Исаак Ньютон *математика ғылымында соқпақ салып кетті*. Isaac Newton paved the way for the field of calculus.

❀ Мына кітап — өнердің әртүрлі *жанрларына соқпақ салған* адамдар туралы шығарма. This book is about people who paved the way for various genres in the arts.

соқыр тиын [blind copeck]: *red cent* (see *көк тиын* in *Color*)

❂ Variants: *бір тиын* (in *Numbers*), *көк тиын* (in *Color*). Collocations: *соқыр тиынға татымау*, *соқыр тиынға тұрмау*, *құны соқыр тиын* (not to be worth a red cent), *соқыр тиын пайда* (red cent profit or use).

соры қайнау [to have one's misery boil]: to go through suffering or hardship

❂ Also: *сорын қайнату caus*

❀ Мына қызықсыз курста тағы қанша апта *сорымыз қайнауы* керек? How many more weeks do we have to suffer through this boring course?

❀ Айдалада сынып қалып, мәшінем менің *сорымды тағы қайнатты*. My car broke down in the middle of nowhere and caused me hardship.

сыр беру [to give a secret]: **(1)** to fail, to deteriorate, to break; **(2)** to crack under pressure

❂ Also: *сыр бермеу (**to be cool as a cucumber**)*.

❀ Президенттің *денсаулығы сыр бере бастаған* сияқты. The president's health seems to be failing.

❀ Жол апаты мәшіненің бір *дөңгелегі сыр бергендіктен* болды. The car crashed because one of its wheels fell off.

❀ Полиция мәлімет алуға қанша тырысса да, күдікті *сыр бермеді*. The cops were trying very hard to get information from the suspect, but he remained cool as a cucumber.

сырт айналу [to turn back]: *to turn one's back on someone or something*

❂ Ablative.

❀ Ешқашан өз *жанұяңнан сырт айналма*. Never turn your back on your own family.

❀ Бюрократтар маңызды *реформалардан* тағы да *сырт айналды*. The bureaucrats turned their backs once again on important reforms.

тайып отыру [to slip off]: to leave, to take off immediately, *to breeze out* (see *тайып тұру*)

❂ Variant: *тайып тұру*.

тайып тұру [to slip off]: to leave, to take off immediately, ***to breeze out***

☸ Variant: *тайып отыру.*

❋ Жамал жиналыстарда азғана уақыт болады да, сосын *тайып тұрады.* Zhamal stays at meetings for a moment, then breezes out.

❋ Мен әлі ресми түрде демалыстамын. Сондықтан мен бастығыма ұсынысты тез жазып беремін де, *жұмыстан тайып отырамын.* I am still officially on vacation. That's why I will quickly draft the proposal for my boss and then breeze out of the office.

талабыңа нұр жаусын [may the sun ray pour to your aspiration]: *may God bless your aspiration or talent*

☸ Used as an expression of encouragement and good wishes for someone's aspiration or talent.

❋ Оқуды үздік бітіруіңмен құттықтаймын. *Талабыңа нұр жаусын!* Congratulations on graduating at the top of your class, and may you be blessed with future successes.

❋ Сен суретті өте жақсы салады екенсің. *Талабыңа нұр жаусын!* You draw very well. May you be blessed.

таяқ жеу [to eat a stick]: to be beaten

☸ Ablative. Also: *таяқ жейсің* (*I will beat you up*) is used as an expression of threat in regard to someone younger. Variants: *таяққа жығылу, жұдырық жеу* (in *Body*).

❋ Ініме тағы бір рет тиіссең, *менен таяқ жейсің!* If you touch my younger brother one more time, I will beat you up!

❋ «Біздің мектепте әлі зорлық-зомбылық жайттары болып тұрады. Ай сайын әйтеуір бір бала *таяққа жығылады*», – деді он жасар Кенжегүл. "There is still some violence in our school. Every month at least one student gets beaten up," said ten-year-old Kenzhegul.

таяқ тастам жер [a distance to throw a stick]: a distance of 10 to 15 meters

☸ One of the Kazakh traditional units of measuring distance. See also *ат жетер жер, ат шаптырым, қозы көш, құнан шаптырым, тай шаптырым* (in *Livestock with Beasts and Birds*); *иек астында* (in *Body*).

❋ *Университеттен таяқ тастам жерде* жақсы қытай мейрамханалары бар. There is a string of good Chinese restaurants about 10 to 15 meters away from the university.

❋ Желаяқ межеге *таяқ тастам жер* қалғанда ақсап қалды. The runner pulled up lame, only 10 to 15 meters away from the finish line.

таяққа жығылу [to fall down to the stick]: to be beaten (see *таяқ жеу*)

☸ Variants: *жұдырық жеу* (in *Body*), *таяқ жеу.* Also: *таяққа жығу tr.*

тепсе темір үзу [to split steel if he kicks]: to be a young and physically strong male

❋ Мынадай ауыр жұмыс *тепсе темір үзетін ұлдарыма* дым болмады. This hard work was nothing to my young and strong sons.

❋ *Тепсе темір үзетін құрылысшылар* үйді бір айдан кем уақытта салды. The young and strong construction workers built the house in less than a month.

терезесі тең [one's window is equal]: equal in rank, merit, level, or status

☸ Optional instrumental. Collocation: *терезесін тең ұстау* (to be equal in rank, merit, level, or status with someone or something).

❋ Жас компания *басқалармен терезесі тең* болуға жұмыстануда. The young company is working to become equal with the others.

❋ Дамушы Қытай жақында өзге әлемдік *супердержавалармен терезесі тең ел* болады. Developing China will soon become equal with other world superpowers.

топ жару [to crack a crowd]: to come in first place in a competition

☸ Locative, that is, a noun denoting the place or type of competition *where* someone has won. Literary.

❋ Германия *Әлем кубогында топ жарды.* Germany came in first place in the World Cup competition.

❋ Оңтүстік америкалық сұлулар *Әлем ханшайымы сайысында* үнемі *топ жаратын* сияқты. South American contestants seem to always come in first place at the Miss Universe pageant.

ту ғып ұстау [to hold something as a flag]: to commit to, as in being devoted to a principle, goal, or interest (see *ту қылып ұстау*)

◉ Accusative. *Ғып* is a contracted form of *қылып*, and is used in informal Kazakh.

ту етіп көтеру [to raise something as a flag]: to commit to, as in being devoted to a principle, goal, or interest (see *ту қылып ұстау*)

◉ Accusative. Formal. Variant: *ту қылып ұстау*.

ту қылып ұстау [to hold something as a flag]: to commit to, as in being devoted to a principle, goal, or interest

◉ Accusative. Formal. Variants: *ту ғып ұстау*, *ту етіп көтеру*. Collocations: *әділеттілікті ту қылып ұстау* (to be committed to justice), *демократияны ту етіп көтеру* (to be committed to democracy), *ұлттық мүддені ту етіп ұстау* (to be committed to a national interest).

❀ Ол буддизм *қағидаларын ту қылып ұстайды*. He lives by Buddhist principles.

❀ Азаттық *идеясын ту қылып ұстаған ұйым* мүшелері қуғындалып жатыр. The members of the organization who are committed to the idea of freedom are being persecuted.

тұқымымен құрту [to destroy someone with one's seed]: to eradicate someone along with descendants

◉ Accusative. Informal. Also: *тұқымын құрту* (to eradicate one's whole family or descendants); *тұқымын қыру* (to massacre one's whole family or descendants); *тұқымыңмен құртамын* (I will eradicate you with your family) is used as an expression of threat.

❀ Большевиктер орыс *патшасын тұқымымен құртты*. The Bolsheviks eradicated the Russian tsar along with his family.

❀ Нацисттер атақты еврей *суретшінің тұқымын құртты*. The Nazis eradicated the descendants of the prominent Jewish artist.

түбін түсіру [to drop one's bottom]: to do something very well

◉ Genitive. Collocations: *сөздің түбін түсіру* (to be smooth-tongued), *ойынның түбін түсіру* (to play a game very well), *баскетболдың түбін түсіру* (to play basketball very well).

❀ Бибінұр өлең айтумен бірге, *бидің де түбін түсіреді*. Not only does Bibinur sing but she also dances very well.

❀ Француздар *тоқаш-бәліштің түбін түсіретін* халық ретінде танымал. The French are famous for baking pastries very well.

түп-тамырымен [with its bottom and root]: *root and branch*

◉ Collocations: *түп-тамырымен жою* (**to destroy something root and branch**), *түп-тамырымен құрту* (to eradicate something root and branch), *түп-тамырымен қате* (utterly wrong), *түп-тамырымен жат* (completely alien).

❀ Кедейшілік ешқашан *түп-тамырымен жойылмайды*, бірақ біз әрқашан соған үміттенеміз. Poverty will never be destroyed root and branch, but we can always hope.

❀ Кейбіреулер оларға демократия *түп-тамырымен жат* ұғым деп ойлайды. Some think that democracy is a completely alien idea.

тіл алу [to take the language]: to listen to someone

◉ Also: *тілалғыш* (someone who listens to parents or older people, obedient); *тілазар* (someone who does not listen to parents or other older people, disobedient).

❀ Мен *әйелімнің тілін алып*, қымбат дачаны сатып алмауым керек еді. I should have listened to my wife and not bought the overpriced vacation home.

❀ Досымның жасөспірім қызы *тілалғыш* және кішіпейіл. My friend's daughter is obedient and polite.

тіл қату [to utter language]: **(1)** to say something; **(2)** to convey a message, by historical artifacts or monuments

◉ Ablative denoting history or time in the second sense. Formal. Also: *тіл қатпау neg* (used in the first sense). Collocations: *ләм-мим деп тіл қатпау* (not to say a word), *өткеннен тіл қату* (to convey a message from the past), *ғасырлар қойнауынан тіл қату* (to convey a message from past centuries). Syn: *тіс жармау* (in *Body*) for *тіл қатпау*.

❀ Луксордағы тастарға басылған иероглифтер ежелгі египеттіктердің бай *тарихынан тіл қатады*. The hieroglyphics on the stone monuments at Luxor tell the rich history of the early Egyptians.

❧ Қызметкерлердің әшейінде өзара айтар шағымы көп. Бірақ бастық шағымдарын ашық айтуларын сұрағанда, ешкім *тіл қатпады*. The employees usually have a lot of complaints that they talk about among themselves. But when the boss asked them to express their complaints openly, nobody said anything.

❧ Амандасқаннан кейін үндемей отырған нағашы апам, біраздан кейін *тіл қатып*: «Тамақ ішесің бе?», — деп сұрады. My aunt, who had been sitting silently since we had greeted each other, after a while said: "Will you eat food?"

тіл табу [to find the language]: **(1)** *to speak someone's language*; **(2)** *to find common ground*

◉ Genitive, in the first sense; and instrumental complement, in the second sense. Also: *тіл табысу rec.*

❧ Балалар Райханның айтқанын шынымен тыңдайды, өйткені ол *олардың тілін тапқан*. The children really listen to Raikhan because she speaks their language.

❧ Ұрыссып-қырылысып жүрген жұп *тіл табысуға* көмектессін деп, психолог жалдады. The bickering couple hired a professional marriage counselor to help them find common ground.

тілге келу [to come to language]: **(1)** to gain the ability to speak; **(2)** to utter a word; **(3)** to squabble, to exchange words with someone

◉ Syn: *сөзге келу*, in the third sense (in *Power of the Word*). Ant: *тіл-ауыздан айырылу, тіл-ауыздан қалу* in the first sense (in *Body*).

❧ Дәрігерлер Темірдің апаттан кейін тез *тілге келгеніне* таң қалды. The doctors were surprised that Temir regained his ability to speak so quickly after the accident.

❧ Жәбірленуші полиций келгенше *тілге келместен* қайтыс болып кетті. The victim died without uttering a word before the police arrived.

❧ Жақсы өтіп жатқан кездесу кәсіподақ жетекшісінің компания *заңгерлерімен тілге келіп қалуымен* бітті. The meeting that was going well ended with the union leader squab-bling and exchanging words with the company lawyers.

тілін білу [to know one's language]: to be well versed in something

◉ Genitive. This term is not used with respect to being well versed in languages.

❧ Қазіргі балалар *компьютердің тілін біледі*. Today's children are well versed in computers.

❧ Сен механикалық *нәрселердің тілін білесің* ғой. Менің қол сағатымды қарап берші. You are well versed in mechanical things. Can you take a look at my watch?

ұятты былай қою [to put the conscience aside]: **(1)** to decide not to follow one's conscience before committing a shameful or embarrassing act; **(2)** *to swallow one's pride* (see *беттің арын белбеуге түю* in *Body*)

◉ Syn: *беттің арын белбеуге түю* (in *Body*)

үміт үзу [to tear hope]: to lose hope

◉ Can be formal.

❧ Қалаған үйіңді табасың. *Үмітіңді үзбе!* You will find the house you want. Don't lose hope!

❧ Жұмыс сұхбаты өткелі екі апта болды. Армандаған жұмысыма тұрамын деген *үмітімді үзе бастадым*. It has been two weeks since my interview, and I am starting to lose hope of getting my dream job.

үн қосу [to add voice]: **(1)** to express verbal support for an idea, call, cause, or the like; **(2)** to make a contribution to some field or development

◉ Dative. Formal.

❧ Көптеген америкалықтар Вьетнам соғысын *тоқтатуға үн қосты*. Many Americans expressed their support for stopping the Vietnam War.

❧ Исаак Ньютон *ғылымға* айтарлықтай *үн қосты*. Isaac Newton made a significant contribution to science.

хал үстінде [above strength]: **(1)** in critical health condition; **(2)** in dire straits (see *әл үстінде*)

◉ Can be formal. Variant: *әл үстінде*. Collocations: *хал үстінде жату, хал үстінде жүру* (to be in critical condition or dire straits).

шайтан түрту [to be poked by the devil]: to be tempted to do bad things

⚙ Accusative.

❧ Казиноны көргенде *оны* қайтадан *шайтан түртті*. When he saw the casino, he was lured by the devil again.

❧ Мирас психологқа барып, ішімдіктен емделіп жүр. Бірақ *оны* енді *шайтан түртпейтініне* кепілдік бар ма? Miras has been going to professional counseling for his drinking problem. But is there a guarantee that he will not be lured by the devil again?

шала бүліну [to spoil oneself partially]: to react with anger or offense to a minor thing without giving it careful consideration

⚙ Dative.

❧ Ол өзі толық емес; Айнұрдың семіздік туралы *айтқанына* неге *шала бүлінгенін* түсінбеймін. She is not obese, and I don't understand why she got angry at Ainur's comment about obesity.

❧ Мен саған немесе сен туралы айтып тұрған жоқпын. Сен *оған* неге *шала бүлініп отырсың*? I am not talking about you or to you. Why are you reacting like that?

шыбық тимей шыңқ ету [to shriek without being hit with a birch rod]: to overreact prematurely to something potentially negative that has not occurred

❧ Менің жиенім *шыбық тимей шыңқ етеді*: інісі оның ойыншығына тіпті көз салмай жатып, айқайлап жатыр. My nephew overreacts; he is yelling even before his brother has turned his attention to his toy.

❧ Мектептен жасөспірім қызы туралы жиналысқа шақыру қағазы келгенде, Қайыржан *шыбық тимей шыңқ етті*. Ол қызына ұрысып, істеп қойған бұзақылықтары туралы сұрай бастады. Kaiyrzhan overreacted prematurely when the school requested to see him about his teenage daughter. He started scolding her about all the trouble that she could be in.

шыбын құрлы көрмеу [not to see someone even as a fly]: **(1)** to have absolutely no regard for someone or something; **(2)** to see someone as a worthless creature

⚙ Accusative.

❧ Көкірегін керген ақсүйек өзінен төмен әлеуметтік таптың *адамдарын шыбын құрлы көрмейді*. The haughty aristocrat has absolutely no regard for others below his social class.

❧ Мейірімсіз диктатор этникалық топтың барлық өкілдерін қырып-жойды, өйткені ол *оларды шыбын құрлы көрмеді*. The ruthless dictator eradicated everyone from the ethnic group because he saw them as worthless creatures.

шіріген бай [rotten rich]: ***stinking rich***

❧ Кейбір әртіс жұлдыздар *шіріген бай*. Some celebrities are just stinking rich.

❧ Компьютер алпауыты *шіріген бай* болғанымен, бүкіл әлемде кедейлерге ең көп ақша беретіндердің бірі болып табылады. The computer mogul is stinking rich, but he's also one of the people who give the most to the poor in the whole world.

ым-жымы бір [one's mime and gesture are one]: being at one, especially in joint underhanded or secret dealings

❧ Базарда жүретін *ұрылардың полициямен ым-жымы бір* деген сөз бар. There are rumors that the pickpockets working in the open market are at one with the police.

❧ Қаржы саласындағы күйзеліске әкеп соққан ереже-заңдарды шығаруда *банктар мен үйге несие берушілердің ым-жымы бір болды*. The banks and mortgage companies were connected in policies that led to the financial crisis.

із басу [to step on a footprint]: ***to follow in someone's footsteps***

⚙ Genitive. Formal. Also: *ізбасар* (successor). Syn: *өкше басу* (in *Body*), *жолын қуу*.

❧ Рахия ұлының *әкесінің ізін басып*, қарулы күштер офицері болғанына қатты қуанды. Rakhiya was very happy that her son followed in his father's footsteps and become an officer in the armed forces.

❧ Жаңа бас атқарушы менеджер шетелдік стратегиялық даму саласында алдыңғы *бастықтың ізін басып жатыр*. The new CEO is following in his predecessor's footsteps in the area of foreign strategic development.

із суыту [to make the footprint cool]: to flee after committing a crime or illegal activity

❂ Optional ablative complement showing where someone is fleeing from. The idiom is not used with a dative complement denoting where someone is fleeing to. Formal. Collocations: *із суытпай* (immediately after a crime has been committed), *оқиға орнынан із суыту* (to flee the crime scene).

❀ Полиция жолаушыны қағып кетіп, оқиға *орнынан ізін суытқан жүргізушіні* іздестіруде. The police are looking for the hit-and-run driver.

❀ Ұры оның барлық алтын-күмісін алып, *ізін суытқан*. The thief fled after taking all her jewelry.

❀ Полиция оны *ізін суытпай* ұстады. The police captured him immediately after he committed the crime.

Nature: Табиғат

бетегеден биік, жусаннан аласа [higher than the fescue and lower than the wormwood]: **(1)** keeping a low profile; **(2)** humble

❀ Кино жұлдызы зейнеткерлікке шыққаннан кейін *бетегеден биік, жусаннан аласа* болып өмір сүрді. The movie star kept a low profile after her retirement.

❀ Ол өз ісін өте жақсы біледі, бірақ *бетегеден биік, жусаннан аласа.* He is very good at what he does and yet remains humble.

жел ауыз [wind mouth]: talebearer

☸ Variant: *желауыз.*

❀ *Жел ауыз көршінің* басқада не шаруасы бар екен? Why won't the talebearing neighbor just mind her own business?

❀ Жұмыстағы *желауызымыз* жаңадан келген кісі туралы алып-қашпа сөз таратып жүр. The office talebearer is spreading rumors about the new employee.

жел өкпе [wind lung]: light-minded, frivolous

☸ Marked by disapproving attitude to someone who is light-minded. Variant: *желөкпе.* Also: *желөкпелену* (to act light-mindedly).

❀ *Желөкпе* рок жұлдызы қазір қайда екен? Where is the frivolous rock star these days?

❀ *Желөкпе* Нұргүл оқуын тастап, Астанаға қыдырып кетті. Flighty Ainur has left her classes and taken off to visit Astana.

жел сөз [wind word]: rumor

☸ Syn: *алып-қашпа сөз* (in *Power of the Word*). Collocations: *жел сөз гулеу* (rumors are flowing), *жел сөз тарату* (to spread rumors), *жел сөз болып шығу* (to turn out to be a rumor).

❀ *Жел сөзге* мән берме, өйткені әдетте ол өтірік. Don't pay any attention to the rumors because they are usually false.

❀ Жұмыс күші он пайызға қысқартылмақ деген *жел сөз гулеп тұр.* There is a rumor flowing around the office that the company will have to reduce the workforce by 10 percent.

желаяқ [wind leg]: sprinter

☸ Variant: *желтабан. Collocation: желмен жарысқан желаяқ* (very fast sprinter). See also *желмен жарысу.*

❀ Олимпиадалық *желаяқ* бірнеше рет әлемдік рекорд жасады. The Olympic sprinter broke several world records.

❀ Ерлан бұл жерге бес минөтте жету үшін *желтабан* сияқты жүгірген шығар. Erlan must have run like a sprinter to get here in only five minutes.

желбуаз [wind pregnant]: empty, exaggerated, *hot air*

☸ Collocations: *желбуаз сөз* (empty words), *желбуаз ұран* (empty and exaggerated slogan), *желбуаз әңгіме* (empty talk).

❀ Ауылдағы ең әдемі қыздың өзіне тұрмысқа шыққалы жатыр дегені — *желбуаз сөз.* His news that the village's most eligible bachelorette is going to marry him is just hot air.

❀ Жалғас ешқашан бастаманы өзі әрі қарай алып кеткен емес. Ол тек *желбуаз ұран* айтуды ғана біледі. Zhalgas has never taken up on an initiative himself. He just knows how to say exaggerated slogans.

желмен жарысу [to race with wind]: to sprint, to go very fast

☸ Collocation: *желмен жарысқан жүйрік* (very fast horse or person). See also *желаяқ, желтабан.*

❀ Кішкентай Динара үйге келе жатқан әкесіне қарай *желмен жарыса* жүгірді. Little Dinara sprinted across the yard to welcome her father home.

❀ Асылан бар ақшасын *желмен жарысқан жүйрікке* салды. Asylan bet all his money on the very fast racehorse.

желтабан [wind feet]: sprinter (see *желаяқ*)

☸ Variant: *желаяқ.* See also *желмен жарысу.*

жігері құм болу [to have one's will become sand]: to be disappointed

☸ Genitive.

❀ Жұмысқа іріктеліп алынбағанда, оның *жігері құм болды.* She was very disappointed not to be chosen for the position.

❀ Жұмысты нашар орындағанына Азаттың *жігері құм болды.* Azat was very disappointed in his poor performance.

көлеңкеде қалу [to stay in the shade]: to stay in the background

☸ Also: *көлеңкеде қалдыру tr.*

❦ Асхат өзіндей дарынды емес інісі көзге түссін деп, *көлеңкеде қалды*. Askhat stayed in the background so that his less talented brother could be noticed.

❦ Қоршаған орта президенттің алдына қойған басты мәселесі емес, сондықтан ол *оны көлеңкеде қалдырды*. The environment was not the president's top priority, so he kept the issue in the background.

қар жамылып, мұз жастану [to cover oneself with snow and pillow the ice]: to go through suffering and hardship, especially during wartime (see *қар төсеніп, мұз жастану*)

☉ Variant: *қар төсеніп, мұз жастану.*

қар төсеніп, мұз жастану [to lay snow and pillow with ice]: to go through suffering and hardship, especially during wartime

☉ Variant: *қар жамылып, мұз жастану.*

❦ Менің үй ішім азаматтық соғыс кезінде *қар төсеніп, мұз жастанды*. My family went through a lot of suffering and hardship during the civil war.

❦ Дәулеттің анасы концлагерьде *қар жамылып, мұз жастанған*. Daulet's mother went through a lot of suffering and hardship during her imprisonment at the concentration camp.

құрақ ұшу [to fly like sprouts of reeds]: **(1)** to show great hospitality; **(2)** to fawn over someone obsequiously or in a servile manner

☉ Dative. Collocation (in the first sense): *құрақ ұшып қарсы алу tr* (to receive someone with great hospitality). See also *құрдай жорғалау* (in *Livestock with Beasts and Birds*).

❦ Айнұрдың *күйеуіне құрақ ұшатыны* аянышты. It's pathetic how Ainur obsequiously fawns over her husband.

❦ Бибінұр мәдени алмасу бағдарламасы бойынша келген шетелдік *студентті құрақ ұшып қарсы алды*. Bibinur received her foreign exchange student with great hospitality.

мұзға отыру [to sit on ice]: to be swindled (see *қара жерге отыру* in *Color*)

☉ Also: *мұзға отырғызу tr.*

мұздай киіну [to be dressed (to shine) like an ice]: to be impeccably dressed

☉ Also: *мұздай киіндіру tr.*

❦ Армангүл кешкі отырысқа *мұздай киініп* барды. Armangul was impeccably dressed for the dinner occasion.

❦ Сәнқой Қанат үнемі *мұздай киініп* жүреді. Stylish Kanat is always impeccably dressed.

мұздай қарулану [to be armed (to shine) like an ice]: *to be armed to the teeth*

☉ Also: *мұздай қаруландыру tr.*

❦ Полицияға *мұздай қаруланған* банк тонаушыларды тізгіндеу қиын болды. It was difficult for the police to contain the bank robbers who were armed to the teeth.

❦ Сарапшылар дұшпанды *мұздай қаруланған* дейді. Experts believe that the enemy is armed to the teeth.

өтірікті қардай борату [to blow the lies like snow]: to lie vigorously

☉ Syn: *өтірікті судай сапыру.*

❦ Ешкім куәгердің *өтірікті қардай боратып* отырғанын бірден байқамады. Nobody noticed right away that the witness was vigorously lying.

❦ Біз ұлымыздың *өтірікті судай сапыратын* әдетін қойдыруымыз керек. We have to change our young son's bad habit to lie vigorously.

өтірікті судай сапыру [to ladle the lies like water]: to lie vigorously (see *өтірікті қардай борату*)

☉ Syn: *өтірікті қардай борату.*

суық сөз [cold word]: unpleasant news

☉ Variant: *суық хабар.*

❦ Қатты жерсілкініс болады деген *суық сөз* тез тарап кетті. The unpleasant news stating that there would be a strong earthquake spread quickly.

❦ Шетелде жалғыз саяхаттап жүрген ұлымыз туралы *суық хабар* келмесін деп сыйынамыз. We pray that we will never receive unpleasant news about our son traveling abroad alone.

суық хабар [cold news]: unpleasant news (see *суық сөз*)

☉ Variant: *суық сөз.*

тал қармау [to grab willow]: to try to do something to get out of a difficult, embarrassing, or delicate situation

◉ Truncated from the saying *суға кеткен тал қармайды* (a drowning man will clutch at a straw).

❧ Шағын мұражай дағдарыста *тал қарман*, кейбір өнер туындыларын сатты. During the crisis the small museum tried to get out of its difficulty and sold some of its artwork.

❧ Әкем менің туған күніме шақырылмағанын біліп қойғанда, мен *тал қарман*, шешем шақырусыз келді деп құтылдым. When my father learned that I hadn't invited him to my birthday party, I had to do something. So I got out by saying that Mom came without an invitation.

тал шыбықтай бұралу [to squirm like a willow twig]: to have a graceful figure, as a young woman

❧ Биші *тал шыбықтай бұралып* өнер көрсетті. When the dancer performed, she showed her graceful figure.

❧ Көйлек оның *тал шыбықтай бұралған* денесіне өте жақсы жарасады. The dress looked great on her graceful figure.

топырақ салу [to put soil]: to attend someone's burial

◉ Dative. This expression can also be used with *бас* and *қабір* in the dative case. Also: *топырағы торқа болсын* (may one rest in peace) is an expression of condolence.

❧ Әкем атамызға *топырақ сала алмағанына* қабырғасы қайысты. My father was heartbroken when he couldn't attend my grandfather's burial.

❧ Бірнеше мың тілектес адам атақты сазгердің *қабіріне топырақ салды*. Thousands of well-wishers attended the famous musician's burial.

топырақ шашу [to throw soil]: to vilify

◉ Dative. Collocation: *көпке топырақ шашу* (to vilify the public).

❧ Өзара қырқысып, ажырасқанда, Жамалдың бұрынғы күйеуі *оған топырақ шашты*. Her ex-husband vilified Zhamal during the messy divorce.

❧ Болаттың қарсыластары жергілікті өкіметті жаңғырту туралы *ой-пікіріне топырақ шашты*. His opponents maligned Bolat's ideas to reform the local government.

туған жердің топырағы [soil of the birth place]: native land

◉ Literary. Collocations: *туған жердің топырағы бұйыру* (to be destined to die in one's native land), *туған жердің топырағы ыстық* (to love one's native land).

❧ *Оған туған жердің топырағы бұйырмады*: шайқаста ерлікпен қаза тауып, шет жерде жерленді. He was not destined to die in his country; he heroically died in battle and was buried in a foreign country.

❧ Динара шетелде төрт жыл оқып, Қазақстанға оралды, өйкені *оған туған жерінің топырағы ыстық*. Dinara studied abroad for four years but returned to Kazakhstan because she loves her native land.

шаң беру [to give a dust]: **(1)** to happen, as a situation, crime, or problem occurring again or occasionally; **(2)** to appear here and there; **(3)** to show up

❧ Жол апаттары осы торапта *шаң беріп тұрады*. Car accidents happen at this intersection.

❧ Сән салондары қалада *шаң бергенімен*, мынадай экономикасы қиын кезеңнен көпшілігі аман шықпай жатқан секілді. Although the beauty salons appeared here and there in the city, it seems like most are not surviving in this economy.

❧ Жанұясымен араласпай кеткен әке баласының тойында *шаң бергенде*, барлық адам таң қалды. Everyone was surprised to see the estranged father show up at the wedding.

шаң жуытпау [not to let a dust come close]: to defend vehemently so as to deny any wrongdoing, shortcoming, or problem

◉ Dative.

❧ Айыпталып отырған кісі өлтірушінің жанұясы *оған* сотта *шаң жуытқан жоқ*. The accused murderer's family vehemently defended him in court and denied all the allegations against him.

❧ Менің күйеуім жұмыс істемейтін, алқаш *інісіне шаң жуытпайды*. My husband vehemently defends his brother who does not work and is an alcoholic.

шаң қабу [to bite a dust]: to fall behind, *to be left in the dust*

☸ Syn: *шаңына ілеспеу*. The difference between *шаңына ілеспеу* and *шаң қабу* is how far someone is behind — as far as one can still "bite the dust" (*шаң қабу*) or as far as one "cannot follow the dust" (*шаңына ілеспеу*). Also: *шаң қаптыру tr.* Syn: *жолда қалу* (in *Miscellaneous*).

❀ Жарыста мен *шаң қаптым.* When I competed in the race, I was left in the dust.

❀ Кәмпит жеуден мен *басқаларды шаң қаптырамын.* I can leave everybody in the dust in candy eating.

шаңын қағу [to shake off one's dust]: to discipline someone by scolding or punishing when one's actions go astray

☸ Genitive. Adverbs can be used between the two constituents of the expression, as in the second example.

❀ Менің оқуға ынтасы жоқ жасөспірім ұлымның *шаңын қақпағаныма* біраз болды. It's been a while since I disciplined my teenager son, who is unmotivated and often loses focus.

❀ Ойын-сауықты жаны сүйетін Әнуарға колледждегі оқуын ел қатарлы бітіру үшін Нұргүл сияқты *шаңын* анда-санда *қағып тұратын* қатал апа қажет болды. That party animal Anuar needed a strict sister like Nurgul to discipline him once in a while so that he would graduate from college on time.

шаңына ілеспеу [not to follow one's dust]: to fall behind, *to be left in the dust* (see *шаң қабу*)

☸ Genitive. Syn: *шаң қабу*. The difference between *шаңына ілеспеу* and *шаң қабу* is how far someone is behind — as far as one can still "bite the dust" (*шаң қабу*) or as far as one "cannot follow the dust" (*шаңына ілеспеу*). Also: *шаңына ілестірмеу tr.* Syn: *жолда қалу* (in *Miscellaneous*).

❀ Майкл Джордан өз заманындағы ең үздік баскетболист шығар. Басқалар *оның шаңына ілеспейді.* Michael Jordan is probably one of the best basketball players of his time. He was so far ahead of all the other players.

шық бермес Шығайбай [Shygaibai who will not give a drop of dew]: very stingy person, *Scrooge*

☸ *Шығайбай* is a very stingy character in folk tales. Syn: *бір сабақ жіп бермеу* (in *Numbers*), *тас сараң*. See also *қара су* (in *Color*).

❀ Арман — *шық бермес Шығайбай.* Ол тіпті өзінің жан досының тойына сыйлық бермеді. Arman is a very stingy person. He didn't even get his best friend a wedding present.

❀ Ауыл адамдары оған *шық бермес Шығайбай* деп ат қойған. Неге екен? The villagers nicknamed her Scrooge. I wonder why?

ыстық-суығы [one's hotness and coldness]: *ups and downs*

❀ Collocation: *ыстығына күйіп, суығына тоңу* (to endure one's ups and downs).

❀ Өмірдің *ыстық-суығы* бар. Егер *оның ыстығына күйіп, суығына тоңбасаң,* қайсар бола алмайсың. Life has many ups and downs, and if you don't endure them, you won't become strong.

❀ Жұбайлық өмірдің *ыстығына күйіп, суығына тоңуға* дайынсың ба? Are you ready to endure the ups and downs of married life?

ыстық-суығы басылу [to have one's hotness and coldness go down]: (1) *to be cooled off*; (2) to subside in the level of excitement or controversy

❀ Олар үйленген кезде бір-біріне сондай ғашық болатын. *Ғашықтықтың ыстық-суығы басылғанда,* екеуі ұрыссып-керісе бастады. They were totally in love when they got married. But when both cooled off, they started fighting.

❀ Олимпиада ойындары біткеннен кейін *түнгі өмірдің ыстық-суығы басылды.* After the Olympic Games ended, the city's exciting night life subsided.

Fire: *От*

беттен от шығу [to have a fire come out of the face]: to blush, *to become red in the face*

☸ Genitive. Variant: *екі беттен от шығу.* Syn: *беті ду ету.*

❀ Орта жолда сөзін ұмытып қалғанда

саясаткердің *бетінен от шықты*. The politician blushed when he forgot his lines midway through his speech.

❀ Ұзақ сақтап келген сыры аузынан шығып кеткенде, Жанардың *бетінен от шықты*. When her long-kept secret slipped out of her mouth, Zhanar blushed.

беті ду ету [to have one's face combust]: to blush, *to become red in the face*

☸ Genitive. Variant: *екі беті ду ету*. Syn: *беттен от шығу*.

❀ Нағашы әпкесі періштедей әдемісің дегенде, кішкентай Жаннаның *беті ду етті*. Little Zhanna blushed when her aunt said she was as pretty as an angel.

❀ Ешнәрсеге қысыла қоймайтын Әділеттің *екі бетінің ду еткенін* көрген қызық екен. It's strange to see Adilet, who doesn't get embarrassed at anything, become red in the face.

екі оттың арасында [between the two fires]: *between a rock and a hard place* (see *екі оттың ортасында*)

☸ Collocation: *екі оттың арасында қалу* (***to be stuck between a rock and a hard place***).

екі оттың ортасында [in the middle of two fires]: *between a rock and a hard place*

☸ Variant: *екі оттың арасында*. Collocation: *екі оттың ортасында қалу* (***to be stuck between a rock and a hard place***).

❀ Астанада қалса, Асхаттың жақсы жұмысы болайын деп тұр. Бірақ ол *екі оттың ортасында қалып отыр*, өйткені оның анасы Атырауға елге қайтуын қаласа, ал әйелі Алматыға көш деп отыр. Askhat got a really good job offer to stay in Astana. He is stuck between a rock and a hard place because his mom wants him to move back home to Atyrau but his wife wants him to move to Almaty.

❀ Ерболат жалақысының жиырма бес пайызға азайтылуына не болмаса басқа қаладағы филиалға ауысуға келісуі керек. Сөйтіп, ол *екі оттың арасында қалып отыр*. Yerbolat has to agree to to take a 25 percent pay cut or relocate to another branch. He's really stuck between a rock and a hard place.

жүректің оты [fire of the heart]: **(1)** passion; **(2)** inspiration; **(3)** braveness; **(4)** promise

☸ Literary. Collocations: *жүректің оты бар* (passionate, ardent); *жүректің оты жету* (to have enough passion); *жүрекке от жағу*, *жүрекке от салу* (to inspire), *жүректің отын жағу* (to inspire); *от жүрек* (brave); *отты жүрек* (braveness); *көкіректе оты бар*, *кеудеде оты бар* (promising person).

❀ Байқауға *жүрегінің оты бар* жастардың қатысуы керек. The passionate youth should participate in this competition.

❀ Менің анам — *жүрегімнің отын жағушы*. My mother is always an inspiring force in my life.

❀ *От жүрек* сатушыдан таяқ жеген тонаушы қашып кетті. The robber ran off scared after the brave shopkeeper beat him.

❀ Компания жұмысқа тәжірибесі емес, *көкірегінде оты бар* адамдарды іздеуде. This company is looking for promising people, but not the ones with experience.

көздің оты [fire of the eye]: *fire in the eyes*

☸ Collocations: *көзден от шашу* (to irradiate passion through the eyes), *көздің оты жарқылдау* (to have passion sparkle in the eyes), *көздің оты бар* (to have fiery eyes), *көздің оты жарқ ету* (to sparkle ardency in the eyes). Also: *от көзді* (fiery eyes).

❀ «Мен оны жеңемін!», — деді балуан *көзінің оты жарқылдап*. "I will win!" said the wrestler with the sparkling passion in his eyes.

❀ Премьер-министрдің *көзінің оты бар*; әлемде бір үлкен өзгеріс істейтін адам. The prime minister has fire in her eyes; she's going to make a big difference in the world.

от ала келу [to come carrying fire]: to hurry away or to hurry back

☸ Marked by disapproval toward hurrying away or hurrying back. Also: *от ала келгендей* (in a hurry).

❀ Ол *от ала келіпті*, отырып шәй ішпей кетіп қалды. He hurried away and didn't even stay for tea.

❀ Ата-анамызға барған сайын *от ала келгендей* тез кері кетеміз. Бұл жолы көбірек болғым келеді. Every time we visit our parents, we hurry back. This time I want to stay longer.

от ауызды [with a fire mouth]: *sharp-tongued* (see *от ауызды, орақ тілді*)

☀ Variant: *от ауызды, орақ тілді.*

от ауызды, орақ тілді [with a fire mouth and sickle tongue]: ***sharp-tongued***

☀ Variant: *от ауызды.*

❀ *От ауызды, орақ тілді саясаткер өз әрекеттерін жанын сала қорғады.* The sharp-tongued politician vigorously defended his actions.

❀ *От ауызды, орақ тілді Қанаттың өңменнен өтетін сөздеріне таң қалған адам бар ма?* Is anyone surprised by sharp-tongued Kanat's piercing comments?

ойнаймын деп от басу [to step on fire wanting to play]: to err due to fooling around at a young age, *ойнап жүріп от басу*

☀ Variants: *ойнап жүріп от басу, от басу.*

ойнап жүріп от басу [to step on fire while playing]: to err due to fooling around at a young age

☀ Variants: *ойнаймын деп от басу; от басу.*

❀ *Жамал ойнап жүріп от басып, жүкті болып қалғанын түсінеді.* Zhamal understands that she erred and got pregnant because she fooled around at such a young age.

❀ *Болат есірткімен ойнаймын деп от басып, нашақорға айналды.* Bolat experimented with drugs when he was young and consequently became an addict.

от басу [to step on fire]: to err due to fooling around at a young age (see *ойнап жүріп от басу*)

☀ Variants: *ойнаймын деп от басу, ойнап жүріп от басу.*

от басы, ошақ қасы [head of the fire and near the trivet]: family, household (see *отбасы*)

☀ Literary. Syn: *жанұя* (in *Soul and Spirit*), *шаңырақ, үй іші* (in *Yurt*), *отбасы.*

❀ *Біздің от басы, ошақ қасымызда парасаттылық бар, сондықтан біз мықтымыз.* Our family has good values, and that's why we are strong.

отбасы [head of the fire]: family, household

☀ Formal. Variant: *от басы, ошақ қасы.* Syn: *жанұя* (in *Soul and Spirit*); *шаңырақ, үй іші* (in *Yurt*). Also: *отбасылық* (familial).

❀ *Біздің отбасымызда табысты еңбек етіп* жүрген дәрігерлер мен мұғалімдер бар. Our family has successful doctors and teachers.

❀ *Сұлтанның отбасы Стамбұлда демалғанды жақсы көреді.* The sultan's household enjoys vacationing in Istanbul.

отқа шақыру [to invite to the fire]: to invite a new bride of a relative to dinner (see *есік көрсету* in *Yurt*)

☀ Accusative. In the Kazakh culture, the groom's relatives and neighbors invite his bride to their house after their wedding to welcome her into the family and show hospitality. This welcome party is called *есік ашар*. Variants: *есік көрсету, есіктөр көрсету, үй көрсету* (in *Yurt*).

от жағу [to light fire]: **(1)** ***to set by the ears***; **(2)** to instill a certain feeling or sense

☀ Dative, in the second sense. Literary, in the second sense. Variants: *от қою, от салу, от тастау* (in the first sense); *от тұтату* (in the second sense). Collocations: *араздық отын жағу* (to instill a feeling of hostility), *наразылық отын жағу* (to instill a feeling of rebellion), *үміт отын тұтату* (to give a ray of hope). *Үміт отын жағу* can also be used with *жүрек* or *көңіл*: *жүрекке үміт отын жағу, көңілге үміт отын жағу* (to instill hope in someone's heart).

❀ *Марат колледжді бітіру кешіне тек мамасын ғана шақырды. Сөйтіп, ажырасқан әке-шешесінің арасына от жақты.* Murat invited only his mother to his college graduation party. By doing this he set his divorced parents by the ears.

❀ *Президенттің бос уәделері мен құр сөздері бірнеше мың жұмыссыз азаматтың жүрегіне болашаққа деген сенім отын жақпады.* The president's empty promises and uninspiring words about economic reform certainly did not communicate belief in the future to the thousands of jobless citizens.

❀ *Ганди, Мартин Лютер Кинг және Цезарь Шавез сияқты азаматтық құқықтарды жақтаған белсенділердің қуатты сөздері мен бейбіт әрекеттері езілген, түңілген бірнеше миллион адамға үміт отын тұтатты.* With their powerful words and peaceful actions, great civil rights activists like Gandhi, Martin Luther King Jr., and Cesar Chavez gave hope to millions of disenchanted and downtrodden people.

от кешу [to go through a fire]: to fight in war, as a soldier

☀ Formal.

❀ Менің нағашы жездем Вьетнам соғысында ұшқыш ретінде *от кешті*. My uncle fought in the Vietnam War as a fighter pilot.

❀ Ол Отан үшін *от кешіп*, бірнеше құрмет белгілеріне ие болды. He won several medals of honor fighting for his country.

от кою [to set a fire]: *to set by the ears* (see *от жағу*)

☀ Variants: *от жағу, от салу, от тастау.*

от пен оқ [fire and bullet]: war

☀ Literary. Collocations: *от пен оққа оранған жылдар* (times of war), *от пен оққа түсу* (to fight in a war).

❀ Әйелдер мен балаларға *от пен оққа оранған жылдарда* талмай еңбек етуге тура келді. The women and children had to work hard during wartime.

❀ Олар Отан үшін *от пен оққа түсті*. They fought for their country.

от пен суға түсу [to descend to fire and water]: *to go through fire and water*

☀ Variants *отқа да суға да түсу, отқа түсу*. Also: *от пен суға түсіру tr, от пен суға салу tr.*

❀ Менің жездем ағайын-туыстары үшін *от пен суға түседі*. My uncle will go through fire and water for the family.

❀ Мынадай қиын заман мені *от пен суға салуда*. These difficult times are making me go through fire and water.

от салу [to put a fire]: *to set by the ears* (see *от жағу*)

☀ Variants: *от жағу, от қою, от тастау.*

от тастау [to drop a fire]: *to set by the ears* (see *от жағу*)

☀ Variants: *от жағу, от қою, от салу.*

от тұтату [to ignite a fire]: to instill a certain feeling or sense (see *от жағу*)

☀ Variant: *от жағу.*

отқа да суға да түсу [to descend on to the fire as well as the water]: *to go through fire and water* (see *от пен суға түсу*)

☀ Variant: *от пен суға түсу, отқа түсу*. Also: *отқа да суға да түсіру tr, отқа да суға да салу tr.*

отқа май құю [to pour oil to fire]: *to add fuel to the fire*

❀ Ойынқұмарға қарызға ақша беру *отқа май құю* деген сөз. Lending money to a gambling addict is just adding fuel to the fire.

❀ Полиция наразылық білдірушінің бірін таяқтап, *отқа май құйды*. Қас қағым сәтте жаппай төбелес басталды. The police beat one of the protesters and thus added fuel to the fire. The mass fighting started in the blink of the eye.

отқа күймейтін, суға батпайтын [that will not burn in the fire and drown in the water]: indestructible, enduring (see *отқа салса жанбайтын, суға салса батпайтын*)

☀ Variant: *отқа салса жанбайтын, суға салса батпайтын.*

отқа қарап отыру [to sit looking at the fire]: to be very poor

❀ Бағы жанған жазушы болғанға дейін, Мансұр *отқа қарап отырған-ды*. Before he found success as a writer, Mansur was very poor.

❀ Мына аймақтағы халық *отқа қарап отыр*. The people in this region of the world are very poor.

отқа салса жанбайтын, суға салса батпайтын [that will not burn if put into the fire and will not drown if put into the water]: indestructible, enduring

☀ Variant: *отқа күймейтін, суға батпайтын*

❀ Азаматтық қозғалыс жетекшісі жиырма жылға қамалды, бірақ оның *отқа салса жанбайтын, суға салса батпайтын* рухы сынбады. The civil rights leader was jailed for more than twenty years, but her indestructible spirit never broke.

❀ Танк *отқа салса жанбайтын, суға салса батпайтын* сияқты. The tank seemed indestructible.

отқа түсу [to descend onto fire]: *to go through fire and water* (see *от пен суға түсу*)

☀ Variants: *отқа да суға да түсу, от пен суға түсу*. Also: *отқа түсіру tr, отқа салу tr.*

отпен ойнау [to play with fire]: *to play with fire*

❀ Азат несие карточкасындағы ақшасының бәрін жұмсап, *отпен ойнап жүр*. Azat is playing with fire by maxing out his credit cards.

❧ Ол кекшіл бастығына қайта-қайта қарсы сөз айтып, *отпен ойнап отыр*. By going against his vindictive boss again and again, he is playing with fire.

отты жылдар [fiery years]: times of war

☸ Literary.

❧ Мектебімізде *отты жылдар* батырларына арналған орталық бар. At our school, we have a center for wartime heroes.

❧ *Отты жылдарда* халықтың ер азаматтарының көзі жойылып кете жаздады. During wartime the country's male population was nearly decimated.

оты өшу [to have one's fire extinguish]: to die out

☸ Literary. Collocations: *ошақтың оты өшу, әулеттің оты өшу* (to die out as a family); *үміт оты өшу* (to have one's hope die). Also: *отын өшіру caus.*

❧ Өкінішке орай, үйден шыққан өрттен бүкіл *ошақтың оты өшті*. Sadly, the house fire killed everyone in the family.

❧ Ұялы телефондар кәдімгі *телефондардың отын өшіруде*. The cell phones are making the traditional phones die out.

отымен кіріп, күлімен шығу [to go in with one's fire and come out with one's ash]: to serve someone servilely, especially by doing all household chores

☸ Genitive.

❧ Менің нағашы апам өзінің зұлым қайын жұртын көп әңгімелейтін. Ол *олардың отымен кіріп, суымен шыққан*, ал олар отырып алып, семіруден басқаны білмеген. My aunt told us many stories about her evil in-laws. She used to servilely cook and clean for them while they just sat around and got fat.

❧ Байғұс мигрант жұмысшылар *қожайындарының отымен кіріп, суымен шығады*, сондағы алатындары тиын-тебен. Those poor migrant workers have to servilely obey their masters but only get paid pennies a day.

отын оттап, суын ішу [to eat one's grass and drink one's water]: to live, to settle in a foreign country

☸ Genitive denoting a country (*ел*), land (*жер*), or the name of a specific country.

❧ Осы *жердің отын оттап, суын ішіп*

отырғандықтан, заңдарына да бағынуымыз қажет. Because we live here, we must abide by this country's laws.

❧ Бүкіл дүние жүзінен келген адамдар *Американың отын оттап, суын ішіп жатыр*. People from all over the world live in America.

Mountains and Rocks: *Тау мен тас*

бір төбе [one hill]: **(1)** to stand above the rest; **(2)** as well as

☸ *Бір төбе* is repeated in the two clauses of the sentence.

❧ Менің дарынды апам *бір төбе*, қалғандарымыз *бір төбе* болатынбыз. My gifted elder sister stood above the rest of us.

❧ Оның ақылдылығы *бір төбе*, адамгершілігі *бір төбе*. He is a smart as well as a decent person.

өз алдына бір төбе [a hill on its own front]: **(1)** special in one's own right; **(2)** not to mention someone or something

❧ Менің *өз алдарына бір төбе* алты балам бар. I have six children who are special to me in their own right.

❧ Жездем үйде тамақ пісіріп, үйді тазалап, бақты қарап, көп шаруа істейді; *ал өз компаниясындағы жұмысы өз алдына бір төбе*. My uncle does a lot of housework — such as cooking, cleaning, and gardening — not to mention all the work he does at his own company.

өрге басу [to step on a slope]: to advance, to better

☸ Formal. Variants: *өрге домалау, өрге жүзу*. Also: *өрге бастыру tr.*

❧ Ньютонның қосқан үлесінің арқасында ғылыми салалар *өрге басты*. Newton's contributions to calculus advanced the sciences.

❧ Ол *ісін өрге бастыру* үшін менеджмент курстарына барып жүр. She is taking some management courses to better her business.

өрге домалау [to roll up the slope]: to advance, to better (see *өрге басу*)

☸ Variants: *өрге басу, өрге жүзу*. Also: *өрге домалату tr.*

өрге жүзу [to swim up the slope]: to advance, to better (see *өрге басу*)

❂ Variants: *өрге басу*, *өрге домалау*. Also: *өрге жүздіру tr*.

сайдың тасындай [like the stone of a ravine]: select and stout, as in men

◉ Used with a plural noun referring to men.

❀ Арнайы тапсырманы орындауға *сайдың тасындай жауынгерлер* алынды. A select group of stout soldiers was chosen for the mission.

❀ Оның тобын *сайдың тасындай өрт сөндірушілер* құрайды. His team consists of select stout male firefighters.

тас бүркену [to cover oneself head to toe with a stone]: to cover oneself (the entire body and head), especially while sitting or laying down

❀ Қыста менің әйелім жылы көрпемен *тас бүркеніп* ұйықтайды. During the winter my wife covers her entire body from head to toe with a warm blanket while she sleeps.

❀ Кішкентай балалар киноның қорқынышты жерлерінде *тас бүркеніп* отырды. Each of the young children covered their entire head and body during the scary parts of the movie.

тас бітіп қалу [to be stone blocked]: to be very stuffed, as a nose or blocked, as an ear

❀ Тұмаудан Асыланның *мұрны тас бітіп қалды*. Asylan's nose was very stuffed from the flu.

❀ Менің *құлағым* ұшақта *тас бітіп қалады*. My ears are blocked on the airplane.

тас керең [stone deaf]: *as deaf as a post*

❀ Мен сенің есігіңді он минөт қақтым. *Тас керең* болып қалдың ба? I have been knocking on your door for ten minutes. Have you gone as deaf as a post?

❀ Саясаткерлер *тас керең*; халықтың уайымы туралы естігілері келмейді. The politicians are as deaf as a post; they don't want to hear about the people's concerns.

тас қараңғы [stone dark]: **(1)** totally dark; **(2)** completely, when used to describe a blind or ignorant person

◉ Variant: *тастай қараңғы*. Syn: *су қараңғы*. Collocations: *жанары тас қараңғы* and *екі көзі тас қараңғы* are euphemisms for a blind person.

❀ Мына *тас қараңғы* жерде жалғыз жүру қауіпті. It is not safe to walk alone when it is totally dark in this neighborhood.

❀ Оның жанары *тас қараңғы*, солай бола тұра, жеке өзі өмір сүріп жатыр. He's completely blind but leads an independent life.

тас қылып [making something a stone]: tightly

◉ Collocations: *тас қылып жабу* (to close tightly), *тас қылып байлау* (to tie tightly), *тас қылып бекіту* (to lock tightly), *тас қылып түю* (to knot tightly), *көзді тас қылып жұму* (to close eyes tightly).

❀ Бәтеңкеңнің бауын *тас қылып байлап* алған сияқтысың ғой. It seems like you tied your shoelaces tightly.

❀ Жәндіктер кіріп кетпес үшін ол *есікті тас қылып жапты*. She closed the door tightly so that the insects won't get in.

тас сараң [stone stingy]: very stingy in giving money or things to others

◉ Syn: *Шық бермес Шығайбай*, *бір сабақ жіп бермеу* (in *Numbers*)

❀ Қанаттан қарызға бір доллар сұрап едім, *тас сараң* ол бермеді. I tried to borrow a dollar from Kanat, but he is so stingy that he refused.

❀ *Тас сараң* көкссі сшкімгс көк тиын қалдырмады. The stingy uncle didn't leave a red cent to anybody.

тасқа басу [to press on stone]: to print, to publish

◉ Also: *тасқа басылу pass*, *тасқа бастыру tr*, *тасқа басылған материал* (printed material).

❀ Редактор дау-дамай туғызған әңгімені *тасқа басуды* ұйғарды. The editor decided to publish the controversial story.

❀ Жамалдың көптен күткен кітабы келесі жылы жазда *тасқа басылады*. Zhamal's long-awaited book will be published next summer.

тастай батып, судай сіңу [to sink like a stone and be absorbed like water]: **(1)** to leave no trace; **(2)** to assimilate to new family, referring to a bride or a married woman

◉ In the second sense, this is jokingly used by women to refer to a bride as a wish to assimilate to her new family.

❀ Полиция *тастай батып, судай сіңіп кеткен* қу қашқынды ұстай алмады. The police couldn't capture the elusive fugitive who left no trace.

❀ Менің жақында тұрмысқа шыққан сіңлім ата-анамның үйіне жиі келіп тұрады. Бірде анам оған әзілдеп: «*Барған жеріңе тастай батып, судай сің!*», – деді. My recently married sister often visits my parents' house. Once my mom jokingly told my sister, "Go back and assimilate into your new family!"

тастай қатып ұйықтау [to sleep hard like a stone]: *to sleep like a rock, to sleep like a log*

❀ Сыбырламай-ақ қой; менің күйеуім *тастай қатып ұйықтап жатыр*. You don't have to whisper; my husband is sleeping like a log.

❀ Ол жолға шыққанда мәшинеде *тастай қатып ұйықтайды*. She sleeps like a log during long car rides.

тасы өрге домалау [to have one's stone roll up a slope]: to become successful

❂ Genitive. This idiom mainly refers to becoming successful in business. Also: *тасын өрге домалату caus*.

❀ Интернет арқылы қазақ тілі курстарын ұсынғанымда, *тасым өрге домалап*, студенттерім көбейді. After I offered Kazakh lessons through the Internet, I became successful and the number of my students increased.

❀ *Мейрамхананың тасын төрге домалату* үшін, жаңа қожайын тамақ түрлерін көбейтіп, маркетинг жұмысын арттырып, тұтынушыларға тамақ апарып беру қызметін енгізді. To make the restaurant business successful, the new owner expanded the menu, increased marketing, and offered delivery service.

таудай талап [aspiration like a mountain]: high aspiration

❂ Literary. Also: *талабы таудай* (one's aspiration is high), *таудай талап иесі* (aspiring person), *алға таудай талап қою* (to set a high aspiration).

❀ Ол дарынды болғанымен, оған *таудай талап* бермеген. Even though he is talented, he is not blessed with a high aspiration.

❀ Ол жергілікті әкімшіліктен ұлттық саяси аренаға барамын деп *алдына таудай талап*

қойып отыр. He's set high aspirations to go from local to national politics.

❀ *Талабы таудай* әнші өнер жолын жергілікті кафелерде ән айтып бастаған. The aspiring singer started out performing at the local cafes.

тауы қайту [to have one's mountain return]: to become discouraged upon failure, rejection, or denial (see *тауы шағылу*)

❂ Variant: *тауы шағылу*. Also: *тауын қайтару caus*.

тауы шағылу [to have one's mountain crack]: to become discouraged upon failure, rejection, or denial

❂ Variant: *тауы қайту*. Also: *тауын шағу act*.

❀ Биылғы әкімді сайлауда жеңіліске ұшыраған Мирас *тауы шағылып*, саясаттан кетіп, профессор болып жұмысқа тұрды. After losing the mayoral election this year, Miras felt discouraged and left politics to become a professor.

❀ Тұрмысқа шық деген сөзін кездесіп жүрген қызының қабылдамағаны *Алматтың тауын шақты*. His girlfriend's rejection of his marriage proposal discouraged and disappointed Almat.

тілі тастай [one's tongue is like a stone]: very articulate and trenchant, as a person

❀ Айқайлатып музыка ойнататын көршіммен сөйлесуге сіңлімді жібердім, өйткені оның *тілі тастай*. I sent my younger sister to talk to the neighbor who plays loud music, because she is very articulate and trenchant.

❀ Менің *тілі тастай* кішкентай жиенімнің барлық нәрсеге жауабы дайын. My very articulate and trenchant little niece has an answer for everything.

іске тастай [like a stone in work]: thorough, as person

❂ Also: *тастай орындау* (to perform a task thoroughly).

❀ *Ісіне тастай көмекші* еш нәрсені ұмытпайды. The thorough assistant never forgets a single detail.

❀ Мен Ерланға сенемін. Ол әрқашан берген *тапсырмамды тастай орындайды*. I trust Erlan. He always performs the task that I give him thoroughly.

The Earth: *Жер*

барар жер, басар тау болмау [to have no land to go to and no mountain to step on]: to have no place to go, especially for help

☀ Variant: *баратын жері, басатын тау болмау*. Also: *барар жер, басар тау қалмау* (to be left with no place to go).

❀ Мираттың отбасы да жоқ, достары да жоқ, сондықтан жұмысынан айрылғанда оның *барар жері, басар тауы болмады*. Mirat didn't have friends or family; so when he lost his job, he had nowhere else to go for help.

❀ Үкімет апачи үндістерін елдің батысына қарай көшіре берді, көшіре берді. Біраздан соң, олардың *баратын жері, басатын тауы болмады*. The government kept relocating the Apache Indians westward. After a while, the Apaches had no place to go to.

баратын жер, басатын тау болмау [not to have a land to go to and a mountain to step on]: to have no place to go, especially for help (see *барар жер, басар тау болмау*)

жер аяғы босау [to have the feet of the land loosen]: time in mid-spring when the snow has melted and the soil has dried (see *жер аяғы кеңу*)

☀ Variant: *жер аяғы кеңу*

жер аяғы кеңу [to have the feet of the land widen]: time in mid-spring when the snow has melted and the soil has dried

☀ Variant: *жер аяғы босау*

❀ Менің әкем бағына жаңа көкөніс отырғызу үшін үнемі *жер аяғының кеңуін* күтеді. My father always waits until the end of April when the snow has melted and the soil has dried to plant new vegetables in his garden.

❀ Құрылыс компаниясы пәтер кешенін салуды *жер аяғы босағанда* бастауға уәде берді. The construction company promised to start building the apartment complex at the beginning of May, when the snow has melted and the soil has dried.

жер басу [to step on a ground]: to walk the Earth

❀ Қашқын *жер басып жүрсе*, полиция тыным таппайды. The police won't rest while the fugitive is still walking the Earth.

❀ Болат аман-есен, біз сияқты *жер басып жүр*. Bolat is alive and well, walking the Earth like all of us.

жер болу [to become the ground]: **(1)** to be extremely humiliated, ashamed, or disgraced; *to nearly die of shame*; **(2)** to destroy, as in extinguishing a belief, trust, enthusiasm, or spirit

☀ Also: *жер қылу tr*. See also *жерге қарау*, in the first sense.

❀ Сенатор ішіп алып мәшине жүргізгені үшін ұсталып, *жер болды*. The senator nearly died of shame when he was arrested for drunk driving.

❀ Сыбайлас жемқорлық халықтың үкіметке деген *сенімін жер қылды*. The corruption destroyed people's belief in the government.

жер жастану [to pillow the ground]: to fall, to die

☀ Also: *жер жастанғыр (may you die)* is an expression used by mostly women to wish a curse on someone. See also *жер жұтқыр* (under *жер жұту*).

❀ Азаматтық соғыста *жер жастанған* адам саны туралы ресми статистикалық ақпарат жоқ. There are no official statistics about the number of people who died in the civil war.

❀ Ол күдікті жағдайда *жер жастанды*. He has died under suspicious circumstances.

жер жұту [to be swallowed by a ground]: *to vanish into thin air*, *to vanish off the face of the Earth*

☀ Accusative. Also: *жер жұтқыр (may you die)* is an expression used by mostly women to wish a curse on someone. See also *жер жастанғыр* (under *жер жастану*).

❀ Біздің ақшаны көп жұмсайтынымыз соншалық, *жинағымызды жер жұтып кететін* сияқты. We spend so much that our savings seems to vanish into thin air.

❀ Алаяқты *жер жұтты*; оның қайда екенін ешкім білмейді. The crook vanished off the face of the Earth; no one knows his whereabouts.

жер қайысу [to have the ground bend]: to be huge in quantity, usually of people or animals

☀ When used as a predicate, this idiom can be used with *салмағынан* or *көптігінен*. Also: *жер қайыстыру caus* is often used as an adjective.

❖ Тәуелсіздік күнін тойлауға жиналған халықтың *көптігінен жер қайысады*. A huge number of people gathered to celebrate Independence Day.

❖ Қатты шыққан мылтық дауысы *жер қайыстырған малды* үркітіп қашырды. The loud gunshot caused a huge number of cattle to stampede.

жер мен көктей [like the Earth and the sky]: *as different as day and night*

☀ Often preceded by *арасы* or *айырмашылығы*.

❖ Азамат пен Бористің мінез-құлықтарының *айырмашылығы жер мен көктей*, дей тұра, колледж бітіргелі әлі бірге пәтер жалдап, тату тұрып жатыр. Azamat and Boris have absolute opposite personalities, and yet they have been good roommates since college.

❖ Екі егіздің сабақ үлгерімі *жер мен көктей* болған. The academic achievement between the identical twins was as different as heaven and Earth.

жер соғу [to hit the ground]: to be swindled
(see *қара жерге отыру* in *Color*)

☀ Variants: *көк мұзға отыру*, *қара жерге отыру* (in *Color*); *тақыр жерге отыру*. Also: *жер соқтыру caus*.

жерге кіріп кете жаздау [to nearly go into the ground]: to be extremely embarrassed, *to bury one's head in the sand*

☀ Syn: *жерге қарау*, *кірерге жер таппау*, *кірерге тесік таппау*. All can be used with *ұяттан* or *ұялғаннан*. See also *жер болу*.

❖ Кәсіби футболист чемпионатта қорғаусыз қалған қақпаға доп соғатын мүмкіндігін пайдаланбай, *ұяттан жерге кіріп кете жаздады*. The professional soccer player missed an undefended scoring opportunity in the championship game. He wanted to bury his head in the sand.

❖ Әзиз баяндама жасап тұрған кезінде шалбарының сыдырмасы ашық екенін көріп қалып, *жерге кіріп кете жаздады*. Aziz was extremely embarrassed to discover that his pants were unzipped during the presentation.

жерге қарау [to look at the ground]: to be embarrassed

☀ Syn: *жерге кіріп кете жаздау*, *кірерге жер таппау*, *кірерге тесік таппау* imply being extremely embarrassed. Also: *жерге қарату tr*. See also *жер болу*.

❖ Компанияның бір шетелдік қызметкерінің жергілікті әріптестерін менсінбейтіні белгілі болғанда, оның бастығы *жерге қарады*. The foreign company's head was embarrassed when it became known that one of his expatriate employees was disdainful toward the local staff.

❖ Анам бала кезімдегі жалаңаш түскен фотоларымды жаңадан кездесіп жүрген қызыма көрсетіп, *мені әбден жерге қаратты*. My mom totally embarrassed me by showing my naked baby pictures to my new girlfriend.

жерден алып, жерге салу [to take from the ground and put back on the ground]: *to chew someone out*

☀ Accusative.

❖ Бапкер чемпионат ойынында тым көп қателік жібергендері үшін *командасын жерден алып, жерге салды*. The coach chewed out his team for making too many mistakes during the championship game.

❖ Әкем жаңа мәшинені соғып алғаны үшін *інімді жерден алып, жерге салды*. My father chewed out my brother for getting into an accident with the new car.

жер-жебірге жету [to reach the ground]: to scold someone detailing each individual fault; *to give someone a good tongue-lashing*

❖ Менің *жер-жебіріме жететіндей* мен оған ештеңе істеген жоқпын. I haven't done anything to make her give me a good tongue-lashing.

❖ Бастық демалыста жобаны уақытында бітіруге жұмысқа келмегендері үшін жұмыстастарыма ұрысып, *олардың жер-жебіріне жетіп жатты*. The boss was giving my coworkers a good tongue-lashing because they didn't work this weekend to help meet the deadline.

жер-көкке сыйғызбай мақтау [to praise, making someone not fit the sky and the Earth]: *to praise someone to the skies*

❂ Accusative. See also *ауыздың суы құрып мақтау* (under *ауыздың суы құру* in *Body*).

❀ Менің жұмыстасым жаңа *бастықты жер-көкке сыйғызбай мақтап жүр*. Оған әлі ерте сияқты. My coworker is praising our new boss to the skies. I don't think enough time has passed to do that.

❀ *Жер-көкке сыйғызбай мақтап* жүрген досы оған алаяқтық істеді. The friend whom she was praising to the skies swindled her.

жер-көкке сыймау [not to fit the Earth and the sky]: **(1)** *to be on pins and needles*; **(2)** to be overwhelmed by a sense of joy or pride; **(3)** to be overwhelming in quantity

❂ Syn: *жанын қоярға жер таппау* (in *Soul and Spirit*) in the first sense.

❀ Динара емтихан нәтижесін күтіп, *жер-көкке сыймады*. Dinara was on pins and needles while waiting for the results of her exam.

❀ Қайта сайланғанын естіп, Ерлан қуаныш пен мақтаныштан *жер-көкке сыймай отырды*. Having learned of his reelection, Erlan was overwhelmed by a sense of joy and pride.

❀ Күнде банкрот жариялап жатқан *адамдар жер-көкке сыймайды*. The number of people filing for bankruptcy every day is enormous.

жермен жексен болу [to be leveled with the ground]: to be leveled to the ground

❂ Also: *жермен жексен ету, жермен жексен қылу tr.*

❀ Ежелгі Отырар қаласы *жермен жексен болған*. The ancient city of Otyrar was leveled to the ground.

❀ Цунами қалаға кенеттен келіп, *оны жермен жексен етті*. The tsunami struck the city by surprise and leveled it to the ground.

кірерге жер таппау [not to find a ground to go into]: to be extremely embarrassed, *to bury one's head in the sand* (see *жерге кіріп кете жаздау*)

❂ Variant: *кірерге тесік таппау*. Syn: *жерге кіріп кете жаздау, жерге қарау*. See also *жер болу*.

❀ Ұлы мектепте марихуана тартып ұсталғанда, дінге берік ана *кірерге жер таппады*. The religious mother was extremely ashamed and embarrassed when her teenage son was arrested for smoking marijuana in school.

❀ Мейрамханада мас болып қалған жігіті құсып қойғанда, Жаннат ата-анасының алдында *кірерге тесік таппады*. Zhannat was so ashamed and embarrassed when her drunken boyfriend threw up at the restaurant in front of her parents.

кірерге тесік таппау [not to find a hole to go into]: to be extremely embarrassed, *to bury one's head in the sand* (see *кірерге жер таппай*)

❂ Variant: *кірерге жер таппай*. Syn: *жерге кіріп кете жаздау, жерге қарау*. See also *жер болу*.

тақыр жерге отыру [to sit on a barren land]: to be swindled (see *қара жерге отыру* in *Color*)

❂ Variants: *көк мұзға отыру, қара жерге отыру* (in *Color*); *жер соғу*. Also: *тақыр жерге отырғызу tr.*

The Sky and the Stars: *Аспан мен жұлдыздар*

аспан айналып жерге түскендей [as if the sky rolled down and dropped to the Earth]: extremely hot, as in the weather

❂ Syn: *ми қайнатар ыстық* (in *Body*).

❀ «Бүгін 45 градус ыстық». «Бәсе, *аспан айналып жерге түскендей*». "Today is 45 degrees Celsius." "No wonder it is extremely hot."

❀ Жаздың *аспан айналып жерге түскендей* болып тұратын күндері балалар көбінесе суы салқын теңізге шомылуға баратын. During the hot days of summer, the children often went swimming in the cool ocean.

аспанға көтеру [to raise to the sky]: *to put someone on a pedestal*

❂ Accusative. Variants: *көкке көтеру, төбеге көтеру* (in *Body*).

❀ Жұмыстағы жағымпазымыз *бастықты* үнемі *аспанға көтереді*. The office sycophant always puts the boss on a pedestal.

❀ Дәулет пен Айгүл басқа ата-аналардың алдында жақсы көріну үшін өздерінің қабілеті орташа *ұлдарын көкке көтереді*. Daulet and Aigul put their average son on a pedestal to make themselves look good in front of other parents.

аспандау [to sky up]: **(1)** *to skyrocket*; **(2)** *to put on a pedestal* (see *аспанға көтеру*); **(3)** to overflow with pride, honor, or the like

☸ Literary in the third sense. Also: *аспандату tr* in the first and third senses. Syn: *шығанға шығу* in the first sense. Collocations (in the second sense): *даңқы аспандау* (to overflow with a sense of glory), *абыройы аспандау* (to overflow with a sense of honor).

❧ Мұнай бағасы соңғы екі аптада *аспандап*, бір баррелі 90 доллардан 108 долларға жетті. The price of oil has skyrocketed from $90 to $108 per barrel in the last two weeks.

❧ Ұлының оқуын үздік бітіргенін көріп, әкенің көңілі *аспандады*. The father overflowed with pride to see his son graduate at the top of his class.

аспаннан аяғы салбырап түсу [to descend from the sky with one's legs hanging]: to come out of nowhere, *to come out of the blue*

☸ *Аяқ* can also precede *аспаннан*.

❧ Жас әртістер жиі аңқауланып, жұлдыз болып *аспаннан аяқтары салбырап түстік* деп ойлайды. Жұлдыз болу үшін бірнеше жыл талмай еңбектену керек. Young actresses often naively think that they can achieve stardom from out of nowhere; but it takes years of hard work.

❧ Мен *аяғым аспаннан салбырап түскен* жоқпын. Менің анам маған көп нәрсе үйретіп, табысқа жетуіме көмектесті. I didn't come out of nowhere. My mom taught me a lot and helped me become the successful woman that I am today.

аспанмен таласқан [fighting with the sky]: very tall, as a house, mountain, tree, or the like

☸ Variant: *аспанмен тілдескен*. Syn: *көкке бойлаған*. *Аспанмен таласқан* and *аспанмен тілдескен* imply being very tall, whereas *көкке бойлаған* refers to being just tall. Collocations: *аспанмен таласқан үй, аспанмен тілдескен үй* (skyscraper).

❧ Алматыда *аспанмен тілдескен* көп жаңа үй бой көтеруде. In Almaty, many very tall buildings are appearing.

❧ Эверест – *аспанмен таласқан* тау; оған көп адам шыға алған жоқ. Mount Everest is an immensely tall mountain and so not many men have climbed to the top.

аспанмен тілдескен [talking with the sky]: very tall, as a house, mountain, tree, or the like (see *аспанмен таласқан*)

☸ Variant: *аспанмен таласқан*. Syn: *көкке бойлаған*. *Аспанмен таласқан* and *аспанмен тілдескен* imply being very tall, whereas *көкке бойлаған* refers to being just tall. Collocations: *аспанмен таласқан үй, аспанмен тілдескен үй* (skyscraper).

жұлдыз санап жүру [to be counting the stars]: *to sit on one's butt*, *to space out* (see *ай қарап, жұлдыз санап жүру*)

☸ Variant: *ай қарап жүру*.

жұлдызы жану [to have one's star light up]: to have one's star shine brightly

☸ Genitive. Literary.

❧ Әншінің жаңа жинағы шығып, *жұлдызы* тағы *жанды*. With the release of his new album, the musician's star shone brightly once more.

❧ Тұтынушылар қалайтын гибрид мәшинесін шығарып жатқан *компанияның жұлдызы жанып тұр*. The car company's star is shining brightly now that it is producing hybrid cars that consumers want.

жұлдызы жарасу [to have one's star go well with another]: to get along well, *to click*

☸ Instrumental.

❧ Менің жаңа *жұмыстастарыммен жұлдызым* бірден *жарасты*. Ол бірдей нәрселерге қызығатынымыздан шығар. I immediately clicked with my new coworkers. It's probably because we have similar interests.

❧ Ерболат кездескен қыздарының ішінен әйтеуір *жұлдызы жарасқанын* тапты. Of all the women he's dated, Yerbolat has finally found one with whom he actually clicks.

жұлдызы жоғары болу [to have one's star high]: to achieve acclaim or success

☸ Genitive. Also: *жұлдызы жоғары тұру* (to continue being acclaimed or successful).

❧ Жазушы болуға талаптанып жүрген қыз бір күні *жұлдызы жоғары болатынын* айтты. The aspiring writer proclaimed that she would achieve acclaim one day.

❧ Елде демократиялық *партияның жұлдызы жоғары*. The democratic party has achieved success in the country.

жұлдызы қарсы [one's star is against]: to dislike someone

✪ Genitive and dative complements, especially when the idiom is used as a predicate. Genitive and dative complements can exchange positions.

❧ Үйленбей бірге тұрып жатқанымыз үшін *көршілеріміздің бізге жұлдыздары қарсы*. Our neighbors dislike us for living together and being unmarried.

❧ Сен *жұлдызың қарсы* адаммен бірге жұмыс істейсің. Сондықтан әрине, жұмысыңда проблема көп. Because you work with a person you don't like, of course you have many problems at the office.

көк соққыр [may one be beaten by the blue sky]: **God damn**

✪ Used as an expression wishing a curse on someone or something. The sky was worshiped by the ancient Kazakhs and other Turkic people.

❧ *Көк соққыр* құстар менің алмаларымды тағы жеп қойыпты. The God damn birds ate my apples again.

❧ Әнуар есігінің алдын бүлдіріп кеткен жасөспірімдерге: «*Көк соққырлар*!», — деп айқайлады. Anuar yelled at the teenagers who vandalized his front yard, "God damn you!"

көкке бойлаған [raising to the blue sky]: tall (see *аспанмен таласқан*)

✪ Syn: *аспанмен таласқан, аспанмен тілдескен* imply being very tall, whereas *көкке бойлаған* refers to being just tall.

көкке көтеру [to raise to the blue sky]: *to put someone on a pedestal* (see *аспанға көтеру*)

✪ Accusative. Variants: *аспанға көтеру, төбеге көтеру* (in *Body*).

төбесі көкке бір елі жетпеу [not to have one's top of the head reach the blue sky

by one fingerbreadth]: *to be on cloud nine* (see *төбесі көкке жету*)

✪ Variants: *төбесі көкке екі елі жетпеу, төбесі көкке жету*.

❧ Жарас туған күніне ойыншық әперуге ұлын дүкенге апарғанда, кішкентай *баланың төбесі көкке бір елі жетпей қалды*. Zharas took his son to the toy store to get his birthday present. The little boy was on cloud nine.

төбесі көкке екі елі жетпеу [not to have one's top of the head reach the blue sky by two fingerbreadths]: *to be on cloud nine* (see *төбесі көкке жету*)

✪ Variants: *төбесі көкке жету, төбесі көкке бір елі жетпеу*

төбесі көкке жету [to have one's top of a head reach the blue sky]: *to be on cloud nine*

✪ Variants: *төбесі көкке бір елі жетпеу, төбесі көкке екі елі жетпеу*. Collocations: *төбесі көкке жеткендей болу, төбесі көкке жеткендей қуану*.

❧ Кішкентай компаниялары құны бірнеше миллион тұратын жобаға қаржы алғанда, қызметкерлердің *төбесі көкке жетті*. When the small company got funding for a multi-million-dollar project, the employees were on cloud nine.

❧ Атақшы велоспортшы бірінші орын алғанда, оның жанкүйерлерінің *төбесі көкке жеткендей қуанды*. When the popular cyclist won first place, his fans were on cloud nine.

шығанға шығу [to go the sky]: *to skyrocket* (see *аспандау*)

✪ Syn: *аспандау*.

The Sun and the Moon: *Күн мен ай*

ай десе аузы, күн десе көзі бар [to have a mouth like the moon and eyes like the sun]: heavenly beautiful

✪ This expression, which is used in folk tales, is only applied to women. Syn: *ай мен күндей*. The sun and the moon are considered beautiful, and are inspirations to female Kazakh names such as *Күнсұлу, Айсұлу, Айгүл, Айымгүл*, and others.

❧ Сөйтіп, *ай десе аузы, күн десе көзі болған* тройлық *Елена* үшін соғыс басталды. So the war over the heavenly beautiful Helen of Troy began.

☀ Биылғы сән көрсетілімі өте сәтті өтті, өйткені *ай мен күндей модельдер* киімдерді өте жақсы көрсете алды. The fashion show was a huge success this year because of the many beautiful models who showed off the clothes gorgeously.

ай қабақ [moon eyebrow]: beautiful, crescent-shaped eyebrows in women

◉ Literary.

☀ Гаухар — *ай қабақ қыз*. Gaukhar has beautiful crescent-shaped eyebrows.

☀ Мен үнемі *сіңлімнің ай қабағына* қызғанышпен қараймын. I have always been jealous of my sister's beautiful crescent-shaped eyebrows.

ай қарап жүру [to be watching the moon]: *to sit on one's butt*, *to space out* (see *ай қарап, жұлдыз санап жүру*)

◉ Variants: *жұлдыз санап жүру*; *ай қарап, жұлдыз санап жүру*.

ай қарап, жұлдыз санап жүру [to be watching the moon and counting the stars]: *to sit on one's butt*, *to space out*

◉ The two components can be used independently. Variants: *ай қарап жүру*, *жұлдыз санап жүру*.

☀ Оның командасы бізді *ай қарап, жұлдыз санап жүр* деп ойлайды. His team thinks that we have been sitting on our butts.

☀ Менің әкем демалыста үйді әктеп бітірмеген інілерім мен маған қатты ашуы келіп, «Сен бесеуің не істедіңдер? *Ай қарап жүрдіңдер ме?*», – деп ұрысты. Because my father was furious at my brothers and me for not finishing painting the house over the weekend, he yelled at us, "What have you five boys been doing? Just sitting on your butts?"

ай мен күндей [like the moon and the sun]: heavenly beautiful (see *ай десе аузы, күн десе көзі бар*)

◉ Literary. Syn: *ай десе аузы, күн десе көзі бар*.

айдан анық [clearer than the moon]: *as clear as day*

◉ Syn: *тайға таңба басқандай* (in *Livestock with Beasts and Birds*)

☀ Екінші айналымда оның жеңіске жететіні *айдан анық* болды. In the second round, it was as clear as day that he would win.

☀ Арайдың үйіне баратын жол картасы *айдан анық* сызылған, сондықтан ешкім адаспады. Arai's map to her house was as clear as day, so nobody got lost.

айды аспаннан бір шығару [to make the moon come out from the sky]: to do or say something amazing, surprising, or shocking

☀ Менің қызметі жақсы дипломат ағам *айды аспаннан бір шығарып,* ерте зейнетке кетіп, кішкентай ауылда күрішші болып жүр. My successful diplomat brother shocked everybody by retiring early and becoming a rice farmer in the small village.

☀ Танымал жас әнші ұзын әдемі шашын ұстарамен қырқып тастап, фанаттарының алдында *айды аспаннан бір шығарды.* The young popular singer unexpectedly shaved off her long beautiful locks of hair, turning the world upside down for all her adoring fans.

айдың күні аманда [when the moon and the sun are safe and secure]: in peaceful times (see *айдың-күннің аманында*)

◉ Only used to convey that something should not have happened. Variant: *айдың-күннің аманында*.

айдың-күннің аманында [when the moon and the sun are safe and secure]: in peaceful times

◉ Only used to convey that something should not have happened. Variant: *айдың күні аманда*.

☀ *Айдың-күннің аманында* үкімет қорғаныс бюджетін көбейтіп, әлеуметтік бағдарламаларды қысқартты. During these peaceful times the government has actually increased the defense budget and cut social spending.

☀ Дәулетті банкир ақшасын толықтай шашып, *айдың күні аманда* баспанасыз қалды. The wealthy banker completely mismanaged his money and became homeless in this peaceful time.

айы оңынан туу [to have one's moon be born on one's right side]: to get lucky, **to have luck come one's way**

❋ Syn: *жолы болу* (in *Miscellaneous*). Also: *айың тусын оңыңнан, жұлдызың тусын солыңнан* (*I wish you good luck*) is literary.

❋ Үш жыл бойы лотерея ойнаған *Маралдың айы оңынан туып*, екі миллион доллар ұтып алды. After three years of playing the lottery, luck finally came Maral's way when she won $2 million.

❋ Отыз жыл салт басты болған менің *айым оңымнан туып*, армандаған қызымды кездестірдім. After thirty years of being single, luck finally came my way when I finally met the woman of my dreams.

атар таң [the dawn that will rise]: future, tomorrow (see *атар таң мен шығар күн*)

❂ Variant: *атар таң мен батар күн*.

атар таң мен батар күн [the dawn that will rise and the dusk that will set]: future, tomorrow (see *атар таң мен шығар күн*)

❂ Variant: *атар таң*.

атар таң мен шығар күн [the dawn that will rise and the sun that will come out]: future, tomorrow

❂ Variants: *атар таң*; *атар таң мен батар күн*.

❋ Балаларымыздың *атар таңы мен шығар күнін* ойлауымыз керек. We have to think about our kids' future.

❋ Көптеген кедей *отбасылардың атар таңы мен батар күні* бұлыңғыр. Tomorrow is uncertain for many poor families.

бүгінгі таңда [at today's dawn]: currently, today, used in political and economic contexts

❂ Formal.

❋ *Бүгінгі таңда* жалпыға ортақ денсаулық сақтау бағдарламасы ең басты саяси мәселе болып отыр. Universal health care is currently the major topic in politics.

❋ Зор дағдарыстан шығу — үкіметтің *бүгінгі таңдағы* мақсаты. Recovering from the great recession is the current aim of the government.

күн бермеу [not to give a day]: to make someone's life difficult

❂ Dative. Variant: *күн көрсетпеу*.

❋ Мектептегі әлімжсттік істейтін үлкен бала *бізге күн бермейді*. The big bully at school used to make our lives very difficult.

❋ Практикам мені өте қажытты, өйткені жұмыстағылар *маған күн көрсетпеді*. My internship was very stressful because the employees made my life very difficult.

күн кешу [to go through a day]: to live everyday life

❋ Кейбір құрылыс компаниялары басқа елдерден заңсыз келген жұмысшылардың қиын жағдайын пайдаланады. Содан кейбір жұмысшылар құл сияқты *күн кешуде*. Because some construction companies take advantage of the difficult situation of workers who entered the country illegally, some workers live like slaves.

❋ Жанар мейірімді, дәулетті жігітті кездестіргенге дейін тақыр кедей болатын. Қазір ол ханшайым сияқты *күн кешуде*. Zhanar was broke and destitute until she met a kind and wealthy man. Now she lives like a queen.

күн көрсетпеу [not to show a day]: to make someone's life difficult (see *күн бермеу*)

❂ Dative. Variant: *күн бермеу*.

күн көру [to see a day]: **to make a living**

❂ Can be formal. Also: *күнкөріс* (living), *орташа күнкөріс деңгейі* (a median household income).

❋ Тұрақты жұмыссыз *күн көру* қиын. It is difficult to make a living without a stable job.

❋ Мұрат *күнкөріс* үшін талмай еңбек етіп, көптеген елдерге барады. Murat works very hard and has to travel to many different countries to make a living.

күн құрғатпай [not letting the day dry out]: every single day

❋ Мен жаңалықтарды *күн құрғатпай* оқимын. I read the news every single day.

❋ Дана ауруханада жатқан әкесіне *күн құрғатпай* барып тұрды. Dana visited her sick father in the hospital every single day.

күн туу [to have a day be born]: **(1)** time comes for some action; **(2)** to have times of trouble or need, especially when used with *басқа*: *басқа күн туу*

❂ Used with a present participle in the first sense. Syn: *басқа іс түсу* (in *Body*), in the second sense.

❀ Асырап алған ұлына туған әке-шешесі туралы *айтатын күн туды*. The time came for him to tell his adopted son about his birth parents.

❀ Дәурен жиырма жыл істеген жұмысынан айрылып, *басына күн туғанда* өзінің ер-бой жеткен балаларына сүйенді. When Dauren lost his job of twenty years and was experiencing times of need, he relied heavily on his grown-up children for support.

күндей күлімдеу [to smile like the sun]: to smile brightly

❀ Бір жарқын жүзді әйел бізді *күндей күлімдеп* қарсы алды. A friendly and warm woman greeted us with a bright smile.

❀ Болат тұтынушылардың алдында *күндей күлімдеп*, жарқырап жүреді. Bolat always has an inviting and bright smile for his customers.

күндіз күлкіден, түнде ұйқыдан қалу [to be left out from laughter during daytime and sleep during nighttime]: *to lose sleep over someone or something*

❂ Variant: *күндіз күлкіден, түнде ұйқыдан айырылу*

❀ Кейбір адамдар Нострадамустың болжап қойған ақыр заманын ойлап, *күндіз күлкіден, түнде ұйқыдан қалып жүр*. Some people are losing sleep over Nostradamus's apocalyptic prediction.

❀ Ділдә иттігі бар жұмыстастарының кесірінен *күндіз күлкіден, түнде ұйқыдан айырылып жатыр*. Dilda is losing sleep over her backstabbing coworkers.

күндіз күлкіден, түнде ұйқыдан айырылу [to lose laughter during daytime and sleep during nighttime]: *to lose sleep over someone or something* (see *күндіз күлкіден, түнде ұйқыдан қалу*)

❂ Variant: *күндіз күлкіден, түнде ұйқыдан қалу*.

күнтимес [untouchable by the sun]: **(1)** a timid young woman who does not go out; **(2)** female genitalia

❂ Sarcastic, in the first sense, and used in the western variety of Kazakh. In the second sense, it is used as a euphemism.

❀ *Күнтимес Гаухар* тұрмысқа шыққанда, адамдар қатты таңқалды. Жігітін қай жерде кездестірді екен? When timid Gaukhar got married, people were very surprised. Where did she meet her boyfriend?

❀ Бұл — *күнтимеске* арналған зат. This is a product for female genitalia.

күні қараң [one's day is dark]: *not to make it*

❂ Genitive.

❀ Менің көршім күйеуімен ажырасуды ойлап жүр. Оның масайраған күйеуі өзінсіз *әйелінің күні қараң* деп ойлайды. My neighbor is contemplating getting a divorce. Her smug husband thinks she won't make it without him.

❀ Әйелім үнемі жанымда жүрмесе, *менің күнім қараң* болатын. Without my wife constantly beside me, I would not have made it.

күні түсу [to have one's day descend]: to be forced to seek someone's help

❂ Dative and genitive.

❀ Азат ағамыз — қолы ашық, сенімді адам. *Оған біздің күніміз түскенде*, ол ешқашан бізден сырт айналмайды. Azat is a generous and reliable brother. He's always there for us when we need his help.

❀ Үкіметке ауыл шаруашылықтарының *күні түсіп отыр*. The farmers are in desperate need of the government's financial help.

күнін бермесін [may I not be given someone's day]: *may God not give us someone's unfortunate life*

❂ Accusative and dative. See also *итке бермесін* (in *Livestock with Birds and Beasts*).

❀ Маған өз балалары сыйламайтын *көршімнің күнін бермесін*. May God not give me the life of my neighbor, whose children are rude and disrespectful to her.

❀ Бейшара баспанасыз адамның барар жері жоқ. *Оның күнін маған бермесін*. The poor homeless man has no place to go. May God not give me his unfortunate life.

қараңғылықтан шығу [to exit the darkness]: to come out of darkness, illiteracy

❂ Also: *қараңғы* (illiterate, unenlightened), *қараңғылықтан шығару tr* (to get someone out of darkness).

✤ Менің елімнің *қараңғылықтан шығуы* бір ғасырға созылды. It took my country a century to come out of darkness.

✤ Зұлым ата-бабаларындай емес, жаңа монарх өз *елін қараңғылықтан шығаруға* көп еңбектенді. Білім оның басты мақсаттарының бірі болды. Unlike his cruel forefathers, the new monarch worked hard to bring the kingdom out of ignorance and darkness. Education was one of his top priorities.

нұр үстіне нұр [sun ray on top of sun ray]: better
✵ Formal. This idiom is preceded by the dependent adverbial clause of time or condition in the subjunctive mood. Also: *нұр үстіне нұр жаусын* (*wish you all the best*).

✤ Халықтың ой-пікіріне *құлақ асқанда, нұр үстіне нұр болған болар еді*. It would have been better if we had listened to people's opinions.

✤ Қор биржасы қазір өте тұрақсыз. Ірі инвестиция салмас бұрын оның тұрақталуын *күтсек, нұр үстіне нұр болады*. The stock market is very volatile right now. It would be better to wait until it stabilizes before purchasing large investments.

таң ату [to have the dawn shoot]: to dawn
✵ Literary. Collocations (can be used with *ату*): *ақиқат таңы* (dawning of truth), *бақыт таңы* (dawning of happiness), *қарттықтың таңы* (dawning of old age), *тәуелсіздік таңы* (dawning of independence).

✤ *Демократия таңы* біздің жерімізде тағы бір рет *атады*. Democracy will dawn once more in our land.

✤ Концлагерьден қашып шыққанда жездеме *бақыт таңы атты*. Escaping the concentration camp marked the dawning of happiness for my uncle.

таң белгі бергенде [when the dawn gave a sign]: *at the crack of dawn*
✵ Variants: *таң қылаң бергенде, таң сыз бергенде*.

✤ Шаруа жұмысын *таң белгі бергенде* бастайды. The farmer begins his work at the crack of dawn.

✤ *Таң қылаң бергенде* достарыммен бірге гольф ойнауға барамын. At the crack of dawn, my friends and I will go golfing.

таң қылаң бергенде [when the dawn gave a peep]: *at the crack of dawn* (see *таң белгі бергенде*)
✵ Variant: *таң белгі бергенде, таң сыз бергенде*.

таң сыз бергенде [when the dawn was drawn out]: *at the crack of dawn* (see *таң белгі бергенде*)
✵ Variant: *таң белгі бергенде, таң қылаң бергенде*.

таңы атып, күні бату [to have one's dawn shoot and one's sun set]: to be able to live without someone or something
✵ Variant: *таңы атып, күні шығу*.

✤ Қазіргі балалардың ұялы телефондары, электронды поштасы, MP3 плейерлері болмаса, *таңдары атып, күндері батпайды*. Children nowadays cannot live if they don't have cell phones, e-mail, and MP3 music players.

✤ Мен ертең оны жұмыстан шығарамын. *Онсыз менің таңым атып, күнім шығады*. I will fire him tomorrow. I will be all right without him.

таңы атып, күні шығу [to have one's dawn shoot and one's sun come out]: to be able to live without someone or something (see *таңы атып, күні бату*)
✵ Variant: *таңы атып, күні бату*.

толған айдай [like a full moon]: **(1)** radiant; **(2)** to gradually and physically develop from an adolescent girl to a young woman, when used with *толықсу*: *толған айдай толықсу*
✵ In the second sense, this idiom can be figuratively used to describe something that is maturing. Collocations (in the first sense): *толған айдай жүзі* (one's radiant face), *толған айдай жарық* (as bright as a full moon).

✤ Жаннаның *толған айдай жүзі* ақ жарқын. Zhanna's radiant face is warm and friendly.

✤ Менің қызым *толған айдай толықсып тұр*, енді оған тесіліп қарайтын еркектерден сақ жүремін. Now that my daughter has developed into a young woman, I must be careful about men staring at her.

түн жамылу [to cover oneself with night]: **(1)** *under a cloud of night*; **(2)** to swear

❂ In the second sense, this idiom is used when someone swears to something in the evening.

❀ Құпия полиция оппозициялық партияның жетекшілерін *түн жамыла* тұтқындайтын. The secret police used to arrest opposition party leaders under a cloud of night.

❀ Мен одан ешқашан көмегімді аяған емеспін, *түн жамылып отырмын*. I have always helped him out, I swear.

ұлы сәске [great late morning]: midday

❀ Түскі тамаққа жұмыстастарыммен бірге *ұлы сәскеде* барамын. My coworkers and I go out to lunch at midday.

❀ Сен оны *ұлы сәске* кезінде көрдің бе? Did you see him at midday?

Water: *Су*

салы суға кету [to have one's raft go to the water]: to be low-spirited and downtrodden

❂ Genitive. Possessive pronouns used as a genitive complement can be omitted.

❀ Басты бәсекелесінен жеңілгеннен кейін, компания *президентінің салы суға кетті*. After losing the business to his top competitor, the company president became low-spirited and downtrodden.

❀ Бірнеше күн бойы *менің салым суға кетіп* жүрді. Сүйікті итім қатты ауырып қалып, көпке дейін жазылмады. I have been low-spirited and downtrodden for several days. My favorite dog fell terribly ill and did not recover for a long time.

су жаңа [water new]: absolutely new, as objects

❂ Variant: *судай жаңа*.

❀ Жеке ісімнен түскен артық ақшаны әйеліме *су жаңа*, қымбат *мәшине* сатып алуға жұмсадым. I used the extra money from our business to buy my wife an absolutely brand new luxury car.

❀ Үкімет *судай жаңа трамвайлар* сатып алуға бірнеше миллион ақша жұмсады. The government spent millions to get brand new trams.

су жұқпас [untouchable by water]: crafty, cunning, or lucky person who gets off scot-free

❀ *Су жұқпас* саясаткер сот досына айтып, кейбір маңызды айғақтарды сотта келтірткізбей, түрме жазасынан құтылып кетті. The cunning politician avoided prison time for the alleged crime by getting his judge friend to dismiss crucial evidence.

❀ Менің інім бала кезінде сондай *су жұқпас* болатын, ол ата-анамызды алдапсулап, бүлдірген нәрселеріне мені кінәлі қылып шығаратын. My brother was so cunning as a child that he could manipulate my parents into blaming me for all the trouble he actually caused.

су қараңғы [water dark]: **(1)** totally dark; **(2)** completely, when used to describe a blind or ignorant person (see *тас қараңғы*)

❂ Variant: *судай қараңғы*. Collocations: *жанары су қараңғы* and *екі көзі су қараңғы* are euphemisms for a blind person.

су ми [water brain]: ***blockhead, knucklehead*** (see *көк ми* in *Color*)

❂ Syn: *көк ми* (in *Color*).

су тату [to taste like water]: not to be tasty

❂ Used in regard to first-course and second-course dishes that are boiled and lack a buttery or creamy taste.

❀ Жанна сорпаға жеткілікті сүйек салмай, *су таттырып қояды*. Zhanna does not add enough bones to her soup, causing it to be not tasty.

❀ Мына мейрамхананың пеште піскен картобы *су татиды*, өйткені оған қажетті қаймақ пен май салынбаған. The baked potato at this restaurant is not tasty because it lacks adequate sour cream and butter.

су тегін [water free]: extremely inexpensive, almost free of charge

❀ Яна киім-кешекті мейрам кездерінде сатып алғанды жақсы көреді, себебі ол кезде киім-кешек *су тегін* тұрады. Yana likes to shop during the holiday sales because the clothes are extremely inexpensive.

❀ Американдық колледж студенттері демалысқа Мексикаға барғанды жақсы көреді, өйткені онда тамақ пен ішімдік *су тегін*. American college students love going to Mexico for vacation because the food and drinks are extremely inexpensive.

су ішсем де, у ішсем де [even if I drink water or drink poison]: regardless of what (positive or negative) happens

❀ Редактор аймақтың қауіпті екенін айтқанда, құлшынып тұрған тілші: «*Су ішсем де, у ішсем де* бас мақала жазып алып келемін!», — деп жауап берді. When the editor warned about the danger in the region, the eager reporter replied, "No matter what happens, I am going to get that headline story."

❀ *Су ішсем де, у ішсем де* мен көмір кенінде жұмыс істеп, бала-шағамды асырауым керек. Regardless of what happens, I have to work in the coal mine to feed my children.

судай білу [to know like water]: to be fluent in a foreign language

✿ Accusative. Also: *судай* requires a dative complement.

❀ Менің нағашы апам *испан тілін судай біледі*, ол испан тілінде балаларға арналған бірнеше танымал кітап жазды. My aunt is fluent in Spanish and has published several popular children's books in Spanish.

❀ Дэвид *французшаға судай*, сондықтан осы семестрде профессордың көмекшісі болып жұмыс істеуге өтініш тапсырады. David is fluent in French, so he will apply for the French class teaching assistant position this semester.

судай жаңа [new like water]: absolutely new, as objects (see *су жаңа*)

судай қараңғы [dark like water]: (1) totally dark; (2) completely, when used to describe a blind or ignorant person (see *тас қараңғы*)

✿ Variant: *су қараңғы*. Collocations: *жанары судай қараңғы* and *екі көзі судай қараңғы* are euphemisms for a blind person.

сіркесі су көтермеу [not to have one's nit lift the water]: (1) to be irascible; (2) to be in a very bad mood

❀ Кезегін күтіп көп уақыт тұрып қалған *қарияның сіркесі су көтермей қалды*. The old man became irascible after waiting in line for a long time.

❀ Жалғас жұмысынан айырылып қалды. *Сіркесі су көтермей жүр*. Zhalgas has lost his job. He is in a very bad mood.

Numbers: Сан

One: *Бір*

аруағын бір аунату [to make one's spirit roll over once]: to delight a deceased person's spirit

☯ Literary. Also: *аруағы бір аунау noncaus*.

❋ Ерлан әжесінің бау-бақшасын қайта гүлдендіргенде, *оның аруағы бір аунаған шығар*. Erlan's grandma's spirit was probably delighted when he revived her garden.

❋ Мен университет бітіріп, *атамның аруағын бір аунатқанымды білемін*. Ол менің жоғары білім алғанымды қалайтын. I know that my graduation from college has delighted my grandfather's spirit. He always wanted me to go to college.

бәрін айт та, бірін айт [say it all and then say the one]: the most important factor, the bottom line

☯ Sometimes used with *демекші* and *дегендей* (*as they say*).

❋ Бірнеше сағат сөйледің! *Бәрін айт та, бірін айт*! You've been talking for hours! Bottom line, what is your point?

❋ *Бәрін айт та, бірін айт демекші*, ол көрмеген кино жоқ. Bottom line, there is no movie that he hasn't seen.

бір айналып келу [to come after circling once]: to come back after some time

☯ Used to imply coming to a certain place and returning after being away for some time. Also: *бір айналып соғу* (to check back later).

❋ Тамақ дайын болғанша *бір айналып келемін*; бір шаруам бар. I will come back later when the food is ready; I have things to do.

❋ Әнуар үйінде жоқ екен. *Бір айналып соғармын*. Anuar is not at his place. I will check back later.

бір ауыз сөз [one mouth word]: a couple of words, few words

☯ Variants: *бірер ауыз сөз, бір-екі ауыз сөз, екі ауыз сөз*. Collocations: *бір ауыз сөзге келмеу* (not to say a word), *бір ауыз сөзге келтірмеу tr* (not to let someone say a word), *бір ауыз сөзге сыйғызу tr* (to express something in a couple of words), *бір ауыз сөзге тарту tr* (to initiate a brief conversation), *бір ауыз сөзге тоқтау* (to heed one's brief advice).

❋ «Айгүл маған үндеместен кетіп қалды». «Маған да *бір ауыз сөз айтқан жоқ*. Келгесін түсіндіретін шығар». "Aigul left without saying anything." "She didn't say a single word to me either. She will probably explain when she comes back."

❋ Ашуланған жасөспірім ата-анасының үйінен *бір ауыз сөзге келместен* атып шықты. The angry teenager stormed out of his parents' house without saying anything.

❋ Жанымдағы *жолаушыны екі ауыз сөзге тартып көріп едім*, бірақ ол үндемеген қалпынан таймады. I tried to initiate a conversation with my fellow passenger, but he kept quiet.

❋ Ойыңды оған айт. Қанша қырсық болғанымен, ол — *бірер ауыз сөзге тоқтайтын адам*. Do tell him what you think. No matter how stubborn he is, he does heed the advice.

❋ Мақал-мәтелдерде халық бар *даналығын бір ауыз сөзге сыйғызған*. Proverbs and sayings express the people's whole wisdom in a few words.

бір ауыздан [from one mouth]: unanimously, *with one voice*

☯ Can be formal. Collocations: *бір ауыздан қолдау* (to support unanimously), *бір ауыздан келісу* (to agree unanimously), *бір ауыздан дауыс беру* (to vote unanimously).

❋ Шекара аймақтарында тұратын адамдар қатаң *көшіп-қону заңын бір ауыздан қолдайды*. Residents living along the border unanimously support tougher immigration laws.

❋ Айыпталып отырған қылмыскерге қарсы айғақтардың барлығы жанама болғандықтан, алқа билері *оны бір ауыздан ақтады*. All the evidence against the accused criminal was circumstantial, so the jury unanimously acquitted him.

бір беткей [with one side]: obstinate, stubborn

☯ Variants: *бірбеткей, бірбет*

❋ *Бір беткей* инженер ақылға сыймайтын мерзім ішінде бітіремін деп, сапасыз жоба жасаудан бас тартады. The obstinate engineer refuses to sacrifice the quality of his design to meet an unrealistic deadline.

❀ *Бірбеткей* әжей немерелерін ішкіш күйеу баласының қамқорлығына беруден бас тартты. The stubborn grandmother refused to give back custody of her grandchildren to her alcoholic son-in-law.

бір елі [one fingerbreadth]: always together, close by or close behind

☸ Variant: *екі елі*. Collocations: *бір елі қалмау* (to always follow someone), *көзден бір елі таса қылмау* (to keep a close eye on someone), *қасынан бір елі қалмау* (to be always together, **to be joined at the hip**).

❀ Ағалы-інілі *әкелерінің қасынан бір елі қалмайды*. Мен оларды үнемі бірге көремін. The two brothers and their father are joined at the hip. I always see them together.

❀ Полиция *күдіктіні көзінен бір елі таса қылмады*. The police kept a close eye on the suspect.

❀ Менің кішкентай сіңлім *менен бір елі қалмайды*. My little sister follows me everywhere.

❀ Менің атам *мені жанынан екі елі тастамайтын*. Wherever he went, my grandfather would always take me with him.

бір есеп [one calculation]: **(1)** hidden agenda; **(2)** way, solution

☸ Collocations (in the first sense): *бір есебін табу* (to find a way to do something), *бір есебі болу* (to work out, to be solved).

❀ Оның қаржы салымдары туралы ақыл-кеңесін абайлап тыңда. *Оның* әрдайым *бір есебі бар*. Be wary of his financial advice. He's always got some hidden agenda.

❀ «Менің апа-жездем әлі ұрыссып-керісіп жүр, олар ажырасып кете ме деп қорқамын». «Оны уайымдама, *бір есебі болар*». "My uncle and aunt are still bickering, and I fear that they will divorce." "Don't worry, it will all work out."

❀ Халық *бір есебін тауып*, қаржы нарығында тұрақтылық орнатады деп президенттен үмптенуде. People are hoping that the president will find a way to bring stability to the financial markets.

бір есептен [from one calculation]: on the other hand

❀ Қаржы дағдарысы өте қиын болып отыр. *Бір есептен*, ол бізге үнемді болуды үйретіп отыр. The financial crisis has been hard. On the other hand, it has taught us to be more economical.

❀ *Бір есептен*, ол тағдырының мына тәлкегінен сабақ алады деп сенеміз. On the other hand, hopefully he will learn from this bad experience.

бір жағадан бас, бір жеңнен қол шығару [to make the heads come out of one collar and the arms out of one sleeve]: to be united and collaborative, to be close-knit

☸ Variant: *бір жеңнен қол, бір жағадан бас шығару*

❀ Студенттер бүкіл елде *бір жағадан бас, бір жеңнен қол шығарып*, езуші билікке қарсы наразылық көрсетті. The students were united nationwide and collectively protested against the oppressive regime.

❀ *Бір жеңнен қол, бір жағадан бас шығаратын* жанұя қиын-қыстау кездерде бір-біріне қамқорлық көрсетеді. The members of the close-knit family take care of each other through thick and thin.

бір жапырақ [one leaf]: **(1)** little, tiny, as in a amusingly small girl; **(2)** little piece, as in a small piece of paper, bread, land, or the like

☸ Collocations: *бір жапырақ қағаз* (a tiny piece of paper), *бір жапырақ көйлек* (a tiny dress).

❀ Даусы үлкен кісінікіндей болғанымен Жанар — *бір жапырақ қыз*. Although Zhanar has the voice of an adult, she is a tiny girl.

❀ Мынадай экономикасы қиын заманда *бір жапырақ нанды* бөлісіп жеп отырмыз. We are sharing a small piece of bread in these hard economic times.

❀ Токиода үйлер *бір жапырақ жерлерге* салынады. In Tokyo houses are built on small plots of land.

бір жасап қалу [to make it once]: to be delighted, as in elders being pleased or proud

☸ Used in regard to or by elders only.

❀ Көптен көрмеген немерелерін көріп, *қария бір жасап қалды*. The elderly grandmother's spirits rose when she saw her grandchildren, whom she hadn't seen for a while.

❁ Әуе күштерінің қартайған генералының зейнеткерлікке шығуы керек болғанына көңілі түсті. Бірақ жарты күн кеңесші болып жұмыс істей алатынын естігенде, *генерал бір жасап қалды.* The aging air force general was saddened by his imminent retirement, but he regained his spirits upon discovering that he could return as a part-time adviser.

бір жеңнен қол, бір жағадан бас шығару [to make the arms come out of one sleeve and the heads out of one collar]: to be united and collaborative, to be close-knit (see *бір жағадан бас, бір жеңнен қол шығару*)

❂ Variant: *бір жағадан бас, бір жеңнен қол шығару.*

бір келу [to come once]: to come back one day

❂ Collocation: *алдына бір келу* (to come to someone asking for help one day).

❁ Біздің көршіміз соғыста хабар-ошарсыз кеткен ұлы *бір келеді* деп сенеді. Our neighbor believes that her missing-in-action son will come back one day.

❁ Менің жақсылығымды білмейтін інім мені көргісі келмейді. Бірақ оның *алдыма бір келетінін білемін.* Though my ungrateful brother does not want to see me, I know he'll come one day asking for help.

бір киер [one-time wear]: good looking, as an item of formal wear

❁ «Заттарың ауыр ма?» «Жоқ, тек *бір киер киімдерімді* ғана алдым. Басқа күнделікті киімді сонда сатып аламын». "Are your things heavy?" "No, I took only my good-looking evening wear. I will buy casual clothing there."

❁ Біз үйленгенімізге он жыл болғанын тойлауға мейрамханаға барғалы отырмыз. Менің әйелім әдемі, *бір киер көйлегін* киеді, ал мен жалға смокинг аламын. We are going out to a restaurant for our tenth anniversary. My wife will wear her beautiful, radiant evening gown and I will rent a tuxedo.

бір кіндіктен тарау [to spread from one umbilical cord]: to be born from the same mother but different fathers

❂ Half siblings who have the same mother are called *бір кіндіктен тарағандар* (spread from the same umbilical cord). Half siblings

with the same father are *қандастар* (of the same blood).

❁ Батыр аға мен оның *бір кіндіктен тараған* қарындасы бір-біріне мүлдем ұқсамайды. There is absolutely no resemblance between Uncle Batyr and his half sister.

❁ Назым *бір кіндіктен тараған* інісін қызғыштай қорғайды. Nazym is very protective of her half brother.

бір сабақ жіп бермеу [not to give a piece of thread]: **(1)** to be greedy; **(2)** not to give anything at all

❂ Dative. Syn: *шық бермес Шығайбай, тас сараң* (in *Nature*), in the first sense. See also *қара су* (in *Color*).

❁ Ол – сондай сараң кісі; *басқаға бір сабақ жіп бермейді.* He is such a greedy person; he will not give anything to anyone.

❁ Менің қолымның ашықтығын ол білген емес. Енді *оған бір сабақ жіп те бермеймін.* She never appreciated my generosity. From now on I will not give anything to her.

бір сөзбен айтқанда [when said in one word]: *in a word*

❁ Марал мені сүйеді, тамаша ана және менің шын жан серігім. *Бір сөзбен айтқанда,* мен Маралға үйленгеніме бақыттымын. Maral is a loving wife, wonderful mother, and a true companion. In a word, I am lucky to be married to Maral.

❁ Қазір жанармай мен азық-түлік бағасы жоғары, қор биржасы қирап жатыр, сонымен қатар, кейбіреулер жұмыссыз. *Бір сөзбен айтқанда,* экономика ыдырап жатыр. Nowadays the gas and food prices are high, the stock market is crashing, and there is unemployment. In a word, the economy is falling apart.

бір тарының қауызына сыйғызу [to make someone fit the shell of one grain]: *to make someone's life a living hell*

❂ Accusative.

❁ Ланкестер ауыл *адамдарын бір тарының қауызына сыйғызды.* The terrorists made the villagers' lives a living hell.

❁ Бастық ашуланса, *бәрімізді бір тарының қауызына сыйғызады.* Whenever the boss gets angry, he makes everyone's life a living hell.

бір теңге беріп айтқызып, мың теңге беріп қойдыра алмау [to give someone one tenge to say something and then not to be able to stop him or her with a thousand tenge]: to encourage someone to do something with the result of not being able to stop him or her

☉ *Теңге* (tenge) is a Kazakh currency.

❀ Наташа алғашқыда караокемен өлең айтқысы келмей отырды, бірақ ән айтуын бір бастағаннан кейін, *біз оған бір теңге беріп айтқызып, мың теңге беріп қойдыра алмадық*. Natasha didn't want to sing karaoke at first, but once she got started, no one could stop her.

❀ Әйелім бақшаға емдік қасиеті бар өсімдік қана отырғызуымды сұрап жүрген еді. Ол *бір теңге беріп істетіп, мың теңге беріп қойдыра алмады*: мен емдік өсімдіктер, көкөніс және жеміс ағаштарын отырғызып жатырмын. My wife's been asking me to plant some herbs in the garden. I have gone overboard and have been planting herbs, vegetables, and fruit trees.

бір тиын [one copeck]: *red cent* (see *көк тиын* in *Color*)

☉ Variant: *көк тиын* (in *Color*), *соқыр тиын* (in *Miscellaneous*). Collocations: *бір тиынға татымау*, *бір тиынға тұрмау*, *құны бір тиын* (not to be worth a red cent), *бір тиын пайда* (red cent profit or use), *бір тиын пайда көру* (to make a red cent profit).

бір туған [one born]: **(1)** full sibling; **(2)** agnate

☉ Genitive or instrumental in the first sense. Compare the first two examples. The expression is used as a predicate, in the second sense. Note the saying *қазақ пен қырғыз бір туған*.

❀ Әкеміз атамызға арнап, ағайын-туыстарды жинап, той өткізбекші. Барлығымыз атамыздың *бір туған* бауырларын көруге асықпыз. Our father is hosting a family reunion for our grandfather this year. We look forward to seeing all of his full siblings.

❀ Мен *әжеммен бір туған кісіні* кездестірдім. I met the person who is my grandmother's full sibling.

❀ «Марат атай сенің атаңа қалай туыс болады». «Олардың арғы аталары *бір туған*».

"How is Grandpa Marat related to your grandfather?" "Their great-grandfathers are agnates."

бір ізбен кіріп, бір ізбен шығу [to go in with one footprint and come out with one footprint]: *to go by the book*

❀ Айымгүл жол тәртібін қатаң сақтайды; ол мәшинеге отырса болды, *бір ізбен кіріп, бір ізбен шығады*. Aimgul obeys all traffic laws; she really goes by the book when she gets in the car.

❀ Ол — *бір ізбен кіріп, бір ізбен шығатын* адам. Сондықтан салық төлегенде ешқашан алаяқтық істемейді. She is the type of person who goes by the book. That's why she will never cheat on her taxes.

бір ішек болу [to become one intestine]: to be emaciated

❀ Қоғамның сұлулық туралы пікіріне сай болу үшін талаптанып жүрген көптеген жас модельдер *бір ішек болады*. Many aspiring models become emaciated to fit society's perspective of beauty.

❀ Әнуар дұрыс тамақтанбай, жұмысынан қажып, *бір ішек болды*. Anuar was emaciated from not eating well and being overstressed at work.

бірбет [one face]: obstinate, stubborn (see *бір беткей*)

☉ Variant: *бір беткей*.

бірді бірге жалғау [to connect one to one]: *to get by on a shoestring*, *to make ends meet*

☉ Variant: *бірді бірге үйлестіру*.

❀ Тілеулестің *бірді бірге жалған*, күн кешкісі келмейді. Tileules does not want to live getting by on a shoestring.

❀ Күн-түн демей, демалыс демей жұмыс істеп, ол мынадай қиын жағдайда *бірді бірге үйлестіріп отыр*. In this tough economy, she is making ends meet by working nights and weekends.

бірді бірге соғу [to hit the one to one]: to set people against one another, to cause people to clash (see *бірді бірге шағылыстыру*)

☉ Variant: *бірді бірге шағылыстыру*.

бірді бірге үйлестіру [to make the one befit one]: *to get by on a shoestring*, *to make ends meet* (see *бірді бірге жалғау*)

☉ Variant: *бірді бірге жалғау*.

бірді бірге шағылыстыру [to shatter the one with one]: to set people against one another, to cause people to clash

☸ Variant: *бірді бірге соғу.*

☸ Оның сөзіне сенбе, ол әрдайым *бірді бірге шағылыстырып жүреді.* Don't believe his words; he always sets people against one another.

☸ Әртүрлі діни сенімдер ғасырлар бойы *бірді бірге соқты.* Different religious beliefs have caused people to clash for centuries.

бірді екі ету [to make the one be two]: **(1)** to make profit; **(2)** *to stretch a buck*

☸ Мейрамхана иесі демалыс күндері де жұмыс істеп, *бірді екі етуге тырысып жүр.* The restaurant owner is trying to make a profit by staying open on the weekends.

☸ Қарқыны мынадай баяу экономикада тұтынушылар *бірді екі етіп жатыр.* In this slow economic environment, consumers are all stretching the buck.

бір-екі ауыз сөз [one or two mouth word]: a couple of words, few words (see *бір ауыз сөз*)

☸ Variants: *бірер ауыз сөз, екі ауыз сөз.*

бірер ауыз сөз [one or two mouth word]: a couple of words, few words (see *бір ауыз сөз*)

☸ Variants: *бір ауыз сөз, бір-екі ауыз сөз, екі ауыз сөз.*

біртуар [born once]: unrivaled and prominent

☸ Literary.

☸ Эйнштейн *біртуар ғалым* болды. Ол физика саласына қосқан үлесі арқылы әлемді өзгертті. Einstein was an unrivaled and prominent scientist. He changed the world with his significant contributions to the field of physics.

☸ Мұражайда *халқымыздың біртуар ұл-қыздары* туралы деректер бар. There are documents about our people's prominent figures in this museum.

Two: *Екі*

екі айналып келмеу [not to come after going around twice]: to never come back, as in a deceased person or the past never returning

☸ Ол жастық дәурен *екі айналып келмейді* деп, өмірдің қызығын көруде. He is enjoying his life, thinking that youth will never come back to him.

☸ Құрбан болған адам өзін кім өлтіргенін айтуға *екі айналып келмес.* The victim will never come back to tell who the murderer was.

екі ауыз сөз [two mouth word]: a couple of words, few words (see *бір ауыз сөз*)

☸ Variants: *бір ауыз сөз, бір-екі ауыз сөз, бірер ауыз сөз.*

екі бүктелу [to be folded into two]: to coil up, to curdle up, to bend

☸ Жазғы үйімнің есігінің маңдайшасы өте төмен: үйге ұзын бойлы інім *екі бүктеліп кіреді.* The doorway of my summer house is very low, so my tall brother bends as he comes in.

☸ Бүгін ішім ауырып, *екі бүктеліп жаттым.* Today I had a stomach ache and coiled up in bed.

екі дүниеде [in two worlds]: **(1)** never; **(2)** eternally

☸ Ол сені *екі дүниеде* кешірмейді. He will never forgive you.

☸ Мен атамның әженің қолын жәйлап сипағанын алғаш көргенде, оның әжемді *екі дүниеде* сүйіп өтетінін түсіндім. When I first saw Grandpa gently caress Grandma's hands, I understood that he will love her eternally.

екі елі [two fingerbreadths]: always together, close by, or close behind (see *бір елі*)

☸ Variant: *бір елі.* Collocations: *екі елі қалмау* (to always follow someone), *көзден екі елі таса қылмау* (to keep a close eye on someone), *қасынан екі елі қалмау* (to be always together, *to be joined at the hip*).

екі етпеу [not to make something two]: not to need reminding

☸ Accusative. Collocation: *айтқанды екі етпеу* (to fulfill one's order or request without reminding).

☸ Менің сіңлім тіл алғыш. Ешқашан *айтқанымды екі етпейді.* My sister heeds me. She never needs my reminding.

☸ Жаңа әкімшілік көмекшісі берілген барлық *тапсырмаларды екі етпей орындайды.* The new administrative assistant completes all her assigned tasks without reminding.

екі жарты, бір бүтін болу [to have two halves become one whole]: to get married

⚙ Based on the idea that one person is only half of the whole. He or she will become one whole upon marriage.

❀ Кітапта басты кейіпкерлер тағдырдың жазуымен кездесіп, бір-біріне ғашық болып, соңында *екі жарты, бір бүтін болады*. In the book, the main characters fatefully meet, fall in love, and eventually marry each other.

❀ Фатима апай бірнеше жыл бұрын жесір қалған. Мұқтар ағай болса, үш жыл бұрын қосағынан айрылды Екеуі *екі жарты, бір бүтін болып қосылды*. Aunt Fatima became a widow several years ago, and Uncle Mukhtar lost his spouse three years ago. Now they have joined their lives.

екі жүзді [with two faces]: *two-faced*

⚙ Also: *екі жүзділік* (double-facedness).

❀ *Екі жүзді* адамнан сақ бол. Be wary of two-faced people.

❀ Құпия тергеушілер ақырында *екі жүзді* саясаткерді сыбайлас жемқорлық және таран-таражбен айналысқаны үшін ұстады. The two-faced politician was finally brought down for corruption and embezzlement by the undercover investigators.

екі иығына екі кісі мінгендей [as if two people mounted on one's two shoulders]: broad-shouldered, as a man

❀ *Екі иығына екі кісі мінгендей* палуан өз өнерімен көрермендерді таң қалдырды. The broad-shouldered heavyweight wrestler surprised the audience with his art.

❀ Менің нағашы атам *екі иығына екі кісі мінгендей* ірі кісі болған. My maternal grandfather was a broad-shouldered man.

екі көзі төрт болу [to have one's two eyes become four]: to wait for someone looking at the door or window impatiently and anxiously

❀ Сіңлім түн ортасына дейін келмеді. Есік пен терезеге жалтақтап, *екі көзім төрт болды*. My sister didn't come until midnight. I waited for her constantly, looking at the door and window.

❀ Дәурен мерейтойға кешікті. Келіп қалар деген үмітпен, есікті баққан *әйелінің екі көзі төрт болды*. Dauren was late for his anniversary dinner. His wife waited impatiently at the restaurant, constantly looking at the door entrance hoping he would arrive.

екі көзі шарасынан шығу [to have one's two eyes come out of their eye sockets]: to be extremely frightened or surprised, *to have one's eyes pop out of one's head*

⚙ Variant: *көзі шарасынан шығу* (in *Body*). *Екі көзі шарасынан шығу* is more precise and focused in meaning because of the number "two." Also: *екі көзі шарасынан шыға жаздау* (*to have one's eyes nearly pop out of one's head*).

❀ Мен машинемнің әбден тас-талқаны шыққанын көргенде, *екі көзім шарасынан шыға жаздады*. When I saw that my car had been totally vandalized, my eyes nearly popped out.

❀ Күйеуі сатып алып келген көне сырғаны көргенде, *Иринаның көзі шарасынан шықты*. Irina's eyes popped out when she saw the antique earrings her husband had bought for her.

екі көзі ішіп-жеу [to have one's two eyes drink and eat]: to devour with one's eyes; to look at someone fixedly, steadily, and harassingly; to eye someone or something greedily

⚙ Accusative. Variant: *көзі ішіп-жеу* (in *Body*). *Екі көзі ішіп-жеу* is more precise and focused in meaning because of the number "two." Also: *екі көзімен ішіп-жеу tr*, *екі көзі ішіп-жеп бару* (to be eyeing someone or something greedily).

❀ Автобустағы жолаушының *екі көзі өзін ішіп-жеп бара жатқанын* көргенде, Алма жиіркеніп кетті. Alma was disgusted when she noticed that a fellow passenger on the bus was devouring her with his eyes.

❀ Туған күні болып жатқан бала *шоколад тортын көзімен ішіп-жеді*. The birthday boy eyed his chocolate cake greedily.

екі қолы алдына сыймау [not to have one's two hands fit one's lap]: to be bored without a thing to do

❀ *Екі қолым алдыма сыймай отыр еді, сенің телефон соққаның жақсы болды.* I was bored not knowing what to do, so it is good that you called me.

❀ *Біз боранның кесірінен күні бойы үйге қамалып отырмыз. Бейшара балалардың екі қолы алдарына сыймай отыр.* The blizzard has trapped us within the house all day. The poor children are so bored without anything to do.

екі ойда жүру [to go in two thoughts]: *to have second thoughts* (see *екі ойлы болу*)

❂ Variant: *екі ойлы болу.*

екі ойлы болу [to be with two thoughts]: *to have second thoughts*

❂ Can be formal. Variant: *екі ойда жүру.*

❀ *Қазіргі мамандығым туралы екі ойлымын.* I have second thoughts about my current major.

❀ *Алма жігітіне күйеуге шығуға келіскенімен, екі ойда жүрді.* Although she agreed to marry her boyfriend, she had second thoughts.

екі орау [to wrap twice]: to be twice as good

❂ Accusative. See also *он орау.*

❀ *Жоғары сапалы дайындықтың арқасында бүгінгі спортсмендер елу жыл бұрынғыларды екі орайды.* Superior training has made today's athletes twice as good as athletes were fifty years ago.

❀ *Бай аудандағы мектептер кедей жерлердегі мектептерді екі орайды.* The schools in this wealthy district are much better than the ones in the impoverished districts.

екі сөз [two words]: a couple of words, few words (see *бір ауыз сөз*)

екі сөйлеу [to speak twice]: to be double-tongued

❂ Also: *екісөзді* (double-tongued).

❀ *Ол мынадай экономикалық жағдайда қол астындағылардың жалақылары мен қызметтерін көтеруге уәде етіп, екі сөйлеп отыр.* The manager is being double-tongued when he promises raises and promotions during this economic turmoil.

❀ *Әсел — иттігі бар, екісөзді адам. Оның сөзіне сенбе.* Asel is a backstabbing double-tongued person. Don't believe her words.

екі талай [two and many]: uncertain, least likely

❂ Can be formal. It is preceded by an infinitive.

❀ *Мынадай реніштен кейін ағайындардың татуласуы екі талай.* After this fight, it is uncertain whether the relatives will be friends again.

❀ *Ұйқысынан кеш оянған оның пойызға үлгеруі екі талай.* Because he woke up late, he's least likely to make his train.

екі туып, бір қалғаны емес [not born twice and stayed once]: not to be related in terms of kinship, *neither kith nor kin*

❂ Marked by one's negative attitude toward someone who is not of kin, but acting like one. The affirmative form is used in rhetorical questions only.

❀ *Менің университетте бірге оқыған бір жақсы досым кейбір кезде менен қарызға ақша алып тұрады. Әйелім екі туып, бір қалғаным емес оны неге құтқара беретінімді түсінбейді.* My good friend from college always borrows money from me. My wife does not understand why I keep bailing him out when he is neither kith nor kin.

❀ *Ол сенің екі туып, бір қалғаның ба? Неге бір жыл бойы сенің үйіңде тегін тұрып жатыр?* He is neither kith nor kin, is he? So why is he living at your house for free for a year?

екі ұшты [with two tips]: ambiguous, equivocal

❂ Can be formal.

❀ *Президенттің саясатта жіберген қателіктеріне берген түсіндірмелері екі ұшты көрінді.* The president's explanations of his political mistakes appeared ambiguous.

❀ *Ол болған апаттың себебі туралы сұраққа екі ұшты жауап берді.* He gave an equivocal answer to the question about the cause of the accident.

екі шоқып, бір қарау [to peck twice and look once]: to be extremely cautious

❀ *Менің бастығым екі шоқып, бір қарайтын адам; мына келісім шартқа оңайлықпен қол қоймайтынына сенімдімін.* My boss is a very cautious and careful person, so I'm sure it won't be easy to get him to sign this contract.

❀ *Салық құжаттарымды дайындағанда мен екі шоқып, бір қараймын.* I am very cautious when I prepare my tax documents.

Three and Four: *Үш пен төрт*

төрт аяғы аспаннан келу [to have one's four legs come from the sky]: **(1)** fall on one's back; **(2)** to fall defeated, ***to be flat on one's back*** (see *аяғы аспаннан келу* in *Body*)

🏵 Variants: *аяғы аспаннан келу, аяғы көктен келу* (in *Body*). *Төрт* adds more sarcasm and a sense of being completely flat on the back to the idiom. Also: *төрт аяғын аспаннан келтіру caus.*

төрт аяғы тең жорға [pacer with four equal legs]: **(1)** pacer (horse); **(2)** talented poet and improviser whose poems flow well; **(3)** flowing, as poems, songs, verses, or sentences

🏵 Based on a horse's smooth and stable pace. Syn: *су жорға* (in *Livestock with Beasts and Birds*), in the first and second senses.

❇ Атам бәйге атын жастайынан баптап, *төрт аяғы тең жорғаға* айналдырды. My grandfather tended to his racehorse from its young age and turned it into a true racer.

❇ Айтыста алдына жан салмайтын, *төрт аяғы тең жорға* ауылдасымызды мақтан тұтамыз. We are proud of our fellow villager who is talented and beats everyone in improvisation contests.

❇ Оның *төрт аяғы тең жорға* өлеңін тыңдаудан жалықпаймын. I don't get bored listening to his flowing songs.

төрт көзі түгел [all four eyes are all present]: every person is present

❇ Менеджер маңызды жиналысқа инженерлердің *төрт көзі* жиналғанын қалайды. The manager wants every engineer to be present for this important meeting.

❇ Сен оны *төрт көзіміз түгел* отырғанда айтуың керек. You should say that again when we are all present.

төрт құбыласы сай [one's four sides correspond to one another]: **(1)** fulfilled; **(2)** well-rounded; **(3)** developed (see *төрт құбыласы тең*)

🏵 Variants: *төрт құбыласы тең, төрт құбыласы түгел.*

төрт құбыласы тең [one's four sides are equal]: **(1)** fulfilled; **(2)** well-rounded; **(3)** developed

🏵 Variants: *төрт құбыласы түгел, төрт құбыласы сай.* Collocation: *төрт құбыласы түгелдену* (to become fulfilled).

❇ Ұлдарымды үйлендіріп, қыздарымды тұрмысқа бергеннен кейін *төрт құбылам түгелденгендей* болды. Only after I married my sons and daughters off did I feel fulfilled.

❇ Бұл жұмысқа *төрт құбыласы сай* адам қажет. For this work we need someone who is well-rounded.

❇ Қаланың *төрт құбыласы түгел* емес; онда дұрыс қоғамдық көлік жоқ. The city is not developed yet; it lacks efficient public transportation.

төрт құбыласы түгел [one's four sides are all present]: **(1)** fulfilled; **(2)** well-rounded; **(3)** developed (see *төрт құбыласы тең*)

🏵 Variants: *төрт құбыласы сай, төрт құбыласы тең.*

төрт тағандау [to be a four-legged trivet]: ***to be on all fours***

❇ Ауырғаным соншалық, *төрт тағандап* телефонға азар жеттім. I was so sick that I was on my hands and knees and thus could barely reach the phone.

❇ Жаңа Жыл кеші күшті өтті. Бүгін ата-анамыз келмес бұрын, біз *төрт тағандап*, лас еденді ысқылап, жуып жатырмыз. Last night's New Year's Eve party was a success. Today, we are all on our hands and knees scrubbing the floor to clean up the mess before our parents come home.

төрт түлігі сай [one's four livestock correspond to one another]: well-off

🏵 For past nomadic and some current rural Kazakhs, livestock represent major wealth.

❇ *Төрт түлігі сай* студенттердің оқу ақысы мен өзге қаражат үшін басы қатпайды. The well-off students don't have to be worried about tuition and other college expenses.

❇ Жұпыны ортадан шыққан жездем *төрт түлігі сай* болу үшін аямай тер төкті. Having come from a humble background, my uncle worked very hard to become well-off.

төрт түлік [four livestock]: livestock comprising horses, camels, cows, and sheep

🏵 Kazakh collective term for livestock

comprising horses, camels, cows and sheep. Also: *төрт түлік мал.*

❀ Бұл жерде *төрт түлігі* бар адамдар жақсы тұрады. In this area, the people who own livestock are well-off.

❀ *Төрт түлік мал* бағып-өсіру үшін шыдамды болып, талмай еңбектену керек. Raising and caring for livestock requires patience and hard work.

төрткүл дүние [four-cornered world]: the whole world, *the four corners of the Earth*

❀ Пекин Олимпиадасының ашылу салтанатына *төрткіл дүние* көз тікті. The whole world was all eyes on the Beijing Olympics opening ceremony.

❀ Ол әйеліне сыйлық алу үшін *төрткүл дүниені* шарлап келген сияқты. It seemed like he went to the four corners of the Earth to find his wife an anniversary present.

түн ұйқысын төрт бөлу [to divide one's night sleep into four]: not to have a full night's sleep

◎ Generally used about mothers tending to their children all night long.

❀ *Түн ұйқысын төрт бөліп,* менің қамымды ойлаған анама бас иемін. I bow to my mother, who did not get a full night's sleep taking care of me.

❀ Биыл қыста тұмау індеті қалаға ерте келді. Аналар балаларына қарап, *түн ұйқыларын төрт бөліп* жатқандарына сенімдімін. The flu epidemic struck the city early this winter. I am sure busy mothers across the city had to stay up to care for their children.

үш қайнаса да сорпасы қосылмау [not to have one's broth mix even after boiling three times]: to be completely unrelated, not to have any kinship ties, not to have anything in common

◎ Dative.

❀ Оның шығармасының мазмұны берілген *тақырыпқа үш қайнаса да сорпасы қосылмайды.* The content of his essay is completely unrelated to the given theme.

❀ Адамдар бізді ағалы-інілі деп ойлайды, өйткені біздің тегіміз бірдей және бір-бірімізге шынымен ұқсаймыз. Бірақ *үш қайнасақ та, біздің сорпамыз қосылмайды.*

People think that we are brothers because we have same last name and we do look alike. But we are totally unrelated.

үш ұйықтаса да түсіне кірмеу [not to enter one's dream even after sleeping three times]: *to be beyond one's wildest dreams*

❀ Лотерея жеңімпазы өз көзіне өзі сенбеді, осыншама ақша ұтып алатыны *үш ұйықтаса да түсіне кірмеген* ғой. The lottery winner didn't believe her eyes; winning this much money was beyond her wildest dreams.

❀ Бай супермодельге үйлену қарапайым Мараттың *үш ұйықтаса да түсіне кірмеген.* Marrying a rich supermodel actress was beyond the average Marat's wildest dreams.

үшін беру [to give one's three]: to hold a three-day wake

◎ Genitive. Kazakhs hold wakes on the third, seventh, fortieth, and one-hundredth day after someone dies, as well as observing the one-year anniversary of one's passing: *біреудің үші, жетісі, қырқы, жүзі, жылы* (someone's third-day, seventh-day, fortieth-day, and hundredth-day wake and anniversary wake). Collocations: *жылын өткізу* (to host a one-year wake), *қырқына бару* (to attend a fortieth-day wake). To commemorate someone three days after their passing is more common in the western part of Kazakhstan. It is also common to hold one wake combining the third- and seventh-day wakes: *үші мен жетісін бір беру.*

❀ Ерболат атасының *қырқын беру* үшін жұмысынан қалды. Yerbolat missed work to organize a third-day wake for his grandfather.

❀ Әжелерін шығаруға келген туыстар *оның үшіне де қалды.* The relatives who attended their grandmother's funeral also stayed for her third-day wake.

❀ *Атамыздың жылын берген күні* ауа райы өте жақсы болды. The weather was very good on the day we held a first-anniversary wake for our grandfather.

Five: *Бес*

бес батпан [five puts]: **(1)** heavy; **(2)** very dirty when used with *кір бес батпан кір;*

(3) deep, when used with words *мұң* and *сор*: *бес батпан мұң, бес батпан сор*

⚙ *Батпан* is a traditional weight measurement unit equaling to 100 kilograms. Variant: *бес елі*, in the second sense. Usually used as a predicate in a sentence. Collocations: *маңдайының соры бес батпан* (one is destined with deep misery), *бейнеті бес батпан* (one's heavy toiling), *мұңы бес батпан* (one's sorrow is deep).

❀ *Бес батпан рояльды* екінші қабатқа шығаруға бес күшті кісі керек болды. It took five strong men to move the ponderous grand piano onto the second floor.

❀ Оның арқалаған *жауапкершілігі бес батпан*. He carries a heavy load of responsibility.

❀ Неге жұмыс сұхбатына *бетіңді бес батпан қылып бояп алғансың*? Why have you applied a heavy makeup for the job interview?

❀ Ата-анамыз демалыстан келгенде, *үйдің кірі бес батпан* еді. Our parents came back from vacation to find the house very dirty.

❀ Біз қашанғы *маңдайымыздың соры бес батпан* болып жүре береміз? How long do we have to be the ones destined with deep misery?

бес биенің сабасындай [like the *saba* of five mares]: full-figured, as a plump and elder woman

⚙ Marked by humorous and slightly mocking view toward full-figured women. *Саба* is a large leather bottle made from a horse skin to make and keep fermented horse milk. One *саба* requires from nine to fifteen horse skins.

❀ Әп-әдемі, талдырмаш Райгүл орта жасқа келгенде *бес биенің сабасындай әйел* болды. The attractive and once-slender Raigul has become full-figured in her middle age.

❀ Асхананың бұрыш-бұрышында қонақтарға ас дайындап жатқандар *бес биенің сабасындай әйелдер* болды. Scattered throughout the kitchen were full-figured women preparing a feast for the guests.

бес қонақ [five guests]: foul weather in mid-spring

⚙ *Бес ешкі* is alternatively used in western Kazakhstan. The legend that explains the origin of this term states that once upon a time, five people set out on foot to visit the neighboring village. Having been unable to see their friends during the long and severe winter, they were very happy that the snow had melted and the weather was warm. On their way, there was a sudden heavy snowstorm. They becamse lost, and all of them died. Since then, the time of unexpected cold weather during mid-spring is called *бес қонақ*. In the past, Kazakhs used to refrain from traveling or moving until this time had passed.

❀ Қазақ шаруалары *бес қонақ* болмай, жаңа егін екпейді. Kazakh farmers will not begin planting new crops until the foul weather passes in mid-spring.

❀ Әжемізді тезірек наурыз айында көшіріп алғымыз келеді, бірақ ол *бес қонақтың* өтуін күтеміз деп отыр. We want to move our grandmother to live with us as soon as possible in March, but she says she will wait for the spring foul weather to pass.

бес саусақтай білу [to know like one's five fingers]: *to know someone or something like the back of one's hand*

⚙ Accusative.

❀ Ол үй құрылысы саласында бірнеше жыл бойы табысты қызмет етуде. Өз *жұмысын бес саусағындай біледі*. He has been successfully working in the house construction field for many years. He knows his work like the back of his hand.

❀ Жақсы такси жүргізуші қаланың *көшелерін бес саусағындай білуі* керек. A good taxi driver should know the streets of this city like the back of his hand.

бес тал шаш [five threads of hair]: thin hair

⚙ Variant: *бес түйір шаш* is used in the western variety of Kazakh. *Бес түйір шашыңды жұламын* (I will pull all your hair out) is used by women to express threats against one another.

❀ Он жыл бұрынғы кезімен салыстырғанда, Нұржанның басында *бес тал шаш* қалыпты. Compared with ten years ago, Nurzhan has very thin hair now.

❀ Егер менің жігітіме қылымдауыңды қоймасаң, *бес түйір шашыңды жұламын*. I will pull your hair out if you don't stop flirting with my boyfriend.

бес түйір шаш [five pieces of hair]: thin hair
(see *бес тал шаш*)

◉ Used in the western variety of Kazakh. In this variety, *бес түйір шашыңды жұламын* (*I will pull all your hair out*) is used by women to express threats against one another.

бесбармақ [five fingers]: a term of a derogative origin for the Kazakh traditional dish *em* made from boiled meat and flat noodles

◉ Originated and still used in urban areas as a result of an attempt to explain the traditional dish in a condescending way. Because *em* also means *meat*, this dish, which is made mainly of meat, was given this title. Variant: *бешбармақ*. See also *em асу* (in *Food*).

бесті қымыз [kumis with five]: well-aged fermented horse milk

◉ *Қымыз* is a Kazakh traditional drink made by fermenting horse milk.

❀ Көптеген адамдар *бесті қымыз* ішкенді жақсы көреді. Many people enjoy drinking well-aged fermented horse milk.

❀ Бір қонағымыз *бесті қымызды* көп ішіп қойып, мас болып қалды. One guest became intoxicated drinking too much well-aged fermented horse milk.

бешбармақ [five fingers]: a term of a derogative origin for the Kazakh traditional dish *em* made from boiled meat and flat noodles

◉ Originated and still used in urban areas as a result of an attempt to explain the traditional dish in a condescending way. Because *em* also means *meat*, this dish, which is made mainly of meat, was given this title. Variant: *бесбармақ*. See also *em асу* (in *Food*).

Six: *Алты*

азуы алты қарыс [one's double tooth is six *qaryses*]: very powerful, dominative, formidable

◉ *Қарыс* (qarys) is a Kazakh unit of measure for length based on the width of an expanded hand from the tip of the thumb to the tip of the middle finger. It equals to 20 to 22 centimeters. Variant: *азуы кере қарыс* (in *Body*). The difference is in the extent of one's power: *six qaryses* versus *a full qarys*.

❀ Әскері мен қару-жарағы мол АҚШ—әлемдегі *азуы алты қарыс* мемлекеттердің бірі. The United States is considered one of the most powerful nations in the world because of its vast military and weaponry.

❀ «Мұз үстіндегі таңғажайып» деп 1980 жылғы Олимпиадада тәжірибесі аз жас америкалық хоккей командасының аты аңызға айналған, *азуы алты қарыс* КСРО командасын жеңгеніне байланысты айтады. The "Miracle on Ice" is a term describing the young and inexperienced American hockey team's victory over the powerful and legendary USSR team in the 1980 Olympics.

ақылы алтыға бөліну [to have one's intellect be divided into six]: to have different thoughts racing through one's mind (see *ойы он саққа жүгіру*)

◉ Syn: *ойы он саққа жүгіру*; *ойы он саққа кету*; *ойы онға бөліну*, *санасы санға бөліну*. *Ақылы алтыға бөліну* is sometimes used together with *ойы онға бөліну* to intensify the sense of being overwhelmed by thoughts.

алты аласы, бес бересі жоқ [no six debts from someone and no five debts to someone]: (1) not in debt, not to owe; (2) to have nothing to do with someone

◉ Locative.

❀ Енді *несие берушілерде алты аласымыз, бес бересіміз жоқ*. Now we are not in debt to our creditors.

❀ Ортадағы реніш-өкпелерді жойдық; бүгінгі күннен бастап *ешкімнің ешкімде алты аласы, бес бересі жоқ*. We eliminated all anger and resentment between us; so starting from today no one owes anyone.

❀ Менің *ол саясаткерде алты аласым, бес бересім жоқ*. I have nothing to do with that politician.

алты алаштың баласы [child of six Alash]: Kazakh people

◉ Used in literary Kazakh. *Алты алаш* refers to the first union of Turkic tribes formed in Central Asia. Collocations: *алты алаштың азаматы* (Kazakh citizen), *алты алаштың перзенті* (son or daughter of the Kazakh people), *алты алаштың ардағы* (a beloved son or daughter of the Kazakh people).

❧ Биылғы күрес чемпиондары *алты алаштың баласының* мақтанышына айналды. This year's wrestling champions have become the pride of the Kazakh nation.

❧ *Алты алаштың ардағына* ескерткіш қойылды. A monument was erected for the beloved son of the Kazakh people.

алты бақан, ала ауыз [six-poled swing and multicolored mouth]: extremely inharmonious, discordant

◉ Variants: *алты бақан, алауыз*; *ала ауыз* (in *Color*). *Алты бақан, алауыз* implies a higher degree of being discordant than *ала ауыз*, due to the addition of *алты бақан*. Also: *алты бақан алауыздық* (extreme discordance).

❧ *Алты бақан алауыздық* бізге ешқандай жақсылық әкелмейтініне көзіміз жеткен жоқ па? Aren't we convinced that extreme discord does not bring us any good?

❧ Бұл елде байлар мен кедейлер *алты бақан алауыз*. In this country, the rich and the poor are extremely inharmonious.

Seven: *Жеті*

жерден жеті қоян тапқандай [as if someone found seven rabbits from the ground]: very happy about something that is insignificant

❧ Бөтен қаланы аралап жүргенде туыстарымыздан адасып қалдық. Оларды атақты мұражайдың алдында көріп қалғанымызда, *жерден жеті қоян тапқандай* қуандық. We got separated from the rest of the family in the strange city. When we found them in front of the famous museum, we were extremely happy.

❧ Біз ойын – сауық бағында күні бойы жүрісімізден қатты шаршағанымызды ұмытып, орындықтарға қарай *жерден жеті қоян тапқандай* жүгірдік. We forgot all about our exhaustion from walking around the amusement park all day and ran happily to the resting benches.

жеті ата [seven clans]: Kazakh system of tracing the relationship of one's patrilineal clan to another

◉ Kazakhs trace their lineage beyond their clans to establish the blood relationship of their clan with another one, because clans share a common ancestor. Seven distinct patrilineal clans must separate one clan from another to allow the members of the two clans to marry each other. If this is not the case, these marriages are considered incestuous and thus forbidden. In the past Kazakhs used to celebrate the promulgation of two clans ceasing to be blood-related and beginning to be the ones allowed to have interclan marriages. See also *қан бұзу*, *қан жаңарту* (in *Body*) and *қыз алысу* (in *Humans and Their Kin*).

❧ Асылан мен Айнұрдың ата-аналары олардың некелесуін мақұлдамас бұрын *жеті аталарын* тексерді. Asylan and Ainur's parents checked their Kazakh family tree to ensure that at least seven degrees of patrilineal clan separation were present before approving the marriage.

❧ Қазақтар әртүрлі тұқым қуалайтын ауруларды болдырмас үшін *жеті атадан аспай қыз алыспайды*. To prevent various genetic disorders, Kazakhs do not form interclan marriages until they are separated by seven degrees of patrilineal clan relationship.

жеті қабат [seven layers]: deep, as the Earth and the sky

◉ Variant: *жеті қат*. The expression is based on the belief that the Earth and sky are seven-layered. Collocations: *жеті қабат жер* (deep Earth), *жеті қабат көк* (deep sky).

❧ Олар мұнайға жету үшін *жеті қабат жерді* қазулары керек болды. They had to drill deep underground to reach the oil.

❧ Ежелгі түркілер *жеті қабат көкке* табынған. Ancient Turks worshipped the deep sky.

жеті қат [seven layers]: deep, as the Earth and the sky

◉ Variant: *жеті қабат*. Collocations: *жеті қат жер* (deep Earth), *жеті қат көк* (deep sky).

жеті қыр [seven fields]: far away

◉ *Қыр* is a slightly elevated country with pastures and agricultural areas. Collocations: *жеті қырдың арғы жағы* (a faraway place), *жеті қырдың астында* (in a faraway place), *жеті қыр асу* (to go far).

❧ Нью-Йорк қаласында жақсы мейрамхана табу үшін *жеті қыр асудың* қажеті жоқ. In New York City you don't have to go far to find a nice restaurant.

❀ Айдалада мәшинеміз бұзылып қалды. Сорымызға қарай, жәрдем бере алатындар *жеті қырдың ар жағында* болды. The car broke down in the middle of nowhere. Unfortunately for us, help was far away.

жеті нан пісіру [to cook seven pieces of bread]: to make seven round, flat, and fried loaves of bread on a Friday to commemorate a deceased family member or to celebrate one's survival of a near-death experience

✪ Variant: *жеті шелпек пісіру*. After the bread is made, it is distributed to neighbors. This tradition is called *құдайы нан тарату*, mainly in southern and southeastern Kazakhstan. Kazakhs also make this type of bread when they see a deceased family member or close friend in their dream.

❀ Менің марқұм атам түсіме кірді. Осы жұмада мен *жеті нан пісіріп,* құдайы нан таратамын. I saw my late grandpa in my dream. This Friday, I will make bread to commemorate him and give it to my neighbors.

❀ Болаттың ісік ауруынан аман жазылғанына оның үйі іші *жеті шелпек пісірмек.* Bolat's family will be making bread and having a ceremony on Friday to celebrate his defeat of cancer.

жеті түн [seven nights]: very late at night

❀ *Жеті түнде* неғып ұйықтамай жүрсің? Why aren't you asleep this late at night?

❀ Екі жас ғашық *жеті түнде* қашты. The young lovers secretly eloped very late at night.

жеті шелпек пісіру [to cook seven pieces of flat bread]: to make seven round, flat, and fried loaves of bread on a Friday to commemorate a deceased family member or to celebrate one's survival of a near-death experience (see *жеті нан пісіру*)

жетісін беру [to give one's seven]: to hold a seventh-day wake (see *үшін беру*)

✪ Genitive.

Eight and Nine: *Сегіз бен тоғыз*

сегіз қырлы, бір сырлы [with eight sides and with one secret]: gifted with multiple talents, as a man

❀ Леонардо да Винчи жас кезінен өнер мен ғылым салаларында *сегіз қырлы, бір сырлы* болды. As a young man, Leonardo da Vinci was already very gifted in both the arts and sciences.

❀ Сенің ұлың Асылан қандай *сегіз қырлы, бір сырлы жігіт* десеңші. Сурет салады, өлең жазады, пианинода ойнайды. What a gifted and multitalented young son you have in Asylan! He paints, writes poetry, and plays the piano.

тоғыз әйелдің толғағы қатар келу [to have the contractions of nine pregnant women come side by side]: to have many urgent matters occurring and requiring attention at the same time

✪ Disparaging and vulgar variant: *тоғыз қатынның толғағы қатар келу.* *Қатын* is a disparaging and offensive term. Its use makes the expression vulgar.

❀ Жұмыста менің кезегім болса болды, *тоғыз әйелдің толғағы қатар келетін* сияқты. It seems like every time I am on shift, many emergencies happen all at once.

❀ Той күні *тоғыз қатынның толғағы қатар келді*: құдаша кешігіп, той торты бүлініп, фотограф келмей қалды. Many things went wrong on her wedding day that required the bride's immediate attention to resolve: the maid of honor was late, the wedding cake got damaged, and the photographer didn't show up.

тоғыз жолдың торабы [intersection of nine roads]: a place where many roads reach a confluence, crossroads

❀ Сауда-саттықтың дамып, үй құрылысының қарқынды жүруі Алматы қаласының *тоғыз жолдың торабына* айналуына себеп болды. The development of trade and rapid advancement of the housing construction business were the reasons that Almaty became a crossroads for Kazakhstan.

❀ Үндістанның атақты табиғи минералдары мен ерекше дәмдеуіштері оны ертедегі өркениеттер үшін *тоғыз жолдың торабы* етті. India's prized raw materials and unique spices made it a crossroads for early civilization.

Ten and Twelve: *Он мен он екі*

ойы он саққа жүгіру [to have one's thought run in ten directions]: to have different thoughts racing through one's mind

◉ Variant: *ойы он саққа кету*. Syn: *ақылы алтыға бөліну*; *ойы онға бөліну, санасы санға бөліну*. Also: *ойын он саққа жүгірту caus.*

❀ Ақпардың неліктен қате болғанын ойлап, *ғалымның ойы он саққа жүгіріп*, түнімен ұйықтай алмады. The scientist couldn't sleep because different thoughts were racing through his head as to why the data were incorrect.

❀ Жеке ісімді басқа қалаға көшіру керек пе, жоқ па, соны ойлаймын. *Ақылым алтыға, ойым онға бөлініп жүр*. As I think about whether I should move my business to another city, I am overwhelmed by different thoughts racing through my head.

ойы он саққа кету [to have one's thought leave in ten directions]: to have different thoughts racing through one's mind (see *ойы он саққа жүгіру*)

◉ Variant: *ойы он саққа жүгіру*. Syn: *ақылы алтыға бөліну*; *ойы онға бөліну, санасы санға бөліну*.

ойы онға бөліну, санасы санға бөліну [to have one's thought be divided into ten and one's reason be divided into numbers]: to have different thoughts racing through one's mind (see *ойы он саққа жүгіру*)

◉ Syn: *ақылы алтыға бөліну*; *ойы он саққа жүгіру*; *ойы он саққа кету*.

он екіде бір гүлі ашылмаған [one of her flowers did not open at twelve]: young and innocent, as a girl

❀ Адамдар менің сіңлімді *он екі де бір гүлі ашылмаған* қыз деп ойлайды. Шындығында, ол—нағыз перінің өзі. People assume that my sister is young and innocent. In fact, she is a devil inside.

❀ Әртіс бір кездері *он екі де бір гүлі ашылмаған* қыз болатын. Ал қазір ол нашаға байланысты жанжалдар туралы жаңалықтардан түспейді. The actress was once young and innocent. Now she is always in the news, involved in drug scandals.

он екі мүше [twelve organs]: body of a human being

◉ In the traditional Kazakh description of a human body, *он екі мүше* include two pelvices (*екі жамбас*), two shinbones (*екі асықты жілік*), two femoral bones (*екі ортан жілік*), two shoulders (*екі жауырын*), two humerus (*екі тоқпан жілік*), and two radial bones (*екі қары жілік*). Collocations: *он екі мүшесі сау*, *он екі мүшесі тең* (healthy or able-bodied).

❀ Курорт тек *он екі мүшені* емдемей, адам жанын да сауықтырады. The spa resort treats not only the whole body but also the mind and spirit.

❀ *Менің он екі мүшем сау*. Неге марафонға қатыса алмайды екем? I am healthy. Why can't I participate in the marathon?

он ойланып, жүз толғану [to think ten times and contemplate a hundred times]: to contemplate, to deliberate very hard (see *он ойланып, мың толғану*)

◉ Variants: *он ойланып, мың толғану*; *мың ойланып, жүз толғану*.

он ойланып, мың толғану [to think ten times and contemplate thousand times]: to contemplate, to deliberate very hard

◉ Variants: *он ойланып, жүз толғану*; *мың ойланып, жүз толғану*

❀ Мынадай қаржы әбігері мен ипотека дағдарысы кезеңінде үй сатып алмас бұрын *он ойланып, мың толғанған* жөн. In this time of financial turmoil and mortgage crisis, it would be best to think things through before purchasing a house.

❀ Жақсы жоғары білім алу менің өмірімдегі өте маңызды қадам. Сондықтан, мен университетті асықпай таңдап, *мың ойланып, жүз толғанып жүрмін*. A good college education is a very important step in my life. That's why I am taking my time and thinking things through before selecting my university.

он орау [to wrap ten (times)]: to surpass someone or something greatly in quantity, quality, degree, or rate

◉ Accusative. See also *екі орау*.

❀ Мына кішкентай мейрамхана қаладағы басқа *мейрамханаларды он орайды*: тамағы тамаша, қызмет көрсету деңгейі өте жақсы. This small restaurant surpasses all others in town; the food is great and the service is excellent.

❁ Менің досым Нью-Йорк қаласы Америкадағы басқа қалалардың *кез келгенін он орайды* деп ойлайды. My friend believes that New York City is far superior to any other city in America.

он саусағынан өнер тамған [arts dripping from one's ten fingers]: skilled in arts and crafts, ***good with hands***

❁ Біз тұрған ауылда киім тігуден, кестелеуден, тоқудан, тіпті ежелгі қазақ тәттілерін дайындаудан *он саусағынан өнер тамған көрші әжеге* теңдес адам болған емес. In the village where we used to live, no one was better than our neighbor grandma, who was good with her hands at making dresses, embroidery and knitting, and even making ancient Kazakh sweets.

❁ Менің інім — Асылан *он саусағынан өнер тамған адам*. Ол ағаш пен тастан мүсін істеу, сурет салу және саз аспаптарын жөндеуден біздің үйдегі басқа бес ұлдан мықты. My brother Asylan is good with his hands. Among the five boys in the family, he is the best at making wooden and rock sculptures, painting, and repairing musical instruments.

Thirty: *Отыз*

орда бұзар отыз [thirty that destroys a khan's quarters]: the thirties, when young males are in their prime and thus ready for higher goals

❂ Based on the belief that reaching thirty years of age is a big milestone for young men and that in their thirties they need to get involved in larger matters than their own family. Collocations: *отыздағы орда бұзар жігіт* (a thirty-year-old young man in his prime), *орда бұзар отызда* (at the age of thirty, the prime of youth), *отызда орда бұзу* (to achieve bigger success at the age of thirty), *орда бұзар жас*, *орда бұзар шақ* (thirties, the prime of youth).

❁ Әнуар мен Асылан *орда бұзар шақтарында* жүректерінің түгі бар жауынгер болған. In the prime of their youth, Anuar and Asylan were fearless soldiers.

❁ Мұрат өз компаниясын *орта бұзар отыз жасында* ашты. Murat started his own company in his thirties.

отыз күн ойын, қырық күн той жасау [to have a thirty-day game and a forty-day celebration]: to have a large and lavish celebration, to have a festivity ***fit for a king***

❂ In folk and historic tales, it is used to refer to a large and lavish wedding thrown by a king or wealthy man.

❁ Танымал футболист пен оның атақты әнші қалыңдығы *отыз күн ойын, қырық күн той жасады*. The celebrity football player and his famous singer bride threw a wedding celebration fit for a king.

❁ Біздің салт-дәстүріміз бойынша, жастар үйленгенде *отыз күн ойын, қырық күн той болады*. Бірақ болашақ күйеуім екеуіміз шағын, қарапайым той жасаймыз. In my culture, wedding celebrations are grand and last for days. My fiancée and I, however, will have a small, simple wedding.

отыз тістен шығып, отыз рулы елге тарау [to come out of thirty teeth and spread to a thirty-clan community]: ***to spread like wildfire***

❂ Truncated from the saying *отыз тістен шыққан сөз отыз рулы елге тарайды* (*gossip spreads like wildfire*). Variant: *отыз тістен шығып, отыз рулы елге жайылу*. Also: *отыз тістен шыққан сөз* (a word that came out of one's mouth), *отыз рулы елге тарау, отыз рулы елге жайылу* (to spread like wildfire).

❁ Болат шыдай алмай, бір досына қызметінің жақын арада жоғарлайтынын айтып қойды. Сөйтіп, жақсы хабар *отыз тістен шығып, отыз рулы елге тарап*, ертесіне-ақ құттықтаулар айтылып жатты. Bolat lost his patience and told one of his friends about his upcoming promotion. The good news spread like wildfire, and the following day many friends were offering their congratulations.

❁ Сырыңды бір адамға ғана айтсаң болды, ол *отыз рулы елге тарап кетеді*. Just say your secret to one person; it will spread like wildfire.

❁ Ол *отыз тістен шыққан сөзді* бағып

отырады. She eagerly waits every word of gossip that comes out of someone's mouth.

Forty: *Қырық*

қырқын беру [to give one's forty]: to hold a fortieth-day wake (see *үшін беру*)

◉ Genitive.

қырқына шыдап, қырық біріне шыдамау [to endure one's forty, but not forty-first]: to give up after having done so much

❀ Докторантурадағы оқуыңды қазір тастама. *Қырқына шыдап, қырық біріне шыдай алмайсың ба?* Don't quit your PhD coursework when you have two more semesters. Can't you be patient, especially when you have done most of it?

❀ Екі шелектей балмұздақ жеуден жарыста ол жеңіліп қалды, өйткені *қырқына шыдап, қырық біріне шыдамай*, соңғы бір қасық балмұздақты бітіре алмады. At the ice cream eating contest he lost the challenge because he couldn't finish the last spoonful of the two gallons.

қырық жамау [forty patches]: **(1)** patchwork; **(2)** brokenhearted, when used with *жүрек*: *жүрегі қырық жамау*

❀ Қала әкімшілігінің *қырық жамау жолдарды* жөндеуі керек. The city needs to fix the patchwork roads.

❀ Мен мына хабарды *жүрегі қырық жамау* апама айта алмаймын. I can't break this news to my brokenhearted aunt.

қырық жанды [with forty souls]: strong, enduring

◉ Note the Kazakh sayings: *қыз қырық жанды* and *ит қырық жанды*. In Kazakh culture women and dogs are considered strong and capable of enduring and surviving hardships. Today, this expression is also used in reference to emotional strength. See also *ит жанды* (in *Livestock with Beasts and Birds*).

❀ *Қырық жанды* адамдар Ұлы дағдарыстан аман қалды. Strong and enduring people survived the Great Depression.

❀ Менің анам — өмірдің қиындықтарына мойымаған *қырық жанды* адам. My mother

is a strong and enduring woman who has dealt with many hardships in her life.

қырық жылғы [of forty years]: old, as something from the past

❀ Жеңгем ағаммен болған *қырық жылғы* ұрыс-керісін айта береді. My aunt keeps bringing up the old quarrels that she had with my uncle.

❀ *Қырық жылғы* киіміңді тастамайсың ба? Why don't you toss out your old clothes?

қырық кісі бір жақ, қыңыр кісі бір жақ болу [to have forty people on one side and one stubborn person on the other]: to be stubborn and not to agree with the majority

❀ *Қырық кісі бір жақ, қыңыр кісі бір жақ* болған мемлекет ауадағы залалды көшетхана газын азайту арқылы ғаламдық жылуға қарсы күреске толықтай атсалыспай отыр. In disagreeing with the majority, only one stubborn nation is not fully participating to combat global warming by reducing greenhouse gas emissions.

❀ Асылан, сен неге үнемі көпшіліктің ойымен келіспейсің? *Қырық кісі бір жақ, қыңыр Асылан бір жақ* болғанды жақсы көретін сияқтысың. Asylan, why do you always disagree with the majority's opinion? You seem to like being stubborn.

қырық қабат [forty layers]: many layers, thick

❀ Күн сондай салқын емес қой. Үстіңе *қырық қабат* киім киіп алғаның не? It is not that cold. Why are you wearing so many layers of clothes?

❀ *Қырық қабат* бюрократия нәтижеге жылдам жетуге жол бермейді. Many layers of bureaucracy preclude achieving fast results.

қырық қалта [forty pockets]: cunning, craftiness (see *алпыс айла*)

◉ Syn: *алпыс айла. Алпыс айлалы* and *қырық қалталы* are sometimes used together. Also: *қырық қалталы* (cunning, crafty).

қырық құбылу [to change forty (times)]: *to blow hot and cold*

◉ Variant: *мың құбылу*.

❀ Серіктес компанияға біз жауабымызды бүгін айтуымыз керек. Бастығым соңғы шешімін қабылдамай, әлі *қырық құбылып отыр*! We have to tell our partner company our decision, but my boss keeps blowing hot and cold while trying to make the final decision.

❀ Ауа райы бүкіл апта бойы *мың құбылып тұрды*. The weather has been blowing hot and cold this entire week.

❀ *Мың құбылуын тоқтатпайынша*, мен биржаға ақша салмаймын. I refuse to invest in the stock market until it stops blowing hot and cold.

қырық құрақ [forty patches]: **(1)** patchwork (see *қырық жамау*); **(2)** heterogeneous, diverse (see *қырық құрау*)

☸ Variants: *қырық ру* (in the second sense), *қырық құрау*. *Қырық ру* has a positive connotation, whereas *қырық құрақ* and *қырық құрау* can have a negative connotation in the second sense.

қырық құрау [forty patches]: **(1)** patchwork (see *қырық жамау*); **(2)** heterogeneous, diverse

☸ Variants: *қырық жамау* (in the first sense), *қырық құрақ* (in both senses), *қырық ру* (in the second sense). *Қырық ру* has a positive connotation, whereas *қырық құрақ* and *қырық құрау* can have a negative connotation in the second sense.

❀ Америка *қырық құрау* ұлттардың жиналған жері ретінде әйгілі. America is known for its collection of heterogenous people.

❀ Алматыда *қырық құрау халық* тұрады. Almaty has a diverse group of ethnicities.

қырық өтірік [forty lies]: collection of lies, many lies

❀ Інім қалжыңдап, өтірік айтып, мені алдайтын. Бірақ шын нәрсе айтқан кезде, мен оған *қырық өтірігіңнің* бірі деп сенбейтінмін. My younger brother used to joke and tell me many lies to trick me. But then when he did say something true, I wouldn't believe him; I said it was just another lie.

❀ Бірнеше жыл бойы *қырық өтірікке* алданған Бақыт батылдыққа барып, көзіне шөп салып жүрген күйеуімен ажырасты. After having been deceived by many lies for many years, Bakhyt gained enough courage to divorce her cheating husband.

қырық пышақ болу [to be forty knives]: to fight, to quarrel

❀ Атадан қалған мұраға таласып, *қырық пышақ болған* ағайындарды бір ортақ шешімге келтіріп, татуластыруға бар күшімді салдым. I made great efforts to have all my relatives, who were fighting over our ancestors' inheritance, come to a common agreement and make peace with each other.

❀ Көрші елдердің президенттері заңсыз көшіп-қону мәселелері жөнінде үнемі *қырық пышақ болады*. The neighboring presidents are always quarreling over illegal immigration issues.

қырық ру [forty clans]: heterogeneous, diverse; see the second meaning of *қырық құрау*

☸ Variants: *қырық құрақ*, *қырық құрау*. *Қырық ру* has a positive connotation, whereas *қырық құрақ* and *қырық құрау* can have a negative connotation. Collocations: *қырық ру жұрт* (a diverse community), *қырық рулы халық* (a diverse nation).

қырық сідік болу [to be forty pee]: to be racially impure

☸ This idiom is vulgar slang marked by a very negative attitude toward an interracial or interethnic marriage.

❀ Олар басқа ұлттармен араласса, халқы *қырық сідік болып кетеді* деп қорқады. They fear that their people will become racially impure if they mix with other ethnicities.

❀ Ол ұлдарын басқа нәсілді қыздарға үйлендірткізбейді, өйткені оның үрім-бұтағы *қырық сідік болып кетеді-міс*. According to him, he doesn't let his sons marry women outside their race because then his descendants will supposedly become racially impure.

Fifty and Sixty: *Елу мен алпыс*

алпыс айла [sixty tricks]: **(1)** cunning, craftiness; **(2)** *bag of tricks*

☸ Variant: *алпыс екі айла*, in the first sense. Also: *алпыс айлалы* (cunning, crafty), in the first sense. Syn: *қырық қалта*, in the first sense. *Алпыс айлалы* and *қырық қалталы* are sometimes used together. Collocations: *алпыс екі айлалы түлкі* (a cunning fox), *алпыс айланы қолдану* (to use a bag of tricks).

❀ *Алпыс айлалы алаяқ* аңқау адамдардың есебінен күн көреді. The crafty conartist makes a living off naive people.

❀ Оқушыларына есеп үйретуде мұғалім *алпыс айласын қолданады.* The teacher uses his bag of tricks in teaching his students math.

алпыс екі айла [sixty-two tricks]: cunning, craftiness (see *алпыс айла*)

⚙ Variant: *алпыс айла.* Syn: *қырық қалта.* Also: *алпыс екі айлалы* (cunning, crafty).

алпыс екі тамыр [sixty-two veins]: veins, circulatory system

⚙ Collocations: *алпыс екі тамырды қуалау* (to run through one's veins), *алпыс екі тамырды алу* (to spread into the circulatory system).

❀ Нәр денеге *алпыс екі тамырмен* тарайды. The circulatory system distributes nutrients throughout the body.

❀ Поэзияға деген сүйіспеншілік оның *алпыс екі тамырын қуалаған.* The love of poetry runs through his veins.

алпыс екі тамыры босау [to have one's sixty-two veins loosen]: to be deeply moved

⚙ Variant: *алпыс екі тамыры ию.* Also: *алпыс екі тамырын босату caus.*

❀ Зардап шегушінің аянышты айғағын естігенде, қанша қатты адам болса да, *алпыс екі тамыры босамай ма?* When he hears the sad testimony of the victim, no matter how tough he is, wouldn't he be deeply moved?

❀ Балалар ауруханасындағы қайырымдылық шарасына қатысқан бай іскер олардың жүректі елжірететін әңгімелерін естігенде *алпыс екі тамыры босап,* ауруханаға бірнеше миллион доллар аударды. The wealthy businessman who had been invited to a charity event at the children's hospital was deeply moved by their heart-wrenching stories and donated millions of dollars.

❀ Асқан шебер скрипкашының сазы тыңдарманның *алпыс екі тамырын ійтті.* The masterful violinist played music that deeply moved the audience.

алпыс екі тамыры ію [to have one's sixty-two veins soften]: to be deeply moved (see *алпыс екі тамыры босау*)

⚙ Variant: *алпыс екі тамыры босау.* Also: *алпыс екі тамырын ійту caus.*

Ninety, Hundred, and a Thousand:
Тоқсан, жүз және мың

жүзін беру [to give one's hundred]: to hold a hundredth-day wake (see *үшін беру*)
⚙ Genitive.

мың да бір [one out of a thousand]: **(1)** many, when used with words denoting gratitude; **(2)** best, when used with words denoting a treatment or cure

⚙ Collocations: *мың да бір рақмет* (many thanks), *мың да бір алғыс* (much gratitude), *мың да бір тағзым* (many bows), *мың да бір ем* (the best treatment), *мың да бір дауа* (the best cure).

❀ Мені спа-салонға жібергеніңе *мың да бір рақмет.* Жақсы демалып алдым. Many thanks for sending me to the spa. I got a good rest there.

❀ Қатерлі ісік ауруының *мың да бір емін* табу дүние жүзі ғалымдарының мақсаты болып табылады. The goal of scientists worldwide is to find the best treatment for a dangerous cancer.

мың жаса [make it to a thousand]: *may you live long*
⚙ Used by an elderly person to wish a young person a long life.

❀ Жолдан өтуге көмектескен жас балаға қарт әже *мың жаса* деп алғысын жаудырды. The elderly grandmother thanked the young boy who had helped her cross the road, wishing him a long life.

❀ Үйлену тойымызда ата-әжем біздің *мың жасап,* бақытты болуымызды тіледі. At our wedding ceremony my grandparents wished us a happy and long life together.

мың құбылу [to change thousand (times)]: *to blow hot and cold* (see *қырық құбылу*)
⚙ Variant: *қырық құбылу.*

мың құлпыру [to glow a thousand times]: to shift through gorgeously
⚙ Used in literary Kazakh about a flower, garden, and life: *кілемдей мың құлпырған* (as gorgeous as a rug), *мың құлпырған өмір* (a beautiful life).

❀ Қызғалдақты дала парсы *кілеміндей мың құлпырады*. The field of tulips is as gorgeous as a Persian rug.

❀ Екі жас *мың құлпырған бақта* кездесті. The young couple met at the beautiful garden.

мың ойланып, жүз толғану [to think a thousand times and contemplate a hundred times]: to contemplate, to deliberate very hard (see *он ойланып, мың толғану*)

✹ Variant: *он ойланып, жүз толғану; он ойланып, жүз толғану.*

тоқсан ауыз сөздің тобықтай түйіні [a kneecap essence of ninety-mouth words]: the main point of a wordy statement

❀ Саматтың *тоқсан ауыз сөзінің тобықтай түйінін айтпай,* мылжыңдай беретін әдеті бар. Samat has a tendency to ramble on without getting to the main points of his stories.

❀ *Тоқсан сөздің тобықтай түйіні* — оған біздің көмегіміз қажет. The main point is that she needs our help.

The Power of the Word:
Сөз құдіреті

алып-қашпа сөз [take-and-run word]: rumor (see *жел сөз* in *Nature*)

❀ Күйеуің туралы *алып-қашпа сөзге* сенбе! Don't believe the rumors about your husband.

бұралқы сөз [a stray word]: silly and absurd words

☸ *Also: бұралқы әңгіме (prattle).*

❀ Ол мас болып алып, көп *бұралқы сөз* айтты. When he was drunk, he said a lot of silly and absurd words.

❀ Ойланып сөйлеп, *бұралқы әңгімеге* араласпа. Think before you talk and do not engage in a prattle.

сөз айту [to say a word]: **(1)** to propose marriage to a woman through a third party; **(2)** to make a business or other type of proposal to someone or something about merging or joining (see *сөз салу*)

☸ Dative. The second meaning is an extension of the first.

сөз алу [to take a word]: **(1)** *to take the floor*; **(2)** to make someone a promise

☸ Can be formal in the first sense. In the first sense, *сөз* is used without any ending. In the second sense, it must be used with possessive and accusative case endings.

❀ Аға саясаткер *сөз алып*, ақылға қонымды пікір айтты. The senior politician took the floor and made a reasonable argument.

❀ Енді жыламаймын деген *сөзіңді алмай*, мен кетпеймін. I will not leave if you don't promise me that you will not cry any more.

сөз арасында [between words]: *in passing*

☸ Can be informal. Collocations: *сөз арасында айта кету* (to mention something in passing), *сөз арасында тоқталу* (to touch on some topic), *сөз арасында шығып кету* (*to be a slip of the tongue*).

❀ Сен оның атын бір рет *сөз арасында айтқансың*. You mentioned her name to me once in passing.

❀ Оның айтқан сөзіне ренжіме. *Сөз арасында шығып кеткен* болар. Don't be angry at the word he said. It was probably a slip of the tongue.

сөз бағу [to eye a word]: **(1)** to eagerly look for new or creative ways of expression, to be interested in language; **(2)** to eagerly wait for and listen to every bit of gossip

☸ In the second sense, this idiom is marked by disapproval and sarcasm toward someone who likes listening to gossip.

❀ Ауыз әдебиеті бай қазақ халқы өзін *сөз баққан* халық деп санайды. With a rich oral literature, Kazakhs consider themselves people who appreciate the oral arts.

❀ Тана жұмыстастары туралы *сөз бағып отырады*. Tana eagerly listens to every bit of gossip about her coworkers.

сөз байласу [to tie a word together]: to promise each other to do something

☸ Dative (infinitive). Used in the reciprocal voice only.

❀ Ата-аналары үйленуге рұқсат бермеген қыз бен жігіт бірге қашып *кетуге сөз байласады*. The young woman and man whose parents had forbidden them to marry promised each other that they would run away together.

❀ Екі көрші елдің президенттері лаңкестікке қарсы күресте одақтас *болуға сөз байласты*. The presidents of the two neighboring countries promised each other to be allies in the struggle against terrorism.

сөз бастау [to start a word]: to start a conversation, discussion, or speech

☸ Can be formal. Used to describe orators in the past: *сөз бастаған шешен*. Collocations: *бірінші болып сөз бастау* (to be the first to speak in a conversation or discussion), *деп сөз бастау (*to start a conversation, discussion, or speech by saying).

❀ Менің сөзшең досым әрдайым бірінші болып *сөз бастайды*. My loquacious friend is always the first to speak in a conversation.

❀ Қызметкерлеріне «Талмай, беріліп еңбек еткендерің үшін рақмет», – деп *сөз бастады* Ізтұрған. Izturgan started the discussion by saying to his employees "Thank you for your hard work and dedication."

сөз болу [to be the word]: to be the subject of conversation, discussion, or gossip; to talk about

⚙ Also: *сөз ету tr.* Collocation: *жоғарыда сөз болған* (above-mentioned).

❀ Дастархан басында бала тәрбиесі *сөз болды*. The child's upbringing was the subject of conversation during the meal.

❀ Сайлау өтетін жылы адамдар саясатты *сөз етеді*. People talk about politics during an election year.

сөз бөлу [to break the word]: to interrupt when someone is speaking

⚙ Genitive.

❀ Азамат барлық адамдарға жақсы хабар жеткізу үшін *бастығының сөзін бөлді*. Azamat interrupted the boss while he was speaking to give everyone the good news.

❀ *Сөйлеушінің сөзін бөле бергені* үшін Болат мәслихаттан қуылды. Bolat was kicked out of the conference because he kept interrupting the speaker while he was giving his speech.

сөз білу [to know the word]: to appreciate eloquence

⚙ Syn: *сөз қадірін білу*.

❀ Жанар өзгелерге сөз жазып берумен айналысады, сондықтан *сөз білуі керек*. Zhanar is a speech writer and should be able to appreciate eloquence.

❀ Ол – *сөз қадірін білетін* адам. Сондықтан менің сөзімді қарап шыққанын қалаймын. He is someone who appreciates eloquence. That's why I want him to review my speech.

сөз жарыстыру [to make the word compete]: to debate

⚙ Formal. Also: *сөз жарыс, жарыссөз* (debate). Syn: *сөз таластыру* implies arguing, whereas *сөз жарыстыру* implies debating.

❀ Үміткерлер сайлау алдында соңғы рет *сөз жарыстырмақ*. The candidates will be debating for the last time before the elections.

❀ Менің әке-шешем үнемі саясат пен пәлсапа туралы *сөз жарыстырып отырады*. My mom and dad are always debating about politics and philosophy.

сөз жоқ [no word]: *it goes without saying*

❀ *Сөз жоқ*, мен саған туған күніңе сыйлық аламын. It goes without saying that I will get you a birthday gift.

❀ *Сөз жоқ*, сен — ең үздік студентсің. It goes without saying that you are the best student.

сөз кезегі [turn of the word]: one's turn to speak

⚙ Collocations: *сөз кезегі біреуде* (someone has the floor; one's turn to give an opinion), *сөз кезегін алу* (to have the floor, to take the floor), *сөз кезегін беру* (to give the floor), *сөз кезегін бермеу* (not to let others speak), *сөз кезегі тию* (to get the chance to speak).

❀ Мен Жаңа жылды қалай өткізгім келетінін күйеуіме айттым. Енді *сөз кезегі менің күйеуімде*. I told my husband how I would like to celebrate the new year. Now it is his turn to give his opinion.

❀ Айнұр өзінің *сөз кезегін* сабырлықпен күтті. Ainur waited patiently until it was finally her turn to speak.

❀ Ол мылжыңдап, басқаға *сөз кезегін* бермейді. He just rambles on and doesn't let others speak.

сөз көбейту [to multiply the word]: to say more things than necessary, prompting more unwanted responses, and thus unnecessarily prolonging a conversation or argument

⚙ Also: *сөз көбею non caus.*

❀ Ол күйеуіне басқа нәрселерді айтуын қоймай, *сөз көбейтті*. She kept bringing new subjects, thus prolonging the argument with her husband.

❀ Егер мен стратегиямыз туралы тағы бір нәрсе айтқан болсам, *сөз көбейіп кеткен болар еді*. If I said one more thing about our strategy, our conversation would have been prolonged.

сөз қадірін білу [to know the word's value]: to appreciate eloquence (see *сөз білу*)

⚙ Syn: *сөз білу*.

сөз қозғау [to move the word]: to touch on some topic in speech or writing

⚙ Formal. See also *мәселе қозғау* (in *Miscellaneous*).

❀ Президент денсаулық сақтау мәселесі туралы *сөз қозғады*. The president touched on the topic of health care.

❧ Жалпы қалалық жиналыс кезінде қала жағдайына уайым білдіруші бір азамат қала ластығы мен қарақшылық туралы *мәселе қозғады*. During the town hall meeting, a concerned citizen raised an issue about littering and vandalism.

сөз маржанын теру [to pick the coral of the words]: to learn, collect, or know the best phrases and expressions in a language

⦿ Literary.

❧ Мұрат кітап жазу үшін қазақ тіліндегі *сөз маржандарын теруде*. As research for his book, Murat is collecting the best phrases and expressions of the Kazakh language.

❧ Менің атам сөздің майын тамызады. Ол — *сөз маржанын терген* адам. My grandfather has a way with words. He knows all the best phrases and expressions in Kazakh.

сөз өту [to have a word pass through]: to influence and persuade someone

⦿ Dative.

❧ Әке ең үлкен ұлынан інілерімен есірткі туралы сөйлесуін сұрады, өйткені *інілеріне оның сөзі өтеді*. The father asked his eldest son to talk to his brothers about drugs because they listen to him.

❧ *Халыққа сөзін өткізе алатын* адам ғана әкім болады. Only a person who can make the people listen to his or her words can be mayor.

сөз сайыс [word competition]: formal debate

⦿ Formal. Variant: *сөзсайыс*.

❧ Тәжірибелі саясаткер қарсыласын барлық *сөз сайыстарда* жеңді. The experienced politician defeated his opponent in all the debates.

❧ Су қоры туралы *сөзсайыс* келесі аптада өткізіледі. The debate over water resources will be held next week.

сөз салу [to put a word]: **(1)** to propose marriage to a woman through a third party; **(2)** to make a business or other type of proposal to someone or something about merging or joining

⦿ Dative. Can be formal. Variant: *сөз айту*. In the past, men used to propose to women through a third party, such as a friend or sister-in-law. The second meaning is an extension of the first.

❧ Мен *Сәулеге тағы сөз салдым*. Бұл жолы маған жан досым көмектесті. I proposed to Saule again. This time my best friend helped me to do that.

❧ Шағын интернет компаниясы бүгінгі экономикалық жағдайда аман қалу үшін өз *бәсекелесіне сөз салды*. The small Internet company proposed to his competitor to merge to survive in today's economy.

сөз таластыру [to make the words fight]: to argue in a debate or dispute

❧ Мен саған теледидарды басқару тетігін бермеймін. Менімен *сөз таластыруыңды* доғарт. I will not give you the remote control. Stop arguing with me.

❧ Екі жақ бір жер үшін *сөз таластырып жатты*. The two factions were disputing over the same territory.

сөз тасу [to carry the word]: to snitch on someone about what he or she said

⦿ Optional dative. See the third example.

❧ Ажарды дос деуге болмайды. Ол бірін-бірі ұнатпайтын *Жұлдыз бен Салтанаттың арасында сөз тасуды* ғана біледі. Zhuldyz and Saltanat should not call Azhar a friend. She only knows how to snitch between them.

❧ Әмина *сөз тасып*, бізді бір-бірімізге қарсы қоятын. Amina would pit us against one another by snitching.

❧ Екінші кеңсеге барып келген сайын, ол *маған сөз тасып келеді*. Every time she goes to the second office, she comes back snitching to me.

сөз теру [to pick the word]: to harp on for the purposes of criticizing or scrutinizing, to nitpick

❧ Либералдар мен консерваторлар бір-бірінің *сөздерін теріп жүрді*. The liberals and conservatives were harping on each other's every word.

❧ Прокурор сот отырысында айыпталушының әрбір *сөзін теріп отырды*. The prosecutor nitpicked the defendant's every word during the trial.

сөзге ағып тұру [to be flowing in words]: to be very articulate

❧ Саясаткер *сөзге ағып тұр*; оған сөз-жазып, дайындап беретін адам керек емес. The politician is very articulate and does not need any writers to prepare his speeches.

❧ Халық алдында пәрменді сөйлей алатын шешен болу үшін *сөзге ағып тұру керек.* To be an effective public speaker, one must be very articulate.

сөзге еру [to follow the word]: to blindly follow someone's advice or call, which is often bad

❧ Болат ағасының инвестиция туралы айтқан *сөзіне еріп,* қарызға белшесінен батты. Bolat got into a lot of debt by blindly following his brother's bad investment advice.

❧ Жасөспірім достарын саябақты талқандауға шақырған, ал ақымақтар оның *сөзіне ерген.* The teenager told his friends to vandalize the park, and they were stupid enough to blindly follow his call.

сөзге жүйрік [fast in words]: quick-tongued

☀ See also *ойға жүйрік* (in *Mind and the Intellect*).

❧ Арай сияқты *сөзге жүйрік* адаммен сөз таластыру қиын. It's hard to argue with someone as quick-tongued as Arai.

❧ Одан жақсы заңгер шықпайды, өйткені ол *сөзге жүйрік* емес. He wouldn't make a good lawyer because he's not quick-tongued.

сөзге жығылу [to fall down to the word]: to heed, to give in to someone's advice or opinion

☀ Collocations: *жүйелі сөзге жығылу* (to heed a sound opinion or advice), *орынды сөзге жығылу* (to heed an appropriate opinion or advice).

❧ Алма ақырында *досының сөзіне жығылып,* онымен бірлесіп шағын фирма ашты. Alma finally gave in to her friend's opinion and opened a small firm together with her.

❧ Халықтың *орынды сөзіне жығылмайтын* саясаткер неге керек? Why do we need a politician who does not heed people's appropriate advice?

сөзге келу [to come to a word]: **(1)** *to have words with someone*; **(2)** to say a word

☀ See also *бір ауыз сөзге келмеу* (under *бір ауыз сөз* in *Numbers*). Syn: *тілге келу,* in the first sense (in *Body*).

❧ Әке мен бала арасындағы қатынас түзеле қойған жоқ. Олар әлі кез келген нәрсе үшін *сөзге келіп қала береді.* The relationship between the father and the son has not improved. They still keep exchanging words over everything.

❧ Ол ашуланып, *менімен сөзге келмеді.* He was angry and didn't say a word to me.

сөзге қалу [to stay with a word]: to become an object of accusation or gossip

❧ Мына жерде бір оғаш қылық көрсетсең, көп *сөзге қаласың.* In this place, if you show one odd behavior, you will become the object of many accusations.

❧ Сұлу Яна қызғаншақ әйел жұмыстастарының арасында тез *сөзге қалды.* Beautiful Yana quickly became the object of gossip among her jealous female coworkers.

сөзге қонақ беру [to give a guest to a word]: to allow someone to express an opinion

☀ Collocation: *аталы сөзге қонақ беру* (to let someone say sensible or wise words).

❧ Жақсы жұбай болудың бір жолы *жолдасыңның сөзіне қонақ беру* болып табылады. An integral part of being a good spouse is to let your partner give his or her opinion.

❧ Сұхбат алушы *Алманың сөзіне қонақ бермеді.* The interviewer did not allow Alma to express her opinion.

сөзге тарту [to pull to a word]: to solicit a conversation or an interview

☀ Accusative.

❧ Мұраттың іші пысып, жанындағы *жолаушыны сөзге тартты.* Murat was bored, so he solicited a conversation with his fellow passenger.

❧ Тілші *әртісті сөзге тартуға* тырысты. The reporter tried to solicit an interview from the actor.

сөзде тұру [to stand on a word]: to keep a promise

❧ Менің балаларым *сөздерінде тұрып,* бір апта бойы тәтті нәрсе жемеді. My children kept their promise not to eat sweets for a week.

❧ Арман демалыста бұзылып қалған ауа салқындатқышын жөндеп, *әйеліне берген сөзінде тұрды.* Arman fixed the broken air conditioner this weekend and thus kept his promise to his wife.

сөзден жығылу [to fall down from a word]: to lose an argument

◉ Not used with a genitive complement denoting the person to whom one loses the argument, because the emphasis is on the word defeating the person.

❀ *Сөзден жығылған* Болат кеңседен жұлқынып шығып кетті. Bolat stormed out of the office after he lost the argument.

❀ Менің ағам сөз сайыстан өте нашар. Ол менімен айтысқанда, үнемі *сөзден жығылады*. My brother is a terrible debater. He always loses arguments with me.

сөзді жерде қалдырмау [not to leave the word on the ground]: to heed (see *сөзді жерге тастамау*)

◉ Variant: *сөзді жерге тастамау*. Also: *сөзі жерде қалмау попсаиs*.

сөзді жерге тастамау [not to drop the word to the ground]: to heed

◉ Variant: *сөзді жерге қалдырмау*.

❀ Қанат менің *сөзімді жерге тастамай*, үш сағаттық жердегі ауылға ініме барып келді. Kanat drove to the village for three hours, heeding my request to check up on my younger brother.

❀ Жалғас әкесінің «інілеріне әрдайым бас-көз бол» деген *сөзін жерге тастамады*. Інілерінің оқуына көмектесіп, қиын кездерде жәрдемдесіп, үнемі ақыл беріп отырды. Zhalgas heeded his father's words asking him to look after his younger brothers. He helped them with their education and in difficult times, and he would always give them advice.

сөзді жықпау [not to push the word down]: not to refuse someone's request

◉ Genitive.

❀ Әділет болашақ *жарының* үлкен той өткізейік деген *сөзін жыға алмады*. Adilet could not refuse his fiancée's request to have a grand wedding.

❀ Бастығым менен осы демалыста жұмыс істеуімді өтінді. Мен *оның сөзін жықпадым*. My boss asked me to work this weekend. I didn't refuse.

сөздің майын тамызу [to make the oil of the word drip]: *to have a way with words*

◉ Collocation: *сөздің майын тамызып сөйлеу* (to speak captivatingly and expressively).

❀ Космонавт *сөздің майын тамызады* екен; ол ғарыш сапарлары туралы әңгімесімен балаларды баурап алды. The astronaut has a way with words; he captivated the children with stories about his space travels.

❀ Қоғамдастық жетекшісі халықалдында қайырымдылық ісі туралы *сөздің майын тамызып сөйледі*. The community leader spoke engagingly and expressively to people about the importance of charity.

сөзін сөйлеу [to speak someone's word]: to take someone's side

◉ Genitive.

❀ Парламент мүшесін *халықтың сөзін сөйлейді* деп ойлап қателесіппіз. We were mistaken when we thought that the parliamentarian would take the people's side.

❀ Менің әкем үнемі ең кіші *сіңлімнің сөзін сөйлейді*, өйткені ол — әкемнің ең сүйікті қызы. My father always takes my youngest sister's side because she is the favorite child.

сөзіңіз аузыңызда [your word is in your mouth]: *I am sorry to interrupt you during your speech*

◉ Formal. Also: *сөзің аузыңда*.

❀ *Сөзіңіз аузыңызда*, бір нәрсені анықтап алайын. Sorry to interrupt, but I need to clarify a point.

❀ *Сөзің аузыңда*, бір-екі маңызды нәрсе айтқым келеді. I am sorry to interrupt you while you're speaking, but I want to say a couple of important words.

Soul and Spirit: Жан мен көңіл

Soul: *Жан*

алға жан салмау [not to put a soul in front]: *to be second to none*

❧ Сайыста *алдына жан салмаған* бишінің жеңімпаз болмағаны біртүрлі болды. It was strange that the dancer, who had been second to none during the entire competition, ended up not winning.

❧ Қайта өрлеу дәуірінде Леонардо да Винчи, Микеланджело секілді итальяндық суретшілер әлем бұрын көрмеген аса керемет өнер туындыларын шығарды. Итальяндық суретшілер сол дәуірде *алдарына жан салмады*. During the Renaissance, Italian artists like Leonardo da Vinci and Michelangelo, who were second to none during this era, produced some of the finest works of art the world has ever seen.

жан алқымға жету [to have the soul reach the throat]: *to be in a tight corner* (see *жан алқымға келу*)

✸ Variants: *жан алқымға келу, жан алқымға тақалу, жан алқымға таяну, жан алқымға тірелу.*

жан алқымға келу [to have the soul come to the throat]: *to be in a tight corner*

✸ Variants: *жан алқымға жету, жан алқымға тақалу, жан алқымға таяну, жан алқымға тірелу.* Also: *жан алқымға алу* (*to be backed into a corner*).

❧ Болат жұмысынан айырылды, басында қарызы көп; *жаны алқымға келіп отыр.* Bolat lost his job and has so many loans; he's in a really tight corner.

❧ Тапсырманы дұрыс аяқтау үшін не жеткілікті ақша, не адам жоқ, ал сен оның белгіленген күнін алға жылжытқың келеді. Сен *бізді жан алқымнан алып жатырсың* ғой. There are not enough funds or personnel to get the job done properly, and you want to move the deadline up? You are really backing us into a corner.

жан алқымға тақалу [to have the soul near the throat]: *to be in a tight corner* (see *жан алқымға келу*)

✸ Variants: *жан алқымға келу, жан алқымға жету, жан алқымға таяну, жан алқымға тірелу.*

жан алқымға таяну [to have the soul approach the throat]: *to be in a tight corner* (see *жан алқымға келу*)

✸ Variants: *жан алқымға келу, жан алқымға жету, жан алқымға тақалу, жан алқымға тірелу.*

жан алқымға тірелу [to have the soul rest onto the throat]: *to be in a tight corner*; see *жан алқымға келу*

✸ Variants: *жан алқымға келу, жан алқымға жету, жан алқымға тақалу, жан алқымға таяну.*

жан алу [to take a soul]: *to claim a life*

✪ Formal.

❧ Орасан цунами көп *жан алды.* The massive tsunami claimed many lives.

❧ Адамдар қылмыскер босатылса, тағы бір *жан ала* ма деп уайымдап отыр. People are concerned that if the criminal is released, he may claim another life.

жан алысып, жан берісу [to mutually give and take lives]: to engage in a bloody war in which both sides lose lives

✪ Also: *жан алып, жан беру non-rec.*

❧ Отаршылдар мен байырғы халықтар бірнеше рет *жан алысып, жан берісті.* There were several bloody wars between the colonists and the natives.

❧ Солтүстік Вьетнам мен Оңтүстік Вьетнам арасындағы соғыста екі жақ та *жан алып, жан берді.* Бір миллионнан астам әскер мен бірнеше миллион бейбіт халық қаза тапты. The war between North and South Vietnam was a bloody one for both countries. More than 1 million military personnel and millions more civilians were killed.

жан ауырмау [not to have the soul ache]: not to be concerned, to care less

✪ Dative. Also: *жан ауыртпау caus. Жан ауыру* is not an antonym.

❧ Менің өзімшіл ағамның өз мұрасымен *не істейтініне жаным ауырмайды.* I could care less what my selfish brother does with his share of the inheritance.

❀ Жанардың әке-шешесі отыз жыл бұрын ажырасып кеткен, сондықтан бір-бірінің *жағдайына жандарын ауыртпайды*. Zhanar's parents have been divorced for thirty years, so they could care less about each other's welfare.

жан ауыру [to have the soul ache]: to be saddened

❂ Also: *жан ауырту caus*. *Жаны ауырмау* is not an antonym.

❀ Жалғыз қарындасының болашағы жоқ қарым-қатынаста *қалып қойғанына Мақсаттың жаны ауырады*. Maksat was saddened to see his only sister stuck in a dead-end relationship.

❀ Досымның жалғыз анасының қайтыс болғанын естіп, *жаным ауырды*. I was saddened to hear about the passing of my friend's mother, her only living parent.

жан ашу [to have the soul burn]: to be sorry, to feel pity, to sympathize

❂ Dative. Also: *жанашыр* (supporter, sympathizer), *жанашырлық* (sympathy, compassion).

❀ Алан баспанасыз *адамға жаны ашып*, азын-аулақ ақша, тамақ және киім-кешек берді. Alan felt sorry for the homeless man, so he gave him spare change, food, and clothing.

❀ Үлкендердің назарын өзіне қарату үшін, менің бөпе жиенім үстелге басын әдейі соғып, жылағансиды. Сонда, әрине, *оған біреудің жаны ашып*, қолына алып, оған көңіл бөледі. To get adults to pay attention to him, my baby nephew will purposely bump his head against the table and pretend to cry. Surely someone will feel sorry for him, pick him up, and pay attention to him.

❀ Айыпталған *кісі өлтірушінің жанашырлары* сот төрағасынан оған рақымшылық етуін сұрап жалбарынды. Sympathizers with the convicted killer begged the judge for leniency.

жан бағу [to take care of the soul]: **(1)** to enjoy a good life because one does not have to work and is taken care of in terms of money and other needs; **(2)** *to make a living*

❂ *Жан* is always used with possessive and accusative endings, in the first sense. No endings are used, in the second sense.

❀ Ол бай жігітке тұрмысқа шыққаннан кейін, оған енді жұмыс істеуге болады, тек *жанын бағып отырса болды*. She married a rich man, so now she doesn't have to work; all she needs to do is to enjoy her good life.

❀ Ол ағаш ұстасы болып, *жан бағып жүр*. He makes a living as a carpenter.

жан беру [to give soul]: **(1)** to die, especially for someone or something; **(2)** to give life to someone or something

❂ Formal. In the first sense, *жан* can be used with or without possessive and accusative endings. Compare the first two examples.

❀ Асхат бостандық үшін *жанын берді*. Askhat died for freedom.

❀ Ол Отан үшін *жан берді*. He died for his country.

❀ Жанардың нәзік қылқаламымен *суреттеріне жан берді*. Zhanar gave life to her paintings with beautiful and fluid brushstrokes.

жан біту [to gain a soul]: to come alive

❂ Dative. This expression is not used in the sense of being reinvigorated.

❀ Қатты жел орманды желпіп өткенде, *ағаштарға жан бітіп*, бір-бірімен сырласады. When a strong wind passes through these forests, the trees come alive and speak with one another.

❀ Өліп қалған сияқты болып көрінген бұзаубасты шығарып тастайын дегенімде, *оған жан бітті*. The scorpion that seemed to be dead came alive when I tried to remove it.

жан далбаса [a vain effort of the soul]: desperate

❂ Variant: *жандалбаса*. Also: *жан далбасалау*, *жандалбасалау* (to be desperate). Collocations: *жандалбаса әрекет* (a desperate effort), *жан далбасалап қашу* (to flee desperately). See also *жан дәрмен*, *жанталасу*.

❀ Ол жан таласып, үйіне су шашты. Бұнысы үйін өрттен сақтап қалудағы *жандалбаса әрекеті* еді. He desperately splashed water on his house, in a desperate effort to save it from the fire.

❧ Автобусқа қарай *жан далбасалап жүгірдім*. I desperately ran toward the bus.

жан даусы [the voice of the soul]: **(1)** plea, heartfelt cry; **(2)** loud scream

✪ Collocation: *жан даусы шығу* (to utter a heartfelt cry or loud scream).

❧ *Кіші Мартин Лютер Кингтің* теңдікке шақырған *жан даусы* дүние жүзіндегі бірнеше миллион адамның жүрегінде үміт отын тұтатты. Martin Luther King Jr.'s inspired heartfelt cry for equality gave hope to millions of people worldwide.

❧ Кактустың тікені аяғыма кіріп кеткенде, *жан даусым шықты*. When the cactus spike got stuck in my leg, I let out a loud scream.

жан дәрмен [strength of the soul]: desperately

✪ Collocations: *жан дәрмен қашу* (to flee desperately). See also *жан далбаса*, *жан таласу*.

❧ Олар өздеріне тиіскен *қарақшыдан жан дәрмен қашты*. They fled desperately from their assailant.

❧ Ол жерсілкіністен зардап шеккен адамды аман алып қалуға *жан дәрмен тырысты*. He desperately tried to save the earthquake victim.

жан жүйесі [system of the soul]: emotions

✪ Variant: *жан-жүйе*. Collocations: *кейіпкердің жан жүйесін ашу* (to reveal emotions of the character); *жан жүйесін босату*, *жан жүйесін тербеу*, *жан жүйесін толқыту* (to touch emotions).

❧ Зардап шегушілердің әңгімелері *көрермендердің жан жүйесін босатты*. The victims' stories touched viewers' emotions.

❧ Кинорежисер басты *кейіпкердің жан жүйесін* өте жақсы ашқан. The director did a great job of revealing the emotions of the main character.

жан кешті [going through soul]: **(1)** self-sacrificing; **(2)** suicidal

✪ Also: *жанкештілік (self-sacrifice)*. Collocations (in the first sense): *жанкешті батыр* (self-sacrificing hero), *жанкешті еңбек* (self-sacrificing work), *жан кешті әрекет* (self-sacrificing action), *жан кешті ерлік* (self-sacrificing heroism), *жан кешті соғыс* (self-sacrificing war). In the second sense, *жан кешті* is now used in formal Kazakh to refer to suicide bombing and suicide attackers. Collocations (in the second sense): *жан кешті шабуыл* (a suicide attack), *жанкешті лаңкес* (a suicide bomber).

❧ Дәрігерлердің кедей аудандардағы *жанкешті еңбегінің* арқасында бірнеше жүздеген адам аман қалды. The doctors' self-sacrificing work in the impoverished neighborhoods saved hundreds of lives.

❧ Кісі аяғы көп жүретін көшеде болған *жан кешті шабуылдан* көп адам қаза тапты. The suicide bombing in the crowded street killed many people.

жан кіру [to have the soul enter]: **(1)** to be revived; **(2)** to regain energy

✪ Dative, in the first sense. *Жан* takes a possessive ending, in the second sense only.

❧ Экономикалық эмбарго алынып тасталғаннан кейін, *елге жан кірді*. The country was revived after the economic embargo was lifted.

❧ Бір аяқ шәйдан кейін *жаным кірді*. After a cup of tea, I regained my energy.

жан қию [to cut the soul]: to sacrifice one's life, especially for a country

✪ Also: *жанқиярлық (self-sacrificing)*.

❧ Көп адам туған елдерін сыртқы жаудан қорғап, *жан қиды*. Many have sacrificed their lives to defend the country from foreigners.

❧ Ол босқын балаларға көмектесіп, *жанқиярлық* еңбек етіп жүр. He is doing self-sacrificing work to help the refugee children.

жан сақтау [to save the soul]: to survive

❧ Өзіміз өсіріп отырған көкөніспен *жан сақтап отырмыз*. We are surviving with the vegetables from our own garden.

❧ Мен Америкаға бір тиынсыз келіп, үш зауытта жұмыс істеп, *жан сақтадым*. After immigrating to America penniless, I survived by working three factory jobs.

❧ Бағдарлама табиғат апатында *жан сақтаудың* жолдарын үйретеді. The show teaches how to survive natural disasters.

жан салу [to put the soul]: ***to put one's heart and soul into something***

✪ Dative. Not used with a dative complement if the expression acts as an adverbial modifying the main verb.

❀ Менің досым күйеуімен ажырасқаннан кейін балаларына өте жақсы *тәрбие беруге жанын салды*. After her divorce, my friend put her heart and soul into raising the best children she could.

❀ Мен бау-бақшамда *жанымды салып*, еңбек етемін. I put my heart and soul into my work in the garden.

жан сүйсіну [to have the soul be delighted]: to be delighted, to be proud

✿ Dative. Not used with a dative complement if the expression follows an adverbial clause. See the second example. Also: *жан сүйсіндіру caus.*

❀ Балаларының өсіп-өніп, беделді инженер және балет бишісі болып қызмет етіп *жүргеніне Ұлжанның жаны сүйсінді*. Ulzhan was delighted to see her children grow up to be successful engineers and ballet dancers.

❀ Жасөспірім ұлымның ойыншықтарын жетім балалар үйіне бергенін *көріп, жаным сүйсінді*. I was proud when I saw my teenage son donating his toys to the orphanage.

жан таласу [to have the soul fight]: to desperately attempt or fight

✿ Variant: *жанталасу*. Also: *жанталас* (a desperate attempt or fight), *жан таластыру caus.* See also *жан далбаса, жан дәрмен*.

❀ Университет профессорлары байырғы халықтың тілі мен *мәдениетін сақтап қалуға жанталасып жатыр*. The university professors are involved in a desperate attempt to preserve the indigenous language and culture.

❀ Зардап шегушінің өмірі үшін *жанталас* бірнеше сағатқа созылды. The desperate fight to save the victim's life lasted for hours.

жан тапсыру [to submit the soul]: to die, to get killed

❀ Өткен айда ауруханада жиырма адам *жан тапсырған*. Last month, twenty people died at the hospital.

❀ Бірнеше миллион адам *безгектен жан тапсырды*. Millions died of malaria.

жан ұшыру [to make the soul fly]: to rush frantically

❀ Біз ұйықтап қалып, әуежайға *жан ұшырдық*. After oversleeping, we frantically rushed to the airport.

❀ Бақыт қатты ауырып қалған досына демалыста бара алуы үшін *жұмысын жан ұшыра* бітіріп жатты. Bakhyt was frantically finishing up her work so that she could go visit her very ill friend for the weekend.

жан шақыру [to invite the soul]: *to get a second wind*

☸ Used with a dependent adverbial clause of reason.

❀ Түстен кейін *ұйықтап алып, жан шақырдым*. I got my second wind from the afternoon nap.

❀ Жұмысшылар тойымды *тамақ ішіп, жан шақырды*. The hearty meal gave the workers a second wind.

жанға бату [to press into the soul]: to be emotionally hurtful, to hurt emotionally

❀ Оның сөздері *жанға батады*. Her words are emotionally hurtful.

❀ Әке-шешеңнің кездесіп жүрген қызыңа үйленуіне қарсы болғаны *жаныңа батқан* болар. Your parents' disapproval of your marriage to your girlfriend must have hurt you.

жанға жайлы [comfortable to the soul]: pleasant, comfortable, as a place or weather

❀ Лондон жұмыс істеуге, тұруға қолайлы, *жанға жайлы қала*. London is a pleasant place to live and work.

❀ Осы аптада ауа райы *жанға жайлы* болып тұр. The weather is comfortable this week.

жан-дүниесі мұздау [to have one's world of soul chill]: **(1)** to be appalled; **(2)** *to have one's heart stand still* (see *жүрегі мұздау* in *Body*)

✿ Variants: *бойы мұздау, денесі мұздау, жүрегі мұздау, іші мұздау. Жан-дүниесі мұздау* and *жүрегі мұздау* are more frequently used to imply being appalled at inhumanity and indecency, whereas *бойы мұздау, іші мұздау*, and *денесі мұздау are* commonly used to imply having a feeling of fright.

жанды жегідей жеу [to eat the soul like a lupus]: *to be eating at someone*

✿ Syn: *ми жеу* (in *Body*) implies being distressed and thinking about something too much. *Жанды жегідей жеу* implies emotional distress.

❀ Дәрігердің ісік туралы айтқаны *Юрийдің жанын жегідей жеді.* The doctor's news about his incurable cancer was eating at Yuri.

❀ Ата-аналарының ажырасқаны жас болса да балалардың *жанын жегідей жеп жүргені* көрініп тұрды. Although the children were young, it was apparent that their parents' divorce was eating at them.

жанды жер [the place with soul]: *weak spot, underbelly*

❀ Президенттіктен үміткердің өткен жеке өмірі—*оның жанды жері.* Сайлауалды науқан сарапшылары оның қарсыластарының сыни пікірлерін жоққа шығарудың бір амалын табу керек. The presidential candidate's past love life is his weak spot. His campaign manager needs to come up with something that will offset his opponent's criticisms.

❀ Оның денсаулыққа пайдалы тамақ ішуі ешқашан ұзаққа созылмайды. Бірақ ол күйеуінің осы *жанды жеріне қадалмайтынына* риза. She can never sustain a long, healthy diet. But she is glad that her husband does not dwell on this underbelly of hers.

жанды шүберекке түю [to wrap the soul in a cloth and tie in a knot]: to consciously take a risk or to put one's life at risk despite being fearful

☸ Collocations: *қу жанды шүберекке түю* (to risk one's only life), *шыбын жанды шүберекке түю* (to risk one's fragile life).

❀ Жас өрт сөндіруші *жанын шүберекке түйіп,* жанып жатқан үйге жүгірді. Even though he was scared, the young firefighter ran into the burning house.

❀ Жан түршігерлік жағдай болса да, ол майдандас жолдастарын құтқару үшін *қу жанын шүберекке түйді.* It was a fearful situation, but he still put his life at risk to save his fellow soldiers.

жан-тән [soul and body]: **(1)** *heart and soul;* **(2)** *body and soul*

☸ Collocations: *жан-тәнімен сүю tr* (to love with all one's heart and soul), *жан-тәнімен сезіну tr* (to feel with all one's heart and soul), *жан-тәнін салу* (to put one's heart and soul into), *жан-тәнімен берілу* (to be dedicated body and soul).

❀ Ол *Сәулені жан-тәнімен сүйгенін* айтты. He claimed that he loved Saule with all his heart and soul.

❀ Жанар *жобаға жан-тәнімен берілді.* Zhanar dedicated herself body and soul to the project.

❀ Ол шөл даланы *жан-тәнін сала* суреттеді. She put her body and soul into painting the desert.

жанұя [soul nest]: family

◉ Formal. Syn: *от басы, ошақ қасы* (in *Nature*), *отбасы* (in *Nature*); *шаңырақ, үй іші* (in *Yurt*).

жаны бар сөз [word that has a soul]: words that have truth to them

◉ Also: *жанды сөз, сөзінің жаны бар* (one's words have truth to them).

❀ Жасым үлкейген сайын мен ата-анамның *жаны бар сөз* айтқанын түсініп жатырмын. The older I get, the more I realize that my parents' advice had truth to it.

❀ *Оның* жақын арада үйдің бағасы төмендейді деген *сөзінің жаны бар.* There is some truth to what she said about the house prices going down soon.

жаны жай табу [to have one's soul find a place]: *to set one's heart at rest*

❀ Жол апатына ұшыраған ініміздіөз көзімізбен көргенше *жанымыз жай таппады.* We didn't set our hearts at rest until we saw with our own eyes our brother who had been in the car accident.

❀ Жаңа президент салықты көтермегенде, *азаматтардың жаны жай тапты.* The citizens set their hearts at rest when the new president did not raise taxes.

жаны көзіне көріну [to have one's soul show to one's eyes]: to feel sudden and sharp physical pain

◉ Also: *жанын көзіне көрсету caus.*

❀ Итіне үйшік салып жатырып, өз саусағын өзі балғамен соғып алғанда *Мұраттың жаны көзіне көрінді.* While building the doghouse, Murat felt extreme pain when he hit his finger with a hammer.

❀ Тіс дәрігерім тісімді жұлып алып, *жанымды көзіме көрсетті.* My dentist pulled my tooth out giving me a sharp pain.

жаны күю [to have one's soul burn]: **(1)** to suffer from a wounded ego, pride; **(2)** to be deeply affected by something negative; **(3)** to empathize with

☸ Ablative (in the first sense), and dative (in the second and third senses). Also: *жанкүйер* (fan, supporter). Note: *жалынды жанкүйер* (a devoted supporter).

❀ Сенің ауыр *сыныңнан* оның *жаны күйіп жүр*. He has a wounded ego because of your harsh criticism.

❀ Алтынайдың жұмыстағы *иттікке жаны күйді*. Altynai was deeply affected by the backstabbing that was occurring in her office.

❀ Бай адамдардың шынымен *бізге жаны күйеді ме*? Can rich people ever really empathize with us?

❀ Біздің қалаға хоккей чемпионатына бірнеше мың *жанкүйер* келеді деп күтілуде. It is expected that several thousand fans will come to our city for the hockey championship.

❀ Менің інім — өнердің *жалынды жанкүйері*. My brother is a devoted supporter of the arts.

жаны қалмау [not to have one's soul stay]: **(1)** to dotingly love someone; **(2)** to do something with full dedication

☸ Dative.

❀ Ақмарал алғашқы немерелері болғандықтан, ата-әжесінің *оған жандары қалмайтын*. Because Akmaral was the first grandchild, her grandparents loved her with all their heart and soul.

❀ Досым менің *тойыма жаны қалмай* көмектесті. My friend helped with my wedding with full dedication.

жаны қас болу [to have one's soul be enemy]: to hate, to despise something

☸ Dative and genitive. Variant: *қаны қас болу* (in *Body*). Ant: *жаны құмар болу*.

❀ Саясатта үстемдік ететін *жалғандыққа менің жаным қас*. I despise the untruthfulness that is prevalent in politics.

❀ Шағын кәсіпорындарды бәсекелес нарыққа сыйғызбайтын тойымсыз *корпорацияларға* Дәулеттің *қаны қас болатын*. Daulet hates greedy corporations that squeeze small businesses out of the competitive market.

жаны құмар болу [to have one's soul be obsessed]: to love something

☸ Dative and genitive. Ant: *жаны қас болу*.

❀ Қызым *екеуіміздің спортқа жанымыз құмар*. My girlfriend and I love sports.

❀ *Жаңашылдыққа жаны құмар адамдарды* мемлекеттік қызметке көбірек алу керек. We need to hire more people who love innovativeness in government jobs.

жаны мұрнының ұшына келу [to have one's soul come to the tip of one's nose]: **(1)** to get sudden and sharp physical pain (see *жаны көзіне көріну*); **(2)** *to get scared to death*

☸ This idiom implies a sudden and temporary feeling of fear or pain. Also: *жанды мұрынның ұшына келтіру* caus.

❀ Башпайын үстелге соғып алғанда *Болаттың жаны мұрнының ұшына келді*. Bolat got a sudden and excruciating pain when he stubbed his toe against the table.

❀ Банк тонаушыны көргенде *жанымыз мұрнымыздың ұшына келді*. We got scared to death when we saw the bank robber.

жаны мұрнының ұшында жүру [to have one's soul be going on the tip of one's nose]: *to be hanging by a thread*

☸ Variant: *жаны мұрнының ұшында тұру*.

❀ Бизнесі жабылып қалғалы, Қайрат әзер бірді бірге жалғап жүр. *Оның жаны мұрнының ұшында жүр*. Kairat is struggling to make ends meet after losing his business. He's hanging by a thread.

❀ Пойыз апаты ауыр апат болды; *жолаушылардың жаны мұрындарының ұшында тұр*. The train crash was severe; the passengers are hanging by a thread.

жаны мұрнының ұшында тұру [to have one's soul be standing on the tip of one's nose]: *to be hanging by a thread* (see *жаны мұрнының ұшында жүру*)

☸ Variant: *жаны мұрнының ұшында жүру*.

жаны сірі [one's soul is hardened]: strong, enduring, resilient

❀ *Жаны сірі* адамдар ғана тағдырдың салғанына шыдай алады. Strong and enduring people can survive anything that life hands them.

❧ Асылан туралы уайымдама: ол — *жаны сірі* жігіт, бұндай қиындықты жеңеді. Don't worry about Asylan; he's a resilient guy and will overcome this adversity.

жаны тебірену [to have one's soul be touched]: to touch one's heart

🕸 Dative. Also: *жанды тебірентту саиѕ*.

❧ Гаухардың *қайырымдылығына біздің жанымыз тебіренді*. Gaukhar's kind gesture touched our hearts.

❧ Оның аянышты әңгімесі *менің жанымды тебірентті*. Her sad story touched my heart.

жаны төзбеу [not to have one's soul tolerate]: not to tolerate something categorically

🕸 Dative. The affirmative form is used in rhetorical questions only.

❧ Үндістанның өзге жетекшілері елдің әлеуметтік мәселелеріне назар аудармады, ал *Гандидің* өз туған жерінде көрген *әділетсіздіктерге жаны төзбеді*. While other leaders ignored India's social problems, Gandhi categorically did not tolerate the injustices he saw in his homeland.

❧ Сыбайлас жемқорлыққа сенің *жаның қалай төзеді*? How do you tolerate corruption?

жаны түршігу [to have one's soul shudder]: to be horrified

🕸 Also: *жантүршігерлік* (horrifying), *жанды түршіктіру* (to horrify).

❧ Құрбанның денесін қарап жатқанда *полицияның жаны түршікті*. The policeman became horrified as he was examining the murdered victim's body.

❧ Біз жақын жолдасымыз жөнінде *жантүршігерлік нәрсе* естідік. We heard horrifying things about our close friend.

жаны шығу [to have one's soul come out]: **(1)** to be dead; **(2)** to be solicitous or distressed

🕸 Genitive, except when the idiom acts as an adverbial modifying the verb. See also *жанын шығару*.

❧ Жедел жәрдем келгенше, жол апатынан *зардап шегушінің жаны шығып кетті*. Before help could arrive, the car accident victim was already dead.

❧ Неге осы Арман *жаны шығып*, бастығының *көңілін аулап жүреді*? Why is Arman so solicitous to please his boss?

❧ Менің інім көптен бері хабарласпай, уайымдап жүрмін. Телефон шырылдаса болды, мен *жаным шыға жүгіремін*. I am worried about my younger brother because he hasn't called me for a long time. If the phone rings, I anxiously run.

❧ Күйеуім өзінің сүйікті глобусын көзінің қарашығындай сақтайды. Кішкентай балалар оны қолымен ұстаса болды, *оның жаны шығып кете жаздайды*. My husband protects his favorite globe like the apple of his eye. Any time small children touch it, he nearly dies.

жанымен берілу [to be given with one's soul]: to be dedicated, as a person

🕸 Dative. Not used with a dative complement if it is used as an adverb or if the main verb does not require a dative complement.

❧ Самат — құрып кету қаупі төніп тұрған жан-жануарларды *қорғау ісіне жанымен берілген адам*. Samat is dedicated to saving endangered species.

❧ Жақсы қызметкерлер жұмысты уақытында және бюджет аясында бітіруге *жанымен беріліп еңбектенеді*. The good employees work dedicatedly to complete the job on schedule and budget.

жанын жадырату [to make one's soul joyous]: *to do someone's heart good*

🕸 Also: *жаны жадырау* попсаиѕ; requires a dative complement.

❧ Қайырымдылық ісі *баршаның жанын жадыратты*. The charity work did everyone's heart good.

❧ Ұлымның жақсы қызға *үйленгеніне жаным жадырады*. It did my heart good to know that my only son had married a very good woman.

жанын қоярға жер таппау [not to find a place to put one's soul]: **(1)** *to be on pins and needles* (see *жер-көкке сыймау* in *Nature*); **(2)** to be in extreme physical or emotional pain

🕸 Syn: *жер-көкке сыймау* (in *Nature*)

❧ Балаларын қамқорлыққа алу туралы бұрынғы күйеуі екеуінің арасындағы сот отырысы алдында Айнұр *жанын қоярға жер таппады*. Before the court hearing about the custody of her children, Ainur was on pins and needles.

❧ Кеше менің қатты басым ауырды. *Жанымды қоярға жер таппадым.* I had a severe migraine yesterday. I was in extreme pain.

жанын пида ету [to sacrifice one's soul]: to sacrifice one's life for someone or something

◉ Also: *жанпида* (self-sacrifice).

❧ Көптеген медбибілер мен дәрігерлер соғыс кезінде жауынгерлерге көмектесіп, *жанын пида етті.* Many nurses and doctors have sacrificed their lives during wartime to help wounded soldiers.

❧ Өрт сөндіруші үйдегі өрттен сәбиді құтқару үшін өз *жанын пида етті.* The firefighter sacrificed his own life to save the baby from the burning house.

жанын шығару [to make one's soul come out]: (1) to kill, to cause distress; (2) to kill, to get

◉ Genitive. Possessive pronouns used as a genitive complement can be omitted. Also: *жаның шыққыр, жаның шықсын* (***may you rot in hell***) is an expression used mostly by women to wish a curse on someone.

❧ Мына жайсыз аяққиім *жанымды шығарып бара жатыр.* These uncomfortable shoes are killing me.

❧ Өтірік айтқаның үшін *жаныңды шығарамын.* I am going to kill you for lying to me!

❧ Ол інісін ұрып кеткен *балалардың жанын шығарайын* деп жүр. He is going to get the boys who beat up his younger brother.

❧ Жынды ұры! *Жаның шықсын!* Stupid pickpocket! May you rot in hell!

жаныңның барында [while you have your soul]: *before I kill you*

◉ Expression of threat that demands immediate action.

❧ Көрші баланың үйінде үш сағат видео ойынын ойнап отырғанініме телефон соғып: «*Жаныңның барында* үйге тез кел!», – дедім. I called my brother who had been playing video games at the neighbor boy's house for three hours and said: "Come home before I kill you!"

❧ Ашуланған әйел мас күйеуіне: «*Жаныңның барында* есіңді жи!», – деп айқайлады. The frustrated wife screamed at her drunken husband, "Sober up before I kill you!"

нәзік жан [delicate soul]: female, woman

◉ Mainly used in editorials. Also: *нәзік жанды* (female).

❧ Полиция қатарында *нәзік жандардың* саны көбеюде. The number of women among the police force is increasing.

❧ *Нәзік жанды модельдердің* сұлулығы жоғары бағаланады. Beauty is a highly desirable trait of female models.

тірі жан [live soul]: living soul

◉ Syn: *жан баласы* (in *Humans and Their Kin*).

❧ Рождество мейрамы қарсаңында біздің компанияда *тірі жан* жұмысқа бармайтын секілді. Near the Christmas holiday it seems that not a living soul goes to work at our company.

❧ Мыс кендері жабылғаннан кейін кішкентай қалада *жан баласы* қалмады. After the copper mines closed down, no living soul remained in this small town.

шықпа жаным, шықпа деп [saying "don't come out, my soul, don't"]: ***keeping body and soul together***

◉ Also: *шықпа жаным, шықпамен.*

❧ Олар — кедей адамдар, *шықпа жаным, шықпа деп* отыр. They are poor people, and they are keeping body and soul together.

❧ Пәтерақы мен жарыққа ғана жететін ақшам бар; *шықпа, жаным шықпамен* жүрмін. I only have enough money to pay for rent and electricity; I am barely keeping body and soul together.

Spirit: *Көңіл*

алаң көңіл [worried spirit]: anxiety

◉ Also: *көңілі алаң болу, алаң көңіл болу* (to be anxious).

❧ Дәрігердің айтқан жақсы хабары оның *алаң көңілін* орнына түсірді. Good news from the doctor calmed the anxious man's nerves.

❧ *Көңілі алаң* байқауға қатысушылар нәтижелерін асыға күтті. The anxious contestants waited impatiently for their scores.

көңіл айту [to say a spirit]: to express condolences to a person grieving someone's death

⚙ Dative. Variant: *көңіл білдіру*.

❀ *Көршімізге көңіл айтуға* бара жатырмыз. Оның атасы қайтыс болды. We are going to express condolences to our neighbor. Her grandfather has passed away.

❀ Телефонмен емес, үйіне барып *оған көңіл айтқан* дұрыс. It is right to go to his place, not to call by phone, to express condolences.

көңіл аудару [to transfer the spirit]: *to pay attention, to give attention*

⚙ Dative. Variant: *көңіл бөлу*.

❀ Мен ол *мақалаға көңіл аударған* жоқпын. I haven't paid attention to that article.

❀ Біздің *баламызға көңіл бөлуіміз* керек. We have to give attention to our child.

көңіл бөлу [to divide the spirit]: *to pay attention, to give attention* (see *көңіл аудару*)

⚙ Dative. Variant: *көңіл аудару*.

көңіл білдіру [to express a spirit]: **(1)** to express a certain feeling, including a romantic one; **(2)** to express condolences to a person grieving someone's death (see *көңіл айту*)

⚙ Dative. Formal in the second sense.

❀ Ол көптен бері дос болып жүрген *қызына көңіл білдірді*. He expressed to his longtime friend that he was in love with her.

көңіл көзі [the eye of the spirit]: perception

⚙ Collocations: *көңіл көзі ашық адам* (a perceptive person), *көңіл көзі ашылу* (to become perceptive).

❀ Уақыт өте адамдардың білінер-білінбес әдет-қылықтарына *жас тергеушінің көңіл көзі ашылды*. Over time the young detective became perceptive about people's subtle mannerisms.

❀ Мынадай күрделі шығарманы *көңіл көзі ашық адамның* зерделегені көрініп тұр. It is clear that this complicated writing has been examined by a perceptive person.

көңіл көншу [to have the spirit calm down]: to feel content

❀ Ең жаңа дизайнерлік аяқ киімді сатып алғанша менің *досымның көңілі көншімейді*. My friend is not content until she buys the latest designer shoes.

❀ Үйді өзі қалаған түске бояп барып,

күйеуімнің көңілі көншіді. My husband was finally content after he repainted the house in the color he wanted.

көңіл көтеру [to raise the spirit]: **(1)** to have fun, as in entertainment; **(2)** to lift the spirits

⚙ Also: *көңілі көтерілу* pass. Ant: *көңілі түсу* in the second sense.

❀ Компанияның президенті *көңіл көтеріп*, әрі болашақ клиенттермен араласу үшін гольф ойнағанды жақсы көреді. The company president likes to play golf to have fun and to also network with potential clients.

❀ Күйеуіммен телефонмен сөйлескеннен кейін, *көңілім көтеріліп* қалды. My spirits were lifted after I talked with my husband on the phone.

көңіл күй [the state of the spirit]: mood, spirit

❀ Лаңкестік шабуылдан кейін бүкіл *халықтың көңіл күйі* түнеріңкі болды. The mood of the entire nation was somber after the terrorist attack.

❀ Бүгін *сенің көңіл күйің* жақсы сияқты ғой. It looks like you are in good spirits today.

көңіл қосу [to add a spirit]: to fall in love and marry someone

⚙ Instrumental.

❀ Ол *көршісімен көңіл қосып*, бала-шағалы болып отыр. She fell in love and married her neighbor, and now she has a family.

❀ Ерлан *жұмыстасымен көңіл қосты*. Erlan fell in love with his coworker and married her.

көңіл пернесін дөп басу [to precisely step on the string of the spirit]: *to strike a chord*

⚙ Syn: *көңілге қону*.

❀ Әкімнің корпоративтік салықты азайту туралы ұсынысы жергілікті іскерлердің *көңіл пернесін дөп басты*. The governor's proposed corporate tax cuts struck a chord with the local business community.

❀ Ақынның соңғы шығармасы *оқырмандарының көңілін тағы дөп басқан* сияқты. It looks like the poet's recent work has again struck a chord with her readers.

көңіл сұрау [to ask the spirit]: to visit a sick person (not a close relative)

❀ Жұмыстасым операциядан шыққаннан кейін, оның *көңілін сұрауға* ауруханаға *бардым*. I visited my coworker in the hospital to see how she was doing after the surgery.

❀ Бүгін маркетинг бөліміндегілердің барлығы *Жұлдыздың көңілін сұрауға* барды. Біз шоколад пен гүл апардық. Everyone in the marketing department visited Zhuldyz today to see how she was doing. We brought chocolate and flowers.

көңілге алу [to take to spirit]: to be upset over something, ***to take to heart***

☼ Accusative.

❀ Оның *қалжыңын көңіліңе алма*. Don't take his teasing to heart.

❀ Ерболат жұмыстасының айтқан *сынын көңіліне алып қалды*. Yerbolat took his co-worker's criticism to heart.

көңілге дақ салу [to put a stain on the spirit]: to sadden, to make someone sad (see *көңілге қаяу түсіру*)

☼ Variants: *жүрекке дақ салу, жүрекке қаяу түсіру* (in *Body*), *көңілге қаяу түсіру*.

көңілге жағу [to be liked by spirit]: ***to find favor with***, as an art form, tradition, or person

❀ Ол *көңіліне жаққан студенттеріне* ғана жақсы ұсыным хат береді. She has given a letter of recommendation to the students who found favor with her.

❀ Жаңа дәстүр *қала тұрғындарының көңіліне жақты*. The new tradition found favor with the city residents.

көңілге қарау [to look at spirit]: to be sensitive to or considerate of someone's feelings

❀ Ол қол астындағы қызметкерлердің *көңіліне қарауға тырысып жүр*. He is trying to be more sensitive to his employees' feelings.

❀ Балалардың ішінде Жанар ғана *көңілге қарайды*. Of all the children, Zhanar is very considerate of others' feelings.

көңілге қаяу түсіру [to make sadness descend on the spirit]: to sadden, to make someone sad

☼ Variants: *жүрекке дақ салу, жүрекке қаяу түсіру* (in *Body*), *көңілге қаяу салу*. Also: *көңілге қаяу түсу non-caus.*

❀ Елімізде жетім балалардың көбеюі *көңілімізге қаяу түсірді*. It saddened us that the number of orphaned children was increasing in our country.

❀ Жымысқы әрекетіңнің кесірінен *досыңның жүрегіне дақ түсті*. Your friend is saddened because of your underhanded stunt.

көңілге қону [to land on spirit]: ***to strike a chord*** (see *көңіл пернесін дөп басу*)

☼ Also: *көңілге қонымды adj.* Syn: *көңіл пернесін дөп басу.*

❀ Кітапта берілген пәлсапа *оқырмандардың көңіліне қонды*. The philosophy presented in the book struck a chord with its readers.

көңілге току [to weave into spirit]: to instill in oneself

☼ Accusative. Also: *көңілге тоқыту caus.*

❀ Жамал адал еңбек өнегесін *көңіліне тоқыды*. Zhamal instilled a work ethic in herself.

❀ Асхаттың ата-анасы бала кезінен *салт-дәстүрді оның көңіліне тоқытып өсірді*. His parents instilled a sense of tradition in Askhat from an early age.

көңілде сайрап тұру [to be singing in spirit]: to burn inside, as an idea, question, and thought burning in one's head; or as a legacy and a memory burning inside one's heart

☼ Variant: *көкейде сайрап тұру* (in *Mind and the Intellect*).

❀ Ерболаттың бизнес идеясы бірнеше жыл бойы *көңілінде сайрап тұр*. Yerbolat's business idea has been burning in his head for several years now.

❀ Біздің тойымыз *менің көңілімде әлі сайрап тұр*. The memory of our wedding still burns inside my heart.

көңілден шығу [to come out from spirit]: to meet expectations, not to disappoint

❀ Халықаралық джаз фестивалы Алматы тұрғындарының *көңілінен шықты*. The international jazz festival met the expectations of Almaty's residents.

❀ Танымал мейрамхананың тәттілері болмаса, өзге тамағы *көңілімізден шықпады*. The famous restaurant's food, except the sweet dessert, did not meet our expectations.

көңілді аулау [to catch the spirit]: **(1)** to comfort by doing something that would take one's mind off something else; **(2)** to try to please someone

❀ Ерлан сүйікті иттері өліп қалған балаларын балмұздақ жеуге апарып, олардың *көңілін аулады*. After their favorite pet died, Erlan comforted his children by taking them out for ice cream.

❀ Асыланға ұнамаса да, әйелінің *көңілін аулап*, операға барды. Even though Asylan doesn't like the opera, he still went to try to please his wife.

көңілді жұбату [to comfort the spirit]: to console

❀ Мұңайып отырған әйеліңнің *көңілін жұбатуың керек*. You need to console your sad wife.

❀ Ғалия қысқартылып қалған жұмыстасына басқа қызмет табуға көмектесуге уәде беріп, оның *көңілін жұбатты*. Galiya consoled a coworker who had just been laid off by promising to help her find work.

көңілді жықпау [not to push the spirit down]: not to refuse someone in order to please him or her

✪ Genitive. The affirmative form is used in rhetorical questions only.

❀ Мен *бастығымның көңілін жықпай*, жақсы жобамды өзгерттім. I modified my good design to please my boss.

❀ Әнуар *үй иесінің көңілін қалай жығады*? Сөйтіп, тым тәтті тортты жеді. How could Anuar refuse his dinner host? So he ate the very sweet cake.

көңілі ауу [to have one's spirit turn over]: to lean toward someone or something

✪ Dative.

❀ Осы сайлауда демократиялық партия *үміткеріне* оның *көңілі ауып отыр*. He is leaning toward the democratic nominee this election year.

❀ *Ернарға* команданың *көңілі ауды*, өйткені ол — осы маусымдағы ең үздік ойыншы. The team leaned toward Yernar because he is the best player this season.

көңілі болу [to have one's spirit]: to have romantic feelings for someone

✪ Locative.

❀ Алғаш кездескеннен кейін-ақ, менің ата-анамның *бір-бірінде көңілі болған*. My parents had feelings for each other after their first date.

❀ Оның *Ажарда көңілі бар*. He has feelings for Azhar.

көңілі босау [to have one's spirit loosen]: to become emotional

❀ Университетте оқып жүрген кезімде мамамның хаттарын оқығанда, менің *көңілім босайтын*. During the years of college, I would get emotional when I read my mom's letters.

❀ Неке салтанаттарында үнемі Заринаның *көңілі босайды*. Zarina always gets emotional at wedding ceremonies.

көңілі жарасу [to have one's spirit go well]: to find chemistry

✪ Instrumental. *көңілі жараспау* (not to get along romantically).

❀ Алғаш кездескенімізде *онымен менің көңілім жарасты*. On our first date I found chemistry with her.

❀ Жастар *бір-бірімен көңілдері жараспағандықтан* екі айдан кейін ажырасты. The young couple divorced after only four months because they did not get along with each other anymore.

көңілі қалу [to have one's soul stay]: to be upset, hurt, or disappointed in someone or something

✪ Ablative. Not used in the negative form. Also: *көңілді қалдыру* caus.

❀ Айгүлдің *жігітінен көңілі қалды*, өйткені жігіті оның түрі туралы жанға тиетін сөз айтқан. Aigul was hurt by her boyfriend when he made an insensitive remark about her appearance.

❀ Оның *махаббаттан көңілі қалған*. He has been disappointed in love.

көңілі құлазу [to have one's spirit lay empty]: to feel empty inside

❀ Әйелім ұзақ уақытқа іс-сапарға кетсе, менің *көңілім құлазиды*. I feel empty inside when my wife is away on business for a long time.

❀ Жан жолдастарының барлығы қайтыс болып, Ерлан қарияның *көңілі құлазып жүр.* Now that all his best friends have passed away, elderly Erlan feels empty inside.

көңілі өсу [to have one's spirit grow]: to be elated

⦿ Genitive. Also: *көңіл өсіру caus.*

❀ Қыдырымпаз қызының желкілдегенін қойып, оқуын жалғастырып жатқанын көріп, *әкенің көңілі өсті.* The father was elated when his socialite daughter gave up her playgirl ways to go back to college.

❀ Президенттің экономикаға серпіліс беру жоспары қолма-қол ақшаға зәру көптеген *америкалықтардың көңілін өсірді.* The president's economic stimulus plan elated many cash-strapped Americans.

көңілі суу [to have one's spirit cool]: to become cold to someone in a relationship

⦿ Dative.

❀ Бізге не болды? Неге *бір-бірімізге* біздің *көңіліміз суып кеткен?* What happened to us? Why have we become so cold to each other?

❀ Уақыт өте Азаттың *Айнұрға көңілі суы түсті.* Azat's feelings toward Ainur have turned cold over the years.

көңілі тоқ [one's spirit is full]: pleased

⦿ Dative. Mostly used in literary Kazakh.

❀ Келіндерінің *сыпайылығына* ата-ененің *көңілі тоқ болды.* The in-laws were pleased with their daughter-in-law's politeness.

❀ Білім беру жүйесіндегі *ілгерілеуге халық-тың көңілі тоқ.* The community members are pleased by the progress in the educational system.

көңілі толу [to have one's spirit be filled]: to be satisfied with someone or something

⦿ Dative.

❀ Жаңа білім жүйесі аясында балаларының үлгерімінің *жақсарғанына* ата-аналардың *көңілдері толды.* The parents are very satisfied with how their children's grades have dramatically increased under the new educational system.

❀ Арман жобаларын қанша жақсартқанымен ешқашан *оған* бастығының *көңілі толмады.* No matter how hard Arman tried to better his designs, his boss was never satisfied.

көңілі түзу [one's spirit is straight]: well intentioned

⦿ Dative.

❀ Дамыту жобасы іске аспағанымен, шет елдің *бізге көңілі түзу* екендігін айтуымыз керек. The development project failed, but we need to admit that the foreign country is well intentioned toward us.

❀ Ол — шовинист, сондықтан оның істегеніне қарап, *әйел қызметкерлерге көңілі түзу* дей алмаймын. He is a chauvinist; that's why, looking at what he did, I can't say that he was well intentioned toward the female workers.

көңілі түсу [to have one's spirit descend]: **(1)** *to fall for someone*; **(2)** *to fall in love with something*, as an object; **(3)** to be dispirited

⦿ Dative. Also: *көңілі түсіңкі* (dispirited), *көңілді түсіру caus.* (to dispirit). Ant: *көңілі көтерілу*, in the third sense (see under *көңіл көтеру*).

❀ *Гауһардың* кездескен әрбір *жігітіне көңілі түсіп қалады.* Gaukhar falls for every man she dates.

❀ Менің *әйелімнің* осы *үйге көңілі түсті.* My wife's fallen in love with this house.

❀ Ғылыми жобалар жәрмеңкесінде бірінші орын алмағанда, менің *ұлымның көңілі түсіп кетті.* My son was in low spirits when he did not get first prize at the science fair.

❀ Кездесіп жүрген қызы басқа елге оқуға кеткенде, *Максимнің көңілі түсіңкі* жүрді. Maxim's spirit was low because his girlfriend had moved to another country for college.

көңілін қимау [not to cut one's spirit]: not to refuse someone because of not wanting to upset him or her

⦿ Genitive. The affirmative form is used in rhetorical questions only.

❀ Іздұрған дәрігер болғысы келгенімен, *әкесінің көңілін қимай,* құлшыныссыз *заң мектебіне түсті.* Even though Izturgan wanted to become a doctor, he did not want to upset his father, and so he reluctantly went to law school at his father's request.

❀ Мен мамамның бұрын өзі киген ескі той көйлегін кидім. Қалай *оның көңілін қиямын?* I wore my mother's outdated wedding dress. How can I refuse her?

қамкөңіл [suffering spirit]: grieving

❂ Formal.

❀ *Қамкөңіл жесір* екі аптаға дейін үйінен шықпады. The grieving widow has not stepped out of the house for two weeks.

❀ *Қамкөңіл жауынгерлер* мерт болған жолдастарына арнап еске алу рәсімін өткізді. The grieving soldiers held a solemn memorial for their fallen friends.

шын көңілден [from the true spirit]: *from the bottom of one's heart*

❂ Collocations: *шын көңілден алғыс білдіру* (to express gratitude from the bottom of one's heart), *шын көңілден қалау* (to wish from the bottom of one's heart), *шын көңілден қуану* (to be happy from the bottom of one's heart), *шын көңілден құттықтау* (to congratulate from the bottom of one's heart), *шын көңілден рахмет айту* (to thank from the bottom of one's heart).

❀ Сенің жетістігіңе *шын көңілден қуанып отырмын*. I am happy for your success from the bottom of my heart.

шын көңілмен [with the true spirit]: with sincerity

❀ Мен сенің ұсынысыңа *шын көңілмен қызығып отырмын*. I am sincerely interested in your proposal.

❀ Ол *шын көңілмен кешірім сұраса болды*. It would be enough if she said sorry with sincerity.

Yurt: Киіз үй

ағаш үй [wooden house]: yurt (see *киіз үй*)

❀ Used in western Kazakhstan. Variants: *кигіз үй, киіз үй, қазақ үй*.

ашық есік күні [day of an open door]: ***an open house***

❀ Formal.

✽ Біздің мектепте бүгін — *ашық есік күні*. Today is an open house at our school.

✽ Америкада жылжымайтын мүлік агенттері үйді көрсету үшін жиі *ашық есік күнін* ұйымдастырады. In America, real estate agents often host an open house to display the home to potential buyers.

босаға аттау [to step over the threshold]: **(1)** to marry and join the groom's family; **(2)** to start some kind of formal schooling, when used with words denoting educational institutions; **(3)** to come into or enter some place

❀ Based on the Kazakh tradition of celebrating the bride's first entering the family's yurt. Variants: *табалдырық аттау*, in all senses; *ақ босаға аттау*, only in the first sense (in *Color*). *Ақ босаға аттау* emphasizes the sacredness of marriage and family, and is used in literary Kazakh. Collocation: *келін болып, босаға аттау* (to marry into a family). See also *ақ босаға* (under *ақ* in *Color*).

✽ Гаухар *келін болып, әйгілі әулеттің босағасын аттады*. Gaukhar married into a prominent family.

✽ Ол *университеттің босағасын* 1993 жылы *аттады*. She entered the university in 1993.

✽ Әдет-ғұрып бойынша *буддист шіркеуінің босағасын аттар* алдында аяқ киімді шешу керек. Customary laws require that shoes be removed as one enters a Buddhist temple.

✽ Мені көре алмайтын *көршімнің табалдырығын* ешқашан *аттамаспын*. I will never enter my jealous neighbor's house.

босаға тоздыру [to wear out the threshold]: to make multiple visits, especially to government and other offices, to resolve an issue or make a request for something

❀ Variants: *есік тоздыру, табалдырық тоздыру*

✽ Ирина туристтік виза аламын деп, *елшіліктің босағасын тоздырды*. Irina made multiple visits to the embassy to apply for a tourist visa.

✽ Жол полициясының салған айыппұлын даулаймыз деп, қалалық *әкімшіліктің табалдырығын тоздырып*, шаршадық. We were tired of making numerous visits to city hall to resolve our traffic tickets.

босағада қалу [to stay in the threshold]: to remain marginalized

❀ In a yurt, and nowadays in a room of a modern house, family members' seat assignments between *төр* and *босаға* are in accordance with a strict hierarchy. *Төр* is honored and offered to guests and individuals who are older or higher in status in a family or community. *Босаға* is a place for the youngest members and people of the lowest status. This idea is transferred metaphorically to the juxtaposition of *босаға* and *төр*: *босаға* is a marginalized place, whereas *төр* is a privileged place. Also: *басқаның босағасында күнелту, басқаның есігінде күнелту* (to live at someone else's place or on their land as a marginalized person); *босағада жүру* (to be marginalized). Ant: *төрге шығу*.

✽ Байырғы халықтар ана тілдерінің *босағада қалғанын* айтып шағымданады. Indigenous populations complain that their languages remain marginalized.

✽ Заңсыз иммигранттар әдетте жалшы ретінде *басқаның босағасында күнелтеді*. The marginalized illegal immigrants often live on someone else's property as servants.

есік көрген [saw the door]: formerly married and divorced, as a woman

✽ Шешесі Болаттың Перизатқа үйлену ойын құптамады. *Есік көрген* деп ұнатпаған болуы керек. Bolat's mother didn't approve of him marrying Perizat. She might not have liked Perizat because she had been married before.

✽ Айсұлуға ескі дәстүрді қатты сақтайтын ауылда жігітпен кездесу қиын, өйткені ол екі рет *есік көрген*. It is very difficult for Aisulu to date men in this conservative village because she has been married and divorced twice.

есік көрсету [to show the door]: to invite a new bride of a relative to dinner

☉ Dative. In the Kazakh culture the groom's relatives and neighbors invite his bride to their house after their wedding to welcome her into the family and show hospitality. This welcome party is called *есік ашар*. Variants: *үй көрсету*, *есік-төр көрсету*, *отқа шақыру* (in *Nature*).

❀ Өткен аптада көршіміздің жаңа *келініне есік-төр көрсеттік*. Last week we invited our neighbor's new daughter-in-law to dinner.

❀ Менің апа-жездем *келіншегімді есік ашарға шақырып*, үлкен той жасады. My uncle and aunt invited my new wife to their house for a big celebration.

есік тоздыру [to wear out the door]: to make multiple visits, especially to government and other offices, to resolve an issue or make a request for something (see *босаға тоздыру*)

☉ Variants: *босаға тоздыру*, *табалдырық тоздыру*.

есік-төр көрсету [to show the door and the honored place]: to invite a new bride of a relative to dinner (see *есік көрсету*)

☉ In the Kazakh culture the groom's relatives and neighbors invite his bride to their house after their wedding to welcome her into the family and show hospitality. This welcome party is called *есік ашар*. Variants: *есік көрсету*, *үй көрсету*, *отқа шақыру* (in *Nature*).

жастығын ала өлу [to die taking one's pillow]: to die fighting and after taking vengeance on an enemy

❀ Жауынгер шайқаста *жастығын ала өлді*. The warrior died fighting in battle after having taken vengeance on his enemy.

❀ Досын өлтірген қарақшыларға ол *жастығын ала өлетінін* айтты. He told the mobsters who killed his friend that he would fight and die after taking vengeance.

жатып жастық, жайылып төсек болу [to become a pillow by laying down and be-

come a bed by spreading out]: **(1)** to kowtow, to fawn; **(2)** to show great hospitality

☉ Dative. Variant: *жатып жастық, иіліп төсек болу*.

❀ Сен *бастыққа жатып жастық, иіліп төсек болып*, жағып отырсың. Ол жақсы емес. You please the boss because you fawn on him. That's not good.

❀ Мені қонақ ретінде қабылдаған кореялық жанұя *маған жайылып жастық, иіліп төсек болды*. My host family in Korea showed me great hospitality.

жатып жастық, иіліп төсек болу [to become a pillow by laying down and become a bed by stooping]: **(1)** to kowtow, to fawn; **(2)** to lay oneself out to show great hospitality (see *жатып жастық, жайылып төсек болу*)

☉ Dative. Variant: *жатып жастық, жайылып төсек болу*.

жылы-жұмсақ орын [warm and soft seat]: a cushy job

☉ Sarcastic. Collocation: *жылы-жұмсақ орынға қонжию* (to land a cushy job).

❀ Айгүл үкіметте бір *жылы-жұмсақ орынға қонжиды*. Енді оған ештеңе істемей отыруға болады. Now that Aigul has landed a high and cushy position in the government office, she probably won't have to lift a muscle.

❀ Әкесі Сәкенге компаниясынан *жылы-жұмсақ орын* берді. Saken's dad just gave him a cushy job in his company.

ине шаншыр жер [the place to pierce a needle]: a very small space in a crowded or cluttered area

❀ Менің апа-жездемнің кішкентай пәтері жиһазға болы. Үйлерінде *ине шаншыр жер* жоқ десем, қателеспеспін. My sister and brother-in-law's small apartment is full of furniture. I probably won't be mistaken if I say there is no place to pierce a needle in their house.

❀ Ағамның ескі-құсқы заттарын өзімен бірге колледжге әкетуі қажет, себебі ата-анамыздың үйіндегі бөлмесінде *ине шаншыр жер* жоқ. My brother needs to take all his old junk to college because there is no place to pierce a needle in his room at my parents' place.

кигіз үй [felt house]: yurt (see *киіз үй*)

☀ This term is used in northern, central, and eastern Kazakhstan. Variants: *ағаш үй, киіз үй, қазақ үй*.

киіз үй [felt house]: yurt

☀ General term used in standard Kazakh. Variants: *ағаш үй, кигіз үй, қазақ үй. Ағаш үй* is used in western Kazakhstan. *Кигіз үй* is used in the northern, central, and eastern part of the country. *Қазақ үй* is used in some parts of the southeast and south.

Kazakh yurts are classified according to their color and size. The color of the yurt is defined by the color of the felt used to cover it. The size is determined by how many wood rods are used in the open web-style carcass, or *кереге*, of the yurt. The number of wood rods of three different lengths used to form a *кереге* determines the size of the yurt or the "*қанат*" (qanat). One qanat consists of fourteen long rods, nine medium-length rods, and nine short rods. The Kazakh yurt consisting of three qanats is called *қара үй*; of four qanats, *қоңыр үй*; of five qanats, *боз үй*; and of six qanats, *ақ үй: алты қанат ақ үй*. Yurts assembled for guests can be made of eight or twelve qanats. See also *ақ үй, боз үй, қара үй, қоңыр үй* (in *Color*).

❊ Көшпенді халықтар ғасырлар бойы *киіз үйде* тұрды. Nomadic people lived in yurts for centuries.

❊ Біздің тойымыз тауда *алты қанатты ақ үйде* болды. We held our wedding reception at a yurt in the mountains.

көрпеге қарай көсілу [to stretch according to the mattress]: to live according to one's financial means; ***to cut one's coat according to one's cloth***

☀ Based on the saying *көрпеңе қарай көсіл* (cut your coat according to your cloth).

❊ Мына мәшинеге ақшаң жоқ қой. *Көрпеге қарай көсілу* қажет емес пе? You don't have money for this car. Don't you need to spend according to your financial abilities?

❊ Менің жездем *көрпеңе қарай көсіл* деген өзінің сүйікті ұранына сүйеніп өмір сүреді. My uncle lives by his favorite motto that says to live according to one's financial means.

қазақ үй [Kazakh house]: yurt (see *киіз үй*)

☀ This term is used in some parts of the southeast and south. Variants: *ағаш үй, кигіз үй, киіз үй*.

құтты орнына қондыру [to have someone land on one's fortunate place]: **(1)** to successfully marry off daughters; **(2)** to erect a monument in a good place

☉ Accusative. Also: *құтты орнына қону intr*; *құтты орнына қондырылу pass* (only in the second sense).

❊ Үш *қызын құтты орнына қондырып*, Рахияның көңілі орнына келді. Rakhiya is content now that she has successfully married off her three daughters to good families.

❊ Қала тұрғындары осы саябақты соғыс ардагерлеріне арналған ескерткішті қоюға жақсы жер деп тапты. Сөйтіп, ескерткіш *құтты орнына қондырылды*. The city residents found this park to be a good place for the war veterans' monument. Thus it was erected where it was supposed to be.

мектеп қабырғасы [the wall of the school]: inside the walls of a secondary school

❊ Ол математикалық анализді осы әйгілі *мектептің қабырғасында* үйренді. She learned calculus inside the walls of this famous secondary school.

❊ Нашақорлық туралы ағартушылық жұмыс *мектеп қабырғасынан* басталуы қажет. Education about drug abuse should start when children are still inside the walls of secondary schools.

орын алу [to take place]: ***to take place***

☉ Locative. Formal.

❊ 2008 жылғы Жазғы олимпиада *Пекинде орын алды*. The 2008 Summer Olympics took place in Beijing.

❊ Оның оқиға желісі ойдан шығарылған *елде орын алады*. His story takes place in a fictional country.

орын тебу [to kick a place]: to be situated, to be located

☉ Ablative or locative. Formal. Generally, the past participle form is used to convey the meaning usually expressed by the simple present tense.

❊ Қазақстан әлемнің екі алпауыт еліне жақын *жерден орын тепкен*. Kazakhstan is situated close to two world powers.

❊ Мейрамхана қаланың *шығыс жағында*

орын тепкен. The restaurant is located at the south end of town.

табалдырық аттау [to step over the door-sill]: **(1)** to marry and join the groom's family; **(2)** to start some kind of formal schooling, when used with words denoting educational institutions; **(3)** to come into or enter some place (see *босаға аттау*)

☸ Variant: *босаға аттау.*

табалдырық тоздыру [to wear out the doorsill]: to make multiple visits, especially to government and other offices, to resolve an issue or make a request for something (see *босаға тоздыру*)

☸ Variants: *босаға тоздыру, есік тоздыру.*

төрге шығу [to come in to the *tor*]: **(1)** to go to a respectable place designated for guests or elders; **(2)** to become a priority; **(3)** to be at the top of the leader board, when used with *кесте*: *кесте төріне шығу*

☸ *Төр,* an opposite side of the yurt's door, is honored and offered to guests and individuals who are older or higher in status in a family or community. In a yurt, and nowadays in a room of a modern house, family members' seat assignments between *төр* and *босаға* are in accordance with a strict hierarchy. *Төр* is also assigned to the family's young unmarried daughters, because they are considered guests and thus entitled to an honored seat in the Ka-zakh culture. *Босаға,* conversely, is a place of the youngest members and the people of the lowest status. This idea is metaphorically transferred to the juxtaposition of *босаға* and *төр* in many idioms: *босаға* is a marginalized place, whereas *төр* is a privileged place.

Also: *төрге жайғасу* (to take a privileged position); *төрге озу* (to go to a privileged po-sition); *төрге шығыңыз, төрлетіңіз* (please come in); *төрге шығару* tr, *төрге оздыру* tr, *төрге жайғастыру* tr. Ant: *босағада қалу.*

✤ Қадірлі қонақтар шәй ішуге *төрге шықты.* The honored guests went to the re-spectable place in the house to have tea.

✤ Ішкі мәселелер үкіметте *төрге шықты.* Domestic issues have become a priority for the government.

✤ Бразилия аяқдоптан *кестенің төріне шықты.* Brazil was at the top of the leader board in football.

төрінен көрі жуық [one's grave is closer than one's *tor*]: **to have one foot in the grave** (see *бір аяғы жерде, бір аяғы көрде болу* in *Body*)

☸ *Төр,* an opposite side of the yurt's door, is honored and offered to guests and individuals who are older or higher in status in a family or community. In a yurt, and nowadays in a room of a modern house, family members' seat assignments between *төр* and *босаға* are in accordance with a strict hierarchy. *Төр* is also assigned to the family's young, unmarried daughters, because they are considered guests and thus entitled to an honored seat in the Ka-zakh culture. Syn: *бір аяғы жерде, бір аяғы көрде болу* (in *Body*); *кәрі қойдың жасындай жас қалу* (in *Livestock with Beasts and Birds*).

түндігі ашылмау [not to have the top cover of the yurt be opened]: not to survive as a family during famine or starvation

☸ *Түндік* is a felt cover on top of the yurt that is closed at night and opened during the day to let the sunlight into the yurt. During famine or starvation, families that did not survive the night would not go out and open the top cover of the yurt in the morning. The expression is based on this idea. Variant: *түңлігі ашылмау.*

✤ Аштық кезінде көптеген *отбасылардың түндігі ашылмады.* Not too many families survived the famine.

✤ Менің әжем отызыншы жылдардағы аштық кезінде көп *қазақтардың түндігі ашылмағанын* көру өте қиын болғанын айтады. My grandmother says that it was very difficult to see many Kazakh families die dur-ing the mass starvation of the 1930s.

түндігін түру [to turn up the top cover of the yurt]: to open or to commence, as an entity or event

☸ *Түндік* is a felt cover on top of the yurt that is closed at night and opened during the day to let the sunlight into the yurt. This idea is meta-phorically transferred to convey an opening of something. Also: *түндігі түрілу pass.*

✤ Үлкен той халықаралық шахмат *сайыс-*

ының түндігін түрді. A huge celebration commenced the international chess competition.

❦ Бүгін дарынды балаларға арналған *мектептің түндігі түрілді.* The school for gifted children opened its doors today.

түңлігі ашылмау [not to have the top cover of the yurt be opened]: not to survive as a family during famine or starvation (see *түндігі ашылмау*)

✿ Variant: *түндігі ашылмау.*

түтін түтету [to fume a smoke]: **(1)** to have one's own home and family; **(2)** to live or inhabit

❦ Қанат ата-анасымен өмір бақи бірге тұрғысы келмейді; тезірек өз алдына *түтін түтеткісі келеді.* Kanat does not want to stay with his parents forever; he wants to have his own home and family soon.

❦ Мен Атырауда күйеуіммен *түтін түтетін отырмын.* I live in Atyrau with my husband.

уығы шайқалу [to have the pole of the yurt shake]: to be falling apart, as a family, establishment, or country (see *шаңырағы шайқалу* under *шаңырақ*)

уық қадау [to stick the pole of the yurt]: to lay a foundation

✿ *Уық* is a curved pole that connects the top part of the yurt with its wall. Variant: *уығын шаншу.* Also: *уық* (pillar), *уық болып қадалу pass* (to be the building blocks of a family, society, or nation), *уығы қадалу pass.* Note: *уық* (pillar, support).

❦ Ол елінде демократияның *уығын қадады.* He laid the foundation for democracy in the country.

❦ Сүйікті дәрігер — *қоғамдастық шаңырағының бір уығы.* The beloved doctor is a pillar of this community.

❦ Еңбекқор жастар елдің *уығы болып қадалған.* Industrious young men and women are the building blocks of this country.

уық шаншу [to jab the pole of the yurt]: to lay a foundation (see *уығын қадау*)

✿ Variant: *уық қадау.* Also: *уығы шаншылу pass.*

үй көрсету [to show a house]: to invite a new bride of a relative to dinner (see *есік көрсету*)

✿ Dative. In the Kazakh culture, the groom's relatives and neighbors invite his bride to their house after their wedding to welcome her into the family and show hospitality. *Есік ашар* is the title of this tradition. Variants: *есік көрсету, есік-төр көрсету, отқа шақыру* (in *Nature*).

үй іші [inside the house]: family, household

✿ Colloquial. Informal. Syn: *жанұя* (in *Soul and Spirit*); *от басы, ошақ қасы* (in *Nature*), *отбасы* (in *Nature*), *шаңырақ.*

❦ *Үй ішің* аман ба? Is your family doing well?

❦ Ол жалақасымен бүкіл *үй ішін* асырап отыр. She is feeding her family with her salary.

шаңырақ [the top part of the yurt]: **(1)** home, house; **(2)** family, household (see *отбасы*); **(3)** an institution, establishment, or country

✿ Formal. Variant: *қара шаңырақ* (in *Color*). Syn (in the second sense): *жанұя* (in *Soul and Spirit*); *от басы, ошақ қасы* (in *Nature*), *отбасы* (in *Nature*), *үй іші.* Collocations: *білім шаңырағы* (an educational institution), *өнер шаңырағы* (an art center), *шаңырақ котеру, шаңырақ құру* (to marry and form a family; to be established), *шаңырағы ортасына түсу* (to collapse or break up as a family, establishment, or country), *шаңырағы шайқалу* (to be falling apart, as a family, establishment, or country), *шаңырағы биік, босағасы берік* (strong as a family, establishment, or country), *шаңырақтың бір уығы* (a pillar of family, community, or country). Also: *шаңырағың биік, босағаң берік болсын; тігіп жатырған отауларыңыздың босағасы берік, керегесі кең, шаңырағы биік болсын* (I wish you a strong family) is said to newlyweds at weddings. *Екі жастың көтерген шаңырағы биік, босағасы берік болсын* (I wish a strong family to your two children) is said to parents of newlyweds at weddings. See also *қара шаңырақ* (in *Color*), *көсегелерің көгерсін* (under *көсегесі көгеру* in *Color*).

❦ *Шаңырақ құрғанымызға* екі жыл болды. It's been two years since we got married.

❀ Назгүлдің қазір *шаңырақ көтергісі келмейді*. Алдымен әлемді шарлағысы келеді. Nazgul does not want to marry right now. She wants to travel the world first.

❀ Айжан апай қайтыс болғаннан кейін, *шаңырақ шайқала бастады*: ағай барған сайын өзінен-өзі оқшаулана берсе, ал балалар бір-бірімен тіл табыса алмады. After Aunt Aizhan died, the family started breaking apart; uncle kept isolating himself, and the children couldn't get along with each other.

❀ Діни және саяси өзгешеліктер Ажардың *шаңырағын ортасына түсірді*. Religious and political differences destroyed Azhar's family.

ірге [foundation]: **(1)** *on someone's doorstep*; **(2)** foundation, establishment

☼ Also: *іргелес* (neighboring). Collocations: *іргесі берік* (with a strong foundation), *іргесі сөгілу* (to have a shaky foundation), *іргесін қалау* (to lay a foundation, to establish).

❀ Менің жұмысым үйімнің *іргесінде*. My workplace is right on my doorstep.

❀ АҚШ *мемлекетінің іргесі* қашан *қаланды*? When was the United States founded?

REFERENCES AND FURTHER READING

Works in English

Allan, Keith, and Kate Burridge. 1991. *Euphemism and dysphemism: Language used as shield and weapon.* Oxford: Oxford University Press.

Ammer, Christine. 1995. *Fruitcakes & couch potatoes and other delicious expressions.* New York: Plume.

Ayapova, Tangat. 2002. *Kazakh textbook: Beginning and intermediate.* Springfield: Dunwoody Press.

Bennett, T. John A. 1988. *Aspects of English colour collocations and idioms.* Heidelburg: Carl Winter Universitätsverlag.

Boers, Frank, June Eyckmans, and Hélène Stengers. 2007. "Presenting figurative idioms with a touch of etymology: More than mere mnemonics?" *Language Teaching Research* 11, no. 1:43–62.

Cowie, A. P., R. Mackin, and I. R. McCaig. 1983. *Oxford dictionary of current idiomatic English. Volume 2: Phrase, clause and sentence idioms.* Oxford: Oxford University Press.

Curry, Dean. 1998. *Illustrated American idioms.* Washington, DC: US Information Agency.

Dictionary.com. http://dictionary.reference.com/.

Fierman, William. 1998. "Language and identity in Kazakhstan: Formulations in policy documents, 1987–1997." *Communist and Post-Communist Studies* 30, no. 2:171–86.

———. 2005a. "Kazakh language: From semi-endangerment to partial recovery." In *Creating outsiders: Endangered languages, migration and marginalization.* Proceedings of Ninth Conference of the Foundation for Endangered Languages. Stellenbosch: Foundation for Endangered Languages.

———. 2005b. "Kazakh language and prospects for its role in Kazakh 'groupness.'" *Ab Imperio* 2: 393–423.

Free Dictionary by Farlex. http://idioms.thefreedictionary.com/.

Hickerson, Nancy Parrot. 1980. *Linguistic anthropology.* New York: Holt, Rinehart and Winston.

Ibrahim, Ablahat. 2000. *Beginning Kazakh.* Critical Languages Series. Tucson: University of Arizona Press.

Laflin, Shelley Vance. 1996. *Something to crow about: A concise collection of American English idioms for everyday use.* Washington, DC: US Information Agency.

Lakoff, George, and Mark Johnson. 1980. *Metaphors we live by.* Chicago: University of Chicago Press.

Longman Dictionary of Contemporary English. 1987. New Edition. Harlow, UK: Longman.

Moon, Rosamund. 1998. *Fixed expressions and idioms in English: A corpus-based approach.* Oxford: Clarendon Press.

Mukanova, Akmaral. 2005. *Advanced Kazakh.* Critical Languages Series. Tucson: University of Arizona Press.

———. 2005. *Intermediate Kazakh.* Critical Language Series. Tucson: University of Arizona Press.

Palmer, Gary B., and Debra J. Occhi, eds. 1996. *Languages of sentiment: Cultural constructions of emotional substrates*. Philadelphia: John Benjamins North America.

Spears, Richard A., and Dinara Georgeoliani. 1997. *Essential American idioms for Russian speakers* [Osnovnye idiomy Amerikanskogo Angliĭskogo]. Lincolnwood, IL: NTC Publishing.

Wales, Katie. 1989. *A Dictionary of Stylistics*. London: Longman.

Wierzbicka, Anna. 1997. *Understanding cultures through their key words: English, Russian, Polish, German, and Japanese.* Oxford: Oxford University Press.

Wilson, Alan, and Gene Dennison. 2000. *They have a saying for it. Multicultural idioms and their Navajo equivalents*. Gallup, NM: Hashké Publications.

Works in Russian and Kazakh

Айқын. 8 тамыз, 2007 жыл.

Айқын. www.alashainasy.kz/.

Айқын апта. 2 тамыз, 2007 жыл.

Бектұров, Шәбікен К, және Бектұрова, Ардақ Ш. 2002. *Қазақ тілі: Ана тілі деңгейінде оқыту құралы*. Алматы: Әділет.

Болғанбаев, Ә., Қалиев, Б,. Бизақов, С,. Османова, Ә,. Дәулеткұлов, Ш,. Жүрсінова, М,. Нұрғазиева, Г. 1999. *Қазақ тілінің сөздігі*. Алматы: Дайк-Пресс.

Біздің ауыл. http://auyl.biz/.

Вежбицкая, Анна. 2001. *Сопоставление культур через посредство лексики и прагматики*. Москва: Языки славянской культуры.

Егемен Қазақстан. www.egemen.kz/.

Егемен Қазақстан. 22 шілде, 2003 жыл.

Егемен Қазақстан. 3-10 тамыз, 2007 жыл.

Жас Алаш. www.zhasalash.kz/.

Жас Алаш. 22 шілде, 2003 жыл.

Жас Алаш. 7–9 тамыз, 2007 жыл.

Исаев, С. М. 1996. *Қазақ тілі*. Алматы: Рауан.

Кенжеахметұлы, Сейіт. 2002. *Жеті қазына: жиған-терген*. 1 кітап. Алматы: Ана тілі.

———. 2002. *Жеті қазына: жиған-терген*. 2 кітап. Алматы: Ана тілі.

———. 2005. *Қазақ халқының салт-дәстүрлері*. Алматы: Алматыкітап.

Кеңесбаев, Ісмет. 2007. *Фразеологиялық сөздік*. Алматы: Арыс.

Кожахметова, Х.К., Жайсакова, Р. Е., Кожахметова Ш. О. 1988. *Казахско-русский фразеологический словарь*. Алма-Ата: Мектеп.

Кононов, А. Н. 1978. *Семантика цветообозначений в тюрских языках*. Тюркологический сборник 1975. Москва: Наука.

Көпіш, Әшірбек және Рәшит Рахымбек. 2001. *Төрт түлік*. Алматы: Өнер.

Құралұлы, Аюбай. 2006. *Салт-дәстүрге, тарихқа, дінге байланысты терминдер мен сөз тіркестерінің түсіндірме сөздігі*. Алматы: Өнер.

Құралұлы, Аюбай. 1998. *Қазақы тыйымдар мен ырымдар*. Алматы: Өнер.

———. 2002a. *Ұлттық дүниетаным: 2 сыныпқа арналған оқу құралы*. Алматы: Өнер.

———. 2002b. *Ұлттық дүниетаным: 4 сыныпқа арналған оқу құралы*. Алматы: Өнер.

Қазақ әдебиеті. 11–17 шілде, 2003 жыл.

Мультитран. http://multitran.ru/.

Мұрзалина Б., Нұркеева С, Нұрғазина Г, Сағындықова М, Байтасова С. 1998. *Қазақ тілі*. Алматы: Ана тілі.

Орал өңірі. www.oro.kz/.

Сәкен блогы. *Киіз үй*. қараша 2007. http://saken.wordpress.com/2007/11/27/киіз-үй.

Сейдимбек, Акселеу. 2001. *Мир казахов*. Алматы: Рауан.

Сыздықова, Р. Г, және Хусаин К. Ш. ред. 2002. *Қазақша-орысша сөздік*. Алматы: Дайк-Пресс.

Түркістан. 17 шілде, 2003 жыл.

INDEXES

Index of Kazakh Idioms

Index of English Idioms

Index of Kazakh Key Words

Index of English Key Words

Index of Kazakh Expressions

Expressions of Appreciation, Hope, and Encouragement

айың тусын оңыңнан, жұлдызың тусын солыңнан [may your moon be born from your right and your star be born from your left]: *I wish you good luck*

аузыңа май, астыңа тай [butter to your mouth and a foal to your buttocks]: *bless you for your kind words*

итке бермесін [may it not be given to a dog]: *I wouldn't wish something on my worst enemy*

жол болсын [may there be a road]: *have a nice trip*

жолын берсін [may you be given someone's road]: *I wish you someone's life and career*

қадамың құтты болсын [may your step be blessed]: *may the wind be at your back, and may the road to your new life, career, or studies be paved with happiness*

қадамыңа нұр жаусын [may the sun ray pour to your step]: *may God bless your aspiration or talent*

қайырлы болсын [may one be blessed]: *congratulations*

талабыңа нұр жаусын [may the sun ray pour to your aspiration]: *may God bless your aspiration or talent*

нұр үстіне нұр жаусын [may the sun ray rain on top of sun ray]: *wish you all the best*

мың жаса [make it to a thousand]: *may you live long*

Expressions of Condolence

топырағы торқа болсын [may one's soil be silk]: *may one rest in peace*

қайырлы болсын [may one be blessed]: *may someone rest in peace*

Expressions of Invective

ант ұрсын [may an oath hit you]: *damn you*

дәм-тұз атқыр [may food and salt shoot you]: *may you be miserable*

жағың қарысқыр [may your jaw get a spasm]: *may you lose the ability to speak*

жағың қарыссын [may your jaw get a spasm]: *may you lose the ability to speak*

жағыңа жылан жұмыртқалағыр [may a snake lay an egg in your jaw]: *damn you for saying that*

жаның шыққыр [may your soul come out]: *may you rot in hell*

жаның шықсын [may your soul come out]: *may you rot in hell*

жаныңның барында [while you have your soul]: *before I kill you*

жер жастанғыр [may you pillow the ground]: *may you die*

жер жұтқыр [may you be swallowed by the earth]: *may you die*

жолың болмағыр [may there be no road for you]: *may you not have luck*

жолыңа жуа біткір [may an onion grow on your road]: *may you have bad luck*

ит өлім келсін [may a dog death come to you]: *may you die alone*

көк соққыр [may one be beaten by the blue sky]: *God damn*

таяқ жейсің [you will eat the stick]: *I will beat you up*

тұқымыңмен құртамын [I will eradicate you with your seed]: *I will eradicate you, along with your family*

Wedding Wishes

екі жастың көтерген шаңырағы биік, босағасы берік болсын [may the two young people's upper circle of yurt be high and may their threshold be strong]: *I wish a strong family to your two children*

көсегелерің көгерсін [may your fortune become blue]: *may you prosper*

қадамың құтты болсын [may your step be blessed]: *may the wind be at your back, may the road to your new life be paved with happiness қосағыңмен қоса ағар* [whiten together with your spouse]: *may you live long together with your spouse*

тастай батып, судай сің [sink like a stone and be absorbed like water]: *may you be assimilated to your new family*

шаңырағың биік, босағаң берік болсын [may the upper circle of your yurt be high and may your threshold be strong]: *I wish you a strong family*